浙江文化艺术发展基金资助项目
浙江省新型重点专业智库杭州国际城市学研究中心
浙江省城市治理研究中心成果

浙江智库
ZHEJIANG
THINK TANK

王国平 总主编

吴铮强

胡潮晖 编

第15册 南宋诏令编年（附金、夏、蒙元）（五）

南宋全书

南宋文献集成

浙江大学出版社·杭州
ZHEJIANG UNIVERSITY PRESS

南宋全书编纂指导委员会

主　任：王国平

副主任：马时雍　黄书元　包伟民　史金波
　　　　王　巍

委　员：(以姓氏笔画为序)
　　　　王其煌　江山舞　杜正贤　何　俊
　　　　何忠礼　应雪林　陈　波　陈文锦
　　　　庞学铨　娜　拉　徐吉军　曹家齐
　　　　曹锦炎　龚延明　褚超孚

南宋全书编辑委员会

总主编：王国平

编　委：(以姓氏笔画为序)

马时雍　王　凯　王杨梅　王其煌　王剑文

尹晓宁　江山舞　寿勤泽　何忠礼　宋旭华

范立舟　尚佐文　姜青青　徐吉军　曹家齐

《南宋全书》总序

王国平

　　2007 年 12 月 22 日，举世瞩目的我国南宋商船"南海一号"在广东阳江海域打捞出水。根据探测情况估计，整船金、银、铜、铁、瓷器等文物可能达到 6 万—8 万件，据说皆为稀世珍宝。迄今为止，除了中国，全世界都未曾发现过如此巨大的千年古船。"南海一号"的发现，在世界航海史上堪称一大奇迹，也填补与复原了南宋海上"丝绸之路"历史的一些空白。[①]　不少专家认为"南海一号"的价值和影响力将不亚于西安秦始皇兵马俑。这艘沉船虽然出现在广东海域，但反映了整个南宋经济、文化的繁荣，标志着南宋社会的开放，也表明当时南宋引领着世界经济的发展。作为南宋政治、经济、文化、科技中心的都城临安（浙江杭州），则是南宋社会繁华与开放的代表。从某种意义上讲，没有以临安为代表的南宋的繁荣与开放，就会有今日"南海一号"的发现；而"南海一号"的发现，也为我们重新审视与评价南宋，带来了最好的注解、最硬的实证。

　　提起南宋，往往众说纷纭，莫衷一是。长期以来，不少人把"山外青山楼外楼，西湖歌舞几时休？暖风熏得游人醉，直把杭州作汴州"[②]这首曾写在临安城一家旅店墙上的诗，当作当时南宋王朝的真实写照。虽然近现代已有海内外学者开始重新认识南宋，但相当一部分人仍认为南宋军事上妥协投降、苟且偷安，政治上腐败成风、奸相专权，经济上积贫积弱、民不聊生，生活上纸醉金迷、纵情声色，总之，把南宋王朝视为一个只图享受、不思进取的偏安小朝廷。导致这种历史误解的原因，

---

① 见《"南海一号"成功出水》一文，载《人民日报》2007 年 12 月 23 日。

② （南宋）林升：《题临安邸》，转引自田汝成：《西湖游览志余》卷二《帝王都会》，上海古籍出版社 1980 年版，第 14 页。

在很大程度上是人们对患有"恐金病"的宋高宗和权相秦桧一伙倒行逆施的义愤,这是可以理解的。但是,我们决不能坐在历史的成见之上人云亦云。只要我们以对历史负责、对时代负责、对未来负责的精神和科学求实的态度,以科学发展观为指导,对南宋进行全面、深入、系统的研究,将南宋放到当时的历史发展阶段中,放到中国社会发展的历史长河中,放到整个世界的文明进程中考察,就不难发现南宋在经济政治、思想文化、科学技术、国计民生等方面所取得的成就,就不难发现南宋对中华文明产生的巨大影响,以此对南宋做出科学、客观、公正的评价,"还原一个真实的南宋"。

宋钦宗靖康元年(1126)闰十一月,金军攻陷北宋京城开封。次年三月,金军俘徽、钦二帝北去,北宋灭亡。同年五月,宋徽宗第九子、钦宗之弟赵构,在应天府(河南商丘)即位,是为高宗,改元建炎,重建赵宋王朝。建炎三年(1129)二月,高宗来到杭州,改州治为行宫,七月升杭州为临安府。此时起,杭州实际上已成为南宋的都城。绍兴八年(1138),南宋宣布临安府为"行在所",正式定都临安。自建炎元年(1127)赵构重建宋室,至祥兴二年(1279)帝昺蹈海灭亡,历时 153 年,史称"南宋"。

我们认为,研究与评价南宋,不应当仅仅以王朝政权的强弱为依据,而应当坚持"以人为本"理念,以人们生存与生活状态的改善作为社会进步的根本标准。许多人评价南宋,往往把南宋朝廷作为对象,我们认为所谓"南宋",不仅仅是一个历史王朝的称谓,而主要是指一个特定的历史阶段和历史时期。在马克思主义看来,历史的进步是社会发展和人的发展相统一的过程,"人们的社会历史始终只是他们的个体发展的历史",①未来理想社会"以每个人的全面而自由的发展为基本原则"。② 人是社会发展的主体,人的自由与全面发展是社会进步的最高目标。这就要坚持"以人为本"的科学发展观,将人的生存与全面发展作为评价一个历史阶段的根本依据。南宋时期,虽说尚处在中国封建社会的中期,人的自由与发展受到封建集权思想与皇权统治的严重束缚,但与宋代以前漫长的封建历史时期相比,这一时期出现的对人的生存与生活的关注度以及南宋人的生活质量和创造活力达到的高度都是前所未有的。

研究与评价南宋,不应当仅仅以军事力量的大小作为评价依据,还应当以其社会经济、文化整体状况与发展水平的高低作为重要依据。我们评判一个朝代,不仅要考察其军事力量的大小,更要看其在经济、文化、科技、社会等各方面取得

---

① 《马克思恩格斯选集》第 4 卷,人民出版社 1995 年版,第 321 页。
② 《马克思恩格斯选集》第 23 卷,人民出版社 1995 年版,第 649 页。

的成就。两宋立国 320 年,虽不及汉唐、明清国土辽阔,却以在封建社会中无可比拟的繁荣和社会发展的高度,跻身于中国古代最辉煌的历史时期之列。无论文化教育的普及、文学艺术的繁荣、学术思想的活跃、科学技术的进步,还是社会生活的丰富多彩,南宋都达到了前所未有的程度,在当时世界上也都处于领先地位。著名史学家邓广铭认为"宋代的文化,在中国封建社会历史时期之内,截至明清之际西学东渐的时期为止,可以说,已经达到了登峰造极的高度"。① 研究与评价南宋,不能仅仅以某些研究的成果或所谓的"历史定论"为依据,而应当以其在人类文明进步中扮演的角色,以及对后世的影响作为重要标准。宋朝是中国封建社会里国祚最长的朝代,也是封建文化发展最为辉煌的时期。南宋虽然国土面积只有北宋的 3/5 左右,却维持了长达 153 年(1127—1279)的统治。南宋不但对中国境内同时代的少数民族政权和周边国家产生了积极影响,而且对后世中华文化产生了巨大影响。正如近代著名思想家严复认为:"中国所以成于今日现象者,为善为恶,姑不具论,而为宋人所造就,什八九可断言也。"② 近代史学大师陈寅恪先生也曾经指出:"华夏民族之文化,历数千载之演进,造极于赵宋之世。"③ 因此,我们既要看到南宋王朝负面的影响,更要充分肯定南宋的历史地位与历史影响,只有这样,才能"还原一个真实的南宋"。

一、在政治上,不但要看到南宋王朝外患深重、苟且偷安的一面,更要看到爱国志士精忠报国、南宋政权注重内治的一面

南宋时期民族矛盾异常尖锐,外患严重之至,前期受到北方金朝的军事讹诈和骚扰掠夺,后期又受到蒙元的野蛮侵略。这些矛盾长期威胁着南宋政权的生存与发展。在此情形下,南宋初期朝廷中以宋高宗为首的主和派,积极议和,向女真贵族纳贡称臣。南宋王朝确实存在消极抗战、苟且偷安的一面,但也要承认南宋王朝大多君王始终怀有收复中原的愿望。南宋将杭州作为"行在所",视作"临安"而非"长安",也表现了南宋统治集团不忘收复中原的意愿。我们更应该看到南宋 153 年中,涌现了以岳飞、文天祥为代表的一大批爱国将领和数百名爱国仁人志士。这是中国古代任何一个朝代都难以比拟的。

同时,南宋政权也十分注重内治,在加强中央集权制度,推行"崇尚文治"政策,倡导科举不分门第等方面均有重大建树。其主要表现在以下几方面。

1. 从军事斗争上看,南宋是造就爱国志士、民族英雄的时代

南宋王朝长期处于外族入侵的严重威胁中,为此南宋军民进行了 100 多年

① 邓广铭:《宋代文化的高度发展与宋王朝的文化政策》,《历史研究》1990 年第 1 期。
② 严复:《严几道与熊纯如书札节钞》,江苏古籍出版社 1999 年影印本,载《学衡》第 13 期。
③ 《陈寅恪先生文集》第 2 卷,上海古籍出版社 1980 年版,第 245 页。

艰苦卓绝的抵抗斗争,涌现了无数气壮山河、可歌可泣的爱国事迹和民族英雄。因而,南宋是面对强敌、英勇抗争的时代。众所周知,金朝是中国历史上继匈奴、突厥、契丹以后一个十分强大的少数民族政权,并非昔日汉唐时期的匈奴、突厥与之后明清时期的蒙古可比。金军先后灭亡了辽朝和北宋,南侵之势简直锐不可当,但南宋军民浴血奋战,虽屡经挫折,终于抵挡住了南侵金军一次又一次的进攻,使南宋在外患深重的困境中站稳了脚跟。在持久的宋金战争中,南宋的军事力量不但没有削弱,反而逐渐壮大起来。南宋后期的蒙元军队则更为强大,竟然以 20 年左右的时间横扫欧亚大陆,使全世界都谈"蒙"色变。南宋的军事力量尽管相对弱小,又面对当时世界上最为强大的蒙元军队,但广大军民同仇敌忾,顽强抵抗了整整 45 年之久,这不能不说是世界抗击蒙元战争史上的一个奇迹。①

南宋是呼唤英雄、造就英雄的时代。在旷日持久的宋金战争中,造就了以宗泽、韩世忠、岳飞、刘锜、吴玠吴璘兄弟为代表的一批南宋爱国将领。特别是民族英雄岳飞率领的岳家军,更使金军闻风丧胆。在南宋抗击蒙元的悲壮战争中,前有孟珙、王坚等杰出爱国将领,后有文天祥、谢枋得、陆秀夫、张世杰等抗元英雄。其中民族英雄文天祥领导的抗元斗争,更是可歌可泣,彪炳史册。

南宋是激发爱国热忱、孕育仁人志士的时代。仅《宋史·忠义列传》就收录有爱国志士 277 人,其中大部分是南宋人。② 南宋初期,宗泽力主抗金,并屡败金兵,因不能收复北宋失地而死不瞑目,临终时连呼 3 次"过河";洪皓出使金朝,被流放冷山,历尽艰辛,终不屈服,被比作宋代的苏武;陆游"死去元知万事空,但悲不见九州同"的诗句,表达了他渴望祖国统一的遗愿;辛弃疾的词则抒发了盼望祖国统一和反对主和误国的激情。因此,我们认为,南宋不但是造就民族英雄的时代,也是孕育爱国政治家、军事家、文学家和思想家的沃土。

2. 从政治制度上看,南宋是宋代继续加强中央集权、"干强枝弱"的时期

宋朝在建国之初,鉴于前朝藩镇割据、皇权削弱的经验教训,通过采取"强干弱枝"政策,不断加强中央集权统治。这一政策在南宋时得到了进一步强化。北宋王朝在中央权力上,实行军政、民政、财政"三权分立",削弱宰相的权力与地位;在地方权力上,中央派遣知州、知县等地方官,将原节度使兼领的"支郡"收归中央直接管辖;在官僚机构上,实行官(官品)、职(头衔)、差遣(实权)三者分离制度;在财权上,设置转运使掌管各路财赋,将原藩镇把持的地方财权收归中央;在

---

① 参见何忠礼《论南宋定都杭州对当地经济文化的重大影响》,载《杭州研究》2007 年第 2 期。
② 俞兆鹏:《南宋人才之盛及其原因》,《杭州日报》2005 年 11 月 14 日。

司法权上,设置县尉等职,将方镇节度使掌握的地方司法权收归中央;在军权上,实行禁军"三衙分掌",使握兵权与调兵权分离、兵与将分离,将各州军权牢牢地控制在中央手里,从而加强了中央对政权、财权、军权等方面的全面控制。南宋继承了北宋加强中央集权的这一系列措施,为维护国家内部统一、社会稳定和经济发展提供了良好的国内环境。尽管多次出现权相政治,但皇权仍旧稳定如故。

3. 从用人制度上看,南宋是所谓"皇帝与士大夫共治天下"的时代

两宋统治集团始终崇尚文治,尊重知识分子,重用文臣,提倡教育和养士,优待知识分子。与秦代"焚书坑儒"、汉代"罢黜百家"、明清"文字狱"相比,两宋时期可谓封建社会思想文化环境最为宽松的时期,客观上对经济、社会、文化发展起到了积极的促进作用。[①]

推行"崇尚文治"政策。宋王朝对文人士大夫采取了较为宽松宽容的态度,"欲以文化成天下",对士大夫待之以礼、"不得杀士大夫及上书言事人",[②]确立了"兴文教,抑武事"[③]的"崇文抑武"大政方针。两宋政权将"右文"定为国策。在这种政治氛围下,知识分子的思想十分活跃,参政议政的热情空前高涨,在一定程度上出现了"皇帝与士大夫共治天下"的局面,从而有力地推动了宋代思想、学术、文化的大发展。正由于两宋重用文士、优待文士,不杀文臣,因而南宋时常有正直大臣敢于上疏直谏,甚至批评朝政乃至皇帝的缺点,这与隋唐、明清时期动辄诛杀士大夫的政治状况大不相同。

采取"寒门入仕"政策。为了吸收不同阶层的知识分子参加政权,两宋对选才用人的科举制度进行了改革,消除了魏晋以来士族门阀造成的影响。两宋科举取士几乎面向社会各个阶层,再加上科举取士的名额不断增加,在社会各阶层中形成了"学而优则仕"之风。南宋时期,取士更不受出身门第的限制,只要不是重刑罪犯,即使工商、杂类、僧道、农民,甚至是杀猪宰牛的屠户,都可以应试授官。南宋的科举登第者多数为平民,如在宝祐四年(1256)登科的601名进士中,平民出身者就占了70%。[④]

二、在经济上,不但要看到南宋连年岁贡不断、赋税沉重的状况,更要看到整个南宋生产发展、经济繁荣的一面

人们历来有一种误解,认为南宋从立国之日起,就存在着从北宋带来的"积贫积弱"老毛病。确实,南宋王朝由于长期处于前金后蒙的威胁之下,迫使其不

---

① 参见郭学信《试论两宋文化发展的历史特色》,载《江西社会科学》2003 年第 5 期。
② 陶宗仪:《说郛》卷三九上,《景印文渊阁四库全书》,台湾商务印书馆,1986 年版。
③ 李焘:《续资治通鉴长编》卷一八,"太平兴国二年正月丙寅"条,中华书局 2004 年版,第 392 页。
④ 俞兆鹏:《南宋人才之盛及其原因》,《杭州日报》2005 年 11 月 14 日。

得不以加强皇权统治作为核心利益,在对外关系上,以牺牲本国的经济利益为代价,采取称臣、割地、赔款等手段来换取王朝政权的安定。正因为庞大的兵力和连年向金朝贡,加重了南宋王朝财政负担和民众经济负担,也一定程度上影响了南宋的经济发展。但在另一方面,我们更应当看到,南宋时期,由于北方人口的大量南下,给南宋的经济发展带来了充足的劳动力、先进的生产技术和丰富的生产经验,再加上统治者出台一些积极措施,南宋在农业、手工业、商业、外贸等方面都取得了突出成就。南宋经济繁荣主要体现在:

1. 从农业生产看,南宋出现了古代中国南粮北调的新格局

由于南宋政府十分注重兴修水利,并采取鼓励垦荒的措施,加上北方人口大量南移和广大农民辛勤劳动,促进了流民复业和荒地开垦。人稠地少的两浙等平原地带,垦辟了众多的水田、圩田、梯田。曾经“几无人迹”的淮南地区也出现了“田野加辟”“阡陌相望”的繁荣景象。南宋时期,农作物单位面积产量比唐代提高了两三倍,总体发展水平大大超过了唐代,有学者甚至将宋代农作物单位面积产量的大幅提高称为“农业革命”。[1]“苏湖熟,天下足”的谚语就出现在南宋。[2] 元初,江浙行省虽然只是元代 10 个行省中的一个,岁粮收入却占了全国的 37.10%,[3]江浙地区成了中国农业最为发达的地区,并出现了中国南粮北调的新格局。

2. 从手工业生产看,南宋达到了中国古代手工业发展的新高峰

南宋时期,随着北方手工业者大批南下和先进生产技术传入,南方的手工业生产迈上了一个新台阶。一是纺织业规模和技术都大大超过了同时代的金朝,南方自此成了中国丝织业最发达的地区。二是瓷器制造业中心从北方移至江南地区。景德镇生产的青白瓷造型优美,有“饶玉”之称;临安官窑所造青瓷极其精美,为此杭州现在官窑原址建立了官窑博物馆,将这些精美的青瓷展现给世人;龙泉青瓷达到了烧制技术的新高峰,并大量出口。三是造船业空前发展。漕船、商船、游船、渔船,数量庞大,打造奇巧,富有创造性;海船采用的多根桅杆,为前代所无;战船种类众多,功用齐全,在抗金和抗蒙元的战争中发挥了重要作用。

① 张邦炜:《瞻前顾后看宋代》,《河北学刊》2006 年第 5 期。
② (宋)范成大:《吴郡志》卷五〇《杂志》,《宋元方志丛刊》本,中华书局 1990 年版。
③ (元)脱脱:《元史》卷九三《食货一·税粮》,中华书局 2005 年版,第 2361 页。

3. 从商业发展看,南宋开创了古代中国商品经济发展的新时代

虽然宋代主导性的经济仍然是自然经济,但由于两宋时期冲破了历朝统治者奉行的"重农抑商"观念的束缚,确立了"农商并重"的国策,采取了惠商、恤商政策措施,使社会各阶层纷纷从事商业经营,商品经济呈现划时代的发展变化,进入一个新的历史发展阶段。一是四通八达的商业网络。随着商品贸易发展,出现了临安、建康(江苏南京)、成都等全国性的著名商业大都市,当时临安已达16万户,人口最多时有150万—160万人,[①]同时,还出现了50多个10万户以上的商业大城市,并涌现出一大批草市、墟市等定期集市和商业集镇,形成了"中心城市—市镇集市—边境贸易—海外市场"的通达商业网络。[②] 二是"市坊合一"的商业格局。两宋时期由于城市商业繁荣,冲破了长期以来作为商业贸易区的"市"与作为居民住宅区的"坊"分离的封闭式市坊制度,出现了住宅与店肆混合的"市坊合一"商业格局,街坊商家店铺林立,酒肆茶楼面街而立。从《梦粱录》和《武林旧事》的记载来看,南宋临安城内商业繁荣,甚至出现了夜市刚刚结束,早市又告兴起的繁荣景象。三是规模庞大的商品交易。南宋商品的交易量虽难考证,但从商税收入可窥见一斑。淳熙年间(1174—1189)全国正赋收入6530万缗,占全国总收入30%以上。据此推测,南宋商品交易额在20000万缗以上。可见商品交易量之巨大。[③] 南宋商税加专卖收益超过农业税的收入,改变了宋以前历代王朝农业税赋占主要地位的局面。

4. 从海外贸易看,南宋开辟了古代中国东西方交流的新纪元

两宋期间,由于陆上"丝绸之路"隔断,东南方向海路成为海上对外贸易的唯一通道,海外贸易成为中外经济文化交流的主要通道。南宋海外贸易繁荣表现在:一是对外贸易港口众多。广州、泉州、临安、明州(浙江宁波)等大型海港相继兴起,与外洋通商的港口已近20个,还兴起了一大批港口城镇,形成了北起淮南、东海,中经杭州湾和福、漳、泉金三角,南到广州湾和琼州海峡的南宋万余里海岸线上全面开放的新格局。这种盛况不仅唐代未见,就是明清亦未能再现。[④]二是贸易范围大为扩展。宋前,与我国通商的海外国家和地区约20个,主要集

① 杨宽先生在《中国古代都城制度史》一书中认为,南宋末年咸淳年间,临安府所属九县,按户籍,主客户共三十九万一千多户,一百二十四万多口;附郭的钱塘、仁和两县主客户共十八万六千多户,四十三万二千多口,占全府人口的三分之一。宋朝的"口"是男丁数,每户平均以五人计,约九十多万人。所驻屯的军队及其家属,估计有二十万人以上,总人口当在一百二十万人左右,包括城外郊区十万人和乡村十万人。
② 陈杰林:《南宋商业发展:特点与成因》,《安庆师范学院学报》2003年第4期。
③ 陈杰林:《南宋商业发展:特点与成因》,《安庆师范学院学报》2003年第4期。
④ 葛金芳:《南宋:走向开放型市场的重大转折》,《杭州研究》2007年第2期。

中在中南半岛和印尼群岛,而与南宋有外贸关系的国家和地区增至 60 个以上,范围从南洋(今南海)、西洋(今印度洋)直至波斯湾、地中海和东非海岸。三是出口商品附加值高。宋代不但外贸范围扩大、出口商品数量增加,而且进口商品以原材料与初级制品为主,而出口商品则以手工业制成品为主,附加值高。用附加值高的制成品交换附加值低的初级产品,表明宋代外向型经济在发展程度上高于其外贸伙伴。①

三、在文化上,不但要看到封闭保守、颓废安逸的一面,更要看到南宋"百家争鸣、百花齐放"的繁荣局面

由于以宋高宗为首的妥协派大多患有"恐金病",加之南宋要想收复北方失地在军事上和经济上确实存在着许多困难,收复中原失地的战争,也几度受到挫折,因此在南宋统治集团中,往往笼罩着悲观失望、颓废偷安的情绪。一些皇亲贵族,只要不是兵荒马乱,就热衷于享受山水之乐和口腹之欲,出现了软弱不争、贪图享受、胸无大志、意志消沉的"颓唐之风"。反映在一些文人士大夫的文化生活中,就是"一勺西湖水。渡江来、百年歌舞,百年醋醉"的华丽浮靡之风。但是,这并不能掩盖两宋文化的历史地位与影响。宋代是中国古代文化最为光辉灿烂的时期之一。近代的中国文化,其实皆脱胎于两宋文化。著名史学家邓广铭认为:"宋代文化发展所能达到的高度,在从十世纪后半期到十三世纪中叶这一历史时期内,是居于全世界的领先地位的。"②日本学者则将宋代称为"东方的文艺复兴时代"。③ 著名华裔学者刘子健认为:"此后中国近八百年来的文化,是以南宋文化为模式,以江浙一带为重点,形成了更加富有中国气派、中国风格的文化。"④

1. 南宋是古代中国学术思想的巅峰时期

王国维指出:"宋代学术,方面最多,进步亦最著","近世学术多发端于宋人"。宋学作为宋型文化的精神内核,是中国古代学术思想的巅峰。宋学流派纷呈,各臻其妙,大师迭出,群星璀璨,使南宋的思想文化呈现一派勃勃生机和前所未有的活跃局面。

理学思想形成。两宋统治者以文治国、以名利劝学的政策,对当时的思想、

---

① 葛金芳:《南宋:走向开放型市场的重大转折》,《杭州研究》2007 年第 2 期。

② 邓广铭:《国际宋史研讨会开幕词》,载《国际宋史研讨论文选集》,河北大学出版社 1992 年版,第 1 页。

③ ［日］宫崎市定:《宫崎市定论文选集》下册,商务印书馆 1963 年版。

④ 刘子健:《代序——略论南宋的重要性》,载黄宽重主编《南宋史研究集》,台湾新文丰出版公司 1985 年版。

学术及教育产生了重要影响,最明显的一个结果是新儒学——理学思想诞生。南宋是儒学各派互争雄长的时期,各学派互相论辩、互相补充,共同构筑起中国儒学发展史上一个新的阶段。作为程朱理学集大成者的朱熹,是继孔孟以来最杰出的儒家学者。理学思想倡导国家至上、百姓至上的精神,与孟子的"君轻民贵"思想是一脉相承的。同时,两宋还倡导在儒家思想主导下的"儒佛道三教同设并行",就是在"尊孔崇儒"的同时,对佛、道两教也持尊奉的态度。理学各家出入佛老;佛门也在学理上融合儒道;道教则从佛教中汲取养分,将其融入自身的养生思想,并吸纳佛教"因果轮回"思想与儒家"纲常伦理"学说。普通百姓"读儒书、拜佛祖、做斋醮"更是习以为常。两宋"三教合流"的文化策略迎合了时代需要,使宋代儒生不同于以往之"终信一家、死守一经",从而使得南宋在思想、文化领域均有重大突破与重大建树。

思想学术界学派林立。学派林立是南宋学术思想发展的突出表现,也是当时学术界新流派勃兴的标志。在儒学复兴的思潮激荡下,尤其是在鼓励直言、自由议论的政策下,先后形成了以朱熹为代表的道学,以陆九渊为代表的心学,以叶适为代表的永嘉事功之学,以吕祖谦、陈亮为代表的永康之学等主要学派,开创了浙东学派的先河。南宋时期学派间互争雄长和欣欣向荣的景象,维持了近百年之久,形成了继春秋战国之后中国历史上第二次"百家争鸣"的盛况,为推动南宋经济文化发展起到了积极作用。尤其是浙东事功学派极力推崇义统一,强调"商藉农而立,农赖商而行",认为只有农商并重,才能富民强国,实现国家中兴统一的目的。功利主义思想反映了当时人们希望发展南宋经济和收复北方失地的强烈愿望。

2. 南宋是古代中国文学艺术的鼎盛时期

近代国学大师王国维认为"天水一朝人智之活动与文化之多方面,前之汉唐、后之元明皆所不逮也"。[①] 南宋文学艺术繁荣的主要表现,一是宋词兴盛。宋代创造性地发展了"词"这一富有时代特征的文学形式。词的繁荣起始于北宋,鼎盛于南宋。南宋词不仅在内容上有所开拓,而且艺术上更趋于成熟。辛弃疾是南宋最伟大的爱国词人,豪放词派的最高代表,也是南宋词坛第一人,与北宋词人苏东坡一样,同为宋词成就最杰出的代表。李清照是婉约词派的代表人物,形成了别具一格的"易安体",对后世影响很大。陆游既是著名的爱国诗人,也是南宋词坛的巨匠。他的词充满了奔放激昂的爱国主义感情,与辛弃疾一起把宋词推向了艺术高峰。二是宋诗繁荣。宋诗在唐诗之后另辟蹊径,开拓了宋

---

① 王国维:《静庵文集续编·宋代之金石学》,载《王国维遗书》第 5 册,上海古籍出版社 1983 年版。

诗新境界,其影响直到清末民初。宋诗完全有资格在中国诗史上与唐诗双峰并峙,两水并流。三是话本兴起。南宋话本小说出现,在中国文学史上是一件极有意义的大事,标志着中国小说的发展已进入一个新阶段。宋代话本为中国小说的发展注入了新鲜活力,迎来了明清小说的繁荣局面。南宋还出现了以《沧浪诗话》为代表的具有现代审美特征的开创性的文学理论著作。四是南戏的出现。南宋初年,出现了具有很强的现实性和感染力的"戏文",统称"南戏"。南宋戏文是元代杂剧的先驱,它的出现标志着中国古代戏曲艺术的成熟,为我国戏剧发展奠定了雄厚基础。[①] 五是绘画的高峰。宋代是中国绘画史上的鼎盛时期,标志我国古代时期绘画高峰的出现。有研究者认为"吾国画法,至宋而始全"。[②] 宋代画家多达千人左右,以李唐、刘松年、马远、夏圭等人为代表的南宋著名画家,他们的作品在画坛至今仍享有崇高地位。此外,南宋的多位皇帝和后妃也都是绘画高手。南宋绘画题材多样,山水、人物、花鸟画等并盛于世,尤以山水画最为突出,对后世影响极大。南宋画家称西湖景色最奇者有十,这就是著名的"西湖十景"的由来。宋代工艺美术造型、装饰与总体效果堪称中国工艺史上的典范,为明清工艺美术争相效仿的对象。此外,南宋的书法、雕塑、音乐、歌舞等艺术门类也都有长足的发展。

3.南宋是古代中国文化教育的兴盛时期

宋代统治者大力倡导学校教育,将"崇经办学"作为立国之本,使宋代的教育体制较之汉唐更加完备和发达。南宋官私学盛,彻底打破了长期以来士族地主垄断教育的局面,使文化教育下移,教育更加大众化,适应了平民百姓对文化教育的需求,推动了文化大普及,提高了全社会的文化素质,促进了南宋社会文化事业进步和发展。在科举考试推动下,南宋的中央官学、地方官学、书院和私塾村校并存,各类学校都获得了蓬勃的发展。南宋各州县普遍设立了公立学校,其规模、条件、办学水平,较之北宋有了更大发展。由于理学家的竭力提倡和科举考试的需要,南宋地方书院得到了大发展。宋代共有书院397所,其中南宋占310所。[③] 南宋私塾村校遍及全国各地,学校教育由城镇延伸到乡村,南宋教育达到前所未有的普及程度。

4.南宋是古代中国史学的繁荣时期

南宋以"尊重和提倡"的形式,鼓励知识分子重视历史,研究历史,"思考历代

---

① 参见何忠礼、徐吉军《南宋史稿》,杭州大学出版社1999年版,第657页。

② 潘天寿:《中国绘画史》,上海人民美术出版社1983年版,第158页。

③ 何忠礼:《论南宋定都杭州对当地经济文化的重大影响》,《杭州研究》2007年第2期。

治乱之迹"。陈寅恪先生指出："中国史学莫盛于宋。"①南宋史学家袁枢的《通鉴纪事本末》,创立了以重大历史事件为主体,分别立目,完整记载历史事件的纪事本末体;朱熹的《资治通鉴纲目》创立了纲目体;朱熹的《伊洛渊源录》则开启了记述学术宗派史的学案体之先河。南宋在历史上第一次提出了"经世致用"的修史思想。南宋史学家不仅重视当代史的研究,而且力主把历史与现实结合起来,从历史上寻找兴衰之源,以史培养爱国、有用的人才。这些都对后代的史学家有很大的启迪和教益。

四、在科技上,既要看到整个宋代在中国古代科技史上的地位,也要看到南宋对古代中国科学技术的杰出贡献

宋代统治集团对在科学技术上有重要发明及创造、创新之人给予物质和精神奖励,为宋代科技发展与进步注入了前所未有的强大动力。宋朝是当时世界上发明创造最多的国家,也是古代中国为世界科技发展贡献最大的时期。英国学者李约瑟说:"每当人们在中国的文献中查找一种具体的科技史料时,往往会发现它的焦点在宋代,不管在应用科学方面或纯粹科学方面都是如此。"②中国历史上的重要发明,一半以上都出现在宋朝。宋代的不少科技发明不仅在中国科技史上,而且在世界科技史上也号称第一。《梦溪笔谈》的作者沈括、活字版印刷术的发明者毕昇这两位钱塘(浙江杭州)人,都是中外公认的中国古代伟大科学巨匠。南宋的科技在北宋基础上进一步得到发展,其科技成就在很多方面居于世界领先地位。

1. 南宋对中国古代"三大发明"的贡献

活字印刷术、指南针与火药三大发明,在南宋时期获得进一步的完善和发展,并开始了大规模的实际应用。指南针在航海上的应用,始见于北宋末期,南宋时的指南针已从简单的指针,发展成为比较简易的罗盘针,并被应用于航海上,是一项具有世界意义的重大发明。李约瑟指出,指南针在航海中的应用,是"航海技艺方面的巨大改革","预示计量航海时代的来临"。中国古代火药和火药武器的大规模使用和推广也始自南宋。南宋出现的管形火器,是世界兵器史上十分重要的大事,近代的枪炮就是在这种原始的管形火器基础上发展起来的。此外,南宋还广泛使用威力巨大的火炮作战,充分反映了南宋火器制造技术的巨大进步。南宋开始推广使用活字印刷术,出现了目前世界上第一部活字印本。此外,南宋的造纸技术更为发达,生产规模大为扩展,品种繁多,质量之高,近代

① 陈寅恪:《陈垣〈明季滇黔佛教考〉序》《陈垣〈元西域人华化考〉序》,载《金明馆丛稿二编》,上海古籍出版社1980年版,第238、240页。
② [英]李约瑟:《李约瑟文集》,辽宁科技出版社1986年版,第115页。

也多不及。

2. 南宋在农业技术理论上的重大突破

南宋陈旉所著《陈旉农书》是我国现存最早的有关南方农业生产技术与经营的农学著作。他是中国农学史上第一个提出土地利用规划技术的人。陈旉在《农书》中首先提出了土壤肥力论等多种土地的利用和改造之法,并对搞好农业经营管理提出了卓越的见解。稻麦两熟制、水旱轮作制、"耕耙耖"耕作制,在南宋境内都得到了较好的推广。植物谱录在南宋也大量涌现。《橘录》是我国最早的柑橘专著;《菌谱》是世界历史上最早的菌类专著;《全芳备祖》是世界最早的植物学辞典,比欧洲要早 300 多年;《梅谱》是我国最早的有关梅花的专著。

3. 南宋在制造技术上的高度成

就宋代冶金技术居世界最高水平,南宋对此作出了卓越贡献。在有色金属开采与冶炼方面,南宋发明了"冶银吹灰法"和"铜合金铁"冶炼法;在煤炭开发利用上,南宋开始使用焦煤炼铁(而欧洲人是在 18 世纪时才采用焦煤炼铁的),是我国冶金史上具有重大意义的里程碑。南宋是我国纺织技术高度发展时期,特别是蚕桑丝绸生产,已形成了一整套从栽桑到成衣的过程,生产工具丰富,为明清的丝绸生产技术奠定了基础。南宋的丝纺织品、织造和染色技术在前代的基础上达到了一个新水平。南宋瓷器无论在胎质、釉料,还是在制作技术上,都达到了新的高度。同时,南宋的造船、建筑、酿酒、地学、水利、天文历法、军器制造等方面技术水平,也都比过去有很大的进步。如南宋绍熙元年绘制、淳祐七年刻石的"宋淳祐天文图"(又称苏州石刻天文图)是世界上现存年代最早、存星最多的石刻天文图,绘于南宋绍定二年(1229)的石刻《平江图》,是我国现存最古老、最完整的城市规划图,至今仍完好地保存在苏州碑刻博物馆。

4. 南宋在数学领域的巨大贡献

南宋数学不仅在中国数学史上,而且在世界数学史上取得了极为辉煌的成就。南宋杰出的数学家秦九韶撰写的《数书九章》提出的"正负开方术",与现代求数学方程正根的方法基本一致,比西方早 500 多年。另一位杰出的数学家杨辉,编撰有《详解九章算法》《日用算法》《乘除通变本末》《田亩比类乘除捷法》《续古摘奇算法》(《乘除通变本末》《田亩比类乘除捷法》《续古摘奇算法》三者合称为《杨辉算法》)等十余种数学著作,收录了不少我国现已失传的数学著作中的算题和算法。杨辉对二阶等差级数求和的论述,使之成为继沈括之后世界上最早研究高阶等差级数的人。杨辉发明的"九归口诀",不仅提高了运算速度和精确度,而且还对我国珠算的发明起到了重要作用。李约瑟把宋代称为"伟大的代数学家的时代",认为"中国的代数学在宋代达到最高峰"。[1]

5. 南宋在医药领域的重要贡献

南宋是中国法医学正式形成的时期。宋慈的《洗冤集录》是世界上第一部法医学专著,比西方早350余年。它不仅奠定了我国古代法医学的基础,而且被奉为我国古代"官司检验"的"金科玉律",并对世界法医学产生了广泛影响。南宋是中国针灸医学的极盛时期。王执中的《针灸资生经》和闻人耆年《备急灸法》两书,皆集历代针灸学知识之大全,反映了当时针灸学的最高水平。南宋腧穴针灸铜人是针灸学上第一具教学、临床用的实物模型。陈自明著的《外科精要》一书对指导外科的临床应用具有重要意义。陈自明的《妇人大全良方》是著名的妇产科著作,直到明清时期仍被妇科医生奉为经典。朱瑞章的《卫生家宝产科方》,被称为"产科之荟萃,医家之指南"。无名氏的《小儿卫生总微论方》和刘昉的《幼幼新书》,汇集了宋以前在儿科学方面所取得的成就,是我国历史上较早的一部比较系统、全面的儿科学著作。许叔微的《普济本事方》是中国古代一部比较完备的方剂专书。

五、在社会上,不但要看到南宋一些富豪官绅生活奢华、挥霍淫乐的一面,更要看到南宋政府关注民生、注重民生保障的一面

南宋社会生活的奢侈之风,既是南宋官僚地主腐朽的集中反映,也是南宋经济文化空前繁荣的缩影。我们不但看到南宋一些富豪官绅纵情声色、恣意挥霍的社会现象,更要看到南宋政府倡导善举、关注民生、同情民苦的客观事实。[2]两宋社会保障制度,在中国古代救助史上占有重要地位,并为宋后社会保障制度的建立奠定了基础。有学者认为,中国古代真正意义上的社会保障事业是从两宋开始的。同时,两宋时期随着土地依附关系逐步解除和门阀制度崩溃,逐渐冲破了以前士族地主一统天下的局面。两宋社会结构开始调整重组,出现了各阶层之间经济地位升降更替、社会等级界限松动的现象,各阶层的价值取向趋近,促进社会各阶层融合,平民化、世俗化、人文化趋势明显。两宋社会平民化,不仅体现在科举面向社会各个阶层,取士不受出身门第限制,而且体现在官民身份可以相互转化,可以由贵而贱,由贱而贵;贫富之间既可以由富而贫,也可以由贫而富。[3]

1. 南宋农民获得了更多的人身自由

两宋时期,租佃制普遍发展,这是古代专制社会中生产关系的一次重大调

① 参见《中国科学技术史》第1卷第1册,科学出版社1975年版,第273、284、287、292页。
② 邓小南:《宋代历史再认识》,《河北学刊》2006年第5期。
③ 郭学信:《宋代俗文化发展探源》,《西北师范大学学报》2005年第3期。

整。在租佃制下,地主招募客户耕种土地,客户只向地主缴纳地租,而不必承担其他义务。客户契约期满后有退佃起移的权利,且受到政府保护,人身依附关系大为减弱。按照宋朝的户籍制度,客户直接编入国家户籍,成为国家的正式编户,并承担国家某些赋役,而不再是地主的"私属",因而获得了一定的人身自由。两宋农民在法律上可以自由迁徙,这是历史的一大进步。[①] 南宋时期随着商品经济发展,农民获得了更多的自由,可以自由地离土离乡,转向城市从事手工业或商业活动。

2.南宋商人社会地位得到了提高

宋前历朝一直奉行"重农轻商"政策,士、农、工、商,商人居"四民"之末,受到社会歧视。宋代商业已被视同农业,均为创造社会财富的源泉,"士、农、工、商,皆百姓之本业"[②]成为社会共识,使两宋商人的社会地位得到前所未有的提高。随着工商业的发展,在南宋手工业作坊中,工匠主和工匠之间形成了雇佣与被雇佣关系。南宋手工业作坊中的雇佣制度,代替了原来带有强制性的指派和差人应役招募制度,雇佣劳动与强制性的劳役比较,工匠的人身束缚大为松弛,新的经济关系推动了南宋手工业经济发展,又促进了资本主义生产关系萌芽。

3.南宋市民阶层登上了历史舞台

"坊郭户"是城市中的非农业人口。随着工商业的日益发展,宋政府将"坊郭户"单独"列籍定等"。"坊郭户"作为法定户名在两宋时期出现,标志着城市"市民阶层"形成,市民阶层开始作为一个独立群体正式登上了历史舞台,成为不可忽视的社会力量。[③] 南宋时期,还实行了募兵制,人们服役大多出于自愿,从而有效保障了城乡劳力稳定和社会安定,与唐代苛重的兵役相比,显然是一个进步。

4.南宋社会保障制度更为完善

南宋的社会保障体系主要表现在:一是"荒政"制度。就是由政府无偿向灾民提供钱粮和衣物,或由政府将钱粮贷给灾民,或由政府将灾民暂时迁移到丰收区,或将粮食调拨到灾区,或动员富豪平价售粮,并在各州县较普遍地设置了"义仓",以解决暂时的粮食短缺问题。同时,遇丰收之年,政府酌量提高谷价,大量收籴,以避免谷贱伤农;遇荒饥之年,政府低价将存粮大量粜出,以照顾灾民。二是"养恤"制度。在临安等城市中,南宋政府针对不同对象设立了不同的养恤机构。有赈济流落街头的老弱病残或贫穷潦倒乞丐的福田院,有收养孤寡等贫穷

① 郭学信、张素音:《宋代商品经济发展特征及原因析论》,《聊城大学学报》2006年第5期。
② (宋)陈耆卿:《嘉定赤城志》卷三七《风土》,《宋元方志丛刊》本,中华书局1990年版。
③ 郭学信:《宋代俗文化发展探源》,《西北师范大学学报》2005年第3期。

不能自存者的居养院,有收养并医治鳏寡孤独贫病不能自存之人的安济院,有收养社会弃子弃婴的慈幼局,等等。三是"义庄"制度。义庄主要由一些科举入仕的士大夫用其秩禄买田置办,义田一般出租,租金则用于赈养族人的生活。虽然义庄设置的最初动机在于为本宗族之私,但义庄的设置在一定范围保障了族人的经济生活,对两宋官方的社会保障起到了重要的辅助作用。南宋的社会保障政策与措施对倡导善举、缓和社会矛盾、维护社会稳定等发挥了积极作用。[①]

六、在历史地位上,既要看到南宋在当时国际国内的地位,又要看到南宋对后世中国和世界的影响

1. 南宋对东亚"儒学文化圈"和世界文明进程之影响

两宋的成就居于当时世界发展的顶峰,对周边国家和世界均产生了巨大影响。如南宋对东亚"儒学文化圈"的影响。南宋朱子学对东亚"儒学文化圈"各国文化产生了广泛而深刻的影响,至今仍然积淀在东亚各民族的文化心理中,对东亚现代化起着重要作用。在文化输入上,这些周边邻国对唐代文化主要是制度文化的模仿,而对两宋文化则侧重于精神文化的摄取,尤其是对南宋儒学、宗教、文学、艺术、政治制度的借鉴。南宋儒学文化传至东亚各国,与各国的学术思想和民族文化相融合,产生了朝鲜儒学、日本儒学、越南儒学等东亚儒学,形成了东亚"儒学文化圈"。这表明南宋儒学文化在东亚民族之间的文化交流和传播中,对高丽、日本、越南等国学术文化与东亚文明发展历史产生了重大影响,这可以说是东亚文明发展中的一大奇观。[②] 同时,南宋儒学文化中的优秀成分和合理精神,在现代东亚社会的政治经济、思想文化、社会生活、家庭关系等方面仍然发挥重要影响和作用。如南宋儒学中的"信义""忠诚""中庸""和""义利并取"等价值观念,在现代东亚经济社会中的积极作用显而易见。

南宋对世界经济发展的影响。随着南宋海外贸易发展,与我国通商的海外国家与地区从宋前的 20 余个增至 60 个以上。海外贸易范围从宋前中南半岛和印尼群岛,扩大到西洋(今印度洋至红海)、波斯湾、地中海和东非海岸,使雄踞于太平洋西岸的南宋帝国与印度洋地区北岸的阿拉伯帝国一起,构成了当时世界贸易圈的两大轴心。海上"丝绸之路"取代了陆上"丝绸之路",成为中外经济文化交流的主要通道。鉴于此,美籍学者马润潮把宋代视为"世界伟大海洋贸易史上的第一个时期"。同时,随着商品经济的发展,北宋出现了世界上最早的纸币——交子。至南宋时,纸币开始在全国普遍使用。有学者将纸币的产生与大

① 参见杜伟《略述两宋社会保障制度》,载《沙洋师范高等专科学校学报》2004 年第 1 期;陈国灿《南宋江南城市的公共事业与社会保障》,载《学术月刊》2002 年第 6 期。
② 葛金芳:《南宋:走向开放型市场的重大转折》,《杭州研究》2007 年第 2 期。

规模流通称为"金融革命"。① 纸币流通的意义远在金属铸币之上,表明我国在货币领域发展已走在世界前列。

两宋对世界文明进程的影响。宋代文化对世界文化的影响,主要表现在两宋的活字印刷术、火药、指南针的西传上。培根指出:"这三种发明已经在世界范围内把事物的全部面貌和情况都改变了:第一种是在学术方面,第二种是在战事方面,第三种是在航行方面;由此产生了无数的变化,这种变化是如此巨大,以至没有一个帝国,没有一个教派,没有一个赫赫有名的人物,能比得上这三种机械发明。"②马克思的评价则更高:"火药、指南针、印刷术——这是预告资产阶级到来的三大发明。火药把骑士阶层炸得粉碎,指南针打开了世界市场并建立了殖民地,而印刷术则变成了新教的工具和科学复兴的手段,变成对精神发展创造必要前提的强大杠杆。"③两宋"三大发明"对世界文明的决定性作用是毋庸赘言的。两宋科举考试制度也对法、美、英等西方国家选拔官吏的政治制度产生了直接作用和重要影响,被人誉为"中国的第五大发明"。

2. 南宋对中国古代与近代历史发展之影响

中外学者普遍认为:"这时的文化直至20世纪初都是中国的典型文化。其中许多东西在以后的一千年中是中国最典型的东西,至少在唐代后期开始萌芽,而在宋代开始繁荣。"④

南宋促进了中国市民阶层的形成。随着商品经济的繁荣,两宋时期不仅出现了一大批大、中、小商业城市与集镇,而且形成了杭州、开封、成都等全国著名商业大都市,第一次出现了城市平民阶层,呈现了中国古代社会前所未有的时代开放性。南宋市民阶层的出现,世俗文化与世俗经济的形成与繁荣,意味中国市民阶层已具雏形,开启了中国社会平民化进程。正由于两宋时期出现了欧洲近代前夜的一些特征,如大城市兴起、市民阶层形成、手工业发展、商业经济繁荣、对外贸易发达、流通纸币出现、文官制度成熟等现象,美国、日本学者普遍把宋代中国称为"近代初期"。⑤

南宋促成了中国经济重心南移。由于南宋商品经济空前发展,有些学者甚至断言,宋代已经产生了资本主义萌芽。西方有学者认为南宋已处在"经济革命时代"。随着宋室南下,南宋经济的发展与繁荣,使江南成为全国经济最为发达

---

① 参见张邦炜《瞻前顾后看宋代》,载《河北学刊》2006年第5期。
② [英]培根:《新工具》,商务印书馆1984年版,第103页。
③ [德]马克思:《机械、自然力和科学应用》,人民出版社1978年版,第67页。
④ [美]费正清、赖肖尔:《中国:传统与变革》,江苏人民出版社1995年版,第118—119页。
⑤ 张晓淮:《两宋文化转型的新诠释》,《学海》2002年第4期。

的地区。南宋时期，全国经济重心完成了由黄河流域向长江流域的历史性转移，我国经济形态自此逐渐从自然经济转向商品经济，从封闭经济走向开放经济，从内陆型经济转向海陆型经济。这是中国传统社会发展中具有路标性意义的重大转折。[①] 如果没有明清的海禁和极端专制的封建统治，中国的近代化社会也许会更早地到来。

南宋推进了中华民族大融合。南宋时期，中国社会出现了第三次民族大融合。宋王朝虽然先后被同时代的女真、蒙古民族征服，但无论前金还是后蒙，在其思想文化上，都被南宋代表的先进文化折服，融入中华民族大家庭之中。10—13世纪，中原王朝与北方游牧民族时战时和、时分时合，使以农耕文化为载体的两宋文化迅速向北扩散播迁，女真、蒙古政权深受南宋代表的先进政治制度、社会经济和思想文化影响，表示出对南宋文化认同、追随、仿效与移植，自觉不自觉地接受了先进的南宋文化，使其从文字到思想、从典章制度到风俗习惯均呈现出汉化趋势。[②] 南宋文化改变了这些民族的文化构成，提高了其文化层位，加速了这些民族由落后走向进步的进程，从而在整体上提高了中国北部地区少数民族的文明程度。

南宋奠定了理学在封建正统思想中的主导地位。理学的形成与发展，是南宋文化对中国古代思想文化的重大贡献。南宋理宗朝时，理学被钦定为封建正统思想和官方哲学，确立了程朱理学的独尊地位，并一直垄断元、明、清三代的思想和学术领域长达700余年，其影响之深广，在古代中国没有其他思想可以与之匹敌。[③] 同时，两宋时期开创了中国古代儒、佛、道"三教合流"的文化格局。与汉武帝"罢黜百家、独尊儒术"不同，南宋在大兴儒学的前提下，加大了对佛、道两教的扶持，出现了"以佛修心，以道养生，以儒治世"的"三教合一"的格局。自宋后，古代中国社会基本延续了以儒学为主体，以佛、道为辅翼的文化格局。

两宋对中国后世王朝政权稳定的影响。两宋王朝虽然国土面积前不及汉唐，后不如元明清，却是中国封建史上立国时间最长的王朝之一。两宋王朝之所以在外患深重的威胁下保持长治局面，很大程度上取决于两宋精于内治，形成了一系列的中央集权制度和民族认同感，因此，自宋朝后，中华民族"大一统"思想深入人心，中国历史上再也没有出现过地方严重分裂割据的局面。

3. 南宋对杭州城市发展之影响

正是南宋经济、文化、社会各方面的高度发展，促成京城临安极度繁荣，成为

---

① 参见葛金芳《南宋：走向开放型市场的重大转折》，载《杭州研究》2007年第2期。
② 参见虞云国《略论宋代文化的时代特点与历史地位》，载《浙江社会科学》2006年第3期。
③ 参见何忠礼《论南宋在中国历史上的地位和影响》，载《杭州研究》2007年第2期。

12—13 世纪最为繁华的世界大都会,也正是南宋带来民族文化大交流、生活方式大融合、思想观念大碰撞,形成了京城临安市民独特的生活观念、生活方式、性格特征、语言习惯。直到今天,杭州人独有的文化特质、社会习俗、生活理念,都深深地烙上了南宋社会的历史印迹。

京城临安,一座巍峨壮丽的世界级"华贵之城"。南宋朝廷立临安为行都,使杭州的城市性质与等级发生了根本性的巨大变化。从州府上升为国都,这是杭州城市发展的里程碑,杭州由此进入历史上最辉煌的时期。南宋统治者对临安城建设倾注了大量心血,并倾全国之人力、物力、财力加以精心营造。经过南宋诸帝持续的扩建和改建,南宋皇城布满了金碧辉煌、巍峨壮丽的宫殿,足可与北宋的汴京城媲美。南宋对临安府大规模地改造和扩建的杰出代表便是御街。南宋都城临安,经过 100 多年的精心营建,已发展成为百万以上人口的大城市,成为当时亚洲各国经济文化的交流中心,城市规模已名列 12—13 世纪时世界的首位。当时的杭州被意大利著名旅行家马可·波罗称赞为"世界上最美丽华贵之天城"。而 12 世纪时,美洲和大洋洲尚未被殖民者发现,非洲处于自生自灭状态,欧洲现有主要国家尚未完全形成,罗马内部四分五裂,北欧海盗肆虐,基辅大公国(俄罗斯)刚刚形成。[1] 到了南宋后期(即 13 世纪中叶)临安人口曾达到 150 万—160 万人,此时,西方最大最繁华的城市威尼斯也只有 10 万人口,作为世界最著名的大都会伦敦、巴黎,直至 14 世纪的文艺复兴时期,其人口也不过 4 万—6 万人。[2] 仅从城市人口规模看,800 年前的杭州就已遥遥领先于世界各大城市。

京城临安,一座繁荣繁华的"地上天宫"。临安是全国最大的手工业生产中心。南宋临安工商业发达,手工业门类齐、制作精、分工细、规模大、档次高,造船、陶瓷、纺织、印刷、造纸等行业都建有大规模的手工业作坊,并有"四百一十四行"之说。临安是全国商业最为繁华的城市。临安城内城外集市与商行遍布,天街两侧商铺林立,早市夜市通宵达旦;城北运河樯橹相接、昼夜不舍,城南钱江两岸各地商贾海舶云集、桅杆林立。临安是璀璨夺目的文化名城。京城内先后集聚了李清照、朱熹、尤袤、陆游、杨万里、范成大、辛弃疾、陈起等一批南宋著名的文化人。临安雕版印刷为全国之冠,杭刻书籍为我国宋版书之精华。城内设有全国最高的学府——太学,规模最为宏阔,与武学、宗学合称"三学"。临安的教育事业空前繁荣。城内文化娱乐业发达,瓦子数量、百戏名目、艺人人数、娱乐项

---

① 参见何亮亮《从"南海"一号看中华复兴》,载《文汇报》2008 年 1 月 6 日。

② 参见何忠礼《论南宋在中国历史上的地位和影响》,载《杭州研究》2007 年第 2 期。

目和场所设施等方面,也都是其他城市无法比拟的。临安不但是全国政治中心,也是全国经济中心和文化中心。今日杭州之所以能成为"人间天堂",成为全国历史文化名城,成为我国七大古都之一,很大程度上就是得益于南宋定都临安,得益于南宋经济文化的高度繁荣。

京城临安,一座南北荟萃、精致和谐的生活城市。北方人口的优势,使南下的中原文化全面渗透到本土的吴越文化之中,形成了临安独特的社会生活习俗,并影响至今。临安的社会是本地居民与外来人员和谐相处的社会,临安的文化是南北文化交融、中外文化交流的结晶,临安的生活是中原风俗与江南民俗相互融合的产物。总之,南宋临安是一座兼容并蓄、精致和谐的生活城市。其表现为:一是南北交融的语言。经过 100 多年流行,北方话逐渐融合到吴越方言之中,形成了南北交融的"南宋官话"。有学者指出:"越中方言受了北方话的影响,明显地反映在今日带有'官话'色彩的杭州话里。"①二是南北荟萃的饮食。自南宋起,杭人饮食结构发生了变化,从以稻米为主,发展到米、面皆食。"南料北烹"美食佳肴,结合西湖文采,形成了具有鲜明特色的"杭帮菜系",而成为中国古代菜肴一个新高峰。丰富美味的饮食,致使临安人形成追求美食美味的饮食之风。三是精致精美的物产。南宋时期,在临安无论建筑寺观,还是园林别墅、亭台楼阁和小桥流水,无不体现了江南的精细精致,更有陶瓷、丝绸、扇子、剪刀、雨伞等工艺产品,做工讲究、小巧精致。四是休闲安逸的生活。城市的繁华与西湖的秀美,使大多临安人沉醉于歌舞升平与湖山之乐中,在辛劳之后讲究吃喝玩乐、神聊闲谈、琴棋书画、花鸟鱼虫,体现了临安人求精致、讲安逸、会休闲的生活特点,也反映了临安市民注重生活与劳作结合的城市生活特色,反映了临安文化的生活化与世俗化,并融入今日杭州人的生活观念中。

4. 借鉴南宋"体恤民生"的某些仁义之举,努力将今天的杭州建设成为一个全民共享的"生活品质之城"

南宋社会关注民生、同情民苦的仁义之举,尤其是针对不同人群建立较为完备的社会保障体系,在构建社会主义和谐社会,建设覆盖城乡、全民共享的"生活品质之城"的今天,有着特别重要的现实意义。建设覆盖城乡、全民共享的"生活品质之城",既是一项长期的历史任务,又是一个重大的现实课题。要使"发展为人民、发展靠人民、发展成果由人民共享、发展成效让人民检验"理念落到实处,就必须把老百姓的小事当作党委、政府的大事,以群众呼声为第一信号,以群众利益为第一追求,以群众满意为第一标准,树立起"亲民党委""民本政府"的良好

---

① 参见徐吉军《论南宋定都杭州对当地经济文化的重大影响》,载《杭州研究》2007 年第 2 期。

形象。要始终坚持以人为本、以民为先的理念,既要关注城市居民,又要关注农村居民;既要关注本地居民,又要关注外来创业务工人员;既要关注全体市民生活品质的整体提高,更要特别关注困难群众、弱势群体、低收入阶层生活品质的明显改善。要始终关注老百姓的衣食住行、安危冷暖、生老病死,让老百姓能就业、有保障,行得便捷、住得宽敞,买得放心、用得舒心,办得了事、办得好事,拥有安全感、安居又乐业,让全体市民共创生活品质、共享品质生活。

5. 整合南宋"安逸闲适"的环境资源,推进杭州"东方休闲之都"和国际旅游休闲中心建设

杭州得天独厚的自然山水环境,经过南宋100多年来固江堤、疏西湖、治内河、凿新井、建宫城、造御街、设瓦子、引百戏等多方面的措施,形成都城左江(钱塘江)右湖(西湖)、内河(市区河道)外河(京杭运河)的格局,使杭州的生态环境、旅游环境、休闲环境大为改观,极大丰富了杭州的旅游资源。南宋不但为我们留下一块"南宋古都"的"金字招牌",还留下了安逸闲适的休闲环境和休闲氛围。在"三面云山一面城"的独特环境里,集中了江、河、湖、溪与西湖群山,出现了大批观光游览景点,并形成著名的"西湖十景"。沿湖、沿河、沿街的茶肆酒楼,鳞次栉比、生意兴隆;官私酒楼、大小餐馆充满"南料北烹"的杭帮菜肴和各地名肴;大街小巷布满大小馆舍旅店,是外地游客与应考士子的休息场所。同时,临安娱乐活动丰富多彩,节庆活动繁多。独特的自然山水、休闲的环境氛围,使临安人注重生活环境、讲究生活质量、追求生活乐趣。不但皇亲国戚、达官贵人纵情山水、赏花品茗,过着高贵奢华的休闲生活,而且文人士大夫交结士朋、寄情适趣,热衷高雅脱俗的休闲生活;就是普通百姓也会带妻携子泛舟游湖,享受人伦亲情及山水之乐。

今天的杭州人懂生活、会休闲,讲究生活质量,追求生活品质,都可以从南宋临安人闲情逸致的生活态度中找到印迹。今天的杭州正在推进新城建设、老城更新、环境保护、街区改善等工程,都可以从南宋临安对左江右湖、内河外河的治理和皇城街坊、园林建筑的建设中得到有益的启示。杭州要打造"东方休闲之都",共建共享"生活品质之城",建设国际旅游休闲中心,就必须重振"南宋古都"品牌,充分挖掘南宋文化遗产,珍惜杭州为数不多的地上南宋遗迹。进一步实施好西湖、西溪、运河、市区河道综合保护工程;推进"南宋御街"——中山路有机更新,以展示杭州自南宋以来的传统商业文化;加强对南宋"八卦田"景区的保护与利用,以展示南宋皇帝"与民同耕"的怀古场景;加强对南宋官窑遗址的保护与利用,以展示南宋杭州物产的精致与精美;加强对南宋皇城遗址和太庙遗址的保护与利用,以展示昔日南宋京城的繁荣与辉煌。进入21世纪的杭州,不但要保护

利用好南宋留下的"三面云山一面城"的"西湖时代",更要以"大气开放"的宏大气魄,努力建设好"一主三副六组团六条生态带"的大都市空间格局,形成"一江春水穿城过"的"钱塘江时代",实现具有千年古都神韵的文化名城与具有大都市风采的现代化新城同城辉映。

南宋文献集成第 15 册目录

南宋诏令编年　孝宗朝卷十三　淳熙元年(1174) ······················· 1

南宋诏令编年　孝宗朝卷十四　淳熙二年(1175) ······················· 86

南宋诏令编年　孝宗朝卷十五　淳熙三年(1176) ······················· 151

南宋诏令编年　孝宗朝卷十六　淳熙四年(1177) ······················· 223

南宋诏令编年　孝宗朝卷十七　淳熙五年(1178) ······················· 288

南宋诏令编年　孝宗朝卷十八　淳熙六年(1179) ······················· 398

南宋诏令编年　孝宗朝卷十九　淳熙七年(1180) ······················· 495

南宋诏令编年　孝宗朝卷二十　淳熙八年(1181) ······················· 546

南宋诏令编年　孝宗朝卷二十一　淳熙九年(1182) ······················· 613

南宋诏令编年　孝宗朝卷二十二　淳熙十年(1183) ······················· 647

南宋诏令编年　孝宗朝卷二十三　淳熙十一年(1184) ····················· 664

南宋诏令编年　孝宗朝卷二十四　淳熙十二年(1185) ····················· 677

南宋诏令编年　孝宗朝卷二十五　淳熙十三年(1186) ····················· 704

南宋诏令编年　孝宗朝卷二十六　淳熙十四年(1187) ····················· 724

南宋诏令编年　孝宗朝卷二十七　淳熙十五至十六年(1188—1189)

······················· 743

附金诏令 …………………………………………………………… 768

附夏诏令 …………………………………………………………… 801

篇名索引 …………………………………………………………… 803

孝宗朝卷十三　淳熙元年(1174)

崔敦诗除崇政殿说书告词
(淳熙元年正月四日)

朕蒐揽英隽,置诸册府,如艺梓杞,待其成材。凡一时词臣讲官,鲜不繇此。有能翘然自拔于众人之中,则将试而用之,进以不次。尔性识敏悟,学业夙成,见于文词,有秀杰迈往之气。朕既为尔绵蕝典故,摄直翰墨之林,经幄需贤,肆以命尔,可谓士之荣遇者矣。昔鲁秉周礼,敌人不敢加兵,礼之有益于国如此。据古以言,无爽朕听。可。

出处:《崔舍人玉堂类稿》附录。

撰者:王淮

考校说明:“崔敦诗”,《全宋文》误作“崔敦礼”(第二二五册,第一六〇页)。

诸路刑狱不得诬滥诏
(淳熙元年正月八日)

诸路禁囚有不得其死,或人数稍多,狱官、令佐、守倅悉坐其罪,不以去官赦原。

出处:《宋会要辑稿》刑法六之七〇。

1

赵彦瑞特降两官诏
（淳熙元年正月十二日）

蔡洸具到衢州守臣并本路监司措置会子申缴文历比他州稽缓,守臣可恕,所专责者监司,其提刑赵彦瑞特降两官。

出处:《中兴两朝圣政》卷五三。又见《宋史全文续资治通鉴》卷二六。

外路诸军下班祗应磨勘改转诏
（淳熙元年正月十二日）

外路诸军下班祗应,自今许通理一十五年,特与行磨勘改转。

出处:《宋会要辑稿》职官一四之一一。

臣僚致仕遗表恩泽承受诏
（淳熙元年正月十八日）

敕:臣僚所得致仕遗表恩泽,父母在则从其父母,若父母俱亡,其致仕遗表恩泽合依绍兴七年七月九日敕陈乞施行外,以其子之长幼次序承受。如诸子皆已有官,先奏补诸子房下最长孙一名,其余恩泽却依诸子房分次序,奏补诸孙承受。其长孙房已受恩泽者,论次到日,自合黜除;若有恩泽一名,只得奏长孙。如轮奏诸房已足,尚有余数恩泽,却依长子房分次序奏。如父、母、祖有遗嘱,及兄弟能义逊者,即不在此限。

出处:《庆元条法事类》卷一二。

大阅诸军不许设酒诏
（淳熙元年正月二十一日）

已降指挥,令殿前司主帅于二月内就茅滩合教诸军。访闻旧来每遇大阅,主帅例设酒食,如待客之礼。可专札下王友直,毋得循习,务令军容整肃。

出处:《中兴两朝圣政》卷五三。又见《宋史全文续资治通鉴》卷二六。

宗室亲民资序历任稍深应入将副之人升擢诏
（淳熙元年正月二十四日）

宗室亲民资序历任稍深、应入将副之人,自今令枢密院铨择,添差不厘务将副并诸路安抚司准备将领,次第升擢,每州不得过一员。

出处:《宋会要辑稿补编》第一三页。

武学外舍生公试入等升补诏
（淳熙元年正月二十八日）

武学外舍生,有校定公试合格,用程大昌所请五等弓马法,与程文五等相参,入上中等者,即与据阙升补;入下等者,候将来再试入等,依名次据阙升补。其参入上中等,当年无阙升补不到之人,候将来再试入等,亦与依名次据阙升补。

出处:《宋会要辑稿》崇儒三之四〇

赐敷文阁直学士左中大夫知泉州
汪大猷乞归就祠禄不允诏
（暂系于淳熙元年正月前后）

朕夙夜兴念,焦劳远民,得一良刺史以惠宁之,如宝珠玉,尚肯轻弃？卿清规粹德,践扬禁涂,典吾重藩,□有政誉,因任滋久,发闻日休,何为上书,必求□退！齿发不衰,精神方盛,意病未当言也,藉欲自逸,宁不能勉为朕留,慰此一方之人乎？祗若训辞,趣安厥服。

出处:《崔舍人玉堂类稿》卷八。
撰者:崔敦诗
考校说明:编年据同集前后文时间、汪大猷宦历补,见周必大《平园续稿》卷二七《汪公大猷神道碑》。

赐武康军承宣使新特改添差江南东路马步军副都总管建康府驻札王琪辞免差知扬州不允诏
（暂系于淳熙元年正月前后）

朕惟广陵控制淮海，屏蔽东南，厥今号为要地，分阃之任，匪才不居。卿蚤宣忠勤，茂著休绩，越从祠馆，俾总戎师，肆嘉壮猷，易典方面。朕之付汝，盖不轻矣。振之于复用，则恩深而责重；收之于久逸，则谋蓄而虑精。姑略谦章，勉图报礼。

出处：《崔舍人玉堂类稿》卷八。

撰者：崔敦诗

考校说明：编年据同集前后文时间补。

赐少保武安军节度使四川宣抚使虞允文乞致仕退安田里不允诏
（淳熙元年二月前）

朕慨念远图，敷求长算。乃眷西顾，执胾分阃之权；□曰汝谐，遂付董师之任。逾年于彼，厥绩用休。纪律精严，恩威孚洽，方倚宪邦之效，遽披纳禄之章。良骏所闻，莫喻兹意。孔明甚病，尚军务之必亲；子房未衰，□人事之早弃。而况安危所系，神明自扶。傥体□□□愆，固当卧而治耳；岂勋庸之将就，乃欲轻于□□？□若予怀，益共尔位。

出处：《崔舍人玉堂类稿》卷八。

撰者：崔敦诗

考校说明：编年据虞允文宦历及卒年补，见《诚斋集》卷一二〇《虞公神道碑》。

赐王抃辞免除观察使恩命不允诏
（乾道九年十二月至淳熙元年二月间）

朕惟春秋之时，列国之大夫主辞令，治宾客，咸□□容谈笑，尊强于乃国家，朕思得若人而用之。□□□敏而通，强而毅，发其智谋，克协于朕指，咸乃功。肆畴厥劳,用陟以廉车之宠。鸣呼,往钦哉! 图惟厥成,毋咈朕命,用扬尔显绩。

出处:《崔舍人玉堂类稿》卷八。

撰者:崔敦诗

考校说明:编年据崔敦诗任两制时间、王抃官历补,见《宋会要辑稿》职官五一。

赐沈度辞免除权兵部尚书恩命不允诏
(乾道九年十二月至淳熙元年二月间)

朕仰惟前代是若,建置□官曰六卿,各帅其属,□□邦治,惟其人不求备,备厥惟贤。卿秉乃德,裕□□,□力于四方,迪简在禁涂。乃有嘉谋嘉猷,其在京□□惠和于有民,兹用进尔以常伯之位,亦惟尔酬应□客,有庸于王家。鸣呼,卿其承之,惟劳惟能,朕不轻□,乃惟尔百辟用劝。

出处:《崔舍人玉堂类稿》卷八。

撰者:崔敦诗

考校说明:编年据崔敦诗任两制时间、沈度官历补,见《宋会要辑稿》职官五一。

责帅臣教阅诏
(淳熙元年二月一日)

令诸路帅司遵依元降指挥施行,仍令敕令所修立成法。

出处:《中兴两朝圣政》卷五三。

回赐安南国王李天祚进奉大礼纲敕书
(淳熙元年二月一日后)

朕祗循彝典,丕蔵明禋,维时藩服之臣,远效贡□□实。载嘉纯节,具阅多仪,式厚宠光,用颁庆赍。

出处:《崔舍人玉堂类稿》卷一六。

撰者:崔敦诗

考校说明:编年据文中所述史事补,见《宋会要辑稿》蕃夷四。

劝谕士人赴举诏
(淳熙元年二月二日)

盖闻君唯急于求贤,国莫强于得士。校其行艺,在周尝谨于宾兴;试以文辞,至唐尤备于科举。永念累朝之制,具存三岁之常。翕受群英,明熙庶绩。朕祗承体绪,丕阐大猷。纯化懿纲,将踵帝皇之盛;通儒硕学,尚虞岩穴之遗。肆因大比之期,率用有司之典。爰加诏谕,咸俾朋来。业有尔劝,爵无予吝。谅浑涵于素蕴,当卒励于宏图。考诸卿而献书,党闻定论;造于庭而亲策,敢缓详延。布告多方,使知朕意。

出处:《宋会要辑稿》选举一之一八。

抄估魏寿卿家产诏
(淳熙元年二月四日)

平江府将魏寿卿见存家产抄估,补填所侵盗官钱。

出处:《中兴两朝圣政》卷五三。

令江东西等路开具所种二麦诏
(淳熙元年二月七日)

令诸路印榜,速行下州县晓谕,仍遵依已降指挥,疾速从实开具,即不得因而希赏,虚增数目。岁具增种顷亩之数,结罪保明以闻。

出处:《宋会要辑稿》食货六三之二二二。

两浙转运司督责减定造船事诏
(淳熙元年二月十二日)

两浙转运司自此督责逐处须管依数减定,其秀州造船钱物并逐处工匠,并不得侵移私役。

出处:《宋会要辑稿》食货五〇之二七。

令贾怀恩往羊家寨点检海湖船诏
（淳熙元年二月十三日）

楚州钤辖贾怀恩不时往羊家寨点检海湖船,仍于本寨内选择堪任部辖人专一管辖,毋令越境作过。

出处:《宋会要辑稿》食货五〇之二七。

选用沿淮归正忠义有智勇者诏
（淳熙元年二月十三日）

沿淮归正忠义内有武勇出众、材智过人、曾充头目者,委官招集,发赴枢密院密察,量材使唤。

出处:《宋会要辑稿》兵一六之五。

湖州民户身丁钱绢折纳见钱诏
（淳熙元年二月十九日）

湖州管下民户身丁钱绢多是揍成端匹,例皆付之揽户,要以重价。可从民便折纳见钱,令州县自行买绢解发上供。

出处:《宋会要辑稿》食货六六之一五。

赈济台处州灾民诏
（淳熙元年二月二十一日）

台、处州去秋大旱,仰于逐州桩管常平米内,令守贰约合用实数申常平司,速行取拨赈济。衢、婺之间似此去处,比类施行。

出处:《宋会要辑稿》食货六八之七四。

州郡诸司不得巧作名目蠹耗财赋诏
（淳熙元年二月二十三日）

访闻诸路州郡循习旧弊,巧作名色馈送;及虚破兵卒,以接送为名,多借请受;并假名权摄,支请供给之类。又闻诸司与列郡胥吏、牙校月有借请,蠹耗财赋,重困民力,致令归正拣汰之人拖下请给,仰诸路帅臣、监司常切觉察。

出处:《宋会要辑稿》职官七九之一。又见《中兴两朝圣政》卷五三,《宋史全文续资治通鉴》卷五三。

敕奉议郎吴儆除通判邕州
（淳熙元年三月六日）

一郡之守,在汝守贰,察奸举能,既复其旧矣,则达政之吏,可以有为尔。通炼民事,既试有劳,其允所请,以观来效。敕如右,牒到奉行。淳熙元年三月六日。

出处:《竹洲集》附录。

赐郑闻新除四川宣抚使再辞免除资政殿
大学士不允不得再有陈请诏
（淳熙元年三月九日后）

朕眷怀全蜀,邈在西邮。惠宁一方,孰专制阃之寄?顾瞻四近,乃辍赞元之贤。考绎金言,稽参懋典。爰□□于秘殿,庶倚重于壮犹。将疾而驱,已嘉忠荩;益□□牧,尚执劳谦。成命既行,多辞徒费。夫文武惟其所用,当应之不穷;功名隐于无形,必施而后见。使朕护安强之效,繄卿恢久大之图,则君臣俱荣,中外同福,区区小节,岂所望哉!宜即钦承,毋复有请。

出处:《崔舍人玉堂类稿》卷五。

撰者:崔敦诗

考校说明:编年据《宋史》卷二一三《宰辅表》补。

左藏南上库外门添置一门分番搜校诏
(淳熙元年三月十七日)

差皇城亲事官四人,于左藏南上库外门添置一门,分番别行搜校。其差替赏罚,并同东、西库见行条例。

出处:《宋会要辑稿》食货五一之八。

处置捕获到贩卖私盐人诏
(淳熙元年三月十七日)

敕:今后贩卖私盐捕获到官之人,若罪合科徒流者,当官相验身貌,强壮及得等杖、堪充征役,免罪,刺填军额;如身貌怯小疾病,不堪征役,即依本法施行。

出处:《庆元条法事类》卷二八。

淮东总领所差置催纲使臣诏
(淳熙元年三月十七日)

淮东总领所差置催纲使臣三员,于小使臣内选差,专一往来催促大军钱粮使唤,仍理为资任,支破本等券钱。

出处:《宋会要辑稿》职官四一之五七。

请免亲接国书仪报金主书
(淳熙元年三月二十六日后)

侄宋皇帝谨再拜,致书于叔大金应天兴祚钦文广武仁德圣孝皇帝阙下:惟十载遵盟已久,无一毫成约之违,独顾礼文,宜存折甲衷。矧辱函封之贶,尚循躬受之仪。既俯迫于舆情,尝屡伸于诚请。因岁元之来使,遂商榷以从权。敢劳将命之还,先布鄙悰之恳。自余专使肃控请祈。

出处:《金史》卷八九《梁肃传》。
考校说明:编年据《宋史》卷三四《孝宗纪》补。

皇城司差拨识字黄院子充修内司使唤诏
(淳熙元年三月二十八日)

皇城司差拨识字黄院子八人,专充修内提辖司实占巡视使唤,遇有修造随工匠去处,关入巡视稽察。割移名粮,就本司历内帮勘。如有多病癃老不堪祗应之人,依本司兵匠例,与带旧请养老。日后遇阙,依此差填。

出处:《宋会要辑稿》职官三〇之四。

给降会子收买额外浮盐诏
(淳熙元年三月二十八日)

左藏南库给降会子二十五万贯,分下临安、平江、绍兴府、明、秀州主管盐事措置收买额外浮盐,报交引库印钞,召客算请,将息钱赴封桩库别项桩管,以备循环收换会子。

出处:《宋会要辑稿》食货二八之一。

建康场务收趁及额推赏事诏
(淳熙元年三月)

自今建康场务岁终收趁茶盐等钱及额,其淮西总领自任内岁终与比附左、右司官,计日减半推赏。

出处:《宋会要辑稿》职官四一之五八。又见同书食货三一之二二。
考校说明:同书食货三一系于淳熙元年二月十四日。

赈粜关外四州诏
(淳熙元年四月七日)

访闻关外四州去岁秋旱灾伤,米价踊贵,窃虑民间阙食,致有流移。可令户部郎官四川总领赵公亮同本路提举常平官日下津运常平义仓米并附近桩积米,前去赈粜。

出处:《宋会要辑稿》食货六八之七四。

奖谕临安府狱空诏
(淳熙元年四月七日)

朕惟元元之民,愚而抵罪,无繇自新,吏或以苛刻为明,析律贰端,以傅致于法,厥或纵失有罪,朕甚不取。故狱疑者谳有司,有司所不能决,廷尉属得参听焉。卿等以文毋害,夙被推择,蔽罪折狱,罔不迪刑之中,迄臻屡空,克丕承于朕志。

出处:《咸淳临安志》卷六。

举贤良方正能直言极谏诏
(淳熙元年四月十日)

朕惟制科之设,所以待非常之才也。昔我仁祖临御,亲选天下士十有五人,崇论谹议,载在方策。庆历、嘉祐之治,上参唐虞,下轹商周,呜呼,何其盛也!肆朕纂绍洪业,侧席茂异,深诏执事搜聘来上,冀闻切直,辅朕之不逮。十有三年于今,应书者盖鲜。岂朕详延之礼未至欤?抑人材之多寡自有时欤?不然何望吾仁祖之盛而莫及也?夫士之韬藏器能,考槃岩穴者固耻于自献,非吾公卿明扬而历选之,则奚繇进?诏下,其各以所知对,朕将亲策于庭,收得人之效焉。今岁科场,其令尚书侍郎、两省、谏议大夫以上、御史中丞、学士、待制各举贤良方正能直言极谏一人,守臣、监司亦许解送,仍具词业缴进以闻。

出处:《宋会要辑稿》选举一一之三二。

赐皇子魏王生日诏
(暂系于淳熙元年四月十四日)

夏籥启和,允符令节,天支衍庆,诞育贤王。爰推赐式之优,往绩寿龄之永。

出处:《崔舍人玉堂类稿》卷一六。

撰者:崔敦诗

考校说明:编年据同集前后文时间、赵恺生日补,见周必大《玉堂类稿》卷九《赐皇子雄武保宁军节度使开府仪同三司判宁国府魏王恺生日诏》。

赐郑藻生日诏
(暂系于淳熙元年四月十五日)

气协薰弦,庆锺懿畹,纪嘉祥于初度,将厚意于多仪。介尔寿祺,昭予眷礼。

出处:《崔舍人玉堂类稿》卷一六。

撰者:崔敦诗

考校说明:编年据同集前后文时间、郑藻生日补,见周必大《玉堂类稿》卷九《赐太尉保信军节度使充万寿观使郑藻生日诏》。

令桂阳军说谕蛮峒首领择可教子弟听读诏
(淳熙元年四月十六日)

桂阳军三县应有蛮峒去处,令差人入峒,说谕首领择其可教子弟前来军学听读,依在学生员例,每月支破钱米养赡。

出处:《宋会要辑稿》选举一七之三。

开启天申节道场事诏
(淳熙元年四月十七日)

今月十八日,车驾诣景灵宫朝献行礼毕,令两枢密径赴明庆寺开启天申节道场,其应奉官并导从驾西班及武臣,各分轮一半径赴,并免从驾还内。

出处:《中兴礼书》卷二〇六。

请免亲接国书仪与金主书
(淳熙元年四月二十二日前)

言念眇躬,凤承大统。荷上国照临之惠,寻盟遂阅于十年;修两朝聘问之勤,继好靡忘于一日。惟是函书之受,当新宾接之仪。尝空臆以屡陈,饬行人而再请。仰祈眷顾,俯赐矜从。

出处:《金史》卷八八《纥石烈良弼传》。
考校说明:编年据《宋史》卷三四《孝宗纪》补。

周必大除右文殿修撰制
(淳熙元年四月二十二日)

敕朝请郎、提举江州太平兴国宫、赐紫金鱼袋周某:朕临朝思治,稽古右文。惟时著撰之华,晋与严凝之直,傥非名胜,曷副选抡?尔学探道源,才标国器,论事据昔人之正,能言推当世之工。备参两禁之游,雅擅三长之誉。讨论润色,岂徒追郑国之贤能;献纳论思,固已备汉臣之风采。粤从补外,久遂养恬。即书殿以联荣,俾儒林之增重,宜承眷渥,以俟时升。可特授,依前朝请郎,充右文殿修撰,差遣、赐如故。

出处:《文忠集》卷首。
撰者:王淮

赐叶衡上表再辞免除端明殿学士签书枢密院事
不允仍断来章批答
(淳熙元年四月二十三日后)

负经世之才者,常画于无志;怀许国之志者,又病于无才。才志具矣,时不尔与,亦未见其能成功也。卿学术宏深,器资方重,练达万变而智与几会,忠实一意而谋皆予同。召从留都,进长禁路,察其可任,断以不疑。今天下之事所当为者众矣,朕方夙夜宥密,不遑康宁,求其远且大者,亦惟尔左右帷幄之臣,是咨是度,济于丕成,仪图壮犹,参翊神务,素所注柬,宜无逾卿。亟奋而庸,助起予治,区区谦避,靡怿厥闻。

出处:《崔舍人玉堂类稿》卷三。

撰者:崔敦诗

考校说明:编年据《宋史》卷二一三《宰辅表》补。

赐姚宪上表再辞免除参知政事不允仍断来章批答
(淳熙元年四月二十三日后)

朕祗承慈训,嗣守庆基,有纲纪万事之绪而未克成,有经营四方之志而未克遂,遐想远慕,予心漠然,深求治原,匪贤曷济!卿方大之德,通明之资,迪知朕衷,登进枢管,审固足以定几事,渊微足以赞明谟。经之远猷,倚以修辅。夫才难适于时会,道常待于世兴,繄欲恢盛大之图,驰寥廓之见,自非开亮卓伟邦之瑰英,孰与共吾事哉!佥曰汝谐,政将安往,趣其祗服,汔以仰成。

出处:《崔舍人玉堂类稿》卷三。

撰者:崔敦诗

考校说明:编年据《宋史》卷二一三《宰辅表》补。

叶衡上表再辞免除端明殿学士签书枢密院事
不允仍断来章批答口宣
(淳熙元年四月二十三日后)

卿高明之资,正大之学,蔽自朕志,登于几廷。佥言其孚,毋复有请。

出处:《崔舍人玉堂类稿》卷一四。

撰者:崔敦诗

考校说明:编年据《宋史》卷二一三《宰辅表》补。

姚宪上表再辞免除参知政事不允仍断来章批答口宣
（淳熙元年四月二十三日后）

卿敏猷经国，硕德端朝，进翊化元，具符民望。断章催拜，宜即钦承。

出处：《崔舍人玉堂类稿》卷一四。
撰者：崔敦诗
考校说明：编年据《宋史》卷二一三《宰辅表》补。

推恩潘师尹诏
（淳熙元年四月二十七日）

寿圣明慈太上皇后亲属、训武郎、阁门祗候潘师尹特添差干办御前忠佐军头引见司，请给、酬赏、人从等并依正官例。

出处：《宋会要辑稿》后妃二之一六。

非僧结集经社及聚众行道条法诏
（淳熙元年四月二十八日）

诸非僧结集经社及聚众行道者，并依绍兴二十一年正月二十八日诏旨，仍令敕令所修立条法。

出处：《宋会要辑稿》刑法二之一一八。

赐钱端礼陈乞奉祠不允诏
（暂系于淳熙元年四月前后）

朕敷求前古致理之原，深戒刺史数易之弊。□□□吏，咸勉奋于民庸；虽尔大臣，亦徐观于治效。卿宏才经世，令德宪邦，夙怀康济之能，益稔耆明之誉。尝弼予治，参周官小宰之联；往抚乃封，即禹穴神皋之地。教条孚洽，闾里乂宁。方倚仁于报成，奚遽形于引退？望之尊者，岂出处之当易，政之优者，尚始卒之是

15

图。祗若朕怀,亟安尔位。

出处:《崔舍人玉堂类稿》卷五。

撰者:崔敦诗

考校说明:编年据同集前后文时间补。

赐史浩再辞免加食邑食实封不允诏
(暂系于淳熙元年四月前后)

朕钦柴泰坛,历祼清庙。嘉应并见,知精意之交通;庆赐遂行,庶纯禧之普洽。卿负时宿望,为国元臣,属修美报之仪,适阻骏奔之助,稽诸彝典,锡是徽章。惟符不于其祥,敢矜独乡;乃禄必当其位,奚用固辞。宜即祗承,毋勤重请。

出处:《崔舍人玉堂类稿》卷五。

撰者:崔敦诗

考校说明:编年据同集前后文时间、南宋郊祀时间补,见《宋史》卷三四《孝宗纪》。

赐中大夫提举江州太平兴国宫林安宅
辞免除龙图阁学士不允诏
(暂系于淳熙元年四月前后)

朕取才不责其备,用人必全其终,岂尝参宥密之谋,可独后褒荣之典? 卿蚤扬时誉,晚践政涂,坐一眚以去朝,积累年而置散,肆因郊赉,稍进宠名。虽君子允迪于劳谦,益坚素守;顾大臣当优于眷礼,难废彝章。姑略多辞,亟宜祗服。

出处:《崔舍人玉堂类稿》卷五。

撰者:崔敦诗

考校说明:编年据同集前后文时间补。

赐武康军承宣使新知扬州王琪辞免差充
荆鄂驻札御前诸军统制不允诏
（暂系于淳熙元年四月前后）

朕修明戎备，宣畅王灵。我得上流，爰分屯于劲旅；吾不中治，乃全付于英贤。卿凤负壮犹，屡收多绩，辍□淮甸之寄，往总武昌之师。蔽自朕衷，协于舆论。蹈□义者，急于报国；志功名者，乐于逢辰。即宜疾驱，毋□谦避。

出处：《崔舍人玉堂类稿》卷五。
撰者：崔敦诗
考校说明：编年据同集前后文时间补。

魏王府侍从兵级诸色人转资诏
（淳熙元年五月三日）

皇子魏王府见破亲事、黄阜院子、辇官、仪鸾翰林司厨子、教骏、兵级、诸色人，已降指挥，祗应及七年，与转一资；已经转资见接续祗应人，每及七年，可特与转行一资。今后准此。

出处：《宋会要辑稿》帝系二之二五。

谞松年特升差兴元府驻札御前军统领诏
（淳熙元年五月六日）

秉义郎、兴元府驻札御前中军马军第一将正将谞松年，比因奏事，议论可嘉，特升差兴元府驻札御前前军统领。

出处：《宋会要辑稿》职官三二之四五。

赐枢密院官满散天申圣节道场乳香口宣
（暂系于淳熙元年五月二十一日前后）

卿谋参宥画,庆协休辰,祗凭仙梵之因,仰赞寿昌之福。香维达意,赐以助诚。

出处:《崔舍人玉堂类稿》卷一四。

撰者:崔敦诗

考校说明:编年据同集前后文时间、文中所述史事补。

赐皇太子府满散天申圣节道场乳香口宣
（暂系于淳熙元年五月二十一日前后）

卿位正储宫,庆承慈极,式协诞弥之旦,尤深善颂之情。爰锡异香,用孚至意。

出处:《崔舍人玉堂类稿》卷一四。

撰者:崔敦诗

考校说明:编年据同集前后文时间、文中所述史事补。

枢密院官赴斋筵赐酒果口宣
（暂系于淳熙元年五月二十一日前后）

庆集亲闱,祥开诞节,爰启惠慈之燕,首均宥密之贤。维实及醪,往其祗受。

出处:《崔舍人玉堂类稿》卷一四。

撰者:崔敦诗

考校说明:编年据同集前后文时间、文中所述史事补。

赐步军司满散天申圣节道场乳香口宣
(暂系于淳熙元年五月二十一日前后)

序当炎籥,庆纪慈闱,维时武服之良,深祝天休之永。式资善祷,爰锡名香。

出处:《崔舍人玉堂类稿》卷一四。

撰者:崔敦诗

考校说明:编年据同集前后文时间、文中所述史事补。

殿前司差赴御马院祇应使臣令充额外诏
(淳熙元年五月二十三日)

自今殿前司应差赴御马院祇应使臣内带将副已上军职者,并令充额外,不得占破正阙,人从等与减半支破。如愿发遣趁赴本军管干者听。

出处:《宋会要辑稿》职官三二之五三。

路分都监改移驻札诏
(淳熙元年五月二十八日)

两浙东路移处州路分副都监一员于婺州驻札,浙西路移常州路分副都监一员于江阴军驻札,江南东路移池州路分都监一员于广德军驻札,江西路移江州路分都监一员于临江军驻札,淮南东路移扬州路分都监一员于泰州驻札,荆湖北路移岳州路分副都监一员于鄂州驻札。见任人且令终满,已差下人权依今改移驻札州军之任。

出处:《宋会要辑稿》职官四九之八。

走失强盗配军断罪诏
(淳熙元年五月三十日)

自今走失强盗配军,依犯流已决未役、已役未满而主守不觉亡罪杖一百断遣。或有妄作缘故放停强盗配军,比附取配军充宣借、被差官司辄遣徒二年断罪。违戾去处,委本路安抚、提刑司按劾。

出处:《宋会要辑稿》刑法四之五三。

赐中大夫参知政事姚宪辞免差同详定一司敕令权监修国史不允诏
(淳熙元年五月后)

朕惟明法审令,厥有彝章;昭德纪功,是存信史。博□宏达,申命纂修。庶几藏在名山,成一经之通体;亦使视诸故府,立万代之洪纲。非吾大臣,谁与领此?卿远识周乎世务,清规岂乎儒猷。肆畴乃庸,俾图厥政,遂付巨典,式观全能。三王之法合人情,岂无资于折衷;五帝之书言常道,正有赖于裁成。任既协于当仁,□亦循于近比。亟其祗服,毋咈予闻。

出处:《崔舍人玉堂类稿》卷五。
撰者:崔敦诗
考校说明:编年据《南宋馆阁录》卷七补。

赐吴挺诏
(淳熙元年六月前)

卿在荆鄂,军□□□,廉洁自持,朕甚嘉之,今除卿兴州驻札御前诸军统制,依前侍卫亲军步军都指挥使,其分朕西顾之忧。

出处:《陇右金石录》宋下《世功保蜀忠德碑》。
考校说明:月份据吴挺宦历补,见《宋史》卷三四《孝宗纪》。

升黜军帅诏
(淳熙元年六月一日)

王友直、吴挺持身甚廉,治军有律,凡所统驭,宿弊顿除,可并与建节旄。武功大夫、荣州刺史、提举台州崇道观秦琪身任帅臣,蠹坏军政,专事阿附,贪墨无厌,可责授舒州团练副使,漳州安置。

出处:《中兴两朝圣政》卷五三。又见《宋史全文续资治通鉴》卷二六。

赐吴挺诏
(淳熙元年六月一日后)

卿廉洁自持,临事不苟,屡为军帅,莅政严明。已降麻制,除卿定江军节度使,所以表著公正,率励四方。

出处:《陇右金石录》宋下《世功保蜀忠德碑》。
考校说明:月、日据吴挺宦历补,见《宋史》卷三四《孝宗纪》。

禁已有差遣人干求换易诏
(淳熙元年六月三日)

累降指挥,已有差遣人不得干求换易。比来约束更弛,日益奔兢。自今似此之人,依已降指挥,三省具名闻奏,当议降黜。其已授差遣人,朝辞讫,限半月出门。仍令临安府出榜晓谕,御史台弹劾。

出处:《宋会要辑稿》职官八之三六。又见《中兴两朝圣政》卷五三,《宋史全文续资治通鉴》卷二六。

诸军功赏转官告命事诏
(淳熙元年六月七日)

诸军功赏转官告命,令依旧签书宰执、侍从等官。隆兴元年七月二十五日指挥更不施行。

出处:《宋会要辑稿》职官一一之七三。

选濮王诸位下不字人比换环卫官趁赴朝参诏
(淳熙元年六月九日)

大宗正司于濮王诸位下见存"不"字一十七位,每位各选一人能循守规矩、无疾病过犯、人材可为仪表者,令本司选择取旨,与比换环卫官,趁赴朝参,并不作升等恩数。每人月特支米十石,候官至合请米日住支。

出处:《宋会要辑稿》帝系二之四八。

已授差遣人朝辞出门条约诏
(淳熙元年六月十三日)

已授差遣人朝辞讫,限半月出门。如元在临安府住居之人,及现任行在官同居有服亲,与免出门,不许出谒。若有违戾,令御史台觉察弹奏。

出处:《宋会要辑稿》刑法二之一一八。

赐宣奉大夫右丞相曾怀乞解罢机政不允诏
(淳熙元年六月二十三日前)

朕惟成周之盛,于时大臣之贤,至历四世,耆德之尊蟠然在位,不闻有谢事之辞,亦不闻有遗年之义。今朕不逮,所与共治者,惟是老犹硕辅,秉谊承翼,克将予于有济。尔乃陈力不及,愿致吾机政而归,朕岂以力望丞相哉!举纲总要,优游庙堂,论道之余,亦足□逸。

出处:《崔舍人玉堂类稿》卷五。
撰者:崔敦诗
考校说明:编年据曾怀官历补,见《宋史》卷二一三《宰辅表》。

赐右丞相曾怀再降诏不允不得更有陈请诏
（淳熙元年六月二十三日前）

朕惟天下之事，诚使老者谋之，壮者决之，虽圣贤不能易矣。朕率是道以用人，爰得耆辅，延登庙堂，敷□令犹，凝亮嘉绩。方日虚己以听，庶乎治功之隆，遽兹恳辞，欲以闲请，岂体朕羞耆尚贤之意乎？比岁宰辅之臣病于数易，今四海具瞻之地，爰立未久，又复□去，人斯谓何？祗服眷怀，亟起就位。

出处：《崔舍人玉堂类稿》卷五。

撰者：崔敦诗

考校说明：编年据曾怀官历补，见《宋史》卷二一三《宰辅表》。

免文武臣转官等合纳绫纸钱诏
（淳熙元年六月二十三日）

自今文武臣转官、初补、循资、叙复、封赠之类合纳绫纸钱，并与免纳。仍令敕令所将绫纸钱条格删去。

出处：《宋会要辑稿》职官一一之七三。

诸路提刑司保奏知通经总制无额钱赏诏
（淳熙元年六月二十三日）

自今诸路提刑司保奏知通经、总制无额钱赏，委户部并司勋审会内藏库，如无亏欠本库上供诸色窠名钱物，方许放行。

出处：《宋会要辑稿》食货五一之六。

曾怀罢右丞相制
（淳熙元年六月二十三日）

全进退之义，大臣式谨于廉隅；存终始之恩，明主盖优于体貌。乃眷弼谐之老,恳辞宰柄之勤。爰锡明纶,敷告列位。具官曾怀,疏通而肤敏,靖重而裕和。挺挺祖风,绰有典型之旧;恢恢才刃,了无盘错之难。自简予衷,言缵之事。十年主计,源流本末之洞知;一节匪躬,献纳论思之不替。越跻政路,擢置鼎司。庶几穆天纬而迪民彝,于以持道揆而严法守。曾阅时之未久,乃移疾而有陈。近医药而专精神,既屡颁于中诏;乞骸骨而上印绶,复荐贡于忱词。慨雅志之莫回,哀宠章而加赍。冠崇班于书殿,允为儒者之荣;赋厚禄于祠庭,仍就里门之逸。兹诚异数,庸表眷怀。於戏!后德惟臣,虽莫遂贪贤之美;尔身在外,尚无忘告后之猷。益介寿祺,永绥誉处。

出处:《宋宰辅编年录》卷一八。又见《海虞文征》卷一,《虞邑遗文录》补卷三。

撰者:王淮

赐宣奉大夫曾怀辞免除观文殿大学士
提举江州太平兴国宫不允诏
(淳熙元年六月二十三日后)

朕惟仁君不尽人之忠,智士不穷己之力。均劳逸之宜,则恩义斯厚;达进退之节,则廉隅乃全。卿迪德纯明,受材宏裕,比延登于揆路,实具展于贤犹。荐披恳请之章,祈遂燕间之适。已颁丕制,俾解繁机,跻荣秘请之崇,赋禄真祠之养。阶六符而成体,既居辅弼之联;陛九级而上廉,盍示始终之遇。趣宜祗服,毋事多陈。

出处:《崔舍人玉堂类稿》卷六。

撰者:崔敦诗

考校说明:编年据《宋史》卷二一三《宰辅表》补。

御前马院支草料价钱诏
(淳熙元年六月二十四日)

御前马院计定一年合买草料价钱,报左藏库上库先次一并支,却令转运司拨还。

出处:《宋会要辑稿》职官三二之五四。

赐中大夫参知政事姚宪乞就禄祠庭不允诏
（淳熙元年六月二十八日前）

朕举要万机，责成四辅。用舍之间，实关于国体；动静之际，尤系于民观。使皆归洁而自全，谁与协谋而共理。卿材资开济，识量渊闳，自擢预于政涂，益具昭于贤业。方有猷而告后，维既乃心；曾何感而上书，靡安厥位。矧今兴起庶治，恢张远图，正当宁汲汲焦劳之时，岂大臣纷纷辞避之日？亟祗尔服，毋咈予怀。

出处：《崔舍人玉堂类稿》卷六。
撰者：崔敦诗
考校说明：编年据《宋史》卷二一三《宰辅表》补。

赐叶衡上表再辞免除参知政事不允仍断来章批答
（淳熙元年六月二十八日后）

朕嗣隆丕绪，寅念永图，朝忘食以就功，夜振衣而思治。畴若予采，亦惟直方，持重之臣，用乂我民。俾有安乐，得贤之福。卿器资淳固，识虑渊通，才周文武之宜，学洞古今之蕴。忠勤一节，自结朕心；出入百为，浸崇人望。比召从于帅阃，即登践于枢廷，谋犹具宣，风绩逾劭。肆晋参于大政，实素定于至怀。硕大无朋，当愈坚于独立；温恭有恪，尚益效于同寅。方倚仁于交修，奚浼形于冲避。令维无反，时乃可行，宜亟钦承，毋容重请。

出处：《崔舍人玉堂类稿》卷三。
撰者：崔敦诗
考校说明：编年据《宋史》卷二一三《宰辅表》补。

叶衡上表再辞免除参知政事不允仍断来章批答口宣
（淳熙元年六月二十八日后）

卿德望素隆，材能兼劭，兹擢陪于国论，庶具展于壮犹。成命已孚，逊辞毋至。

出处：《崔舍人玉堂类稿》卷一四。

撰者：崔敦诗

考校说明：编年据《宋史》卷二一三《宰辅表》补。

赐朝请郎权吏部尚书兼太子詹事兼侍读李彦颖
乞除一在外宫观或待次小郡差遣不允诏
（暂系于淳熙元年六月前后）

朕敷求群材，列布庶位。乃眷禁严之长，有如端亮之臣，庶几共济远图，讵可独全小节？卿性资庄重，气守刚方，铨曹称通简之风，经幄见渊源之论。仍资正学，俾辅储宫。具孚令犹，休有崇望，遽披逊牍，备著诚忱。虚己待贤，维朕志之不贰；引疾辞位，岂尔心之有遄。就使欲其名推止足之高，宁不念乃后失老成之□！三复来奏，忱然莫从。

出处：《崔舍人玉堂类稿》卷五。

撰者：崔敦诗

考校说明：编年据同集前后文时间、李彦颖官历补，见《宋中兴东宫官寮题名》。

赐王友直辞免除奉国军节度使依前殿前
副都指挥使加食邑食实封不允诏
（暂系于淳熙元年六月前后）

朕规长策以驭邦，秉至权而厉世。整军经武，维干戈之省厥躬；念功简劳，必爵禄之当其位。卿志怀沉远，材力敏强，蔽自朕心，总兹禁旅。持己益知于廉谨，治军尤见于方严。尽革弊原，具殚忠蕴。肆优加于褒典，庶风厉于群臣。赏不逾勋，已允谐于舆论；言唯作命，谅难徇于谦怀。祗若宠荣，勉图报礼。

出处：《崔舍人玉堂类稿》卷五。

撰者：崔敦诗

考校说明：编年据同集前后文时间、《宋史》卷三七〇《王友直传》补。

赐观文殿大学士银青光禄大夫提举临安府洞霄宫陈俊卿辞免以郊祀大礼庆成加食邑食实封不允诏
（暂系于淳熙元年六月前后）

朕练吉天正，揭虔阳位，灵顾昭假，美祥来同，迄于有成，敢曰能飨！固尝哀神之施，覃及内外小大之士。眷乃硕辅，有劳王家，久辞繁机，越在外服，不获陪予礼容之盛也，肆其均厘，朕乌得而忘之！卿望崇而益谦，位高而愈畏，具乎诚悃，愿还宠章。《诗》不云乎："受天之祜，四方来贺，于万斯年，不遐有佐。"非吾股肱咸德之旧。谁与共此哉！勉其祇承，毋重多逊。

出处：《崔舍人玉堂类稿》卷六。

撰者：崔敦诗

考校说明：编年据同集前后文时间、南宋郊祀时间、陈俊卿宦历补，见《晦庵先生朱文公文集》卷九六《陈公行状》等。

赐吴拱上表辞免进封武功郡开国公加食邑食实封不允不得再有陈请诏
（暂系于淳熙元年六月前后）

朕甚重名而贵器，比者按图规土，出名镇之节而界之尔。亦惟尔先世之忠烈，乃身之勤劳，咸在王家，不可废赏。念尔先，仁也；畴尔劳，义也。一举而两善得，于是无愧。尔乃陈德弗称，愿还之少府之官，岂朕意哉！令出惟行，虽辞无益。

出处：《崔舍人玉堂类稿》卷五。

撰者：崔敦诗

考校说明：编年据同集前后文时间补。

赐朝请郎权吏部尚书兼太子詹事兼侍读李彦颖辞免除吏部尚书乞检会前奏除一在外宫观不允诏
(暂系于淳熙元年六月前后)

朕惟常伯之官,自古所重;选部之事,于今实繁。以盈几阁之书,付长子孙之吏,吏之幸则士必有不幸者也,朕思得其人而久任之。卿国之宝臣,时之寿俊,方介之资,形见议论,庄重之质,蔚为羽仪。今自典铨之长进而为真,庶几式究尔犹,使王裴之贤不独称□前世。维昔九官之命,皆专一职之能。于时所谓陟明者,不过爵服之加,终不遽易其任。若乃其间有卒为辅翼者,亦其详试积久而后用也。勉体至意,毋庸重陈。

出处:《崔舍人玉堂类稿》卷六。
撰者:崔敦诗
考校说明:编年据同集前后文时间、李彦颖官历补,见《宋中兴东宫官寮题名》。

赐奉国军承宣使士矩辞免特差知南外宗正事不允诏
(暂系于淳熙元年六月前后)

朕以不逮,奉承圣绪之休,永念本支之盛,所以镇万民强王室也。乃眷南顾,有繁吾宗,肆畴懿贤,命以董正。卿性资纯茂,德度粹温,周旋礼义之经,被服诗书之训,考属稽行,无逾汝宜。方崇公族振振之风,难徇君子谦谦之节。亟其祗服,毋复过陈。

出处:《崔舍人玉堂类稿》卷五。
撰者:崔敦诗
考校说明:编年据同集前后文时间、赵士矩官历补,见《宋会要辑稿补编》第一〇页。

赐右丞相曾怀生日诏
(暂系于淳熙元年夏)

朱衡御令,式纪嘉辰,乔岳储休,是生硕辅。往侑燕私之喜,特将庆赐之仪。

出处:《崔舍人玉堂类稿》卷一六。

撰者:崔敦诗

考校说明:编年据同集前后文时间、曾怀宦历、文中所述"朱衡御令"补,见《宋史》卷二一三《宰辅表》。

赐主管侍卫马军司公事赵樽银合夏药敕书
(暂系于淳熙元年夏)

眷尔忠诚,典吾亲卫,属炎威之蒸勃,亮戎务之勤劳。式厚珍颁,用扶吉履。

出处:《崔舍人玉堂类稿》卷一六。

撰者:崔敦诗

考校说明:编年据同集前后文时间、文中所述"夏药"补。

赐判宁国府皇子魏王恺金合夏药敕书
(淳熙元年夏)

时当长育,气及炎蒸,眷怀贤王,越处外服。特厚匦颁之式,往绥调御之宜。

出处:《崔舍人玉堂类稿》卷一六。

撰者:崔敦诗

考校说明:编年据赵恺宦历、文中所述"夏药"补,见《宋史》卷三四《孝宗纪》。

赐御前诸军都统制时俊吴挺王琪郭刚李川皇甫倜郭钧王明御前诸军副都统制鲁安仁翟琼王世雄岳建寿银合夏药敕书
(暂系于淳熙元年夏)

夙怀伟略,分总成师,暑威方隆,军事良苦。特致精嘉之剂,庶资调啬之宜。

出处:《崔舍人玉堂类稿》卷一六。

撰者:崔敦诗

考校说明:编年据同集前后文时间、文中所述"夏药"补。

赐湖南路安抚使刘珙银合夏药敕书
(淳熙元年夏)

夙预政几,久分戎翰,属炎蒸之在候,念绥御之多勤。爰厚匪颁,庶资辅养。

出处:《崔舍人玉堂类稿》卷一六。
撰者:崔敦诗
考校说明:编年据刘珙宦历、文中所述"夏药"补,见《晦庵先生朱文公文集》卷九七《刘公行状》。

赐浙东安抚使钱端礼银合夏药敕书
(淳熙元年夏)

图政旧臣,典藩崇望,适兹惮暑,嘉乃宣劳。特颁上药之良,往助冲襟之辅。

出处:《崔舍人玉堂类稿》卷一六。
撰者:崔敦诗
考校说明:编年据钱端礼宦历、文中所述"夏药"补,见《嘉泰会稽志》卷二。

赐福建路安抚使史浩银合夏药敕书
(淳熙元年夏)

位崇公辅,寄重价藩,适当炎燠之辰,宜有绥调之助。特颁良剂,用表隆私。

出处:《崔舍人玉堂类稿》卷一六。
撰者:崔敦诗
考校说明:编年据史浩宦历、文中所述"夏药"补,见《攻媿集》卷九三《纯诚厚德元老之碑》等。

赐湖北安抚使沈夏银合夏药敕书
(淳熙元年夏)

夏序向中,暑威滋盛,乃眷机廷之旧,适宣藩阃之劳。特厚分颁,用资调卫。

出处:《崔舍人玉堂类稿》卷一六。

撰者:崔敦诗

考校说明:编年据沈夏(《宋史》等书作"沈复")宦历、文中所述"夏药"补,见《宋史翼》卷一三《沈复传》。

赐四川宣抚使郑闻银合夏药敕书
(淳熙元年夏)

暂辍政涂,往厘蜀部,爰念青天之道,适当朱夏之辰。特厚宠颁,用资珍啬。

出处:《崔舍人玉堂类稿》卷一六。

撰者:崔敦诗

考校说明:编年据郑闻宦历、文中所述"夏药"补,见《宋史》卷三四《孝宗纪》。

赐王友直上表再辞免除奉国军节度使
加食邑食实封不允仍断来章批答
(暂系于淳熙元年六月前后)

朕敷求良将,概见前书。若周亚夫之治军,足严国体;如祭征虏之洁己,自得士心。岂无若人,用劝武服,乃眷在位,时维俊臣。卿性禀沉雄,材资敏锐,总予周卫,赖尔壮犹。谨廉尤务于无私,训练悉闻于有纪。载观规画,深协眷怀。惟器与名,已峻斋旄之拜;能谦必豫,尚披逊牍之陈。宜即钦承,毋勤重请。

出处:《崔舍人玉堂类稿》卷三。

撰者:崔敦诗

考校说明:编年据同集前后文时间、《宋史》卷三七〇《王友直传》补。此文当在同集卷五《赐王友直辞免除奉国军节度使依前殿前副都指挥使加食邑食实封不允诏》之后。

王友直上表再辞免除奉国军节度使
不允仍断来章批答口宣
（暂系于淳熙元年六月前后）

卿沈毅不回，刚方自立，久典殿岩之卫，肆开阃制之严。成命已孚，逊辞其止。

出处：《崔舍人玉堂类稿》卷一四。

撰者：崔敦诗

考校说明：编年据同集卷三《赐王友直上表再辞免除奉国军节度使加食邑食实封不允仍断来章批答》、卷五《赐王友直辞免除奉国军节度使依前殿前副都指挥使加食邑食实封不允诏》补。

赐资政殿大学士通议大夫知绍兴军府事钱端礼
再辞免除观文殿学士不允不得再有陈请诏
（淳熙元年六月后）

朕独观化原，详核吏治。宅乃牧而敷政，维以乂民；选所表而懋功，庶其自近。卿蕴高明之学，禀方重之□，久典辅藩，式崇贤望。诞布中和之化，肆宣宽大之□。爰嘉美庸，用锡殊宠。旧臣作镇，众所具瞻，信赏时□，余将交劝。未体褒康之意，尚勤谦避之辞。成命已孚，多言奚益。

出处：《崔舍人玉堂类稿》卷五。

撰者：崔敦诗

考校说明：编年据《嘉泰会稽志》卷二补。标题原缺"再"字，据答诏惯用文例补。

赐资政殿大学士通议大夫知绍兴军府事两浙东路
安抚使钱端礼辞免除观文殿学士不允诏
（淳熙元年六月后）

朕观古者君臣交通，中外均壹。有若姬旦，实勤西人之思；乃如毕公，卒成东郊之治。朕甚嘉之。卿秉谊纯明,受材宏达。曩在政路,邦其安荣;肆典辅藩,民以绥靖。观文旧紫宸殿也,禁庐邃严,儒职隆重,近时唯前宰得除。今举为尔宠,表善政而崇旧德,庶几致其优异者焉。宜略谦辞,亟图祗服。

出处:《崔舍人玉堂类稿》卷五。
撰者:崔敦诗
考校说明:编年据《嘉泰会稽志》卷二补。

赐资政殿大学士中大夫郑闻辞免除参知政事
赴都堂治事乞除一在外宫观差遣不允诏
（淳熙元年七月二日后）

朕权内外之势,制重轻之宜。经营四方,虽资于崇望;总领众职,尤赖于伟图。卿赡智造微,敏才经远,比从政地,往抚坤维,忠勤具宣,风绩冞邵。与其宽一面之顾,曷若端万机之原。根本既强,精神自盛。靡须岁月之久,式遄其归;实藉谋猷之良,同底于道。思报国者固忘劳于原隰,怀爱君者亦存意于朝廷。虚席以须,义无可避。

出处:《崔舍人玉堂类稿》卷六。
撰者:崔敦诗
考校说明:编年据《宋史》卷二一三《宰辅表》补。

察郡邑廉吏诏
（淳熙元年七月三日）

朕惟天下治乱,系乎风俗之美恶。风俗美恶,系乎士夫之好尚。盖士夫者风俗之表,而天下所赖以治者也。故上有礼义廉耻之风,则下有忠厚醇一之行;上有险怪偷薄之习,则下有乖争陵犯之变。朕尝戢奸贪,黜浮靡,躬节俭,以示天下,而历纪逾久,治效未进。意在位者未能率德改行,以厚风俗,故廉士失职,贪夫长利,将何以助朕兴化致理,无愧于古乎? 部使者、郡守其为朕察郡邑廉吏来上。朕将甄奖,待以不次。其或持禄养高,崇饰虚誉,应诏不以实,使积行之君子壅于上闻,时汝之辜,必罚无贷。

出处:《新安文献志》卷二。又见弘治《徽州府志》卷一一,《宋会要辑稿》职官七九之一,《宋史全文续资治通鉴》卷二六。

撰者:程叔达

宗室训名事诏
(淳熙元年七月七日)

自今宗室训名,各令依条经所在州军陈乞,申宗正司点定,报宗正寺参照,不得违戾。

出处:《宋会要辑稿补编》第一一页。

曾怀除右丞相制
(淳熙元年七月七日)

门下,三台宣符,色齐明而星度正;二气播物,和咸感而岁功成。乃眷耆贤,凤居揆路。属恳辞之沴至,式遄其行;逮疑谤之洞开,使复其位。敷予有命,告尔在廷。具官曾怀端重而无华,宽仁而有裕,学探古今之缊,气涵天地之全。才略济繁,更百为而弥劭;智谋经远,周万变以皆通。蕃简深知,历扬要任,有绩咸义,靡勤弗宣。迄登政地之庸,旋正宰司之体,从容调娱而协时几之会,造次启沃而陈久大之图。心休休而善容,犹翼翼以祗畏。还观忠实,益厚倚毗。嘉宏业之方隆,骇流言之不靖,爰徇告归之请,俾从均逸之私。朕广开至正之门,茂建大中之极。考昔君臣之相遇,允系于同心;维时上下之弗交,亦先于除间。肆详加于审核,已备见于昭明。又缺我斯,念稍违于近辅;畴若予采,恐浸堕于前规。是用诞锡恩章,趣还鼎席,总领繁机之要,爕谐大化之元。具衮衣而迎周公,庶率循于往训;启延英而待裴度,已钦仁于嘉猷。仍进文阶,并增井赋,是为殊宠,宣穆舆情。於戏!无竞维人,有孚在道。日月照矣,兹尽释于嫌猜;股肱良哉,宜力图于报效。尚坚素节,永塈丕基。可特授光禄大夫、右丞相、加食邑一千户,食实封四百户,封如故。主者施行。

出处:《崔舍人玉堂类稿》卷二。
撰者:崔敦诗
考校说明:编年据《宋宰辅编年录》卷一八、《宋史》卷三四《孝宗纪》补。

曾怀除右丞相赐告口宣
（淳熙元年七月七日）

卿才智俱优，暂违宰位，谗诬既释，盍返台阶。纶告往颁，趣宜祗受。

出处：《崔舍人玉堂类稿》卷一三。

撰者：崔敦诗

考校说明：编年据《宋宰辅编年录》卷一八、《宋史》卷三四《孝宗纪》补。曾怀曾两次拜右丞相，从文中所述"暂违宰位，谗诬既释，盍返台阶"来看，此次是第二次。

赐曾怀再上表辞免除光禄大夫右丞相加食
邑食实封不允不得更有陈请诏
（淳熙元年七月七日后）

朕惟廊庙据繁机之会，朝廷端大化之原。必尊重难危，自称陛廉之体；维高明有俶，乃符夷夏之观。岂其专任以责成，遽以被诬而去位。卿材猷敏邵，智虑渊通，蚤简知于剧烦历试之初，迄登用于名实具孚之后。事悉汝翼，谋皆予同。方共起于治功，偶遂辞于揆路。念此永叹，漠然靡图。维断乃成，既辨霍光之谤，□贤罔义，即遄山甫之归。庶几济一时事业之隆，亦足示千古君臣之盛。尚形逊避，未谅眷怀。惟鼎司之不可暂虚，惟涣号之不可复返。亟宜祗拜，毋重多陈。

出处：《崔舍人玉堂类稿》卷六。

撰者：崔敦诗

考校说明：编年据《宋史》卷二一三《宰辅表》补。

杨倓除节度使制
（淳熙元年七月十日前）

门下：奉祠宫而均逸，久参儒职之华；开将阃以展容，盍示恩章之异。眷维禁路，时有俊臣，推予褒赏之能，作尔功名之会。诞扬丕册，孚告大廷。具官杨倓浑厚而雄深，方严而肃给，忠义由于世济，通明禀于天资。才略应繁，刃发硎而有裕；智谋周变，龟献兆以无遗。历更事任之宜，积著劳能之盛。逮司国用，具观运理之长;旋即里居,罙见靖共之誉。兹被张躔之遣,曾无引道之难,是用申锡温纶,优加茂典。建斋坛而授节,抚琼管以殿藩。明庶以功,实参图于素效;会绍乃辟,尚追继于前规。仍从仙馆之游,复启侯封之宠,陪敦采邑,增衍真畬。於戏!治匪异涂,材难具美。文武维宪,爰得亮邦之贤;威仪则多,是昭驭贵之体。克祗兹训,益固乃犹。可特授靖海军节度使,依前提举佑神观,进封繁畤郡开国公,加食邑五百户,食实封二百户。主者施行。

出处:《崔舍人玉堂类稿》卷二。
撰者:崔敦诗
考校说明:编年据杨倓宦历补,见《宋史》卷二一三《宰辅表》。

<h2 style="text-align:center">杨倓除靖海军节度使赐告口宣</h2>
(淳熙元年七月十日)

卿飞华禁路,济美勋门,爰升将钺之崇,式奖事功之盛。往颁纶告,宜即钦承。

出处:《崔舍人玉堂类稿》卷一三。
撰者:崔敦诗
考校说明:编年据杨倓宦历补,见《宋史》卷二一三《宰辅表》、同集同卷《杨倓上表再辞免除靖海军节度使签书枢密院事不允仍断来章批答口宣》。

<h2 style="text-align:center">赐靖海军官吏军民僧道耆寿等示谕敕书</h2>
(淳熙元年七月十日后)

朕以杨倓赡智造微,宏材经远,久宣劳于外服,旋登长于禁途。典赋名曹,具彰富国之绩,通班延阁,稍遂奉祠之游。兹锡宠于斋坛,亦增华于勋阀。谅闻休命,咸惬舆情。

出处:《崔舍人玉堂类稿》卷一六。
撰者:崔敦诗
考校说明:编年据同集卷一三《杨倓除靖海军节度使赐告口宣》补。

赐徽猷阁学士太中大夫提举佑神观杨倓上表再辞
免除靖海军节度使签书枢密院事进封雁门郡开国
侯加食邑食实封不允仍断来章批答
(淳熙元年七月十日后)

朕缵绍庆基,规恢大业。广运文武,庶底安强之功;延览英豪,共图长久之道。卿材猷敏达,识略精明,夙济美于勋门,荐宣劳于禁路。克有休绩,具昭远犹。肆授钺于将坛,俾赞谋于枢极。辍万里张旃之使,副一时虚席之求。亹亹繁机,正有资于协虑;谦谦小节,宜无事于多辞。亟服宠休,勉思报效。

出处:《崔舍人玉堂类稿》卷三。

撰者:崔敦诗

考校说明:编年据《宋史》卷二一三《宰辅表》补。

杨倓上表再辞免除靖海军节度使签书枢密
院事不允仍断来章批答口宣
(淳熙元年七月十日后)

卿久践禁途,夙优贤绩,兹晋登于枢管,仍宏建于斋旄。温诏趣承,毋庸重请。

出处:《崔舍人玉堂类稿》卷一三。

撰者:崔敦诗

考校说明:编年据《宋史》卷二一三《宰辅表》补。《宋史》卷二一三《宰辅表》:"(淳熙元年)十一月,杨倓罢签书,以昭庆军节度使知荆南府。"或误。

罢诸路州县市令司诏
(淳熙元年七月十二日)

诸路州县市令司日下并罢。官司及在任官收买物色,并依民间市价支钱,不得科抑减克。如违,以违制论,许民户越诉。

出处:《中兴两朝圣政》卷五三。又见《宋史全文续资治通鉴》卷二六。

决遣罪人诏
(淳熙元年七月十四日)

近日雨泽稍愆,窃虑刑狱淹延,大理寺、临安府并属县、三衙及诸路阙雨州县应见禁罪人,在内委台官、在外令提刑委官躬亲即时前去检察决遣。内杖罪已下并干系等人,并日下疏放,仍将已断放过名件逐一开具闻奏。应申奏按状,督责疾速依条施行,毋致违戾。

出处:《宋会要辑稿》刑法五之四三。

存抚归正人诏
(淳熙元年七月十八日)

关外、四川沿边诸处及金州上津,皆有归正等人,令四川安无制置司行下都统司常切存抚,毋令失所。

出处:《宋会要辑稿》兵一六之六。又见《中兴两朝圣政》卷五三。

令胡与可巡视沿江被水之家诏
(淳熙元年七月十九日)

沿江被水之家,令守臣胡与可躬亲巡门相视,如委是贫乏之家,悉具姓名以间。

出处:《宋会要辑稿》瑞异三之一一。

赈济沿江被水人户诏
(淳熙元年七月十九日后)

令左藏南库每家支钱五贯文,令莫漳躬亲支散,仍许于沿江白地二百亩内,依元来丈尺指射盖屋居止,量立白地租钱。

出处:《宋会要辑稿》瑞异三之一一一。又见《中兴两朝圣政》卷五三,《宋史全文续资治通鉴》卷二六。

<h2 style="text-align:center">祈禳消弭蝗灾诏</h2>
(淳熙元年七月二十五日)

　　属者蝗蝻为灾,朕轸念焦劳,省躬忧惧,减膳忘寝,未尝顷刻自安。今秋以来,虽屡得雨,未尽荡涤,纷飞蔽空,尚虑有伤禾稼,尤深震惕,已于宫中斋戒致祷。今再择二十七日设醮保禳,不敢归之时数,未知所以销弭之方。其宽恤事件举行未尽者,三省条具奏闻,仍令有司复修醋祭,及行下监司、守令,凡飞蝗所到处去,并须精加祈祷,不得徒为文具。

出处:《宋会要辑稿》职官七八之五五。

<h2 style="text-align:center">赐皇叔祖少保昭化军节度使判大宗
正事嗣濮王士辋生日诏</h2>
(淳熙元年七月)

　　亲贤并茂,爵齿兼崇,属当流火之辰,适纪垂弧之旦。爰将蕃锡,庶绩遐龄。

出处:《崔舍人玉堂类稿》卷一六。
撰者:崔敦诗
考校说明:编年据赵士辋宦历及生日补,见《宋史》卷三四《孝宗纪》、《宋会要辑稿》帝系二、周必大《玉堂类稿》卷九《赐皇叔祖检校少保昭化军节度使开府仪同三司嗣濮王士辋生日诏》。

<h2 style="text-align:center">赐曾怀辞免提举国史院实录院国朝会要所敕令所不允诏</h2>
(暂系于淳熙元年七月前后)

　　宰相之任,无所不统,古者上公不以一事名官,后世贤辅亦有众职兼领,厥由旧矣。朕诏馆阁之士纂修史录,会聚章程,又设有司勒为大法,皆国家一代之典册,垂示万世,非吾元臣硕德,孰与专董振之权哉!卿智能周物,儒学承家,比尝尽总于维纲，亦既克成于端绪。兹还旧位，庶讫全书。且载事贵严，沿情贵通，皆卿所素讲也，尚何辞焉！

出处：《崔舍人玉堂类稿》卷六。

撰者：崔敦诗

考校说明：编年据同集前后文时间、曾怀官历补，见《南宋馆阁录》卷七、《宋史》卷二一三《宰辅表》。

赐中奉大夫试尚书吏部侍郎兼详定一司敕令韩彦直辞免户部尚书不允诏
（暂系于淳熙元年七月前后）

周家均赋，职于地官；汉室理财，责在计相。今民曹常伯，总治调度，其位与权不减周汉之重，委寄所在，畴咨维艰。卿识虑博通，材猷高迈。历扬烦剧，风绩卓然；荐登禁严，名声藉甚。比掌铨综，尤称公平。兹用命尔以六官之长，典我邦用，要使缓急适宜，上下均裕，钱谷之间不关于朕心。是所优为，岂必多逊。

出处：《崔舍人玉堂类稿》卷六。

撰者：崔敦诗

考校说明：编年据同集前后文时间、韩彦直官历补，见《宋会要辑稿》食货五六。

张说罢知枢密院事制
（淳熙元年八月五日）

斡枢极以居中，凤任本兵之寄；视政涂而疏宠，峻升掌武之阶。惟时左右之良，积有勤劳之助。兹遽祈于均逸，宜申锡于茂恩。具官张说性禀裕和，才资通敏。深诗阅礼，尝折节以好修；趣事赴功，思饬躬而自励。蚤被慈皇之眷，晋司上阁之严。暨予纂绍于庆基，俾尔导承于密旨。谓践扬之滋久，当信谨而不渝。分阃龙舒，既陟建旄之贵；运筹虎幄，复资借箸之谋。朕方爱日以有为，励精而更化。念岁阴之屡改，亦班序之浸高，循名实以责成，冀勋庸之趣就。何乃奏封之上，愿从散地之安？佩金印以名官，有华其秩；即琳宫而曳组，式憩尔劳。礼遇所加，始终无负。於戏！惟名与器，朕固戒假人之私；既哲且明，尔尚迪保身之道。既祗猷训，永称宠荣。

出处:《宋宰辅编年录》卷一八。

赐安庆军节度使张说辞免除太尉提举隆兴府
玉隆观任便居住加食邑食实封不允诏
(淳熙元年八月五日后)

太尉,古官也。国朝以来,宠数之隆,遂均政路,异时非勋德大臣,未易克称。卿夙縻信遇,晋预中枢,既久阅于岁时,爰浸崇于著位。课功责效,所冀亟成,陈疾抗章,遽兹引避。朕用举掌武之阶以超畀之,亦云厚矣。尚祗恩意,往即燕间,区区逊辞,毋庸重请。

出处:《崔舍人玉堂类稿》卷六。

撰者:崔敦诗

考校说明:编年据《宋史》卷三四《孝宗纪》补。

赐安庆军节度使张说上表再辞免除太尉提举
隆兴府玉隆观任便居住加食邑食实封不允诏
(淳熙元年八月五日后)

朕坚持名器,躬稡权纲,维时爵赏之行,罔匪勋劳之劝。乃若班升尉府,宠视政涂,冠于武阶,实所甚重。□以畀尔,亦知朕所以曲示恩遇之意矣。惟毖谨则□斯永,惟冲退则身乃休。尚服眷私,毋庸逊避。

出处:《崔舍人玉堂类稿》卷六。

撰者:崔敦诗

考校说明:编年据《宋史》卷三四《孝宗纪》补。

临安府漏泽园埋瘗遗骸诏
(淳熙元年八月九日)

临安府以买到北上门外杨□桥东地充漏泽园,埋瘗遗骸,及日后无主死亡军民,亦听埋瘗。

出处:《宋会要辑稿》食货六〇之一六。

广州正犯强盗少壮者配潮韶州摧锋军诏
(淳熙元年八月十五日)

广州自今有正犯强盗持杖劫盗之人,如人材少壮,并量远近分配潮、韶两州摧锋军。

出处:《宋会要辑稿》刑法四之五三。

赐皇兄少保岳阳军节度使充万寿观使
永阳郡王居广生日诏
(暂系于淳熙元年八月二十日)

气中商籥,爰及嘉辰,庆衍宗盟,是生贤属。往助私庭之喜,特推内府之仪。

出处:《崔舍人玉堂类稿》卷一六。
撰者:崔敦诗
考校说明:编年据同集前后文时间、赵居广宦历及生日补,见《宋史》卷三四《孝宗纪》、周必大《玉堂类稿》卷九《赐皇兄检校少保岳阳军节度使开府仪同三司充万寿观使永阳郡王居广生日诏》。

赐曹勋辞免除开府仪同三司不允诏
(淳熙元年九月前)

朕惟耆成人之在朝廷,犹乔木之在故国,风采所及,望之已尊。今吾左右亲近之臣,更历四世,年高而德劭,无逾卿者,仪同之命,朕固恨其晚也。虽轻视轩裳乃卿之素志,独不体朕尚贤优老之意乎?廷告维允,宜无辞焉。

出处:《崔舍人玉堂类稿》卷七。
撰者:崔敦诗
考校说明:编年据曹勋宦历及卒年补,见《宋史》卷三七九《曹勋传》、《中兴礼书》

卷二九七。

曹勋除开府制
（淳熙元年九月前）

　　门下：朕总捽宏纲，照临庶位。不遗故旧，爰兴忠厚之风；尚有典刑，盍示褒崇之体。眷维耆德，久护宸居，肆辑徽章，庸敷涣号。具官曹勋宅心和裕，禀质粹温。中正以通，动悉由于防范；优游而法，居自守于宫庭。始终历事于四朝，夷险备更于百致。还观操履，靡见瑕疵。嘉乃谦虚，尝遂垂车之逸；倚其亲信，莫从遗俗之高。起司夕柝之严，密告辰猷之益。周旋匪懈，谁问无违，显有休庸，具孚雅望。朕眷怀凤昔，慨念忠劳。诵《行苇》之诗，庶几有翼；考贞元之士，今已无多。方资宿卫之勤，尚喜仪刑之近，岂无优礼，式表殊私。是用涓以刚辰，发兹茂册。皇皇衮绣，晋参揆路之崇，奕奕旌旄，仍领戎旃之重。陪敦采邑，申衍圭龠，并协朕衷，是循国典。既隆予寄，亦奖尔修。於戏！泰阶六符，已超跻于朝位；周庐千列，谅增壮于军容。临宠而惧则名乃休，处高而卑则福斯永。祇承明训，勉迪令图。可特授开府仪同三司、依前昭信军节度使、提举皇城司，加食邑五百户，食实封三百户，封如故。主者施行。

出处：《崔舍人玉堂类稿》卷二。
撰者：崔敦诗
考校说明：编年据曹勋官历及卒年补，见《宋史》卷三七九《曹勋传》、《中兴礼书》卷二九七。

曹勋除开府仪同三司赐告口宣
（淳熙元年九月前）

　　卿历更四朝，躬秉一德，兹锡昕廷之命，俾参公府之仪。实出朕衷，往其祇服。

出处：《崔舍人玉堂类稿》卷一三。
撰者：崔敦诗
考校说明：编年据曹勋官历及卒年补，见《宋史》卷三七九《曹勋传》、《中兴礼书》卷二九七。

赐曾觌辞免除开府仪同三司依前武泰军节度使提举万寿观进封信安郡开国公加食邑食实封不允诏
（淳熙元年九月一日后）

仪同,汉制也,本朝元丰建官,始以易平章事之名,宠数之隆,一视宰路,朕甚重之。卿德蕴醇深,志怀沉密,蚤事初载,具宣劳能,迄远盛权,休有燕誉,简于朕意,锡是徽章。尔乃陈遭遇之荣,念盈虚之道,几以力辞厥命,谊则高矣,维朕优老怀旧之诚集于是举,尚可废耶?

出处:《崔舍人玉堂类稿》卷七。
撰者:崔敦诗
考校说明:编年据《宋史》卷三四《孝宗纪》补。

赐曾觌上表再辞免除开府仪同三司依前武泰军节度使提举万寿观进封信安郡开国公加食邑食实封不允仍断来章批答
（淳熙元年九月一日后）

朕诵《伐木》之诗而见故旧之情,览《康诰》之书而念耇成之益。乃九月朔日诞告于廷,而群公卿士罔不是孚者,识朕此意也。卿率性温恭,禔身勤愍,临宠深惧,陈辞愈明,朕乌得而听之邪? 汉之南阳旧人,唐之秦府僚史,其在当世,皆蒙显荣,卿何疑焉!

出处:《崔舍人玉堂类稿》卷三。
撰者:崔敦诗
考校说明:编年据《宋史》卷三四《孝宗纪》补。

曾觌上表再辞免除开府仪同三司不允仍断来章批答口宣
（淳熙元年九月一日后）

卿蚤事初潜,荐更要任,诞颁恩命,晋视台司,宜即钦承,毋庸重请。

出处:《崔舍人玉堂类稿》卷一三。

撰者:崔敦诗

考校说明:编年据《宋史》卷三四《孝宗纪》补。

赐皇太子生日诏
(暂系于淳熙元年九月四日)

茂德聪文,纯诚渊塞,爰纪金行之序,是钟玉裕之资。式厚赐仪,载绥福履。

出处:《崔舍人玉堂类稿》卷一六。

撰者:崔敦诗

考校说明:编年据同集前后文时间、赵惇("皇太子")生日补,见《宋史》卷三六《光宗纪》。

行在职事厘务官更迭补外诏
(淳熙元年九月六日)

应行在职事厘务官,自今任满非擢用者,并依资格更迭补外。

出处:《宋会要辑稿》职官一之六五。又见《中兴两朝圣政》卷五三,《宋史全文续资治通鉴》卷二六。

纲运赏罚诏
(淳熙元年九月七日)

诸路纲运实到库数目,每季各据分数比较多寡以闻,将其间殿最示之赏罚,以别勤惰。

出处:《宋会要辑稿》食货五六之五七。

减放江西湖南秋苗诏
(淳熙元年九月八日)

江西、湖南路累经灾伤,所有上供米斛逐年已行减放外,今年虽是丰熟,尚虑民力未苏,所有第四、第五等人户合纳淳熙元年秋苗,特与蠲放一半。如州县辄敢违戾拘催,许人户越诉;及不得容纵人吏作弊,将第三等已上称第四等以下人户减免。并令监司觉察按劾闻奏。

出处:《中兴两朝圣政》卷五三。又见《宋史全文续资治通鉴》卷二六。

归正人不得托故往来边淮诏
(淳熙元年九月十四日)

朝廷优恤归正忠义之人,月支请给,务在养育,以备使唤。近有不循官守之人,妄以看亲请假为名,擅离职任,往来边淮,妄言事端,撰造边报,委是违戾。不持楚州、高邮军、盱眙军照会,如托故在假,或擅离职任,委监司守臣按劾以闻。

出处:《宋会要辑稿》兵一六之三。

治苟苴受赂罪诏
(淳熙元年九月二十三日)

张荐不合辄受贿赂,追三官勒停,彬州居住;右武大夫、果州团练使李川不合私通馈遗,降授武功大夫、吉州刺史;右武大夫、楚州团练使王公述辄以财请求军职,降授武功大夫、贵州刺史,放罢;左武大夫、贵州刺史宋受降授右武大夫,修武郎,阁门祗候刘士良降授保义郎,并放罢。内张荐系武经大夫、文州刺史,特于遥郡阶官上追三官。

出处:《中兴两朝圣政》卷五三。又见《宋史全文续资治通鉴》卷二六。

左藏南上下库各置监门一员诏
(淳熙元年九月二十四日)

左藏南上、下库各置监门一员,于文武臣内堂除。任满无遗阙,与减二年磨勘。

出处:《宋会要辑稿》食货五一之八。

临安府东青门外驹子院地一半充漏泽园诏
(淳熙元年九月二十六日)

临安府东青门外驹子院地将一半充漏泽园,拨付殿前司埋瘗亡殁军民。

出处:《宋会要辑稿》食货六〇之一六。

金使供张饮食须如法诏
(淳熙元年九月二十七日)

虏人待报聘使之礼厚,今次金国贺生辰使人已来,沿路供张饮食并要如法,务从丰厚,及馆伴亦然。仍令所属点检觉察。

出处:《宋会要辑稿》职官五一之二六。

赐昭庆军节度使签书枢密院事杨倓生日诏
(淳熙元年秋)

气肃清商,适兆祥于勋阀;时生俊德,方陪议于几庭。有腆予颁,往绥尔福。

出处:《崔舍人玉堂类稿》卷一六。
撰者:崔敦诗
考校说明:编年据杨倓宦历、文中所述"气肃清商"补,见《宋史》卷二一三《宰辅表》。

赐侍卫亲军步军都指挥使武昌军承宣使兴州驻札御前诸军都统制吴挺辞免除定江军节度使加食邑食实封不允诏
（暂系于淳熙元年九月前后）

朕躬秉常德,规恢远图,甚患诸将冒没以自丰,时乃弛于军律,思得谨廉安重之贤,褒表以示劝。卿材资果毅,智虑疏通,似其先人,缵乃旧服,加以持身御众,蔚然有良将之风,朕亦何爱少府之节而不为尔出邪?尚览忧辞,固陈谦避,令维无反,谊不得从。

出处:《崔舍人玉堂类稿》卷七。

撰者:崔敦诗

考校说明:编年据同集前后文时间、《宋史》卷三四《孝宗纪》补。

赐敷文阁直学士太中大夫提举江州太平兴国宫汪大猷辞免差知隆兴府不允诏
（暂系于淳熙元年九月前后）

朕惟江表名区,豫章要地,思得忠信之长,往布宽平之书。卿天资粹温,风力敏裕。顷在禁路,日闻嘉猷;肆典闽藩,岁上最绩。会历陈于冲请,因勉徇于高情。行及里居,适虚帅阃,焕此茂命,讫其令庸。尔其体九重眷注之深,念一面蕃宣之重,亟祗厥服,毋咈予闻。

出处:《崔舍人玉堂类稿》卷七。

撰者:崔敦诗

考校说明:编年据同集前后文时间、《攻媿集》卷八八《汪公行状》补。

赐朝散郎充敷文阁待制龚茂良辞免除礼部侍郎不允诏
（暂系于淳熙元年九月前后）

朕惟贤德之在国家,譬犹凤皇游廷,麒麟翔囿,文采所被,物亦华润。卿方亮之资,渊深之学,越去言路,久临帅藩,勤劳具宣,风绩逾著。考阅最状,眷怀令犹,命之来归,留以自近。春官侍臣之清选也,羽仪天朝,论思王政,将于尔观之,宜无辞焉。

出处:《崔舍人玉堂类稿》卷七。

撰者:崔敦诗

考校说明:编年据同集前后文时间、龚茂良官历补,见《宋史》卷二一三《宰辅表》、卷三八五《龚茂良传》。

抚问新除参知政事郑闻到阙并赐银合茶药口宣
(淳熙元年十月前)

卿进还旧位,行底修门,方钦伫于嘉犹,谅深多于劳役。特推宠锡,仍谕眷怀。

出处:《崔舍人玉堂类稿》卷一三。

撰者:崔敦诗

考校说明:编年据郑闻官历及卒年补,见《宋史》卷三四《孝宗纪》、卷二一三《宰辅表》。

严禁卖易恩泽诏
(淳熙元年十月八日)

自今违法卖易恩泽,及荐举受赂之人,因事败露,有司定罪外,更取特旨重作行遣。

出处:《中兴两朝圣政》卷五三。又见《宋史全文续资治通鉴》卷二六。

决遣罪人诏
(淳熙元年十月九日)

阴雨未已,大理寺、临安府并属县三衙及诸路州县见禁罪人杖罪已下并放,在内委台官、在外委提刑决遣。

出处:《宋会要辑稿》刑法五之四一。

蠲绍兴府上供米诏
(淳熙元年十月十四日)

绍兴府今年合起发上供苗米四万三千五百石,特与蠲放。

出处:《中兴两朝圣政》卷五三。又见《宋史全文续资治通鉴》卷二六。

四川添置岳庙专差十三处立功之人诏
(淳熙元年十月十六日)

四川添置岳庙,专差曾经十三处立功之人,不以将佐,并与差注,减半请受。四路州军分上、中、下三等添置员数,仍下逐路转运司定差使阙。

出处:《宋会要辑稿》职官八之三七。

十月二十一日赐内中酒果口宣
(暂系于淳熙元年十月二十一日)

使介之勤,遄休外馆,酒肴之锡,分出内庭。庶表眷私,是昭宠异。

出处:《崔舍人玉堂类稿》卷一五。
撰者:崔敦诗
考校说明:年份据同集前后文时间补。

赤岸赐御筵口宣
(暂系于淳熙元年十月二十二日前)

卿凤驰华辔,甫次近郊,方弭节以少休,爰肆筵而式衍。宜承厚遇,用洽隆私。

出处:《崔舍人玉堂类稿》卷一四。

撰者:崔敦诗

考校说明:编年据同集前后文时间、文中所述史事补。原书目录此文之后载有
《赤岸赐酒果口宣》《全国使人到阙玉津园射弓赐弓箭例物口宣》《朝辞讫归驿赐
御筵口宣》《归驿赐酒果口宣》《玉津园射弓赐酒果口宣》《回程赐龙凤茶并金镀银
合口宣》《密赐使副大银器口宣》《交趾使人入贡玉津园赐御筵口宣》《居中加恩赐
告口宣》《刘懋再辞免加恩不允批答口宣》等文,各本皆阙。

<h1 style="text-align:center">金国使人赴阙盱眙军赐御筵口宣</h1>
（暂系于淳熙元年十月二十二日前）

卿肃驰轺传,已次封疆,永言跋履之劳,爰启惠慈之燕。用昭眷礼,宜体
诚怀。

出处:《崔舍人玉堂类稿》卷一四。

撰者:崔敦诗

考校说明:编年据同集前后文时间、文中所述史事补。同集卷一三亦有多篇涉及
全国贺会庆节使臣的口宣,包括《全国贺会庆圣节使人到阙回程赐龙凤茶并金镀
银合口宣》《全国贺会庆圣节使人回程平江府赐御筵口宣》《赤岸赐御筵口宣》《镇
江府赐御筵口宣》《盱眙军赐御筵口宣》《赤岸赐酒果口宣》《玉津园射弓赐酒果口
宣》《朝辞讫归驿赐御筵口宣》《朝辞讫归驿赐酒果口宣》《全国使人到阙玉津园赐
御筵口宣》《玉津园射弓赐例物口宣》等,据前后文时间亦暂系于淳熙元年,待考。

<h1 style="text-align:center">镇江府赐茶药口宣</h1>
（暂系于淳熙元年十月二十二日前）

卿等建橹修聘,濡辔遵涂,爰嘉行迈之勤,宜有匪颁之礼。特推珍赐,用表
眷怀。

出处:《崔舍人玉堂类稿》卷一四。

撰者:崔敦诗

考校说明:编年据同集前后文时间、文中所述史事补。

镇江府赐御筵口宣
(暂系于淳熙元年十月二十二日前)

卿等夙将聘节,并驾征涂,当春物之繁华,念使骓之劳勚。往颁燕衎,式示恩私。

出处:《崔舍人玉堂类稿》卷一四。
撰者:崔敦诗
考校说明:编年据同集前后文时间、文中所述史事补。

金国贺会庆节使人到阙赐被褥钞锣等口宣
(暂系于淳熙元年十月二十二日前)

卿等远驰使传,入憩宾邮,既休跋履之勤,宜便寝兴之用。爰加宠锡,庶示恩怀。

出处:《崔舍人玉堂类稿》卷一五。
撰者:崔敦诗
考校说明:编年据同集前后文时间、文中所述史事补。

金国使人到阙玉津园赐御筵口宣
(暂系于淳熙元年十月二十二日前)

卿等朝仪既毕,使事方休,聊从禁苑之游,肆讲射侯之乐。特颁慈燕,用洽嘉欢。

出处:《崔舍人玉堂类稿》卷一三。
撰者:崔敦诗
考校说明:编年据同集前后文时间、文中所述史事补。

抚问皇子魏王恺到阙并赐金合茶药口宣
（暂系于淳熙元年十月二十二日前）

卿祗会诞辰,暂违藩服,适风霜之初厉,谅道路之多勤。加致匪颁,就将劳问。

出处:《崔舍人玉堂类稿》卷一三。
撰者:崔敦诗
考校说明:编年据同集前后文时间、文中所述"卿祗会诞辰,暂违藩服"补。

玉津园射弓赐酒果口宣
（暂系于淳熙元年十月二十二日前后）

冬阳和豫,禁苑闳深,方观审固之能,爰锡甘芳之品。庶资宴乐,宜遂从容。

出处:《崔舍人玉堂类稿》卷一五。
撰者:崔敦诗
考校说明:编年据同集前后文时间、文中所述史事补。

遇冬至节赐使副节绢口宣
（暂系于淳熙元年十月二十二日前后）

风威载肃,水泽将坚,深怀使介之勤,重涉川涂之远。爰推厚锡,庶表隆私。

出处:《崔舍人玉堂类稿》卷一五。
撰者:崔敦诗
考校说明:编年据同集前后文时间、文中所述史事补。

赐枢密院官满散会庆圣节道场乳香口宣
（暂系于淳熙元年十月二十二日前后）

卿参陪宥密,展效忠勤,逢甲观之初辰,修宝坊之胜会。爰颁薰馥,式助精虔。

出处:《崔舍人玉堂类稿》卷一三。

撰者:崔敦诗

考校说明:编年据同集前后文时间、文中所述史事补。

<h2 style="text-align:center">在驿赐牲饩口宣</h2>
(暂系于淳熙元年十月二十二日前后)

　　卿等并展使华,夙将庆问,遄即宾邮之适,就颁礼饩之丰。是出眷怀,宜资燕喜。

出处:《崔舍人玉堂类稿》卷一五。

撰者:崔敦诗

考校说明:编年据同集前后文时间、文中所述史事补。

<h2 style="text-align:center">赐步军司满散会庆圣节道场乳香口宣</h2>
(暂系于淳熙元年十月二十二日前后)

　　卿等典司禁旅,拱护宸严,适逢震夙之辰,并祝庞鸿之福。推予嘉锡,迪尔精衷。

出处:《崔舍人玉堂类稿》卷一三。

撰者:崔敦诗

考校说明:编年据同集前后文时间、文中所述史事补。

<h2 style="text-align:center">赐殿前司满散会庆圣节道场乳香口宣</h2>
(暂系于淳熙元年十月二十二日前后)

　　卿等密护宸岩,欣逢诞节,悉率三军之士,虔祈万寿之符。特锡名香,用昭善意。

出处:《崔舍人玉堂类稿》卷一三。

撰者:崔敦诗

考校说明:编年据同集前后文时间、文中所述史事补。

赐射弓例物口宣
(暂系于淳熙元年十月二十二日前后)

卿等聘仪成礼,使事多劳,宜从禁苑之游,用洽宾欢之适。爰推宠赉,式示眷怀。

出处:《崔舍人玉堂类稿》卷一五。

撰者:崔敦诗

考校说明:编年据同集前后文时间、文中所述史事补。

玉津园射弓赐弓箭例物口宣
(暂系于淳熙元年十月二十二日前后)

卿等使事少间,宾仪载举,知和容之有度,谅命中之无虚。爰致分颁,宜留衍乐。

出处:《崔舍人玉堂类稿》卷一五。

撰者:崔敦诗

考校说明:编年据同集前后文时间、文中所述史事补。

金国贺会庆圣节使人到阙回程赐龙凤茶并金镀银合口宣
(暂系于淳熙元年十月二十二日前后)

卿等拭玉成仪,祖车问道,属寒风之凄厉,正行役之悠长。爰锡珍芳,用资和啬。

出处:《崔舍人玉堂类稿》卷一三。

撰者:崔敦诗

考校说明:编年据同集前后文时间、文中所述史事补。

玉津园射弓赐酒果口宣
(暂系于淳熙元年十月二十二日前后)

　　卿等游于芳园,乐此终日,既协和容之度,益观命的之能。爰有匪颁,庶资宴喜。

出处:《崔舍人玉堂类稿》卷一三。

撰者:崔敦诗

考校说明:编年据同集前后文时间、文中所述史事补。

密赐大银器口宣
(暂系于淳熙元年十月二十二日前后)

　　卿等祗达庆书,肃成聘礼,出眷怀之优渥,锡器用之光华。仍谕温言,庶昭殊遇。

出处:《崔舍人玉堂类稿》卷一五。

撰者:崔敦诗

考校说明:编年据同集前后文时间、文中所述史事补。

赐皇太子府满散会庆圣节道场乳香口宣
(暂系于淳熙元年十月二十二日前后)

　　卿端居储位,欣际诞辰,具殚诚意之勤,申祝寿祺之永。锡兹异馥,侑尔至虔。

出处:《崔舍人玉堂类稿》卷一三。

撰者:崔敦诗

考校说明:编年据同集前后文时间、文中所述史事补。

赐三节人从冬至节绢口宣
(暂系于淳熙元年十月二十二日前后)

汝等使事言旋,归涂尚邈,适履隆寒之序,□□卒岁之求。爰有分颁,俾同安吉。

出处:《崔舍人玉堂类稿》卷一五。

撰者:崔敦诗

考校说明:编年据同集前后文时间、文中所述史事补。

玉津园射弓赐例物口宣
(暂系于淳熙元年十月二十二日前后)

射侯既设,乐节斯行,各奏尔能,罔愆于礼。式示便蕃之宠,用旌审固之容。

出处:《崔舍人玉堂类稿》卷一三。

撰者:崔敦诗

考校说明:编年据同集前后文时间、文中所述史事补。

枢密院官赴贡院斋筵赐酒果口宣
(暂系于淳熙元年十月二十二日前后)

霜籥司辰,电枢纪节,肆启钧台之会,并延武服之贤。维实及醪,宠颁其受。

出处:《崔舍人玉堂类稿》卷一三。

撰者:崔敦诗

考校说明:编年据同集前后文时间补。

赐马军司满散道场乳香口宣
(暂系于淳熙元年十月二十二日前后)

卿典司骁骑,拱卫严宸,欣达载震之期,虔祝无疆之寿。专驰近侍,俾锡名香。

出处:《崔舍人玉堂类稿》卷一五。

撰者:崔敦诗

考校说明:编年据同集前后文时间、文中所述史事补。

赐步军司满散会庆圣节道场乳香口宣
(暂系于淳熙元年十月二十二日前后)

卿职司禁旅,时际诞辰,即梵宇以输诚,率欢心而介寿。爰加颁锡,用助精虔。

出处:《崔舍人玉堂类稿》卷一五。

撰者:崔敦诗

考校说明:编年据同集前后文时间、文中所述史事补。

赐射弓酒果口宣
(暂系于淳熙元年十月二十二日前后)

良弓劲矢,维以观能,嘉实芳醪,庶其将意。宜服惠慈之宠,益施审固之长。

出处:《崔舍人玉堂类稿》卷一五。

撰者:崔敦诗

考校说明:编年据同集前后文时间、文中所述史事补。

在驿赐生饩口宣
(暂系于淳熙元年十月二十二日前后)

使华持礼,邦好成仪,重怀次舍之须,特厚饩牵之品。宜承恩锡,尚体诚怀。

出处:《崔舍人玉堂类稿》卷一五。

撰者:崔敦诗

考校说明:编年据同集前后文时间、文中所述史事补。

回程镇江府赐御筵口宣
（暂系于淳熙元年十月二十二日后）

冬律向寒,使车遄迈,谅经途于会府,当弭节于宾邮。爰示恩怀,即颁燕礼。

出处:《崔舍人玉堂类稿》卷一五。

撰者:崔敦诗

考校说明:编年据同集前后文时间、文中所述史事补。

镇江府赐御筵口宣
（暂系于淳熙元年十月二十二日后）

卿等欢成聘礼,回次江城,载驰载驱,谅多劳役。既嘉既旨,少示眷怀。

出处:《崔舍人玉堂类稿》卷一三。

撰者:崔敦诗

考校说明:编年据同集前后文时间、文中所述史事补。

金国贺会庆圣节使人回程盱眙军赐御筵口宣
（暂系于淳熙元年十月二十二日后）

卿等来修聘礼,回次淮津,念将越于边疆,俾少休于候馆。特驰使骑,就启宾筵。

出处:《崔舍人玉堂类稿》卷一五。

撰者:崔敦诗

考校说明:编年据同集前后文时间、文中所述史事补。

朝辞讫归驿赐酒果口宣
（暂系于淳熙元年十月二十二日后）

卿等聘礼有成,使仪云复,已展辞于殿陛,方归息于都邮。爰致甘芳,庶资

59

宴乐。

出处:《崔舍人玉堂类稿》卷一五。
撰者:崔敦诗
考校说明:编年据同集前后文时间、文中所述史事补。

回程赤岸赐御筵口宣
(暂系于淳熙元年十月二十二日后)

卿等聘仪成礼,归驭首涂,方出次于近郊,俾就陈于高会。是昭眷遇,庸慰勤劳。

出处:《崔舍人玉堂类稿》卷一五。
撰者:崔敦诗
考校说明:编年据同集前后文时间、文中所述史事补。

朝辞讫归驿赐酒果口宣
(暂系于淳熙元年十月二十二日后)

卿等入辞宸陛,归憩宾邮,念惟将事之勤,行及腾装之迈。特推宠锡,俾侑宴私。

出处:《崔舍人玉堂类稿》卷一三。
撰者:崔敦诗
考校说明:编年据同集前后文时间、文中所述史事补。

上寿毕归驿赐御筵口宣
(暂系于淳熙元年十月二十二日后)

卿等入篑寿班,退休宾驿,观修容而可度,知率礼以无违。式厚眷怀,即颁燕衍。

出处:《崔舍人玉堂类稿》卷一五。

撰者:崔敦诗

考校说明:编年据同集前后文时间、文中所述史事补。

盱眙军赐御筵口宣
(暂系于淳熙元年十月二十二日后)

卿等修成无爽,毕事言还,即候馆以载休,遡淮流而将迈。特颁燕衍,少遂迟留。

出处:《崔舍人玉堂类稿》卷一三。

撰者:崔敦诗

考校说明:编年据同集前后文时间、文中所述史事补。

赤岸赐御筵口宣
(暂系于淳熙元年十月二十二日后)

卿等言辞魏阙,甫出都门,当行色之云初,怅使华之遂远。少留近馆,特启芳筵。

出处:《崔舍人玉堂类稿》卷一三。

撰者:崔敦诗

考校说明:编年据同集前后文时间、文中所述史事补。

金国贺会庆圣节使人回程平江府赐御筵口宣
(暂系于淳熙元年十月二十二日后)

卿等言旋使传,已届吴门,肆启初筵,用昭眷遇,少休濡辔,庶遂从容。

出处:《崔舍人玉堂类稿》卷一三。

撰者:崔敦诗

考校说明:编年据同集前后文时间、文中所述史事补。

朝辞讫归驿赐御筵口宣
(暂系于淳熙元年十月二十二日后)

卿奉将庆币,祗会诞辰,维其令仪,汔此成礼。旋即宾邮之适,肆颁燕俎之丰。

出处:《崔舍人玉堂类稿》卷一三。

撰者:崔敦诗

考校说明:编年据同集前后文时间、文中所述史事补。

朝辞讫归驿赐酒果口宣
(暂系于淳熙元年十月二十二日后)

卿等已毕邦仪,遂辞殿陛,方归休于宾舍,当渐理于归装。爰示燕慈,用昭眷礼。

出处:《崔舍人玉堂类稿》卷一五。

撰者:崔敦诗

考校说明:编年据同集前后文时间、文中所述史事补。

镇江府赐御筵口宣
(暂系于淳熙元年十月二十二日后)

卿等整驾归程,经涂会府,将济江而于迈,俾就馆以少留。驰谕至怀,即陈高会。

出处:《崔舍人玉堂类稿》卷一五。

撰者:崔敦诗

考校说明:编年据同集前后文时间、文中所述史事补。

赤岸赐酒果口宣
(暂系于淳熙元年十月二十二日后)

卿等总辔登涂,抗膻归国,自兹跋履,良念贤劳。厥有旨芳,是将眷遇。

出处:《崔舍人玉堂类稿》卷一三。

撰者:崔敦诗

考校说明:编年据同集前后文时间、文中所述史事补。

使人到阙十月二十七日赐内中酒果口宣
(暂基于淳熙元年十月二十七日)

留连使节,燕息宾邮,爰颁多旨之醪,仍侑甘新之实。是将厚意,并出内庭。

出处:《崔舍人玉堂类稿》卷一五。

撰者:崔敦诗

考校说明:年份据同集前后文时间补。

十月二十七日赐内中酒果口宣
(暂系于淳熙元年十月二十七日)

使介联华,方休外馆,甘芳推锡,咸出内庭。爰谕□怀,庶章优遇。

出处:《崔舍人玉堂类稿》卷一五。

撰者:崔敦诗

考校说明:年份据同集前后文时间补。

魏王恺改判明州制
(淳熙元年十月二十八日)

开宗藩而作辅,有嘉赋政之勤;更制阃以畴庸,式重维城之寄。若时贤胄,凤殿大邦。肆疏易镇之恩,宜涣告廷之寄。皇子、雄武保宁军节度使、开府仪同三司、判宁国军府事、魏王、食邑六千户、食实封二千四百户恺，星潢分润，庙琏凝辉。大雅不群，姿盖由于天禀；为善最乐，心仍逸于日休。蚤开朱邸之居，亟秦白茅之社。仪军宰路，焕华衮之九章；威峻将坛，拥骈旃之双节。比荷剖符之宠，肆图建屏之勋。布千里之教条，居惟谨度；奉三年之计最，可后陟明？其敚一札之细书，改曳四明之新组。命圭赤舃，修觐礼以既成；鄞水鄮山，顾方维而增贲。仍敦多邑，并示徽章。於戏周命懿亲，制莫隆于分陕；唐王诸子，任或异于典州。允迪令猷，永绥吉履。可特授依前皇子、雄武保宁军节度使、开府仪同三司、魏王、判明州军州事兼沿海制置使、加食邑一千户、实食封四百户。主者施行。

出处：《中兴礼书》卷一九八。

赐皇子雄武保康军节度使开府仪同三司判宁国军府事魏王恺辞免除改判明州军州事加食邑食实封不允诏
（淳熙元年十月二十八日后）

朕惟先王盛时，并建宗亲，夹辅王室，后世有分土无分民，非古也。卿禀资邃明，迪德纯茂，越去左右，久劳蕃宣，肆兹来朝，爰俾更镇。四明吾近甸郡，加赋进邑，并用宠行。尚懋思朕所以眷遇之意，亟祗厥服，益劭乃庸，无以辞为。

出处：《崔舍人玉堂类稿》卷七。
撰者：崔敦诗
考校说明：编年据《宋史》卷三四《孝宗纪》补。

赐皇子魏王恺再辞免除改判明州军州事加食邑食实封不允批答
（淳熙元年十月二十八日后）

朕绍承休命，光抚庶邦。永念先王强本根之道，亦惟有名宗臣藩，保捍王家，乃辍吾贤嗣，往临南服。亦既累岁，宜更治民，是用有四明之命。兹实国体，非以私卿也。且风土乐嘉，可以坐镇，道里顺易，便于来朝，尚何辞焉！

出处：《崔舍人玉堂类稿》卷三。
撰者：崔敦诗

考校说明:编年据《宋史》卷三四《孝宗纪》补。

皇太子魏王恺再辞免除改判明州不允批答口宣
（淳熙元年十月二十八日后）

卿来朝宸陛,改镇价藩,匪出私恩,是崇国体。已加申谕,宜即祗承。

出处:《崔舍人玉堂类稿》卷一三。

撰者:崔敦诗

考校说明:编年据《宋史》卷三四《孝宗纪》补。

赐熊飞金荔枝一条诏
（淳熙元年十月二十九日）

忠训郎、阁门舍人熊飞在殿陛应奉,并无遗阙,已授外任,于祗候库取赐金荔枝一条系赴朝参。

出处:《宋会要辑稿》职官三四之一〇。

赐利州观察使知池州张抡辞免召赴行
在乞除一在外宫观差遣不允诏
（暂系于淳熙元年十月前后）

朕衡平中外,器使材能,试其事则有临遣以治民,念其庸则有遄归而就位。卿夙备左右,具殚恭勤,维□予志虑之明,乃畀以蕃宣之任。既历岁月,益观劳□。一乘传而来朝,尚祗恩遇;三循墙而引避,毋袭冲□。陈辞虽多,成命难返。

出处:《崔舍人玉堂类稿》卷七。

撰者:崔敦诗

考校说明:编年据同集前后文时间、张抡宦历补,见《宋会要辑稿》食货一八、食货六一。

抚问奉使金国报聘使副张子颜
等到阙并赐银合茶药口宣
(暂系于淳熙元年十月前后)

卿等言遄使传,已届都门,属时序之方寒,谅道涂之多勤。特推赐式,庸示眷怀。

出处:《崔舍人玉堂类稿》卷一三。

撰者:崔敦诗

考校说明:编年据同集前后文时间、文中所述史事补,见《宋史》卷三四《孝宗纪》。

责罚造历人诏
(淳熙元年十一月四日)

吴泽等八人推算互有不同,及称无己见者五十三人,并令秘书省责戒励,仍根究元造历人罚俸一月。

出处:《宋会要辑稿》职官一八之九五。

埋瘗归正死亡人诏
(淳熙元年十一月十日)

昨来归正之人,窃虑其间遇有死亡人口,无力营办葬地。可令诸州军每州踏逐城外附近寺观空闲地段,从便埋瘗,专委同行一名看管,候及三年,给降度牒仍令支钱埋殡。内大使臣以上支钱五十贯,小使臣以下支钱三十贯,父、祖并孙、妻并各减半,小口又减半。文臣无力之家,比附支给,以为棺椁之费。

出处:《宋会要辑稿》兵一六之六。

禁米面柴炭油收纳税钱诏
(淳熙元年十一月十一日)

米面柴炭油皆系民间日用之物,并已免税。访闻州县税务巧作名色收纳税钱,及将木炭抽解。令户部行下诸路转运司约束,违者按治,仍许客人越诉。

出处:《宋会要辑稿》食货一八之八。

赐朝请郎试尚书礼部侍郎龚茂良辞免除参知政事不允诏
(淳熙元年十一月十五日后)

朕临御四海,焦劳万机,永惟治功之难,阅日弥长,望古犹愧,思得硕大光明之辅,时朕咨度,庸以乂民。卿赋资浑深,秉谊端亮,德器自重,贤猷孔嘉。度越班联,延置廊庙,维朕时举,有言佥同。天之降材,曷敢弗向,人之信道。亦将有行。今卿时逢而位至矣,不进与朕亟图三五之治,规规辞逊,尚何为焉!

出处:《崔舍人玉堂类稿》卷七。
撰者:崔敦诗
考校说明:编年据《宋史》卷二一三《宰辅表》补。

赐朝请郎新除参知政事龚茂良辞免差同提举敕令所权监修国史日历所不允诏
(淳熙元年十一月十五日后)

朕惟共政之臣,下丞相一等,凡国家之大典册,不可独任,则有分总而共治,事体隆重,亦繇其能。卿践扬四方,更练宪度,周游三馆,熟究例凡。是用命尔以史官律令之事,庶几有所折衷。即宜钦承,岂必多逊。

出处:《崔舍人玉堂类稿》卷七。
撰者:崔敦诗
考校说明:编年据《南宋馆阁录》卷七、《宋史》卷二一三《宰辅表》补。

职事厘务官去替一年内许除代诏
(淳熙元年十一月十八日)

职事厘务官去替一年内许除代,仍不得差过一政。

出处:《宋会要辑稿》职官一之六五。

赐光禄大夫右丞相曾怀乞解罢机政不允诏
(淳熙元年十一月二十三日前)

朕观古之老臣,乃心王家,行道济时,惟恐不及。卫武公百年,犹朝夕箴戒其国,欲以自辅,岂曰予老,维其身之图! 卿智谋昭通,德量夷远,延置台路,具施贤犹。乃自秋以来,时有晦明之疾,耆硕方茂,阳休不衰,尚可以有为也。宜虞意持神,总领大体,丐闲之请,所未喻焉。

出处:《崔舍人玉堂类稿》卷七。
撰者:崔敦诗
考校说明:编年据《宋史》卷二一三《宰辅表》补。

赐光禄大夫右丞相曾怀再乞解罢机政不允诏
(淳熙元年十一月二十三日前)

朕绍宅丕绪,缉熙远图,庙堂之上,所与共筹天下之事者,亦惟有股肱之良,朝夕左右,时朕承翼。卿朝之耆辅,国之世臣,倚成既隆,注意罙重。乃遄归未能,再时又以疾告,欲上丞相印绶。四方瞻望,得无谓进退之遽耶? 勉肩素诚,昭体大谊,起就乃位,迄咸厥庸。

出处:《崔舍人玉堂类稿》卷七。
撰者:崔敦诗
考校说明:编年据《宋史》卷二一三《宰辅表》补。

曾怀复罢右丞相制
(淳熙元年十一月二十三日)

经体赞元,凤展弼谐之效;辞荣避宠,宜加礼遇之隆。眷时耆英,司我宰柄,屡控丐闲之请,爰推均佚之仁。申锡徽章,诞敷涣号。具官曾怀端庄而有守,和易而不流。孝自家传,承三朝之相业;才周世用,通万货之利源。朕以其休休有容物之心,惓惓得爱君之谊。付之以政,庸究尔能。调娱百度,而各适于中;登进庶僚,而不失其序。榰诪张并作,当风波可畏之涂;履尚素□,凛松柏后凋之操。载还廊庙,独秉钧衡。方夙夜之仰成,俄晦明之爽节。爰许小车之驾,仍勤便殿之咨。任盖犹于股肱,礼岂求于筋力。而□兴归志,荐贡忱辞。虽神明所扶,顾何恙而不已;起居惟适,重以事而闵劳。其听解于繁机,用申哀于异数。延恩通籍,冠学士之穹班;大涤领祠,憩洞天之真境。式昭体貌,俾遂燕颐。以旌勇退之高,以表服勤之久。於戏!若时奋庸熙帝载,既膺宅揆之图;罔以宠利居成功,斯尽保身之哲。往绥寿嘏,允迪令猷。

出处:《宋宰辅编年录》卷一八。又见《宋四六选》卷四,《海虞文征》卷一。
撰者:王淮

叶衡右丞相制
(淳熙元年十一月二十三日)

圣人以道观能,职莫先于论相;儒者在朝行政,任尤重于经邦。朕忧勤日揽于万几,赞襄允赖于一德。畴若弼谐之命,肆登参预之英。揆以刚辰,敷时涣号。具官叶衡才猷敏邵,智略通明。素蕴胸中,有致主泽民之学;若陈掌上,皆富国强兵之谋。策高足而据要津,遇盘根而知利器。出分制阃,屡宣填抚之劳;入履禁涂,绰著论思之益。粤升枢管,遂翊化元。予欲旌廉,汝则择人而公荐;予欲久任,汝能抗疏以历陈。事每契于时宜,志密毗于王度。言念奋庸之久,愈深注意之诚。若建厦待汝为栋梁,若济川待汝为舟楫。属衮阙之当补,惟岩瞻之具依。是用延登宰路之崇,兼总筹帷之运。超三阶而进秩,增焕彝章;冠五等以疏封,式昭异数。仍衍圭腴之入,以彰物采之华。於戏!熙帝载而亮天功,务罄弥纶之效;领众职而称朕意,毋忘综核之规。其悉乃心,同底于治。

出处:《宋宰辅编年录》卷一八。

赐叶衡再上表辞免除通奉大夫右丞相兼枢密使进封东阳郡开国公加食邑食实封不允仍断来章批答
(淳熙元年十一月二十三日后)

朕惟朝廷正而王化成,儒术行而治功起。朕考择相位,灼求俊心,必详试以观其能,又悠久以成其望,于是举而加之百官之上,其所注意,则非一日之积也。

卿蕴经纶之学,济通敏之资,简于深知,迄此大用。今庭告之下,敷闻四方,乃欲徇挖谦之节而咈素定之怀,执无益之辞而格已成之命,则岂可哉! 祗迪予衷,亟践乃位。

出处:《崔舍人玉堂类稿》卷三。

撰者:崔敦诗

考校说明:编年据《宋史》卷二一三《宰辅表》补。

赐叶衡上表再辞免除通奉大夫右丞相兼枢密使进封东阳郡开国公加食邑食实封不允批答
(淳熙元年十一月二十三日后)

朕惟天子君临万邦,亦惟有一心同德之臣,左右厥辟,用保乂于庶民。顾朕弗逮,博求于有位之士,咸曰汝衡纯明渊通,方大宏毅,是能辅朕有为于兹世。乃戊申之命,告于在廷,靡不维允。尔乃陈德弗及,愿逊于在列之贤。我闻曰,可爱维时,可图维勋,若涉大川,今予暨尔其济,尔克钦承我命。往哉,益懋乃猷,乃罔于孚不休。

出处:《崔舍人玉堂类稿》卷三。

撰者:崔敦诗

考校说明:编年据《宋史》卷二一三《宰辅表》补。

叶衡上表再辞免除右丞相不允仍断来章批答口宣
(淳熙元年十一月二十三日后)

卿才周物表,识洞几先,兹晋陟于台司,将尽施于贤绂。趣宜祗拜,毋复多陈。

出处:《崔舍人玉堂类稿》卷一三。

撰者:崔敦诗

考校说明:编年据《宋史》卷二一三《宰辅表》补。

叶衡上表再辞免除右丞相不允批答口宣
（淳熙元年十一月二十三日后）

卿懿德迈伦,通材周变,比畴宿望,晋陟台司。已协佥俞,趣宜祗服。

出处:《崔舍人玉堂类稿》卷一三。

撰者:崔敦诗

考校说明:编年据《宋史》卷二一三《宰辅表》补。

赐观文殿学士通议大夫知绍兴军府事
钱端礼乞仍旧外祠不允诏
（暂系于淳熙元年十一月前后）

朕观自昔大臣,乃心王家,中外合体而靡不□其勤,始终壹节而固将忘其老。卿秉谊忠正,受材通明,□予近藩,倚乃崇望。朕方图尔庸,以风四方之诸侯,乃欲引寒暑之小愒,慕林泉之真适,则岂曰达朕志□? 威德既洽,施为不劳,怡精啬神,宁处厥位。

出处:《崔舍人玉堂类稿》卷八。

撰者:崔敦诗

考校说明:编年据同集前后文时间、钱端礼宦历补,见《嘉泰会稽志》卷二。

赐昭庆军节度使杨倓辞免知荆南府
不允不得更有陈请诏
（淳熙元年十一月后）

朕于进退迩臣,初无容心于其间,试其能则有峻□而不疑,遂其私则亦优容而加遇。比者擢卿于宥密之地,意其奋由勋阀,可以助成折冲经武之图也。曾未逾时,遽复辞位。虽名遂身退,顾不能为朕分一面之忧耶? 无或淹行,亟往就服。

出处:《崔舍人玉堂类稿》卷七。

撰者:崔敦诗

考校说明:编年据《宋史》卷二一三《宰辅表》、《宋宰辅编年录》卷一八补。

大理寺捉事使臣下量留守阙捉事人诏
(淳熙元年十二月二日)

大理寺捉事两使臣下量各存留守阙捉事人五人,准备追捕使唤,遇捉事人有阙,依名次填补入额。

出处:《宋会要辑稿》职官二四之三三。

赐朝请郎试吏部尚书兼太子詹事兼侍读李彦颖辞免除端明殿学士佥书枢密院事乞检会累奏除一在外差遣不允诏
(淳熙元年十二月四日后)

朕惟上天眷佑,国家将兴非常之治,则亦生一时□材,世由道昌,贤乃类进。《易》曰"刚来而不穷",明主在上,君子之来无穷,治乃可为也。卿德宇渊靖,材谋敏强,扬于迩联,积有显问。稽合舆论,延登中枢,协于至怀,孚乃宏蕴。今众贤穆穆,并启经纶之图;群观容容,益须亨泰之福。卿犹以执谦不居为言邪?趣承宠休,亟就著位。

出处:《崔舍人玉堂类稿》卷八。
撰者:崔敦诗
考校说明:编年据《宋史》卷二一三《宰辅表》补。

赐李彦颖上表再辞免除端明殿学士佥书枢密院事不允仍断来章批答
(淳熙元年十二月四日后)

朕总核庶治,作兴盛图,日来登明选公之命,庶乎人心之所谓当然者,聚此众隽,强吾本朝。维时大享,越有希遇。卿迪忠忱之度,秉端毅之资,岁时周旋,望实休显。积是素眷,迄于延登,协升大猷,陪辅密论。乃陈情恳激,至于辞朕命者再,则岂见行可之谊哉!亟宜钦承,毋或谦避。

出处:《崔舍人玉堂类稿》卷三。

撰者:崔敦诗

考校说明:编年据《宋史》卷二一三《宰辅表》补。

李彦颖上表再辞免除端明殿学士签书枢密院事
恩命不允仍断来章批答口宣
(淳熙元年十二月四日后)

卿秉义醇正,受材高明,兹稽协于金俞,俾晋陪于宥画。即宜祗拜,毋复
多陈。

出处:《崔舍人玉堂类稿》卷一三。

撰者:崔敦诗

考校说明:编年据《宋史》卷二一三《宰辅表》补。

魏王改镇明州推恩侍从诸色人诏
(淳熙元年十二月五日)

皇子魏王出镇宁国府已及四年,今改镇明州,其记室参军、承受干办官各与
减三年磨勘;医官、指使、宅案司承受官下主管文字、书表司抱笏、直省官、节堂使
臣各与减二年磨勘;亲事官、辇官、兵级、院子、仪鸾司翰林司厨子、教骏、梢工犒
赐有差。

出处:《宋会要辑稿》帝系二之二六。

赐胡与可奖谕临安府狱空诏
(淳熙元年十二月五日)

临安驻跸之地,视古天府,民物错杂,狱市繁夥,势则然已。尔吏治敏给,庭
无留讼,用能于期月之间,使奸民敛迹,而犴犴一空,非职修事举之效欤! 载览来
章,不忘嘉叹。

出处:《咸淳临安志》卷四〇。

考校说明:"五日戊午"据原书所载胡与可后记补。

减放盐官县之乡苗租诏
(淳熙元年十二月十一日)

临安府盐官县三乡旱伤,可减放苗租等六千三百八十石。

出处:《中兴两朝圣政》卷五三。又见《宋史全文续资治通鉴》卷二六。

赐敷文阁直学士朝议大夫知建康府胡元质
辞免召赴行在不允诏
(淳熙元年十二月十一日后)

朕差择外服,跻参迩联,岂惟更练民情,可备周度,亦以储熟时望,迄多延登。卿文高国华,识贯治体,越去清近,历劳蕃宣。眷怀谋犹,思见风采,趣解留居之重,即承召节之严。礼有疾趋,谊无谦避。

出处:《崔舍人玉堂类稿》卷八。

撰者:崔敦诗

考校说明:编年据《景定建康志》卷一四补。

濮王下十七位不字比换南班官请给诏
(淳熙元年十二月十二日)

依宣和六年正月八日指挥,与对换南班官。其所换人内,诸卫大将军每月特添给钱一十贯,将军、正副率各添二十贯,仍依已降指挥,月给米十石,候转至合请米日住支。非今来十七位下选择到人,不得援例。

出处:《宋会要辑稿》帝系二之四八。

赐签书枢密院事李彦颖生日诏
（淳熙元年十二月十四日）

寒籥司辰，祥弧纪旦，载育醇明之彦，方陪宥密之廷。爰致赐仪，俾绥寿福。

出处：《崔舍人玉堂类稿》卷一六。
撰者：崔敦诗
考校说明：编年据李彦颖官历及生日补，见《宋史》卷二一三《宰辅表》、周必大《玉堂类稿》卷九《赐参知政事李彦颖生日诏》。

前军中军赴内教事诏
（淳熙元年十二月十四日）

前军与中军各带甲射射争赏，内弓箭手以六十步，每人射八箭，要及五分亲，弩手以一百步，每人射六箭。前军以十三日、中军以十四日并射射铁垛帘，赴内教。

出处：《中兴两朝圣政》卷五三。又见《宋史全文续资治通鉴》卷二六。

赤岸赐御筵口宣
（暂系于淳熙元年十二月十九日前）

卿等并驰华辔，甫届近郊，念行役之多勤，属宾邮之少适。特颁慈燕，庸示眷怀。

出处：《崔舍人玉堂类稿》卷一三。
撰者：崔敦诗
考校说明：编年据同集前后文时间、《宋史》卷三四《孝宗纪》补。

镇江府赐银合茶药口宣
(暂系于淳熙元年十二月十九日前)

卿等奉将庆问,行次近州,眷言跋履之劳,盍有绥调之助。灵芽良剂,为赐宜承。

出处:《崔舍人玉堂类稿》卷一三。

撰者:崔敦诗

考校说明:编年据同集前后文时间、《宋史》卷三四《孝宗纪》补。

镇江府赐御筵口宣
(暂系于淳熙元年十二月十九日前)

卿等肃持庆礼,申讲欢盟,方匽薄于中涂,适憩宁于外馆。就颁燕席,聊拂征尘。

出处:《崔舍人玉堂类稿》卷一三。

撰者:崔敦诗

考校说明:编年据同集前后文时间、《宋史》卷三四《孝宗纪》补。

平江府赐御筵口宣
(暂系于淳熙元年十二月十九日前)

卿等衔命修盟,驰车在道,方少休于近辅,宜就锡于初筵。用慰勤劳,庶昭眷遇。

出处:《崔舍人玉堂类稿》卷一三。

撰者:崔敦诗

考校说明:编年据同集前后文时间、《宋史》卷三四《孝宗纪》补。

金国贺正旦使人赴阙盱眙军传宣抚问并赐御筵口宣
（暂系于淳熙元年十二月十九日前）

卿等远驰使传，祗会春朝，已甫达于封疆，爰特颁于燕豆。仍加劳问，庸示眷怀。

出处：《崔舍人玉堂类稿》卷一三。

撰者：崔敦诗

考校说明：编年据同集前后文时间、《宋史》卷三四《孝宗纪》补。

赤岸赐酒果口宣
（暂系于淳熙元年十二月十九日前）

卿等张旜长道，解辔近邮，谅惟跋履之劳，爰有旨嘉之赐。庶资燕喜，宜体眷怀。

出处：《崔舍人玉堂类稿》卷一三。

撰者：崔敦诗

考校说明：编年据同集前后文时间、《宋史》卷三四《孝宗纪》补。

叶衡进玉牒转官加恩制
（淳熙元年十二月十九日后）

门下：朕祗承慈谋，绍履休运。骏命弗易，推厥璇源之长；大事必书，载诸宝牒之重。繄我硕辅，举兹宏纲，诞敷宠章，咸告庶位。具官叶衡道方而行果，器远而材闳。多识前言，凤知述作之体；明习故事，遂达典刑之原。延登台阶，亶穆舆望，乃绩时乂，斯谋日宣。朕追怀先猷，垂佑后嗣，緜烈祖启神明之胄，暨真皇膺熙洽之图。维绪次之不可失其传，维谟烈之不可忘其纪。逮于登进，赖尔裁成。御正殿以铺观，辟广储而崇奉。文昭武穆，见于万年之休；帝德王功，具不一书之实。事开庙社，庆集臣民，相时祴容，迄成此礼。申衍户畬之富，超跻秩序之崇，庶优贤劳，亦表眷遇。於戏！晋室著皇宗之谱，庸示无穷；汉家秘金匮之文，固将有采。尚坚纯节，永翊丕基。可特授正奉大夫、依前右丞相兼枢密使，加食邑一千户,食实封四百户,封如故。主者施行。

出处:《崔舍人玉堂类稿》卷二。
撰者:崔敦诗
考校说明:编年据《宋史》卷三四《孝宗纪》补。

叶衡转官加恩赐告口宣
(淳熙元年十二月十九日后)

登进成书,优崇懿绩,涣此大廷之命,赉于端揆之臣。尚体眷怀,即宜祇服。

出处:《崔舍人玉堂类稿》卷一三。
撰者:崔敦诗
考校说明:编年据文中所述"登进成书"补,见《宋史》卷三四《孝宗纪》。

江西漕臣置场收籴诏
(淳熙元年十二月二十日)

今岁江西路丰稔,令本路漕臣委官于丰熟州军置场,依市价收籴二十万石,左藏南上库支降本钱三十万贯,其籴到米,令守臣认数桩管。

出处:《宋会要辑稿》食货四一之三。

金国贺正旦使人到阙赐被褥钞锣等口宣
(暂系于淳熙元年十二月二十九日)

卿等奉将庆仪,宁处宾馆,宜有衾裯之适,亦资器用之良。并致分颁,式昭眷遇。

出处:《崔舍人玉堂类稿》卷一三。
撰者:崔敦诗
考校说明:编年据同集前后文时间、《宋史》卷三四《孝宗纪》补。

十二月三十日赐内中酒果口宣
（暂系于淳熙元年十二月三十日）

时令将新，岁华兹暮，谅旅怀之多感，宜眷意之加隆。维实及醴，赐从内府。

出处：《崔舍人玉堂类稿》卷一三。
撰者：崔敦诗
考校说明：年份同集前后文时间补。

赐朝请郎试中书舍人兼太子詹事兼直学士院
兼侍讲王淮辞免除翰林学士不允诏
（淳熙元年十二月）

朕招徕群英，列置庶位，凡今言语侍从之官，俱一时选也。乃若直居清禁，班冠内朝，古人至比以遡紫□凌玉虚者，顾不甚重欤！卿德器端亮，道原渊深，□□宝臣，时之瑰望，凤简朕志，浸登要涂。忠纯多告□□犹，安重得代言之体。今晋尔于词林之长，职亲而□美，位峻而地严，是惟朝廷得士之华，亦乃儒学逢□之盛。趣承眷意，勿有辞焉。

出处：《崔舍人玉堂类稿》卷八。
撰者：崔敦诗
考校说明：编年据崔敦诗任两制时间、《宋中兴学士院题名》补。

赐承议郎试给事中兼侍讲兼权吏部尚书留正
辞免除权礼部尚书不允诏
（暂系于淳熙元年十二月）

朕览先王制作之明，叹后世袭传之陋。本原浸失，仅守于弥文；议论弗纯，尚多于舞礼。兴我中和之化，寄诸清直之贤。卿秉方毅之资，积该通之学，践历华要，发闻芬香。朝有正臣，士靡异论。越自琐闼，晋陟文昌，位班既登，器宝逾重。维穷高极远，固不专绵蕝之容；当据古参今，毋少损涂归之誉。已孚休命，宜略挐章。

79

出处:《崔舍人玉堂类稿》卷八。

撰者:崔敦诗

考校说明:编年据同集前后文时间、崔敦诗任两制时间、留正宦历补,见《宋史》卷三九一《留正传》《嘉泰会稽志》卷二。

赐四川安抚制置使范成大银合腊药敕书
(淳熙元年冬)

班华禁路,倚重坤隅,属严篇之方寒,宜冲襟之是啬。特推颁赉,庸示眷怀。

出处:《崔舍人玉堂类稿》卷一六。

撰者:崔敦诗

考校说明:编年据范成大宦历、文中所述"腊药"补,见周必大《平园续稿》卷二二《范公成大神道碑》。

赐福建路安抚使陈俊卿银合腊药敕书
(暂系于淳熙元年冬)

鼎辅元臣,价藩崇望,适履凝严之序,深怀绥抚之勤。爰有分颁,庶资调啬。

出处:《崔舍人玉堂类稿》卷一六。

撰者:崔敦诗

考校说明:编年据同集前后文时间、陈俊卿宦历、文中所述"腊药"补,见《晦庵先生朱文公文集》卷九六《陈公行状》等。

赐皇子判明州魏王恺金合腊药敕书
(暂系于淳熙元年冬)

分庆天潢,承流甸服,适属风霜之劲,即颁汤剂之良。庸示眷怀,庶扶福履。

出处:《崔舍人玉堂类稿》卷一六。

撰者:崔敦诗

考校说明:编年据同集前后文时间、赵恺宦历、文中所述"腊药"补,见《宋史》卷三四《孝宗纪》。

赐湖北路安抚使沈夏银合腊药敕书
(暂系于淳熙元年冬)

夙参枢画,久布藩条,兴言绥御之勤,适履凝严之节。爰推赐式,用辅珍调。

出处:《崔舍人玉堂类稿》卷一六。

撰者:崔敦诗

考校说明:编年据同集前后文时间、沈夏(《宋史》等书作"沈复")宦历、文中所述"腊药"补,见《宋史翼》卷一三《沈复传》。

赐主管侍卫马军司赵撙银合腊药敕书
(暂系于淳熙元年冬)

夙提禁旅,茂建帅权,当寒序之凝严,宜冲襟之辅适。特颁良剂,庸表至怀。

出处:《崔舍人玉堂类稿》卷一六。

撰者:崔敦诗

考校说明:编年据同集前后文时间、文中所述"腊药"补。

赐湖南路安抚使刘珙银合腊药敕书
(暂系于淳熙元年冬)

望重政涂,寄隆邦翰,言念凝严之序,宜加调啬之宜。爰有匪颁,用昭眷遇。

出处:《崔舍人玉堂类稿》卷一六。

撰者:崔敦诗

考校说明:编年据同集前后文时间、刘珙宦历、文中所述"腊药"补,见《晦庵先生朱文公文集》卷九七《刘公行状》。

赐御前诸军都统制吴挺时俊王琪郭刚李川郭钧
皇甫倜王明御前诸军副都统制鲁安仁王世雄岳
建寿翟琼银合腊药敕书
(暂系于淳熙元年冬)

严护边冲,总提师众,适履祁寒之序,永怀共武之勤。特致分颁,用资调卫。

出处:《崔舍人玉堂类稿》卷一六。

撰者:崔敦诗

考校说明:编年据同集前后文时间、文中所述"腊药"补。

赐浙东路安抚使钱端礼银合腊药敕书
(暂系于淳熙元年冬)

政路耆臣,帅藩崇望,属风霜之回薄,谅夙夜之勤劳。爰有宠颁,用资珍辅。

出处:《崔舍人玉堂类稿》卷一六。

撰者:崔敦诗

考校说明:编年据同集前后文时间、钱端礼官历、文中所述"腊药"补,见《嘉泰会稽志》卷二。

赐宰执巳下喜雪御筵口宣
(暂系于淳熙元年冬)

气入祁寒,雪呈瑞应,验玉烛之无爽,庆金穰之有期。爰厚惠慈,宜同燕乐。

出处:《崔舍人玉堂类稿》卷一五。

撰者:崔敦诗

考校说明:编年据同集前后文时间、文中所述史事补。

赐宰执已下喜雪御筵口宣
（暂系于淳熙元年冬）

严籥凝寒，飞花应瑞，已销疫疠之气，仍兆丰登之期。爰致匪颁，庶均宴喜。

出处：《崔舍人玉堂类稿》卷一三。

撰者：崔敦诗

考校说明：编年据同集前后文时间、文中所述史事补。

赐刘源杨倓诏
（淳熙元年）

据册上不入队人至有正、副使者，岂有国家高官重爵养不入队人？若不堪战，何不拣去？此尤当留意。付刘源、杨倓。

出处：《赵氏铁网珊瑚》卷二。

赐杨倓诏
（二淳熙元年）

览奏详悉，足见留心军政，深副朕意。今拨降麻扎刀一千口，并所乞铁甲可依数，并差人于建康府黄彦节处支请，木弩一千枝并弩箭依数并于郭刚处支请。其见造铁甲，须令甲叶厚实，诸州军所造军器，亦令坚壮堪存，久远可用。更宜勉旃，嗣有褒宠。中前叶衡造者，军器见于甚处安桩，及如法否，可具奏来。

出处：《赵氏铁网珊瑚》卷二。

两浙民户所借钱谷候秋成日理还诏
（淳熙元年）

两浙州县去岁旱伤处，民户生借钱谷，今来二麦将熟，窃虑上户乘时取索，无以挤济艰食。可候秋成日理还。

出处:《宋会要辑稿》食货五八之一三。

赐杨倓等诏
(淳熙元年)

卿等所进兵帐甚整齐,然有未尽处。如军马正队一百人,余合将傔人作不入队,随正队马军数。今册上不入队人,恐是阙者。当称说阙马人,候有马,亦系正队数。如步军正队一百人不入队,止破三十人充辎重火头,可别簇队伍,装成帐册进来。

出处:《赵氏铁网珊瑚》卷二。

赐杨倓诏
(三淳熙元年)

已降指挥,荆南民兵就帅府教阅,专委卿提点器甲,务要足备训练,弓弩手尤须数多。及较量斗力勿令浅软,少用抢刀以充队伍。仍当遴选兵官缓急可用以统率者,以备不测委用。想能深体此意,益加勉勖。付杨倓。

出处:《赵氏铁网珊瑚》卷二。

赐杨倓诏
(一淳熙元年)

朕以荆襄一带控制上游,卿俟到官,可与赵樽及襄阳统兵官、帅臣等同议军中事宜,缮缉守备,以济国事。仍须亲往相视,凡有利害,条具奏来。付杨倓。

出处:《赵氏铁网珊瑚》卷二。

福州观察使王抃父康赠武功大夫成州团练使制
（暂系于淳熙元年前后）

敕：朕肇禋南郊，祗见上帝；爰推霈泽，以及万方。仕登朝列，皆得以及其亲。具官某故父具官某有子以廉车告归，尔亦预此恤典。尚其有知，钦承休命。

出处：《攻媿集》卷三四。

考校说明：编年据王抃宦历补，见《宋会要辑稿》职官五一等。此制疑为《攻媿集》误收。据同集前后文时间，此制当作于绍熙三年六月前后，然《宋史》卷四七〇《王抃传》载："淳熙十一年，（王抃）以福州观察使卒。"王抃除观察使在乾道九年十二月至淳熙元年二月间（见《宋会要辑稿》职官五一、崔敦诗《玉堂类稿》卷八《赐王抃辞免除观察使恩命不允诏》，崔敦诗乾道九年十二月始任两制），而宋廷曾于乾道九年十一月举行郊祀（见《宋史》卷三四《孝宗纪》），与文中所述"朕肇禋南郊，祗见上帝；爰推霈泽，以及万方……具官某故父具官某有子以廉车告归，尔亦预此恤典"恰相合。

孝宗朝卷十四　淳熙二年(1175)

赐南平王李天祚淳熙二年历日敕书
(淳熙二年正月前)

朕钦授人时,裁成天道,丕遍同文之地,诞颁底日之书。乃眷藩方,夙恭侯度,尚祗予赐,庸惠尔民。

出处:《崔舍人玉堂类稿》卷一六。

撰者:崔敦诗

考校说明:编年据文中所述史事补。

正月一日入贺毕归驿赐酒果口宣
(暂系于淳熙二年正月一日)

卿等入庆会朝,退安次舍,爰致芳甘之实,仍分嘉旨之醪。并洽殊私,庶资良集。

出处:《崔舍人玉堂类稿》卷一三。

撰者:崔敦诗

考校说明:年份同集前后文时间补。据《宋中兴学士院题名》,崔敦诗于淳熙元年十二月丁父忧(《南宋馆阁录》卷八系于淳熙元年十一月),此文或是预先写成。

正月一日入贺毕归驿赐御筵口宣
（暂系于淳熙二年正月一日）

卿等祗修庆问,甫毕朝仪,既具阅于恭勤,爰优加于礼遇。专驰近侍,即启芳筵。

出处:《崔舍人玉堂类稿》卷一三。

撰者:崔敦诗

考校说明:年份同集前后文时间补。据《宋中兴学士院题名》,崔敦诗于淳熙元年十二月丁父忧(《南宋馆阁录》卷八系于淳熙元年十一月),此文或是预先写成。

王元佐出给理年免解公据诏
（淳熙二年正月二日）

海州进士王元佐今该免解,追取进勇副尉文帖,缴申毁抹,却行出给理年免解公据。

出处:《宋会要辑稿》兵一六之五。

正月三日赐内中酒果口宣
（暂系于淳熙二年正月三日）

四序更端,三朝纪节,爰念使邮之适,宜推赐式之丰。嘉实芳醪,往宜祗受。

出处:《崔舍人玉堂类稿》卷一三。

撰者:崔敦诗

考校说明:年份同集前后文时间补。据《宋中兴学士院题名》,崔敦诗于淳熙元年十二月丁父忧(《南宋馆阁录》卷八系于淳熙元年十一月),此文或是预先写成。

进纳补官请到文解人免解赴省试事诏
(淳熙二年正月六日)

应进纳补官曾请到文解,已年及合该免解之人,并依绍兴二十九年十二月二十八日指挥,许纳补受文字,免解赴省试。其乾道五年二月十三日指挥更不施行。

出处:《宋会要辑稿》选举五之二。

令守臣修盖屋宇应副添差归正北军居止诏
(淳熙二年正月七日)

诸帅、漕司行下所部州军,令守臣将添差归正北军阙少住屋之人,疾速措置修盖屋宇,限半年了毕,应副一处居止,毋致阙误。

出处:《宋会要辑稿》兵一六之五。

逐路人户已买营田起理二税事诏
(淳熙二年正月九日)

逐路将人户已买营田并与消豁稻麦,依本州县体例,照肥瘠高下起理二税,不得高价重叠科折。如有违戾,许民越诉。

出处:《宋会要辑稿》食货六三之一五三。

四川总领所变卖腐烂米斛诏
(淳熙二年正月十五日)

四川总领所自今将腐烂米斛别行变卖,不得支充军粮,并零碎折支。

出处:《宋会要辑稿》职官四一之五九。

诸路州军管下未卖田产估价出卖诏
(淳熙二年正月十八日)

诸路州军管下未卖田产,如当来所估未致尽实,即别委官躬诣田所看验色额高下,从实裁减估定,实价出卖。仍开具有无增损田亩以闻。

出处:《宋会要辑稿》食货六一之三五。

省试十六人取一名诏
(淳熙二年正月二十八日)

今来省试,每一十六人取一名,零分更取一名。

出处:《宋会要辑稿》选举五之三。

汪应辰中奉大夫致仕敕
(淳熙二年二月三日)

臣子而知止知足,仕必怀归;王者之进人退人,动皆以礼。粤惟荷紫之杰,丐遂垂车之安。酌古语之闵劳,涣新恩而锡命。端明殿学士、中奉大夫、提举江州太平兴国宫、上饶郡开国侯、食邑一千二百户、赐紫金鱼袋汪应辰,才全而不器,德孚而可尊。诚之中外而俱宜,蔚有声猷之可壮。少而建白,已非老生之能言;积久诚身,盖皆诸大夫之矜式。方赐奉祠之式,忽惊谢事之坚。稍进官阶,以光退逸。张良厌事,虽超物外以从游;仲舒居家,尚有朝疑之就问。益自颐葆,以绥寿祺。可特授中奉大夫,依前充端明殿学士致仕,封赐如故。

出处:道光《玉山县志》卷三一。

泉州左翼军遇盗贼窃发听帅司节制诏
(淳熙二年二月十一日)

泉州左翼军去朝廷二千里,每事必申密院、殿司,恐致失机。自今遇有盗贼窃发,一时听安抚节制。

出处:《中兴两朝圣政》卷五四。

禁将举人程文等过外界贩易诏
(淳熙二年二月十二日)

自今将举人程文并江程地里图籍兴贩过外界货卖或博易者,依与化外人私相交易条法施行,及将举人程文令礼部委太学官点勘讫,申取指挥刊行。

出处:《宋会要辑稿》刑法二之一一八。

皇太子宫讲周易终篇推赏有关官吏诏
(淳熙二年二月十七日)

皇太子宫讲《周易》终篇,詹事、庶子、谕德、侍读、侍讲、承受官、左右春坊特与转一官,及指使、使臣、客司、书表司楷书、直省官、诸色人、兵级、讲堂使臣、主管书写文字、供检奏报文字等祗应有劳,各得与转一官资,余人依昨来终篇指挥施行。

出处:《宋会要辑稿》职官七之四〇。

贡举条诏
(淳熙二年三月二日)

进士、贡士应绍兴十八年已前到省一举见年五十五以上者,令本贯州县勘会诣实,及别无违碍,结除名罪保明,申礼部。内开封府、国子监即各令召见任承务郎以上二员,亦依前项结除名罪保明,礼部勘验,逐旋闻奏,当议得与推恩。将来特奏名人,令礼部子细勘验诣实,疾速施行。如合取会并合下所属保明之人,且令就殿试,不给唱名号,其敕牒等并令礼部收掌,候申到,如别无违碍,召保官当官给付。

出处:《宋会要辑稿》选举五之三。

礼部贡院下第举人,进士、贡士八举曾经省试年四十以上,五举曾经省试年五十以上,内河北、河东、陕西举人于逐项举数内特与各减一举。

出处:《宋会要辑稿》选举二之二一。

进士、贡士曾经绍兴十八年以前到省前后实得两解贡,或并免解共及两举,更不限年,令礼部勘会,并特与奏名,许就殿试。

出处:《宋会要辑稿》选举二之二一。

诫约遵守结甲保伍之法诏
(淳熙二年三月二日)

刑部检坐条法指挥,行下诸路帅、宪司,委州军县镇及乡村将结甲保伍之法常切遵守,不得辄有追集骚扰,止差官巡门结定,务要盗贼屏息,民得安居。候结讫,开具置册缴申枢密院。如窝藏奸盗,甲内不相救应觉察,一等科罪。

出处:《宋会要辑稿》兵二之四六。

副都承旨磨勘诏
(淳熙二年三月四日)

自今副承旨出职依三省例,头名满三年,以次人转补,及五年,与差州钤辖;愿出职人,与路分副都监差遣,并与理亲民资序。

出处:《宋会要辑稿》职官六之一七。

令礼部太常寺讨论太上皇帝圣寿典礼诏
(淳熙二年三月十五日)

太上皇帝圣寿七十,亘古稀有,甚盛之庆,当与海内共之。可令礼部、太常寺讨论典礼以闻。

出处:《中兴礼书》卷一八四。

令江东淮南漕臣开具管下布种事以闻诏
(淳熙二年三月十六日)

近来雨泽沾足,浙间种莳已见次第,可令江东、淮南漕臣开具管下州县得雨日辰及布种禾稼分数以闻。

出处:《宋会要辑稿》食货六三之二二二。
考校说明:《宋会要辑稿》礼一八系于淳熙三年五月二日。

修葺诸军营寨诏
(淳熙二年三月十七日)

诸军暴露日久,将来归司休息,虑恐营寨损弊。可令三衙及在外诸军检计,预行修葺,在内委户部、在外总领所量支钱物应副。

出处:《宋会要辑稿》兵六之一八。

刑部大理寺驳勘案状事诏
(淳熙二年三月二十二日)

刑部、大理寺,自今驳勘案状,从本部长贰并大理卿、少子细看详,如见得委是不圆,有碍大情,出入重刑,方许依条申奏驳勘;如大情不碍,止是小节不圆,即据所犯定断,不得一概泛乞别勘。仍令诸路州军、监司将合申奏狱案文字须管具情犯一切圆备,方得申奏;若大情有碍,却致刑寺驳勘,具当职官姓名申尚书省。

出处:《宋会要辑稿》职官五之四七。

周必大除敷文阁待制侍讲制
(淳熙二年三月二十二日)

敕:簪笔禁林,执经帝幄,有议论从容之益,无簿书倥偬之劳。自非名儒,不在兹选。朝请郎、充右文殿修撰、赐紫金鱼袋周必大,挺刚方之操,守端静之规。

早脱颖于群英,即遍仪于华贯。起嗣真祠之逸,来膺宣室之咨。朕方稽二帝三王之心,以图康乂;尔惟富六艺百家之学,宜共讲明。爰锡赞书,俾跻重席。兹益亲于昼接,其备告于辰猷。可特授依前朝请郎、充敷文阁待制、侍讲,赐如故。

出处:周纶《周益国文忠公年谱》。

撰者:汤邦彦

勘鞫诸州翻异公事诏
(淳熙二年三月二十三日)

昨降指挥,诸州翻异公事遍经本路及邻路诸司差官推勘,依前翻异,令提刑司亲往勘鞫,指定实情申奏。仰选委部曲精强通判、签判前去取见实情,将案连款状提刑司。如无翻异,即一面依条结断,录案闻奏;如依前翻异,即令提刑躬亲点对,指定实情申奏。

出处:《宋会要辑稿》职官五之四七。

武举及第人补官诏
(淳熙二年三月二十四日)

武举正奏名殿试策入优等一名,补秉义郎,堂除三衙并诸军计议官;第二、第三名补保义郎,注授诸路安抚司准备将领,一任回,与转忠翊郎,不隔磨勘;第四、第五名补承节郎,注授诸州兵马监押,一任回,与转保义郎,不隔磨勘;余人并依逐举例补官,及旧法注拟差遣。已上如曾经省试上三名武学上舍生,与注诸路安抚司准备将领。旧指挥武举绝伦人并三平等人殿试,程文俱入优等,即绝伦人合升在优等人之上;若平等人已系第一名,即绝伦人不升,止与第一名恩例;如绝伦人保优等第一名,除推恩外,临时听旨。

出处:《宋会要辑稿》选举一八之二。

新及第进士授官诏
(淳熙二年四月四日)

新及第进士第一人詹骙补承事郎、签书诸州节度判官事,第二人罗点、第三人邓驲并文林郎、两使职官,第四人段昌世、第五人李挨并从事郎、初等职官,第六人以下至第四甲并迪功郎、诸州司户簿尉,第五甲守选。

出处:《宋会要辑稿》选举二之二一。

皮剥所见在钱物数等供报枢密院诏
(淳熙二年五月三日)

皮剥所见在钱物数并行遣事务,除供报枢密院并承旨司外,其余官司更不供报。

出处:《宋会要辑稿》职官六之四二。

以灾伤诫饬百官御笔
(淳熙二年五月五日)

时雨未通,仰守令精诚祈祷,监司分遣清强官疏决狱讼,毋令淹滞。其有遗蝗复生去处,州县举行醵祭,多方捕除,不得具文。或守令贪残,不能体朕恤民之意,并加按劾。诸军将帅各务拊存士卒,如尚循旧习,敢行掊刻之政,并令御史台觉察闻奏。

出处:《宋会要辑稿》职官七八之五六。

特奏名射不合格人出官诏
(淳熙二年五月九日)

特奏名射不合格人,如系第五等助教。并与换下州文学,不理选限。

出处:《宋会要辑稿》选举二之二二。

科敷军器物料钱等令逐州省司公库通融支遣诏
(淳熙二年五月十四日)

湖北转运司约束州县,应有科敷军器物料钱,或招军去处截日住罢过合支招军例物,止令逐州省司公库通融支遣。

出处:《宋会要辑稿》刑法二之一一八。

申严州县迎送条制诏
(淳熙二年五月二十四日)

州县迎送条制,除在法许迎送外,其余非因职事相干,止许就馆舍相见。如州县官辄敢出城而监司不觉察者,必正其罪;监司辄自迎送,亦准州县之法。

出处:《宋会要辑稿》职官七九之二。

江西湖北茶引以一半作四贯小引印造给降诏
(淳熙二年五月二十七日)

户部将江西、湖南北长短茶引,各权以一半依每引元立斤重钱数分作四贯小引印造给降,其翻引贴纳等钱随小引纽计送纳,不得增减。

出处:《宋会要辑稿》食货三一之二二。

潼川府绵州轮差将兵于黎州屯戍诏
(淳熙二年五月二十七日)

潼川府及绵州所屯将兵内各轮差三百人,作两番分上下半年更替,于黎州屯戍。

出处:《宋会要辑稿》兵六之一。

监司检照州县科罚民户钱物事诏
(淳熙二年六月一日)

诸路监司遇巡历到州县,检照有无科罚民户钱物。如敢违戾,即令给还,官吏重置典宪。

出处:《宋会要辑稿》刑法二之一一八。

买户绝田人元佃租米并与蠲除诏
(淳熙二年六月十一日)

民间元佃户绝田产既行承买,即是民田,既起理二税,其元佃租米并与蠲除。

出处:《宋会要辑稿》食货六一之三五。

江州长引改短引诏
(淳熙二年六月十六日)

今岁合降湖广总领所江州长引并改降短引,其价钱理充行在都茶场给卖之数。

出处:《宋会要辑稿》食货三一之二三。

捕获吉州茶贼赏格诏
(淳熙二年六月十九日)

茶贼于吉州永新县界禾山等处藏匿,已令王琪、皇甫倜遣兵将搜捕。如能捕杀贼首之人,每人捕获或杀贼首一名,特补进武校尉;二人,承信郎;三人,承节郎;四人,保义郎;五人,成忠郎,各添差一次;五人以上取旨,优异推恩。二人已上立功,即行分赏。

出处:《宋会要辑稿》兵一三之三〇。

招抚湖南江西被茶寇人户复业诏
（淳熙二年六月十九日）

湖南、江西将实被茶寇残扰及逃移人户疾速招抚复业,仍支常平米赈济。

出处:《宋会要辑稿》食货六八之七四。

武冈军溪峒子弟许入军学听读诏
（淳熙二年六月二十日）

武冈军溪峒子弟能向学人,许入军学听读。将来愿应举人,令与本军士人通用本军解额取放。

出处:《宋会要辑稿》选举一七之五三。

归正忠义人付身冒名人许自陈诏
（淳熙二年六月二十二日）

应归正忠义人付身有冒名之人,限一季许缴连真本径诣所属自陈,与依诸军已得指挥递减放行。内忠义人若承代,后来曾经亲身立功,即依今降指挥施行。

出处:《宋会要辑稿》兵一六之六。

奖谕临安府狱空诏
（淳熙二年六月二十二日）

朕冈夫吏之不良,政之不平,民不见德而陷于有罪,议狱者又失咸庶中正之谊。故欲出则从轻比,欲入则傅深文,安得囹圄屡空如成康时乎？爰命理官,详谳来上,而期月之内,蔽断亡留。非汝等克尽乃心之效欤！

出处:《咸淳临安志》卷六。

禁擅行拘截诸路坊场僧道免丁钱诏
（淳熙二年六月二十三日前）

诸路坊场僧道免丁钱,除户部截使支遣大军外,其余数目不得擅行拘截,令提领左藏南库已交纳钱内拨还。

出处:《宋会要辑稿》食货五一之八。

提领左藏南库所拘催诸路窠名钱拨还户部诏
（淳熙二年六月二十三日）

提领左藏南库所拘催诸路窠名钱,作四季拨还户部,以去岁到左藏库钱为额,据数分拨,至岁终出豁。

出处:《宋会要辑稿》食货五一之八。

皇太子宫官吏转资诏
（淳熙二年六月二十四日）

皇太子宫见差破亲事军官、黄皂院子、诸色人、兵级等,已降指挥,祗应及七年与转一资,其已转资依旧;在宫祗应人每遇再及七年,并特与一资。今后准此。

出处:《宋会要辑稿》职官七之四〇。

步军司支借乾草本钱特免执奏诏
（淳熙二年六月三十日）

提领左藏南库:自今步军司每岁支借乾草本钱,特免执奏。

出处:《宋会要辑稿》食货五一之八。

六曹等处人吏不得与诸路作承受诏
（淳熙二年七月十日）

六曹等处人吏,不得与诸路作承受,规图厚利,探报利害,入斥堠转送。如违,计赃坐罪。及诸司递发筒牌,令当官入递,印押发于,不得私带移文字传递。

出处:《宋会要辑稿》刑法二之一一八。

赈恤淮西被水之家诏
（淳熙二年七月十四日）

近因连雨,湒浸寨屋一千一百余家,虽都统司已行支给钱米,更宜优恤。令淮西总领单夔于见管钱米内每家支钱三贯、米一石。

出处:《宋会要辑稿》瑞异三之一一。

诸军财赋专令统领一员提点出纳诏
（淳熙二年七月二十日）

诸军应管财赋添修造作之类,专令逐军统领一员提点出纳,遇支使,统制判押单状,统领方得收支,不许擅自关拨。江上诸军准此。

出处:《宋会要辑稿》职官三二之四五。

增武举额诏
（淳熙二年七月二十五日）

今次武举比试,量增一十人,通取一百一十人为额。

出处:《宋会要辑稿》选举一八之三。

皇城司等处实占亲事官等转资恩赏事诏
（淳熙二年八月二日）

皇城司、德寿宫、后苑实占亲事官等,将已历过后苑五年合得转资恩赏,自今更不改转。别该转资内有合折补资级之人,并特与免折补。

出处:《宋会要辑稿》职官三四之三八。

捕获茶贼赏格诏
（淳熙二年八月六日）

茶寇已立赏格许人捕杀。其官兵、土豪、诸色人等如能生擒及捕杀正贼首,第一名特与修武郎,第二名礼义郎,第三名秉义郎,各更支赏钱五千贯,添差升等差遣一次。或徒中有杀并出参之人与免罪外,亦依上件赏格补官、支赏、添差。其徒众多是胁从,有能拔身出首之人,亦与免罪,依已降赏格施行。

出处:《宋会要辑稿》兵一三之三〇。

决狱诏
（淳熙二年八月十日）

淫雨为沴,害及禾麦,岂刑政失中,以致咎欤? 可令侍从、台谏讲究所宜以闻。其临安府并诸路郡县见禁刑狱,立限结绝,委官分诣检察,以称朕寅畏之意。

出处:《宋会要辑稿》瑞异三之一二。

结定保伍置办救火捕盗器仗诏
（淳熙二年八月二十五日）

诸路帅、宪司结定保伍,置办救火、捕盗器仗,州县委知通、令丞,镇寨乡村委县官点检。仍劝谕民户从便习弓箭。如射艺精强之人,许自陈,委守臣按拍,优加旌赏。

出处:《宋会要辑稿》兵二之四六。

禁约州县辄因公事科罚百姓钱物诏
(淳熙二年八月二十六日)

自今有经台省陈状事实干己者,仰户开具科罚官职位、姓名,申尚书省。

出处:《宋会要辑稿》刑法二之一一九。

赐叶衡诏
(淳熙元年十一月至淳熙二年九月间)

会子虽曰流通,终未尽惬人意,目即流使有二千二百余万。今用上下库黄金、白金、铜钱九百万,内藏库五百万,并蜀中钱物七百万,尽易会子之数,专命卿措置,日近而办,卿真宰相才也。

出处:《宋史》卷三八四《叶衡传》。
考校说明:编年据叶衡宦历补,见《宋史》卷二一三《宰辅表》。

赈粜淮南灾民诏
(淳熙二年九月七日)

淮南今岁间有水旱,民户艰食,流移失业,可令淮南运判赵思日下取拨常平、义仓米赈粜。

出处:《宋会要辑稿》食货六八之七四。

扬庐等州府依旧分为七路诏
(淳熙二年九月十三日)

扬州、庐州、荆南、襄阳、金州、兴元府、兴州依旧分为七路,每路文臣一人,充安抚使以治民,武臣一人充都总管以治兵。其逐路都总管职事,且令帅臣依旧带行,候正官到日交割。

出处:《宋会要辑稿》职官四八之一一八。又见《中兴两朝圣政》卷五四,《宋史全文续资治通鉴》卷二六。

叶衡罢右丞相除知建宁府制
(淳熙二年九月十六日)

门下:守相入为公卿,昔已遵于汉制;摸岳出分牧伯,今复用于周官。惟中外之迭居,盖终始之参倚。其敷明命,以告治朝。通奉大夫、右丞相兼枢密使、东阳郡开国公、食邑某千某百户、食实封某百户叶衡,问学褆身,忠清迪德。蕴应务疏通之识,负绝群敏锐之才。民人社稷之权,屡宣劳于郡邑;钱粮甲兵之间,尝底绩于邦家。既简朕知,亦孚人望。间辍别都之钥,浸毗大政之元。旋独秉于国钧,仍兼持于枢柄。有乱臣而致治,所资心德之同;康庶事以图宁,正赖股肱之喜。何仅更于期月,乃祈解于繁机。听还次相之印章,宠界初潜之组绶。朕之待人者,可谓至矣;尔之报上者,顾宜如何?於戏!公台关国体之重轻,兹曲全于进退;师帅系民情之休戚,曾未替于恩荣。勉图屏翰之庸,思称君臣之遇。可罢右丞相兼枢密使,依前通奉大夫、知建宁府、封邑食实封如故。

出处:《玉堂类稿》卷二。
撰者:周必大

通奉大夫叶衡辞免知建宁府乞外宫观不允诏
(淳熙二年九月十七日)

卿才资俊明,术业闳茂。凡所甄擢,率由简知。十年之间,遂置台衮。中道而去,予心歉然。锡之左符,与我共理。冀宣惠泽,庸副眷怀。夫当轴于中,辅政于外,小大虽异,其可以报主知、行所学则一也。引疾为解,朕何望焉?所辞宜不允。

出处:《玉堂类稿》卷五。
撰者:周必大

赈济婺州被水民户诏
(淳熙二年九月十七日后)

令浙东提举常平官疾速多方措置赈恤,务在实惠及民,无致失所。

出处:《宋会要辑稿》瑞异三之一二。

重边郡选辟诏
(淳熙二年九月二十二日)

阶、成、西和、凤州当职官以下,令本路帅、漕司于四路在部官同共选辟,并体量见任人委实癃老及不堪倚仗者,并申制置司,躬亲审量保明,申取朝廷指挥。其所辟官不许辞避。所有边赏一节,令吏部看详,申尚书省。

出处:《中兴两朝圣政》卷五四。又见《宋史全文续资治通鉴》卷二六。

封桩库支降会子事诏
(淳熙二年九月二十五日)

自今封桩库支降会子付官司支遣,却令左藏南库以金银、见钱纽计,拨还封桩。

出处:《宋会要辑稿》食货五一之九。

诸路常平司预期审度赈济赈粜事闻奏诏
(淳熙二年闰九月二日)

诸路常平司每岁于秋成之际,取见所部郡县丰歉各及几分,如有合赈粜、赈给去处,即仰约度所用及见管米斛若干;或有阙少,合如何措置移运,并预期审度施行。仍须管于九月初旬条具闻奏。

出处:《中兴两朝圣政》卷五四。又见《宋会要辑稿》食货六八之七四,《宋史全文续资治通鉴》卷二六。

周必大除兵部侍郎制
(淳熙二年闰九月五日)

敕:国家之设武部,职固简于《周官》;论思之属从臣,任特隆于汉制。惟兼需于猷告,是每叹于才难。朝请郎、充敷文阁待制、侍讲、兼权兵部侍郎、兼直学士院、赐紫金鱼袋周必大,事几先见其微,议论不负所学。粤从闲馆,召置西清。资尔文以黼黻予言,藉尔识以訏谟古义。间者五兵之虚位,尝令三组以交垂。迨此暇时,具尺籍伍符而不调;乃能极意,于夕修昼访而有明。即不当积日以为功,亦何待为真于满岁。其祗新渥,以究远谟。教民而可以即戎,固无忘于率典;敬王则不陈非道,其益务于笃心。可特授依前朝请郎、试尚书兵部侍郎、兼直学士院,赐如故。

出处:《周益国文忠公年谱》,傅增湘校订《庐陵周益国文忠公集》卷首。
撰者:程大昌

皇帝请加上太上皇后尊号第一笺
(淳熙二年闰九月七日)

臣眘言:伏为郊祀大礼庆成,谨帅群臣诣德寿宫,恭请加上寿圣太上皇后尊号者。伏以国之大事,已肃展于亲祠;家有严君,当并伸于美报。爰铺张于懿范,冀增衍于徽称。臣眘中谢。恭惟寿圣太上皇后殿下挚仲兴周,涂山翼夏。凤播嫔京之咏,助成与子之谋。肆是菲凉,三修禋祀。假于祖庙,宁神本自于宁亲;陟彼郊丘,事地盖资于事母。荷天心之响答,赐帝祉以骈臻。亦既受厘,敢忘归福?是用阐绎宝慈之谊,形容遐日之明。载扬闳彝,益隆孝治。恭请加上尊号曰寿圣明慈太上皇后,伏望俯昭诚格,勉抑谦冲。对景觊于二仪,洽欢心于四表。尊曰太上,明俪极以无穷;至哉坤元,寿配乾而有永。谨奉笺陈请以闻。臣眘诚惶诚惧,顿首顿首,谨言。

出处:《玉堂类稿》卷一。
撰者:周必大
考校说明:清欧阳棨刻本系于"十七日",据明抄本及《中兴礼书》卷一八四改。

恭请加上光尧寿圣宪天体道太上皇帝尊号表
（淳熙二年闰九月七日）

　　皇帝臣眘表。臣言:伏惟光尧寿圣宪天体道太上皇帝圣寿无疆,来年七十,谨率群臣诣德寿宫恭请加上光尧寿圣宪天体道太上皇帝尊号者。伏以璇穹锡羡,介慈极之修龄;宝册勤崇,增鸿名之茂典。望严宸而稽首,馨广寓以倾心。臣诚惶诚惧顿首顿首。臣闻道大难形,德隆必寿。超造化自然之妙,岂迹能窥;验天人相与之符,以年可卜。虽睿算齐箕翼之久,则令猷垂日月之明。式观古初,顺考列辟。黄帝发大庭之馆,长生仅获于广成;唐尧蹈汾水之阳,倦勤始受于虞舜。犹且敦敏徇齐载于史,钦明文思纪于书。而况传神器于未老之时,享至养于已安之旦。越书契逾绳之创见,宜蜚英腾茂之益章。恭惟光尧寿圣宪天体道太上皇帝陛下运济中兴,体钟上哲。明谟雄断,坐凝勘定之勋;醇化懿纲,丕迪泰和之治。遐迹漯禹川之泽,飞潜洽文囿之恩。方迓衡高拱于昇平,乃脱屣自颐于间燕。冲虚淡泊,澄止水于宸扃;兆朕希夷,玩太初于物表。知恬友养,贶施并臻。丙丁光烛于寿躔,甲子算赢于亥首。彼孔氏得纵心之适,讵如付天下之无心;顾高辛题在位之期,孰若释寰中而逊位?将阅五龙于十纪,且会三统于九章。匪竭徽称,曷彰盛际?欲究铺张之懿,用殚阐绎之诚。诹昕著之命言,采康衢之舆诵。谓笃近举远,盖由性禀之仁;而诚意正心,莫匪日新之德。经武而恢常业,修文而焕皇猷。即此归尊,庶乎宾实。是用袭号荣于泰畤之旧,协卜吉于灵震之元。躬率僚,载称将礼。虽持煮莫穷于高厚,冀涓埃或益于崇深。臣不胜大愿,恭请加上尊号曰“光尧寿圣宪天体道性仁诚德经武纬文太上皇帝”。伏望洞鉴忱辞,曲敩俞旨。展采错事,岂惟昭亿载之上仪;降嘏座祥,于以对三神之丕祚。谨奉表陈请以闻。臣诚惶诚惧、顿首顿首谨言。

出处:《中兴礼书》卷一八四。

恭请加上寿圣明慈太上皇后尊号笺
（淳熙二年闰九月七日）

　　皇帝臣眘上笺。臣言:伏惟光尧寿圣宪天体道太上皇帝圣寿无疆,来年七十,谨率群臣诣德寿宫恭请加上寿圣明慈太上皇后尊号者。伏以君尊如天,既寿名之两得;坤称乎母,宜位号之俱崇。虽云臣子之至情,时乃华夷之通愿。臣诚惶诚惧、顿首顿首。臣若稽古,欣慕隆周。惟太姒徽音,御家邦而有法;则文王化美,行于江汉以无邪。此《思齐》所以形《大雅》之篇,而《汉广》所以播二《南》之咏。何幸我家之亲见,增光往籍之攸闻。恭惟寿圣明慈太上皇后殿下道备河洲,祥开渭浍,赞仁寿跻民之化,同圣神运德之休。遡日为明,孰非临照?实慈兴俭,庸格和平?兹为冠古以超今,何但由中而及外。万有千载,通观阃范之弥新;三十六宫,咸谓号荣之未称。方上帝眷无疆之历,肆严君延有永之年。将丕关于高明,盍并隆于持载。且汉之未央、长乐,岂尝同奉于玉厄;如唐之永贞、元和,曾不对陈于宝册。孰若具非常之庆,是宜增甚盛之称。齐圣广渊,彰成汤之内助;炽昌耆艾,应寿母之嘉名。臣不胜大愿,恭请加上尊号曰"寿圣齐明广慈太上皇后"。伏望特屈谦光,勉从众志。居域中而大者四,庶并行高厚之功;王天下而乐者三,冀长奉庭闱之养。谨奉笺陈请以闻。臣诚惶诚惧、顿首顿首谨言。

出处:《中兴礼书》卷一八四。

上尊号不允诰
(淳熙二年闰九月八日)

盖闻有大德者必得其名,必得其寿。顾惟不逮,何以与此?赖天地祖宗之佑,神器有传。雍容燕间,获享至养降年之永,甫及从心。吾子笃于事亲,庆此难老,躬率公卿大夫于庭阶,以显号来上。恳诚之至,良用叹嘉。夫道不欲盈而贵于守冲,名不欲浮而贵于宾实。矧方探希夷而游物表,乐恬淡而介修龄,则徽册之加,上仪之举,岂释累遣荣之志哉?其若兹诰,毋劳勤请。

出处:《中兴礼书》卷一八四。
考校说明:本文是宋高宗以太上皇身份发布的诏令。

诣德寿宫加上尊号诏
(淳熙二年闰九月九日)

今月十五日,率百僚再诣德寿宫拜表笺,恭请光尧寿圣宪天体道太上皇帝、寿圣明慈太上皇后加上尊号。其仪范并依七日礼例施行。

出处:《中兴礼书》卷一八四。

周必大兼侍讲制
（淳熙二年闰九月九日）

敕：朕惟总揽万几之余，探赜六经之粹。于春秋系事，虽因广记而备言；然褒贬成文，莫非惩恶而劝善。畴咨宏博，入奉燕闲。朝请郎、试尚书兵部侍郎、兼直学士院、赐紫金鱼袋周某，名擅儒宗，学臻圣域，自遍仪于禁路，实备竭于嘉猷。既侍金华之讲，以溯其渊源；又参玉堂之直，以摅其藻丽。肆为真于武部，爰申命于迩英。俾加紬绎之勤，以助缉熙之益。载念仁皇可传之法，深明仲尼不刊之书。丁度开其端，宋绶继其后，皆尝以从容之际，而见乎答问之间。朕仰遵列祖之规模，方资折衷；尔其考三传之同异，以广发挥。益思古训之稽，庶复多闻之效。可特授依前朝请郎、试尚书兵部侍郎，兼侍讲，兼直学士院，赐如故。

出处：《文忠集》卷首。
撰者：萧燧
考校说明：《全宋文》误系于淳熙二年九月（第二一二册，第一六五页）。

资政殿大学士中大夫沈夏辞免知镇江府乞外宫观不允诏
（淳熙二年闰九月十一日）

卿精明弹洽，介洁简廉。万里锡还，言授之政。而上书祈免，至于三四。重违恳恻，俾殿朱方。借曰病衰，犹当卧理。矧无他恙，安用固辞？勉佩印章，体予眷顾。所请宜不允。

出处：《玉堂类稿》卷五。
撰者：周必大

礼部尚书赵雄辞免兼侍读不允诏
（淳熙二年闰九月十一日）

昔元祐中，名臣苏轼以大宗伯进读于金华。拜恩之日，首陈六事，著在方册，朕甚嘉之。卿以蜀庄之珍，传扬雄之学，俪相如之文。迪简在廷，华问彰彻。侍言典礼，荣继前修。《诗》不云乎："高山仰止，景行行止。"而又奚逊焉？所辞宜不允。

出处:《玉堂类稿》卷五。

撰者:周必大

翰林学士王淮辞免签书枢密院事批答
(淳熙二年闰九月十二日)

朕惟武王兴周,必资十乱;高祖造汉,实赖三杰。今兵布于中外者至众,事系于几微者至多。虽朕未明求衣,当馈辍食,思欲销未形之患,成中兴之谋,自非二三大臣相与聚精会神,力致交修之助,则亦未见其可也。卿回翔著近,迈严、徐之文;从容禁廷,蕴颇、牧之略。朕有意用之久矣。逮兹出命,人无间言。夫谋议决于帷幄之中,而利害形于华夷之内,朕固不容轻授,卿亦安得固辞?勉希昔贤,趣就勋业。所辞宜不允,仍断来章。

出处:《玉堂类稿》卷九。

撰者:周必大

签书枢密事李彦颖再辞免参知政事批答
(淳熙二年闰九月十二日)

朕惟愿治之君,以知臣为急;有志之士,以逢时为荣。相得益彰,古人谓之千载盖难之也。今朕拔卿十年之间,置诸二府之列。有为则汝听,有言则汝从。明良相须,庶或无愧。兹繇枢管,晋翊台衡,匪卜匪占,实惟朕志。盖军政明,然后可以图国政;武事饬,然后可以修文事。兹不易之序也。卿其思古今遇合之难,展畴昔经纶之蕴,共恢远御,亟格多盘。旧次姑安,非予所望。所辞宜不允,仍断来章。

出处:《玉堂类稿》卷九。

撰者:周必大

皇帝请加上太上皇帝尊号第二表
(淳熙二年闰九月十三日)

臣眘言:近帅群臣上表,恭请加上尊号曰光尧寿圣宪天体道性仁诚德经武纬文太上皇帝,伏奉答诰未赐俞允者。修千二百岁而为皇,时甫周于七秩;观三五六经而建号,庆允属于双亲。事冠古今,喜均家国。谓俞音之亟下,何谦柄之犹持?率吁群心,泲干睿听。臣眘诚惶诚惧,顿首顿首。臣闻仁由乎性,斯能博施以无违;德本乎诚,乃可健行而不息。经武故一怒而安天下,纬文故七旬而格有苗。伟哉四事之兼,展矣百王之冠。蜚英声而腾茂实,当陈汉家掌故之仪;因寿历而播鸿名,更迈唐帝应乾之册。恭惟尊号太上皇帝陛下心潜溥博,身济艰难。方垂衣而视天民,乃褰裳而陋神器。享国获寅恭之报,延年昭安乐之功。春秋何止于八千,甲子正逾于四百。视陶唐巽位之载,固可万斯;小周室卜年之期,徒能十此。允谓生民之未有,岂特古来之所稀。匪衍徽称,孰彰荣遇?非不知功成弗处,道广难名。纵益千言,于尊崇乎何有?矧加八字,在扬历以犹疏。然而神天之祐不可虚,华夏之心不可遏。伏望沛然出令,许以涓休。设黄麾于大庭,镂白玉之新牒。上德不德以有德,祈勉副于舆情;屡书特书不一书,将继修于庆礼。谨再奉表,陈请以闻。臣眘诚惶诚恐,顿首顿首,谨言。

出处:《玉堂类稿》卷一。又见《古今事文类聚》前集卷一九。
撰者:周必大

存恤湖南江西被茶贼害民户诏
(淳熙二年闰九月十四日)

湖南、江西昨缘茶寇蹂践,阵亡将佐官兵等遗骸令所在官司即为埋瘗,毋致暴露;及被烧毁屋宇,贫乏下户、孤老、童幼、寡妇未有居止,可令于诸寺院及系官屋宇安泊,日计人口给义仓米二升;并遗弃小儿未有人识认,日给钱米,若有亲属,责归存养,毋令失所。

出处:《宋会要辑稿》食货五八之一三。

收捕茶贼伤亡士兵存恤推恩诏
(淳熙二年闰九月十四日)

战亡人依乾道二年收捕李金例推恩,其轻重伤人,各给钱有差。

出处:《宋会要辑稿》兵一三之三〇。

浙东提盐司尽数支给合支亭户纳盐本钱诏
(淳熙二年闰九月十四日)

浙东提盐司体效浙西提盐薛元鼎措置印给亭户纳盐手历式样,将合支本钱尽数就秤下一并支给,毋致积压拖欠。

出处:《宋会要辑稿》食货二八之三。又见《中兴两朝圣政》卷五四,《宋史全文续资治通鉴》卷二六。

武功大夫以上功赏转官条约诏
(淳熙二年闰九月十六日)

武功大夫以上因与金人见阵或收捕盗贼立功,并控扼暴露恩赏等,碍止法转官,给到吏部回授公据人,许于见今递减官上收使改转。

出处:《宋会要辑稿》兵一九之二六。

收养淮南东路流民弃儿诏
(淳熙二年闰九月十七日)

淮南东路间有旱伤处,已降指挥委本路漕臣同提举常平官取拨常平、义仓米措置赈粜,及流移人户依条赈给。尚虑民户以州县不即检放应输官物为疑,致有贱卖牛、弃业弃小儿。二十口以上,官为支给犒赏;如上户、士大夫家能收养五十口,具名以闻,乞行旌赏;州县官措置支给钱米,收养百口至二三百口者,具名以闻。

出处:《宋会要辑稿》食货五八之一四。据文意,

恭请加上光尧寿圣宪天体道太上皇帝第二表
(淳熙二年闰九月十七日)

　　皇帝臣眘上表。臣言:近率群臣上表,恭请加上尊号曰"光尧寿圣宪天体道性仁诚德经武纬文太上皇帝",伏奉答诰未赐俞允者。修千二百岁而为皇,时甫周于七秩;观三五六经而建号,庆允属于双亲。事冠古今,喜均家国。谓俞音之亟下,何谦柄之犹持? 率吁群心,浮于睿听。臣诚惶诚惧、顿首顿首。臣闻仁由乎性,斯能博施以无为;德本乎诚,乃可健行而不息。经武故一怒而安天下,纬文故七旬而格有苗。伟哉四事之兼,展矣百王之冠。飞英声而腾茂实,当陈汉家掌故之仪;因寿历而播鸿名,更迈唐帝唐乾之册。恭惟光尧寿圣宪天体道太上皇帝陛下心潜博大,身济艰难。方垂衣而视天民,乃褰裳而陋神器。享国获寅恭之报,延年昭安乐之功。春秋何止于八十,甲子正逾于四百。视陶唐巽位之载,固可万斯;小周室卜年之期,徒能十此。允谓生民之未有,岂特古来之所稀。匪衍徽称,孰彰荣遇? 非不知功成弗处,道广难名。纵一千年,于尊崇乎何有;矧知八字,在扬厉以尤疏。然而天神之佑不可虚,华夏之心不可遏。伏望沛然出令,许以涓休。设黄麾于大庭,镂白玉之新牒。上德不德以有德,祗勉副于舆情;屡书特书不一书,将继修于庆礼。谨再奉表陈请以闻。臣诚惶诚惧、顿首顿首谨言。

出处:《中兴礼书》卷一八四。

恭请加上寿圣明慈太上皇后尊号第二笺
(淳熙二年闰九月十七日)

　　皇帝臣眘上笺。臣言:近率群臣恭请加上尊号曰"寿圣齐明广慈太上皇后",伏奉光尧寿圣宪天体道太上皇帝答诰未赐俞允者。尊同太极,方偕难老之祥;庆展中闱,并衍殊常之号。庸祗修于茂典,乃尚阂于俞音。虔输亿兆之心,冒贡再三之请。臣诚惶诚惧、顿首顿首。切以富有天下,顺莫大于事亲;德为圣人,名必由于得寿。惟慈壶迪二《南》之化,则休符膺百福之全。辅观芳猷,登载彤史。有邰妃嫘,实绵在位之期;大姒嫔文,爱格与龄之瑞。若时具文,允轶前闻。恭惟寿圣明慈太上皇后殿下道本静专,性钟懿淑。忧勤辅佐,翊炎运以龙兴;恬淡冲虚,

裕清衷于燕适。脱屣赞谋于与子,含饴享乐于弄孙。属璇穹锡羡于尧年,罄绵宇腾欢于封祝。将大昭于懿范,愿并上于徽称。谓齐日月之明者,以临照为光;而广天地之慈者,以施生为本。母道有光于今昔,父慈斯显于遐迩。顾宾实以既宜,何执谦之犹确?犹乾坤之大美,有在不言;然臣子之微诚,岂容但已?匪举弥文之盛,曷臻广爱之形?伏愿曲顺舆情,亟膺显册。巍巍荡荡,符帝德以难名;怡怡愉愉,奉亲欢而弥永。谨再奉笺陈请以闻。臣诚惶诚惧、顿首顿首谨言。

出处:《中兴礼书》卷一八四。

禁非理阻节贩米往淮东客人诏
(淳熙二年闰九月十八日)

湖南北、江西漕司行下沿江州军,出牓晓谕客人,有愿贩米往淮东者,即经州军陈乞出给公据,沿路照验放行。如税务妄作名色非理阻节,即行觉察劾治,仍许客人越诉。

出处:《宋会要辑稿》食货一八之八。

浙东阙食人支给钱米修筑水利诏
(淳熙二年闰九月十九日)

浙东今岁间有旱伤州军,仰转运司同提举常平司日下委官询访兴修水利去处,召募本处阙食人,支给钱米,因此存济,趁时修筑,不得因而科抑骚扰。

出处:《宋会要辑稿》食货六一之一二四。又见《中兴两朝圣政》卷五四,《宋史全文续资治通鉴》卷二六。

签书枢密院事李彦颖辞免参知政事不允诏
(淳熙二年闰九月十九日)

朕励志万微,倚成四辅。仪图俊杰,对司文武之权;迭运均枢,稽合祖宗之制。政路无旷,朝廷自尊。卿学富词雄,体壮志裕。恂恂守道,耻求世俗之虚名;謇謇告猷,思护国家之元气。朕选于众而知其可用,断于心而任之不疑。自亮采于几廷,亶宣劳于旬岁。运筹合意,具孚帷幄之谋;当轴处中,宜赞庙堂之治。在旋观而已审,奚固避之能回? 所辞宜不允。

出处:《玉堂类稿》卷五。

撰者:周必大

翰林学士王淮辞免端明殿学士签书枢密院事不允诏
(淳熙二年闰九月十九日)

朕寤寐英髦,赞襄宥密。非纯诚雅望,何以镇天下之浮? 非沉识訏谟,何以定帷中之画? 庙胜所系,畴咨敢轻? 卿德厚秉彝,文纯贯道。更历绍兴之言路,允谓旧人;考观近世之词臣,厥惟大手。退食抱委蛇之节,浚明宣夙夜之劳。念久啚于皇猷,宜预裁于兵柄。且积中者名彰于外,而自后者人与其先。予实尔知,政将焉避? 毋确循于冲守,其亟翼于鸿机。

出处:《玉堂类稿》卷五。

撰者:周必大

王淮辞免除签书枢密院事口宣
(淳熙二年闰九月二十日)

有敕:敷文纬国,久涌惠泉;耀武折冲,傃资筹箸。亟承涣渥,毋执谦言。

出处:《玉堂类稿》卷一二。

撰者:周必大

考校说明:年、月据《宋史》卷二一三《宰辅表》补。"淳熙二年闰九月二十日",原作"淳熙三年九月二十日",明抄本作"淳熙二年九月二十日"。

李彦颖辞免除参知政事口宣
(淳熙二年闰九月二十日)

有敕:经务神枢,已殚硕画;赞谋鼎铉,更藉宠模。其视训言,勿专廉逊。

出处:《玉堂类稿》卷一二。

撰者:周必大

考校说明:年、月据《宋史》卷二一三《宰辅表》补。"淳熙二年闰九月二十日",原作"淳熙三年九月二十日",明抄本作"淳熙二年九月二十日"。

上尊号允诰
(淳熙二年闰九月二十一日)

封章狎至,钦爱交隆。粤绍兴内禅之初,已肇称于盛礼;暨乾道躬郊之后,复申讲于庆仪。幸天畀于寿康,获日安于荣养。俾耆而艾,受祉既多。若圣与仁,则吾岂敢?乃辑廷申之仪,涤勤法驾之临。喜父母之年可知,观天人之际允若。谓方衍无穷之算,顾难辞甚盛之名。虽溢美多两喜之言,义固当避;然荣怀尚一人之庆,理实相因。其顺众心,以光孝治。

出处:《中兴礼书》卷一八四。

考校说明:本文是宋高宗以太上皇身份发布的诏令。

两浙等路诸州守臣起发禁军土兵教阅推赏事诏
(淳熙二年闰九月二十六日)

两浙、福建、江东路诸州守臣因起发禁军、土兵赴逐处教阅,并等第转官及递减磨勘。内碍止法人,特与回授。

出处:《宋会要辑稿》兵一九之二六。

推赏江东诸州军所差管押禁军土兵赴建康教阅官诏
(淳熙二年闰九月二十七日)

江东路诸州军所差管押禁军、土兵赴建康教阅官共二十七人,沿路并无骚扰,各与减磨勘有差。内碍止法人,令左藏南库支会子二百贯。

出处:《宋会要辑稿》兵一九之二六。

赈粜淮东诏
（淳熙二年闰九月二十八日）

淮东总领钱良臣体访淮东旱伤次第分数,于朝廷见桩管米斛内量行取拨,减价出粜。扬州米一万五千硕,就本州支;真州一万硕,于扬州般运;滁州一万石,就便于建康府桩管米内取拨;高邮军五千二百石,就本军支;楚州五千石,于高邮军般运;盱眙军四千八百石,就本军支。

出处:《宋会要辑稿》食货六八之七四。

茶寇剿除黜陟官员诏
（淳熙二年闰九月二十八日后）

江西提刑辛弃疾除秘阁修撰。广东摧锋军统制路海、路铃、黄进掩杀贼徒,不致侵犯,海落阶官,除正任刺史,特转行遥郡团练使。林光朝特进职一等。江西提刑钱佃军前督运钱粮不阙,除秘阁修撰。前湖北提刑徐宅追三官;前江西帅臣汪大猷落职,送南康军居住。

出处:《宋会要辑稿》兵一三之三一。

淮东置场收籴诏
（淳熙二年十月二日）

淮东总领钱良臣分委官于逐州府同职官一员,置场收籴。秀州七万五千石,湖州七万五千石,平江府十万石,起赴本所桩管,本钱于镇江府桩管朝廷银内支降。

出处:《宋会要辑稿》食货四一之三。

令潘甸等具析江东淮东兴修水利事以闻诏
（淳熙二年十月三日）

昨令诸路监司、守令措置兴修水利,以备旱乾,灌溉田亩。江东具到修治陂塘沟堰二万二千四百余所,淮东一千七百余所,浙西二千一百余所。今岁旱伤,江东、淮东为甚,未委当来如何兴修。可令元兴修官江东提举潘甸、淮东提举叶翥、知平江府陈岘具析以闻。

出处:《宋会要辑稿》食货六一之一一二四。又见《中兴两朝圣政》卷五四,《宋史全文续资治通鉴》卷二六。

自淮南将带铁钱过江人断罪诏
（淳熙二年十月五日）

敕:自淮南将带铁钱过江之人,依乾道九年五月十八日铜钱罪赏减二等断罪,罪止徒一年。

出处:《庆元条法事类》卷二九。

加上太上皇帝太上皇后尊号诏
（淳熙二年十月五日）

敕门下:锡九畴之福而曰寿曰康,宣敷言于帝训;有四海之富而得名得位,丕佑命于天申。胥同率土之心,仰笃严君之庆。光尧寿圣宪天体道太上皇帝刚健纯粹,徽柔懿恭。以德行仁,本性诚之固有;修文偃武,合经纬之自然。巽位当七十载之期,敬休获万亿年之报。寿圣明慈太上皇后圣善明哲,慈和静专。月齐日以得天,而能久照;坤顺乾而配地,是以广生。念非昭揭于鸿名,何以对扬于巨典?且尧寿独高于五帝,时则有放勋之称;而鲁邦仅列于诸侯,尚能歌燕喜之颂。矧予天下之养,逢此古来之稀。是宜稽绍兴、乾道之已行,于以补两汉、有唐之未备。博采群公之议,虔伸再驾之恭。将祗迓于春祺,庸对敷于宝册。一言以蔽,固难形盛德之日新;万寿无疆,盖欲辑旷仪而岁讲。式扬明命,前诏多方。庶令好善之民,体我事亲之孝。光尧寿圣宪天体道太上皇帝宜加上尊号曰光尧寿圣宪天体道性仁诚德经武纬文太上皇帝,寿圣明慈太上皇后宜加上尊号曰寿圣齐明广慈太上皇后。其令有司,详具仪注,朕当亲帅群臣诣德寿宫奉上册宝。故兹诏示,想宜知悉。

出处:《玉堂类稿》卷一〇。

撰者:周必大

德寿宫答允诰
(淳熙二年十月五日)

封章狎至,钦爱交隆。粤绍兴内禅之初,已肇称于盛礼;暨乾道躬郊之后,复申讲于庆仪。幸天界于寿康,获日安于荣养。俾耆而艾,受祉既多;若圣与仁,则吾岂敢?乃辑廷绅之议,洊勤法驾之临。喜父母之年可知,观天人之际允答。谓方衍无穷之算,顾难辞甚盛之名。虽溢美多两喜之言,义当固避;然荣怀尚一人之庆,理实相因。其顺众心,以光孝治。

出处:《玉堂类稿》卷一。

撰者:周必大

考校说明:编年据《中兴礼书》卷一八四补。明抄本题作《德寿宫答皇帝请加尊号第二表允诰》,系于淳熙二年闰九月。

论南上下库并封桩库置官之弊诏
(淳熙二年十月六日前)

南上下库并封桩库各置官提领,其专、副等不曾分认库分,通行掌管,未能革弊。

出处:《宋会要辑稿》食货五一之九。

提领左藏封桩库监官别行差人兼权诏
(淳熙二年十月六日)

提领左藏封桩库监官别行差人兼权,其监门就用南上、下库监官兼机察,于逐库各差拨副知、手分、书手、库子各一名,仍不得干预南库职事。

出处:《宋会要辑稿》食货五一之九。

加上太上皇帝太上皇后尊号册宝并行庆寿礼事诏
(淳熙二年十月六日)

用十一月一日冬至加上光尧寿圣宪天体道太上皇帝、寿圣明慈太上皇后尊号册宝,用十二月十七日立春行庆寿礼。其合行事件,令礼、工部、太常寺疾速施行。

出处:《中兴礼书》卷一八五。

赈济建康府灾伤诏
(淳熙二年十月九日)

建康府灾伤,可于桩管朝廷米内借米五万石,令守臣刘珙措置赈济。

出处:《宋会要辑稿》食货六八之七四。

赈济台州水灾诏
(淳熙二年十月九日后)

令何俌于本州常平、义仓米内更取三千石接济赈给,如不足,通路取拨应副;其合收瘝人,亦仰依条施行。仍令南库支降会子四千贯付本州,专充修城并捍水台使用,务要坚固如法。其未起钱绢,自来年为始,分限三年带发。

出处:《宋会要辑稿》瑞异三之一二。

周必大辞免兼太子詹事不允诏
(淳熙二年十月九日后)

敕某:省所奏辞免兼太子詹事恩命事,具悉。朕简宫僚,非正人不与。卿践履端尹,乃众论所宜。揽观推逊之言,具䜣卑牧之意。李勋之屈资受委,曰求旧则有之;绮里之伟冠从游,亦博致为贵矣。其务究思于辅翼,是云有益于元良。岂必辞荣,始名美德。所辞宜不允。故兹诏示,想宜知悉。

出处:《文忠集》卷一二三,影印文渊阁四库全书本。

撰者:程大昌

考校说明:编年据周必大宦历补,见周纶《周益国文忠公年谱》。

权免冬至百官朝贺拜表诏
(淳熙二年十月十一日)

冬至百官朝贺拜表,为行奉上尊号册宝典礼,权免一次。其合诣德寿宫拜表称贺,用前一日。

出处:《中兴礼书》卷一八五。又见《宋会要辑稿》礼八之一九。

立春诣德寿宫庆寿从驾臣僚等许令簪花诏
(淳熙二年十月十三日)

立春诸德寿宫庆寿,从驾臣僚、禁卫等往回并簪花外,其百司及从人等亦许令簪花,仍并依郊祀大礼毕恭谢回体例。

出处:《宋会要辑稿》礼五七之五。

事干边防军机文字紧切事宜许具奏诏
(淳熙二年十月十五日)

两淮州军及帅臣、监司并驻札御前诸军,应有事干边防军机文字紧切事宜,许具奏,并申三省、枢密院,不得泛滥申发,或作札子具报他处。如敢违戾,具职位姓名取旨,重作施行。

出处:《宋会要辑稿》刑法二之一一八。

禁止奢侈逾制诏
(淳熙二年十月十六日)

行在专委临安府守臣严切禁止,断在必行。如有违戾,令御史台觉察弹奏,先次将守臣重行责罚,其犯人依条断罪追赏,有官人取旨施行。外路州军依此。仍委监司觉察按劾,多出文榜晓谕。

出处:《宋会要辑稿》刑法二之一一九。

禁乡民岁时赛愿迎神互起杀伤诏
(淳熙二年十月十七日)

诸路提刑司行下所部州县严行禁戢。如有违戾,重作施行。

出处:《宋会要辑稿》刑法二之一一九。

加上太上皇帝太上皇后尊号手诏
(淳熙二年十月十九日)

朕祗承慈训,光缵睿图。备天下之养以尊亲,爰臻于二纪;兼圣人之名而得寿,弥衍于万年。亘古昔以未闻,亶家邦之有庆。光尧寿圣宪天体道性仁诚德经武纬文太上皇帝精微默运,溥博难名。恢统绪系接之隆,轶汉唐而立制;懋谟然显承之懿,参文武以宁民。修身高八秩之期,腾实焕百王之典。寿圣齐明广慈太上皇后静符坤载,顺翼皇勋。齐敬宅心,穆慈忱之壶范;纯全迪德,昭万国之母仪。盍宣京室之徽音,并著康衢之嘉颂。粤兹昌会,展矣宏休。合未央、长乐之仪,欣上玉厄之奉;广乾道、淳熙之议,肃申宝册之陈。输诚先再贺之恭,揆日协三神之觋。肆颁明诏,其谂群方。建显号而施尊名,庶铺于有奕;绥多福而辑纯嘏,益保佑于无疆。尚孚钦爱之心,共庆休明之运。光尧寿圣宪天体道性仁诚德经武纬文太上皇帝宜加上尊号曰光尧寿圣宪天体道性仁诚德经武纬文绍业兴统明谟盛烈太上皇帝;寿圣齐明广慈太上皇后宜加上尊号曰寿圣齐明广慈备德太上皇后。其令有司详具仪注,朕当亲率群臣诣德寿宫奉上册宝。故兹诏示,想宜知悉。

出处:《宋会要辑稿》帝系一之二〇。又见《中兴礼书续编》卷一六。

十月十九日到阙赐被褥鈔锣口宣
(淳熙二年十月十九日)

有敕:卿等并冒初寒,来趋载诞。憩騑骖而授馆,颁器币以宣恩。聊浣征尘,即宜钦受。

出处:《玉堂类稿》卷一三。
撰者:周必大

十月二十二日上寿毕归驲赐酒果口宣
(淳熙二年十月二十二日)

有敕:卿等凤驾征骖,恪修诞庆。均清醇于玉斝,贰甘脆于珚盘。聊慰积勤,并将厚意。

出处:《玉堂类稿》卷一三。
撰者:周必大
考校说明:"二十二日",四库本作"二十一日"。

二十二日上寿毕归驲赐御筵口宣
(淳熙二年十月二十二日)

有敕:卿等俶称寿斝,归憩驲亭。眷祗命之良勤,宜肆筵而加劳。庸将殊遇,并御凝寒。

出处:《玉堂类稿》卷一三。
撰者:周必大

二十二日上寿毕归驲赐御筵口宣
(淳熙二年十月二十二日)

有敕:卿等申祝尧年,告违汉陛。举加笾之厚礼,隆设宴之酺恩。言念将临,何辞尽醉。

出处:《玉堂类稿》卷一三。
撰者:周必大
考校说明:四库本题作《朝辞讫归驿赐内御筵口宣》,系于二十七日后。

二十二日上寿毕归驲赐酒果口宣
(淳熙二年十月二十二日)

有敕:宝邻修好,式展于寿仪;珍果侑觞,随颁于宾馆。式是眷怀之厚,且酬拜舞之劳。

出处:《玉堂类稿》卷一三。
撰者:周必大

二十二日赐内中酒果口宣
(淳熙二年十月二十二日)

有敕:卿等已奉寿觞,方需燕礼。出芳尊于尚醖,分嘉果于大官。并宠使华,钦承恩渥。

出处:《玉堂类稿》卷一三。
撰者:周必大
考校说明:"二十二日",四库本作"二十三日"。

赐皇太子口宣
(淳熙二年十月二十二日前后)

有敕:律正孟冬,祥开诞序。嘉乃前星之助,祝我后天之期。往炷宝薰,用光金地。

出处:《玉堂类稿》卷一一。

撰者:周必大

考校说明:月、日据宋孝宗生日补,见《宋史》卷三三《孝宗纪》。题后原注:"会庆节,内侍陆彦端。"

赐三省官口宣
(淳熙二年十月二十二日前后)

有敕:易月届期,纪殊祥于虹渚;柄臣率属,演密义于鹫峰。有嘉万寿之祈,宜厚三薰之锡。

出处:《玉堂类稿》卷一一。

撰者:周必大

考校说明:月、日据宋孝宗生日补,见《宋史》卷三三《孝宗纪》。题后原注:"内侍陆彦端。"

赐枢密院官口宣
(淳熙二年十月二十二日前后)

有敕:眷乃枢臣,庆予诞节。申祝南山之寿,备翻西竺之书。往续炉烟,助成法会。

出处:《玉堂类稿》卷一一。

撰者:周必大

考校说明:月、日据宋孝宗生日补,见《宋史》卷三三《孝宗纪》。题后原注:"内侍张思温。"

赐殿前司口宣
(淳熙二年十月二十二日前后)

有敕:嘉予环尹,率乃偏裨。因弥月之昌期,伸永年之善颂。其颁名馥,以助普薰。

出处:《玉堂类稿》卷一一。

撰者:周必大

考校说明:月、日据宋孝宗生日补,见《宋史》卷三三《孝宗纪》。题后原注:"内侍张思温。"

赐马军司口宣
(淳熙二年十月二十二日前后)

有敕:诞月发祥,普天献祝。嘉虎臣之归美,即鹿苑以辅诚。凝此异薰,助其胜事。

出处:《玉堂类稿》卷一一。

撰者:周必大

考校说明:月、日据宋孝宗生日补,见《宋史》卷三三《孝宗纪》。

赐步军司口宣
(淳熙二年十月二十二日前后)

有敕:延长之祝,备庆于祇园;戒定之香,特颁于御府。庶吾禁旅,同此福缘。

出处:《玉堂类稿》卷一一。

撰者:周必大

考校说明:月、日据宋孝宗生日补,见《宋史》卷三三《孝宗纪》。题后原注:"内侍李琪。"

十月二十三日玉津园射弓赐酒果口宣
（淳熙二年十月二十三日）

有敕：卿等入寿宸廷，坚睦邻之永好；出观禁籞，展发的之和容。加锡珍芳，式资饮御。

出处：《玉堂类稿》卷一三。
撰者：周必大

玉津园射弓赐弓箭例物口宣
（淳熙二年十月二十三日）

有敕：卿等诚通北道，庆祝南山。惟掌客之旧仪，有射侯之故事。宜推蓄锡，用奖嘉宾。

出处：《玉堂类稿》卷一三。
撰者：周必大

玉津园射弓赐御筵口宣
（淳熙二年十月二十三日）

有敕：祝万年于北阙，使范可嘉；共三乏于上林，射仪更肃。可无燕席，以洽宾欢？

出处：《玉堂类稿》卷一三。
撰者：周必大

十月二十六日赐生饩口宣
（淳熙二年十月二十六日）

有敕：诞节应期，使轺将命。念初安于馆舍，宜厚赐于饩牵。用示抚存，以昭眷遇。

出处:《玉堂类稿》卷一三。

撰者:周必大

责罚解彦祥等诏
(淳熙二年十月二十七日)

统制官解彦祥统领官梁嘉谋、张兴嗣,收捕茶寇调发乖谬,彦祥追三官,嘉谋、兴嗣各追两官,并勒停。

出处:《宋会要辑稿》兵一三之三一。

十月二十七日赐内中酒果口宣
(淳熙二年十月二十七日)

有敕:飞电流虹,岁勤邻聘。醇醪嘉果,日致恩颁。惟兹宾礼之优,示乃使华之宠。

出处:《玉堂类稿》卷一三。

撰者:周必大

密赐使副大银器口宣
(淳熙二年十月二十七日后)

有敕:千秋纪节,九牧贡金。特推制器之余,庸示待宾之礼。推予赐式,宠乃使华。

出处:《玉堂类稿》卷一三。

撰者:周必大

十月二十八日朝辞讫归驲赐酒果口宣
（淳熙二年十月二十八日）

有敕：卿等既成庆礼，俶告行期。洊颁品物之珍，庸助杯盘之乐。增光谒舍，胥洽宸衷。

出处：《玉堂类稿》卷一三。

撰者：周必大

考校说明：题后原注："内侍谢宪。"

答贺会庆节国书
（淳熙二年十月）

阳月应期，记菲凉之载育；亲仁修睦，勤使介以俱来。肆形盟好之言，备致寿祺之祝。情词两至，仪物兼丰。在感臆以增深，岂缄书之能究！

出处：《玉堂类稿》卷一六。

撰者：周必大

考校说明：题后原注："使完颜禧、副卢玑。"

方有开改除淮南西路常平茶盐兼权转运提点刑狱公事诏
（淳熙十二年正月至十一月间）

朕思得其人，惟方某为宜耳。

出处：《烛湖集》卷一一《方公行状》。

考校说明：编年据方有开宦历补，见《宋会要辑稿》职官七二、食货六一。

加上太上尊号礼毕皇帝致贺太上皇帝
（淳熙二年十一月一日）

皇帝臣眘稽首言：伏惟尊号太上皇帝陛下寿同天永，名与日新。典册扬辉，华夷赖庆。

出处:《玉堂类稿》卷一六。
撰者:周必大
考校说明:"一日"据《宋史》卷三四《孝宗纪》补。

左丞相承旨宣答
(淳熙二年十一月一日)

尊号太上皇帝圣旨:皇帝迎阳展采,镂牒荣亲。何幸吾身,屡亲盛事。

出处:《玉堂类稿》卷一六。
撰者:周必大
考校说明:"一日"据《宋史》卷三四《孝宗纪》补。

皇帝致贺太上皇后
(淳熙二年十一月一日)

皇帝臣眘稽首言:伏惟尊号太上皇后殿下辅佐父慈,恢隆母道。载铺懿铄,允协嘉祥。

出处:《玉堂类稿》卷一六。
撰者:周必大
考校说明:"一日"据《宋史》卷三四《孝宗纪》补。

内侍承旨宣答
(淳熙二年十一月一日)

尊号太上皇后圣旨:皇帝诚心备著,荣号频加。盛典之成,慈怀以怿。

出处:《玉堂类稿》卷一六。
撰者:周必大
考校说明:"一日"据《宋史》卷三四《孝宗纪》补。

左丞相承旨宣答
(淳熙二年十一月一日)

仪物充廷,簪绅在列。名虽予得,庆则汝同。

出处:《玉堂类稿》卷一六。
撰者:周必大
考校说明:"一日"据《宋史》卷三四《孝宗纪》补。

十一月一日回程赤岸赐酒果口宣
(淳熙二年十一月一日)

有敕:飞绥遐暨,嘉请祝于修龄;犯载遄归,尚眷留于近岸。驰颁醳核,益溥龙光。

出处:《玉堂类稿》卷一三。
撰者:周必大

回程赤岸赐御筵口宣
(淳熙二年十一月一日)

有敕:展缛仪于寿旦,已缔邻欢;弭归棹于候亭,载陈饮饯。兹惟示惠,亦以纾劳。

出处:《玉堂类稿》卷一三。
撰者:周必大

回程赐使副冬至节绢口宣
(淳熙二年十一月一日后)

有敕:卿等来会诞辰,归逢令节。礼厚库缣之锡,恩随宫线之添。涤乃征尘,被予渥惠。

出处:《玉堂类稿》卷一三。
撰者:周必大

回程赐三节人从冬至节绢口宣
(淳熙二年十一月一日后)

有敕:汝等并从使节,来祝寿祺。言念归涂,适逢至日。其令赐帛,以助御寒。

出处:《玉堂类稿》卷一三。
撰者:周必大

回程平江府赐御筵口宣
(淳熙二年十一月一日后)

有敕:汉殿称觞,已效万年之祝;吴门锡宴,用华四牡之归。矧属凝寒,固宜尽醉。

出处:《玉堂类稿》卷一三。
撰者:周必大

回程镇江府赐御筵口宣
(淳熙二年十一月一日后)

有敕:卿等远庆诞辰,式遄归斾。将问津于江浒,聊弭节于藩方。载洽眷私,是颁燕劳。

出处:《玉堂类稿》卷一三。
撰者:周必大

回程盱眙军赐御筵口宣
（淳熙二年十一月一日后）

有敕:卿等远持寿礼,申缔邻欢。弩归辔以良勤,即边亭而少驻。载陈宴豆,庸钱使华。

出处:《玉堂类稿》卷一三。
撰者:周必大

收捕茶寇阵亡有家累官兵与批勘请给诏
（淳熙二年十一月二日）

昨因收捕茶寇阵亡有家累官兵,依收捕李金阵亡人例,并与批勘全分请给一年,其中重伤、栅中身死官兵,特与批勘全分请给半年。

出处:《宋会要辑稿》兵一九之二七。

选差黎州守臣诏
（淳熙二年十一月四日）

自令黎州守臣,令制置、提刑司公共于文武臣内通行选差公廉有材力人,申取朝廷指挥。

出处:《宋会要辑稿》职官四七之四〇。

中大夫参知政事龚茂良辞免修制
尊号宝册转两官恩不允诏
（淳熙二年十一月六日）

天以无疆之福,敷佑我家,丕延亲寿,予曷敢不铺张扬厉,以对越景贶? 乃仲冬日至,亲帅百辟,并崇父母之荣号。金石在列,冠剑在庭,霁景曦温,群情悦豫。历观书传所记,盖未有殊尤绝迹可比于今者也。卿以鸿儒硕望,总领众职。渊原复贯,既闲习乎礼文;陟降多仪,又厌服乎观听。进阶加邑,于理则宜。且大典庆成,孰云僭赏? 自我作古,宁问故事? 若惄然辞之,殆非股肱喜哉之谊也。

出处:《玉堂类稿》卷五。
撰者:周必大

<h1 style="text-align:center">三省存留火烛去处当宿官更不出局诏</h1>
(淳熙二年十一月七日)

三省合存留火烛去处,当宿官更不出局,如遇假故,亦早入宿。

出处:《宋会要辑稿》职官一之六五。

<h1 style="text-align:center">参知政事龚茂良再辞免礼仪使转两官宜允诏</h1>
(淳熙二年十一月八日)

镂玉扬徽,庆太上历年之永;连珠告瑞,适仲冬朔旦之临。天人协应以在兹,家国均休而未艾。眷言近弼,实赞昌期。予欲新旷古之礼则汝明,予欲展事亲之仪则汝翼,予欲播乾安坤安之乐于金石则汝听,予欲形天大地大之功于典册则汝为。底绩居多,迁官匪过。而乃力避便蕃之宠,面陈确至之言。谓将豫扰于泛恩,岂必曲从于前比? 先劳后禄,素嘉儒行之优;下济上行,滋叹谦光之美。方共由于此道,姑勉狥于乃诚。所请宜允。

出处:《玉堂类稿》卷五。
撰者:周必大

<h1 style="text-align:center">参知政事李彦颖辞免书撰册文转官不允诏</h1>
(淳熙二年十一月八日)

内则父子,外则君臣,人之大伦也。今者太上以仁圣绥寿祜,朕以孝敬极尊崇,天人和同,福禄并应,父子之道备矣。元首股肱,相须成体,则于君臣之际可不共其光荣乎? 卿以名世之儒,久仪廊庙,讨论巨典,被饰厥文。所谓严乐之笔精,渊云之墨妙,盖兼之矣。用是进秩,不为无名。况置卿四辅之列,咨卿万几之事,宠章徽数,未尝有靳,而独爱此一官乎? 所请宜不允。

出处:《玉堂类稿》卷五。

撰者:周必大

端明殿学士签书枢密院事王淮辞免篆宝转一官不允诏
(暂系于淳熙二年十一月八日至十一日间)

朕登进辅臣,周旋帷幄。既不以一善为最,又不以考绩而陟。若乃国有大庆,共其宠光,则异数加厚,群臣莫望,斯名位之辨、等威之制也。属者备物典册,增尊称于德寿,闳休伟绩,振古未有。济济多士,咸以列侍为荣。时卿名儒,服在枢近,允资鸿笔,载璨斯章。庆泽之行,当由贵始。盖有非常之功者,必因夫非常之事;有灿然之文者,必济以欢然之恩。典礼所关,卿固不得而独避也。所辞宜不允。

出处:《玉堂类稿》卷五。

撰者:周必大

考校说明:编年据同集前后文时间补。

端明殿学士签书枢密院事王淮再辞免篆宝转一官宜允诏
(淳熙二年十一月十一日)

朕观《谦》之《象》曰:"劳谦君子,万民服也。"《诗》之《雅》曰:"行归于周,万民所望。"夫辞受明于上,则廉逊兴于下,岂不所操者约而所利者溥哉? 日朕茂辑旷仪,衍荣亲之号;而卿实联政路,宣秉笔之劳。越进文阶,将侈邦家之庆,不独示卿之宠而已。顾乃洊形冲避,且以名器为言。盖大臣,民之表也,故范宣子逊而其下皆逊,是可化民成俗矣。朕虽欲不听,得乎? 所请宜允。

出处:《玉堂类稿》卷五。

撰者:周必大

参知政事李彦颖再辞免撰册文转一官恩命宜允诏
(淳熙二年十一月十一日)

昔大中祥符间,执政王钦若、陈尧叟皆以制述封祀坛颂之功起进显秩,载在国史,有荣耀焉。今朕修稀世之阔典,加太上之显号,而卿以高文大册发挥盛猷,是用仿章圣旧规,循乾道近比,进阶四品,庸答儒效。而免章沓至,陈义益高,谓朕方策励事功,爱惜名器,而身参机政,宜率缙绅。夫逊,礼之主也;谦,德之柄也。大臣如是,足劝多方。岂以一官,易此二美? 敬从雅志,良极叹嘉。所请宜允。

出处:《玉堂类稿》卷五。
撰者:周必大

资政殿大学士知建康军府事刘珙辞免
起发本府教阅军兵转官许回授不允诏
(淳熙二年十一月十二日)

卿名高九牧,任重十连。驭军驰整暇之声,体国得忠勤之谊。歌周诗而遣戍,既有成劳;驰汉爵以赏功,可无异数? 故进阶所以劝诸道,而申命所以优大臣。人皆曰然,卿尚何逊?

出处:《玉堂类稿》卷五。
撰者:周必大

奉国军节度使殿前副都指挥王友直乞外宫观不允诏
(淳熙二年十一月十六日)

《四牡》之诗曰:“王事靡盬,不遑将母。”此群臣宣劳于外怀归之辞也。今卿以将帅之才为朕倚信,擢居环尹,阅岁滋深。凤兴单卫上之劳,退食享奉亲之乐。惟忠与孝,宁废兼资? 苟勉励之有加,立功名其未晚。所请宜不允。

出处:《玉堂类稿》卷五。

撰者:周必大

李彦颖辞免差权提举国史院实录编修国朝会要不允诏
(淳熙二年十一月十八日)

信史垂后世之法,类书裒当时之事,皆大典也。今自熙宁迄靖康,有六十年未备之史,则笔削不可以不严。由建隆暨绍兴,有八百编已成之书,则会粹不可以不续。虽讨论属之诸彦,而董正资吾辅臣。卿学该古今,文有师法,翊我机务,言忠谟嘉。举滋以旃,何职弗济?顾岂不能摭三长以总太史之任乎?其趣汗青,毋以逊避为也。

出处:《玉堂类稿》卷五。
撰者:周必大

龚茂良辞免差权提举编修玉牒不允诏
(淳熙二年十一月十八日)

周用中士奠系世,汉晋命九卿典属籍,唐开成以玉名牒,至与史册并驱,是岂古今异辙哉?法浸久而益章,官随时而愈重故也。况我国家,发祥云远,祖功宗德,视昔有光,文昭武穆,与天无极,则夫创宝藏之殿,设纂修之官,总于柄臣,理固当尔。卿以经世之学,华国之文,参调化元,秉德蹈义,兼领斯事,盖优为之,岂以约史定令而废闳纲之举乎?亟其钦承,毋格成命。

出处:《玉堂类稿》卷五。
撰者:周必大

林恕特降两官诏
(淳熙二年十一月二十一日)

仪鸾司不般新油幕出外,因致失火,看管等人已行断配,其本司干办官林恕特降两官。

出处:《宋会要辑稿》职官二二之一〇。

大臣私第接见宾客日限一次诏
(淳熙二年十一月二十七日)

大臣日见宾客,有妨治事。累有指挥,如侍从、两省官、三省、枢密院属官有职事,于聚堂取禀;私第除侍从外,其余呼召取覆等官,每日各止许接见一次。出榜私第,可常切遵守施行。

出处:《中兴两朝圣政》卷五四。又见《宋史全文续资治通鉴》卷二六。

修盖射殿殿门隔门等毕工推赏官吏诏
(淳熙二年十一月二十八日)

殿前司、监内司、临安府、转运司修盖射殿殿门隔门并皇太子宫门已毕工,殿帅王友直、提举修内司甘昇、提辖修内司杨皓、临安府守臣赵彦操、两浙漕臣赵蟠老各转一官,减三年磨勘,其余官属,第一等转一官资,第二等减三年磨勘,第三等减二年磨勘,碍止法人特与转行,白身人有名目日收使,余并倍支犒设。

出处:《宋会要辑稿》方域二之二三。

遣使贺来年正旦国书
(淳熙二年十一月)

乾坤交泰,熙和气于春台;南北通欢,跻庶民于寿域。远驰信使,虔致庆仪。冀臻视履之祥,庸对发生之序。颂言斯至,敷述奚殚?

出处:《玉堂类稿》卷一六。
撰者:周必大
考校说明:题后原注:"使谢廓然、副黄夷行。"

光尧寿圣宪天体道性仁诚德经武纬文绍业兴统明谟盛烈太上皇帝册文
（淳熙二年十二月一日）

　　皇帝臣慎谨稽首再拜言：臣闻有大德者必得其寿，必得其名，盖天人同然之应也。故德参乎天，以寿锡之；德洽乎人，则人以名归之。逖观古初，历选列辟，维尧之寿，自少昊高辛氏以来莫及。而聪明文思之称冠序于二典，则亦惟非心黄屋，谢成功而不居，同符之德，有以致之。若夫蹑陶唐之高躅，膺天人之美报，维我圣父，亶其然乎。然则扬鸿休，登显号，以崇介万年之丕觊，曷其可已乎？恭惟光尧寿圣宪天体道性仁诚德经武纬文太上皇帝陛下以圣神文武之资，承二百中天之运。兴衰拨乱，再造区夏，寝兵措刑，跻民寿域。右贤左戚，量才授任；大纲小纪，因事制宜。储精三纪之间，致治百王之上。乃以神器，倦于冲人，顺帝则而听康衢之谣，放政机而处大庭之馆。希夷高蹈，又二十有四载矣。夫在宥天下，则体乾健以时行；逍遥物表，则泯雷声于渊默。汗南山之竹，不足以纪功业之隆；指上古之椿，不足以比春秋之盛。时因大庆，屡上鸿名。摹乾坤之容，绘日月之象。略能推高矣，然未满事实也。兹者岁肇三元，数绵八帙，薄海内外，罔不庆赖，归美之义，不谋而同。以为寿之得乎天者既已益隆，则夫名之得于人者所宜宾实。臣以寡昧，仰承付托之恩，念志莫大尊亲，而物无以报德，博采群议，稽经诹律，拳拳之诚而不容默已。昔之绍大业者在于治亳之兴，兴圣统者在于得禹之后。文王丕显之谟，所以肇造而起斯文者在是，武王丕承之烈，所以执竞而定尔功者在是。洪惟盛德，超轶三五，合而言之，众美具备。且夫入纂基图，载安九庙，可谓绍业矣。上接千岁，下规亿载，可谓兴统矣。是彝是训，炳如日星，明明之谟，孰有加于此乎？除乱布治，光于祖宗，盛哉之烈，孰有大于此者乎？臣不胜大愿，谨表王册玉宝，加上尊号曰"光尧寿圣宪天体道性仁诚德经武纬文绍业兴统明谟盛烈太上皇帝"。伏惟陛下仰符天意，俯协人心，顺迎丕庆，诞受典册，庶几慰我子孙黎民，以永千万世无疆之休。

出处：《宋会要辑稿》帝系一之一八。
撰者：王淮

上寿圣太上皇后册文
(淳熙二年十二月一日)

　　皇帝臣慎谨稽首再拜言:臣闻庆都佐喾,是开放勋;涂山嫔夏,实肇与予。越周文臣,亦有任姒,徽音相继,雅什载歌。永惟三五之隆,兹诚千一之遇。矧我圣母,辅翊慈极,养以天下,俱燕寿祉。今所创见,亶无前闻。增崇大号,用侈丕庆。以答三灵之眷命,以慰四海之欢心。臣子之情,曷可后哉!恭惟光尧寿圣宪天体道性仁诚德经武纬文绍业兴统明谟盛烈太上皇帝陛下生育长养,与天同功;虚静渊默,与道同妙。高蹈物表,玩心希夷。穹祇锡羡,神策增授。方登延于八帙,以进至于万亿。实惟我寿圣齐明广慈太上皇后殿下淑质懿范,俪美匹休。造舟为梁,丕显思齐之圣;继鳌立极,于昭再造之烈。助成正始之化,首赞揖逊之举。媲德无愧,降年偕永。臣以寡昧,嗣守历服。深惟付托之重,克享盈成之业。钦承慈训,夙夜匪懈。念孝以尊亲为大,福以锡寿为先。两因岁纪,三举显册。虽乾坤覆载之恩非言可赞,而中外归报之诚不谋而合。是用先献岁以涓吉日,朝未央而藏上仪。并衍鸿名,益介亲寿。臣不胜大愿,谨奉玉册金宝,加上尊号曰寿圣齐明广慈备德太上皇后。伏惟殿下永承尧父,作配周宗,如日之升,如月之常,如南山之寿,宏贲我后人,使丕天之大律,继自今不一举而足,臣亦与有无穷之庆,不其韪欤!

出处:《宋会要辑稿》帝系一之一九。
撰者:梁克家

赈济宁国府广德军太平军灾伤民户诏
(淳熙二年十二月三日)

　　宁国府、广德军、太平军旱伤至重,所放苗税统县皆不及七分,若不行赈济,窃恐实被灾伤及七分以上贫民下户向后阙食,流移失所,委提举常平官督责守令将逐乡村灾伤至重人户从实括责,依条赈济。宁国府、广德军、池州并诸县分各有常平、义仓并桩管米,申提举常平司支拨。

出处:《宋会要辑稿》食货六八之七五。

周必大转朝奉大夫制
(淳熙二年十二月四日)

敕:周人序群吏之劳,以八柄而驭贵;虞氏虽九官之列,犹三考而陟明。庸昭考核之公,不以崇卑而间。朝请郎、试尚书兵部侍郎、兼侍讲、兼直学士院、兼太子詹事、赐紫金鱼袋周必大,忠多裨益,朕所深知。禄位每加,身愈恭而退逊;阀阅所积,吏以时而举扬。肆循品秩之常,爰行褒进之律。是云信赏,岂用贤而日月为功;顾犹历阶,示惟君之名器不假。傥更论思而有补,会令言利以相当。其究尔庸,以若兹训。可特授朝奉大夫,依前试尚书兵部侍郎、兼侍讲、兼直学士院、兼太子詹事,赐如故。

出处:《周益国文忠公年谱》。
撰者:程大昌

住罢临安府城外江岸之家收掠撞岸钱诏
(淳熙二年十二月七日)

临安府城外占据江岸之家收掠撞岸钱等,日下住罢。仍于沿江一带出榜晓谕。

出处:《宋会要辑稿》刑法二之一一九。

肃朝仪诏
(淳熙二年十二月十日)

近来赴朝臣僚于殿门内辄行私礼,朝仪不肃,有违条法,令阁门觉察弹劾。

出处:《中兴两朝圣政》卷五四。又见《宋史全文续资治通鉴》卷二六。

赐参知政事李彦颖生日诏
(淳熙二年十二月十四日)

敕彦颖:商正建丑,周岳生申。蔚然邦国之英,籍甚庙堂之誉。四人迪禄,诞将丕冒之威;三寿作朋,胥畀炽昌之祉。茂膺蕃锡,永弼宏基。

出处:《玉堂类稿》卷九。

撰者:周必大

上太上皇帝太上皇后尊号册宝推恩制
(淳熙二年十二月十四日)

加上尊号册宝了毕,依绍兴三十二年奉上尊号册宝体例,等第推恩。第一等:都大主管、承受、诸司官各转两官。第二等:照管一行事务三省礼工房、主管所催依、照管官物使臣、主管文字并行遣使臣各转一官,减二年磨勘。第三等:主管所白身行遣人并承受诸司下行遣人、礼直官、克择官、快行亲从亲事官各转一官资。

出处:《宋会要辑稿》帝系一之二〇。

降授朝散大夫权吏部尚书兼详定一司敕令
蔡洸辞免经修吏部七司法转官不允诏
(淳熙二年十二月十六日)

太宰以法待官府之治,其来久矣。卿以名德之裔,简于朕怀。擢长天官,实兼议令。用诗书而辅法律,盖有家学存焉。逮此奏篇,灼知勤勚,进阶一等,时乃故常。夫手定章程,职居铨综。制而用之谓之法,既以与闻;推而行之谓之通,固将有望。抗章避宠,岂可曲从? 所辞宜不允。

出处:《玉堂类稿》卷五。

撰者:周必大

太上皇帝庆寿赦文
(淳熙二年十二月十七日)

　　门下:太极之功不宰,其可赞者两仪之生;大明之照无疆,所能推者千岁之至。钦惟圣父,诞保我家。二百余载而中天,定神器于飮侧艰虞之始;三十六年而宅位,授朕师于康强暇豫之时。上穹绵有永之年,下土洽无为之化。兴言菲质,日侍慈颜。竭幅员之富,而未足伸至养之诚;极尊美之称,而未足表难名之德。兹载新于岁律,庸展庆于耆龄。前殿奉卮,企高皇而踵武;大安进膳,迈贞观之弥文。锵金奏以充庭,俨臣工而在列。和气遍周于宇宙,盛容创见于古今。仍内奉于母仪,庸备殚于子道。为酒以介眉寿,具膰纯嘏之常;立春而下宽书,更广庶民之福。可大赦天下。云云。於戏!建无穷之基则享无穷之乐,命方仆于万年;有非常之事则侈非常之休,恩盍推于四海?矧群黎百姓凤依于覆育,而耆老大夫咸自于甄陶。今而仁寿之同跻,必也安荣之共保。谅尔有邦之众,知予锡类之心。

出处:《玉堂类稿》卷一。又见《宋会要辑稿》礼五七,《碧梧玩芳集》卷一四《题程致政钟夫人志文后》。

撰者:周必大

考校说明:此赦文内容已删,《宋会要辑稿》载有所删之部分内容,今录以备考:

　　应绍兴三十二年以前补中太学国子生,见年七十以上人,可令礼部保明以闻,特与补迪功郎。内舍、上舍生父母年七十以上,外舍生父母年八十以上,并与初品官,妇人与封号。已经官封者,父与转一官资,母与冠帔。令经所属自陈保奏。(《宋会要辑稿》崇儒一)

　　应绍兴三十二年以前补中武学生,见年七十以上人,可令礼、兵部保明以闻,特与补承信郎。内舍、上舍生父母年七十以上,外舍生父母年八十以上,并与初品官,妇人与封号。已经官封者,父与转一官资,母与冠帔。令经所属自陈保奏。(《宋会要辑稿》崇儒三)

皇帝诣德寿宫庆寿致贺词
(淳熙二年十二月十七日)

皇帝臣睿稽首言:天祐君亲,锡兹难老。维春之吉,年德加新。臣与群臣等不胜大庆,谨上千万岁寿。

出处:《玉堂类稿》卷一六。又见《宋会要辑稿》礼五七之六。
撰者:周必大

侍中承旨宣答
(淳熙二年十二月十七日)

酌此春醪,介予眉寿。家邦盛事,允惬慈怀。与皇帝并百僚内外同庆。

出处:《玉堂类稿》卷一六。
撰者:周必大

观文殿大学士银青光禄大夫知福州军州事陈俊卿
辞免起发禁军土兵转官许回授恩命不允诏
(淳熙二年十二月二十一日)

朕惟法等其功,周勋以懋;赏延于世,舜德斯隆。兹酌用于前规,庸申哀于旧相。卿久仪槐棘,告帷幄之谋;重镇枌榆,底藩维之绩。观调兵之如约,知制阃之宣劳。增秩有差,虽眠营屯之数;移恩无间,则隆体貌之私。毋守一谦,亟恭再命。所辞宜不允。

出处:《玉堂类稿》卷五。
撰者:周必大

安庆军承宣使提举德寿宫张去为辞免该遇德寿宫
庆典转三官依条回授恩命不允诏
(淳熙二年十二月二十四日)

天锡太上纯嘏眉寿无有害,乃立春气应,蕆盛礼于宫掖,肆大眚于中外。若时左右谨信之臣,实宣夙夜奉侍之力,予维宠嘉之。盖庆泽之行,职亲者在所先,岁久者从其厚,古今之通谊也,又何疑焉?所辞宜不允。

出处:《玉堂类稿》卷五。

撰者:周必大

少保岳阳军节度使充万寿观使永阳郡王居广
辞免加食邑实封不允诏
(淳熙二年十二月二十五日)

唐乾元间,既加崇太上圣皇之号,因施眚中外,三品而上赐爵有差。今朕举稀阔之典,庆君亲之寿。甲午制书,推惠甚远,位隆属近,顾反不及耶?增衍封租,良不为过。尚何逊避之有?所辞宜不允。

出处:《玉堂类稿》卷五。

撰者:周必大

庆寿赦
(淳熙二年十二月二十五日)

应历事太上皇帝曾任执政、侍从官,可特与转一官,内年七十以上转两官,碍止法人依条回授,仍令州县长吏致礼存问。缘武臣亦有曾任将帅、历事太上皇帝之人,令吏部将曾任三衙及都统制人,依前项赦文一体推恩。

出处:《宋会要辑稿》礼五七之七。

赴阙盱眙军传宣抚问赐御筵口宣
(淳熙二年十二月二十八日前)

有敕:卿等恪修邻好,来会春元。宜赐宴于边城,用增华于使驲。毋辞剧饮,庶体浓恩。

出处:《玉堂类稿》卷一三。
撰者:周必大

镇江府赐银合茶药口宣
(淳熙二年十二月二十八日前)

有敕:卿等肃将使指,来觐春朝。念寒色之严凝,布恩言而存抚。仍颁饮剂,用助保调。

出处:《玉堂类稿》卷一三。
撰者:周必大
考校说明:题后原注:"内侍何弼。"

镇江府赐御筵口宣
(淳熙二年十二月二十八日前)

有敕:玉历开端,宝邻修聘。念冲寒而利涉,爰锡燕以示慈。往体眷怀,勿辞饮醑。

出处:《玉堂类稿》卷一三。
撰者:周必大
考校说明:题后原注:"内侍谢安民。"

平江府赐御筵口宣
（淳熙二年十二月二十八日前）

　　有敕:卿等适当冬凛,来庆春元。念使事之良勤,即辅藩而少驻。特颁宴惠,尚体眷私。

出处:《玉堂类稿》卷一三。
撰者:周必大
考校说明:题后原注:"内侍梁琳。"

赤岸赐御筵口宣
（淳熙二年十二月二十八日前）

　　有敕:岁事一新,邻欢载睦。嘉使舻之近止,秩宾燕以乐胥。适属隆寒,固宜霑醉。

出处:《玉堂类稿》卷一三。
撰者:周必大

赤岸赐酒果口宣
（淳熙二年十二月二十八日前）

　　有敕:卿等远庆新春,甫临近驲。锡上尊之醇旨,丰庶品之珍甘。茂对恩华,增光使节。

出处:《玉堂类稿》卷一三。
撰者:周必大
考校说明:题后原注:"内侍王敦礼。"

赐使副春幡胜口宣
(淳熙二年十二月二十八日前)

有敕:使来北道,春兆东郊。允怀将命之勤,爰有应时之锡。载兹嘉惠,浣乃征尘。

出处:《玉堂类稿》卷一三。

撰者:周必大

赐接伴使副春幡胜口宣
(淳熙二年十二月二十八日前)

有敕:卿等受命中朝,迓宾北道。当迎春之令旦,颁插首之多仪。敬体朕怀,增光使事。

出处:《玉堂类稿》卷一三。

撰者:周必大

到阙赐生饩口宣
(淳熙二年十二月二十八日)

有敕:卿等祗讲岁仪,夙行宾礼。停骖在馆,浸休涉履之劳;维饩及牵,往示眷怀之厚。

出处:《玉堂类稿》卷一三。

撰者:周必大

奖谕临安府狱空诏
(淳熙二年十二月)

盖闻刑当期于无刑,讼必使之无讼。好生洽德,兹不犯于有司;克俊宅心,罔攸兼于庶狱。古能臻此,朕实慕之!每闻三面祝网之仁,常轸一夫向隅之念。嘉汝士师之职举,俾予廷尉之圄空。谅深体于哀矜,亦咸几于中正。阅章于再,称美不忘。淳熙二年十二月。

出处:《咸淳临安志》卷六。

赐四川安抚制置使范成大银合腊药敕书
(淳熙二年冬)

敕成大:卿负严、徐之望,镇梁、益之郊。适临栗烈之辰,遐念冲和之政。宜推珍锡,用助宝调。

出处:《玉堂类稿》卷一一。
撰者:周必大
考校说明:"冬"据文中所述"腊药"补。题后原注"银合重五十两"。

赐前宰相福建路安抚使陈俊卿银合腊药敕书
(淳熙二年冬)

敕俊卿:时属隆冬,气凝寒律。有怀旧相,复镇故乡,民誉既昭,朕心所眷。驰颁良剂,勉啬冲襟。

出处:《玉堂类稿》卷一一。
撰者:周必大
考校说明:"冬"据文中所述"腊药"补。

赐皇子判明州魏王恺金合腊药敕书
(淳熙二年冬)

敕恺:岁当穷腊,时正沍寒。言念贤王,方临海服。锡之珍剂,副以宝奁。体我眷怀,资而冲摄。

出处:《玉堂类稿》卷一一。
撰者:周必大

考校说明:"冬"据文中所述"腊药"补。题后原注"金合重一百两。"

赐前执政江南东路安抚使刘珙银合腊药敕书
(淳熙二年冬)

敕刘珙:卿坐司留籥,行易岁阴。眷焉帷幄之臣,履此冰霜之候。时颁饮剂,往辅冲和。

出处:《玉堂类稿》卷一一。
撰者:周必大
考校说明:"冬"据文中所述"腊药"补。题后原注"银合重一百两"。

赐侍卫马军都虞候王明并御前都军都统制吴挺郭刚皇甫倜鲁安仁郭钧李川郭棣御前诸军副都统冯湛韩宝张荣张宣于友明椿银合腊药敕书
(淳熙二年冬)

敕王明:汝内怀忠概,外总戎昭。属寒律之方凝,轸眷怀而良厚。宜颁灵剂,用助珍调。

出处:《玉堂类稿》卷一一。
撰者:周必大
考校说明:编年据同集前后文时间、文中所述"腊药"补。题后原注:"内吴挺用御合重五十两,余用汝合重三十两。"

赐前执政荆湖北路安抚使杨倓银合腊药敕书
(淳熙二年冬)

敕杨倓:卿位重节旄,任隆藩阃。属严凝之履序,想绥抚以注怀。宠以颁宣,助其服食。

出处:《玉堂类稿》卷一一。

撰者:周必大

考校说明:"冬"据文中所述"腊药"补。

赐杨倓诏
(淳熙二年)

卿远拊方面,军民安堵,深用叹嘉。目今荆南一路民兵多寡,军用器甲、弓弩箭凿的数目,一一开具奏来。付杨倓。

出处:《赵氏铁网珊瑚》卷二。

赐杨倓诏
(淳熙二年)

已降指挥,荆南府、荆门军、襄阳府拘集民兵等各赶赴瓜洲,教阅日久,理宜优恤。可令杨倓、黄茂材、张子颜先次犒设一次,每人支钱两贯文,具的实合支钱数一面报本路总领所,日下取拨使用,令本所却报内藏库拨还。付杨倓。

出处:《赵氏铁网珊瑚》卷二。

魏杞赠鲁国公制
(淳熙二年)

朕惟先帝开循唐制,复文昌府,以今仆射执国大政,而丞为之贰,礼优秩峻,兹为辅臣。擢右丞相魏杞亮直清明,有猷有守,服在禁近,厥声惟休。兹特赠尔为鲁国公,正秩如右。於戏!庶习维逸,法艰维初。凡厥有官,弗祗弗迪,亦维朕政未丽于中,其允谐时汝之任。往服乃训,厥维懋哉。朝廷庆赏,大小维劳,汝为守臣,克远顾虑。尚其翼祗,毋替乃服。

出处:《魏文节遗书》附录。

尚书省赐宰执以下喜雪御筵口宣
(淳熙二年)

有敕:六出飞空,三登兆瑞。陈多仪于镐饮,掩高会于梁园。式厚燕胥,固宜乐只。

出处:《玉堂类稿》卷一二。
撰者:周必大

孝宗朝卷十五　淳熙三年(1176)

岁除赐内中酒果口宣
（淳熙三年正月一日前）

　　有敕:卿等来庆春朝,适临除夕。赐以芳樽之旨,侑以苑实之多。并宠使华,尚钦恩遇。

出处:《玉堂类稿》卷一三。
撰者:周必大
考校说明:题后原注:"内侍贾惟清。"

赐三节人从春幡胜口宣
（暂系于淳熙三年正月一日前）

　　有敕:腊寒强半,春气才回。先颁镂刻之工,往慰驰驱之役。允宜祗服,深体眷私。

出处:《玉堂类稿》卷一三。
撰者:周必大
考校说明:编年据周必大任外制时间、文中所述史事、同集前后文时间补。

正月一日入贺毕归驲赐御筵口宣
（淳熙三年正月一日）

　　有敕:卿等将命北邻,展仪上日。爰即驲亭之近,就颁燕豆之华。庸示宠光,尚均恺乐。

出处:《玉堂类稿》卷一三。

撰者:周必大

考校说明:题后原注:"内侍李唐卿。"

入贺毕归驿赐酒果口宣
(淳熙三年正月一日)

有敕:元会告成,宾容甚肃。爰赐燕觞之助,用资鸡旦之欢。维是旨嘉,式彰优异。

出处:《玉堂类稿》卷一三。

撰者:周必大

考校说明:题后原注:"内侍朱思正。"

正月三日赐内中酒果口宣
(淳熙三年正月三日)

有敕:卿等已庆春朝,少安馆次。特展宫廷之赐,并为觞俎之华。茂对恩私,益光使指。

出处:《玉堂类稿》卷一三。

撰者:周必大

考校说明:题后原注:"内侍王敦礼。"

正月四日玉津园射弓赐弓箭例物口宣
(淳熙三年正月四日)

有敕:熙春日永,禁籞风清。载讲射仪,备观使范。爰厚颁宣之宠,用昭眷奖之恩。

出处:《玉堂类稿》卷一三。

撰者:周必大

考校说明:题后原注:"内侍吴因。"

玉津园射弓赐御筵口宣
(淳熙三年正月四日)

　　有敕:交欢邻壤,已肃宾仪,观德春郊,更优射艺。宜特颁于燕饮,尚深体于眷私。

出处:《玉堂类稿》卷一三。

撰者:周必大

考校说明:题后原注:"内侍陆彦端。"

玉津园射弓赐酒果口宣
(淳熙三年正月四日)

　　有敕:卿等远庆春元,载陈燕射。尊实既多之酝,盘盈孔庶之珍。眷待有加,钦承无斁。

出处:《玉堂类稿》卷一三。

撰者:周必大

考校说明:题后原注:"内侍张咏。"

郑藻加封制
(淳熙三年正月五日)

　　门下:亲其亲而为礼,非徽号不足表无疆之休;老吾老以及人,非宠恩不足彰莫大之庆。乃藏事于一阳之复,乃颁书于四序之元。盛仪一行,诚意两得。于以兴臣子之敬,于以广华夷之仁。敷时褒章,旌我懿戚。保信军节度使、开府仪同三司、充万寿观使、武功郡开国公、食邑某千某百户、食实封某千某百户郑藻,受才通敏,制行安和。逮事祐陵,绰有中朝之矩范;被知太上,蔚为异姓之表仪。位愈贵而心愈恭,年弥高而力弥裕。比陈玉册,荣冕金蝉。既显相于礼容,仍摄承于使领。盖特宠四朝之旧,匪徒为百辟之光。兹举庆条,肆开公社。於戏! 天地有域中之大,朕方酬覆载之恩;爵齿达天下之尊,尔实预荣怀之宠。兹为家国之至盛,时乃帝王之所稀。茂对洪休,毋忘素履。可进封荣国公,加食邑五百户,食实封三百户。

出处:《玉堂类稿》卷二。
撰者:周必大

史浩加封制
(淳熙三年正月五日)

　　门下:若昔昭陵,创新仪而合禴;有怀杜衍,用旧相以陪祠。虽一时辞疾以莫来,然累圣循规而罔坠。嘉予元老,轶乃前闻。兹惟邦国之华,岂独缙绅之美?恩章所厚,宠数当先。少傅、保宁军节度使、充醴泉观使、兼侍读、卫国公、食邑一万五百户、食实封四千五百户史浩,宽裕敏明,粹夷庄重。甘盘旧学,早翼戴于潜藩;方叔壮猷,再弼谐于鼎路。正发舒于贤业,旋避远于事权。密勿经帏,从容赐第。人推高于寿俊,予简在于耆儒。属先甲之肇裸,总前驱而领使。骏奔于庙,无跛倚之容;山立于庭,有肃雍之色。兹告成于熙事,宜均赋于腴田。於戏!祉锡一卣,召虎时承于周命;侯封万户,张良终在于汉京。盖厚下者上之仁,而爱君者臣之谊。永绥鸿施,日告嘉谋。可加食邑一千户,食实封四百户。

出处:《玉堂类稿》卷二。
撰者:周必大

曾觌加封制
(淳熙三年正月五日)

　　门下:朕若稽列辟之盛,畴越放勋之先。德既冠于百王,年仍高于五帝。则天为大,康衢形尔极之谣;克逊允恭,华封有圣人之祝。孰追懿铄,繄我慈皇。比参订于师言,庸肇称于巨典。逮均庆赐,可后旧人?武泰军节度使、开府仪同三司、充万寿观使、信安郡开国公、食邑某千某百户、食实封某千某百户曾觌,凤禀通才,进逢亨运。以辞章而被遇,多历岁时;居富贵而守谦,久安闲适。领节旄于蜀道,总使范于祠庭。肃尔多仪,相予盛礼。朔冬奉册,缀三事以峨冠;春日称觞,粲万花而会弁。宜畴多邑,用溥酬恩。於戏!荡荡民无能名,既丕扬于德业;

皇皇事之壮观,顾何吝于龙光? 惟上圣为能兼古今之徽,惟至尊为能锡臣邻之祉。往思祗服,勿替恪恭。可加食邑五百户,食实封三百户。

出处:《玉堂类稿》卷二。
撰者:周必大

杨倓加封制
(淳熙三年正月六日)

　　门下:朕恪奉亲欢,懋隆孝治。问在朝问在野,固莫测于尧仁;得其位得其名,当力扬于舜善。乃练日时之吉,具陈仪物之多。既镂牒以增休美之称,又奉觞以笃延长之庆。眷言藩服,尝侍筹帷,虽阻预于班庭,顾可稽于诏爵? 昭庆军节度使、知荆南军府事、提举学事、兼管内劝农使、充荆湖北路安抚使、马步军都总管、兼本路营田使、专一措置提督修城、和义郡开国侯、食邑某千某百户、食实封某千某百户杨倓,恭勤自励,明敏推优。文昌参喉舌之联,右府效股肱之力。追惟乃父,凤简慈衷。有如嗣子之才,浸历周行之选。闻修庆典,谅感隆知。殿邦虽异于滞南,存阙宁忘于拱北! 用赐诸公之履,仍加多邑之腴。於戏! 稀阔盛仪,是谓万岁一纯之遇;便蕃异数,足为五侯九伯之光。尚祗若于恩言,益勉图于忠报。可进封和义郡开国公,加食邑五百户,食实封二百户。

出处:《玉堂类稿》卷二。日期据明抄本、四库本加,下三篇同。
撰者:周必大

吴拱加封制
(淳熙三年正月六日)

　　道,虽巧历莫能推平格之年。姑率吁于众言,庸铺张于大庆。惟时将帅,同国光荣。武康军节度使、捧日天武四厢都指挥使、提举隆兴府玉隆万寿宫、武功郡开国公、食邑某千某百户、食实封某千某百户吴拱,世授一编,身经百战。当绍兴之盛际,共武服者有年。入则宣劳殿陛之间,出则御侮封疆之外。士多心悦,予益汝知。虽鼛鼓凝思,已趣赐环之命;而簪缨称寿,莫陪鸣玉之班。其推衍食之恩,以作来朝之宠。宣为幸遇,实越常彝。於戏! 五三六经载籍之传,孰若今显号尊名之建;万有千岁眉寿无害,亦惟尔大夫庶士之宜。式遄六纛之驱,庸对

155

两宫之眷。可加食邑五百户,食实封二百户。

出处:《玉堂类稿》卷二。
撰者:周必大

刘懋加封制
(淳熙三年正月九日)

门下:大德必得其寿,实天人相与之符;贵老为近于亲,亦今昔共由之道。朕履至尊之宝位,庆太上之修龄。发册广朝,需恩诸夏。乃眷里居之旧,亶为妃族之英。宜敷诏音,用锡尔祉。昭庆军节度使致仕、武功郡开国公、食邑四千三百户、食实封一千四百户刘懋,志尚清逸,性资靖庄。早参戚畹之联,浸陟戎班之贵。方华毂朱轮之鹜,起赤松黄石之思。虽十五年无印组之縻,宁居宠利;然千万岁上宫庭之寿,实预荣怀。是因庆泽之施,特衍邑租之入。於戏!四代同归于上齿,未始遗年;二疏自乐于赐金,是能知止。往服旌嘉之命,永为耄艾之光。可加食邑五百户,食实封二百户。

出处:《玉堂类稿》卷二。又见《江右文钞》卷三,《宋四六选》卷三。
撰者:周必大

皇弟居中加封制
(淳熙三年正月九日)

门下:朕诞受丕图,躬行要道。荷天地非常之况,增庭闱有永之年。日至扬徽,得戊申之朔旦;春元上寿,逢甲午之刚辰。孝弟发诸朝廷,德教加于百姓。是敷成涣,载锡近亲。皇弟保康军节度使、权主奉益王祭祀、天水郡开国公、食邑二千八百户、食实封八百户居中,秀禀天支,誉高公姓。粤时忱而自勉,庸祗德以日新。缅维端献之贤王,实乃厚陵之秀子。于今三世,有若诸孙。日趋剑履之班,坐拥节旄之贵。曲台秘事,既获预于荣观;磐石数封,肆并加于采地。於戏!一人有庆而兆民赖,况同周室之宗盟;九族既睦则万邦和,盖本唐虞之德化。往绥尔禄,尚远乃猷。可加食邑五百户,食实封二百户。

出处:《玉堂类稿》卷二。

撰者:周必大

皇叔祖嗣濮王士辐再辞免少傅批答
(淳熙三年正月十日)

朕嘉成周之隆,多同姓之助。无我老耄,卫武有百年之箴;俾尔寿臧,鲁僖存千岁之颂。乃眷宗盟之长,厥惟安懿之孙。既属近而行尊,亦年高而德邵。克备多福,庶几尊闻。乃因庆礼之崇成,益进孤班之特擢。盖爵齿俱先于在列,故恩荣独异于诸臣。是谓建一官而三物成,岂徒亲九族而万邦协?何未孚于至意,顾犹徇于常谦?其寝需章,往承赞册。所辞宜不允。

出处:《玉堂类稿》卷九。
撰者:周必大

士辐再辞免除少傅口宣
(淳熙三年正月十日前后)

有敕:荣亲施惠,虽溥及于群公;贵老敦宗,独序升于九棘。钦予时命,视乃批章。

出处:《玉堂类稿》卷一二。
撰者:周必大
考校说明:月、日据同集卷九《皇叔祖嗣濮王士辐再辭免少傅批答》补。

赈贷淮东灾民诏
(淳熙三年正月十三日)

淮东旱伤已节次支降米斛赈粜,其赈贷等事,令常平官依条以时奉行,务要实惠及民。

出处:《宋会要辑稿》食货六八之七五。

新除少师士辐辞免备礼册命宜允诏
(淳熙三年正月十四日)

延拜公孤,具存故事,盖将涓选穀旦,端委御朝,搣金石,旅簪袚,而后命之,所以辨等列、隆威仪也。惟兹礼不讲,为日已久,庶因太上非常之庆,褒锡宗室之老,使在廷之士有荣观焉。胡为抗章,力薪寝免?《易》不云乎:"劳谦君子有终吉。"勉从冲守,尚永迪寿祉之荣。所请宜允。

出处:《玉堂类稿》卷六。
撰者:周必大

西北归正归朝人先次放行赈济诏
(淳熙三年正月二十日)

访闻见有西北归正、归朝人,自乾道九年赦,经部陈乞赈济,委官覆实保明,方与放行。窃虑迁枉,却致失所。令州县核实保明申常平司,先次放行赈济。

出处:《宋会要辑稿》兵一六之七。

以蝗旱诚谕百官诏
(淳熙三年正月二十八日)

敕门下省:比岁蝗旱,民食不登,捐瘠流亡,良可哀痛,何天咎之惨耶!靖惟厥繇,往者委任不审,宠赂章闻,轻动干戈,怨气薰积,诒害于百姓,时朕之愆。粤从更化,日傒宁谧,蠲租发廪,朝夕惴惴,惟恐赈恤之不及,亦冀在位恻然有以分朕之忧。而监司、守令间犹循习,卤莽其文,未闻悉付朕志。其能按察澄清而毋拘挛顾忌也欤?其能抚字牧养而毋贪婪刻剥也欤?不然,何吾民不安业,而忍为寇贼之归欤!无乃毁誉未公,黜陟未明,无以使人尽其心欤?兴言及此,朕则知之。奉吾诏者朕,则朕之所以拳拳者欤!继自今,以体国为心,以举职为能,勿欺勿慢,各励乃庸,则旌表选擢,朕不汝靳。其或缘奸邪,尚狃前非,假公营私,以自丰殖,使上德壅于下,下怨丛于上,蠹国害民,厥有常宪。斯言不渝,听之毋忽。故兹诏示,想宜知悉。

出处:《宋会要辑稿》职官七八之五七。

答贺正旦国书
(淳熙三年正月)

岁序载新,允协夏时之正;民生交阜,共欣春物之荣。已远致于庆仪,乃专勤于华使。披缄书之甚厚,阅礼币之维丰。感篆弥深,愿言曷究!

出处:《玉堂类稿》卷一六。
撰者:周必大
考校说明:题后原注:"使完颜治、副高运国。"

皇子魏王恺再辞免食邑实封不允诏
(暂系于淳熙三年正月至二月间)

奉万岁之觞,荐盛仪于东内;封三钱之府,均大赍于多方。念我贤王,适临重镇。乃首敷于邦涣,俾增入于户租。非独示亲亲之恩,亦将明贵贵之谊。是固两得,奚为屡辞?所辞宜不允,不得更有陈请。

出处:《玉堂类稿》卷六。
撰者:周必大
考校说明:编年据同集前后文时间补。

武康军节度使捧日天武四厢都指挥使提举隆兴府玉隆万寿宫吴拱辞免召赴行在不允诏
(暂系于淳熙三年正月至二月间)

卿深练武经,克承世美。久总师干之任,比膺斋钺之荣。固宜修王觐之恭,奚可遂家居之乐?况朕每闻于鼙鼓,必念将臣;如卿虽远于江湖,宁忘魏阙?益思此义,载疾其驱。所辞宜不允。

出处:《玉堂类稿》卷六。

撰者:周必大

考校说明:编年据同集前后文时间补。

皇子雄武保宁军节度使开府仪同三司判明州
军州事魏王恺辞免加食邑实封不允诏
(暂系于淳熙三年正月至二月间)

朕惟太上皇帝盛德大业,冠映往初,眉寿隆名,绵延亿载。乃甲午诏书,推庆泽于中外者博矣。而况位重真王,任隆分陕,是固恩徽所宜先也。《书》不云乎:"身其康强,子孙其逢吉。"尚奚逊焉? 所辞宜不允。

出处:《玉堂类稿》卷六。

撰者:周必大

考校说明:编年据同集前后文时间补。

四川不得违法抽差知县县令诏
(淳熙三年二月二日)

四川今后不得违法抽差知县县令。有敢抽差若经营求抽差,悉重置典宪。其抽差过月日,并不理为在任。诸司互相纠察,有敢隐蔽,御史台觉察以闻,并与坐罪。仍立为令甲。

出处:《宋会要辑稿》职官四八之一九。

诸路田山权住卖诏
(淳熙三年二月四日)

诸路将出卖田、山等并权住卖,令见佃人依旧且行承佃,其已承买纳钱未足,与展限一季。

出处:《宋会要辑稿》食货六一之三五。

赵伯圭除安德军节度使与宫祠任便加封制
（淳熙三年二月六日）

门下：朕观国朝之制，重方镇之权。外则神武折冲，资兔置心腹之助；内则大宗维翰，茂葛藟本根之功。虽劳逸之或殊，在蕃宣而则一。兹仰承于慈训，思益固于邦图。首褒文武兼资之英，盖得亲贤并用之意。式是旧典，扬于大庭。端明殿学士、朝奉大夫、提举江州太平兴国宫、天水郡开国侯、食邑一千二百户、赐紫金鱼袋赵伯圭，良心禀于天资，令德由于世济。简廉乐道，远追中垒之风；恭俭好书，夙慕献王之学。示宗盟之楷则，宣仕籍之勤劳。出守天台，河淡三吴之润；久临鄞水，海澄万里之波。粤就燕间，弥高誉处。方藉维城之略，盍稽换节之规？矧秘殿通班，浸极侍臣之高选；宜斋坛焕宠，特隆元帅之多仪。是用严阃制于阆中，领祠官于洪井。橐兜戟纛，诞颁新命之华；山川土田，更广旧封之履。於戏！制节谨度者诸侯之孝，恶盈好谦者君子之光。高而不危，乃可长富贵之守；卑以自牧，斯能利邑国之征。尚允蹈于圣言，庸永强于王室。可特授安德军节度使、提举隆兴府玉隆万寿宫，任便居住，加食邑五百户，食实封二百户，封如故。

出处：《玉堂类稿》卷二。
撰者：周必大

县令丞簿全阙去处选差无干碍官权摄问囚诏
（淳熙三年二月七日）

自今县狱有尉司解到公事在禁，若令、丞、簿全阙去处，即仰本县依条申州，于合差官内选差无干碍官权摄。其徒罪以上囚，令佐聚问无异，方得结解赴州。

出处：《宋会要辑稿》职官五之四八。

赵伯圭除节度使口宣
（淳熙三年二月七日）

有敕：恩畀碧幢，夙隆仪数。礼均黄阁，益峻徽章。往承锡命之优，思称展亲之厚。

出处:《玉堂类稿》卷一二。

撰者:周必大

考校说明:编年据《宋史》卷三四《孝宗纪》补。原书系于淳熙二年,疑误。

除授四川监司帅守事诏
(淳熙三年二月八日)

除授四川监司、帅守,如已被受信札,令不候授告敕,先次赴上。自今准此。

出处:《宋会要辑稿》职官四五之三一。

龙图阁学士承议郎提举江州太平兴国宫胡铨
辞检举磨勘指挥乞检会汇奏许休致不允诏
(淳熙三年二月九日)

卿夙持正论,负九牧之名;晚释群经,得先儒之旨。养恬真馆,冠职西清。恩章所加,度越诸老。惟是阶秩,以稽劳能。而卿周旋议郎,殆四十载。使踵长途而序进,犹当取甘茂之十官;况由禁路以陟明,盖屡计成周之三岁。宁容廉退,独不举行?削牍以辞,既非所望,遂欲致君事而去,是岂乃心王室之谊哉?所请宜不允。

出处:《玉堂类稿》卷六。

撰者:周必大

赵伯圭再辞免安德军节度使提举隆兴府玉隆
万寿宫任便居住加食邑实封不允诏
(淳熙三年二月十八日)

朕以授钺专征之任宠绥同姓,可谓不敢轻矣?既禀太上之命,又稽祖宗之制,又协卿士大夫之议,然后出节少府,读命大庭,如涣汗焉,何可回也?矧卿忱恂肃哲,足以承宁方镇;端庄信厚,足以翼卫王家。政倚宗强,毋劳谦挹。所辞宜不允,不得再有陈请。

出处:《玉堂类稿》卷六。

撰者:周必大

检察州县不依条限拘缴茶盐引诏
(淳熙三年二月十八日)

自今州县不依条限拘缴茶盐引,从本路提举司检察,并依奉行茶盐法违戾,徒二年断罪。其比较增亏赏罚,亦依绍兴二十八年十月四日指挥,以缴到引日为数比较。

出处:《宋会要辑稿》食货三一之二三。

诸军升差统制发赴枢密院审察诏
(淳熙三年二月十八日)

自今诸军升差兵官,内统制径行津发赴枢密院审察。

出处:《宋会要辑稿》职官三二之四五。

韩世忠赐谥忠武制
(淳熙三年二月十八日)

韩世忠感会风云,功冠诸将,可特赐谥忠武。

出处:《名臣碑传琬琰之集》卷一三《韩忠武王世忠中兴佐命定国元勋之碑》。

罢官田所诏
(淳熙三年二月二十四日)

官田所限十日结局,其已未起钱,专委户部郎官严紧拘催,赴封桩库交纳。

出处:《宋会要辑稿》食货六一之三六。

广西所收官盐息钱拨付逐处分数诏
(淳熙三年二月二十八日)

广西转运司将每岁所收官盐息钱,以十分为率,三分拨付诸州,七分充漕司计岁。

出处:《宋会要辑稿》食货二八之三。

詹仪之开具本州见管钱等以闻诏
(淳熙三年二月二十八日)

詹仪之将本司见管四十万贯,并开具寄桩州军并钱数,申尚书省。仍将年额实合起解上供,并买马、鄂州大军、诸州岁计盐场循环本脚与运盐脚钱,逐一开具以闻。

出处:《宋会要辑稿》食货二八之六。

示谕安德军官吏军民僧道耆寿敕书
(淳熙三年二月)

敕安德军官吏军民僧道耆寿等:朕以伯圭擢秀天支,流徽邦族。剖符持橐,既备著于多庸;植纛建牙,宜时开于巨屏。以示展亲之意,以凝强干之勋。闻孚号之夬扬,谅周邦之咸喜。已除伯圭安德军节度使缺。故兹示谕,想宜知悉。

出处:《玉堂类稿》卷一一。
撰者:周必大

起复右武大夫高州刺史权知池州许堪特授枢密副都承旨兼知镇江府节制防江水步军兼都大提举兵船司公事制
（淳熙三年二月）

吴头重镇,京口名邦。外控边陲,方谨风寒之护;内安闾里,适当涝歉之余。爰咨已试之庸,式副惟良之选。尔韬略得于问学,忠勇见于功名。顷分守于池阳,已著闻于治效。时当右武,势重防江。兹为东南第一之州,乃属才气无双之士。近比之所希有,上眷之所独隆。晋跻导旨之班,仍畀夺情之命。文武本一道,兵民非两涂,保障为急则茧丝可宽,舟师必葺则波涛可恃。勉图称职,嗣后褒功。

出处:《樗溪居士集》卷五。

考校说明:编年据《至顺镇江志》卷一五补。《宋代诏令全集》系于淳祐四年末(第一七五六页),误。刘才邵卒于绍兴二十八年,此文当为《樗溪居士集》误收。

赐贺金国正旦使副谢廓然等口宣
（淳熙三年二月）

有敕:春律既中,阳和有俶。言念皇华之使,远勤四牡之归。思浣朔尘,是推赐式。

出处:《玉堂类稿》卷一二。

撰者:周必大

考校说明:月份据文中所述"春律既中"补。题后原注:"内侍韩世荣。"

参知政事龚茂良再辞免进太上日历转两官例恩批答
（淳熙三年三月九日）

省表具之。朕观《尧典》所记皆尧德也,孔子乃系之《虞书》,非以铺张扬厉至舜而后备欤? 当是时,又有伯益诸臣于七十载巽位之后,举乃圣乃神乃武乃文之德而申述之。至今尧言布于天下者,舜君臣归美之力也。如朕凉菲,固不敢自比于重华,而太上功烈寿嘏,视放勋盖有光也。然则成书千卷,宝为大训,不在此时乎? 卿以贰政之臣,效伯益之赞,叠升阶秩,显答儒猷。公论谓然,何引避之坚也? 所辞宜不允,仍断来章。

出处:《玉堂类稿》卷九。又见《古文渊鉴》卷五七。

撰者:周必大

管军军官更不带行阁职诏
(淳熙三年三月十七日)

自今管军官更不带行阁职。非阁门供职人,仍不转官。

出处:《宋会要辑稿》职官三四之九。

龚茂良再辞免进书转官口宣
(淳熙三年三月十九日)

有敕:纪中兴之盛烈,既上奏篇;旌太史之多庸,肆加懋赏。亟其祗受,勿事谦辞。

出处:《玉堂类稿》卷一二。

撰者:周必大

李彦颖再辞免进书转官口宣
(淳熙三年三月十九日)

有敕:史观成书,讲一时之盛典;辅臣相礼,进二等之崇阶。成命已行,固辞奚益?

出处:《玉堂类稿》卷一二。

撰者:周必大

命从官议择监司郡守诏
(淳熙三年三月二十三日)

凡监司郡守,欲尽加精选,但恐才能应选者少,而资格合入者多,如此则又有淹滞之叹。二者当如何,卿等可议定来上。

出处:《建炎以来朝野杂记》乙集卷七。

考校说明:编年据《周文忠公奏议》卷六《择选监司郡守议》补。

封桩库监官等理任请给等事诏
(淳熙三年三月二十四日)

封桩库监官并监门官,元系以监左藏南上库并门,今改为封桩库,其理任、请给、酬赏、人从等,并依左藏南上库已得指挥,仍通理历过年月日;公吏亦与通理。及入役迁补、出职补授、合支请给等,并依南上库。

出处:《宋会要辑稿》食货五一之九。

周必大封管城县开国男制
(淳熙三年三月二十六日)

敕:朕惟岁历相推,有运无积,慈极在上,常寿且康。八千为春,平格之休滋至;五十而慕,燕宁之日方长。若时迩联,宜同兹庆。朝奉大夫、试尚书兵部侍郎、兼侍讲、兼直学士院、兼太子詹事、赐紫金鱼袋周必大,静渊以敏,直亮而文。为言语侍从之臣,丰于神益;凡君臣父子之懿,多所发挥。比从簪笔之班,诞扬奉册之意。览而心善,知深中于情宜;古谓色难,喜独臻于顺适。以比周行之众,当膺大赉之施。其启封列爵之初,仍锡壤井腴之富。益茂输于忠荩,用上答于褒扬。可特授依前朝奉大夫、试尚书兵部侍郎、兼侍讲、兼直学士院、兼太子詹事,特封管城县开国男,食邑三百户,赐如故。

出处:《周益国文忠公年谱》。

撰者:程大昌

赐占城嗣国王邹亚娜进奉敕书
(淳熙三年三月)

敕占城嗣国王邹亚娜:昨据提举福建路布舶张坚缴奏,卿所遣进奉使副扬卜萨达麻翁毕顿等,赍到表章一通,并贡象牙、乳香、沉香等事。维乃海邦,旧尊国制。逮而纂服,继述不忘。仍岁以来,使航洊至。旅陈方贡,祇庆郊禋。载念勤诚,良深眷瞩。已降指挥,将所贡物以十分为率,许留一分,其余依条例抽买给还价钱外,今回赐卿锦三十匹、生绫二十匹、川生押罗二十匹、生桺蒲绫二十匹、川生克丝二十匹、杂色绫一百五十匹、杂色罗一百五十匹、熟白桺蒲绫五十匹、江南绢五百匹、银一千两,至可领也。故兹示谕,想宜知悉。春暖,卿比好否? 遣书,指不多及。

出处:《玉堂类稿》卷一一。
撰者:周必大

参知政事李彦颖再辞免进书礼仪使特转两官例恩批答
(暂系于淳熙三年三月至四月间)

省表具之。朕被尧之衣,诵尧之言,行尧之行,十五年于兹矣。既哀炎、兴善政凡九百五条以举其宏纲,又会中兴故实至三百篇以撮其机要。犹以为未也,趣千卷之书,记三纪之事。涓辰备物,亲帅群臣进读于德寿之庭。肇自颛穸生民以迄乎汉唐,有此典礼乎? 无也。惟予近弼,实相盛容。正使推恩不著于旧规,犹当以业巨事丛而创行之,况二府领使有相承之例乎? 卿其勿疑,亟服嘉命。所辞宜不允,仍断来章。

出处:《玉堂类稿》卷九。
撰者:周必大
考校说明:月份据同集前后文时间、文中所述史事补,见《宋史》卷三四《孝宗纪》。

推恩临安府府学合干人诏
（淳熙三年四月三日）

临安府府学学正、录三名该遇太上皇帝庆寿,并特与免大解一次,余大小职事、学生等各赐束帛有差。

出处:《宋会要辑稿》选举一七之三。

侍从台谏两省官杂举监司郡守诏
（淳熙三年四月三日）

侍从、台谏、两省官照资序差格,不以内外,杂举监司、郡守,岁各五人。保举官及五员以上,列衔共奏,明言所举人有何政绩、才术,堪任何等监司、帅府、大小州郡差遣,听上下半年奏举,中书省置籍,三省更加考察,取旨除授。

出处:《宋会要辑稿》职官四七之四○。又见《中兴两朝圣政》卷五四。

禁受纳人户苗米过数诏
（淳熙三年四月六日）

诸路州县受纳人户苗米,往往过数,多收斗面,重困民力。令诸路监司觉察以闻。

出处:《宋会要辑稿》食货六八之一二。

周必大转朝散大夫制
（淳熙三年四月十一日）

敕:绍承天统,思协帝华。巍乎其有成功,具存三纪之政;宝之以为大训,宜垂四系之文。繄予法从之臣,尝居太史之职。奏篇来上,第赏有差。朝奉大夫、试尚书兵部侍郎、兼侍讲、兼直学士院、兼太子詹事、管城县开国男、食邑三百户、赐紫金鱼袋周必大,学富而问多,气和而守正。遍仪清近,蔚有声光。书命之行,当时未有及者;礼乐之任,疑义皆取决焉。兹寓直于禁林,复升华于讲席。大典一出于其手,嘉谟屡沃于朕心。顾千卷之信书,藉诸儒之绪业。夷考所居之官重,亮知载笔之功多,肆答贤劳,晋升文秩。其对扬于休命,当嗣有于褒迁。可特授朝散大夫,依前试尚书兵部侍郎、兼侍讲、兼直学士院、兼太子詹事,封赐如故。

出处:周纶《周益国文忠公年谱》,傅增湘校订《周益国文忠公集》卷首。

撰者:刘孝韪

武康军节度使捧日天武四厢都指挥使提举隆兴府玉隆万寿宫吴拱再辞免右金吾卫上将军批答
(淳熙三年四月十二日)

省表具之。国朝之制,自刺史至节钺为正任之极,自诸卫至执金为环列之极。惟其职亲任重,故并授者鲜矣。粤朕临御,尝以是宠劲勇之臣。今万里召卿,复有此拜,倚信之意,灼然可知。惟中兴以来,父子兄弟出征入卫相继不绝,盖未有如卿家之盛者。勉思忠报,丕昭乃父之绩。区区逊避,非朕所期。

出处:《玉堂类稿》卷九。

撰者:周必大

吴拱再辞免除右金吾卫上将军口宣
(淳熙三年四月十二日)

有敕:外临方镇,内扈禁严。非吾世臣,不预兹选。叠下汝谐之诏,讴思朕命之承。

出处:《玉堂类稿》卷一二。

撰者:周必大

赐皇子魏王恺生日诏
(淳熙三年四月十四日)

敕恺:秀薆纪月,属诞庆于贤王;瑞麦登农,兆丰年于乐土。虽阻君亲之奉,谅均民庶之欢。驰遣近瑠,往将厚赐。尚永千龄之锡,茂膺多福之绥。今遣入内内侍省内侍高品赵友闻赉赐卿生日羊酒米面等,具如别录,至可领也。故兹诏示,想宜知悉。夏热,卿比平安好? 遣书,兹不多及。

出处:《玉堂类稿》卷九。
撰者:周必大
考校说明:月、日据同集同卷《赐皇子雄武保宁军节度使开府仪同三司判宁国府魏王恺生日诏》补。

赐使相郑藻生日诏
(淳熙三年四月十五日)

敕郑藻:斗杓建巳,当既望之良辰;神岳生申,际复平之盛旦。俨衮衣而在列,冠戚畹以增华。逮兹初度之临,宠以上台之赐。永绥寿嘏,庸对眷怀。

出处:《玉堂类稿》卷九。
撰者:周必大
考校说明:月、日据同集同卷《赐太尉保信军节度使充万寿观使郑藻生日诏》补。

赐谥更不命词诏
(淳熙三年四月十五日)

今后王公及职事官三品以上法应得谥,并勋德节义声实彰著不以官品特命谥者,并先经有司议定,申中书、门下省,具奏取旨,依旧制更不命词,止备坐所议给告,吏部牒本家照会。

出处:《东莱吕成公外录》卷四,崇祯刊本。又见《中兴两朝圣政》卷五四,《宋史全文续资治通鉴》卷二六。

印造兑换例茶短引事诏
(淳熙三年四月二十七日)

交引库印造二十二贯例茶短引,七万五千贯付江西安抚司;二十二贯例短引,三万贯付江州通判厅。仍令逐处将已降去四贯例茶小引依数兑换,却行缴赴行在都茶场送纳。其总领所既称四贯例小引客人不愿请买,如日后遇有给降到外路一半小引,更不给降。

出处:《宋会要辑稿》食货三一之二四。

<h1 style="text-align:center">赐吴拱口宣</h1>
(淳熙三年四月)

有敕:卿远趋严召,甫及近郊。载惟冒涉之劳,良轸眷怀之厚。欲资冲养,爰有宠颁。

出处:《玉堂类稿》卷一二。
撰者:周必大
考校说明:"内侍李琪。"

<h1 style="text-align:center">令江东淮南漕臣开具管下布种事以闻诏</h1>
(淳熙三年五月二日)

近来雨泽沾足,浙间种莳已见次第,可令江东、淮南漕臣具管下州县得雨日辰及布种禾稼分数以闻。

出处:《宋会要辑稿》礼一八之二三。
考校说明:本诏与淳熙二年三月十六日《令江东淮南漕臣开具管下布种事诏》(《宋会要辑稿》食货六三)文字全同,不知是否为同一诏,待考。

<h1 style="text-align:center">禁采捕虾蟆诏</h1>
(淳熙三年五月七日)

民间采捕虾蟆,杀害生命,虽累有约束,货卖愈多。访闻多是临安府缉捕使臣所管火下买贩及主张百姓出卖。令本府日下先次出榜晓谕三日外,别差人收捉,赴府惩治。如捉获火下货卖,即将所管使臣一例坐罪。

出处:《宋会要辑稿》刑法二。

考校说明:同书同卷另有一诏系于淳熙三年五月八日,文中"虾蟆"作"田鸡"。

禁左藏库监官监门官与专知官等轮宿诏
(淳熙三年五月十六日)

自今左藏库监官、监门官,不得与专知官、掌管官物使臣轮宿。

出处:《宋会要辑稿》食货五一之九。

史浩庆寿加恩口宣
(淳熙三年五月二十一日后)

有敕:礼成东内,庆浃多方。眷惟旧德之良,锡以新恩之厚。往祗诏綍,茂对王休。

出处:《玉堂类稿》卷一二。

撰者:周必大

考校说明:编年据宋高宗生日补,见《宋史》卷二四《高宗纪》。据四库本标题,此文为大臣"遇太上皇帝庆七十加食邑食实封"之告。原书系于淳熙二年,疑误。

郑藻庆寿加恩口宣
(淳熙三年五月二十一日后)

有敕:称寿亲庭,推恩戚畹。特启封于乐国,仍衍食于腴田。往锡制函,庸切邦庆。

出处:《玉堂类稿》卷一二。

撰者:周必大

考校说明:编年据宋高宗生日补,见《宋史》卷二四《高宗纪》。据四库本标题,此文为大臣"遇太上皇帝庆七十加食邑食实封"之告。原书系于淳熙二年,疑误。

曾觌庆寿加恩口宣
(淳熙三年五月二十一日后)

有敕:卿感会风云,参连衮绣。值万年之庆礼,广多户之腴田。钦帅训辞,肃承恩渥。

出处:《玉堂类稿》卷一二。

撰者:周必大

考校说明:编年据宋高宗生日补,见《宋史》卷二四《高宗纪》。据四库本标题,此文为大臣"遇太上皇帝庆七十加食邑食实封"之告。原书系于淳熙二年,疑误。

杨倓庆寿加恩口宣
(淳熙三年五月二十一日后)

有敕:卿入陪枢省,出殿帅垣。邦有荣怀,恩加采邑。往祗承于予命,思奋励于乃猷。

出处:《玉堂类稿》卷一二。

撰者:周必大

考校说明:编年据宋高宗生日补,见《宋史》卷二四《高宗纪》。据四库本标题,此文为大臣"遇太上皇帝庆七十加食邑食实封"之告。原书系于淳熙二年,疑误。

吴拱庆寿加恩口宣
(淳熙三年五月二十一日后)

有敕:朕辑古礼文,庆亲寿嘏。眷秉旄之宿将,方祗觐于昕朝。迎受诏函,钦承邦涣。

出处:《玉堂类稿》卷一二。

撰者:周必大

考校说明:编年据宋高宗生日补,见《宋史》卷二四《高宗纪》。据四库本标题,此文为大臣"遇太上皇帝庆七十加食邑食实封"之告。原书系于淳熙二年,疑误。

皇弟居中庆寿加恩口宣
（淳熙三年五月二十一日后）

有敕：朕奉册宝之华，庆庭闱之寿。宜推邦涣，用侈宗盟。往其肃承，体我敦睦。

出处：《玉堂类稿》卷一二。

撰者：周必大

考校说明：编年据宋高宗生日补，见《宋史》卷二四《高宗纪》。据四库本标题，此文为大臣"遇太上皇帝庆七十加食邑食实封"之告。原书系于淳熙二年，疑误。

刘懋庆寿加恩口宣
（淳熙三年五月二十一日后）

有敕：朕肇举庆仪，溥施惠泽。眷言耆旧，久适燕间。申加邑户之多，亟奉丝纶之宠。

出处：《玉堂类稿》卷一二。

撰者：周必大

考校说明：编年据宋高宗生日补，见《宋史》卷二四《高宗纪》。据四库本标题，此文为大臣"遇太上皇帝庆七十加食邑食实封"之告。原书系于淳熙二年，疑误。

督责守令检举桩管米斛以新易陈诏
（淳熙三年五月二十六日）

三总领及见有桩管处漕臣，督责守令检举以新易陈。将来点检，如有陈腐，当职官吏重置典宪。

出处：《宋会要辑稿》食货六二之六四。

端明殿学士朝奉大夫签书枢密院事王淮辞免国史日历所经修不经进特转一官恩命不允诏
(暂系于淳熙三年三月至六月间)

朕述中兴三十六载之政事,备太上亿万斯年之观览。进读之日,慈颜悦豫,臣庶呼舞。惟时庆赏,当与大臣共之。矧卿早被简知,雍容枢掾,编摩时政,与有力焉,其当赏一也。拾遗谏省,言听计从,皂囊所陈,备载于册,其当赏二也。粤朕初载,实为少令,总领诸彦,纂修成书,其当赏三也。有是三者,予惟汝嘉。进阶加邑,初不为过,何必逊避为哉?所辞宜不允。

出处:《玉堂类稿》卷六。

撰者:周必大

考校说明:编年据同集前后文时间、文中所述史事补,见《宋史》卷三四《孝宗纪》。

朝奉郎试礼部尚书赵雄辞免经修日历特转一官不允诏
(暂系于淳熙三年三月至六月间)

惟我圣父聪明文思,光宅天下,而逊于位,阒休伟绩,布在简牍,视《尧典》若合符节。乃吉日辛亥,陈仪展采,尊奉于大庭。此固三代两汉以来不可得而见者,孰若吾身亲见之哉?卿昔以敏识英词,秉笔于东观;今以洽闻殚见,总议于南宫。俾是书克成而礼容无爽者,卿与诸儒助朕之力也。进官一列,实侈荣怀。其懋承之,毋劳固避。

出处:《玉堂类稿》卷六。

撰者:周必大

考校说明:编年据同集前后文时间、文中所述史事补,见《宋史》卷三四《孝宗纪》。

资政殿大学士中大夫知镇江军府事沈夏乞外宫观不允诏
(暂系于淳熙三年三月至六月间)

朕夙宵念治,常患二千石不皆得人,使吾德泽不下流,民隐不上达。方诏在位杂举循良之吏,而卿以帷幄近臣,典股肱名郡,兹固朝廷所嘉赖,四方所则傚者也。曾未半岁,日需政成,岂因骭疡,遂欲求去?《假乐》之诗曰:"百辟卿士,媚于天子。不解于位,民之攸墍。"此言畿内诸侯爱君勤职,斯民所由休息也。勉遵古谊,倡率庶邦,称朕意焉。所请宜不允。

出处:《玉堂类稿》卷六。

撰者:周必大

考校说明:编年据同集前后文时间补。"沈夏",明抄本、四库本作"沈复",当以为是。

敷文阁直学士中奉大夫提举江州太平兴国宫
张津辞免知建宁府不允诏
(暂系于淳熙三年三月至六月间)

卿精明强济,练达恪勤。更历六卿,夙高朝望;周旋数郡,屡考民功。载锡之符,往临闽服。盖用人莫如求旧,择守莫如已试。古之道也,又何逊焉?所请宜不允。

出处:《玉堂类稿》卷六。

撰者:周必大

考校说明:编年据同集前后文时间补。

昭庆军节度使知荆南军府事充荆湖北路
安抚使杨倓乞祠不允诏
(暂系于淳熙三年三月至六月间)

昔我祖宗,擢任边帅,近者十年,久或倍之,固未尝逾岁而听其去也。卿选自筹幄,镇临荆渚,殚竭智虑,予心载宁。今军容壮矣,不可以弃尔成;民俗安矣,盍有以善其后?奚为引疾,愿上印章?《诗》不云乎:"夙夜匪懈,虔共尔位。"朕固不忘干方之绩也。所请宜不允。

出处:《玉堂类稿》卷六。

撰者:周必大

考校说明:编年据同集前后文时间、杨俊宦历补,见《建炎以来朝野杂记》甲集卷一八。

敷文阁直学士中奉大夫陈弥作辞提举江州
太平兴国宫乞致仕不允诏
(暂系于淳熙三年三月至六月间)

朕惟卿廉介强明,久更任使,乃身虽外,念之不忘,又惟卿爵齿浸高,闵劳以事,故推祠禄,即拜于家,优礼近臣,庶几两得。胡为避宠,遂欲挂冠? 语知止则可矣,在体国则未也。尚钦予命,时告远猷。所请宜不允。

出处:《玉堂类稿》卷六。
撰者:周必大
考校说明:编年据同集前后文时间补。

奉议郎试尚书吏部侍郎赵粹中乞郡不允诏
(暂系于淳熙三年三月至六月间)

朕旁招众贤,穆布正位,岂容法从,轻去周行? 卿负卓绝之才而济以文,躬端庄之操而归于厚。久膺殊奖,升冠贰卿。方藉论思,宁拘更迭? 昔毕公乃心王室,而望之雅意本朝。何卿之言,独异于是? 勿思为郡之乐,益懋敬王之心。所请宜不允。

出处:《玉堂类稿》卷六。
撰者:周必大
考校说明:编年据同集前后文时间、赵粹中宦历补,见《攻媿集》卷九八《赵公神道碑》。

安庆军承宣使提举德寿宫张去为辞免转官回授不允诏
(暂系于淳熙三年三月至六月间)

事亲之乐,与天无穷;惠下之恩,曷日而已? 故属者方庆慈极万年之寿,而今兹复稽宫庭五载之劳。眷言审谨之旧人,首被褒优之异数。理无可避,往肃而承。所辞宜不允。

出处:《玉堂类稿》卷六。
撰者:周必大
考校说明:编年据同集前后文时间补。

凡集议当在尚书省御史台诏
(淳熙三年六月一日)

凡集议当在尚书省、御史台,比闻侍从,两省并就殿中侍御史家,殊为失礼,可以朕旨谕之。

出处:《宋会要辑稿》仪制八之二一。

诸路州军犯罪应配人更不分隶屯驻诸军诏
(淳熙三年六月五日)

诸路帅、宪司:自今所部州军有犯罪应配人,更不分隶屯驻诸军,诸依见行条法指挥断配施行。

出处:《宋会要辑稿》刑法四之五三。

郊祀大礼御札
(淳熙三年六月五日)

敕内外文武臣僚等:天地有覆载生成之德,非精禋无以伸报本之诚;祖宗有光明盛大之功,非陟配无以展奉先之孝。粤若累朝之定制,具严三岁之亲祠。既疏数之适中,亦情文之备举。自予纂绍,弥极寅恭。四时郊庙之仪,久荷神天之贶。亲庭万寿,方开七十载之祥;农亩屡丰,几有再三登之象。外则边陲之绥靖,内焉民俗之阜康。顾诚感之甚昭,曷宗祈之敢怠?乃卜阳来之旦,载殚躬见之勤。庶永祚于家邦,且祝厘于夷夏。诞孚群听,明戒先期。朕以今年十一月十二日,谒款于南郊。咨尔攸司,各扬乃职,相予肆祀,罔或不恭。故兹札示,想宜知悉。

出处:《玉堂类稿》卷一六。又见《宋会要辑稿》礼二八之三四。

撰者:周必大

赐签书枢密院事王淮生日诏
(淳熙三年六月七日)

敕王淮:天生哲辅,临季夏之良辰;家有慈亲,庆仁人之多寿。岂特庙堂之盛? 抑为邦国之华。放赐式于禁中,宥宴觞于膝下。永膺难老,共赞昌图。

出处:《玉堂类稿》卷九。

撰者:周必大

观文殿大学士银青光禄大夫知福州陈俊卿
乞检会前奏除外宫观不允诏
(淳熙三年六月十八日)

比览忱言,愿从祠秩。玺书往报,桑荫未移。奚守一谦,乃勤再请。惟帅藩之求代,须封奏之有辞。非公家之务困于剧烦,则私室之诚从而怵迫。今卿重临乐土,实总故乡。事简政清,不必牛羊之参问;疆连壤接,是惟鸡犬之相闻。加齿发之未衰,且士民之方信。毋念浮丘之袂,姑荣翁子之衣。所请宜不允。

出处:《玉堂类稿》卷六。

撰者:周必大

开赵庵舍赐名广惠禅院诏
(淳熙三年六月十九日)

归正人东南别无业,虽已优补官资,添差差遣,其间虑有贫乏之人不幸身故,无身埋瘞,昨已等第支降钱物,使其营办葬事,及优恤其家。今来添差两浙西路马步军副总管开赵置到山地建造庵舍,特赐名广惠禅院。仍令常平司拨赐系官田五百亩充常住。

出处:《宋会要辑稿》兵一六之六。

禁围筑田亩堙塞水道诏
(淳熙三年六月二十九日)

　　两浙漕臣及提举常平官并逐州守臣常切觉察,自今如有官、民户及寺观围筑田亩堙塞水道,即行禁止。如违,具名以闻。

出处:《宋会要辑稿》食货六一之一二五。

推赏收捕江西茶寇官兵诏
(淳熙三年六月三十日)

　　江西收捕茶寇官兵将当阵手戮贼级并亲捕获贼徒,及随黄倬入贼寨说谕人,各与转一官资,于正职名上收使,余令帅司各支折资钱三十贯文。阵亡人依例推恩。

出处:《宋会要辑稿》兵一九之二七。

赐权四川制置使范成大敕书
(暂系于淳熙三年夏)

　　敕成大:卿名在西清,寄深全蜀。虽喜雪山之重,岂忘熏殿之凉。寔珍剂于上夅,侈异恩于中宸。尚均此施,加惠彼民。

出处:《玉堂类稿》卷一一。
撰者:周必大
考校说明:"夏"据同集前后文时间补。

赐福建路安抚使陈俊卿敕书
(淳熙三年夏)

　　敕俊卿:朕以炎曦在候,扇暍存心。言念相臣,远临乡部。特颁灵剂,昭示至怀。穆如清风,慰彼黎庶。今赐卿银合夏药,至可领也。故兹示谕,想宜知悉。

出处:《玉堂类稿》卷一一。

撰者:周必大

考校说明:"夏"据文中所述"夏药"补。

赐皇子判明州魏王恺金合夏药敕书
(淳熙三年夏)

敕恺:表海名邦,近畿重地。嘉予贤子,久领藩符。时属炎蒸,谅勤绥抚。往颁良剂,尚体慈怀。今差入内内侍省内侍高品、干办万寿观,监通进司朱司政,赍赐卿金合夏药,至可领也。故兹示谕,想宜知悉。

出处:《玉堂类稿》卷一一。

撰者:周必大

考校说明:"夏"据文中所述"夏药"补。

赐江东路安抚使刘珙敕书
(淳熙三年夏)

敕刘珙:卿以枢近之臣,茂居留之绩。属兹瘴暑,念乃勤劳。特分尚药之珍,往致卫生之助。

出处:《玉堂类稿》卷一一。

撰者:周必大

考校说明:"夏"据文中所述"属兹瘴暑"补。

赐侍卫马军都虞候王明并御前诸军都统制郭棣郭刚鲁安仁皇甫倜李川郭钧副统制韩宝刘沂明椿于友冯湛张宣敕书
(淳熙三年夏)

敕王明、郭棣等:汝膺时遴选,总我戎师。候属炎燠,恩颁名剂。高推君赐,普慰士心。

出处:《玉堂类稿》卷一一。

撰者:周必大

考校说明:"夏"据文中所述"候属炎燠"补。

赐吴挺敕书
(暂系于淳熙三年夏)

敕吴挺:卿选由世将,往捍边陲。履九夏之炎蒸,抚三军而勤勚。驰朌芝检,远致药囊。推予乃眷之心,劳尔所临之士。今赐卿银合夏药,至可领也。其夏药可依年军中例,令近上统制官分赐,仍传宣抚问。故兹示谕。

出处:《玉堂类稿》卷一一。

撰者:周必大

考校说明:编年据同集前后文时间、文中所述"夏药"补。

赐湖北安抚使杨倓知镇江府沈夏敕书
(淳熙三年夏)

(存目)

出处:《玉堂类稿》卷一一。

撰者:周必大

考校说明:"夏"据同集前文《赐江东路安抚使刘珙敕书》补。原注:"词并同前,祇改'居留'二字作'藩宣'。""沈夏"当作"沈复"。《全宋文》:"沈夏:原作'沈复',据道光本改。"(第二二六册,第四二一页)误。

赐贺金国生辰使副张宗元等口宣
(淳熙三年夏)

有敕:卿等自春涉夏,由北而南。有嘉跋履之勤,不负光华之遣。宜加奖劳,用表眷知。

出处:《玉堂类稿》卷一二。

撰者:周必大

考校说明:"夏"据文中所述"卿等自春涉夏"补。题后原注:"内侍张思温。"

<h1 style="text-align:center">奖谕刘珙诏</h1>
(淳熙三年七月五日)

去岁江东荒歉,安抚使刘珙赈济有方,米价不至翔踊,居民并无流移,可令学士院降诏奖谕。

出处:《宋会要辑稿》食货六八之七五。

<h1 style="text-align:center">中大夫提举江州太平兴国宫姚宪辞免
知太平州乞依旧宫观不允诏</h1>
(淳熙三年七月七日)

牛渚而上有名郡焉,俗美而人淳,奉优而事简。中兴以来,间起执政旧臣为之守,所以重蕃宣、彰眷礼也。卿顷蠡才望,参秉事枢。去位二年,靡忘简注。适兹调守,亟以命之。趣驾朱幡,毋违朕命。所辞宜不允。

出处:《玉堂类稿》卷六。

撰者:周必大

<h1 style="text-align:center">权留官兵在靖州屯戍弹压徭人诏</h1>
(淳熙三年七月八日)

荆鄂统制明桩:候徭人平定了日,权留官兵四百人、将官一员在靖州屯戍弹压,至来春,申取朝廷指挥。

出处:《宋会要辑稿》兵六之一。

左藏库收纳诸路州军起发绢事诏
(淳熙三年七月十一日)

左藏库将起到绢照应色额、省样,堪充支遣,即与交纳,更不须以买绢阻遏,辄有退换。仍约束诸路州军,不得将纰疏轻薄之数夹带起发,兼不得过数高抬价直,令民户折钱输纳。

出处:《宋会要辑稿》食货五一之一〇。

推赏摧锋军官兵诏
(淳熙三年七月十七日)

摧锋军昨捕茶寇经战官兵共七百五人,首先入贼寨立功并当阵首戮贼级,及躬亲捕获贼徒人,各特与转补两官资;曾经战阵杀退贼徒第一等官兵,特与转一官资,并于正职名上收使;阵前金鼓手第二等官兵各支折钱三十贯文。内阵亡人依例推恩。

出处:《宋会要辑稿》兵一九之二七。

禁买佃江湖草荡围筑田亩诏
(淳熙三年七月二十三日)

浙西诸州县辄敢给据与官民户及寺观买佃江湖草荡围筑田亩者,许人户越诉,仍重置典宪,监司常切觉察。

出处:《宋会要辑稿》食货六一之一二五。

人户从便赴州县输纳苗米诏
(淳熙三年八月三日)

敕:州县受纳苗米,许从人户从便赴州或县仓输纳。近来州郡利于出剩,不问属邑相去辽远,抑勒般米上州送纳,显属骚扰。今后并听从便输纳,不得抑勒。

如违,许人户越诉,将违戾官吏重作施行。

出处:《庆元条法事类》卷四七。

罢枢密院额外差置守阙贴房等诏
(淳熙三年八月三日)

枢密院不系续降指挥额外差置守阙贴房并书写宣命人,并罢。

出处:《宋会要辑稿》职官六之一七。

御史台六察官各特转两官诏
(淳熙三年八月三日)

御史台六察官近日纠察庶务,各扬其职,台纲益振,各特转两官。

出处:《宋会要辑稿》职官五五之二五。

责罚进士增改父母年甲以冒封爵诏
(淳熙三年八月四日)

进士增改父母年甲以冒封爵者,坐以学规一等之罚,限一月自首改正。

出处:《宋会要辑稿》职官九之一四。

命官冒注授冒转官展年磨勘诏
(淳熙三年八月四日)

应命官参部而年甲不实欲冒注授者,与展名次半年;若磨勘而年甲不实欲冒转官者,与展磨勘一年。限一月许自首改正。

出处:《宋会要辑稿》职官八之三八。

王淮再辞免同知枢密院事批答
（淳熙三年八月六日）

省表具之。武有七德，制天下之安危；臣惟一心，同幄中之志虑。是择爽邦之隽，俾陪基命之严。既厎绩于弥年，盍正名于近弼？卿文高学粹，道广器闳。精神可以折遐冲，辞气可以消鄙倍。言同乃绎，谋猷推我后之嘉；心逸而休，功业奉尔卿之戒。肆陟斗枢之亚，用酬庙算之多。岂曰次迁，实为德进。伫展经纶之蕴，宜镌逊避之文。所辞宜不允，仍断来章。

出处：《玉堂类稿》卷九。

撰者：周必大

赵雄再辞免端明殿学士签书枢密院事批答
（淳熙三年八月六日）

省表具之。用三杰而运帷筹，高皇所以受命；与数公而参国议，光武所以中兴。眷予枢府之庭，本我兵师之柄。并登英望，庸协前规。卿气养大刚，才全文武。风采闻于天下，议论屈其坐人。任职孜孜，有忘己相公家之意；告犹衮衮，皆竭诚强王室之言。故眷知隆于一见之初，而登用决于再来之际。允是大任，合于金谋。念成涣之已迟，何执谦之太过？所辞宜不允，仍断来章。

出处：《玉堂类稿》卷九。

撰者：周必大

王淮再辞免除同知枢密院事口宣
（淳熙三年八月六日）

有敕：枢庭置贰，兵政所关。乃眷旧劳，是加新渥。已谅执谦之志，亟思承命之恭。

出处：《玉堂类稿》卷一二。

撰者：周必大

赵雄再辞免除端明殿学士签书枢密院事口宣
(淳熙三年八月六日)

有敕:图任辅臣,异乎列职;选求硕望,协乃师言。既成命之已行,岂冲怀之可徇?

出处:《玉堂类稿》卷一二。
撰者:周必大

翟氏立为皇后诏
(淳熙三年八月八日)

恭奉光尧寿圣宪天体道性仁诚德经武纬文太上皇帝手诏:国家荷天之休,内外宁谧,乃眷嗣皇久虚中壸。贵妃翟氏粤自初潜,归于藩邸,从龙登位,亦既有年。当崇显号,表正六宫。可立为今上皇后。有司择日备礼册命。

出处:《中兴礼书》卷一九一。

诸路帅臣等造酒不得出卖诏
(淳熙三年八月十二日)

诸路帅臣并统兵官司将造酒,只得自供食用并馈遗官属,即不得过数酝造,违法出卖,侵耗国课。

出处:《宋会要辑稿》食货二一之二一。

赐开府仪同三司充万寿观使曾觌生日诏
(淳熙三年八月十三日)

敕曾觌:清秋几半,素魄将圆。钟爽气于高闳,诞贵臣于令旦。申加饫赐,抑有旧章。其茂介于寿龄,以永承于恩遇。

出处:《玉堂类稿》卷九。

撰者:周必大

立皇后谢氏制
(淳熙三年八月十四日)

　　门下:乾健坤承,所以同尊乎太极;阳刚阴相,所以并育乎群生。朕上奉亲欢,下敷民则。念佐馂当施于东内,而亲蚕未讲于北郊。钦承圣父之诏音,趣定长秋之位序。是登硕媛,庸告大廷。贵妃谢氏恭俭而柔和,静专而聪敏。异表允符于法相,令仪夙本于良家。蚤从藩邸之游,盖禀庭闱之命。大横应卜,正唯窦后之来;故剑可求,孰若平君之旧!自处四妃之首,殆更一纪之余。礼有脱簪,赞我励精之政;衣无曳地,副予敦朴之心。亦既宣内助之勤,其可避中宫之选?矧明扬于慈训,仍申谕于辅臣。谓众志之素孚,宜徽章之亟举。因乳保而依方进,虽当从旧谱于汝南;推源流而系谢安,盍遂复华宗于江左。兹诞颁于命数,庸表庆于邦家。翟衣加追玉之笄,螭纽贲范金之宝。於戏!朕日奉帝尧之养,后其思居汭之虞嫔;朕时承文母之颜,后必监嗣徽之周姒。奉玉盨于祖庙,则可以教四海之顺;新彤管于女师,则可以刑二南之风。尚表正于宫闱,永绥将于福履。

出处:《玉堂类稿》卷二。

撰者:周必大

临安府修盖垂拱殿应办官吏推恩诏
(淳熙三年八月十六日)

　　修内司、临安府修盖垂拱殿毕工,其应办官吏第一等各与转一官资,减二年磨勘;第二等各与转一官资。

出处:《宋会要辑稿》方域二之二三。

皇帝进奉太上皇后生辰贺笺二
(淳熙三年八月二十一日)

　　伏以钟正秋之颢气,固宜履位于长秋;播寿母之徽音,是必齐龄于西母。载逢诞庆,弥惬欢悰。中贺。恭惟尊号太上皇后殿下功济乾元,德隆坤载。首春展礼,方增六字之名;弥月纪祥,更上万年之觞。喜气内充于宫掖,和声外达于华夷。臣幸会自天,多仪冠古。仰承父母,欣侍膳之安荣;俯暨子孙,奉含饴之欢乐。

出处:《玉堂类稿》卷一。

撰者:周必大

考校说明:月、日据同集同卷《皇帝进奉太上皇后生辰贺笺一》补。

赐参知政事龚茂良生日诏
(淳熙三年八月二十二日)

敕茂良:月正中秋,适会寿星之次;天生名辅,载垂昴宿之芒。纪初度于蓬弧,继多仪于庖廪。永臻难老,协济多盘。

出处:《玉堂类稿》卷九。

撰者:周必大

令尤袤赈恤台州水灾诏
(淳熙三年八月二十三日后)

令守臣尤袤多方措置赈恤,务在实惠及民,无致灭裂。仍委本路提举常平官核实保明闻奏。

出处:《宋会要辑稿》瑞异三之一二。

赐少保永阳郡王居广生日诏
(淳熙三年八月二十八日)

秋序中分,日旬再浃。弧矢记设门之庆,豆笾资饫饮之欢。以增孤棘之华,以侈燕堂之盛。益绥寿祉,庸壮宗盟。

出处:《玉堂类稿》卷九。

撰者：周必大
考校说明：月、日据同集同卷《赐皇兄检校少保岳阳军节度使开府仪同三司充万寿观使永阳郡王居广生日诏》补。

令礼部太常寺议定郊礼摄事官称诏
（淳熙三年九月二日）

郊礼在近，合差官行事，所摄官称，其间有合沿革。可令礼部、太常寺讨论议定，申尚书省。

出处：《宋会要辑稿》礼一四之一○八。

周必大兼侍读制
（淳熙三年九月二日）

敕：朕延鸿博之英，侍清闲之燕。以六经载道，既详究于指归；顾列圣贻谋，其可忘于矜式？宜就升于位次，俾进读于朕前。觊大起于治功，岂直为于观美。朝散大夫、试尚书兵部侍郎、兼侍讲、兼直学士院、兼太子詹事、管城县开国男、食邑三百户、赐紫金鱼袋周必大，蚤以高明之学，遍扬华近之途。正直不回，多所论思之益；文章有体，形于播告之修。自参簪笔之联，屡在横经之列。访问多至中夕，顾待盖非一朝。时方率由于旧章，必求明习于故事。系众所望，非卿而谁？选耆儒以质史疑，朕岂愧开元之主，读宝训而先政体，尔当如康定之臣。可特授依前朝散大夫、试尚书兵部侍郎、兼直学士院、兼太子詹事、兼侍读，封赐如故。

出处：《周益国文忠公年谱》。
撰者：刘孝韪

命平江府给还开赵所创义冢僧庵元费钱物诏
（淳熙三年九月三日）

平江府守臣陈岘取会开赵所创义冢及僧庵元费用钱物，申朝廷给还，并赐庵名广济禅院，给田五百亩。

出处:《宋会要辑稿》食货六〇之一六。

随龙延福宫使保信军承宣使提举佑神观李绰
辞免落阶官除正任承宣使不允诏
(淳熙三年九月七日)

朕念潜藩旧人,存者无几,故虽中涓之属,吁御之臣,每示恩荣,以昭予意。而况久司宫省,勤恪有闻,退处祠庭,安恬无咎如汝绰者乎?是固朕心所不能忘也。正其使范,假宠甚优。往体眷怀,毋为饰避。所辞宜不允。

出处:《玉堂类稿》卷六。

撰者:周必大

殿前司给犒士卒等公使酒用米免税诏
(淳熙三年九月九日)

殿前司岁时支散给犒士卒等公使酒,用糯米二千石,令户部出给公据,照验免税。

出处:《宋会要辑稿》食货二一之二一。

通进司承受御封文字令监官重封发敕官亲发诏
(淳熙三年九月十二日)

自今通进司承受御封文字,依旧用黄绢夹袋,令监官重封,亲题姓名,历上书时刻,不许令人代书。发敕官亲行发放,不得令亲从、亲事官承发。所属依时收画,被受官司常切检察。如有违戾,申朝廷取旨施行。

出处:《宋会要辑稿》职官二之三五。

禁回易官盐诏
(淳熙三年九月十三日)

提领务场所检坐绍兴四年七月十四日指挥,行下淮东、西总领所、沿江都统司等处,自今不得回易官盐。

出处:《宋会要辑稿》食货二七之六。

推赏姚明敖等诏
(淳熙三年九月十四日)

杀获徭贼姚明敖等官兵立奇功人,各特转补两官资;第一等特转一官资,白身人依陕西效用法补授;第二等有官资各特减三年磨勘。无官资不愿转资人,各支犒设一次。

出处:《宋会要辑稿》兵一九之二七。

赈济湖北旱伤州军诏
(淳熙三年九月十六日)

湖北州军间有旱伤处,于常平司疾速措置赈济,毋致人户失业。

出处:《宋会要辑稿》食货六八之七五。

外官任宫观以二年为任诏
(淳熙三年九月二十三日)

外官任宫观者,依宗室宫观例,以二年为任。

出处:《宋会要辑稿》职官五四之三九。

赵伯圭除开府仪同三司加封制
(淳熙三年九月二十四日)

门下:周重天支,公族多联于三事;唐亲帝胄,台司尝用于九人。逮我皇家,参稽古谊。视其仪物,所以强磐石之宗;遂乃安闲,所以乐常华之燕。允合大公之道,抑隆同姓之恩。乃眷亲贤,载扬纶綍。安德军节度使、提举隆兴府玉隆万寿宫任便居住、天水郡开国侯、食邑一千七百户、食实封二百户赵伯圭,受才博敏,蹈德端良。法度是遵,言必依于忠孝;诗书攸好,心不接于奇邪。故居家流惠顺之声,而典郡迪中和之效。繄予慈父,自乐大庭。虽事物之非心,独宗支之在念。谓姬姓半封于天下,而近亲多自于南阳。申眷礼以有加,锡恩荣而无已。驿旌画戟,甫示宠于将坛;赤舄绣裳,更参华于宰路。正寿宫之使领,开茅社之公封。仍拓土田,并蕃命数。於戏! 重名器则士心丕劝,朕宁轻以假人? 倚宗师而王室举安,尔尚思于怀德。惟不侈不骄,如在丰之戒;则而昌而炽,若保鲁之功。尚钦率于训言,庶益隆于誉处。可特授开府仪同三司,依前安德军节度使,充万寿观使,在外任便居住,进封天水郡开国公、加食邑七百户,食实封三百户。

出处:《玉堂类稿》卷二。

撰者:周必大

令王敦诗李蘩委官点检四川备边桩积粮诏
(淳熙三年九月二十六日)

利路运判王敦诗、知兴元府李蘩,委官点检分明闻奏。或有不实,其当职官吏取旨重罚,不以去官赦降原减。

出处:《宋会要辑稿》食货六二之六五。

赵伯圭除开府仪同三司口宣
(淳熙三年九月)

有敕:卿蔚以宗英,孚于众望。俾遥临于节镇,庸夹辅于京师。钦帅训辞,益图报礼。

出处:《玉堂类稿》卷一二。

撰者:周必大

考校说明:编年据《攻媿集》卷八六《崇宪靖王行状》补。原书系于淳熙二年,疑误。

赐知建康府江东安抚使刘珙奖谕诏
(淳熙三年秋)

敕刘珙:朕轸念元元,靡忘宵旰,每郡国小有水旱之虞,则焦劳恻怛惟恐一物之失所,非得吾九牧之良忧国如家、视民犹己饥者推吾此意,先事而为之备,安能拯斯民于无事哉!卿以枢机旧臣,往厘别都,属并江诸郡岁适不登,而建业为甚。乃能前虑却顾,预讲荒政。或广储而贱粜,或发廪以劝分;或旁籴于荆湘,或泛招于商旅。凡可以为赈恤之具,靡所不至。是以谷虽俭而市价不翔,田亩虽伤而农人不至于饥饿转徙。今兹多稼,新谷已升,则斯民遂可以免艰食之患,而安有生之乐矣!夫丰荒之事,所不能无,然方民病而后图,与夫先事而为计,其利害得失,则固有间。此赵抃之所以守越,苏轼之所以守杭,皆如是道,而朕之所以有取于卿,不忘乎嘉叹也!故兹奖谕,想宜知悉。秋热,卿比平安好,遣书指不多及。

出处:《景定建康志》卷三。

考校说明:编年据《晦庵先生朱文公文集》卷九七《刘公行状》及本文所述"秋热"补。

赐安南国王嗣子李龙翰淳熙四年历日敕书
(淳熙三年秋)

敕安南国王嗣子李龙翰:齐玉衡之政,每钦授于人时;抚铜柱之封,嘉恪遵于侯度。兹预颁于正朔,俾祗迪于王春。坚而拱北之心,广我暨南之教。今赐卿淳熙四年历一卷,至可领也。故兹示谕,想宜知悉。秋凉,卿比好否? 遣书,指不多及。

出处:《玉堂类稿》卷一一。

撰者:周必大

考校说明:"秋"据文中所述"秋凉"补。"翰",原作"翰",据明抄本及《宋史》卷四八八《交阯传》改。

赈粜金洋州兴元府诏
(淳熙三年十月一日)

金、洋州、兴元府间有旱伤,窃虑民户艰食,可令四川总领李繁分差官属前去将桩积米粟减价出粜。其粜到价钱,候丰熟日补籴,依旧桩管。

出处:《宋会要辑稿》食货六八之七五。

吕祖谦除秘书省秘书郎兼国史院编修官实录院检讨官制
(淳熙三年十月一日)

敕奉议郎吕某:士君子之所履,观《易》之《履》尽矣。安素分而守正,馆阁储才,所期在此。以尔守有宫庭,学有矩矱,醇静朴茂,亦闻于时。为郎司编,仍赞笔削,必有可观。更思履道,当知制行之为难,养名之不易也。可特授依前奉议郎、秘书省秘书郎、兼国史院编修官、实录院检讨官。

出处:吕祖俭、吕侨年编《东莱吕太史年谱》,宋嘉泰四年刻元明递修本《东莱吕太史文集》附录。又见《东莱外录》卷一。
撰者:陈骙

赈济湖北京西灾伤州军诏
(淳熙三年十月三日)

湖北州军间有旱伤处,已令常平司疾速依条赈济。其京西州县可依湖北已措置事理施行。

出处:《宋会要辑稿》食货六八之七五。

犯私盐合科徒流人刺填军额诏
（淳熙三年十月四日）

犯私盐除应配及杖以下自依法外，将合科徒流罪人相貌强壮及得等仗堪充征役，并依已降指挥，免罪免追赃，刺填军额。其元系舟船内被获之人，即刺充本路水军。

出处：《宋会要辑稿》刑法四之五四。又见《庆元条法事类》卷二八。

违限不赴任医官退额诏
（淳熙三年十月四日）

翰林医官局，自今应医官已授差遣违一年不赴任及不到局公参者，并行退额。

出处：《宋会要辑稿》职官三六之一二三。

罢四川诸军同统制同统领诏
（淳熙三年十月八日）

四川诸军同统制、同统领阙并罢，见任人且令依旧。自今遇阙，更不差填。

出处：《宋会要辑稿》职官三二之四五。

曾经论列放罢人奉祠事诏
（淳熙三年十月八日）

至今有曾经论列放罢之人，必其罪戾可恕，日月已久者，然后上其奉祠之请。

出处：《宋会要辑稿》职官五四之四○。

知通考内所收经总制无额钱赏经审会方许放行诏
(淳熙三年十月九日)

以降指挥,自今诸路提刑司保奏到知、通考内所收经、总制无额钱赏,委户部并司勋审会内藏库,如无拖欠本库上供诸色窠名钱物,方许放行。其户部既已审会分明,司勋更不须再行重叠留滞。

出处:《宋会要辑稿》食货六四之一〇三。

遇祈祷皇后阁膳随御膳进素诏
(淳熙三年十月十一日)

自今遇祈祷,禁屠宰,其皇后阁膳随御膳进素。

出处:《宋会要辑稿》职官三之四五。

应配强盗及情理凶恶之人不得配隶辰州诏
(淳熙三年十月十四日)

辰州深接溪洞,与沅、靖一等边郡,自今诸州军应配强盗及情理凶恶之人,不得配隶辰州。

出处:《宋会要辑稿》刑法四之五四。

监司被受三省六曹委送民讼疾速回报诏
(淳熙三年十月十四日)

自今监司被受三省六曹委送民讼,并仰躬亲依公予决,疾速回报。若事干人众或涉远路,须合委官定夺,亦仰立限催促,候所委官申到,从本司再加详审,别无不当,方得具申。仍令所属曹部置籍稽考。如有违戾住滞,申尚书省,具所委监司取旨施行。

出处:《宋会要辑稿》职官四五之三一。又见同书刑法三之三五,《中兴两朝圣政》
卷五四,《宋史全文续资治通鉴》卷二六。
考校说明:《宋会要辑稿》刑法三系于淳熙元年十月十四日。

吴拱除侍卫马军都指挥使口宣
(淳熙三年十月十四日)

有敕:卿勇冠三军,勋高再世。擢提骑旅,增壮戎容。往服训言,益图报称。

出处:《玉堂类稿》卷一二。
撰者:周必大
考校说明:月、日据明抄本补。

赵伯圭再辞免开府仪同三司充万寿观使进封
天水郡开国公加食邑实封不允诏
(淳熙三年十月十六日)

汉以外戚车骑将军邓骘仪同三司,官名之立实基于此。元丰而后尊礼天属,
多由节钺进领此任。亲亲贤贤,藩卫王室,古今一也。卿高明弗抗,和易不流;践
历庶僚,贵名日起;跻登显服,华闻益昭;班视衮章,象参台曜。人以为允,朕何敢
私? 逊避之言,固非矫激。遂欲反汗,不其难乎? 所辞宜不允,不得再有陈请。

出处:《玉堂类稿》卷六。
撰者:周必大

罢入粟补官御笔
(淳熙三年十月十九日)

鬻爵非古制也。夫理财有道,均节出入足矣,安用轻官爵以益货财? 朕甚不
取。自今除歉岁民愿入粟赈饥,有裕于众,听取旨补官,其余一切住罢。已给降
付州县劝诱书填绫纸告身,并缴赴尚书省毁抹。

出处:《宋会要辑稿》职官六二之二七。又见《中兴两朝圣政》卷五四,《群书考索》

后集卷六二,《宋史全文续资治通鉴》卷二六,《南宋书》卷二,《宋元通鉴》卷八五。

玉津园射弓赐弓箭例物口宣
(淳熙三年十月二十三日前)

有敕:卿等并抗使旌,来趋诞节。礼容有肃,射艺可观。宜厚匪颁,用昭眷宠。

出处:《玉堂类稿》卷一三。
撰者:周必大

十月二十三日玉津园射弓赐酒果口宣
(淳熙三年十月二十三日)

有敕:庆流虹之节,已觐宸廷;展中鹄之仪,言游禁籞。特颁芳旨,庸示宠光。

出处:《玉堂类稿》卷一三。
撰者:周必大

玉津园射弓赐御筵口宣
(淳熙三年十月二十三日)

有敕:卿等瞻言苑囿,近在郊坰。弓矢斯张,适宜于冬凛;豆笾有楚,并洽于宾欢。

出处:《玉堂类稿》卷一三。
撰者:周必大

武康军节度使捧日天府四厢都指挥使右金吾卫
上将军吴拱辞免侍卫马军都指挥使不允诏
(淳熙三年十月二十七日)

国家萃骁骑于羽林,总以一帅。虽副贰虞度之名不轻畀付,而况极其使领,倚重可知。卿鸷勇沉雄,世号山西之良将;忠实详练,尝典绍兴之禁旅。召从蜀道,置在环列,固欲用之也。会此谋帅,首及旧人。卿而不能,尚谁可者? 所辞宜不允。

出处:《玉堂类稿》卷六。
撰者:周必大

十月二十八日朝辞讫归驲赐酒果口宣
(淳熙三年十月二十八日)

有敕:卿等恪修邻好,来庆诞符。兹成礼以告行,乃授书而少憩。载颁醪核,昭示眷怀。

出处:《玉堂类稿》卷一三。
撰者:周必大

朝辞讫归驲赐御筵口宣
(淳熙三年十月二十八日)

有敕:卿等远修邦好,肃讲寿仪。已告行期,少休谒舍。爰就开于燕席,宜深体于宸恩。

出处:《玉堂类稿》卷一三。
撰者:周必大

回程赐龙凤茶并金镀银合口宣
(淳熙三年十月二十八日后)

有敕:礼成诞节,荣骖归鞍。有华贡茗之颁,庸厚赐车之宠。虽云于迈,可以忘劳。

出处:《玉堂类稿》卷一三。
撰者:周必大

十一月一日回程赤岸赐酒果口宣
(淳熙三年十一月一日)

　　有敕:卿等远饰使装,来趋诞节。归舟载旆,甫历于候亭;嘉宾荐觞,更将于恩意。

出处:《玉堂类稿》卷一三。
撰者:周必大

回程赤岸赐御筵口宣
(淳熙三年十一月一日)

　　有敕:卿等属奉寿觞,兹旋使节。掛征帆而未远,经别岸以少留。欲示眷私,更伸燕饯。

出处:《玉堂类稿》卷一三。
撰者:周必大

回程赐使副冬至节绢口宣
(淳熙三年十一月一日后)

　　有敕:卿等曩驰使驲,虔奉寿觞。逮四牡之遄归,值一阳之来复。岂无恩赐,庸示眷私?

出处:《玉堂类稿》卷一三。
撰者:周必大

回程赐三节人从冬至节绢口宣
(淳熙三年十一月一日后)

　　有敕:汝等有陪寿礼,并骛归涂。属至日之舒长,念严程之勤勚。锡之币帛,示我眷怀。

出处:《玉堂类稿》卷一三。

撰者:周必大

回程平江府赐御筵口宣
(淳熙三年十一月一日后)

有敕:卿等既奉寿觞,式遄归棹。即苏台之奥壤,申燕俎之多仪。尚体兹恩,何辞尽醉。

出处:《玉堂类稿》卷一三。

撰者:周必大

回程镇江府赐御筵口宣
(淳熙三年十一月一日后)

有敕:卿等已会诞期,式遄归旆。惟是丹阳之馆,临于天堑之津。载启罍尊,少休徒御。

出处:《玉堂类稿》卷一三。

撰者:周必大

回程盱眙军赐御筵口宣
(淳熙三年十一月一日后)

有敕:卿等奉觞无爽,出境有期。爰即边城,载开华宴。将予厚意,慰尔遄心。

出处:《玉堂类稿》卷一三。

撰者:周必大

郊祀大礼赦文
（淳熙三年十一月八日）

门下:朕闻柴望修而格艺祖,舜朝推肆眚之恩;禋祭备而享先王,周室著保邦之典。皆所以对三灵之眷顾,成四海之时雍。粤惟眇躬,日奉慈训。兢兢行道,积十五载之勤劳;翼翼小心,副亿万人之爱戴。荷两仪之助顺,加列圣之流光。邦有荣怀,父母之年方永;物无疵疠,华夷之众举安。既应小康,敢稽大报?乃候初阳之复,载陈合祭之仪。始朝真宫,念庆源之远矣;随裸太室,思祖烈而僾然。俨玉路以安行,被衮龙而肆祀。坛场珪币罔弗饬,上下神示罔弗钦。黍稷非香,傥治馨之或感;牺牷不瘝,尚民力之俱存。雅声谐六变之音,和气备四时之荐。精神昭达,景况骈臻。斋居逢天日之曦温,望拜仰月星之明润。緊帝临之显著,非朕德之克堪。首归胙于君亲,旋均厘于臣庶。言念幅员之既广,深虞岸狱之未清。一夫向隅,岂忘于不乐;百姓有过,每切于在予。溥施荡涤之仁,诞受庞鸿之祉。可大赦天下。云云。於戏! 天向有道,事之者敢以虚文;民怀有仁,抚之者在乎实惠。更赖班朝文武,分土循良,或励翼于中,或布宣于外,使祭泽速传邮之命,而恩言非挂壁之书。庶承右序之休,浸格丕平之运。

出处:《玉堂类稿》卷一。
撰者:周必大

郊祀前二日朝献景灵宫圣祖天尊大帝册文
（淳熙三年十一月十日）

惟淳熙三年岁次丙申十一月壬寅朔十日辛亥,嗣皇帝臣眘谨再拜稽首,上启圣祖上灵高道九天司命保生天尊大帝:伏以郊之为祭,大报反始。惟我国家,本支百世。如海浩浩,发源也长;如木彬彬,植根斯久。施及凉昧,获典神天。将秩元祀,礼有来献。开先之德,既弗敢谖;焘后之功,尚永厥福。谨告。

出处:《玉堂类稿》卷一六。又见《中兴礼书》卷三二。
撰者:周必大

郊祀前一日朝享太庙祖宗帝后册文
(淳熙三年十一月十一日)

　　惟淳熙三年岁次丙申十一月壬寅朔十一日壬子,孝曾孙嗣皇帝臣眘敢昭告于帝后:伏以天地之祭,宗庙之事,著在礼器,是之谓伦。维德弗类,纂承祖烈。卜以日至,爰熙紫坛。於穆清庙,夙致孝享。牲用角握,舞用九韶。群工骏奔,四海来助。威灵如在,绥我思成。谨以嘉玉量币、一元大武、柔毛、刚烰、明粢、芗合、芗萁、嘉疏嘉荐,备成熙事。尚飨!

出处:《玉堂类稿》卷一六。

撰者:周必大

郊祀祭享昊天上帝册文
(淳熙三年十一月十二日)

　　伏以古先哲王,奉若天道。或以馨治感于神明,或以翼心昭事上帝。内循寡昧,敢曰能知? 惟是亲郊,钦迪彝典。贵诚尚质,匪修其文。牺牲既成,烟燎既达。庶无罪悔,用保乂民。谨以玉帛牺齐,粢盛庶品,肃展禋祀,式昭诚钦。太祖启运立极英武睿文神德圣功至明大孝皇帝、太宗至仁应道神功圣德文武睿烈大明广孝皇帝,配神作主。尚飨!

出处:《玉堂类稿》卷一六。

撰者:周必大

郊祀祭享皇地祇册文
(淳熙三年十一月十二日)

　　伏以坤德无疆,何生不育? 竭诚冬报,其敢惮劳? 合祭国南,视古泰折。敕躬斋戒,嘉服上黄。方鼎平琼,灵茅瑞稷。庶几宴享,赍以蕃厘。时和岁丰,迩安远至。举归持载,敬用祷祈。谨以玉帛牺齐,粢盛庶品,涓选休辰,肃若旧典。太祖启运立极英武睿文神德圣功至明大孝皇帝、太宗至仁应道神功圣德文武睿烈大明广孝皇帝,配神作主。尚飨!

出处:《玉堂类稿》卷一六。

撰者:周必大

郊祀太祖配享册文
(淳熙三年十一月十二日)

伏以苍箓肇基,功推后稷。三分有二,德在文武。既配彼天,亦配上帝。惟我艺祖,功德兼隆。创业垂统,有光在昔。□岁郊祀,对越神祇。子孙保光,敢不骏惠?卜年过历,期迈有周。谨以制币牺齐,粢盛庶品,备成熙事,侑神作主。尚飨!

出处:《玉堂类稿》卷一六。

撰者:周必大

郊祀太宗配享册文
(淳熙三年十一月十二日)

伏以资生资始,覆载难名;丕显丕承,谟烈可纪。于乎二后,肇造我家。中坛合祀,久矣并侑。兹迎日至,载葳上仪。金石昭融,牺牲博硕。神哉虞亿,是飨是宜。垂休无穷,以介景福。谨以制币牺齐,粢盛庶品,备成熙事,侑神作主。尚飨!

出处:《玉堂类稿》卷一六。

撰者:周必大

曾觌郊祀加恩口宣
(淳熙三年十一月十二日后)

有敕:朕竭诚毖祀,拜赆高穹。眷代邸之耆英,陪汉坛之陟恪。式颁纶命,往服恩腴。

出处:《玉堂类稿》卷一二。

撰者：周必大

考校说明：月、日据《宋史》卷三四《孝宗纪》补。

太一宫恭谢烧香诏
（淳熙三年十一月二十二日）

十二月三日太一宫恭谢，介福殿烧香毕，先诣崇禧殿烧香，次诣璇玑殿烧香，依介福仪。

出处：《中兴礼书》卷四〇。

郊祀大礼毕端诚殿称贺枢密宣答皇太子以下词
（淳熙三年十一月十二日）

有制：朕辑古盛仪，躬郊吉事。惟储副谨贰觞之献，惟臣邻陪肆祀之恭。上帝博临，百神受职。礼成之庆，与卿等同之。

出处：《玉堂类稿》卷一六。

撰者：周必大

考校说明：月、日据南宋郊祀时间补，见《宋史》卷三四《孝宗纪》。

阁门宣答枢密以下词
（淳熙三年十一月十二日）

有制：登泰畤以展仪，甫成巨典；即甘泉而受贺，爰举旧章。有嘉枢近之臣，实致齐明之助。礼成之庆，与卿等同之。

出处：《玉堂类稿》卷一六。

撰者：周必大

考校说明：月、日据南宋郊祀时间补，见《宋史》卷三四《孝宗纪》。

内侍宣答管军词
(淳熙三年十一月十二日)

有制:一纯二精,载秩钦柴之祀;千乘万骑,备观扈跸之劳。旅贺于庭,益嘉乃至。礼成之庆,与卿等同之。

出处:《玉堂类稿》卷一六。
撰者:周必大
考校说明:月、日据南宋郊祀时间补,见《宋史》卷三四《孝宗纪》。

郊祀大礼毕登门肆赦称贺宣答皇太子以下词
(淳熙三年十一月十二日)

有制:坛饬紫宫,备成禋祀;楼登丹凤,丕锡湛恩。坐令夷夏之民,均被乾坤之贶。若时大庆,与卿等同之。

出处:《玉堂类稿》卷一六。
撰者:周必大
考校说明:月、日据南宋郊祀时间补,见《宋史》卷三四《孝宗纪》。

选差守臣御笔
(淳熙三年十一月二十三日)

三省、枢密院:诸州军守臣惟才是用,今后不拘远近州军,并听于文武臣内选差。

出处:《中兴两朝圣政》卷五四。又见《宋会要辑稿》职官四七之四一,《宋史全文续资治通鉴》卷二六。
考校说明:"二十三日"据《宋会要辑稿》职官四七补。

恭谢礼应奉人合添赐青绿叶草花令逐处自行收买诏
（淳熙三年十一月二十八日）

将来恭谢，应禁卫、诸班直、亲从及诸司等应奉诸色人合添赐青绿叶草花，依乾道九年例关报逐处，各于官钱内自行收买，添装插戴。今后准此。

出处：《中兴礼书》卷四○。

医官不得带遥郡诏
（淳熙三年十一月二十九日）

医官带遥郡，非祖宗旧制，自今不得转授。

出处：《宋会要辑稿》职官三六之一二三。

朝散大夫权吏部尚书韩元吉辞免吏部尚书不允诏
（淳熙三年十一月）

孟轲有言："所谓故国者，非乔木之谓也，有世臣之谓也。"昔在仁祖，得臣曰亿。纯明忠良，厥有贤誉，肆其三子，交秉事枢。繄乃显考，德业尤著，不陨世美，庶几在卿。朕固尝试之掌制而嘉其文学之优，进之典铨而知其识虑之敏。比还禁路，弥简予心。总领从官，亟加显用。世臣有后，多士所荣。执国承家，既知勉矣；抗章避宠，岂所望哉？所辞宜不允。

出处：《玉堂类稿》卷六。
撰者：周必大

遣使贺来年正旦国书
（淳熙三年十一月）

行夏之时，方肇新于岁律；受天之祜，宜丕集于春祺。饬遣使人，肃将礼币。庸展泰亨之庆，益坚邻好之修。颂咏居多，谕言曷究？

出处:《玉堂类稿》卷一六。

撰者:周必大

考校说明:题后原注:"使阁昌舒、副使李可久。"

奉化郡开国公史浩加食邑食实封制
(乾道六年十一月后或淳熙三年十一月后)

门下:朕惟列圣宅中,懋敬亲祠之礼;辅臣在外,对扬陪祀之书。虽时巡未举于彝章,而昕告常先于列位。眷言寿俊,诞锡灵禧。具官史浩哲又闳深,志和参肃。自闵劳于宰路,久均逸于家庭。纯嘏令仪,兼备武公之美;清时胜事,共推裴度之高。得承平将相之遗风,抑近世簪缨之壮观。兹上仪之竣事,想旧学以注怀。匪演明纶,曷昭殊渥?载增书社之数,并实甫田之租。於戏!思覆载之功,所以灵承于天地;念艰难之业,所以陟配于祖宗。尔尝光辅于朕躬,兹用首均于胙祉。尚钦时命,益告辰犹。可。

出处:傅校本《周益公集佚文》。

撰者:周必大

考校说明:编年据史浩宦历、周必大任两制时间、南宋郊祀及明堂大礼时间补,见周必大《玉堂类稿》卷六《崇信军节度使开府仪同三司提举临安府洞霄宫史浩辞免少保观文殿大学士充醴泉观使侍讲进封永国公加食邑实封不允诏》等。

曾觌加封制
(暂系于淳熙三年九月至十二月间)

门下:朕克堪用德,咸秩无文。先六月以戒期,各扬乃职;命五臣而总使,以迄于成。逮此均厘,首兹驭贵。武泰军节度使、开府仪同三司、充万寿观使、信安郡开国公、食邑二千六百户、食实封一千户曾觌,才华敏妙,器度宽和。朱芾斯皇,慕壮猷于方叔;绿幐照乘,保眉寿于僖侯。既颁三事之崇,宜励多仪之助。提纲振领,道涂次舍之毕修;款庙徂郊,辇辂舁徒之咸赖。勤劳至矣,褒赏随之。是丰多户之输,仍衍真畬之入。厥惟馂惠,亦以劝功。於戏!礼有五经,祭为最重;王之八柄,爵乃居先。尚图称于茂恩,庶永绥于来誉。可加食邑五百户,食实封三百户。

出处:《玉堂类稿》卷三。

撰者:周必大

考校说明:编年据同集前后文时间补。

李显忠加封制
(暂系于淳熙三年九月至十二月间)

　　门下:朕恪修郊报,备辑邦仪。观大盾之前驱,时则念攘除之帅;对朱干之武舞,时则思蹈厉之臣。岂以居家,而忘赐胙?太尉、威武军节度使、提举江州太平兴国宫、陇西郡开国公、食邑五千六百户、食实封一千八百户李显忠,真诚不贰,英概无前。威畅雁门,蚤继家声之远;祥开鹊印,晚联尉府之华。虽膂力之或愆,曾眷怀之未憖。十二之龙,雅雅属昇帖妥之坛;三千之旐,央央夙振渊阗之旅。纷鹖冠之拱北,独虓将之在东。是衍新畬,以光旧代。於戏!思文严乎稷配,赉及多方;掌武重于秦官,恩光右列。祇拜穹苍之况,益肩忠赤之心。可加食邑五百户,食实封二百户。

出处:《玉堂类稿》卷三。

撰者:周必大

考校说明:编年据同集前后文时间补。

皇弟恩平郡王璩加封制
(暂系于淳熙三年九月至十二月间)

　　门下:朕上嘉成周,卓冠隆古。分宝玉于伯叔,时庸展亲;赐脤膰于弟兄,以佐保国。兹均祭泽,肆协礼经。乃眷宗盟,首颁明命。皇弟少保、静江军节度使、充醴泉观使、恩平郡王、食邑一万八百户、食实封四千四百户璩,疏通和粹,谦恭坦夷。贝胄朱緌,视建牙于东鲁;旆旌靖茷,荣赐履于孟侯。自归纠族之权,坐享奉祠之乐。朝宗有志,奉币而觐甘泉;导跸无哗,珥貂而陪泰畤。迄拜熙成之况,允资显相之劳。既厚锡以金缯,仍载荒于井邑。於戏!肃祇斋戒,予一人敢惮于恭先;富贵安荣,尔万国实均于赉予。益思夹辅,茂对闳休。可加食邑七百户,食实封三百户。

211

出处:《玉堂类稿》卷三。

撰者:周必大

考校说明:月份据同集前后文时间补。

皇子魏王恺加封制
(暂系于淳熙三年九月至十二月间)

门下:朕舜类遍神,瑞必班于群后;汉郊见帝,金亦赐于诸王。矧兹元祀之成,思广湛恩之锡。若时贤子,实简慈怀。其敷宠章,以首藩服。皇子雄武军保宁军节度使、开府仪同三司、判明州军州事、提举学事、兼管内劝农使、兼沿海制置使魏王恺,钟英琼干,流庆璇源。笙磬鼓镛,有克谐之远韵;琼璜珪璧,无可指之纤瑕。自分土于海邦,尤宅心于民事。陂开九泽,考吏课以惟优;麦茂两歧,阅伻图而载怿。虽觐圭之未展,而王祭之实供。宜拓土田,用均福禄。於戏!是宜是飨,朕方对天地祖宗之休;惟孝惟忠,尔夙明君臣父子之义。尚因胙祉,益固盘维。

出处:《玉堂类稿》卷三。

撰者:周必大

考校说明:编年据同集前后文时间补。

太史局增置春夏秋冬官大夫五阶诏
(淳熙三年十二月二日)

太史局可增置春官、夏官、中官、秋官、冬官大夫五阶,令敕令所修入杂压,其磨勘年限并请给则例,令吏户部比拟以闻。

出处:《宋会要辑稿》职官三六之一二三。

没官田产已经卖绝者不许翻论诏
(淳熙三年十二月三日)

诸路没官田产,皆因公吏受赃、劫盗停赃拘籍入官,已经卖绝者,不许翻论,或果冤抑须改正者,止给元价,不得复追买人。

出处:《宋会要辑稿》食货六一之三六。

阇婆国王加封制
(淳熙三年十二月四日)

　　门下:王者参天贰地,一视同仁。故鞮鞻名官,声乐并施于祭祀;而明堂定位,蛮夷分列于东南。岂伊庆赐之行,曾是华离之异。怀远军节度使、琳州管内观察处置等使、金紫光禄大夫、检校司徒、使持节琳州诸军事、琳州刺史、兼御史大夫、上柱国、阇婆国王、食邑一万一千九百户、食实封四千八百户悉里地茶兰固野,忠纯传世,慈惠抚封。奉我王明,虽隔鲸波之远;以其宝赆,自通象译之重。属阳陛之称裡,为嘉师而介福。配天其泽,罔敢失坠,荷帝鉴之溥临;率土之滨,莫非王臣,宜海隅之遐暨。宠加国邑,荣对神厘。於戏!久无烈风,汝谅占于予祀;丕冒出日,台深眷于汝邦。往祗纶綍之言,永贲要荒之服。可加食邑五百户,食实封二百户。

出处:《玉堂类稿》卷三。
撰者:周必大

皇弟天水郡公居中加封制
(淳熙三年十二月四日)

　　门下:朕率亲贤之众,展郊庙之容。受命咸宜,糈已承乎十乘;在宗载考,露方湛于诸侯。令以时行,恩由贵始。皇弟保康军节度使、权主奉益王祭祀、天水郡开国公、食邑三千三百户、食实封一千户居中,姿凝丰裕,性迪谦和。大雅不群,如高帝之孙子;成人有德,若文王之本支。兹习岁祥,是称冬祀。亦有高廪,因报丰年之功;岂无他人,孰如同姓之助?縶肃雍之罔怠,在褒表以畴先。肆即旧封,载荒新邑。於戏!礼仪卒度,粲其棠棣之华;福禄来崇,异彼角弓之怨。勉旃信厚,对越光灵。可加食邑五百户,食实封二百户。

出处:《玉堂类稿》卷三。
撰者:周必大

刘懋加封制
(淳熙三年十二月四日)

门下:周祀礼年,共秩咸于耆氏;汉仪笃旧,致庙胙于太常。眷言妃族之英,久著里居之誉。厥有鸿儒,于昭令猷。某官温恭秉彝,冲约成性。辰彼硕女,辅阴教于慈庭;贤哉大夫,保阳休于暮齿。一享安居之逸,四膺惠术之施。兹驾竹宫,载备柴燎。克禋克祀,遍方望之群神;如式如几,秩邦家之多祜。申褒贵戚,增衍本封。於戏! 俾尔寿臧,荒土田于徐宅;以俟耄老,加劳赐于葵丘。钦承优异之恩,永保康宁之福。可加食邑五百户,食实封二百户。

出处:《玉堂类稿》卷三。
撰者:周必大

禁铸造碖石铜器等货卖诏
(淳熙三年十二月七日)

访闻日来州县城郭乡村依旧铸造碖石、铜器等货卖,令诸路提刑司密切禁止,如有违戾,具当职官及巡尉职位名申尚书省,取旨重作施行。其买卖人并使用之家,并照累降指挥一例断遣追赏,并不以官荫论。仍许诸色人陈告。如提刑司不觉察,御史台按劾闻奏。

出处:《宋会要辑稿》食货三四之三二。

赐李彦颖生日诏
(淳熙三年十二月十四日)

敕彦颖:季冬令月,几望良辰。纪蓬弧始负之祥,凛松柏后凋之操。特丰赐式,加宠辅臣。尚绥寿考之祺,永赞明昌之运。

出处:《玉堂类稿》卷九。
撰者:周必大
考校说明:月、日据同集同卷《赐参知政事李彦颖生日诏》补。

两淮总领所改正私历并创置库名诏
（淳熙三年十二月十七日）

两淮总领所将收支钱物除依条合置库分并正赤历外，其余私历并创置库名并行改正。如将来朝廷差官点检得更有违戾，当重作施行。

出处:《宋会要辑稿》职官四一之五八。

有司失察私铸铜器坐罪诏
（淳熙三年十二月二十二日）

郡县每月责都监、巡尉状有无私铸铜器及纳不尽之数，如因事骨罩，将巡尉、都监一并收坐，守倅并议责罚。仍令御史台觉察。监司不觉察，与同罪。

出处:《宋会要辑稿》食货三四之三二。

中奉大夫蔡洸辞免徽猷阁学士与郡不允诏
（淳熙三年十二月二十三日）

敕蔡洸:省所奏辞免除徽猷阁学士恩命事，具悉。六阁邃在西清，学士班于内朝，盖朝夕论思之臣，而非赋政于外之官也。虽然入为左右常伯，出则下同庶常。廉陛之间，等级奚辨？故假侍从清华之职，用为近臣出处之光。驭下以恩，予心至矣。卿才猷行义，力世其家;谦愆恪勤，不懈于位。再司邦赋，经费无亏。请去之章，奚为沓至？重违恳恻，特畀隆名。深体眷怀，毋坚逊避。所辞宜不允。

出处:《玉堂类稿》卷六。
撰者:周必大

平江府赐御筵口宣
（淳熙三年十二月二十四日前）

有敕:卿等远冒腊寒，来趋岁节。即中吴之会府，陈列俎之多仪。既劳使华，仍昭眷礼。

出处:《玉堂类稿》卷一三。
撰者:周必大
考校说明:题后原注:"内侍梁襄。"

周必大除吏部侍郎制
(淳熙三年十二月二十四日)

敕:国昌在于得士,政义关于官人。不谨鉴铨,则公平几息;弗清流品,则幸冒实繁。虽设长以听焉,庸择才而贰此。朝散大夫、试尚书兵部侍郎、兼直学士院、兼太子詹事、兼侍读、管城县开国子、食邑五百户、赐紫金鱼袋周必大,性函谨愿,体蹈忠醇,学足以裕询咨,文足以华孚涣。立朝所以见节,而汝节之弗渝;临事然后见能,而汝能之甚茂。眷久参于圻父,获五戎咸整之称;德宜亚于冢卿,底六叙备修之绩。副予则哲,尚尔克勤。可特授依前朝散大夫、试尚书吏部侍郎、兼直学士院、兼太子詹事、兼侍读,封赐如故。

出处:周纶《周益国文忠公年谱》。
撰者:陈骙

赤岸赐御筵口宣
(淳熙三年十二月二十四日)

有敕:岁律将新,使䍐并骜。虽庆贺之未展,在驰驱而甚劳。爰即郊关,就颁燕饮。

出处:《玉堂类稿》卷一三。
撰者:周必大
考校说明:题后原注:"内侍张思温。"

赤岸赐酒果口宣
(淳熙三年十二月二十四日)

　　有敕:岁功默运,俶庆新春。邻使远来,益修旧好。迎颁醪核,宠劳骈臻。

出处:《玉堂类稿》卷一三。
撰者:周必大
考校说明:题后原注:"内侍谢安民。"

到阙赐被褥鈔锣等口宣
(淳熙三年十二月二十五日)

　　有敕:卿等冒兹冬凛,会我春朝。既从舍馆之安,宜具燕私之用。睦邻厚矣,稽首承之。

出处:《玉堂类稿》卷一三。
撰者:周必大
考校说明:题后原注:"内侍吴春年。"

周必大进封管城县开国子制
(淳熙三年十二月二十六日)

　　敕:玉辂以祀,时乃周道;若升侍于左,执此良绥,则属文学之臣。岂独以密近为荣,实蓄所闻,以俟有问。朝散大夫、试尚书兵部侍郎、兼侍读、兼直学士院、兼太子詹事、管城县开国男、食邑三百户、赐紫金鱼袋周必大,详雅而释回,齐庄而去伪,正立之容,乃有可观。自进发庙门,至于坛宫,鸾鸣和应,匪匪翼翼,所以安予乘而肃民瞻也,其嘉汝有助哉! 今熙事既成,所不爱于汝者,子爵之进也,采邑之加也。如使军度戎物常以整备闻,则汝不负于新宠者在是。可特授依前朝散大夫、试尚书兵部侍郎、兼侍读、兼直学士院、兼太子詹事,进封管城县开国子,加食邑二百户,赐如故。

出处:周纶《周益国文忠公年谱》,《庐陵周益国文忠公集》卷首。

撰者:陈骙

尚书省赐宰执以下喜雪御筵口宣
(淳熙三年十二月二十七日)

有敕:上天同云,平地大雪。既彰和气,亦兆丰年。宜于事此之堂,锡以惠慈之宴。

出处:《玉堂类稿》卷一二。
撰者:周必大

赐使副春幡胜口宣
(淳熙三年十二月二十八日)

有敕:土牛鞭春,四牡在馆。彩胜金幡之巧,珍羞名酝之丰。示我渥恩,对兹嘉节。每人浑金大春幡一副,五事件,背罗大春幡胜一副,镰头纸帖落。春盘每人肉七斤,生鸡、鸭子各十五个,软饼五十个,菜四斤,法酒四瓶,馉饼三十个。

出处:《玉堂类稿》卷一三。
撰者:周必大
考校说明:题后原注:"内侍李琪。"

赐三节人从春幡胜口宣
(淳熙三年十二月二十八日)

有敕:汝等夙对天埠,适逢春日。欲示眷怀之渥,宜颁镂刻之工。尚体恩私,益彰勤恪。

出处:《玉堂类稿》卷一三。
撰者:周必大

敦武郎以下阁门舍人大礼赏给诏
（淳熙三年十二月二十九日）

敦武郎以下任阁门舍人,大礼赏给与依熊飞等体例支给。

出处:《宋会要辑稿》礼六二之八〇。

赐皇子判明州魏王恺诏
（淳熙三年）

陂湖川泽之利,或通或塞,存乎其人。四明为州实治鄞,鄞之乡东西凡十四,而钱湖之水实溉其东之七。吏惰不虔,葑荄芜翳,利失其旧,农人病焉。卿临是邦,乃能讲求利便而浚治之,遂使并湖七乡之田,无异时旱乾之患,其为泽岂浅哉。剡奏彻闻,不忘嘉叹。

出处:《宋史》卷一七三《食货志上》。

减四川酒课额钱诏
（淳熙三年）

四川酒课折估困弊,可减额钱四十七万三千五百余缗,令礼部给降度牒六百六十一道,补还今岁减数,明年于四川合给湖广总所钱补之。

出处:《宋史》卷一八五《食货志》。

赐敷文阁待制四川安抚制置使范成大敕书
（淳熙三年冬）

敕成大:严凝之气,始于西南。遐念名臣,方分阃寄。驰颁药石,用辅保颐。尚体朕恩,并蠲民瘼。

出处:《玉堂类稿》卷一一。

撰者:周必大

考校说明:"冬"据同集前后文时间、文中所述"严凝之气"补。

赐前宰相福建路安抚使陈俊卿敕书
(淳熙三年冬)

敕俊卿:腊寒栗烈,水泽腹坚。吐故纳新,虽保冲和之守;顺时致养,亦资汤液之功。寔珍剂于宝奁,宠辅臣于帅阃。

出处:《玉堂类稿》卷一一。

撰者:周必大

考校说明:"冬"据文中所述"腊寒栗烈"补。

赐皇子判明州魏王恺敕书
(淳熙三年冬)

敕恺:元冥纪律,冰雪方交。言念贤王,镇临海国。分颁良药,以御凝寒。深体眷怀,益加冲摄。今差入内内侍省内侍黄门梁晫赉赐卿金合腊药,至可领也。故兹示谕,想宜知悉。冬寒,卿比好否?遣书,指不多及。

出处:《玉堂类稿》卷一一。

撰者:周必大

考校说明:"冬"据文中所述"腊药"补。

赐前执政知镇江府沈夏敕书
(淳熙三年十二月)

敕沈夏:季冬之月,天气沍寒。按录桐君,裁成锦剂。眷言名镇,方倚旧人。特厚恩颁,用资冲摄。

出处:《玉堂类稿》卷一一。

撰者:周必大

考校说明:月份据文中所述"季冬之月"补。题后原注:"知泉州姚宪、知太平州杨俟并同词,杨俟但改名郡。""沈夏"当作"沈复"。《全宋文》:"沈夏:原作'沈复',据道光本改。后同。"(第二二六册,第四二一页)误。

付赵粹中御笔
(淳熙三年十二月)

久典铨曹,劳绩日著。

出处:《攻媿集》卷九八《赵公神道碑》。

赐吴拱敕书
(淳熙三年冬)

敕吴拱:言从行阙,往成别都。风飙凛然,征驭劳止。随颁药石,用辅节宣。其广朕恩,以绥尔众。

出处:《玉堂类稿》卷一一。
撰者:周必大
考校说明:"冬"据同集前后文时间、文中所述"风飙凛然"补。

赐前执政官知建康府江东安抚使刘珙
知荆南府湖北安抚使王炎敕书
(淳熙三年冬)

原注:"并同前词。"

出处:《玉堂类稿》卷一一。
撰者:周必大
考校说明:"冬"据同集前文《赐前宰相福建路安抚使陈俊卿敕书》补。原注:"并同前词。"

赐御前诸军都统制吴挺郭刚李川皇甫倜郭棣郭钧鲁安仁御前诸军副都统韩宝明椿张宣于友王式雄冯湛银合腊药敕书

(淳熙三年冬)

敕吴挺等:朕深居九重,未尝一念不在将士,而况固阴沍寒,屯戍劳止,分颁药石,以致余恩。尚悉乃心,抚循所部。

出处:明抄本《玉堂类稿》卷一一。
撰者:周必大
考校说明:"冬"据文中所述"腊药"补。

孝宗朝卷十六　淳熙四年(1177)

到阙赐生饩口宣
（淳熙四年正月一日前）

　　有敕：卿等已达聘仪，少安谒舍。爰举饩牵之礼，用酬跋涉之劳。式是眷怀，尚钦饫赐。

出处：《玉堂类稿》卷一三。
撰者：周必大
考校说明：题后原注："内侍何弼。"

岁除赐内中酒果口宣
（淳熙四年正月一日前）

　　有敕：眷言嘉客，远庆元正。酒分金殿之醇，果富珚盘之品。用资守岁，以俟发春。

出处：《玉堂类稿》卷一三。
撰者：周必大

正月一日入贺毕归邸赐御筵口宣
（淳熙四年正月一日）

　　有敕：献羼宸廷，已讲发春之礼；飞觞驿舍，是资卜昼之欢。式宴嘉宾，往钦厚意。

出处:《玉堂类稿》卷一三。

撰者:周必大

考校说明:题后原注:"内侍杨彬。"

入贺毕归驿赐酒果口宣
(淳熙四年正月一日)

有敕:元会告成,嘉宾就憩。欲加隆于恩意,爰就锡于甘芳。勿谓常颁,尚思祗服。

出处:《玉堂类稿》卷一三。

撰者:周必大

考校说明:题后原注:"内侍王楫。"

正月三日赐内中酒果口宣
(淳熙四年正月三日)

有敕:芳春意傲,素月魄生。嘉使介之成仪,驻驿亭而俟宴。载颁醴核,昭示眷私。

出处:《玉堂类稿》卷一三。

撰者:周必大

玉津园射弓赐御筵口宣
(淳熙四年正月四日)

有敕:卿等祗庆春元,益修邻好。嘉乃朝仪之肃,复兹射艺之精。宜命肆筵,用酬中的。

出处:《玉堂类稿》卷一三。

撰者:周必大

玉津园射弓赐酒果口宣
(淳熙四年正月四日)

有敕:弧矢之威,古今所重。是将观德,非独娱宾。方展艺于春郊,宜助欢于礼饮。

出处:《玉堂类稿》卷一三。

撰者:周必大

龙图阁学士朝散大夫提举江州太平兴国宫
胡铨乞致仕不允诏
(淳熙四年正月十六日)

朕惟人臣有奋忠鲠而辞不挠,涉患难而气不衰,岂独国家所当尊礼哉,天必相之矣! 是故位虽高无盈满之意,年虽至有康强之福。士大夫方倚以为重,而朕听其纳禄可乎? 又况燕佚殊庭,弗劳以事,从容故里,惟适之安。岂必退休,以孤眷瞩? 所请宜不允。

出处:《玉堂类稿》卷六。

撰者:周必大

韩彦古奏乞仿唐制税入分为三等御批
(淳熙四年正月二十一日)

彦古所陈,周知民隐,其造贡籍,可择一才力通敏者,先次施行一郡,候就绪,当颁降诸路依仿行之。

出处:《宋会要辑稿》食货五六之五九。又见《群书考索》后集卷五三。

颁进册事诏
(淳熙四年正月二十三日)

自今春秋颁降进册,从刑部长贰点检,别无差错漏落,方得缴申。

出处:《宋会要辑稿》刑法一之五一。又见同书职官一五之二五。

四川总领所桩积米常以新易陈诏
(淳熙四年正月二十五日)

四川总领所将诸处桩积米常以新易陈乞兑换支遣。不得以兑换为名,辄有侵借。如日前有借拨之数,即疾速补还。

出处:《宋会要辑稿》职官四一之五九。

奖谕临安府狱空诏
(淳熙四年正月)

朕惟狱,重事也,吏或奉吾法不虔,宽者或至蔓延而纵弛,急者或至锻炼而周内,则民将不得其平,而狱将日益滋矣,刑乌能清? 今吾廷尉实典治中都臬事,天下之狱,莫繁于斯。乃能谳奏论决,不纵不苛,而图圄告空焉。非体吾好生之德,刑期于无刑,能若是哉! 方春始和,万物发生,盖省刑罚布宽大之日,汝等以是来上,是诚可嘉也。

出处:《咸淳临安志》卷六。

答贺正旦国书
(淳熙四年正月)

正月日,大宋皇帝谨奉书于大金应天兴祚钦文广武仁德圣孝皇帝阙下:新元肇纪,庆万物之发生;旧好益坚,嘉群黎之康阜。远劳信使,宠贶华缄。既备及于春祺,复旅陈于礼币。钦绎勤渠之意,良深感怿之情。今正旦使副回,谨专奉书陈谢。不宣。

出处:《玉堂类稿》卷一六。
撰者:周必大

科举诏
(淳熙四年二月一日)

　　敕门下:朕惟四术以造士,三年而兴贤。崇化励俗,未有或先于此者。粤予凉菲,寤寐髦隽,郡国诏书凡五下矣。期无愧于前闻,有补于当世,岂为虚文也哉?兴言大比,今复其时,乃饬攸司,申谕朕意。其各以贤能之书来上,朕将亲策于廷。使在我选中者,皆足以章明治教,振宣事功。岂惟予一人以宁?时尔多士,亦有无穷之闻。故兹诏示,想宜知悉。

出处:《玉堂类稿》卷一〇。又见《古文渊鉴》卷五七。
撰者:周必大

有司讨论谒太学仪注诏
(淳熙四年二月一日)

　　今月五日谒太学,祇谒先圣,合行仪注,令有司限一日申尚书省。

出处:《中兴礼书》卷一四一。

贡举诏
(淳熙四年二月一日)

　　朕惟四术以造士,三年而兴贤,崇化厉俗,未有或先于此者。粤予凉菲,寤寐髦隽,郡国诏书凡五下矣,期无愧于前闻,有补于当世,此岂为虚文也哉!兴言大比,今复其时。乃饬攸司,申谕朕志。其各以贤能之书来上,朕将亲策于廷,使在吾选中者,皆足以章明治教,振宣事功,岂惟予一人以宁,时尔多士,亦与有无穷之闻。

出处:《宋会要辑稿》选举一之一八。

令明椿差拨官兵戍靖州沅州诏
(淳熙四年二月四日)

辰州戍兵一百人依旧外,令明椿差拨官兵二百人戍靖州,更差一百人戍沅州,并依例一年一替,其存留四百人拘收归军。

出处:《宋会要辑稿》兵六之二。

幸学诏
(淳熙四年二月五日)

敕:昔我艺祖,肇造帝室,礼乐征伐,犹未遑暇。乃开基之月,首幸国学,越二月又幸。既宏先圣先师之宇,复审象而为之赞。本源治道,厥有深旨。然则扫五季之陋,削诸侯之僭,垂万世之统,不在斯文乎!列圣相承,遂为家法。太上中兴,开设学校,乘舆临幸,儒术益光。肆朕纂图,储精稽古,宪章祖述,夙夜不敢忘。爰以仲春,谒款先圣,躬释菜之礼,阐《中庸》之义。臣工列侍,多士济济,洙泗遗风,俨然在目,朕甚嘉之。明扬训辞,尚迪朕志。夫孝于事亲,忠于事君,学之本也;业精于勤,行成于思,学之序也。圣贤复起,不易斯言。子大夫其念哉!当为君子之儒,毋慕人爵之得。使予尊德乐道之心著,化民成俗之效行,光于祖宗,对于慈训,斯无负于乐育,在汝等勉之而已。故兹诏示,想宜知悉。

出处:《玉堂类稿》卷一〇。又见《咸淳临安志》卷一一,《古文渊鉴》卷五七。
撰者:周必大

阶成西和凤四州科举事诏
(淳熙四年二月五日)

阶、成、西和、凤四州今次科举,令四川制置司取见举人的实乡贯,别无诈冒,方许收试。其发解自依逐州解额取放,将来省试别作一项考校,以十四人取一名。如合格人数少,听阙。

出处:《宋会要辑稿》选举五之三。

禁将私铸砂毛钱混杂行使诏
(淳熙四年二月八日)

敕:州县乡村市井买卖交易及输纳官钱等,公然将私铸砂毛钱混杂行使,悉因关津税务不曾搜检,商旅等人得以循习博易般传,更无畏惮。札下江东西、福建、浙东西、湖南路诸州行下所管关津税场,严行关防搜检拘收,将犯人依法断罪追赏。其监官依巡尉有无透漏茶盐赏法,及满考、罢任,批上印纸。

出处:《庆元条法事类》卷二九。又见同书卷六。

三总领所出纳钱物不得侵借隐占诏
(淳熙四年二月八日)

三总领所出纳钱物,并明附正历,不得再有侵借隐占。其州军纲运以时严紧催督,毋容拖欠。如复灭裂,重行责罚。

出处:《宋会要辑稿》职官四一之六〇。

令镇江都统司等保明水军能统众人申枢密院诏
(淳熙四年二月八日)

镇江、建康府、池、鄂州都统司,御前水军,沿海制置司,武锋军,各于所管水军正、副将内,选择大使臣以上能统众、曾于海道立功之人,保明一员申枢密院。

出处:《宋会要辑稿》职官三二之四五。

淳熙四年幸大学推恩诏
(淳熙四年二月八日)

幸学合推恩人,令依绍兴十三年已行体例:执经、讲书官,太学、武学、国子监书库、公厨官,以次各与转一官。大职事已免省人与释褐,永免解人与免省,未免解人与免解一次。曾得解,该遇庆寿恩免解人,候登第唱名日,与升甲。内武学人比附减年。诸斋起居学生各赐束帛。

出处:《宋会要辑稿》礼一六之四。

依条限催理二税诏
(淳熙四年二月十三日)

诸路转运司行下所部州县,自今并须依条限催理二税。如有违戾处,令监司觉察按劾。

出处:《宋会要辑稿》食货七〇之六九。又见《中兴两朝圣政》卷五五,《宋史全文续资治通鉴》卷二六。

权借窠阙差注绍兴三十一年以前归正人诏
(淳熙四年二月十九日)

吏、兵部将归明蛮徭人见榜窠阙内留三十阙,注本等人外,其余目今见阙,权借差注绍兴三十一年以前归正、合得归正恩例添差人一次,仍先注归正恩例添差任数任最少之人。

出处:《宋会要辑稿》兵一六之三。

职事官以上各陈弊事诏
(淳熙四年二月十九日)

职事官以上各陈弊事,凡事涉繁冗虚伪者,悉条上之。

出处:《宋会要辑稿》仪制六之二九。

产盐去处知县兼监主管盐场任满赏罚诏
(淳熙四年二月二十日)

自今产盐去处,知县兼监主管盐场。任满,从逐司取见任内卖盐数目比额增羡,与依格推赏;如有亏欠,纽计分厘,取旨责罚。

出处:《宋会要辑稿》食货二八之七。

荆鄂驻札御前诸军名称诏
(淳熙四年二月二十三日)

荆鄂驻札御前诸军,自今可作"鄂州江陵府驻札御前诸军",其都统制依旧以"鄂州驻札",副都统制以"江陵府驻札"系衔。

出处:《宋会要辑稿》职官三二之四五。

左藏南库支会子应副湖广总领所桩积备边诏
(淳熙四年二月二十五日)

左藏南库支会子三十三万贯,应副湖广总领所桩积备边,以后年分依此给降。

出处:《宋会要辑稿》食货五一之一〇。

新复敷文阁直学士中奉大夫胡元质辞免
四川安抚制置使兼知成都府不允诏
(淳熙四年二月二十八日后)

天文参、井之度,地志梁、雍之域,祖宗盛事,方镇莫重焉。今复合四路之权,总于一帅,凡兵民之利害,官吏之否臧,大者驿闻,余得裁制。选抡加重,抑又可知。非有文翁之文,武侯之武,忠勤笃实为朕倚信者不轻畀也。差拨近列,谓卿为宜。已趣造朝,是将临遣。勉思叱驭,毋或循墙。所辞宜不允。

出处:《玉堂类稿》卷六。

撰者:周必大

考校说明:编年编年据胡元质宦历补,见《宋史》卷三四《孝宗纪》。

中奉大夫提举江州太平兴国宫胡元质
辞免知荆南及复敷文阁直学士不允诏
(淳熙四年二月)

敕元质:省所奏札子,辞免除帅及复敷文阁直学士恩命事,具悉。朕爱惜近臣,犹如宝玉,尘垢或止,旋洗濯之。卿政事文章,为朕所器。邦有大赉,首还旧班。谋帅荆州,诏除甫下;拥旄全蜀,阃寄滋隆。式遄其行,毋替朕命。所辞宜不允。

出处:《玉堂类稿》卷六。

撰者:周必大

观文殿大学士金紫光禄大夫知福州充福建路
安抚使陈俊卿乞外宫观不允诏
(淳熙四年二月)

卿昼绣故乡,连四千石之重。谁谓闽远,政声则闻。盖民安如曹参之治齐,教明如召伯之分陕。方宽予顾,无弃尔成。且知止足而乐燕闲,众人之情也;宣上德而倡九牧,大臣之事也。勉勤绥御,毋咈注怀。所请宜不允。

出处:《玉堂类稿》卷六。

撰者:周必大

非本土人贡举事诏
(淳熙四年三月三日)

淮南、京西人户有产业,如烟爨实及七年以上应举,即许依贡举法收试。

出处:《宋会要辑稿》选举一六之二〇。

责贬张孝宽诏
(淳熙四年三月四日)

敦武郎、监通州买纳盐场张孝宽特贷之,追毁出身以来文字,除名勒停。永不收叙,送柳州编管,仍籍没家财。

出处:《宋会要辑稿》刑法六之三九。

崇信军节度使开府仪同三司提举临安府洞霄宫
史浩辞免少保观文殿大学士充醴泉观使侍讲进
封永国公加食邑实封不允诏
(淳熙四年三月五日后)

朕观皇祐之盛时,眷昌朝之旧弼。祥源领使,暂还衮钺之雄;秘殿敷经,特创班联之峻。极隆儒之异选,垂异世之通规。非我老成,孰参荣遇!卿英姿迈往,敏识邻几。以高明之学傅初潜,以康济之谋毗大政。若金汝砺,谅纳诲之不忘;毋玉尔音,岂遐心之或有?肆稽旧典,增贲新章。越升亚保之班,入奉列真之馆。肇封乐国,增衍爰田。读倚相之书,朕方勤于稽古;卒桓荣之业,卿宜切于告猷。引避之言,非予所望。所辞宜不允。

出处:《玉堂类稿》卷六。
撰者:周必大
考校说明:编年据史浩宦历补,见《宋史》卷三四《孝宗纪》。

进呈仁宗皇帝玉牒徽宗皇帝实录今上皇帝
玉牒毕宣答提举官以下词
(淳熙四年三月九日)

有制:一朝大典,纂述有年;逮兹奏篇,足以传远。礼成之庆,与卿等同之。

出处:《玉堂类稿》卷一六。

撰者:周必大

考校说明:月、日据《宋史》卷三四《孝宗纪》补。

通奉大夫参知政事龚茂良辞免进呈
玉牒转两官例恩不允诏
(淳熙四年三月九日后)

朕惟昔昭陵盛德大业,丰功伟绩,不可胜纪。其所以覆帱万物垂裕后世者,尤在乎仁也。兹撮机要,著之宝牒,而有司复以乾道近事同时奏篇。如朕凉薄,安敢望高皇帝,亦曰仪式型文王之典,日靖四方而已。卿才经物表,学贯道原。久裁政机,众职交举。复以余力,纂成二书。特界酾恩,用示褒劝。朕于爵赏,岂尝妄加? 卿宜知之,毋避可也。所辞宜不允。

出处:《玉堂类稿》卷六。

撰者:周必大

考校说明:编年据文中所述史事补,见《宋史》卷三四《孝宗纪》。

通议大夫参知政事李彦颖辞免进呈徽宗
实录特转两官例恩不允诏
(淳熙四年三月九日后)

朕惟昔者泰陵之政,有因有革,同归于治。而纪次之初,是非失实,绍兴刊定,乃为信书。比命使臣,载纂徽录,亦是意也。不然,二十六年仁民爱物之实,制礼作乐之具,皆将疏略失传,而一时用事之臣,虚美隐恶,亦将无以考信于来裔矣。卿才推国器,学擅儒宗。二柄迭司,具宣嘉绩。兹率其属,趣成巨篇。恭阅于庭,叹嘉无致。虽大臣岂以阶秩为轻重,而国之信赏不可废也。亟祗定命,毋执冲怀。所辞宜不允。

出处:《玉堂类稿》卷六。

撰者:周必大

考校说明:编年据文中所述史事补,见《宋史》卷三四《孝宗纪》。

举贤良方正诏
（淳熙四年三月十日）

敕门下：朕惟乾德兴邦，咸平熙载。天圣御图之始，绍兴复古之初，皆设制科，博询谠论。粤予凉德，欣慕前规。兹当贡举之秋，仍下求贤之诏。翘翘其楚，冀贤隽之无遗；谔谔而昌，抑邦家之有赖。咨尔闺台之彦，暨夫岳牧之官，或荐进于中朝，或搜扬于外服。俾摅所蕴，陈古今致治之原；将策于廷，振臣庶敢言之气。毋借才于异代，庶复德于我家。布告多方，明知朕意。今岁科场，其令尚书侍郎、两省谏议大夫以上、御史中丞、学士、待制各举贤良方正能直言极谏一人，守臣监司亦许解送，仍具词业缴进以闻。故兹诏示，想宜知悉。

出处：《玉堂类稿》卷一○。
撰者：周必大

举贤良方正能直言极谏诏
（淳熙四年三月十日）

朕惟招尊方正贤良文学之士，帅举直言，汉唐之君所以稽参政事，咨访阙遗，达民心而通治道也。洪惟祖宗，率繇斯义。朕祗若前宪，诏书比下，充赋盖阙。昔汉策晁错、董仲舒，对者以百数；唐举姜公辅等，所取至二十五人。国朝异人辈出，视古为盛。今朕思政求贤，历载弥长，效未云获，其故安在？岂德薄道寡，化不下究，贤人君子，郁于上闻？旰昃销志，思以广宣厥道。宜遵近制，特俾详延，庶收茂才，以鉴不逮，成朕虚己勤求之意焉。今岁科场，其令尚书侍郎、两省、谏议大夫以上、御史中丞、学士、待制各举贤良方正能直言极谏一人，守臣、监司亦许解送，仍具词业缴进以闻。

出处：《宋会要辑稿》选举一一之三四。

安南国王龙翰袭封制
（淳熙四年三月十三日）

门下：朕寅威宝命，奄甸嘉师。无怠无荒，深谨暨南之教；曰同曰觐，丕嘉拱北之星。乃眷一邦,兹传七世。饬宣典册,播告臣工。故推诚顺化崇义怀忠保信向德安远承和秉礼归仁协恭励节继美遵度履正彰善赞治守谦功臣、特进、检校太师、静海军节度观察处置等使、兼御史大夫、上柱国、安南国王、食邑二万户、食实封七千八百户、赠侍中李天祚男龙翰,流庆有源,受材孔裕。虽尚居于幼稚,已知继于践修。繄乃先王,凤彰令问。胙土分茅之久,弥四十年;梯山航海之输,逾数千里。克知厥若,曰笃不忘。兹永慨于遗章,爰首襃于爱嗣。旄节按定陆之制,官仪联汉相之班。即乐国以肇封,既从世袭;极真王而锡命,何待次升? 加以土田,被之功号。虽纂服之惟旧,在殿邦而则新。允续前徽,尚绥后福。於戏! 建尔尹兹东夏,古尤重于象贤;维汝居国南乡,今勿忘于来享。俾周无致,曰商是常。岂惟予一人以宁,亦保尔黎民之利。可特授静海军节度观察处置等使、特进、检校太尉,兼御史大夫、上柱国,特封安南国王,食邑三千户,食实封一千户,仍赐推诚顺化功臣。

出处:《玉堂类稿》卷三。

撰者:周必大

步军司差厢军应副祗候库巡防诏
(淳熙四年三月二十四日)

步军司差厢军三十六人应副祗候库巡防,仍不得充杂役。

出处:《宋会要辑稿》食货五二之三六。

故安南国王李天祚上遗表及遗进方物
赐其子龙翰抚谕敕书
(淳熙四年春)

敕安南国王李龙翰:省广南西路经略安抚司缴奉卿父所上遗表及遗进方物事。眷惟尔考,久奠南郊,方锡异恩,进邦胙土,奄闻沦谢,良用恻伤。卿肇袭世封,恪遵先志,使绍及境,遗物来庭。克孝而忠,不忘嘉叹。今令经略安抚司回锡钱帛,可领也。故兹抚谕,想宜知悉。春暄,卿比好否? 遣书,指不多及。

出处:《玉堂类稿》卷一一。

撰者:周必大

考校说明:"春"据文中所述"春暄"补。"翰",原作"翰",据明抄本及《宋史》卷四八八《交阯传》改。

大中大夫提举临安府洞霄宫王炎
再辞免复资政殿大学士不允诏
(暂系于淳熙四年三月至四月间)

朕待遇臣邻,极其恩意,而况久劳蜀道,尝冠枢庭,兹固夙夜不能忘,礼貌所宜先者也。属当谋帅,允藉壮猷。既以疾辞,义实难强。是因郊赉,特畀隆名。眷睐有加,于兹见矣。逊章迭上,岂所望哉? 所辞宜不允,不得再有陈请。

出处:《玉堂类稿》卷六。

撰者:周必大

考校说明:据同集前后文时间补、王炎宦历补,见《宋宰辅编年录》卷一七。

四川诸军升差将佐审察事诏
(淳熙四年四月三日)

四川诸军自今升差将佐,可抽摘一二名赴枢密院审察。

出处:《宋会要辑稿》职官三二之四五。

皇子恺除荆南集庆军节度使行江陵尹加封制
(淳熙四年四月五日)

门下:四牡入觐,旂章载锡于诸侯;三公出封,章服皆隆于九命。兹谓周家之忠厚,实壮文臣之本支。眷言爱子之贤,来报名藩之政。是稽古谊,爰诏昕庭。皇子雄武保宁军节度使、开府仪同三司、判明州军州事、兼管内劝农使、兼沿海制置使、魏王、食邑九千户、食实封三千六百户恺,志节安和,德猷粹穆。淑身谨行,居有令名;保国乂民,动无过举。自再分于铜虎,尝屡下于玺书。念夫表海之劳,遂乃朝宗之愿。三雍奉对,固深留邸之思;二陕分疆,莫遏憩棠之请。宜敷帝祉,以答氓谣。惟庶正之隆名,乃承平之异数。昔优褒于子弟,今率用于典常。载披舆地之图,双换赍坛之节。民瞻尔赫,荆州还府号之新;庆积家余,亳社契王封之旧。予之多邑,丰厥实输。诞颁典册之华,谅揽旄倪之志。於戏!班高尹日,夙嘉春见之朝;赏候景风,庸对夏时之吉。惟制节谨度,则贵可长守;惟以公灭私,则民其允怀。归宁尔邦,典听朕教。可特授荆南集庆军节度使,依前开府仪同三司,行江陵尹,判明州军州事,兼管内劝农使,兼沿海制置使,魏王,加食邑一千户,食实封四百户。

出处:《玉堂类稿》卷三。
撰者:周必大

皇子魏王恺除荆南集庆军节度使行江陵尹口宣
(淳熙四年四月五日)

有敕:尹正之权,国朝所重。欲增华于节钺,肆加宠于亲贤。往祗纶綍之言,益壮藩维之势。

出处:《玉堂类稿》卷一二。
撰者:周必大
考校说明:月、日据《宋史》卷三四《孝宗纪》补。

皇子魏王恺辞免除荆南集庆军节度使行江陵尹口宣
(淳熙四年四月五日)

有敕:双节之颁,亶为异数;三辞之礼,备见劳谦。益图共理之良,焉避惟行之令?

出处:《玉堂类稿》卷一二。
撰者:周必大

皇子雄武保宁军节度使开府仪同三司判明州军州事兼管内劝农使兼沿海制置使魏王恺辞免除荆南集庆军节度使行江陵尹加食邑实封不允诏

（淳熙四年四月五日后）

朕观成周盛时，分封子弟，布于侯甸。其来朝也，锡之路车乘马，予之元衮及黼。其有功也，宠以加地进律，赐以铁钺圭瓒。皆所以粲骨肉之恩，强磐石之宗。享国久长，用此道也。惟予贤子，躬受伟材。本之以忠孝，文之以诗书。出治鄞水，吏民安焉。兹奉介圭，少留汉邸。亲亲贵贵，当有异恩。商赉美名，一新叠组。仍加尹节，增贲东藩。金论既谐，慈衷以怿。盖古者七命赐国，八命作牧，九命作伯，是惟不易之序，又何以逊避为哉？所辞宜不允。

出处：《玉堂类稿》卷六。

撰者：周必大

考校说明：编年据赵恺宦历补，见《宋史》卷三四《孝宗纪》。

魏王恺三辞免荆南集庆军节度使行江陵尹加食邑实封批答

（淳熙四年四月五日后）

省表具之。父子主恩，固由天性，至于爵赏，则有义焉。乃吉日甲戌，扬尹节之命于广庭。公卿大夫翕然称允者，以汝四明之政卓为东诸侯之冠也。免章初上，尝谕至怀。于再于三，斯亦过矣。且尔不闻有唐亲王之制乎？或为都督刺史，或领节度使，惟以屏翰王室为忠，不以恳避宠章为谅也。亟其祗若，毋遏褒缛。所辞宜不允，仍断来章。

出处：《玉堂类稿》卷九。

撰者：周必大

考校说明：月、日据赵恺宦历补，见《宋史》卷三四《孝宗纪》。

缴纳度牒师号诏
(淳熙四年四月六日)

礼部行下州军,将日前未缴度牒、师号尽数依条限缴纳。如隐漏不实,科罪。专委提刑司觉察,月具缴过数目申尚书省。

出处:《宋会要辑稿》职官一三之三六。

逃绝人户税租不得抑勒保正代输诏
(淳熙四年四月七日)

逐路监司觉察,如有似此违戾去处,按劾奏闻。

出处:《宋会要辑稿》食货七〇之六九。

赐郑藻生日诏
(淳熙四年四月十五日)

敕郑藻:景风时至,皓月宵圆。会此清和,钟于耆艾。联荣戚畹,叠逢极盛之朝;视秩台司,今际中兴之运。载临诞日,宠锡多仪。尚永保于千龄,庸增光于四姓。

出处:《玉堂类稿》卷九。
撰者:周必大
考校说明:月、日据同集同卷《赐太尉保信军节度使充万寿观使郑藻生日诏》补。

广南重修牢城营诏
(淳熙四年四月二十二日)

广南东西路重行修葺牢城营,其有阙处,即行创造,尽收管配隶人在营著役。

出处:《宋会要辑稿》刑法四之五四。

存恤归正人诏
（淳熙四年四月二十五日）

归正人令从便营生外，两淮、江浙系官田土甚多，每户给田十二亩，三人以上给二十亩，愿自备牛具、种粮者，与增一倍。每户给草屋二间，三人以上给三间，人数虽多，不得过四间。其合用农具、种粮，从本州措置应副。仍专委甲头掌管，轮流通融使用。每遇发人之初，猝未能耕种养赡，却恐阙食，从本州计口，先支钱米，大人日支米二升半，盐菜钱五十文，小儿减半，候及一年住支。归正官子孙，父、祖曾任差遣今已亡殁，别无廪禄养赡，令所在州军于合给田屋等数上以十分为率，增给五分。诸县知县悉意遵守，仍多方存恤，劝谕力耕，不得分毫追扰。奉行勤恪，绩效显著，当议先次推恩；其或灭裂违戾，委监司按察。拨过田亩，并与免诸般科役租税十年。

出处:《宋会要辑稿》兵一六之七。

曾经编配吏人及见役吏人不许充官民户干人诏
（淳熙四年四月二十八日）

曾经编配吏人及见役吏人，并不许充官民户干人。如违，许人陈告，依冒役法断罪追赏。

出处:《宋会要辑稿》刑法二之一一九。

吕祖谦转承议郎仍兼史职制
（淳熙四年四月二十九日）

奉议郎、秘书省秘书郎、兼国史院编修官、实录院检讨官吕某:右，可特授承议郎、试秘书省秘书郎、兼国史院编修官。敕奉议郎、守秘书省著作郎、兼国史院编修官、实录院检讨官、兼权司封郎官傅伯寿等:昔唐《开元实录》厄于兴庆，殆无存者。其后搜得一二，虽相继有以家藏来上，亦岂无遗事邪？惟我徽祖临御县内二十有六载，礼乐庶事罔不备具。记注所载，中更散逸，故绍兴间裒集成书，尚多阙略。朕下明诏，复加纂修。尔等皆以奥学良才，博闻强识，绪业其间，岂特文直事核,而比旧增多百卷,斯亦勤矣。恭阅奏篇,为之叹嘉。咸进文阶,以示褒劝。可依前件。

出处:吕祖俭、吕乔年《东莱吕太史年谱》,宋嘉泰四年刻元明递修本《东莱吕太史文集》附录卷一。

撰者:刘孝韪

赐李龙翰封安南国王制诰敕书
(淳熙四年四月)

敕安南国王李龙翰:朕稽古旧章,诞扬新命。故启尔宇,嗣长乃师。制綍甚华,恩颁惟腆。尚钦宠数,益固封陲。今赐卿马二匹、金镀银作子鞍辔一副、缨纹金紫润罗夹公服一领、小绫宽汗衫一领、勒帛一条、熟白线绫宽夹袴一腰、红罗软绣夹三襜一条、抱肚一条、二十五两金御仙花腰带一条、五十两白成银腰带匣一具、金花银一百两数、钞锣二面、衣着杂色绢二百匹,至可领也。故兹示谕,想宜知悉。春暄,卿比好否? 遣书,指不多及。

出处:《玉堂类稿》卷一一。

撰者:周必大

考校说明:"翰",原作"翰",据明抄本及《宋史》卷四八八《交阯传》改。

俞澂除大理丞徐存除大理丞王梦若除大理司直制
(淳熙四年四月至五月间)

具官某等:廷尉之属,所系为不轻,惟廉平近厚者,则其所予夺无或差爽。尔澂贯穿诸律,于狱之成则听之;尔存练习古义,于狱之疑则折之;尔梦若数随汉使,不避劳苦。人情法意,何尝相远,尔其念哉! 尔惟胥训,告胥保惠,各以其职举,则无负朕同日命尔之意。可。

出处:《永乐大典》卷一三四九八。

撰者:林光朝

考校说明:编年据林光朝任两制时间补。

知庐州王希吕除直宝文阁再任制
（淳熙四年四月至五月间）

　　具官某：西顾淮壖，莫尚总戎之重；北连边琐，盖取折冲之遟。乃锡赞书，是为申命。以尔受才明隽，积虑正平。百步生风，独养谏臣之气；一行系日，要从史氏之公。眷雄阃而重临，表长才之已试。并修耕筑，用偗事功。肆加因任之华，莫厚宠名之赉。尚迪明训，益振良图。可。

出处：《永乐大典》卷一三四九九。
撰者：林光朝
考校说明：编年据林光朝任两制时间补。

陈杞除军器监主簿制
（淳熙四年四月至五月间）

　　具官某：汉宣帝综核百度，至于技巧工匠器械，莫不精且久。以尔在官廉谨，遇事辄解，遂命尔以勾稽之职。除戎器以戒不虞，此为综核之一端，尔其毋忽。可。

出处：《永乐大典》卷一四六〇八。
撰者：林光朝
考校说明：编年据林光朝任两制时间补。

诸州军守倅审察部内归正人诏
（淳熙四年五月六日）

　　诸州军守倅各将部内归正人从实审察，如果谙晓时务，持身廉谨，连衔保明申枢密院。

出处：《宋会要辑稿》兵一六之七。

资政殿大学士太中大夫知建康军府充江南东路安抚使兼行宫留守刘珙辞免观文殿学士不允诏
（淳熙四年五月十一日后）

敕刘珙:省所奏札子,辞免除观文殿学士恩命事,具悉。屏翰行都,昇为重镇;股肱宿望,卿实闶才。二年于此,道洽政治。《礼》曰"牧以地得民",卿之谓矣;又曰"爵以驭其贵",予可后乎? 学士之以殿名,不过三等,昔卿尝历其二,中外固已荣之。今复进紫宸之班,隆旧弼之礼。庶几五长,各迪有功。劝勉所关,毋留朕命。所辞宜不允。

出处:《玉堂类稿》卷六。
撰者:周必大
考校说明:编年据刘珙官历补,见《景定建康志》卷一四。

建造光尧太上皇帝御书石经阁诏
（淳熙四年五月二十四日）

就太学建造光尧太上皇帝御书石经阁。其见在石经《周易》、《毛诗》、《尚书》、《春秋左氏传》、《论语》、《孟子》外,尚有太上皇帝御书《礼记·中庸》、《大学》、《学记》、《儒行》、《经解》、五篇,不系太学石经之数。搜访旧章,重行模勒,以补《礼经》之阙。

出处:《宋会要辑稿》崇儒一之四二。

名淳熙新编特旨断例诏
（淳熙四年五月二十五日）

敕令所参酌到适中断例四百二十件,以《淳熙新编特旨断例》为名,并旧断例并令左、右司拘收掌管。今后刑、寺断案别无疑虑,依条申省取旨裁断外,如有情犯可疑合引例拟断事件,具申尚书省参照施行。

出处:《宋会要辑稿》刑法一之五一。

史浩岁赐公使钱诏
（淳熙四年五月二十五日）

史浩已除少保、观文殿大学士、醴泉观使、侍读、永国公,其岁赐公使钱,缘曾任开府仪同三司日未曾批勘,特与依开府仪同三司本格全支,自降麻日始。

出处:《宋会要辑稿》食货六四之一一四。

太史局官序等依医官见行格法诏
（淳熙四年五月二十五日）

太史局官序、服色,磨勘、请给、奏荐、封赠等,可并依医官见行格法。

出处:《宋会要辑稿》职官一八之九五。

周必大转朝请大夫制
（淳熙四年五月二十六日）

敕:朕祗若皇猷,茂扬祖烈。惟祐陵在御,盖逾两纪之年;而实录之书,当传万世之信。中更放失,虽就编摹,念犹阙于旧闻,诏申加于载笔。奏篇来上,褒律是颁。朝散大夫、试尚书吏部侍郎、兼直学士院、兼太子詹事、兼侍读、管城县开国子、食邑五百户、赐紫金鱼袋周必大,学造渊源,文知体要。掌内外之制,居多润色之功;历讲读之官,备整切劘之益。兹勒成于大典,尝允赖于良才。多所发明,为之嘉叹。用序迁于华秩,以显答于旧劳。其体朕恩,益殚儒效。可特授朝请大夫,依前试尚书吏部侍郎、兼直学士院、兼太子詹事、兼侍读,封赐如故。

出处:《周益国文忠公年谱》。
撰者:刘孝韪

周必大除翰林学士制
(淳熙四年五月二十八日)

敕:朕考唐室之制,重翰苑之臣。谓文诰悉由中书,或有稽时之弊;以供奉改称学士,实专密命之司。逮我本朝,用为故事,恩礼加异,缙绅所荣。既非他才之可居,宜求已试而后用。朝请大夫、试尚书吏部侍郎、兼直学士院、兼太子詹事、兼侍读、管城县开国子、食邑五百户、赐紫金鱼袋周必大,心醇而履正,学广而闻多。早决异科,遍仪禁路。虽平居周密,不言温木之名;而议事雍容,时号爨花之论。浍寓銮坡之直,屡当缛典之行。掩盛事于前闻,布大喜于天下。凡号令一出其手,犹卜筮罔不是孚。副予遴简之怀,庸正久虚之席。岂特资于润色,益欲备于畴咨。裁大议于中,是为内相之职;举至治之要,毋忘夜对之时。尚追配于古人,以永有于休誉。可特授依前朝请大夫、充翰林学士、知制诰、兼太子詹事、兼侍读,封赐如故。

出处:《周益国文忠公年谱》。
撰者:刘孝趑

周必大辞免翰林学士不允诏
(淳熙四年五月二十八日后)

敕某:省所奏辞免除翰林学士恩命事,具悉。朕惟禁林夙号真清,学士尤为妙选。盖命令之发,将以鼓天下之动;而播告之修,于以见王者之心。非高其才者,曷擅斯长?非裕于学者,曷胜兹任?卿斧藻其德,圭璋乎文。翰墨旧游,尝屡参于润色;典册大笔,仍多自于裁成。灏噩镕冶乎诰盘,温厚懽𫐐乎汉魏。倚金华而上白玉,久勤寓直之劳;遡太清而凌紫霄,爰即为真之拜。除音一下,金论允谐。宜亟体于眷怀,胡尚形于巽避。所辞宜不允。故兹诏示,想宜知悉。

出处:《文忠集》卷一二三,四库全书本。
撰者:程叔达
考校说明:编年据周必大宦历补,见周纶《周益国文忠公年谱》。

移置封桩库诏
（淳熙四年五月）

封桩库窄狭,令两浙漕臣踏逐近便空闲地或官司屋宇移置。如有干碍民民去处,同临安帅臣详议,以太府寺基与封桩库连接。

出处:《宋会要辑稿》食货五二之一八。

刑部拟定断案诏
（淳熙四年六月五日）

刑部将拟断案状照自来体例,依条拟定特旨申尚书省,仍抄录断例,在部委长贰专一收掌照用。

出处:《宋会要辑稿》职官一五之二六。

赐王淮生日诏
（淳熙四年年六月七日）

敕王淮:温风俶至,化日弥长。钟英杰于金华,赞明昌于火德。君庖继肉,举台馈之彝章;亲膝称觞,昭枢庭之荣事。尚绥寿嘏,永对眷怀。

出处:《玉堂类稿》卷九。
撰者:周必大
考校说明:月、日据同集同卷《赐签书枢密院事王淮生日诏》补。

通奉大夫参知政事龚茂良乞外宫观不允诏
（淳熙四年六月七日）

朕兢业万几,简求四近。知之深故任之久,任之久故倚之隆。若时具瞻,岂可轻去? 卿精于问学,裕于才猷。一赞政机,屡更岁律。辨察众职,勤劳百为。方藉同寅,共图熙载。胡然引疾,遽尔祈闲? 既非朕仰成之心,亦非卿许国之谊。

勉安厥位,毋咈予怀。所请宜不允。

出处:《玉堂类稿》卷六。
撰者:周必大

通奉大夫龚茂良辞免资政殿大学士知镇江府不允诏
(淳熙四年六月十日)

本朝优待辅臣,甚非汉唐之比。虽久烦以政,间许均劳,然恩典所加,每从其厚。既华之以峻职,又付之以近藩。出处之间,厥有荣耀。朕率是道,以厉臣节。卿渊谋敏识,奥学徯才。夙被简知,晋参机务。累年于此,厥绩茂焉。求退既坚,重违雅志。岂无异数,以宠其行? 盖臣之事君,能合去就之义;则上之遇下,当全进退之礼。往钦时命,尚考民庸。所辞宜不允。

出处:《玉堂类稿》卷六。
撰者:周必大

通奉大夫龚茂良再辞免资政殿学士知镇江府不允诏
(淳熙四年六月十一日)

卿久翊政机,具宣忠力。抗章辞疾,有慨予心。加职典藩,务隆国体。何淟形于封奏,似未亮于眷怀。且卿昔帅岭南,兵民戢其威惠;旋临江右,旱涝资其抚绥。曾是乐郊,岂劳卧治? 九里蒙润,固未远于行都;四方于宣,尚勉图于嘉绩。所请宜不允。

出处:《玉堂类稿》卷六。
撰者:周必大

宰执朝殿得旨须覆奏乃行诏
(淳熙四年六月十六日)

自今三省,枢密院进呈文字所得之旨,朝退即具奏审,再承画降,方可施行。

出处:《中兴两朝圣政》卷五五。又见《宋会要辑稿》职官一之六五,《宋史全文续资治通鉴》卷二六,《宋史》卷三四《孝宗纪》。

考校说明:月、日据《宋会要辑稿》职官一、《宋史》卷三四《孝宗纪》补。原书系于淳熙四年五月。

禁采捕蜂儿诏
(淳熙四年六月二十日)

江东提刑司下所属州郡,禁止采捕蜂儿。

出处:《宋会要辑稿》刑法二之一四六。

中大夫新除参知政事王淮辞免权提举国史院编修国朝会要所不允诏
(淳熙四年六月二十二日)

仲尼善志,约《鲁史》之旧章;魏相有声,条汉家之故事。惟今太史,仿古宏谟。眷予亮采之贤,付以提纲之任。卿经邦道广,纬国文高。久践机廷,备著良、平之画;参陪台路,方追房、杜之谋。宜总诸儒,遂荣两命。矧翱翔翰苑,固尝笔削四朝之书;而领袖蓬山,亦既纂修一代之典。兹延登于贰政,乃因任于三长。其趣奏篇,毋勤逊牍。所辞宜不允。

出处:《玉堂类稿》卷六。
撰者:周必大

刑部将情犯可疑案状检坐在部例册拟断诏
(淳熙四年六月二十八日)

刑部自今将情法相当、别无疑虑案状依条施行外,有情犯可疑,即于已抄录在部例册内检坐体例,比拟特旨申省。如与例轻重不等,亦令参酌拟断,申取指挥。

出处:《宋会要辑稿》职官一五之二六。

六院官不入杂压诏
(淳熙四年七月五日)

六院官依旧制不入杂压,已降指挥更不施行。林虑封赠改正。

出处:《中兴两朝圣政》卷五五。又见《宋史全文续资治通鉴》卷二六。

赐赵雄生日诏
(淳熙四年七月七日)

敕赵雄:商飙初授,辰火微流。储英气于一贤,应嘉祥于七夕。驰颁牢醴,往佐豆觞。永绥寿考之祺,式仁功名之会。

出处:《玉堂类稿》卷九。
撰者:周必大

定两学从祀诏
(淳熙四年七月十二日)

文宣王从祀去王雱画像;武成王庙升李晟于堂上,降李勣于李晟位次,仍以曹彬从祀。

出处:《中兴两朝圣政》卷五五。又见《宋史全文续资治通鉴》卷二六。

许王守忠再任御批
(淳熙四年七月十四日)

添差浙西准备将王守忠任满日,特与再任。

出处:《中兴两朝圣政》卷五五。又见《宋史全文续资治通鉴》卷二六。

解试省试差试官事诏
(淳熙四年七月十六日)

　　自今两学、诸州、漕司解试及将来省试、公试所差试官,并令先考脚色,将习诗赋经义之人相半差充,候到院,许监试,各以所治经与诗赋分拨考校。其有年高昏眊视听以衰之人,不在兹选。若见任官不足,在内许差到部人、在外许通融于比近州县官选充。其封弥所换易家状、誊录所隐匿试卷,不与尽行誊录,及对读所不躬亲对读点检,并请监试官督责,严行关防。稍有违戾,按劾以闻。诸军州士人赴试,襕幞入院或有禳祖,并令扶出;或有鼓噪场屋,令所属官司依已立定法条停试殿举,仍连坐同保。

出处:《宋会要辑稿》选举一六之二〇。

观文殿大学士金紫光禄大夫陈俊卿辞免
特进恩命乞依旧官奉祠不允诏
(淳熙四年七月十九日)

　　赐位之尊,盖循两汉;班朝之贵,实次三公。非尝践于台衡,靡轻加于秩序。卿纯明无伪,方重有常。求福得不回之风,事君明以道之义。久仪搀路,务清静以宁民;再莅乡邦,每中和而布政。屡披封奏,祈即燕闲。既深谅于乃诚,宜特隆于异数。兹惟念旧,亦以畴庸。毋尚执于谦怀,亟共承于朕命。所辞宜不允。

出处:《玉堂类稿》卷六。
撰者:周必大

集议事诏
(淳熙四年七月十九日)

　　集议除朝廷合就尚书省外,六曹就吏部尚书厅、侍从、两省官就后省,如台谏预议,即就御史台。

出处:《宋会要辑稿》仪制八之二一。

决遣指挥事诏
（淳熙四年七月二十三日）

敕：今后遇有决遣指挥，自合比拟疏决指挥体例，将赃罪依法施行。

出处：《庆元条法事类》卷七三。

捕盗之赏诏
（淳熙四年七月二十四日）

捕盗之赏，正官在假而暂权者，获盗止与循资；其捕剧贼及人数多者，即听奏裁。本州及提刑司保奏盗赏，并须指定，保明不实者，守倅、监司一例坐罪。

出处：《宋会要辑稿》兵一三之三一。

职事官未至知州资序人陈乞外路条约诏
（淳熙四年七月二十五日）

职事官未至知州资序人陈乞外人，缘堂除并取到部阙通判皆远，如系通判资序，可特与添差参议官一次；知县次序以上，与添差通判一次。在职改官后及二月同。每路每州各不得过一员，候添差及两政之后，别取旨。

出处：《宋会要辑稿》职官四七之四一。

广南签判知县窠阙事诏
（淳熙四年七月二十六日）

吏部将广南签判、知县窠阙破格晓示，满半年以上无官愿就，具申都省，行下逐路运司使阙差人。若逐路再满半年，又无定差到官，本部再行破格出阙，召官指射。如本部再破格晓示满半年，又无官愿就，具申朝廷施行。

出处：《宋会要辑稿》职官四八之四○。

赐皇叔祖少傅昭化军节度使判大宗正事嗣濮王士辐生日诏
（淳熙四年七月）

敕士辐：惟吾族老，爵齿甚尊。眷乃诞期，饩牵宜厚。属秋光之渐爽，谅夕燕之多欢。往醑寿觞，益绥纯嘏。

出处：《玉堂类稿》卷九。

撰者：周必大

考校说明：年份据同集前后文时间补，月份据同集同卷《赐皇叔祖检校少保昭化军节度使开府仪同三司嗣濮王士辐生日诏》补。

朝议大夫权尚书吏部侍郎兼同修国史兼侍讲兼权工部侍郎李焘辞免礼部侍郎不允诏
（淳熙四年八月四日）

贰卿再岁为真，虽曰故事，然量才录德，乃人主之柄，岂专以日月为限哉？卿性资简廉，学问渊博。策名委质，今四十年。潜心史家，景行先正。凡列圣之功德，一代之制度，忠邪之议论，夷狄之叛服，表年提要，总为巨编。自建隆迄靖康，成书殆且千卷。使朕览观乎家法，兴起乎治功。有臣若斯，其益多矣。春官惟亚，何以假为？尚尊所闻，毋或逊避。所辞宜不允。

出处：《玉堂类稿》卷六。

撰者：周必大

职事官有阙方除诏
（淳熙四年八月四日）

今后职事厘务官并见阙方许差除，其乾道九年十二月五日已降指挥更不施行。

出处：《中兴两朝圣政》卷五五。又见《宋会要辑稿》职官一之六五，《宋史全文续

253

资治通鉴》卷二六。

诸州教阅禁军诏
(淳熙四年八月五日)

令诸路帅司行下所部州军守臣,严行责委兵官将见管禁军精加教阅,不测差官前去拍试。如有武艺退惰,具当职官姓名按劾施行。

出处:《中兴两朝圣政》卷五五。又见《宋史全文续资治通鉴》卷五五。

太史局官服色诏
(淳熙四年八月十四日)

太史局丞许服绯,挈壶正至局丞若充判太史局,带“权”字;冬官正至春官正服紫红鞓,并依医官见行格法。

出处:《宋会要辑稿》职官一八之九五。

许黄鉴大等附漕司试诏
(淳熙四年八月十四日)

游学人黄鉴大等四百余人,特令就两浙转运司附试一次,仍别行考校,依例取旨立额。后举令礼部先一年行下约束,不许附试。

出处:《宋会要辑稿》选举一六之二一。

除授太尉恩数诏
(淳熙四年八月十六日)

除授太尉自今止与初除恩数,其数迁除,止依转厅减半。如无特旨许依执政之人,不得援例。

出处:《宋会要辑稿》职官一之一四。

罢宰执等转官致仕遗表所得选试医人等恩例诏
(淳熙四年八月十六日)

自今除授宰相、执政官及依执政体例人初除并转厅,合得选试医人、太医、助教仍依旧法外,转官、致仕、遗表所得上件恩例并行住罢。

出处:《宋会要辑稿》职官三六之一二四。

淳熙四年命贤良方正能直言极谏科考试官诏
(淳熙四年八月十九日)

以二十五日引试应贤良方正能直言极谏科李塾、姜凯、郑建德、马万顷,命中书舍人钱良臣为制举考试官,太常少卿兼崇正殿说书齐庆胄、左司谏萧燧并为参详官,宗正寺主簿胡南逢为监封弥官,大理寺主簿陈资深为监誊录官,武学谕王蔺为对读官。

出处:《宋会要辑稿》选举一一之三三。

严禁私贩耕牛过界诏
(淳熙四年八月二十七日)

累降指挥立法,禁止私贩耕牛过界。如闻近来边界多有客旅依前私贩,显是沿边州军奉行灭裂。自今如有一头透漏过界,因事发觉,其守臣以下取旨重作施行,帅臣、监司亦坐以失觉察之罪。

出处:《宋会要辑稿》刑法二之一一九。

赐皇兄少保岳阳军节度使充万寿观使
永阳郡王居广生日诏
(淳熙四年八月二十八日)

敕居广:若稽本朝,加礼近属。记其诞日,锡以多仪。矧是宗英,贵隆王爵。

饩牵有践,酒醴维丰。昭予异恩,介尔多寿。

出处:《玉堂类稿》卷九。

撰者:周必大

考校说明:月、日据同集同卷《赐皇兄检校少保岳阳军节度使开府仪同三司充万寿观使永阳郡王居广生日诏》补。

龙图阁学士朝散大夫胡铨辞免提举隆兴府玉隆万寿宫乞休致不允诏
(暂系于淳熙四年八月至九月间)

卿壮猷宏议,简在朕心,未尝忘也。重以吏事,烦吾耆老。故稽岁月,申命祠庭。赋禄养贤,厥惟古谊。使子弟孝悌而忠信,则国家安富而尊荣。不素餐兮,孰大于是。趣其承命,毋致为臣。所请宜不允。

出处:《玉堂类稿》卷六。

撰者:周必大

考校说明:编年据同集前后文时间补。

太史局正令换官阶诏
(淳熙四年九月一日)

太史局正、令两阶今已除去,其局令李继宗、孙随龙可特与换中官大夫,局令吴泽可特与换冬官大夫,并依旧判太史局。

出处:《宋会要辑稿》职官一八之九六。

条约监司巡历事诏
(淳熙四年九月二日)

敕:监司巡历,不得科差乡民充夫,依条计日支给人吏券食。仍令诸州常平主管官岁终将诸司公吏借请批券支过常平等钱,别帐申缴户部,委官驱磨,其有过数取予及违戾者,并重置典宪。

出处:《庆元条法事类》卷七。又见同书卷三七。

禁与蕃商博易解盐诏
(淳熙四年九月四日)

敕:今后与蕃商博易解盐之人,徒二年;二十斤加一等。徒罪皆配邻州,流罪皆配五百里。知情、引领、停藏贯人同罪,许人捕;若知情负载,减犯人罪一等,仍依犯人所配地里编管。许人告,透漏官司及巡察人各杖一百。讯犯人并知情、引领、停藏人,徒罪赏钱二百贯,流罪三百贯;如告讯知情负载人,减半。其徒提举官并守令失觉察,并取旨重作施行。

出处:《庆元条法事类》卷二八。徒:疑误。

赐皇太子生日诏
(淳熙四年九月四日)

敕某:月临无射,节迩重阳。惟时主器之良,载值吹铜之旦。近稽唐制,赐仁孝之六章;远继鲁诗,锡炽昌之千岁。钦承宠赉,茂对慈怀。

出处:《玉堂类稿》卷九。日期原缺,据明抄本、四库本补。
撰者:周必大

太史局学生补局生等事诏
(淳熙四年九月四日)

太史局等处曾经试中额内学生,祗应实及五年,与补局生。额内外局生比试挈壶正,灵台郎试直长。可自来年依在京法,应合格并补充。

出处:《宋会要辑稿》职官一八之九六。

赐少保观文殿大学士充醴泉观使侍读
永国公史浩生日诏
(淳熙四年九月六日)

敕史浩:肃霜纪月,骏岳秉灵。是生名儒,尝翊初政。召陪经幄,日告辰猷。会初度之载临,举多仪而申锡。愿言丰沛之旧,诞保乔松之年。

出处:《玉堂类稿》卷九。
撰者:周必大

观文殿大学士金紫光禄大夫陈俊卿
再辞免特进乞依旧宫观不允诏
(淳熙四年九月六日)

朕惠宗公以礼,笃旧学以恩。虽听均休,必昭异宠。卿清名谅节,终始无渝。入相出藩,进退有裕。因奉祠之请,极真禄之阶。恩礼所加,他人无望。驭臣敬故,朕心盖庶几焉。且长乐二年,其劳多矣;潜藩三益,其功旧矣。以兹受爵,卿岂无名?所辞宜不允。

出处:《玉堂类稿》卷七。
撰者:周必大

徽猷阁直学士通奉大夫提举江州太平兴国宫
徐哲辞免特转一官致仕不允诏
(淳熙四年九月十四日)

国朝定制,自九品而上,凡致军事者,必增秩宠之,所以奖廉退、厚风俗也。况卿登第于宣和,侍从于绍兴,材猷明敏,朕所嘉奖。年其耄矣,纳禄告归,不进文阶,何以驭贵?辞之为赘,往即钦承。所辞宜不允。

出处:《玉堂类稿》卷七。
撰者:周必大

名兴州驻札御前诸军编制诏
(淳熙四年九月十四日)

兴州驻札御前诸军所管马、步军六万人,作前、右、中、左、后、踏白、摧锋、选锋、策选锋、游奕马为名,每军计六千人,差统制官一员、统领官一员,每将差正、副准备将各一员。

出处:《宋会要辑稿》兵六之二。

承代归正人恩数诏
(淳熙四年九月十五日)

自今承代归正人名阙者,必要有归正干照。所有恩数除递减外,尽以与之。或无干照承代者,止许于诸军承代格法,如敦减至承信郎以下者,却依旧来归正十资格升转。

出处:《宋会要辑稿》兵一六之三。

赈济襄阳府归正贫民诏
(淳熙四年九月二十一日)

湖广总领所就于襄阳府见桩管朝廷米内,取拨次等米一万五千石应副本府,充赈给归正贫民支用。

出处:《宋会要辑稿》食货六八之七六。

令浙东提举司赈恤被水人户诏
(淳熙四年九月二十七日)

浙东提举司将被水人户多方存恤,依条赈济,毋令失所。其冲损塘岸去处,仰绍兴府专委官监视,如法修筑。

出处:《宋会要辑稿》瑞异三之一二。

定江军节度使侍卫亲军步军都指挥使兴州
驻札御前诸军都统制吴挺乞宫观不允诏
(淳熙四年九月二十九日)

　　昔卿伯父,暨乃先臣,继提蜀师,多历年所,厥有成绩,著于西陲。虽曰折冲之良,亦惟久任之效。卿选繇世将,肇敏前修。方整暇之有闻,岂燕闲之可议?况年才强仕,正当一意于功名;而日奉慈亲,何害两全于忠孝? 勉酬朕眷,毋费尔辞。所请宜不允。

出处:《玉堂类稿》卷七。
撰者:周必大

令四川措置官田给付归正忠义人诏
(淳熙四年十月二日)

　　四川制置司、总领所照应昨两淮、江浙给田指挥,措置拘籍系官田亩,给付归正忠义人及子孙无廪禄者。

出处:《宋会要辑稿》兵一六之七。

皇太子宫差破客司事诏
(淳熙四年十月四日)

　　皇太子宫见差破客司等,于内更与改差三人,作使臣名色,特添破本等券放行批勘。遇有阙,从本官差取升改。

出处:《宋会要辑稿》职官七之四〇。

朝请大夫权尚书刑部侍郎兼侍讲兼权给事中 程大昌辞免刑部侍郎不允诏
（淳熙四年十月六日）

朕勿误于庶狱,惟有司之牧夫。其在秋官,厥难付畀。卿学术议论笃于古而切于今,服采在廷,秉议坚确。摄贰宪部,惟明克允。参稽陟典,升正其班。昔舜畴咨九官,皋陶以申命而无避。汝之作士,其亦久矣。往践乃次,尚奚逊哉? 所辞宜不允。

出处:《玉堂类稿》卷七。
撰者:周必大

朝议大夫权尚书吏部侍郎司马伋辞免吏部侍郎不允诏
（淳熙四年十月七日）

自唐以来称典选之能者,必曰前有马、裴,后有卢、李。及考其莅职,则远逾十年,近或六载。美成在久,朕甚嘉之。卿抱负才猷,践扬中外。擢司铨综,岁律再周。敏明而将以勤,练达而济之审。不加真拜,何以劝功? 诏绂身章,并从异数。勉图来誉,将益汝知。曾是进迁,岂劳谦避? 所辞宜不允。

出处:《玉堂类稿》卷七。
撰者:周必大
考校说明:"朝议大夫",明抄本作"朝请大夫"。

阴雨决狱诏
（淳熙四年十月十日）

阴雨多日,大理寺、临安府并属县及两浙西路诸州县见禁罪人,在内委台官、在外委提刑即时躬身前去检察决遣。如路远去处,分委通判。杖罪已下并干系等人日下并行疏放。仍将已断放过名件逐一开具闻奏。

出处:《中兴两朝圣政》卷五五。又见《宋史全文续资治通鉴》卷二六。

审察三衙江上四川诸军统制统领官诏
(淳熙四年十月十三日)

三衙、江上、四川诸军统制、统领官,并发赴枢密院审察,自将副以下听一面升差。仍令枢密院不测取旨点摘前来审察。

出处:《宋会要辑稿》职官三二之四六。

幸滩上抽摘诸军人马按教诏
(淳熙四年十月十四日)

幸滩上抽摘诸军人马按教,宰职、管军、知阁、御带、环卫官自祥曦殿戎服起居从驾,余免。

出处:《中兴两朝圣政》卷五五。

赴阙盱眙军传宣抚问赐御筵口宣
(淳熙四年十月十八日前)

有敕:卿等远趋诞节,甫次边城。念跋涉之良劳,宜抚存之加厚。就颁燕衎,深体眷怀。

出处:《玉堂类稿》卷一三。
撰者:周必大

赴阙镇江府赐茶药口宣
(淳熙四年十月十八日前)

有敕:卿等并持使节,来会诞辰。嘉远涉于川涂,特驰颁于茗剂。谅体眷怀之厚,顿忘行役之劳。

出处:《玉堂类稿》卷一三。

撰者:周必大

<h1 style="text-align:center">镇江府赐御筵口宣</h1>
(淳熙四年十月十八日前)

有敕:华渚流虹,远勤轺传;朱方锡燕,爰启尊罍。其体湛恩,勿辞霑醉。

出处:《玉堂类稿》卷一三。

撰者:周必大

<h1 style="text-align:center">平江府赐御筵口宣</h1>
(淳熙四年十月十八日前)

有敕:卿等展仪诞序,弥节辅藩。驰遣侍珰,就开燕席。饮此湑矣,于胥乐兮。

出处:《玉堂类稿》卷一三。

撰者:周必大

<h1 style="text-align:center">赤岸赐酒果口宣</h1>
(淳熙四年十月十八日)

有敕:使华有信,及兹诞庆之期;郊劳加隆,申以甘芳之锡。尚祗眷渥,庸洗征尘。

出处:《玉堂类稿》卷一三。

撰者:周必大

<h1 style="text-align:center">赤岸赐御筵口宣</h1>
(淳熙四年十月十八日)

有敕:卿等言驰远道,契飞电之嘉辰;爰即近郊,霈需云之异渥。谅增华于使节,宜深体于眷怀。

出处:《玉堂类稿》卷一三。
撰者:周必大

十月十九日到阙赐被褥钞锣口宣
(淳熙四年十月十九日)

有敕:卿等并膺遴选,来会诞期。肆颁服御之珍,俾适燕私之用。兹惟异数,以宠嘉宾。

出处:《玉堂类稿》卷一三。
撰者:周必大

十月二十二日上寿毕归驲赐酒果口宣
(淳熙四年十月二十二日)

有敕:卿等来庆诞祥,甫修觐礼。辍禁扃之醪核,华宾驲之寿觞。有腆于颁,宜钦而受。

出处:《玉堂类稿》卷一三。
撰者:周必大
考校说明:"十月二十二日",四库本作"十月二十一日"。

十月二十二日上寿毕归驲赐酒果口宣
(淳熙四年十月二十二日)

有敕:卿等远将邻聘,夙讲寿仪。念舍馆之少安,宜旨嘉之载锡。是资燕饮,其克钦承。

出处:《玉堂类稿》卷一三。
撰者:周必大
考校说明:"十月二十二日",四库本作"十月二十三日"。

二十二日上寿毕归驲赐御筵口宣
(淳熙四年十月二十二日)

有敕:称寿于庭,邻欢备讲;示慈于馆,宴席闳开。既酬行礼之劳,且厚待宾之意。

出处:《玉堂类稿》卷一三。
撰者:周必大

二十二日上寿毕归驲赐酒果口宣
(淳熙四年十月二十二日)

有敕:千秋纪节,百辟称觞。嘉华使之来庭,成令仪而归驲。宜颁芳旨,用洽眷私。

出处:《玉堂类稿》卷一三。
撰者:周必大

赐皇太子口宣
(淳熙四年十月二十二日前后)

有敕:诞节将临,储明载怿。欸三清之秘宇,祝我修龄;赐百和之奇芬,将予厚意。冀成胜妙,同介祺祥。

出处:《玉堂类稿》卷一一。
撰者:周必大
考校说明:月、日据宋孝宗生日补,见《宋史》卷三三《孝宗纪》。题后原注:"高思聪。"明抄本"高思聪"前有"内侍"二字。

赐三省官口宣
(淳熙四年十月二十二日前后)

有敕:诞节届期,普天献祝。受臣邻之归美,叩仙佛之蕲年。驰锡名薰,助成胜事。

出处:《玉堂类稿》卷一一。

撰者:周必大

考校说明:月、日据宋孝宗生日补,见《宋史》卷三三《孝宗纪》。题后原注:"李祺。"明抄本"李祺"前有"内侍"二字。

赐枢密院官口宣
(淳熙四年十月二十二日前后)

有敕:眷予枢辅,欣际诞辰。言趋苍葛之林,申祝松椿之算。岂无锡予,用助薰修。

出处:《玉堂类稿》卷一一。

撰者:周必大

考校说明:月、日据宋孝宗生日补,见《宋史》卷三三《孝宗纪》。题后原注:"宋映。"明抄本"宋映"前有"内侍"二字。"宋映",清欧阳棨刻本作"宋晚",后同。

赐殿前司口宣
(淳熙四年十月二十二日前后)

有敕:震夙之晨,华夷同庆。眷言环尹,请祝寿龄。分海国之清芳,取精庐之胜会。

出处:《玉堂类稿》卷一一。

撰者:周必大

考校说明:月、日据宋孝宗生日补,见《宋史》卷三三《孝宗纪》。题后原注:"宋映。"明抄本"宋映"前有"内侍"二字。

赐马军司口宣
（淳熙四年十月二十二日前后）

有敕：时逢诞节，欢动辕门。共伸万寿之祈，既历三旬之久，宜颁馨烈，用助勤诚。

出处：《玉堂类稿》卷一一。

撰者：周必大

考校说明：月、日据宋孝宗生日补，见《宋史》卷三三《孝宗纪》。题后原注："何弼。"明抄本"何弼"前有"内侍"二字。

赐步军司口宣
（淳熙四年十月二十二日前后）

有敕：惟时良将，志切爱君。及此诞辰，祈予寿祉。宜分宝炷，共结胜缘。

出处：《玉堂类稿》卷一一。

撰者：周必大

考校说明：月、日据宋孝宗生日补，见《宋史》卷三三《孝宗纪》。题后原注："李琪。"明抄本"李琪"前有"内侍"二字。

十月二十三日玉津园射弓赐酒果口宣
（淳熙四年十月二十三日）

有敕：醇醴列盎，嘉实盈盘。眷言庆寿之宾，载讲和容之礼。并兹宠锡，往即钦承。

出处：《玉堂类稿》卷一三。

撰者：周必大

玉津园射弓赐弓箭例物口宣
(淳熙四年十月二十三日)

有敕:嘉乃使华,闲于射艺。既效椿龄之祝,肆观杨叶之穿。特厚匪颁,用昭眷礼。

出处:《玉堂类稿》卷一三。
撰者:周必大

玉津园射弓赐御筵口宣
(淳熙四年十月二十三日)

有敕:称寿广庭,威仪甚肃;射侯别圃,技艺尤精。宜侯豆觞,用娱宾客。

出处:《玉堂类稿》卷一三。
撰者:周必大

十月二十六日赐生饩口宣
(淳熙四年十月二十六日)

有敕:卿等通欢邻壤,展庆诞辰。已备辑于多仪,方少安于上馆。兹庸续食,用劝加餐。

出处:《玉堂类稿》卷一三。
撰者:周必大

敷文阁直学士朝请大夫提举隆兴府玉隆万寿宫秦埙辞免知饶州不允诏
(淳熙四年十月二十七日)

卿传业相门,跻荣禁路。既久安于家食,乃自诡于民庸。恩畀郡章,礼优从橐。闻会稽之问,诚有望焉;辞伯石之卿,顾何取彼?所辞宜不允。

出处:《玉堂类稿》卷七。

撰者:周必大

十月二十七日赐内中酒果口宣
(淳熙四年十月二十七日)

有敕:宸廷献斝,已祈千万之年;嘉宾侑觞,兹有再三之锡。出于御府,光乃宾筵。

出处:《玉堂类稿》卷一三。

撰者:周必大

密赐使副大银器口宣
(淳熙四年十月二十七日)

有敕:卿等庆寿远来,受书遄返。身未离于丹阙,器加锡于白金。各体异恩,钦承嘉惠。

出处:《玉堂类稿》卷一三。

撰者:周必大

十月二十八日朝辞讫归驲赐酒果口宣
(淳熙四年十月二十八日)

有敕:卿等自初称寿,暨此告行。嘉仪范之可观,知虔恭之匪懈。载颁醴核,往助盃盘。

出处:《玉堂类稿》卷一三。

撰者:周必大

朝辞讫归驲赐御筵口宣
(淳熙四年十月二十八日)

有敕:卿等来奉寿觞,具成宾礼。分骊驹之将驾,俨笾豆之前陈。属此初寒,均兹既醉。

出处:《玉堂类稿》卷一三。

撰者:周必大

回程赐龙凤茶并金镀银合口宣
(淳熙四年十月二十九日)

有敕:卿等奉觞诞日,憩馆来旬。念将据于归鞍,庸分颁于贡茗。兹惟渥惠,以宠行人。

出处:《玉堂类稿》卷一三。

撰者:周必大

回程赤岸赐御筵口宣
(淳熙四年十月二十九日后)

有敕:卿等祝万年之寿,为十日之留。爰即近郊,更开别燕。庸益光于行色,尚深体于眷怀。

出处:《玉堂类稿》卷一三。

撰者:周必大

答贺会庆节国书
(淳熙四年十月)

时属上冬,日临载育。勤使华于万里,缔盟好于亿年。贶以缄书,申之筐币。惟庆仪之甚腆,知眷意之加隆。其在感悰,曷胜敷叙?

出处:《玉堂类稿》卷一六。
撰者:周必大
考校说明:题后原注:"使完颜忠、副曹士元。"

将关外积粮不堪支遣者措置变卖诏
(淳熙四年十一月一日)

周嗣武同总领公共相度,将低次不堪支遣者措置变粜,却将价钱尽行收籴,依旧桩管。

出处:《宋会要辑稿》食货六二之六五。

十一月一日回程赤岸赐酒果口宣
(淳熙四年十一月一日)

有敕:卿等既成寿礼,载鹢归舟。即别岸以少留,驰近藩而加劳。锡之甘旨,体我眷私。

出处:《玉堂类稿》卷一三。
撰者:周必大

回程平江府赐御筵口宣
(淳熙四年十一月一日后)

有敕:卿等效祝南山,言归北道。念劳神于远役,爰设醴于近郊。寒色方严,饮觞宜醲。

出处:《玉堂类稿》卷一三。
撰者:周必大

回程镇江府赐御筵口宣
(淳熙四年十一月一日后)

有敕:使范从容,既蒇仪于诞节;归涂安稳,载弭檝于江城。就锡燕觞,丕昭眷渥。

出处:《玉堂类稿》卷一三。
撰者:周必大

回程盱眙军赐御筵口宣
(淳熙四年十一月一日后)

有敕:卿等奉觞良月,还轸仲冬。指淮岸以于归,即边城而少驻。驰开宴俎,宠饯使軿。

出处:《玉堂类稿》卷一三。
撰者:周必大

敷文阁直学士朝请郎范成大辞免权礼部尚书不允诏
(淳熙四年十一月二日)

厥今往镇,莫重坤维。嘉我宝臣,介圭来觐。畴庸录德,当置诸朝。卿人物之英,搢绅所重。代言分阃,左右具宜。使蜀再期,政尤可纪。兹从严召,入告嘉猷。峻陟礼卿,丕昭眷奖。有周吉甫,文武宪邦,其自镐归,实多受祉。尔几于是,何以逊为?

出处:《玉堂类稿》卷七。
撰者:周必大

省试帘外官回避事诏
（淳熙四年十一月二日）

自今省试,帘外官同姓、异姓亲若门客,亦令依帘内官条法回避,牒送别院试。

出处:《宋会要辑稿》选举五之三。

龙图阁学士中大夫提举江州太平兴国宫
林安宅乞休致不允诏
（淳熙四年十一月四日）

古者任其事乃食其禄,故士大夫年至则告归,所以佚老也。本朝优礼耆耋,赋禄殊庭,而不敢以事诿焉,忠厚之风过于前代远矣。卿处躬廉约,蕴识通明。爵齿俱高,朕所体貌。奉祠居里,足以自娱。正使垂车,又何加此? 勉承恩遇,姑抑素怀。所请宜不允。

出处:《玉堂类稿》卷七。
撰者:周必大

端明殿学士朝散郎签书枢密院事赵雄
辞免同知枢密院事不允诏
（淳熙四年十一月四日）

朕观汉高帝知人善任使,故凡当世豪杰皆乐从之游。至于运筹帷幄之中,决胜千里之外,则惟子房而已。此岂独人力哉? 天授之也。卿蕴有用之学,济非常之才,应剧易于折枝,决疑明于大蔡。本吾兵柄,逾岁于兹。多士韪其设施,远人洽其声誉。君臣契合,视古庶几。惟延登峻则望益隆,惟属任专则功易见,厥惟高选,岂曰序迁? 成命已行,毋劳控避。所辞宜不允。

出处:《玉堂类稿》卷七。
撰者:周必大

荐举升改奏状限半年内到进奏院诏
（淳熙四年十一月七日）

敕：应荐举升改奏状，并限半年内到进奏院。其出限者，不在收使。

出处：《庆元条法事类》卷一四。

推赏殿前两军步军司三军统制统领官等诏
（淳熙四年十一月七日）

殿前两军统制、统领官六人，各特转一官，更减二年磨勘；正、副将二十二人，各赐一十两，金椀二只，银五十两；准备将一十一名，各赐银一百两。步军司三军统制、统领官十人，各特转一官，更减二年磨勘；正、副将一十五人，各赐一十两，金椀二只，银五十两；准备将六人，各赐银一百两。其金银并自内降出。

出处：《宋会要辑稿》兵一九之二八。

端明殿学士朝散郎签书枢密院事赵雄
再辞免同知枢密院事批答
（淳熙四年十一月七日）

省表具之。朕法天行健，稽古凝猷。和众安民，图太宁于常武；制军诘禁，倚大柄于鸿枢。有嘉协赞之劳，诞锡进迁之宠。卿载采强义，秉心塞渊。词章搴六籍之华，事业耸万夫之望。受长缨而往，肯同在昔之夸辞；借前箸以筹，独运当今之远略。宜仍宥密，俾峻班联。当邦彝之云敷，举国人而曰称。卿虽力避，朕固难从。所辞宜不允，仍断来章。

出处：《玉堂类稿》卷九。
撰者：周必大

赵雄再辞免除同知枢密院事口宣
(淳熙四年十一月七日)

有敕:卿独赞兵谋,备宣忠概。爰稽参于人望,俾进贰于枢庭。出命莫违,执谦毋过。

出处:《玉堂类稿》卷一二。

撰者:周必大

除放淮东应募力田指使借支钱粮诏
(淳熙四年十一月八日)

淮东安抚司:将昨应募力田指使内不愿开耕缴纳付身人未还纳借支钱,并口食稻子一千七百二十四石四斗,并与除放。

出处:《宋会要辑稿》食货六三之一五三。

文武官岁奏举堪任知县县令者诏
(淳熙四年十一月十一日)

敕:文武官岁举武臣升陟员数内,分举二员堪任知县县令亲民任使,不以大小使臣听行奏举。

出处:《庆元条法事类》卷一四。

观文殿学士大中大夫知建康军府事充江南东路安抚使兼行宫留守刘珙乞外宫观不允诏
(淳熙四年十一月十二日)

昔君陈、毕公,咸懋厥德,尹厘东郊。惟成暨康,既已膺保多福,而彼二臣亦俱享永世无穷之闻。著在简册,朕心向焉。今之秣陵,周之洛邑也。以卿闳才硕德,尝践股肱之任,故命居守,庶几前人。简修进良,别愿瘅恶,三载如一,朕忧以宽。论年齿则未高,语节宣则无爽,宁容均佚,咈我注怀? 益图尔休,冀京师并蒙福也。所请宜不允。

出处:《玉堂类稿》卷七。又见《古文渊鉴》卷五七。

撰者:周必大

禁江上四川驻札诸军兵官接见宾客诏
(淳熙四年十一月十二日)

已降指挥,江上、四川驻札诸军兵官不许接见宾客,恐妨军务,及干求骚扰。如有违戾,将受谒及看谒之人一例重作施行;干求乞觅若借舟船人马之类,并计赃论。

出处:《宋会要辑稿》刑法二之一一九。又见《中兴两朝圣政》卷五五,《宋史全文续资治通鉴》卷二六。

通议大夫参知政事李彦颖乞罢机政不允诏
(淳熙四年十一月十六日)

卿进繇德望,参秉事枢。惓惓于纳忠,而未尝近名;孜孜于奉职,而见谓知体。中外宁谧,阴阳燮调。民亶尔瞻,予资汝翼。定契如金石,久方益坚;相须如股肱,理不可易。岂以晦明之或爽,乃于去就而轻言? 矧已造朝,初无他恙。深念倚毗之意,迄摅康济之谋。所请宜不允。

出处:《玉堂类稿》卷七。

撰者:周必大

分差粮料院许过差荐举知县注通判诏
(淳熙四年十一月十六日)

自今分差粮料院许过差荐举知县,已降指挥令吏部注通判,理作堂除之人。

出处:《宋会要辑稿》职官二七之五九。

李彦颖再乞罢机政不允诏
（淳熙四年十一月十七日）

朕每念为君之难，自朝至于日中昃不遑暇食。既躬揽丕务，又博询众言。幸今方内小康，民俗嘉靖，岂敢自以为功哉？亦惟二三执政毕精竭虑，协恭亮采之助也。卿以忠醇笃实，总领众职，期于予治，朕有望焉。奈何股肱之力方陈，而羸悴之语遽闻？腹心之倚方切，而退休之请狎至？率作兴事，独不念皋陶之扬言乎？章虽频烦，朕勿听也。所请宜不允，不得再有陈请。

出处:《玉堂类稿》卷七。
撰者:周必大

周必大转朝议大夫制
（淳熙四年十一月二十五日）

敕：朕待非常之才，不次而用；计群史之治，应格乃迁。是虽甘泉之旧臣，不废审官之常法。翰林学士、朝请大夫、知制诰、兼太子詹事、兼侍读、兼修国史、管城县开国子、食邑五百户、赐紫金鱼袋周必大，早由望实，亟践清华，不名一长，实兼数器。以文章则擅常、杨书诏之美，以顾问则备崔、高古今之知。典礼直哉惟清，作史质而不俚。倚切剸于经席，赖赞护于储闱。学广闻多，扬历益著。职亲地禁，礼遇方隆。顾惟助朕之居多，奚待计功而后赏？用迁华秩，尚尔因岁月之成；亦使庶僚，知朕重名器之意。可特授朝议大夫，依前充翰林学士、知制诰、兼太子詹事、兼侍读、兼修国史，封赐如故。

出处:《周益国文忠公年谱》。
撰者:刘孝韪

遣使贺来年正旦国书
（淳熙四年十一月）

十一月日，大宋皇帝谨奉书于大金应天兴祚钦文广武仁德圣孝皇帝阙下：乐岁载新，庆三阳之交泰；欢盟弥固，与万物以皆春。饬遣轺车，肃持菲币。冀缉熙于繁祉,共康乂于黎元。颂咏良深,敷陈罔既。今差翰林学士、朝请大夫、知制诰、兼侍读、普宁郡开国侯、食邑一千户、食实封一百户、赐紫金鱼袋钱良臣,严州观察使、知阁门事兼客省四方馆事、永丰县开国伯、食邑七百户延玺充贺正旦国信使、副,有少礼物具诸别幅,谨专奉书。不宣。

出处:《玉堂类稿》卷一六。

撰者:周必大

改造紫衣师号式样诏
（淳熙四年十二月二日）

礼部:改造紫衣、师号式样,紫衣并二字、四字师号,绫纸面上改织造栀子花各十二朵。内紫衣绫纸面上织造"文思院制敕紫衣绫"八字,其二字、四字师号绫纸面上织造"文思院制敕师号绫"八字,仍织字在绫上。应官司支使不尽见行桩管师号,并将来缴到,日下委长贰监视焚毁。

出处:《宋会要辑稿》职官一三之三七。

中大夫知泉州姚宪辞端明殿学士
知江陵府乞在外宫观不允诏
（淳熙四年十二月二日）

朕以卿泉南之政明而不苛,治办而不扰,是用复麟趾名官之旧,付鹓尾一道之寄,所以待卿者宠矣。便道之镇,方兹趣行,丘园之言,何自而至？亟开幕府,称朕意焉。所请宜不允。

出处:《玉堂类稿》卷七。日期原缺,据明抄本、四库本补。

撰者:周必大

禁州县税务于五里外拦截客旅诏
（淳熙四年十二月五日）

应州县税务不得于五里外拦截客旅,仰本路监司常切觉察。

出处:《宋会要辑稿》食货一八之九。

中大夫知泉州姚宪辞端明殿学士知江陵府乞在外宫观不允诏
(淳熙四年十二月七日)

敕姚宪:省所奏札子,辞免除端明殿学士知江陵府恩命,乞检会前奏除一在外宫观差遣事,具悉。建牙阃外,以严节制之权;著籍殿中,以重朝廷之体。若时旧弼,斯称茂恩。卿恢廓精明,恪勤敏济。州符使节,尝宣力于神皋;枢院政机,旋惠畴于两社。积其望实,溥我龙光。自起殿于藩方,每逊闻于课最。申颁异数,用奖多庸。十国为连,兼付兵民之重;群州承楷,共观条教之新。式骏尔行,难迁予令。所辞宜不允。

出处:《玉堂类稿》卷七。
撰者:周必大

犯私盐罪人刺填军额事诏
(淳熙四年十二月十二日)

敕:刑部看详犯私盐系舟船内被获合科徒、流罪刺充水军之人,若本路无水军去处,即合依陆路犯私盐被获合科徒、流罪人,相貌强壮及得等杖堪充征役,依已降指挥,免罪免追赃,刺填军额施行。

出处:《庆元条法事类》卷二八。

徽猷阁学士中奉大夫知宁国军府事蔡洸乞宫观不允诏
(淳熙四年十二月十二日)

维乃重祖,事予仁皇。总邦财则以赡足闻,莅民事则以威惠著。朕固尝嘉叹其贤,而易名于百年之后矣。先烈之不坠,繄卿是图。主计典州,眷焉克绍。日需报政,惠此潜藩。岂以微疴,遽容自佚?式遣药喜,称朕宠遇世臣之心。所请宜不允。

出处:《玉堂类稿》卷七。

撰者:周必大

沿边帅臣等边机事宜止许实封申枢密院诏
(淳熙四年十二月十二日)

沿边帅臣、监司、守臣、诸军主帅应有边机事宜,除具奏外,止许实封申枢密院,四川仍申制置司。毋得泛行申发及用私札誊报。如有违戾,重作施行。内外诸军所有兵马帐状,自今止许具奏及申枢密院,不得泛申发兵部等处。

出处:《宋会要辑稿》仪制七之三一。

赐李彦颖生日诏
(淳熙四年十二月十四日)

敕彦颖:卿三年辅政,一节匪躬。当此岁寒,纪其诞庆。寿祺之祝,家国所同。往致恩贶,用资燕饮。

出处:《玉堂类稿》卷九。

撰者:周必大

考校说明:月、日据同集同卷《赐参知政事李彦颖生日诏》补。

观文殿学士大中大夫知建康军府事充江南东路安抚使兼行宫留守刘珙乞检会前奏差在外宫观不允诏
(淳熙四年十二月十四日)

卿以爽邦俊德,倡率九牧。智虑所及,何事不济?恩威所加,其谁不服?乃者旌崇治效,循用汉制,盖尝玺书勉励,增秩而赐金矣。重开幕府未逾岁也,而囊封叠上累数百言,畏避宠荣殆三致意。是岂慷慨事功,匪躬一节之意哉?勉为朕留,迄成美化,毋使因任之诏徒为虚文也。所请宜不允。

出处:《玉堂类稿》卷七。

撰者:周必大

人使到阙宴殿赐花事诏
(淳熙四年十二月二十二日)

自今人使到阙,宴殿赐花,阁门舍人、宣赞舍人、阁门祗候、看班祗候、阁门提点、同提点兼祗应,与依集英、紫宸殿宴旧例,免减支破花朵。

出处:《宋会要辑稿补编》第九一页。

申严铁钱过江南禁令诏
(淳熙四年十二月二十三日)

敕:禁止铁钱过江南,前后措置非不严切,访闻尚有民旅冒犯法禁。令江淮帅、漕司约所部沿江守令严行禁戢,仍督责巡尉缉捉,毋令透漏,月具有无违犯之人申尚书省。其铜钱界不许行使铁钱。

出处:《庆元条法事类》卷二九。

申严铜钱过江北禁令诏
(淳熙四年十二月二十三日)

敕:禁止铜钱过江北,前后关防措置非不严切,访闻尚有民旅冒犯法禁。令江淮帅、漕司约束所部沿江守令严行禁戢,仍督责巡尉缉捉,毋令透漏,月具有无违犯之人申尚书省。

出处:《庆元条法事类》卷二九。

置教场教阅归正归朝归明人等诏
(淳熙四年十二月二十四日)

归正、归朝、归明忠顺官同。及拣汰离军官,见各添差诸州军不厘务差遣,别无管干职事,其间虽有艺能,无以自见。令诸路帅臣于本路逐州委近上兵官一员专切管辖，依军中阶级法，逐州各别置教场，五日一次，并赴教阅，寻常亦许习射击毬。内年六十以上及添差总管、路分钤辖、州钤辖并官至横行以上者，免教，愿赴京听。每岁春秋二季合赴本州教阅，内有事艺精熟人，优加犒赏；若事艺杰出者，守臣及所委兵官连衔保明，申枢密院。

出处：《宋会要辑稿》兵一六之五。

敷文阁直学士朝请大夫秦埙辞免知舒州不允诏
（淳熙四年十二月二十七日）

卿名参侍从，逾二十年。起分左符，诏许来觐，因其自列，易地以居，朕于故家，可谓恩矣。且鄱虽支郡，其名重，其事繁，于为政也难；舒虽节藩，其民淳，其事简，于为政也易。相攸之易，夫岂徒然？节用爱人，敬事而信，以此道千乘之国，私心安而公论惬矣，何以逊避为哉？所辞宜不允。

出处：《玉堂类稿》卷七。
撰者：周必大

赴阙盱眙军传宣抚问赐御筵口宣
（淳熙四年十二月二十八日前）

有敕：卿等远冒腊寒，来趋岁节。念初临于边郡，宜加劳于征轩。肇锡宴觞，钦承眷礼。

出处：《玉堂类稿》卷一三。
撰者：周必大
考校说明：题后原注："内侍李唐卿。"

镇江府赐银合茶药口宣
（淳熙四年十二月二十八日前）

有敕：四序更端，两邦结好。乃眷皇华之使，方临铁瓮之城。赐以珍良，助其服食。

出处:《玉堂类稿》卷一三。

撰者:周必大

考校说明:题后原注:"内侍何弼。"

镇江府赐御筵口宣
(淳熙四年十二月二十八日前)

有敕:岁律将新,使华远暨。既涉风涛之险,又冲霰雪之寒。宜启燕觞,少休征棹。

出处:《玉堂类稿》卷一三。

撰者:周必大

平江府赐御筵口宣
(淳熙四年十二月二十八日前)

有敕:芳春将届,肤使远来。久冲朔漠之寒,少憩姑苏之馆。就颁宴饮,昭示慈怀。

出处:《玉堂类稿》卷一三。

撰者:周必大

赤岸赐御筵口宣
(淳熙四年十二月二十八日前)

有敕:卿等并涉修途,来趋新岁。舣舻艎于近岸,飞盏斝于华筵。庸示湛恩,用光聘使。

出处:《玉堂类稿》卷一三。

撰者:周必大

赤岸赐酒果口宣
(淳熙四年十二月二十八日前)

有敕:卿等抗膻贺岁,飞棹及郊。载稽劳问之仪,特厚甘嘉之锡。式昭予眷,尚慰尔心。

出处:《玉堂类稿》卷一三。
撰者:周必大

到阙赐被褥钞锣等口宣
(淳熙四年十二月二十八日前)

有敕:卿等远趋岁且,初憩驲亭。首加锡赉之丰,兼适寝兴之用。将予厚意,俾尔如归。

出处:《玉堂类稿》卷一三。
撰者:周必大

到阙赐生饩口宣
(淳熙四年十二月二十八日)

有敕:卿等修好宝邻,展仪春殿。方旅陈于书币,宜加锡于饩牵。式示宠私,尚其祗服。

出处:《玉堂类稿》卷一三。
撰者:周必大

赐荆湖北路安抚使姚宪银合腊药敕书
(淳熙四年十二月)

敕姚宪:卿药石往言,从闽会易镇荆都。冰霜凛冽之交,川陆驰驱之久。特颁药石,往辅冲和。民瘼有瘳,朕心乃怿。

出处:明抄本《玉堂类稿》卷一一。

撰者:周必大

考校说明:编年据同集前后文时间、文中所述"腊药"、姚宪宦历补,见周必大《玉堂类稿》卷七《中大夫知泉州姚宪辞端明殿学士知江陵府乞在外宫观不允诏》。

赐皇子判明州魏王恺金合腊药敕书
(淳熙四年冬)

敕恺:冬阴合沓,海气茫洋。乃眷亲贤,久勤牧御。制为珍剂,寔以宝奁。昭示慈怀,往资冲摄。今差入内内侍省东头供奉官、干办景灵宫贾惟清赏赐。

出处:《玉堂类稿》卷一一。

撰者:周必大

考校说明:"冬"据同集前后文时间、文中所述"腊药"补。

赐江南东路安抚使刘珙银合腊药敕书
(淳熙四年冬)

敕刘珙:卿凤仪近弼,久镇陪都。邦倚滋隆,民谣载洽。锡之珍剂,御此凝寒。善加保顺,庸副倾瞩。

出处:《玉堂类稿》卷一一。

撰者:周必大

考校说明:"冬"据同集前后文时间、文中所述"腊药"补。

赐侍卫马军行司武康军节度使侍卫马军都指挥使吴拱御前诸军都统制吴挺郭棣郭刚郭钧皇甫倜李川于友鲁安仁御前诸军副都统制岳建寿李思齐王世雄韩宝银合腊药敕书
(淳熙四年冬)

敕吴拱等:朕高居燠馆,深念辕门。冒此严凝,勤于阅习。宜颁珍剂,用示眷怀。推我惠心,遍而部曲。

出处:《玉堂类稿》卷一一。

撰者:周必大

考校说明:"冬"据同集前后文时间、文中所述"腊药"补。

赐知太平州杨倓福建路安抚使沈夏银合腊药敕书
(淳熙四年冬)

敕杨倓、沈夏:卿凤联枢道,外寄藩维。属此沍寒,勤于宣化。分颁良剂,昭示至怀。民瘼有瘳,朕心则怿。

出处:《玉堂类稿》卷一一。

撰者:周必大

考校说明:"冬"据同集前后文时间、文中所述"腊药"补。"沈夏"当作"沈复"。《全宋文》:"沈夏:原作'沈复',据道光本改。后同。"(第二二六册,第四二一页)误。

赐成都潼川府夔州利州路安抚制置使
胡元质银合腊药敕书
(淳熙四年冬)

敕元质:卿亲被选抡,往勤牧御。巴峡凌寒之际,锦城席煖之时。众药寔豢,九芝涂检。助尔保调之术,昭我眷倚之怀。

出处:《玉堂类稿》卷一一。

撰者:周必大

考校说明:"冬"据同集前后文时间、文中所述"腊药"补。

赐武经大夫荣州刺史差充池州驻札御前
诸军都统制明椿银合夏药敕书
(淳熙四年冬)

敕明椿:汝甫膺隆委,移戍池阳。属此凛冬,轸予眷想。宝奁珍剂,特致恩颁。尚克钦承,勉图报称。

出处:《玉堂类稿》卷一一。

撰者:周必大

考校说明:"冬"据同集前后文时间、文中所述"属此凛冬"补。标题"夏药"当为"腊药"之误。

赐安南国王李龙翰淳熙五年历日敕书
(淳熙四年)

敕安南国王李龙翰:朕仰稽天度,俯授民时。遐念藩维,夙同正朔。虽未兴于副岁,其预下于新书。尚俾海隅,永陶王化。

出处:《玉堂类稿》卷一一。

撰者:周必大

考校说明:"翰",原作"翰",据明抄本及《宋史》卷四八八《交阯传》改。

尚书省赐宰执以下喜雪御筵口宣
(淳熙四年)

有敕:元冬凛冽,密雪雰霏。古称五谷之征,今告三登之瑞。趣颁宴饮,共乐欢康。

出处:《玉堂类稿》卷一二。

撰者:周必大

孝宗朝卷十七　淳熙五年(1178)

岁除赐内中酒果口宣
(淳熙五年正月一日前)

有敕:卿等持节造朝,停骖在馆。将展发春之庆,有怀守岁之欢。锡以旨嘉,资其燕饮。

出处:《玉堂类稿》卷一三。

撰者:周必大

正月一日入贺毕归驲赐御筵口宣
(淳熙五年正月一日)

有敕:卿等岁华伊始,宾礼具成。即其舍馆之安,锡以壶觞之乐。勿辞餍饫,用迪眷存。

出处:《玉堂类稿》卷一三。

撰者:周必大

入贺毕归驿赐酒果口宣
(淳熙五年正月一日)

有敕:卿等远持瑞节,来会春朝。既展庆于大廷,方留装于上馆。趣颁醠核,往佐豆觞。

出处:《玉堂类稿》卷一三。

撰者:周必大

正月三日赐内中酒果口宣
(淳熙五年正月三日)

有敕:卿等远庆元正,深嘉使范。推禁中之甘旨,为馆下之光华。惟是宠颁,昭吾殊胜。

出处:《玉堂类稿》卷一三。

撰者:周必大

正月四日玉津园射弓赐弓箭例物口宣
(淳熙五年正月四日)

有敕:春和凝篇,郊射穿杨。观宾礼之甚修,知邻欢之滋辑。宜加锡赉,用示眷私。

出处:《玉堂类稿》卷一三。

撰者:周必大

玉津园射弓赐御筵口宣
(淳熙五年正月四日)

有敕:肇易岁华,远勤邻聘。已讲寿觞之礼,载观射艺之仪。将宠眷私,特申宴惠。

出处:《玉堂类稿》卷一三。

撰者:周必大

玉津园射弓赐酒果口宣
(淳熙五年正月四日)

有敕:玉律开端,宝邻继好。眷娱宾之厚礼,有观德之多仪。爰锡甘芳,用酬审固。

出处:《玉堂类稿》卷一三。

撰者:周必大

正月六日朝辞讫归驿赐酒果口宣
(淳熙五年正月六日)

有敕:卿等凤庆春华,适违黼坐。厚乃旨嘉之锡,燕其称娖之劳。当体至怀,幸承嘉惠。

出处:《玉堂类稿》卷一三。〔一〕称娖:原缺,据四库本补。

撰者:周必大

正月六日朝辞讫归驿赐御筵口宣
(淳熙五年正月六日)

有敕:卿等献岁成仪,授书复命。言念归装之束,是宜燕席之开。咸体异恩,毋辞霑醉。

出处:《玉堂类稿》卷一三。

撰者:周必大

密赐使副大银器口宣
(淳熙五年正月六日)

有敕:卿等联驾聘轺,恪趋元会。器厚溢山之锡,礼优将命之勤。尚体恩华,益光宾范。

出处:《玉堂类稿》卷一三。

撰者:周必大

回程赐龙凤茶并金镀银合口宣
(淳熙五年正月六日后)

有敕:卿等具成庆礼,已告行期。分北苑之清风,醒春郊之归梦。有华邦锡,用奖宾仪。

出处:《玉堂类稿》卷一三。

撰者:周必大

赐使副春幡胜口宣
(淳熙五年正月九日)

有敕:卿等既□竣事,已骛归舟。眷言郊饯之时,适契鞭春之日。宠颁节物,昭示恩华。

出处:《玉堂类稿》卷一三。

撰者:周必大

考校说明:题后原注:"内侍董友闻。"

赐三节人从春幡胜口宣
(淳熙五年正月九日)

有敕:汝等来庆元正,归逢令序。是颁节物,以对春光。

出处:《玉堂类稿》卷一三。

撰者:周必大

考校说明:题后原注:"内侍董友闻。"

赐接伴使副春幡胜口宣
(淳熙五年正月九日)

有敕:卿等膺被朝纶,应酬使客。惟芳春之令序,有节物之常仪。兹谓宠颁,勿忘祗戴。

出处:《玉堂类稿》卷一三。
撰者:周必大
考校说明:题后原注:"内侍董友闻。"

回程赤岸赐御筵口宣
(淳熙五年正月九日后)

有敕:卿等言趋岁节,嘉修好之有常;于迈春郊,念遵途之未远。宜开宠饯,用赏归装。

出处:《玉堂类稿》卷一三。
撰者:周必大

回程赤岸赐酒果口宣
(淳熙五年正月九日后)

有敕:卿等已庆方春,式遄归斾。少眷留于近岸,盍加厚于常颁。惟是渥恩,尚其祗服。

出处:《玉堂类稿》卷一三。
撰者:周必大

回程平江府赐御筵口宣
(淳熙五年正月九日后)

有敕:奉币上春,已缔两朝之好;飞艎近堞,式华四牡之归。祗服眷私,勿辞饮醨。

出处:《玉堂类稿》卷一三。

撰者:周必大

回程镇江府赐御筵口宣
（淳熙五年正月九日后）

有敕:卿等祗庆岁端,遄归朔塞。历江城而少驻,属春律之余寒。大启燕觞,丕昭眷宠。

出处:《玉堂类稿》卷一三。

撰者:周必大

回程盱眙军赐御筵口宣
（淳熙五年正月九日后）

有敕:卿等称觞岁旦,旋施朔廷。将利涉于长淮,爰示慈于华宴。兹惟宠饯,以贲征鞍。

出处:《玉堂类稿》卷一三。

撰者:周必大

朝议大夫试尚书吏部侍郎司马伋乞外宫观不允诏
（淳熙五年正月十日）

卿性资夷雅,识虑精明。方倚通才,有华近侍。间尝移疾,日徯造朝。奚为自列于公车,遂欲即安于祠馆? 虽东野之失二子,难忘干蛊之私;然商瞿之有五男,足奉含饴之乐。勉安厥次,难徇尔诚。所请宜不允。

出处:《玉堂类稿》卷七。

撰者:周必大

姚宪再辞免端明殿学士恩命不允诏
（淳熙五年正月十一日）

朕怀政路之旧劳,则茂隆于宠数;贲帅藩之新组,则增焕于荣名。笃一谊以申恩,俾群臣之知劝。卿既肃诏函而趣驾,岂容持谦柄以飞章?矧名讳之不偏,实古今之共守。恪遵前诏,勉辑来庸。所辞宜不允。

出处:《玉堂类稿》卷七。
撰者:周必大

拘收诸路州军所管厢禁军在营外之人诏
（淳熙五年正月十一日）

诸路州军所管厢、禁军有在营外人,尽拘收入营,其无营房去处,限半年修盖。

出处:《宋会要辑稿》兵六之二六。

奉国军节度使殿前副都指挥使王友直乞宫观不允诏
（淳熙五年正月十九日）

卿忠而善谋,勇而好礼。上为国家所倚信,下为士卒所畏服。有将如此,人其舍诸?且环列之尹,至荣也;万钟之禄,至厚也。以是将母,固可得其欢心,而何恝之不已耶?所请宜不允。

出处:《玉堂类稿》卷七。
撰者:周必大

武泰军节度使开府仪同三司充万寿观使
曾觌乞致仕不允诏
（淳熙五年正月二十一日）

古者大夫有服采之劳,故七十则致仕。由卿而上已不著引年之礼,况夫视仪台路,未尝任职,遂欲得谢,不其难乎? 卿宽绰厥心,端庄其质。从容翰墨,既久益新;进趋会朝,虽老弥壮。宜安富贵,自乐清时。而甫及传家,遽还印绶。在止足之计则善矣,抑何以副予念旧之意哉? 晞踪汉疏,未可轻议。所请宜不允。

出处:《玉堂类稿》卷七。
撰者:周必大
考校说明:"二十一日",明抄本、四库本作"二十二日"。

随事具实状弹劾御史台六察违戾事诏
(淳熙五年正月二十一日)

御史台六察自今如有违戾去处,许随事具实状弹劾,仍许令访闻觉察闻奏。

出处:《宋会要辑稿》职官五五之二五。

大宗正司宗正寺稽考宗子改名文状诏
(淳熙五年正月二十二日)

都省取索诸州军已申到改名文状,令大宗正司、宗正寺稽考有无违碍伪冒,疾速给据。其有官人令先参部注授,候有立名公据照验讫,方行给付差札印纸。已授差遣阙到,令一面赴官,候有公据,方得放行请给。无官孤遗,令召父祖本等官二员委保,无诈冒,批书印纸,从本州尊长结罪保明,经所在州军出给公据,自保奏日权行勘给,候新历到,却正行批勘。仍自今未曾陈乞改名宗子,并依前项措置事理保明申尚书省,下所属给据,更不立限。

出处:《宋会要辑稿补编》第一三页。

吕祖谦除著作佐郎兼史职制
(淳熙五年四月二十三日)

朝奉郎、行秘书省秘书郎、兼国史院编修官吕某:右,可特授依前朝奉郎、行秘书省著作佐郎、兼国史院编修官。敕承事郎、试秘书省著作佐郎、兼国史院编修官、兼权太子侍讲郑鉴等:中秘图书之府,承明著作之庭,为郎其间,厥选惟重。

以尔鉴有志于世,持论不阿;尔某积学于身,信道甚笃。静重而敏于事,若晋臣西蜀之英;谅直而济以文,若邠者三吴之秀。或褒序于在位,或简擢于它官。持载笔之三长,典异书之四部。惟兹成命,既藨于公言;副我虚怀,更恢于远业。可依前件。

出处:《东莱吕太史年谱》。

撰者:刘孝韪

吏部精加铨量注拟知县县令诏
(淳熙五年正月二十四日)

注拟知县、县令,并令吏部精加铨量。乾道三年赴都堂审察指挥更不施行。

出处:《宋会要辑稿》职官四八之四一。

周必大乞郡不允诏
(淳熙五年正月二十四日)

敕某:省所奏札子,乞特捐小郡,试以民事,具悉。卿以粹美之资,蚤膺文学之选。晋登词禁,益邕声华。以润色则素长,以议论则甚伟。凡自托于不敏,皆汝为之有余。况兼叠组之荣,方极一时之遇,胡为刻奏,力诡治民? 夫意在本朝如萧望之,愿为中郎若汲长孺,皆笃爱君之义,不以居郡为多。矧卿眷倚优隆,职任亲近,其体昔人之志,毋怀外补之安。所请宜不允。故兹诏示,想宜知悉。

出处:《周文忠公集》卷一二四。

撰者:刘孝韪

武泰军节度使开府仪同三司充万寿观使
曾觌再乞致仕不允诏
(淳熙五年正月二十五日)

朕惟士大夫年至而必去者大概有二:筋力惫于驰驱,精神惮于酬酢,一也。故乡可归,思昼锦之乐;家庭在远,想兰菊之生。二也。今卿茂耆明之识,兼将相之官,燕息内祠,身固逸矣。赐第北阙,去将何之? 而需章继来,辞掞情确。罕由斯道,固无今日之讥;偕赋帝京,何待引年之后? 勉回冲守,庸体眷怀。所请宜不允,不得再有陈请。

出处:《玉堂类稿》卷七。
撰者:周必大

行在务场印造茶引给降诏
(淳熙五年正月二十九日)

行在务场印造,限二月上旬起发前去。仍将卖到钱别项桩管,非奉朝廷指挥,不得擅支。

出处:《宋会要辑稿》食货三一之二四。

答贺正旦国书
(淳熙五年正月)

二仪交泰,历颁岁序之元;万汇向荣,人遂春台之乐。远纾使传,申缔欢盟。昭厚意于缄书,粲多仪于信币。其为感怿,未易敷陈。

出处:《玉堂类稿》卷一六。
撰者:周必大

遣使贺生辰国书
(淳熙五年正月)

某月日,大宋皇帝谨奉书于大金尊号皇帝阙下:月纪季春,属光风之转蕙;日临初吉,应飞电之绕枢。祇遣使遭,具陈庆币。永冀万年之算,常通两国之欢。颂咏惟勤,指陈莫喻。今差朝散大夫、试礼部尚书、信安郡开国侯、食邑一千户、食实封一百户、赐紫金鱼袋赵思,某州观察使、知阁门事、兼客省四方馆事、某县开国伯、食邑七百户郑槐,充贺生辰国信使、副,有少礼物具诸别幅,谨专奉书。不宣。

出处:《玉堂类稿》卷一六。

撰者:周必大

福建浙东三番海船内起发一番赴平江府明州教阅诏
(淳熙五年二月三日)

福建帅司行下本路州军,浙东帅司行下温、台州,将籍定三番海船内将合起发番次数目起发一番。福建船差官管押前来平江府许浦水军摆泊,听于友教阅;浙东船前来明州沿海制置司,于定海摆泊,听水军教阅。并限八月一日到岸,毋致违滞。应合行事件,并依乾道七月十九日指挥。仍委逐州军守臣核实,支散钱米起发,通判专一点检。并要已印号元籍定面阔丈尺堪好壮船、及强壮梢碇水手、随船绳帆、擤具一切足备。如有灭裂,知通当重置典宪。

出处:《宋会要辑稿》食货五〇之二七。

奉国军节度使殿前副都指挥使王友直
辞免殿前都指挥使不允诏
(淳熙五年二月四日)

位冠岩除,列于二品。自朕临御,未尝予人。以卿气概沉雄,智谋闳远。诗书之府,仰止古人;忠义之闲,根于天性。八年宿卫,一意董齐。升正中权,宣符众望。久虚之典,其懋承之。所辞宜不允。

出处:《玉堂类稿》卷七。

撰者:周必大

少保观文殿大学士充醴泉观使侍读
永国公史浩乞休不允诏
(淳熙五年二月六日)

惟我祖宗,礼遇故老,内祠经席,便于谘询。而一时宗工宿儒,亦罔不心在王室,至有请觐而愿留者,上下之间,交致诚意,朕甚慕焉。乃者起卿于故乡,待卿以优礼,盖率是道,庶还旧章。卿既以昔贤之心为心,为朕肯来矣。尚询黄发,则罔所愆,阅岁方新,岂容遽去? 善养老者,朕方追西伯之风;以为己归,卿当法太公之义。所请宜不允。

出处:《玉堂类稿》卷七。又见《古文渊鉴》卷五七。

撰者:周必大

朝散大夫试尚书户部侍郎韩彦古辞免权户部尚书不允诏
(淳熙五年二月六日)

昔周命君牙为大司徒而告之曰:"洪敷五典,式和民则。"心膂之任不其至乎?汝父服劳忠义,厥有成绩,纪于太常。卿又能博习古今,长于政事,肆予命尔以地官之职,逮兹逾年,邦用浸饶。进守左民,协于陪典,非以爵秩迟速论也。且卿既自期大者远者矣,固当思艰图易,俾民则宁,昭乃辟之有乂,岂应以逊避为谅哉?所辞宜不允。

出处:《玉堂类稿》卷七。

撰者:周必大

奉国军节度使殿前副都指挥使王友直
再辞免殿前都指挥使批答
(淳熙五年二月六日)

省表具之。卿早临方面,久卫周庐。应变无穷,合孙吴之方略;驭军有要,兼程李之宽严。乃者阅武东郊,持麾北面。嘉甲兵之整锐,知将帅之勤劳。言念壮猷,特加优数。既下趋承之诏,复形控免之言。慷慨功名,其益坚于素志;逡巡逊避,勿徒守于常规。所辞宜不允,仍断来章。

出处:《玉堂类稿》卷九。

撰者:周必大

王友直再辞免殿前都指挥使口宣
(淳熙五年二月六日)

有敕:卿自典卫兵,备宣忠力。兹正使名之重,以褒将略之长。诏谕甚勤,执谦毋过。

出处:《玉堂类稿》卷一二。

撰者:周必大

考校说明:四库本作"三月六日"。

杜绝贸易解盐诏
(淳熙五年二月十二日)

本路帅漕臣公共加意杜绝贸易解盐,疾速条具以闻。

出处:《宋会要辑稿》食货二八之七。

赐贺金国正旦使副钱良臣等口宣
(淳熙五年二月十二日)

有敕:卿等肃持朝命,远聘朔廷。兹讫事以言归,想遵涂之良勋。迎加宠劳,仍有分颁。

出处:《玉堂类稿》卷一二。

撰者:周必大

考校说明:题后原注:"内侍李琪。"

王友直除殿前都指挥使口宣
(淳熙五年二月十八日)

有敕:卿久贰殿岩,备宣乃力。兹颁纶命,益正其名。祗服恩徽,勉图报称。

出处:《玉堂类稿》卷一二。
撰者:周必大

史浩再乞致仕不允诏
(暂系于淳熙五年二月六日至十九日间)

卿往岁连贡封章,恳还印组。勇退既孚于众论,眷留独切于予怀。学于甘盘,方且念高宗之旧;居乎魏阙,正宜推公子之心。何洊控于忱诚,似顿忘于雅素。富与贵得以道,况非不处之时;明且哲保其身,更思匪懈之谊。毋贪廉士之小谅,而废老成之大方。所请宜不允,不得再有陈请。

出处:《玉堂类稿》卷七。
撰者:周必大
考校说明:编年据同集前后文时间补。

朝议大夫试吏部尚书韩元吉乞州郡不允诏
(淳熙五年二月十九日)

卿辞章丽则,议论通明,其在故家,号为翘楚。朕所奖擢,异乎诸臣。方藉廉平,澄清铨选,抑资献纳,倡率从官,何嫌何疑,遽欲治郡? 姑安尔职,毋复有云。所请宜不允。

出处:《玉堂类稿》卷七。
撰者:周必大

赐王友直衣带诏
(淳熙五年二月二十二日)

殿前副都指挥使、奉国军节度使王友直除殿前都指挥使,正谢日,特与依初除例抬赐衣带。自今管军迁职准此。

出处:《宋会要辑稿》礼六二之八〇。

钱良臣再辞免端明殿学士签书枢密院事口宣
(淳熙五年二月二十六日)

有敕:枢廷之重,兵政所关。用人盖协于佥言,锡命已孚于众听。岂宜控避,往即钦承。

出处:《玉堂类稿》卷一二。
撰者:周必大

敷文阁直学士中大夫知绍兴军府事充两浙东路安抚使张津乞在外宫观不允诏
(淳熙五年三月一日)

久于任人,则有成功;熟于治郡,则无过举。此古今不易之理也。卿材猷敏给,政术精明。典选守藩,备宣乃力。弥年于越,绩效浸彰。上书求闲,殊咈予意。且年丰用足,弊革讼希。于兹居简而临民,足以清心而省事。奉祠之乐,又何加焉? 所请宜不允。

出处:《玉堂类稿》卷七。
撰者:周必大

诸官司收买木植除免商税诏
(淳熙五年三月九日)

诸官司收买木植,依绍兴三十年除免。如违,坐违制之罪。

出处:《宋会要辑稿》食货一八之九。

通议大夫参知政事李彦颖乞罢机政除宫观不允诏
(淳熙五年三月十三日)

执政之臣,朕所注意而民所具瞻也,进退之际,岂容或轻? 卿笃实安和,通明敏茂。周旋二府,累年于兹。庶事浸康,百工允治。方隆眷倚,其可去朝?且卿昔以疾言,尚有可诿。今心志益壮,筋力益强,复图便安,斯亦何义?勉安厥位,毋咈予怀。所请宜不允。

出处:《玉堂类稿》卷七。
撰者:周必大

通议大夫李彦颖辞免资政殿学士知绍兴府不允诏
(淳熙五年三月十四日)

卿质直好义,恭俭惟德。本之以学识,华之以文艺。立朝十载,贵名起焉;与政四期,庶绩凝焉。乃自冬徂春,求去弥确。朕既不能夺卿之志矣,巨藩峻职又何爱焉?夫朝释柄于庙堂,夕拥旄于帅阃,出处荣矣;班不离乎内殿,地未远乎王室,待遇至矣。尚体兹意,毋形逊章。所辞宜不允。

出处:《玉堂类稿》卷七。
撰者:周必大

李彦颖再辞免资政殿学士知绍兴府不允诏
(淳熙五年三月十七日)

殿以政名,非旧弼鲜能至者;帅由廷授,惟通才乃克当之。兹均参辅之劳,诞锡兼荣之命。卿体业端亮,风规粹清。逢辰有为,秉谊弗懈。进裁丕务,方倚于壮猷;退保令名,遽辞于高位。联宸宇之秘职,剖藩侯之左符。体貌大臣,在予良厚;股肱近郡,于尔不遐。已叠下于诏函,毋固持于谦柄。所辞宜不允,不得再有陈请。

出处:《玉堂类稿》卷七。
撰者:周必大

史浩除右丞相制
（淳熙五年三月十七日）

门下:朕仪图俊杰,劢相邦家。受命溥将,协济艺祖兴王之业;治民祗惧,共恢光尧复古之勋。念弄印者累年,尝命龟而载卜。人惟求旧,既朕志之素孚;民具尔瞻,亦物情之众允。涣以大号,扬示外朝。少保、观文殿学士、充醴泉观使、侍读、永国公、食邑七千五百户、食实封三千三百户史浩,道广而智周,才宏而德备。经纶之蕴,早自许于功名;宽裕之怀,时莫窥于器量。东学翼天飞之运,中阶符帝赉之祥。自弼亮于初元,即宣昭于美业。敬王如孟子,非仁义不陈于前;告后若君陈,有谋猷乃顺于外。方参和于鼎饪,旋力解于机衡。比趣召环,进陪经幄。姬公遄返,初无四国之言;裴度来归,尚使两河之畏。属宵旰励精之日,适辨章虚席之时。宜续前功,再膺大任。易零陵之旧壤,荒淇水之新封。增衍土田,并隆体貌。惟待之不轻,则望之弥重;惟始之不易,则终之实难。予其仰成,人且观政。於戏!兆姓辑于下,然后可以调阴阳;四维张于朝,然后可以正法度。坚忠实之志,则诞谩罔不革;绝亲党之私,则除授罔不公。使奠枕如淳化、端拱之间,而迓衡如至和、皇祐之际,庶益光于旧学,斯无负于殊知。例合升次国,加食邑一千户,食实封四百户。今拟次国名如后,伏乞御笔点定一处,以凭遵依施行:卫、随、蔡、广。右谨录进呈,伏取圣裁。三月十七日奉御批,更不改官,封卫国公。

出处:《玉堂类稿》卷三。又见《宋宰辅编年录》卷一八。
撰者:周必大

史浩再辞免除少傅口宣
（淳熙五年三月十七日）

有敕:畴庸念旧,贵老尊贤。兼四者以申荣,集群工而诞告。岂容固避,往即钦承。

出处:《玉堂类稿》卷一二。
撰者:周必大
考校说明:四库本作"十一月十七日"。

史浩辞免左右丞相进封魏国公加食邑实封不允诏
（淳熙五年三月十九日）

昔在仁祖，有名相曰士逊。始也师友潜藩，致直谅之益；中也辅赞初政，立太平之基。宝元、康定之间，年弥高矣。爰以旧德，仍践相位。功名福禄，悠久光明。著在信书，朕用嘉尚。今卿有复贯蹈中之学，有致君泽民之心。定契于谈经之初，奋庸于受禅之始。久安于外，比趣其归。鼎席方虚，肆加图任。卿其推往岁未摅之蕴，厉老臣益壮之猷。使朕收论相之功，而卿极经邦之效。庶追前烈，辑宁我家。逊避之言，盖可略也。所辞宜不允。

出处:《玉堂类稿》卷七。

撰者:周必大

考校说明:"左右丞相"，明抄本、四库本作"左丞相"，当以为是。

赐赵雄辞免参知政事不允第二诏
（淳熙五年三月二十五日后）

卿既为朕基命枢管，密勿庙算，裔夷心醉，知中国有人矣。

出处:《永乐大典》卷三〇〇〇。又见《范成大佚著辑存》第九二页。

撰者:范成大

考校说明:编年据《宋史》卷三五《孝宗纪》补。

减四川折绢钱诏
（淳熙五年三月二十七日）

四川总领所同逐路转运司取见诸州军未尽数减放折科夏秋税绢因依，更相度与裁减。若于岁计却有妨阙，仰公共措置，将诸州应干财赋通融相补，开具以闻。

出处:《宋会要辑稿》食货七〇之七〇。又见《中兴两朝圣政》卷五六，《宋史全文续资治通鉴》卷二六。

皇兄右监门率府率令术可授通直郎制
(乾道六年十月至乾道七年八月间或淳熙五年三月至四月间)

敕:经明行修,士之高选。矧予宗子,迪教有闻。置我周行,以需器使。可。

出处:《永乐大典》卷七三二三。

撰者:范成大

考校说明:编年据范成大任两制时间补。

皇侄孙右监门率府率子倚可换通直郎制
(乾道六年十月至乾道七年八月间或淳熙五年三月至四月间)

敕某:朕以教养之法推于九族,而迪予训者,尔以父子继焉,可谓宗室之秀矣。朕惟汝嘉,肆颁明命。弗循著格,时乃异恩;造于成人,则有终誉。可。

出处:《永乐大典》卷七三二三。

撰者:范成大

考校说明:编年据范成大任两制时间补。

明州水军统制下董琮招安到海贼倪德等可补承信郎制
(乾道六年十月至乾道七年八月间或淳熙五年三月至四月间)

东溟稽天,盗倚而肆。帅阃有命,国威风驰。尔奉辞扬灵,鼠背弭楫。其祗酬赏,无怠忠勤。

出处:《永乐大典》卷七三二七。又见《范成大佚著辑存》第八九页。

撰者:范成大

考校说明:编年据范成大任两制时间补。

忠训郎柴进修盖营寨有劳可秉义郎制
(乾道六年十月至乾道七年八月间或淳熙五年三月至四月间)

尔傃功壁垒,能悉忠力。典司言状,进其武阶。夙夜敬共,益淬来效。

出处:《永乐大典》卷七三二六。又见《范成大佚著辑存》第八八页。

撰者:范成大

考校说明:编年据范成大任两制时间补。

振华军都虞候刘俊马军司都虞候小刘安并可秉义郎制
(乾道六年十月至乾道七年八月间或淳熙五年三月至四月间)

尔等咸以战多,服劳小校。参稽军琐,易授官班。忠力方刚,勿忘报国。

出处:《永乐大典》卷七三二六。又见《范成大佚著辑存》第八八页。

撰者:范成大

考校说明:编年据范成大任两制时间补。

归正人归州助教高粲可右迪功郎制
(乾道六年十月至乾道七年八月间或淳熙五年三月至四月间)

尔扶义来归,既预簪笏。扣阍陈说,深谅所怀,列之文阶,俾克仕进。

出处:《永乐大典》卷七三二五。又见《范成大佚著辑存》第八七页。

撰者:范成大

考校说明:编年据范成大任两制时间补。

忠义军统制官耶律适哩妻弟萧庆元可承信郎制
(乾道六年十月至乾道七年八月间或淳熙五年三月至四月间)

尔父辽东之豪,屡亢仇虏。卒与姻党,同归本朝。何惜一官,并宠其息。

出处:《永乐大典》卷七三二七。又见《范成大佚著辑存》第八九页。

撰者:范成大

考校说明:编年据范成大任两制时间补。

将仕郎戴安国捕获海贼可承信郎制
(乾道六年十月至乾道七年八月间或淳熙五年三月至四月间)

尔豪于海壖,为郡耳目。寇船昼樯,服襆过门。物色成擒,议赏中率。益懋多绩,嗣兹以闻。

出处:《永乐大典》卷七三二七。又见《范成大佚著辑存》第八八页。

撰者:范成大

考校说明:编年据范成大任两制时间补。

胜捷都虞候周元可秉义郎制
(乾道六年十月至乾道七年八月间或淳熙五年三月至四月间)

尔结发编伍,克有战多。易官前班,以华其老。矢心勿懈,图称明恩。

出处:《永乐大典》卷七三二六。又见《范成大佚著辑存》第八八页。

撰者:范成大

考校说明:编年据范成大任两制时间补。

左迪功郎赵善登可左从政郎制
(乾道六年十月至乾道七年八月间或淳熙五年三月至四月间)

尔谱属之英,自同寒素,能以蓺业,决吾儒科。励之宠章,迁秩二等。进修自好,安步亨衢。

出处:《永乐大典》卷七三二五。又见《范成大佚著辑存》第八七页。

撰者:范成大

考校说明:编年据范成大任两制时间补。

归正张□特补右承务郎制

(乾道六年十月至乾道七年八月间或淳熙五年三月至四月间)

尔昔仕虏帐,尝婴祸机。奉身来奔,其可遐弃!弹冠束带,禄廪随之。俯仰平生,思报所遇。

出处:《永乐大典》卷七三二三。
撰者:范成大
考校说明:编年据范成大任两制时间补。

归正人赵虚己可迪功郎制

(乾道六年十月至乾道七年八月间或淳熙五年三月至四月间)

尔以书生,忠义自奋。间关险阻,奉身来归。官以文阶,益励壮志。

出处:《永乐大典》卷七三二五。又见《范成大佚著辑存》第八七页。
撰者:范成大
考校说明:编年据范成大任两制时间补。

进勇副尉陈广捕获海贼可承信郎制

(乾道六年十月至乾道七年八月间或淳熙五年三月至四月间)

奸盗阻海,徼巡难攻。尔以才豪,为郡所遣。扬舻巨浸,俘致酋魁。锡官畴庸,更勉来效。

出处:《永乐大典》卷七三二七。又见《范成大佚著辑存》第八九页。
撰者:范成大
考校说明:编年据范成大任两制时间补。

右迪功郎余颖可右从事郎制
(乾道六年十月至乾道七年八月间或淳熙五年三月至四月间)

牛为耕稼之本,盗辄敫而杀之,固刑所不贷。尔能尽得其党羽,则赏其可废哉!

出处:牛为耕稼之本,盗辄敫而杀之,固刑所不贷。尔能尽得其党羽,则赏其可废哉!《永乐大典》卷七三二五。又见《范成大佚著辑存》第八六页。
撰者:范成大
考校说明:编年据范成大任两制时间补。

右迪功郎汪大定可从事郎制
(乾道六年十月至乾道七年八月间或淳熙五年三月至四月间)

顷者修聘殊邻,汝为之属,劳还第赏,亦既逾时,躐升文阶,以宠少从。

出处:《永乐大典》卷七三二五。又见《范成大佚著辑存》第八六页。
撰者:范成大
考校说明:编年据范成大任两制时间补。

琼州山寨首领黄氏可宜人制
(乾道六年十月至乾道七年八月间或淳熙五年三月至四月间)

琼管守臣言汝以健妇自将,群盗帖息。旌以褒律,嗣其母封。弗懈益虔,培殖后福。

出处:《永乐大典》卷二九七二。又见《范成大佚著辑存》第八五页。
撰者:范成大
考校说明:编年据范成大任两制时间补。

閤门宣赞舍人干办皇城司吴瑰施行亲从
堆垛子可转右武郎制
（乾道六年十月至乾道七年八月间或淳熙五年三月至四月间）

张任天下武勇，以备容卫，三岁校艺，咸以序升。以尔选练之劳，厥有成效。选官懋赏，其克祗承。

出处：《永乐大典》卷七三二六。又见《范成大佚著辑存》第八七页。

撰者：范成大

考校说明：编年据范成大任两制时间补。

台州仙居县尉余闳母潘氏饶州浮梁县主簿
谢偓母董氏并可特封孺人制
（乾道六年十月至乾道七年八月间或淳熙五年三月至四月间）

朕归胙庭闱，大需祭泽。凡一命而上，亲年及耄耋者，皆锡封焉，老吾老以及人之老也。往服宠光，以跻寿域。

出处：《永乐大典》卷二九七二。又见《范成大佚著辑存》第八六页。

撰者：范成大

考校说明：编年据范成大任两制时间补。

和义郡夫人蔡氏可封硕人制
（乾道六年十月至乾道七年八月间或淳熙五年三月至四月间）

朕敛时五福，延及群生，我泽如春，罔不渐被。笃近举远，宜有异恩。具官令仪静媛，素履芳裕。庆钟淑女，克昌其门。硕硕嘉名，用作尔祉。宜其象服，以对龙光。

出处：《永乐大典》卷二九七二。又见《范成大佚著辑存》第八六页。

撰者：范成大

考校说明：编年据范成大任两制时间补。

缺题外制

(乾道六年十月至乾道七年八月间或淳熙五年三月至四月间)

大臣虑四方,皇极锡五福。

出处:《黄氏日钞》卷六七。又见《范成大佚著辑存》第九三页。

撰者:范成大

考校说明:编年据范成大任两制时间补。

缺题外制

(乾道六年十月至乾道七年八月间或淳熙五年三月至四月间)

宫室苑囿无所益,朕虽示敦朴之先;巧技工匠精其能,尔尚裨总核之治。

出处:《黄氏日钞》卷六七。又见《范成大佚著辑存》第九三页。

撰者:范成大

考校说明:编年据范成大任两制时间补。

缺题外制

(乾道六年十月至乾道七年八月间或淳熙五年三月至四月间)

祗承于帝,方图百志之咸熙;清问下民,惟恐一夫之失所。

出处:《黄氏日钞》卷六七。又见《范成大佚著辑存》第九六页。

撰者:范成大

考校说明:编年据范成大任两制时间补。

缺题外制

(乾道六年十月至乾道七年八月间或淳熙五年三月至四月间)

圣主独观于万化,微臣莫望于清光。

出处:《黄氏日钞》卷六七。又见《范成大佚著辑存》第九六页。

撰者:范成大

考校说明:编年据范成大任两制时间补。

缺题外制

(乾道六年十月至乾道七年八月间或淳熙五年三月至四月间)

夙夜浚明有家,左右祗事厥辟。

出处:《黄氏日钞》卷六七。又见《范成大佚著辑存》第九六页。

撰者:范成大

考校说明:编年据范成大任两制时间补。

缺题外制

(乾道六年十月至乾道七年八月间或淳熙五年三月至四月间)

天申命以用休,臣归美而报上。

出处:《黄氏日钞》卷六七。又见《范成大佚著辑存》第九五页。

撰者:范成大

考校说明:编年据范成大任两制时间补。

缺题外制

(乾道六年十月至乾道七年八月间或淳熙五年三月至四月间)

五材并用,谁能去兵;六卿分职,各率其属。

出处:《黄氏日钞》卷六七。又见《范成大佚著辑存》第九五页。

撰者:范成大

考校说明:编年据范成大任两制时间补。

缺题外制
(乾道六年十月至乾道七年八月间或淳熙五年三月至四月间)

五礼教万民之中,三岁计郡吏之治。

出处:《黄氏日钞》卷六七。又见《范成大佚著辑存》第九三页。
撰者:范成大
考校说明:编年据范成大任两制时间补。

缺题外制
(乾道六年十月至乾道七年八月间或淳熙五年三月至四月间)

闲暇而明政刑,会通而行典礼。

出处:《黄氏日钞》卷六七。又见《范成大佚著辑存》第九三页。
撰者:范成大
考校说明:编年据范成大任两制时间补。

静江府等处正奏名特奏名进士升等升名诏
(淳熙五年四月一日)

静江府、崇庆府、严州并像太上皇帝潜藩,其正奏名、特奏名进士依例升等、升名。

出处:《宋会要辑稿》选举二之二二。

绍兴府羡余代民输和买身丁之半诏
(淳熙五年四月七日)

令绍兴府将张津所献钱为人户代纳今年和买身丁之半,仍令本府印给文榜,遍下诸县乡村晓谕通知,如人户今年已多纳折帛钱,与理充来年应输之数,即不得因而重叠催扰。如稍有违戾,许人户径诣尚书省陈诉。

出处:《中兴两朝圣政》卷五六。

新及第进士授官诏
(淳熙五年四月十一日)

新及第进士第一人姚颖补承事郎、签书诸州节度判官事,第二人叶适、第三人李寅仲并文林郎、两使职官,第四人徐元德、第五人姚祖赓并从事郎、初等职官,第六人以下至第四甲并迪功郎、诸州司户簿尉,第五甲守选。

出处:《宋会要辑稿》选举二之二一。

少保右丞相史浩辞免提举编修玉牒提举国史院
提举编修国朝会要所提举敕令所恩命不允诏
(淳熙五年四月十七日)

汉兴,相国何首定律令。厥后置太史公,凡天下计书先上焉,其副乃上相府,当时谓序事如《春秋》。然则约史定令,并付台宰,非特本朝故事,亦汉制也。况卿学成而识愈高,年耆而智益明。往在初元,已司大典;今加四组,其又奚辞? 且孝宣中兴,魏相有声者,正以总领众职甚称上意也,今吾丞相何慊焉? 所辞宜不允。

出处:《玉堂类稿》卷七。
撰者:周必大

中大夫参知政事范成大辞免权监修
国史日历所恩命不允诏
(暂系于淳熙五年四月十七日至十八日间)

恭惟真宗,眷礼王旦。粤以参豫,假之史权。旧章具存,朕用时宪。卿负造微经远之识,兼广记备言之长。顷游著廷,凤播华问;今践政路,往提大纲。惟中兴诸臣逸事之未补,而时政巨典屡书者无穷。勉饬纂修,毋庸控避。所辞宜不允。

出处:《玉堂类稿》卷七。

撰者:周必大

考校说明:编年据同集前后文时间补。

中大夫参知政事赵雄辞免同提举敕令所恩命不允诏
(暂系于淳熙五年四月十七日至十八日间)

自天圣中吕夷简以贰政之臣同定编敕,厥后二府遂为故事。盖进而参道揆于一堂之上,退而明法守于三尺之中,皆大臣事也。卿学足以洞古今,识足以周利害。制而用之谓之法,神而明之存乎人。损益之间,足行所学。传不云乎:三王之为法令也,合于人情。顾岂与《诗》《书》异指哉?所辞宜不允。

出处:《玉堂类稿》卷七。

撰者:周必大

考校说明:编年据同集前后文时间补。

史浩再辞免提举恩命不允诏
(淳熙五年四月十八日)

史局名虽不同,其是非笔削一也。昔者左右置相,固当分领。兹予图任旧德,独专宰柄,其兼旧职,抑有故常。况卿在太上时,盖已纂修宝牒,暨初相朕,又尝提纲正史。然则今日之命,非卿旧物乎?逡巡固逊何也?所辞宜不允,不得再有陈请。

出处:《玉堂类稿》卷七。

撰者:周必大

置司专一看详天下言利病奏状札子等诏
(淳熙五年四月二十三日)

自今差给事中一员,立一司,专一看详天下言利病奏状、札子及经朝廷陈乞敷奏者。如有利国便民事,虽其言可采,并先参订祖宗法,委无违戾,方许上籍,一备省览,一留三省,以备举行。如涉兵机,即关密院。

出处:《宋会要辑稿》职官二之九。又见《中兴两朝圣政》卷五六,《宋史全文续资治通鉴》卷二六。

条具收税违法事项诏

(淳熙五年四月二十六日)

　　敕:勘会诸州军收税分数,自有成法约束,非不严备,访闻州县多有违戾,今具下项:一、池州雁汉谓之大法场,黄州谓之小法场,鄂州谓之新法场。一、舟场船实无之物,却撰说名件,抑令纳税,谓之虚喝。一、客贩本是低贱或些小物货,却因其名色抬作贵细,仍以一为百,以十为千,谓之花数。一、过往空船明无税物,并过数喝税,谓之力胜。一、或用舟船绞缚棚屋,谓之排停,令官员家属不以老稚、病人、产妇,并立时驱逼般腾在上,然后入船,恣意搜检。一、官员、客旅船只若有家属同行,即令拦头妻女直入船内搜检,谓之女拦头。一、所收商税,专责见钱,缘督逼紧急,商旅无所从得,苟留日久,即以物货低当价准折,或元直十文,止折作三两文之类,谓之折纳。一、税务违法,多于额外增置拦头,每一拦头名下各置家人五七人,至于一务却有一二百人,及巧作名色,容留私名贴司在务,更不计数,皆是蚕食客旅。一、客舟各有脚船来往使用,税场欲多方艰阻,即将脚船扛异上岸,以绝其经由所属陈诉。一、舟船起发,全藉篙梢,其税场以税钱未厌所欲,辄追篙梢以漏税为名,送禁所属,以致客人不免依应重税。一、拦头例以铁为锥,长七八尺,谓之法锥,辄将经过舟船所有箱笼并行锥插,其衣服、物帛之属多被损坏。一、巡拦之人各持弓箭枪刀之属,将客船拦截弹射,或至格斗杀伤。一、州郡多差职官或寄居待阙官及使臣前去监视,谓之检察,将带人从骚扰乞觅。一、舟船无货物,却称有货物,或已纳税钱,却称不曾收税,及有入船骚扰,却称不曾上船,各令客人供责仗状,遇有客人陈诉,以此逃罪。一、税务依条有篡节拦头,各有小船,离税务十里外邀截客旅,搜检税物。小商物货,为之一空,税钱并不入官,掩为己有。

出处:《庆元条法事类》卷三六。

将条具到收税违法事件晓谕江东等路诏
（淳熙五年四月二十六日）

札下江东、湖北、淮西路转运司,将今来条具到画一事件,各严切措置,于税务前大字板榜晓谕,须管尽革前弊。如州军场务奉行不虔,仰将当职官按劾以闻。或本司不觉察,许被扰人径诣尚书省越诉,即先将漕臣重置典宪。余路沿流州军税场依此施行。

出处:《庆元条法事类》卷三六。又见《宋会要辑稿》食货一八之九。

奖谕昭庆军节度使知太平州杨倓诏
（淳熙五年五月四日）

敕杨倓:省三省进呈卿札子,劝谕三县食利人户增筑管下私圩毕工,乞将圩内淳熙五年夏税上供正绢一半本州自行抱认起发事。古者町原防规堰潴,然后可以稼下地。今大江以东,其谷宜稻,劝农辟野,不在良二千石乎? 卿以枢机近臣,出镇姑熟,躬行阡陌,劳民不怠。既督治私田以兴其利,又代输公赋以报其力。使千里之间有丰稔之望,无水旱之虞,厥庸茂焉。何爱玺书,不以为循吏之劝? 故兹奖谕,想宜知悉。

出处:《玉堂类稿》卷九。
撰者:周必大

昭庆军节度使知太平州杨倓乞宫观不允诏
（淳熙五年五月四日）

当涂古号名邦,在今日股肱郡也。镇临于此,非独资共理,而亦示优异之恩焉。卿凤负才猷,尝参机宥。剸裁剧务,莫或告劳;典治便藩,固多余裕。胡为抗疏,愿奉外祠? 既大咈士民借留之心,且将蹈守将数易之弊。勉绥乃服,宁有后艰? 所请宜不允。

出处:《玉堂类稿》卷七。

撰者:周必大

賜皇太子口宣
(淳熙五年五月五日前後)

有敕:天中令旦,家国同欢。乃眷元良,预伸颂祷。建成胜事,宜助普薰。

出处:《玉堂类稿》卷一一。

撰者:周必大

考校说明:月、日据文中所述史事补。题后原注:"天中节,何弼。"明抄本"何弼"·前有"内侍"二字。

賜三省官口宣
(淳熙五年五月五日前後)

有敕:卿等欣逢诞庆,请祝永年。大集宝坊,且严胜会。宜推珍锡,用续清芬。

出处:《玉堂类稿》卷一一。

撰者:周必大

考校说明:月、日据文中所述史事补。题后原注:"天中节。"明抄本题注曰:"内侍梁彬。"

賜樞密院口宣
(淳熙五年五月五日前後)

有敕:卿长我几廷,赞予孝治。兹临诞节,请祝慈龄。驰锡奇芬,助成净供。

出处:《玉堂类稿》卷一一。

撰者:周必大

考校说明:月、日据文中所述史事补。题后原注:"天中节,陆彦端。"明抄本"陆彦端"前有"内侍"二字。

赐殿前司口宣
(淳熙五年五月五日前后)

有敕:月纪蕤宾,时逢诞庆。有嘉环尹,祝我亲龄。宜锡炉薰,共成法供。

出处:《玉堂类稿》卷一一。

撰者:周必大

考校说明:月、日据文中所述史事补。题后原注:"天中节,高思聪。"明抄本"高思聪"前有"内侍"二字。

赐马军司满散口宣
(淳熙五年五月五日前后)

有敕:若时将臣,言率其旅。共趋胜地,仰祝慈龄。锡以宝薰,助其忠悃。

出处:《玉堂类稿》卷一一。

撰者:周必大

考校说明:月、日据文中所述史事补。题后原注:"天中节,宋映。"明抄本"宋映"前有"内侍"二字。

赐步军司口宣
(淳熙五年五月五日前后)

有敕:炎粹方永,诞节载临。乃眷虎臣,祝吾亲寿。宜分宝炷,共结胜因。

出处:《玉堂类稿》卷一一。

撰者:周必大

考校说明:月、日据文中所述史事补。题后原注:"天中节,李琪。"明抄本"李琪"前有"内侍"二字。

令揭榜晓谕商旅不得隐欺走失岁课诏
（淳熙五年五月六日）

　　户部行下江东、湖北、淮西转运司,检坐见行匿税条法并分数则例及规避商税等断罪敕条,明揭版榜,与近降禁约指挥一处晓谕商旅,庶免官吏、拦头隐欺走失岁课之弊。余路沿流州军税场依此。

出处:《宋会要辑稿》食货一八之九。

特进观文殿大学士提举临安府洞霄宫
陈俊卿辞免判隆兴府不允诏
（淳熙五年五月八日）

　　眷耆哲则国体尊,笃故旧则民风厚,重帅守则威望著,用循良则主德宣。合是四者,内断于朕心,外协于公论,然后付卿以江右一道之寄,其选可谓艰矣,宁容引疾遂已乎? 且出令如汗,不可反也;谋帅匪石,不可转也。亟承印绶,毋使彼民兴来暮之谣。

出处:《玉堂类稿》卷七。
撰者:周必大

奉国军节度使殿前都指挥使王友直乞宫观不允诏
（淳熙五年五月八日）

　　卿夙以公勤,入卫王室。虽周庐千列,实赖训齐,然未有出征遣戍之劳也。大昕造朝,山立俄顷。过此以往,无非奉甘旨侍药石之时,何待奉祠? 始云将母,第坚忠孝,必获助于幽明。诏旨屡颁,岂不予听? 所请宜不允。

出处:《玉堂类稿》卷七。又见《古文渊鉴》卷五七。
撰者:周必大

决遣罪人诏
(淳熙五年五月八日)

浙西常州、镇江府及淮南、江东西州郡有稍愆雨泽去处,窃虑刑禁淹延。逐路见禁罪人,各委提刑躬亲前去检察决遣,杖已下罪并放。

出处:《宋会要辑稿》刑法五之四一。又见同书瑞异二之二五。

贡院赐进士闻喜宴口宣
(淳熙五年五月八日)

有敕:唱名春殿,乐得英髦。设醴贡闱,备昭慈惠。惟兹荣遇,其各钦承。今差入内内侍省东头供奉官韩世荣赐闻喜宴,想宜知悉。

出处:《玉堂类稿》卷一二。
撰者:周必大

王友直再乞检会前奏除宫观不允诏
(淳熙五年五月十一日)

古者王事靡盬,至于不遑将母。今卿拱护殿岩,初未尝废温清之乐也。惟忠与孝,足可兼全。求退之章,奚为洊至?虽陈词恳切,固孝于其亲矣,然国尔忘家,方倚卿以办治军事,安可不念忠君之义乎?所请宜不允,不得再有陈请。

出处:《玉堂类稿》卷七。
撰者:周必大
考校说明:"十一日",明抄本作"十五日",四库本作"十日"。

赐太尉威武军节度使提举万寿观李显忠生日诏
(淳熙五年五月十四日)

敕显忠:夏序正中,月华几望。是生名将,尝著战功。因弧矢之初辰,加饩牵之厚礼。钦承眷宠,益介寿祺。

出处:《玉堂类稿》卷九。

撰者:周必大

禁蕃商海船夹带铜钱离岸诏
(淳熙五年五月十八日)

敕:今后如有蕃商海船等船往来兴贩,夹带铜钱五百文随行离岸五里,便依出界条法。

出处:《庆元条法事类》卷二九。今:原作

龙图阁学士提举江州太平兴国宫林安宅再乞致仕不允诏
(淳熙五年五月十八日)

朕闻明王贵贵而老老。贵贵故优以爵禄,老老故弗烦以事。是谓古今之通谊,国家之盛礼,所以待执政侍从之旧,而非百司庶常所敢望也。卿尝参四近,当识朕心。奈何六载之间,四来告老?且《礼经》虽著引年之制,岂不继以"若不得谢"之文乎?恩意所加,卿亦可以安矣。所请宜不允。

出处:《玉堂类稿》卷七。

撰者:周必大

赐三省官赴斋筵酒果口宣
(淳熙五年五月二十一日前后)

有敕:尧封祝寿,已罄精诚;周雅肆筵,宜均多福。欲资乐恺,更锡旨甘。

出处:《玉堂类稿》卷一一。

撰者:周必大

考校说明:月、日据宋高宗生日补,见《宋史》卷二四《高宗纪》。

赐枢密院官赴斋筵酒果口宣
(淳熙五年五月二十一日前后)

有敕：卿等馨乃诚心，祝吾亲寿。既成法会，方启燕觞。宜有分颁，用昭眷宠。

出处：《玉堂类稿》卷一一。
撰者：周必大
考校说明：月、日据宋高宗生日补，见《宋史》卷二四《高宗纪》。题后原注："内侍陆彦端。"

赐三省官满散天申圣节道场乳香口宣
(暂系于淳熙五年五月二十一日前后)

炎篇告中，璇枢纪瑞，悉率官僚之众，并祈圣寿之延。亮乃勤诚，往兹嘉锡。

出处：《崔舍人玉堂类稿》卷一三。
撰者：崔敦诗
考校说明：编年据同集前后文时间、文中所述史事补。

朝请大夫试尚书刑部侍郎兼侍讲程大昌
乞小郡或外宫观不允诏
(淳熙五年五月二十五日)

《王制》有言："刑者，侀也。侀者，成也。一成而不可变，故君子尽心焉。"卿贰宪部，再逾岁矣。邮罚丽事，惟既厥心，而况经术足以决疑，文采足以华国，方深眷简，求去何为？所请宜不允。

出处：《玉堂类稿》卷七。
撰者：周必大

武康军节度使侍卫马军都指挥使吴拱乞外宫观不允诏
（淳熙五年五月三十日）

卿勇号冠军,任隆典午。粤从遣戍,频岁于兹。士饱马腾,备闻整暇。宽吾北顾,藉尔长城。均佚之言,奚为而至？善加颐养,毋咈注怀。所请宜不允。

出处:《玉堂类稿》卷七。

撰者:周必大

程大昌辞免吏部侍郎不允诏
（淳熙五年六月二日）

小宰之职,法令备具。惟明则吏莫能惑,惟公则中有所守。必兼二者,乃允斯任。卿清通精审,善于烛理；洪毅坚正,难于夺志。操此验彼,当官而行。右铨虽繁,吾得人矣。进迁惟宠,尚无避哉。所辞宜不允。

出处:《玉堂类稿》卷七。

撰者:周必大

赐参知政事范成大生日诏
（淳熙五年六月四日）

敕成大:考律林钟,炳灵隽辅。当延登之有俶,念载诞之斯临。锡以饩牵,贰之醪醴。将予厚意,介尔修龄。

出处:《玉堂类稿》卷九。

撰者:周必大

赐王淮生日诏
（淳熙五年六月七日）

敕王淮:日临鹑火,柄斡鸿枢。协气充闾,纪郑伯惊妻之旦；多仪列庑,增鲁侯寿母之荣。尚缉休祥,益光图任。

出处:《玉堂类稿》卷九。

撰者:周必大

考校说明:月、日据同集同卷《赐签书枢密院事王淮生日诏》补。

中大夫参知政事范成大乞罢机政不允诏
(淳熙五年六月九日)

入赞万微,实联四近,进退之际,岂容或轻?卿辞章隽明,术业闳茂。朔南梁益,弗已于行,赐环来归,登用属耳。胡为引疾,遽欲退休。姑体眷怀,勉绥厥位。所请宜不允。

出处:《玉堂类稿》卷七。

撰者:周必大

定江军节度使侍卫亲军步军都指挥使兴州驻札御前诸军都统制吴挺辞免知兴州乞检会累奏除宫观不允诏
(淳熙五年六月十四日)

帅守一事也,兵民一道也。故赏罚足以服三军之众,则威惠必能得千里之心。况尔先人,尝兼斯任,棠阴未远,世阀方隆,往以元戎,复提郡印。惟西平有子,惟我有臣,勉荷宠光,毋思闲适。所辞宜不允。

出处:《玉堂类稿》卷七。

撰者:周必大

守阙进勇副尉减年收使事诏
(淳熙五年六月十四日)

诸处守阙进勇副尉所得减年,候转至合理磨勘日,与依守阙进义副尉每一年比折得四个月零二十四日收使。如逐等资级人自川广取马往返万里,合得酬赏,亦乞依前项比折体例收使。

出处:《宋会要辑稿》职官一四之一一。原

罢创置税场税铺诏
(淳熙五年六月十九日)

三省札下诸路转运司,应诸州县镇除正额系省场务见系吏部差官处不罢外,其余创置税场税铺不以有无官监,并一切罢去。

出处:《宋会要辑稿》食货一八之一〇。

禁客人以耕牛战马负茶过北界诏
(淳熙五年六月二十日)

湖北、京西路沿边州县,自今客人辄以耕牛并战马负茶过北界者,并依军法。其知情、引领、停藏、乘载之人,及透漏州县官吏、公人、兵级,并依兴贩军须物断罪。许诸色人告捕,赏钱二千贯,仍补进义校尉,命官转两官。其知情、停藏、同船同行稍工、水手能告捕,及人力、女使告首者,并与免罪,与依诸色人告捕支赏。知、通任内能捕获,与转两官。

出处:《宋会要辑稿》刑法二之一一九。

赐吴挺口宣
(淳熙五年六月二十日)

有敕:卿远祇严召,入觐行都。当盛夏之炎蒸,念修途之劳勚。迎加劳问,昭示眷存。

出处:《玉堂类稿》卷一二。
撰者:周必大
考校说明:题后原注:"内侍高思聪。"

举台官诏
(淳熙五年六月二十一日)

可令翰林学士、谏议大夫、给事中、中书舍人各举堪任监察御史二人,以备擢用,遵用祖宗故事施行。

出处:《中兴两朝圣政》卷五六。又见《宋会要辑稿》职官五五之二五,《宋史全文续资治通鉴》卷二六。

朝奉大夫试给事中兼侍讲钱良臣辞免端明殿学士签书枢密院事不允诏
(淳熙五年六月二十三日)

功名之会,必与当世英杰共图之。卿以文武全材,兼孝恭令德。朕初识擢,即有大用之意。然犹试之总赋,以观其知略;倚之专对,以察其忠信。演纶批敕,又灼知其词章议论之美。一旦置诸宥密之地,协赞规模之远,师言罔不穆,士心罔不附。知人则哲,朕方自以为喜,而卿过为逊避何哉?所辞宜不允。

出处:《玉堂类稿》卷七。
撰者:周必大

中大夫参知政事赵雄辞免权监修国史日历不允诏
(淳熙五年六月二十四日)

编摩巨典,虽属诸儒;总领宏纲,实资良弼。盖进则奉延英之对,退而裁东观之书。事既亲闻,理斯传信。卿词锋峻拔,学殖高明。元元本本之辞,昔常参于大雅;赫赫岩岩之节,今方峻于具瞻。往司载笔之权,益显用儒之效。毋烦固避,其即钦承。所辞宜不允。

出处:《玉堂类稿》卷八。
撰者:周必大

朝奉大夫试给事中兼侍讲钱良臣再辞免
端明殿学士签书枢密院事批答
（淳熙五年六月二十四日）

省表具之。朕绍纂高皇，肇兴汉室。外资信、布，作士气于军中；内倚良、平，定兵谋于掌上。兹简求于人杰，以参翰于神枢。卿志节激昂，风猷警迈。契合殆同于天授，践扬久耸于民瞻。宜从平奏之司，亟服延登之宠。臣作股肱耳目，允谓相须；视如手足腹心，所期交敕。毋留朕命，思奋尔庸。所辞宜不允，仍断来章。

出处：《玉堂类稿》卷九。

撰者：周必大

吏部注授知州军人赴都堂审察诏
（淳熙五年六月二十七日）

吏部注授知州军人，并令赴都堂审察讫，前去之任，候任满日奏事。

出处：《宋会要辑稿》职官四七之四二。

职事官等任满日临时取旨除授诏
（淳熙五年闰六月一日）

自今后职事官并六院官任满日，依绍兴格例，临时取旨除授。

出处：《宋会要辑稿》职官一之六五。

定江军节度使侍卫亲军步军都指挥使兴州驻札御前诸军都统制吴挺辞免利州西路安抚使兼知兴州不允诏
(淳熙五年闰六月十日)

　　昔在绍兴,即蜀北境,分置二帅。东治汉中,西治葭萌,皆择良将,并付兵民之任,折冲固圉,盖良法也。今朕复还旧制,丕辑事功,适卿来朝,故有因任之宠,且皆卿父故官也。威声在军,遗爱在人。以卿之才,谅思济美。亲嫌细故,勿复以云。所辞宜不允。

出处:《玉堂类稿》卷八。
撰者:周必大

皇子魏王恺除永兴成德军节度使雍州牧口宣
(淳熙五年闰六月十三日)

　　有敕:畴庸鄜永,建牧咸阳。仍更节钺之雄,用作藩符之宠。钦承纶命,益耸民瞻。

出处:《玉堂类稿》卷一二。
撰者:周必大
考校说明:月、日据《宋史》卷三五《孝宗纪》补。

朝请大夫试尚书吏部侍郎兼侍讲程大昌辞免兼同修国史不允诏
(淳熙五年闰六月十一日)

　　笔削之任难矣,而况铺张四朝大典于简编阙轶之后,岁月侵寻之久,其为难也抑又甚焉。非时名儒,孰讫功绪? 卿才足以擅述作,学足以贯今古,识足以辨是非,具此三长,实曰良史。往率同职,孜孜不怠,趣以成书来上,毋为退之之逊避可也。

出处:《玉堂类稿》卷八。

撰者:周必大

镇江建康府各置转般仓诏
(淳熙五年闰六月十一日)

镇江、建康府各置转般仓一所。镇江府于闸外、建康府于石头城修筑,各置文武监官一员,总领专一提领。

出处:《宋会要辑稿》食货六二之六五。

皇子恺除永兴成德军节度使雍州牧加封制
(淳熙五年闰六月十二日)

门下:朕博观前代之文,乐取成周之制。初则恩加子弟,荣疏五等之封;逮其日奏勋庸,越进九州之长。以阜成于兆姓,以夹辅于丕基。眷我亲贤,久于藩翰。参用典常之旧,载扬纶綍之新。皇子荆南集庆军节度使、开府仪同三司、行江陵尹、判明州军州事、兼管内劝农使、兼沿海制置使、魏王、食邑一万户,食实封四千户恺,植德端良,受才英迈。蹈诗书之至乐,怀忠孝之永图。霄极凭晖,凤胙王封之贵;藩维分镇,恪修侯度之恭。熙然田里之安,翕尔士夫之誉。奉公履正,独倡率于列城;简赋平徭,首遵承于美意。间推功于上介,居浃润于行都。谦谦自牧之光,翼翼令仪之则。念八载宣劳于外,实简慈怀;嘉两邦报政之优,特隆徽数。是用以古元侯之重,贲今双镇之华。旌麾遥领于长安,节制兼临于真定。腴田载衍,干食随增。蕃宣虽殿于东南,威重庶加乎西北。於戏!八命作牧,陟明昭考绩之功;四方为纲,进律示有功之劝。尚对扬于休命,永膺保于令名。可特授永兴成德军节度使、雍州牧、依前开府仪同三司、判明州军州事、兼管内劝农使、兼沿海制置使,加食邑一千户,食实封四百户。

出处:《玉堂类稿》卷三。日期据明抄本、四库本补。

撰者:周必大

朝散郎试右谏议大夫萧燧辞免刑部侍郎不允诏
(淳熙五年闰六月十四日)

司寇职掌邦刑,贰卿班高法从。朕重此选,每难其人。卿以问学甲俊科,以靖共仪清贯。久居谏省,备殚讽议之劳;擢佐秋官,方藉论思之益。遽披封奏,蕲避宠荣。顾成命之已孚,岂谦怀之可狥?所辞宜不允。

出处:《玉堂类稿》卷八。

撰者:周必大

随龙泉州防御使添差权发遣两浙西路马步军副总管临安府驻札李厚辞免特转一官再任不允诏
(淳熙五年闰六月十九日)

附翼攀鳞,古今攸重;刈菁取屡,贤哲所嘉。眷乃旧臣,从予资善。每念阅时之久,宁忘奉事之劳。而况谨饬无违,践扬有誉。爰峻加于使范,并因任于戎昭。祗服恩章,毋驰逊牍。所辞宜不允。

出处:《玉堂类稿》卷八。

撰者:周必大

观文殿学士大中大夫知建康府充江南东路安抚使兼行宫留守刘珙乞检会前奏除外宫观不允诏
(淳熙五年闰六月十九日)

朕深惩守帅之数更,遴择循良而久任。眷陪都之重地,烦宥府之旧人。逮此累年,底于多绩。召公南国,当自适于憩棠;裴度北门,顾奚妨于卧镇?宁容引疾,遂欲合符?勉思自养之方,庸体仰成之意。所请宜不允。

出处:《玉堂类稿》卷八。

撰者:周必大

皇子魏王恺辞免除永兴成德军节度使
雍州牧加食邑实封不允诏
（淳熙五年闰六月二十五日）

唐虞分任,州牧与揆岳等,故咨二十二人,钦亮天功,而牧在焉。兹朕稽古,俾予贤子,建牧于秦,而又易以双节,衍以多户,庶几上下相维,内外咸治,无愧乎帝者之时而已。制书既诞告矣,理难固避。往肃而承,所辞宜不允。

出处:《玉堂类稿》卷八。

撰者:周必大

皇子魏王恺再辞免永兴成德军节度使
雍州牧加食邑实封不允诏
（淳熙五年闰六月二十七日）

汉世循良,赐爵八年之后;舜朝岳牧,陟明九岁之间。惟我贤王,蔚为良翰。以其政则何惭于愈治,以其时则适契于咸熙。用考彝仪,优加异数。虽示亲亲之意,实昭贵贵之公。典册方颁,封章毋再。所辞宜不允,不得再有陈请。

出处:《玉堂类稿》卷八。

撰者:周必大

皇子魏王恺三辞免永兴成德军节度使
雍州牧加食邑实封不允诏
（淳熙五年闰六月二十九日）

周官以九两系邦国之民,牧为之首,其任可谓重矣。今将举久虚之典,旌异等之效,非吾贤王,孰克当此? 汝以大雅不群之资,济克勤小物之美。孜孜民政,夙夜不怠,休声善状,日彻听闻,朕甚嘉之。夫论功行赏,虽疏远之臣不敢遗也,况亲而近者乎? 逊章叠来,于礼为过。所辞宜不允,不得更有陈请。

出处:《玉堂类稿》卷八。

撰者:周必大

奖谕临安府狱空诏
（淳熙五年闰六月）

朕念时方瘴暑,愚民无知,或丽于辟。前诏四方司政典狱,分部而平反之。兹闰月甲午,复御便殿,亲理囚系,庶几好生之德洽于中外。汝等列职廷尉,见谓吉人,惟明克允,夙致其力。刑清之效,遂著于今。朕既汝嘉,勿劳贺也。

出处:《咸淳临安志》卷六。

刘珙辞免知建康府江东安抚使不允诏
（淳熙五年闰六月）

朕深惩守帅之数更,遴择循良而久任。眷陪都之重地,烦宥府之旧人。逮此累年,底于多绩。召公南国,当自适于憩棠;裴度北门,顾奚妨于卧镇? 宁容引疾,遂欲合符。勉思自养之方,庸体仰成之意。所请宜不允。

出处:《景定建康志》卷三。

赐皇子判明州魏王恺金合夏药敕书
（淳熙五年夏）

出处:明抄本《玉堂类稿》卷一一。
撰者:周必大
考校说明:"夏"据文中所述"夏药"补。原书注曰:"以下缺四首。"据目录,另三首为《赐陈俊卿》《赐刘珙》《赐李彦颖姚宪》。明抄本此篇后有正文如下:"有敕:眷我真儒,为时名相。兹属官仪之□,进专魁柄之特。岂以牢辞,而回定命?"此是辞免批答,疑有错乱。

赐成都潼川府夔州路安抚制置使胡元质银合夏药敕书
(淳熙五年夏)

敕元质:有赫炎威,厥惟盛夏。眷言全蜀,烦我近臣。珍剂实食,往资冲摄。钦承至意,善抚远民。

出处:明抄本《玉堂类稿》卷一一。

撰者:周必大

考校说明:"夏"据文中所述"夏药"补。

赐知太平州杨倓银合夏药敕书
(淳熙五年夏)

敕杨倓:有赫炎蒸,厥惟盛夏。言念枢庭之旧,久分名壤之麾。特厚恩章,往颁药石。尚钦予命,益勉民庸。

出处:明抄本《玉堂类稿》卷一一。

撰者:周必大

考校说明:"夏"据文中所述"夏药"补。

赐侍卫马军行司侍卫马军都指挥使吴拱并御前诸军都统制吴挺郭棣郭刚皇甫倜李川田世卿于友御前诸军副都统制韩宝王世雄明椿岳建寿李思齐银合夏药敕书
(淳熙五年夏)

敕吴拱等:朕身居高明,心念将士。时当炎律,谅剧烦蒸。宜有颁宣,用资保摄。尚令部曲,咸识眷存。今赐卿等银合夏药,并统制、统领、将佐官属等,并依年例分赐,仍传宣抚问。故兹示谕,想宜知悉。夏热,卿等各。下阙。

出处:明抄本《玉堂类稿》卷一一。

撰者:周必大

考校说明:"夏"据文中所述"夏药"补。

皇子魏王恺辞免择日备礼宜允诏
(淳熙五年七月二日)

古者之待牧伯也,名位不同,礼数亦异。是以册拜有九仪之命,来朝有三夏之享。今朕欲举行盛典,而尔乃执谦固辞。虽咈慈怀,姑成美志。所请宜允。

出处:《玉堂类稿》卷八。

撰者:周必大

龙图阁学士朝散大夫提举隆兴府玉隆万寿宫胡铨辞
免端明殿学士依旧宫观乞检会前奏许休致不允诏
(淳熙五年七月二日)

因殿名官,起于麟趾,初以待文学之士而已。爰暨本朝,恩礼隆重,非执政大臣若侍从耆德,未有径跻而躐至者。以卿早居朝列,言众人之所不敢言;久徙炎荒,处众人之所不能处。无穷之报,乃在于今。故天畀卿以寿考康宁,而朕赐卿以高爵厚禄。尚坚壮志,迄获我心。告老常仪,毋容数至。所辞宜不允。

出处:《玉堂类稿》卷八。

撰者:周必大

少保右丞相史浩乞归不允诏
(淳熙五年七月三日)

人主职在论相,王臣义存匪躬。朕既图任旧人而有为,卿宜永弼乃后而无怠。中外望治,旰宵仰成。顾阅时之尚新,胡引疾而求去? 自计固得,民瞻谓何? 其益励于壮猷,以丕凝于美化。所请宜不允。

出处:《玉堂类稿》卷八。

撰者:周必大

昭庆军节度使知大平州军州事杨倓乞外宫观不允诏
(淳熙五年七月五日)

卿前上书,丐还郡绂,朕固尝谕卿久任之旨矣。今才数月,囊封随至,何其遽耶?且年丰事简,民气和乐,古人所谓卧治而坐啸者。正可跂其高风,毋切切以奉祠为言也。所请宜不允。

出处:《玉堂类稿》卷八。

撰者:周必大

少保右丞相史浩再乞罢机政不允诏
(淳熙五年七月五日)

朕观西汉二百余年间,丞相再至者惟周勃、孔光二人而已。今朕临政愿治十有七载,而登庸旧相,实自卿始。则夫畴咨之审,倚注之厚,期望之切,不待言而信矣。无故上印,朕何赖焉?且三年虚位而求之,数月闭阁而去之,同心同德,当如是乎?其悉予怀,勉安厥位。所请宜不允,不得再有陈请。

出处:《玉堂类稿》卷八。

撰者:周必大

赐赵雄生日诏
(淳熙五年七月七日)

敕赵雄:律启三秋,蓂敷七叶。聚星辰之秀气,生柱石之良臣。爰举赐常,用增家庆。尚保期颐之寿,迄成弼亮之勋。

出处:《玉堂类稿》卷九。

撰者:周必大

考校说明:月、日据同集同卷《赐赵雄生日诏》补。

榷货务都茶场印造茶小引给降湖北给卖诏
(淳熙五年七月七日)

榷货务都茶场印造茶小引三千道,给降湖北安抚及提举司给卖,仍于引内令项分明开说,除合纳管钱外,不得更收应干縻费。其卖到钱,并起赴湖广总领所桩管,非奉朝廷指挥,不得擅支。

出处:《宋会要辑稿》食货三一之二五。

诸库务官司回报申状诏
(淳熙五年七月八日)

自今诸库务官司应回报枢密承旨司,并合同申状。

出处:《宋会要辑稿》职官六之一八。

宁武军承宣使知阁门事兼客省四方馆事
张抡乞外宫观不允诏
(淳熙五年七月十二日)

卿胄绪高华,辞章精敏。恪奉清闲之燕,肃提胪句之传。阅岁滋深,结知方厚。讵因似续之故,骤上退闲之章。拥膝而歌,当念陶朱之达;顿头以喻,更思韩愈之言。况闻有子之克家,毋废乃心之存阙。所请宜不允。

出处:《玉堂类稿》卷八。
撰者:周必大

湖北见佃人户开垦荒田祇令输纳旧税诏
(淳熙五年七月十二日)

自今湖北见佃人户开垦荒田,依乾道七年三月三十日指挥,祇令输纳旧税,更不通检。其有妄执契书告讦,官司不得受理。若包占顷亩,未悉开垦,自今降指挥日,以二年为限,限满不能遍耕,官司拘作营田。逐年所降增税划佃指挥,更不施行。

出处:《宋会要辑稿》食货六之二七。

兴贩耕牛过淮赏罚事诏
(淳熙五年七月十二日)

自今兴贩过淮,知情、引领、停藏、负载之人并透漏去处赏罚,并依隆兴元年五月九日膘胶过淮已得指挥,令户部遍牒两淮州军遵守。

出处:《宋会要辑稿》刑法二之一二〇。

敕广南西路安抚都监提举钦廉等州都巡检吴儆
(淳熙五年七月二十三日)

近自畿甸,远自海隅,朕视其地如户庭,视其民如一家。尔判邕州,而廉平达于朕听,是用命尔。安抚岭表,其一乃心,毋或鄙夷其民。如在朕侧,往惟钦哉!敕如右,牒到奉行。淳熙五年七月二十三日。

出处:《竹洲集》附录。

宣奉大夫提举临安府洞霄宫魏杞
辞免复端明殿学士不允诏
(淳熙五年七月三十日)

朕待遇臣工,懋昭恩意;有怀旧相,何吝宠章?卿制行安和,受材博敏。自释召衡之寄,久从祠馆之游。既尝简于异知,宜浸还于秘职。虽身居外服,许适燕闲;而名系内朝,实隆体貌。毋烦恳避,往即钦承。所辞宜不允。

出处:《玉堂类稿》卷八。
撰者:周必大

赐士辐生日诏
(淳熙五年七月)

天佑帝室,时生宗英。嗣有濮之旧封,董诸姬之同姓。兹临诞日,是锡多仪。已登卫武之年,更俾鲁僖之寿。

出处:《玉堂类稿》卷九。
撰者:周必大
考校说明:月份据同集同卷《赐皇叔祖检校少保昭化军节度使开府仪同三司嗣濮王士辐生日诏》补。

戒监司令所部不得重价折变两税诏
(淳熙五年八月三日)

朕祗荷高穹眷祐,烈祖垂休,获承太上之慈训,修明治道,夙夜不敢荒宁。比年以来,五谷屡登,蚕丝盈箱,嘉与海内共享阜康之乐,尚念耕夫桑妇终岁勤动,价贱不足以偿其劳,而部邑或弗知恤,使倍蓰以轻其直,甚亡谓也。其令诸路监司严戒所部,应民两税除折帛折变自有常制外,当输本色者,毋以重价强之折钱。若有故违,按劾以闻,当置于法。

出处:《鄮峰真隐漫录》卷六。又见《宋会要辑稿》职官七九之二、食货七〇之七一,《中兴两朝圣政》卷五六,《宋史全文续资治通鉴》卷二六。
撰者:史浩
考校说明:《宋会要辑稿》职官七九系于淳熙五年八月二日。史浩时为右丞相。

拘收沅州等处屯戍人归军教阅诏
(淳熙五年八月七日)

除均州、光化军屯戍四百人存留外,其沅州等处五百七十人依鄂州体例,限一月拘收归军,趁赴教阅。

出处:《宋会要辑稿》兵六之三。

奉国军节度使殿前都指挥使王友直乞宫观不允诏
(淳熙五年八月八日)

卿之智略公忠,为朕倚信,久典禁卫,士心服焉。惟勤劳弗懈之故,节宣或爽,遣医予告,昭示眷怀。军政既修,何忧废事。卿其省思虑,亲药石,以速有瘳之喜,称朕意焉。所请宜不允。

出处:《玉堂类稿》卷八。

撰者:周必大

特进观文殿大学士新判隆兴军府事兼管内劝农营田使充江南西路安抚使马步军都总管陈俊卿辞免差知建康府不允诏
(淳熙五年八月十日)

大江东西,并置连帅,其属任等耳。若乃外控淮甸,内屏浙右,建牙作牧,兼寄留都之管籥,则于选择抑又重焉。卿早傅初潜,简知惟厚;久仪宰路,望实具孚。前以从臣,摄行帅事,凡兵民之利病,江山之形胜,固尝深思而熟讲矣。嗣成前绩,人胥谓宜。矧卿不惮暑行,既开洪府。今秋高气爽,舟舆安适,造朝之镇,乃复告劳乎? 式遄其驱,毋遏朕命。所辞宜不允。

出处:《玉堂类稿》卷八。

撰者:周必大

赐陈俊卿辞免知建康府不允诏
(淳熙五年八月十日)

大江东西,并置连帅,其属任等耳。若乃外控淮甸,内屏浙右,建牙作牧,兼寄留都之管籥,则于选择抑又重焉。卿蚤傅初潜,简知惟厚,久仪宰路,望实具孚。前以从臣摄行帅事,凡兵民之利病,江山之形胜,固尝深思而熟讲矣。嗣成前绩,人胥谓宜。矧卿不惮暑行,既开洪府,今秋高气爽,舟舆安适,造朝之镇,乃复告劳乎！式遄其驱，毋遏朕命。所辞宜不允。

出处:《景定建康志》卷三。

秘书省进今上会要十年经修官王淮转官加封制
（淳熙五年八月十日）

门下：重华受禅，史推壬午之初元；神祖励精，书备熙宁之十载。繄予凉德，适契丕彝。览副墨之浩繁，嘉汗青之勤勚。申念提纲之旧，诞颁懋赏之新。通议大夫、枢密使、东阳郡开国公、食邑五千户、食实封一千七百户王淮，笃实而通明，直方而恭懿。蕴经纶之事业，摛黼黻之文章。简求会遇于初龄，图任周旋于二柄。安世典枢机之职，□密自将；张良运帷幄之筹，智名无竞。兹□图书之府，来陈政事之原。谓荣奉庭闱，□亘古未闻之至乐；而勤绥夷夏，有历年可见之宏规。纪纲法度之相维，礼乐德刑之交举。必提其要，屡省乃成。虽编之诗书，或愧夏商之治；然布在方册，勉晞文武之功。惟前事之不忘，庶将来之有补。逮阅奏篇之善，特推恩典之优。凡臣工载笔之多，率增华秩；矧枢辅端朝之久，宁废昔劳？文阶跻三品之崇，公社广四封之履。於戏！汉家之有制度，非儒先何以发挥？周官之师典常，惟弼直乃能修辅。率属常资于指授，表民正赖于躬行。用光不一之书，斯著无穷之问。可特授通奉大夫，依前枢密使、东阳郡开国公，加食邑一千户，食实封四百户。

出处:《玉堂类稿》卷三。缺字明抄本作
撰者:周必大
考校说明:"十日"，明抄本、四库本作"十一日"。

中奉大夫试吏部尚书韩元吉乞郡不允诏
（淳熙五年八月十一日）

治官在六卿中号为剧曹，欲观厥成，必久其任。卿心潜问学，世济材猷。自陟从班，即周旋铨综之地，庶几精通法意，检柅吏奸。吾士大夫按格而至者，功罪得其平，能否当其分，则其为报效也，岂不贤于宣力一州乎？所请宜不允。

出处:《玉堂类稿》卷八。

撰者:周必大

赐曾觌生日诏
(淳熙五年八月十三日)

日月合于寿星,声律谐于南吕。惟时隽老,载纪诞期。锡以醪醴之丰,贰以饩牵之厚。益绥多祉,茂对隆恩。

出处:《玉堂类稿》卷九。
撰者:周必大
考校说明:月份据同集同卷《赐开府仪同三司充万寿观使曾觌生日诏》补。

中奉大夫韩元吉辞免除龙图阁学士不允诏
(淳熙五年八月十四日)

恭惟太宗以武定并汾,以文致泰平。圣谟宝训,实与《河图》《洛书》相为表里。秘藏广内,冠于西清。自非名臣,岂容假宠?卿词章近古,学术造微。领袖从官,阅时浸久。恳祈治郡,莫得而留。隶职其间,人以为允。尚钦异数,仁考民功。所辞宜不允。

出处:《玉堂类稿》卷八。
撰者:周必大

宣奉大夫提举临安府洞霄宫魏杞
再辞免端明殿学士不允诏
(淳熙五年八月十五日)

通班秘殿,允藉告猷;赋禄公朝,固将称事。若乃待遇无分于中外,褒优不废于燕闲,此本朝之至恩,实前代之阙典。卿温恭夷雅,久践周行;敏达纯明,常居揆席。虽归从于家食,仍简在于予衷。锡以宠光,续其廪稍。既示均休之意,抑昭驭贵之公。往即钦承,毋烦多避。所辞宜不允,不得再有陈请。

出处:《玉堂类稿》卷八。

撰者:周必大

推赏文州经战官兵诏
(淳熙五年八月十七日)

文州经战官兵二百四十五人,内窦彦赐等三人、张顺等二人减二年磨勘,土军义兵张欢等二百四十人犒设一次。

出处:《宋会要辑稿》兵一九之二八。

敷文阁直学士中大夫陈弥作乞致仕不允诏
(淳熙五年八月十七日)

朕以卿风力强敏,老而未衰。方即家居,宠卿以二千石之印绶,是岂挂冠神武时乎? 泉南大邦,为朕即往。且乡闾在望,素知其习俗;便道之镇,靡劳于行役。使卿择地,何以加之? 勉勤布宣,图所以称此者。所请宜不允。

出处:《玉堂类稿》卷八。
撰者:周必大

临安府存留发引不得收税诏
(淳熙五年八月十九日)

临安府存留发引一十八处,止许发引,不得收税。如违,许人越诉。

出处:《宋会要辑稿》食货一八之一〇。

武举解试省试依旧额诏
(淳熙五年八月十九日)

武举解试、省试,只依旧额。其保官自今许文臣升朝官、武臣正使以上,各保奏二人。

出处:《宋会要辑稿》选举一八之四。

赐安南国王李龙翰淳熙六年历日敕书
(淳熙五年八月二十一日)

朕参稽尧历,祗叙禹功。正朔所颁,迄遐靡间。眷言藩服,世笃忠诚。宜锡新书,用兴嗣岁。尚体授时之意,益坚拱极之心。

出处:《玉堂类稿》卷一一。
撰者:周必大
考校说明:"翰",原作"翰",据明抄本及《宋史》卷四八八《交阯传》改。"五年"原作"四年",据清欧阳棨刻本改。

皇帝进奉太上皇后生辰贺笺三
(淳熙五年八月二十一日)

伏以仲夏仲秋,正浃九旬之日;事天事地,载称万寿之觞。于古罕偕,乃今创见。中贺。恭惟尊号太上皇后殿下母仪端静,壶政穆宣。坤厚无疆,媲乾元之纯粹;月华有曜,齐日驭之光明。诞序斯临,绵区胥悦。臣虔趋椒壁,敬祝萱龄。入户无云,常记庆都之嘉瑞;承盘有露,永资汉殿之长生。

出处:《玉堂类稿》卷一。
撰者:周必大
考校说明:月、日据同集同卷《皇帝进奉太上皇后生辰贺笺一》补。

昭庆军节度使知太平州军州事杨倓辞免
知隆兴府乞检会前奏除外宫观不允诏
(淳熙五年八月二十四日)

朕顾瞻吴楚之间,襟带江湖之会。古为督府,今号潜藩。每咨择于重臣,往增隆于制阃。卿器资沉裕,材韫疏通。蚤更践于剧繁,尝参联于宥密。适兹谋帅,无以易卿。与其从容千里之中,未殚远略;孰若镇抚十连之重,益著多庸。亟思承命之恭,难狥均休之志。所辞宜不允。

345

出处:《玉堂类稿》卷八。

撰者:周必大

出官人铨试呈试添考校场数诏
(淳熙五年八月二十七日)

出官人铨试、呈试,虽已各立定格目,深虑讲明未尽,尚有遗材,合再添场数。内铨试杂文字一场,如宏词六件文字内听习一件,有司明其出处命题。书判一场,同唐人格呈试,添断案一场,书判一场,各听以所长求是。如有数场并试、文艺优长之人,有司临时具奏,当议升擢,以旌其能。令吏部参酌考校等第并分场格目,条具以闻。

出处:《宋会要辑稿》选举二六之一〇。

中大夫试刑部尚书张津乞外宫观或近地小郡不允诏
(淳熙五年八月二十七日)

卿凤蕴材猷,早更事任。浙水股肱之郡,久赖蕃宣;文昌喉舌之司,肆加选擢。自帅五刑之属,仅逾半岁之间。曳履方荣,乞麾何遽?其效论思之益,以承眷奖之恩。所请宜不允。

出处:《玉堂类稿》卷八。

撰者:周必大

昭庆军节度使知太平州军州事杨倓
再辞免知隆兴府不允诏
(淳熙五年九月一日)

朕于谋帅,可谓难矣。既欲其资望之高,使列城奉令而承教;又欲其政事之敏,为斯民兴利而除害。兼是二者,在卿为宜。故自偏州,改临巨镇。节旄增重,荣戟有光。往布藩条,宽吾西顾。逡巡固避,岂所望哉?所辞宜不允,不得再有陈请。

出处:《玉堂类稿》卷八。

撰者:周必大

敷文阁直学士中大夫陈弥作辞免知泉州不允诏
(淳熙五年九月二日)

泉南地大民众,为七闽一都会,加以蛮夷慕义,航海日至,富商大贾宝货聚焉,狱市之繁非他邦比也。朕思得政事强明廉平不扰者,付之符竹。阅从臣之籍,无以易卿。已趣开藩,勿劳谦避。所辞宜不允。

出处:《玉堂类稿》卷八。

撰者:周必大

赐皇太子生日诏
(淳熙五年九月四日)

气清秋律,秀毓春宫。兹逢载诞之辰,爰举匪颁之式。饩牵维厚,醴醴维丰。尚祇服于宠光,以永绥于寿祉。

出处:《玉堂类稿》卷九。

撰者:周必大

考校说明:月、日据同集同卷《赐皇太子生日诏》补。

赐史浩生日诏
(淳熙五年九月六日)

肃霜应候,近重九之佳辰;大昴垂精,符半千之昌运。推君庖之饫赐,侑相府之初筵。益永寿龄,茂毗皇化。

出处:《玉堂类稿》卷九。

撰者:周必大

考校说明:月、日据同集同卷《赐少保观文殿大学士充醴泉观使侍读永国公史浩生日诏》补。

沿江船户结甲互察诏
（淳熙五年九月九日）

沿江船户五家结为一甲,如有透漏奸细盗贼及违禁之物,甲内人一等科罪。仍立赏钱二百贯,许告,如甲内人能自首,获与免罪,亦支赏钱。沿江州军依此。

出处:《宋会要辑稿》刑法二之一二〇。

王虎特补承信郎诏
（淳熙五年九月十日）

江陵副都统司左军旗头王虎特补承信郎,差充本司准备将,候有阙日,先次拨填。

出处:《宋会要辑稿》兵二〇之一。

殿前司买到军器等照应免税公据放行诏
（淳熙五年九月十日）

临安府、转运司,自今后殿前司买到军器、军须、物料、木弓弩等,照应户部免税公据许买数目,即便放行。

出处:《宋会要辑稿》职官三二之一三。

资政殿大学士中大夫知福州军州事充福建路
安抚使沈夏乞外宫观不允诏
（淳熙五年九月二十一日）

卿儒猷吏方,克自懋勉;服休服采,中外具宜。向繇南徐,往镇闽部。裕乃民如康叔,勤小物如毕公。日需政成,丕劝列郡。遽使避宠,殊异所闻。《诗》不云乎:"乐只君子,殿天子之邦。乐只君子,万福攸同。"顾岂以满盈为虑哉?所辞宜不允。

出处:《玉堂类稿》卷八。

撰者:周必大

王淮加封制
(淳熙五年九月二十三日)

门下:朕属观绍兴初元之诏,专取皇祐太飨之仪,谓克蒙休,最为合礼。盖周室考工之制,驳杂而难稽;汉家玉带之图,迂疏而无取。惟洁除于路寝,可衷对于大神。既便于今,亦符于古。匪曰一时之绵蕞,兹惟万世之准绳。方祇奉于兹谋,盍遵行于故实? 嘉予枢辅,相我礼容。逮锡天休,首敷邦涣。通奉大夫、枢密使、东阳郡开国公、食邑六千户、食实封二千一百户王淮,勋业可以致主,谟明可以宪邦。精神折冲,自高仁者之勇;文学美政,允谓儒林之宗。念仁皇肇讲于亲祠,惟宠藉实提于兵柄。虽岁年之已远,适名位之俱同。资乃辑宁军民之劳,成予制作礼乐之事。曰雨曰旸之协应,潜天潜地而感通。绮佩无哗,侍立斋房之邃;珥貂有耀,道行宦幄之严。遄臻瑞应之多,深倚弼谐之助。锡土田于旧履,侈况施于高灵。於戏! 惠于宗公,《思齐》所以无恫怨;诒尔多福,《天保》所以有吉蠲。惟君臣相须若股肱,则天人之应如影响。永肩一德,迄济多盘。可加食邑一千户,食实封四百户。

出处:《玉堂类稿》卷三。

撰者:周必大

赵雄加封制
(淳熙五年九月二十三日)

门下:朕惟仁庙御图之日,是谓本朝极治之年。断自圣心,躬行宗祀。合祛高厚,妥侑祖宗。受禄无疆,既华夷之绥靖;贻谋有永,宜社稷之灵长。太上固常遵于前,冲人其敢怠于后! 聿来信顺之助,可验天人之符。裸将太宫,霖潦骤霁。陟恪大寝,月华正中。维时相臣,实总使职。逮侈祭泽,省敷庆条。宣奉大夫、右丞相、鲁郡开国公、食邑五千四百户、食实封一千八百户赵雄,德业优于佐王,谋猷裕于经国。镇定大事,如彦博之恢闳;贯通群经,如宋庠之博洽。兼此二臣之

烈,昭哉皇祐之勋。多士向方,庶民案堵。繄神明之可告,在典礼以当行。蝉冕
珥貂,凛宗工之风采;衮衣绘雉,陪初献之威仪。俾予上接三灵之欢,下推四海之
福。情文交举,先后不违。虽曰居歆之祥,厥惟显相之力。其并加于封邑,以均
赉于神厘。於戏! 在成汤时,尹躬有享天之德;及太戊世,臣扈有格帝之功。尚
因大禴之成,同企前献之肖。毋令斯道,专美于商。可加食邑一千户,食实封四
百户。

出处:《玉堂类稿》卷三。

撰者:周必大

考校说明:"二十三日",明抄本作"二十二日"。

皇子恺加封制
(淳熙五年九月二十四日)

　　门下:朕涓选吉辛,肇修宗祀。出款庙室,入登堂筵。天施地生,丕展精禋之
报;祖功宗德,并严升侑之仪。和气充于灌圭之时,美光烛于奠玉之际。敷锡惠
术,宠绥贤王。皇子永兴成德军节度使、雍州牧、开府仪同三司、判明州军州事、
兼管内劝农使、兼沿海制置使、魏王、食邑一万一千户、食实封四千四百户恺,明
敏靖庄,肃恭和顺。翼翼动循于法度,孜孜常警于宴安。赤舄淑旗,久赐真王之
履;朱幡森戟,兼分名壤之廛。属重屋之亲祠,赖庶邦之职助。虽乃身居外,阻大
糦之是承;而厥贡在廷,异包茅之不入。用申加于井地,仍载衍于户租。既增帝
子之华,亦显国容之盛。於戏! 汉金酎于高庙,有嘉藩国之恭;周脤归于鲁侯,是
锡天王之命。以示荣怀之庆,以昭施报之恩。祗服宠光,益坚忠孝。可加食邑一
千户,食实封四百户。

出处:《玉堂类稿》卷三。

撰者:周必大

皇弟璩加封制
(淳熙五年九月二十四日)

　　门下:朕咏《臣工》之诗,知诸侯严于助祭;读《宗伯》之礼,知同姓重乎执膰。
盖下有以服其勤劳,则上与之同其福禄。惟时介弟,来侍亲祠。方诞受于神厘,

肆宠颁于诏綍。皇弟少傅、静江军节度使、充醴泉观使、恩平郡王、食邑二万二千二百户、食实封五千户璩，性资通敏，业履温纯。郢客才华，早赐长安之夜；子牟忠爱，每驰魏阙之心。序朝高孤棘之班，列爵启王封之社。属九筵之肇祀，习卜岁祥；念三载之居东，许陪秋觐。兹荷乾祇之况，是推友睦之恩。衍以户封，实之干食。於戏！祭而馂惠，固欲其均。柄以驭臣，必循其序。惟贵也则当先于贱，惟亲也不可后于疏。茂对光荣，益思谦毖。可加食邑七百户，食实封三百户。

出处：《玉堂类稿》卷三。
撰者：周必大

史浩加封制
（淳熙五年九月二十六日）

门下：若昔昭陵，创新仪而合飨；有怀杜衍，用旧相以陪祠。虽一时辞疾以莫来，然累圣循规而罔坠。嘉予元老，轶乃前闻。兹惟邦国之华，岂独缙绅之美？恩章所厚，宠数当先。少傅、保宁军节度使、充醴泉观使、兼侍读、卫国公、食邑一万五百户、食实封四千五百户史浩，宽裕敏明，粹夷庄重。甘盘旧学，早翼戴于潜藩；方叔壮猷，再弼谐于鼎路。正发舒于贤业，旋避远于事权。密勿经帷，从容赐第。人推高于寿俊，予简在于耆儒。属先甲之肇禋，总前驱而领使。骏奔于庙，无跛倚之容；山立于庭，有肃雍之色。兹告成于熙事，宜均赋于腴田。於戏！秬锡一卣，召虎时承于周命；侯封万户，张良终在于汉京。盖厚下者上之仁，而爱君者臣之谊。永绥鸿施，日告嘉谋。可加食邑一千户，食实封四百户。

出处：《玉堂类稿》卷三。
撰者：周必大

郑藻加封制
（淳熙五年九月二十六日）

门下：朕博考儒先之议，精禋王者之堂。天地祖宗，洁牲牢而合飨；辉胞阍翟，彻祭俎以均颁。矧子戚畹之英，入护禁庭之重。可无懋赏，以奖贤劳？保信军节度使、开府仪同三司、充万寿观使、荣国公、食邑某千某百户、食实封某千某百户郑藻，蕴质端良，存心乐易。袭后家之胄绪，闲朝著之典章。三事联班，谦抑思同于韦布;万钟赋禄,清修耻溺于膏粱。天固畀之吉康,人咸推其耆旧。兹卜吉辛之旦,肇修大祀之仪。清庙宿斋,外集誉髦之士;皇居留卫,内资信谨之臣。逮拜况于三灵,特申荣于多户。於戏!赐齐侯之胙,著在春秋;锡申伯之田,见于雅什。盖异姓谓之伯舅,而大封赉于善人。祗服宠光,永绥寿嘏。可加食邑五百户,食实封二百户。

出处:《玉堂类稿》卷三。

撰者:周必大

赵伯圭加封制
(淳熙五年九月二十六日)

门下:朕荷高厚顾临之久,念祖宗开创之艰。稽世室之前规,讲季秋之大报。酌于玉爵,质固异于陶匏;敷以纯筵,礼亦殊于蒲鞹。既情文之具举,宜幽显之来歆。眷念宗盟,分颁祭泽。安德军节度使、开府仪同三司、充万寿观使、天水郡开国公、食邑三千一百户、食实封八百户赵伯圭,襟灵粹远,识量宽洪。璧琮温润以无瑕,钟吕铿锵而有度。镇临近辅,昔高牧御之才;颐燕殊庭,今嗜诗书之乐。适拜熙成之况,思形广爱之风。越增衍于土田,示登昭于物采。於戏!周邦助祭,固无同姓之皆来;汉室侍祠,亦有列侯之不至。必亲以脤膰之赐,庸餐夫骨肉之恩。永孚于休,毋替朕命。可加食邑七百户,食实封三百户。

出处:《玉堂类稿》卷三。

撰者:周必大

曾觌加封制
(淳熙五年九月二十六日)

门下:朕率朝绅而款清庙,备法驾而登总章。楔桴再重,次帷宫而肃若;经涂九轨,行玉辂以安然。旋观周道之砥平,喜见汉官之仪盛。言念初潜之旧,实宣使领之劳。显布纶言,诞敷祭福。少保、宁武军节度使、充醴泉观使、信安郡开国公、食邑三千八百户、食实封一千六百户曾觌,宇量宽博,材资肃良。保躬存劼毖之心,卫上体忠纯之度。阅巾箱而考古,夷雅自将;执皮帛以会朝,寅恭匪懈。属宗祈之协吉,躬裸献以告虔。一纯二精,既内弹于诚意;千乘万骑,亦外展于裼威。纷祝嘏之告祥,知乾坤之飨德。是广配天之泽,载推加地之恩。於戏! 祀文王于明堂,方祇念仪刑之典;授武帝之神策,敢独当赞飨之辞? 有加耆艾之臣,均界神明之况。往膺徽数,益勉令猷。可加食邑七百户,食实封三百户。

出处:《玉堂类稿》卷三。

撰者:周必大

刘懋加封制
(淳熙五年九月二十七日)

门下:祀神所以报本,贵老所以广恩。汉唐以还,飨帝必严于烈祖;商周而上,省方先见于高年。兹竣事于堂筵,肆均厘于耆旧。昭庆军节度使致仕、武功郡开国公、食邑某千某百户、食实封某千某百户刘懋,受才肤敏,毓性宽和。联戚里之光荣,被慈皇之眷简。清风雅志,久还洪景之衣冠;黄发秀眉,几类武公之年数。安车甚适,旧节故存。虽莫预于奉璋,顾岂忘于赐胙? 户封弥广,圭食加多。用侈闳休,且绥遐福。於戏! 祭统之伦有十,盖辨亲疏;达尊之道有三,亦先爵齿。钦承馂惠,永保期颐。可加食邑五百户,食实封二百户。

出处:《玉堂类稿》卷三。

撰者:周必大

成闵加封制
(淳熙五年九月二十七日)

门下:朕命驾神宫,鸣銮御道。戎容视汉,主蠹稍于金吾;仪物从周,交旗常于玉辂。俶拜堪舆之况,载兴鼙鼓之思。庆远军节度使、提举江州太平兴国宫、武功郡开国公、食邑某千某百户、食实封某千某百户成闵,器质沉雄,材资敏锐。凤讲明于军志,深练达于武经。久护殿岩,尝专阃制。弢弓挂壁,虽自适于安闲;赐节在门,亦坐膺于荣宠。属受厘于宣室,方霈泽于绵区。曾是将臣,可无馂惠? 既益户封之数,仍丰干食之输。於戏! 靡爱斯牲,神我听而有庆;使羞其行,福汝锡以无忘。往服恩章,尚思报效。可加食邑五百户,食实封二百户。

出处:《玉堂类稿》卷三。

撰者:周必大

吴挺加封制
(淳熙五年九月二十七日)

门下:朕因秋成物,法古彝仪。白牡骍牺,祀总章之右个;文茵畅毂,怀油幕之中权。锡以命书,协于庆典。定江军节度使、侍卫亲军步军都指挥使、兴州驻札御前诸军都统制、兼知兴州军州事、兼内劝农使、充和州西路安抚使、马步军都总管、武功郡开国公、食邑某千某百户、食实封某千某百户吴挺,材推沉毅,识达变通。为祈父之爪牙,名高宿卫;上金城之方略,威震羌戎。惟师律之允臧,缵家声之善继。属类帝禋宗之盛,嘉牧人御众之劳。况厥贡之充庭,知乃心之存阙。策勋念远,拓地申恩。於戏! 天武地文,方并修于戎祀;参旗井钺,尚益固于封陲。勉荷殊休,务坚壮志。可加食邑五百户,食实封二百户。

出处:《玉堂类稿》卷三。
撰者:周必大

皇叔祖天水郡公士歆加封制
(淳熙五年九月二十七日)

门下:朕斋精浃日,献飨九筵。诚意上孚,霁秋霖于俄顷;景光下烛,澄皓月于通宵。克迓殊休,聿哀近属。皇叔祖保康军节度使、提举佑神观、天水郡开国公、食邑某千某百户、食实封某千某百户士歆,性资夷旷,业履温纯。位不期骄,籍甚宗盟之誉;富而好礼,穆然朝会之容。比稽用于陟文,尝进加于宠数。遥临外镇,有华枸邑之戈;恪奉内祠,载挹浮丘之袂。逮陪宗祀,思广惠心。斥采邑之爰田,衍真畲之干食。以昭邦锡,以侈宗强。於戏! 对越两仪,德方侔于覆载;念兹烈祖,恩敢后于本支? 体予睦族之仁,谨尔修身之度。可加食邑五百户,食实封二百户。

出处:《玉堂类稿》卷三。
撰者:周必大

授罗颂制司机宜制
(淳熙五年九月二十七日)

敕承务郎、注临安府余杭县浣坎镇监镇江府排岸、监行在左藏东库罗颂。右,可特授奉议郎,差湖北司主管机宜文字。行在检点赡军酒库所干办公事某等:湖司机宜之托,行在赡军之权,为郎其间,厥选惟重。尔恪承世胄,积学厥躬,竭力罄心,历官可纪。其精白一心,图用称报,以永有恩。可依前件。淳熙五年九月二十七日。

出处:《澉川足征录·文部》。

撰者:郑丙

吕祖谦等转官制
(淳熙五年九月二十七日)

朝奉郎、行秘书省著作佐郎、兼国史院编修官、兼权礼部郎官吕某。右,可特授朝散郎,依前行秘书省著作佐郎、兼国史院编修官、兼权礼部郎官。敕:承议郎、秘书丞、兼权吏部郎官黄洽等,列职图书之府,参联史氏之官,皆极一时之选,储为异日之用也。朕仰遵太上皇帝之眷谟,举行绍兴甲子之缛典,载临秘阁,钦阅宝储,延见群士,赐宴赋诗,以侈荣宠。居官其间,进秩一等,稽之彝章,允为异数。朕之所以稽古右文,礼贤下士之意,于此见矣。尔其精白一心,图厥报称,以永有辞。可依前件。

出处:《东莱吕太史文集》附录《东莱吕太史年谱》。又见《东莱外录》卷一,北京匡时二〇一五年春季拍卖会拍品。

撰者:郑丙

李龙翰加封制
(淳熙五年九月二十九日)

门下:朕观象房心,按图景己。裸行于庙,想烈圣之来歆;烟燎于庭,恍高灵之下堕。逮克绥于遐福,庸均赉于远邦。推诚顺化功臣、静海军节度使、观察处置等使、特进、检校太尉、兼御史大夫、上柱国、安南国王、食邑三千户、食实封一千户李龙翰,世蹈忠纯,躬行信义。耸威声于南裔,向德化于中朝。述职贡琛,志弗渝于金石;疏封焘社,誓益保于山河。属修禋祀之仪,思广穹祇之况。加田衍食,益号褒功。因牧御之有初,示眷私之无斁。於戏! 崇周筵于五室,既阐弥文;式汤命于九围,是恢鸿施。往钦徽数,勉迪顺猷。可加食邑一千户,食实封四百户,仍兼秉信功臣。

出处:《玉堂类稿》卷三。

撰者:周必大

阇婆国王加封制
（淳熙五年九月二十九日）

　　门下:朕荷三灵之孚佑,抚九有以图宁。本原造化之功,恪思宗报;参酌古今之制,肃展亲祠。兹拜况于总章,肆均休于藩服。怀远军节度使、琳州管内观察处置等使、金紫光禄大夫、检校司徒、使持节琳州诸军事、琳州刺史、兼御史大夫、上柱国、阇婆国王、食邑一万二千四百户、食实封五千户悉理地荼兰固野,性资明果,气略沉雄。世祚海隅,克固封疆之守;心存魏阙,不忘忠义之图。属予飨天假庙之时,想尔望日瞻云之志。用推庆祉,远达惠心。载加奉邑之田,仍衍真畲之赋。於戏! 降百祥于上帝,敢怀专乡之祈;朝四塞于明堂,弥愧咸宾之德。懋膺洪渥,永戴清时。可加食邑五百户,食实封一百户。

出处:《玉堂类稿》卷三。

撰者:周必大

中大夫新任在外宫观张津辞免敷文阁学士不允诏
（淳熙五年九月三十日）

　　乃文徽祖,有倬宸章。飞阁缘云,袭藏惟谨。于兹列职,允谓高华。以卿久践班联,屡更藩服。比从玺召,入长宪曹。今听均休,岂无异数? 肆因旧直,益进其班。往服恩光,毋为逊避。所辞宜不允。

出处:《玉堂类稿》卷八。

撰者:周必大

吕祖谦除著作郎制
(淳熙五年十月七日)

朝散郎、行秘书省著作佐郎、兼国史院编修官、兼权礼部郎官吕某。右,可特授依前朝散郎、秘书省著作郎、兼国史院编修官、兼权礼部郎官。敕具官吕某等:朕闻隆兴以来著记近称整齐,尚虑未尽直笔;建炎以后秘藏近成辑录,尚虑不无逸编。士之相语于朝,咸谓尔某、尔邠、尔价者,粹美有蕴,渊源有学,正而不矫,通而不流,有用之器也,朕闻之亦喜焉。或以次迁,或自它擢,各修乃职,尚何虑哉。朕一朝而除馆阁之士三,其在《大雅》曰"蔼蔼王多吉士",乃今见之,咸副所望。可依前件。

出处:《东莱吕太史年谱》。又见《东莱外录》卷一。

撰者:陈骙

御药院申乞撰进呈三祖下第六世仙源类谱仁宗皇帝
十年玉牒所有合用提举官礼仪使已下宣答词
(淳熙五年十月八日)

庆系蕃昌,圣谟宏远,爰辑成于大典,兹并告于成书。既遂览观,即严尊阁。

出处:《崔舍人玉堂类稿》卷一六。

撰者:崔敦诗

考校说明:编年据《宋史》卷三五《孝宗纪》补。

赐中大夫参知政事赵雄辞免玉牒所进书了
毕充礼仪使转一官依例加恩不允诏
(淳熙五年十月八日后)

朕惟礼隆者文必缛,劳大者报必丰。比辑简编,皆关宗庙,逮于登进,侈厥瞻观。卿岩岩硕臣,显显伟望,克相盛事,汔无愆容,推加优章,率用旧典。任大守重,□惟先烈之承;事毕功宏,敢废贤庸之赏? 已亮知于□节,即酌损于初恩。若又确辞,得无过逊？深为熟□,□难勉从。

出处:《崔舍人玉堂类稿》卷八。

撰者:崔敦诗

考校说明:编年据文中所述史事补,见《宋史》卷三五《孝宗纪》。

赐少保右丞相史浩再上表辞免玉牒所进书回
授转官依例加恩不允仍断来章批答
(淳熙五年十月八日后)

朕惟尊祖严宗,王道之先务也。日者有司以成书来上,乃祖宗之庆源大政是在,朕览观崇奉,差录贤劳。今赏典之下,自丞相始。乃执谦辞隆,及于再三而不已,且事关宗庙而恩不加于大臣,得无传闻重朕之不逮？宜体兹意,勿庸有陈。

出处:《崔舍人玉堂类稿》卷三。

撰者:崔敦诗

考校说明:编年据文中所述史事补,见《宋史》卷三五《孝宗纪》。

少保右丞相史浩参知政事赵雄辞免
幸秘书省推恩特转一官宜允诏
(淳熙五年十月十二日)

先民有言,天子所至曰幸,谓非臣下可得而冀也。日朕亲临东观,历览图史,远绳祖武,近蹑绍兴之盛,凡在三馆,咸进秩一等,用侈荣遇。矧卿以鸿儒硕辅,兼太史公之任,顾可独已乎？成命方颁,逊章遽上。永惟将顺有素,固不当以疑似为嫌。虽然周官八柄,予以驭幸云者,盖太宰诏王驭群臣,而非以驭大臣也。其趣销印,庸示尊礼,且著夫谦德之美焉。宜特依所请。

出处:《玉堂类稿》卷八。

撰者:周必大

少保右丞相史浩辞免玉牒所进书转
两官特许回授例恩不允诏
（淳熙五年十月十六日）

派皇室之璇源，书首成于章圣；上仁朝之玉牒，礼尝讲于熙宁。兼二典以奏篇，审一时之能事。卿儒猷硕大，德量渊宏。俨衮绣以端朝，与搢绅之载笔。进官懋赏，厥有前彝。锡命弛恩，已从雅志。尚兹固避，毋乃过谦。所辞宜不允。

出处：《玉堂类稿》卷八。
撰者：周必大

中大夫参知政事赵雄再辞免玉牒所进书
充礼仪使特转一官例恩不允诏
（淳熙五年十月十六日）

卿以造微之学，任重之器，服在廊庙，谋猷日嘉。朕所以期卿者远矣，岂以一官为轻重哉？然国有盛典，卿实相之。恩礼所加，不容废也。且熙宁而上，凡登政路，阶必四品。今兹进选，朕方以为晚，卿犹固避何哉？所辞宜不允，不得再有陈请。

出处：《玉堂类稿》卷八。
撰者：周必大

赴阙盱眙军传宣抚问赐御筵口宣
（淳熙五年十月十八日前）

有敕：卿等来趋诞节，甫次边城。用伸加劳之仪，乃厚初筵之锡。兹惟异宠，其克钦承。

出处：《玉堂类稿》卷一三。
撰者：周必大

赴阙镇江府赐茶药口宣
（淳熙五年十月十八日前）

有敕：卿等远驰瑞节，来奉寿觞。永惟冒涉之劳，良轸眷怀之厚。驰颁茗剂，往助摄调。

出处：《玉堂类稿》卷一三。
撰者：周必大

镇江府赐御筵口宣
（淳熙五年十月十八日前）

有敕：卿等并将使指，来会诞期。念初涉于长江，盍少安于会府。特颁燕衎，昭示宠私。

出处：《玉堂类稿》卷一三。
撰者：周必大

平江府赐御筵口宣
（淳熙五年十月十八日前）

有敕：卿等并驾使航，远趋寿节。即苏台之胜地，开宾席之华筵。方履初寒，所宜尽醉。

出处：《玉堂类稿》卷一三。
撰者：周必大

赤岸赐酒果口宣
（淳熙五年十月十八日前）

有敕：卿等远持聘币，来庆诞祥。眷舟御之良劳，望都城而浸迩。宜颁芳旨，式示眷存。

出处:《玉堂类稿》卷一三。

撰者:周必大

赤岸赐御筵口宣
(淳熙五年十月十八日前)

有敕:卿等抗膻献寿,驰传及都。宜修郊劳之仪,以作使华之宠。勿辞饮醹,庸对眷怀。

出处:《玉堂类稿》卷一三。

撰者:周必大

周必大转中奉大夫制
(淳熙五年十月十八日)

敕:望蓬莱,隔弱水,严列圣之宝储;约《史记》,修《春秋》,奋宿儒之鸿笔。肆予临幸,宜有恩荣。翰林学士、朝议大夫、知制诰、兼太子詹事、兼侍读、兼修国史、管城县开国子、食邑五百户、赐紫金鱼袋周必大,学广闻多,量宏德粹。才兼数器,遍仪侍近之联;史有三长,深明笔削之旨。逮兹清跸之莅,备观汗青之劳。爰锡赞书,序迁崇秩。万世不刊之典,允赖铺张;生平未见之书,靡劳绅绎。钦承茂渥,益告嘉猷。可特授中奉大夫,依前充翰林学士、知制诰、兼太子詹事、兼侍读、兼修国史,封赐如故。

出处:周纶编《周益国文忠公年谱》,傅增湘校道光二十八年刻本《周益国文忠公集》卷首。

撰者:郑丙

十月十八日到阙赐内中酒果口宣
(淳熙五年十月十八日)

有敕:诞节及期,使华在馆。欲示眷私之意,爰分禁苑之珍。有腆于颁,其钦而受。

出处:《玉堂类稿》卷一三。

撰者:周必大

金国贺会庆圣节使人到阙赐被褥铡锣等口宣
(暂系于淳熙五年十月二十一日)

卿等奉将使命,协庆诞辰,兴怀匽泊之初,图便燕私之适。爰推颁赉,宜即钦承。

出处:《崔舍人玉堂类稿》卷一三。

撰者:崔敦诗

考校说明:编年据同集前后文时间、《宋史》卷三五《孝宗纪》补。

使人到阙在驿赐生饩口宣
(暂系于淳熙五年十月二十一日)

卿等偃息骖骓,憩宁馆舍,特戒使璠之遣,往颁礼饩之丰。维厚宠私,即宜钦承。

出处:《崔舍人玉堂类稿》卷一三。

撰者:崔敦诗

考校说明:编年据同集前后文时间、《宋史》卷三五《孝宗纪》补。

十月二十二日上寿毕归驲赐酒果口宣
(淳熙五年十月二十二日)

有敕:卿等远修邻好,初奉寿觞。即其舍馆之安,申以果醴之赐。尚惟祗服,庸体眷怀。

出处:《玉堂类稿》卷一三。

撰者:周必大

考校说明:"十月二十二日",四库本作"十月二十一日"。

二十二日上寿毕归驲赐御筵口宣
（淳熙五年十月二十二日）

有敕：卿等通两国之欢，祝万年之寿。甫成庆礼，还憩驲亭。宜就启于燕觞，尚钦承于饫赐。

出处：《玉堂类稿》卷一三。
撰者：周必大

赐步军司满散会庆圣节道场乳香口宣
（暂系于淳熙五年十月二十二日前后）

卿等典司骁卫，拱护严宸，欣逢震夙之辰，同祝庬鸿之算。宜加颁赉，用助精虔。

出处：《崔舍人玉堂类稿》卷一三。
撰者：崔敦诗
考校说明：编年据同集前后文时间、文中所述史事补。

赐殿前司满散会庆圣节道场乳香口宣
（暂系于淳熙五年十月二十二日前后）

卿等董戎禁旅，协庆诞辰，悉输颂祷之诚，虔介寿昌之福。推予嘉锡，侑尔精衷。

出处：《崔舍人玉堂类稿》卷一三。
撰者：崔敦诗
考校说明：编年据同集前后文时间、文中所述史事补。

玉津园射弓赐御筵口宣
(暂系于淳熙五年十月二十二日前后)

卿等使华多暇,禁苑言游,闻弓矢之斯调,谅威仪之有则。宜加燕劳,用表眷怀。

出处:《崔舍人玉堂类稿》卷一三。

撰者:崔敦诗

考校说明:编年据同集前后文时间、文中所述史事补。

赐三省官满散会庆圣节道场乳香口宣
(暂系于淳熙五年十月二十二日前后)

卿等欣逢诞节,祗率采僚,集梵宇之胜缘,介宸居之备福。异香是锡,眷意宜承。

出处:《崔舍人玉堂类稿》卷一三。

撰者:崔敦诗

考校说明:编年据同集前后文时间、文中所述史事补。

赐马军司满散会庆圣节道场乳香口宣
(暂系于淳熙五年十月二十二日前后)

卿等义存归美,志笃输忠,因诞节之戒辰,即宝坊而献福。香维达意,赐以昭诚。

出处:《崔舍人玉堂类稿》卷一三。

撰者:崔敦诗

考校说明:编年据同集前后文时间、文中所述史事补。

赐枢密院满散会庆圣节道场乳香口宣
（暂系于淳熙五年十月二十二日前后）

卿等职重本兵，诚深报上，因诞辰而协庆，即梵苑以祈休。爰锡名香，用孚至意。

出处:《崔舍人玉堂类稿》卷一三。

撰者:崔敦诗

考校说明:编年据同集前后文时间、文中所述史事补。

皇太子满散会庆圣节道场乳香口宣
（暂系于淳熙五年十月二十二日前后）

卿位处储宫，时逢诞节，申祝寿祺之永，具殚诚意之勤。爰锡名香，用资善祷。

出处:《崔舍人玉堂类稿》卷一三。

撰者:崔敦诗

考校说明:编年据同集前后文时间、文中所述史事补。

回程赐使副冬至节绢口宣
（暂系于淳熙五年十月二十二日后）

卿等奉书修庆，讫事言还，适阳律之方萌，谅征途之正凛。善缣往锡，至意宜承。

出处:《崔舍人玉堂类稿》卷一三。

撰者:崔敦诗

考校说明:编年据同集前后文时间、文中所述史事补。

赤岸赐御筵口宣
(暂系于淳熙五年十月二十二日后)

卿等祗成庆礼,遄即归途,宜少驻于近郊,俾就陈于祖帐。用昭眷遇,亦慰勤劳。

出处:《崔舍人玉堂类稿》卷一三。

撰者:崔敦诗

考校说明:编年据同集前后文时间、文中所述史事补。

赐三节人从冬至节绢口宣
(暂系于淳熙五年十月二十二日后)

汝等并将使事,适履天正,风霜多寒,道路良苦。爰资安燠之用,式慰逶迟之勤。

出处:《崔舍人玉堂类稿》卷一三。

撰者:崔敦诗

考校说明:编年据同集前后文时间、文中所述史事补。

玉牒所进三祖下第六世仙源类谱并仁宗十年
玉牒提举官少保右丞相史浩加食封制
(淳熙五年十月二十三日)

门下:系《麟趾》于《周南》,赖姬公之协赞;首《猗那》于《商颂》,资考甫之多闻。有华公族之振振,不显汤孙之穆穆。惟时元老,实企前良。兹涓吉以奏篇,爰演纶而宣众。少保、右丞相、卫国公、食邑八千五百户、食实封三千七百户史浩,硕才经世,厚德表民。弼予一人,凤推寅亮之美;式是百辟,卓有柔嘉之风。既甄陶士类以图宁,亦斧藻皇猷而助治。念唐室开成而后,肇新史牒之名;暨我家至道以来,初纪神明之胄。粤从时迈,增广宏模。网罗属籍之遗,润色累朝之盛。命鸿儒而振领,率诸彦以成书。登名数千,备三祖本支之六世;垂裕亿载,次昭陵德业之十年。尝恭览于昕庭,旋闵藏于邃宇。肆甄乃绩,将进厥官。属避宠以抗章,即驰恩而从欲。宁无异数,昭我至怀。其衍食于土田,庸策勋于翰墨。於戏! 庆仙源之远,则亲亲之义不可忘;思祖烈之贻,则继继之心不敢怠。盖布在方册者纂修之力,而达乎朝廷者辅相之功。勉迪邦彝,益光儒效。可依前少保、右丞相、卫国公,特加食邑一千户,食实封四百户。

出处:《玉堂类稿》卷三。

撰者:周必大

史浩玉牒所进书加恩口宣
(淳熙五年十月二十三日)

有敕:总率诸儒,裁成巨典。肆衍爰田之赋,用增台路之华。兹锡明纶,尚钦异数。

出处:《玉堂类稿》卷一二。

撰者:周必大

二十三日赐内中酒果口宣
(淳熙五年十月二十三日)

有敕:卿等既祝寿龄,方需宸燕。欲厚比邻之好,爰分中禁之甘。其克丕钦,以承异渥。

出处:《玉堂类稿》卷一三。

撰者:周必大

玉津园射弓赐弓箭例物口宣
(淳熙五年十月二十三日)

有敕:诞期载及,华使远来。惟兹郊射之行,时乃邦仪之重。宜推珍锡,以宠嘉宾。

出处:《玉堂类稿》卷一三。

撰者:周必大

密赐使副大银器口宣
(淳熙五年十月二十三日后)

有敕:寿仪既讲,使范有光。欲昭示于邻欢,特宠加于密赍。尚其祇受,体此眷私。

出处:《玉堂类稿》卷一三。
撰者:周必大

回程赐龙凤茶并金镀银合口宣
(淳熙五年十月二十三日后)

有敕:献寿南山,已成宾礼;分珍北苑,用宠使华。并锡宝奁,尚钦宸渥。

出处:《玉堂类稿》卷一三。
撰者:周必大

回程平江府赐御筵口宣
(淳熙五年十月二十三日后)

有敕:卿等奉觞寿旦,返斾朔陲。凤驾苏台,宠颁筵宴。尚体眷存之意,用纾于迈之劳。

出处:《玉堂类稿》卷一三。
撰者:周必大

回程镇江府赐御筵口宣
(淳熙五年十月二十三日后)

有敕:卿等远持庆礼,备讲寿仪。当寒色之凝严,眷归涂之勤勚。即兹江国,赐以燕觞。

出处:《玉堂类稿》卷一三。

撰者:周必大

回程盱眙军赐御筵口宣
(淳熙五年十月二十三日后)

有敕:卿等展仪诞辰,复命邻封。将利涉于长淮,宜少留于边郡。特开宴席,用劳归鞍。

出处:《玉堂类稿》卷一三。

撰者:周必大

除豁攒宫等处所管税租诏
(淳熙五年十月二十六日)

户部长贰同临安府守臣核实攒宫、圆坛、养种花园、诸军营寨、宫观等处,及浙江昨因风潮冲打一带江岸,其所管税租,并与除豁。

出处:《宋会要辑稿》食货七〇之七一。

赐皇太子惇辞免男扩除正任观察使
封国公女封郡主不允诏
(淳熙五年十月二十八日后)

朕惟帝王之治,恩由亲始,而况大本所系,所以显荣其私者可以轻乎?今朕上奉慈闱,而吾孙颖茂雍穆,侃然在侧,实宠嘉之。前日之命,岂特故事,皆以崇卿体,怡亲颜也,尚何辞焉!

出处:《崔舍人玉堂类稿》卷七。

撰者:崔敦诗

考校说明:编年据《宋史》卷三七《宁宗纪》补。

示谕荆南官吏军民僧道耆寿敕书
(淳熙五年十月)

敕:朕以恺恩隆帝子,贵极王封。久分鄞水之府,入奉甘泉之计。易将坛之旧组,加尹伯之新名。乃眷荆郊,素为乐土。闻亲贤之遥镇,谅民吏之均欢。

出处:《玉堂类稿》卷一一。
撰者:周必大

示谕保宁军官吏军民僧道耆寿等敕书
(淳熙五年十月)

朕以史浩恳辞鼎路,留侍经帷。升班联于三少之中,领节制于九年之后。谅乐郊之有众,闻旧德之载临,罔不欣愉,知吾眷顾。

出处:《玉堂类稿》卷一一。
撰者:周必大

赐史浩御笔
(隆兴元年正月至五月间或淳熙五年三月至十一月间)

丞相今日正谢赐酒果,为太夫人之庆。

出处:《攻媿集》卷九三《纯诚厚德元老之碑》。
考校说明:编年据史浩官历补,见《宋史》卷二一三《宰辅表》。

右丞相史浩上表再辞免玉牒所进书回授转官
依例加恩恩命不允仍断来章批答口宣
(淳熙五年十月至十一月间)

书昭先烈,恩逮台臣,既酌损以适宜,亦劳谦而具至。即宜祗受,毋复多陈。

出处:《崔舍人玉堂类稿》卷一四。

撰者:崔敦诗

考校说明:编年据文中所述史事、史浩宦历补,见《宋史》卷三五《孝宗纪》。

监司守令不得以私意轻意去留县令诏
(淳熙五年十一月三日)

监司、郡守自今以往,县令苟无大过,不得以私意轻易去留。遇有阙官去处,一依甲令,只令以次佐县兼摄。

出处:《宋会要辑稿》职官四八之四一。

赐翰林学士中奉大夫知制诰兼太子詹事兼侍读兼修国史周必大乞特授一在外宫观不允不得再有陈请诏
(淳熙五年十一月三日)

卿清规迈乎朝伦,懿文经乎国体,久在禁苑,具闻嘉犹,固已发吾诏令,温淳安重,踔乎训诰之余,加以礼遇恩宠,在廷莫二。而乃恳恳言归,几于辞竭而意尽。岂朕不敏,未达好贤之诚;将卿既明,自全引退之节?莫喻厥意,三复忧然,诏旨屡颁,勉留毋执。

出处:《崔舍人玉堂类稿》卷七。

撰者:崔敦诗

考校说明:编年据周纶《周益国文忠公年谱》补。

赐签书枢密院事钱良臣生日诏
(淳熙五年十一月三日)

序协中冬,时生贤佐,往侑私庭之庆,特推赐式之优。俾介寿祺,亦将眷礼。

出处:《崔舍人玉堂类稿》卷一六。

撰者:崔敦诗

考校说明:编年据钱良臣官历及生日补,见《宋史》卷二一三《宰辅表》、周必大《玉堂类稿》卷九《赐参知政事钱良臣生日诏》。

临安府理断军民相争公事诏
(淳熙五年十一月九日)

自今军民相争公事,除殿前、马、步军司依已降旨送大理寺外,其余诸司并将兵并令临安府理断。

出处:《宋会要辑稿》职官二四之三四。

少保右丞相史浩再乞解机政不允诏
(淳熙五年十一月十三日)

朕比烦旧德,再斡洪钧。以公归兮,方喜绣裳之见;于良足矣,遽念赤松之游。今庶职交修,四方无警。庙堂之上,固可雍容;事物之来,不难酬酢。当效大雅老成之助,毋专道家止足之思。所请宜不允。

出处:《玉堂类稿》卷八。

撰者:周必大

史浩罢相除少傅保宁军节度使充醴泉观使兼侍读加封制
(淳熙五年十一月十四日)

门下:一相勤劳处内,既怀均佚之心;三孤德义弼予,斯厚优贤之礼。眷言宿望,恳避繁机。诞推从欲之仁,显布告廷之命。少保、右丞相、卫国公、食邑九千五百户、食实封四千一百户史浩,恭宽敏惠,明允笃诚。浃万事之周材,见诸施设;贯六经之要道,发以词华。会风云于潜跃之中,翊日月于照临之始。燮调元化,经纶之誉孔昭;宁辑黎民,屏翰之功亦著。粤从再相,浸阅三时。邦彝循清静之规,王度向粹夷之美。方深注意,共底迓衡。乃浼控于衷忱,殊弗居于宠利。囊封莫遏,陟典难稽。绨冕篆车,进新班于亚傅,雕戈锡盾,还旧节于东阳。表仪虎观之儒先,燕息祥源之使领。拓其奉邑,衍以真畬。昔昌朝敷皇祐之经,创班联于秘殿;而公亮释熙宁之政,兼将相于内祠。兹参两朝优异之恩,庸作一代耆英之宠。於戏! 仲山甫既明且哲,凤高补衮之勋;房玄龄善始以终,宁复齐权之意! 夫已远一日万几之丕务,则将闻三王二帝之昌言。谋焉就之,退不谓矣。可罢右丞相,特授少傅,保宁军节度使,充醴泉观使,兼侍读,依前卫国公,加食邑一千户,食实封四百户。

出处:《玉堂类稿》卷三。又见《宋宰辅编年录》卷一八。
撰者:周必大

赐少保右丞相史浩乞归田庐不允诏
(淳熙五年十一月十五日前)

朕宵衣旰食,图天下之治,有年于兹矣。顾同德壹意,克济于有成,匪吾旧臣孰望? 卿忠勤在国,德善在民,黄发台背,皤然为辅,朕之所嘉赖。而阅时未久,遽欲上印绶而归,人其谓朕轻于进退,贰于倚毗,非所闻也。

出处:《崔舍人玉堂类稿》卷七。
撰者:崔敦诗
考校说明:编年据《宋史》卷二一三《宰辅表》补。

殿前马步军司见从军归正归附下班祗应磨勘诏
(淳熙五年十一月十五日)

殿前、马、步军司见从军归正、归附下班祗应历过在职十年,放行磨勘,改转两官,依十资格法转进义校尉。如在职未及五年,候及五年,亦依归明、归朝入磨勘体例,改转进武副尉。

出处:《宋会要辑稿》兵一六之四。

临安府遗火差人救扑诏
(淳熙五年十一月十五日)

自今临安府城里居民遗火,令马步军司各差三百人救扑。殿前司非奉御前指挥,不得差人前去。如三衙诸军营寨内遗火,止令本军自行救扑。其马步军司、修内司、临安府所差人,并不得干预。所有逐军元认临安府城里外救火地分,并差有司等处防火官兵,除三省潜火人太庙一百一人、玉牒所一百二人、祕书省一百人外,余并不得差拨前去。令三衙主帅取统制领将官知禀。

出处:《宋会要辑稿》瑞异二之三八。

史浩除少傅口宣
(淳熙五年十一月十五日)

有敕:避宠钧衡,高风可尚。兼官得相,明制斯颁。其即钦承,以符眷注。

出处:《玉堂类稿》卷一二。
撰者:周必大
考校说明:月、日据《宋史》卷二一三《宰辅表》补。

赐少保卫国公史浩辞免特授少傅保宁军节度使充醴泉观使兼侍读依前卫国公加食邑食实封乞俾仍旧秩归奉外祠不允诏
(淳熙五年十一月十五日后)

朕观祖宗之盛,亦惟有耆旧在朝廷,不必悉劳以政,用能名声光荣,风采严重,爰暨远迩,罔不恭畏,朕甚慕之。卿忠厚谅直,为国元辅,两践宰路,秉谊不渝,有德有勤,光于上下,深执谦节,愿还印章。念将去位,郁于予心,惟恐遇卿之薄也,参合旧典,酌用优恩,凡皆致吾贪贤钦老之意,顾何辞焉!

出处:《崔舍人玉堂类稿》卷七。
撰者:崔敦诗
考校说明:编年据《宋史》卷二一三《宰辅表》补。

赐少傅保宁军节度使充醴泉观使兼侍读卫国公
史浩辞免弟溥长子弥大女夫李友直夏鼎各与差
遣并亲属恩数不允诏
（淳熙五年十一月十五日后）

朕若稽祖宗，优待勋德，推厥宠命，逮其私门。若其异数便蕃，深恩浃洽，则又眷遇之意，无所不用其至者也。卿旧学元老，国之仪刑，兹释相权，具极邦礼。且宰辅全美，朝家光华，而闺门之内不与共其荣乐，朕得恝然而已乎！即宜钦承，毋复勤逊。

出处：《崔舍人玉堂类稿》卷七。

撰者：崔敦诗

考校说明：编年据史浩宦历补，见《宋史》卷二一三《宰辅表》。

赐史浩再上表辞免除少傅保宁军节度使充醴泉观
使兼侍读加食邑食实封不允仍断来章批答
（淳熙五年十一月十五日后）

朕历观古昔之盛，深叹君臣之全。汉重耆儒，退乃荣于就第；周优上宰，归仍即于居丰。卿国之元臣，世之大老，秉统庶事，仪刑百寮。逮其言归，留以自近，礼绝今比，恩逾前闻。岂惟台路之光荣，时乃朝家之盛美。将流芳于简册，永示劝于臣邻。固出至怀，讵容多避！

出处：《崔舍人玉堂类稿》卷三。

撰者：崔敦诗

考校说明：编年据《宋史》卷二一三《宰辅表》补。

史浩再上表辞免除少傅恩命不允仍断来章批答口宣
（淳熙五年十一月十五日后）

朕优崇耆臣，肇锡异礼，既诞颁于成命，已允惬于群心。谦避之章，止兹毋至。

出处:《崔舍人玉堂类稿》卷一四。

撰者:崔敦诗

考校说明:编年据《宋史》卷二一三《宰辅表》补。

端明殿学士朝奉大夫签书枢密院事
钱良臣辞免参知政事不允诏
(淳熙五年十一月十七日)

朕以西枢本兵权,以东府议国政。其在二柄,固有所分。至于聚精会神,修明治道,而图国家长久之术,则二三执政,倚注一也。卿学问器识,议论风采,绝出汉廷之右。君臣契合,所谓不胶漆而固者。兹从宥密,进于疑丞,非以卿文武宪邦,左右具宜故耶? 成命已行,何避之有? 所辞宜不允。

出处:《玉堂类稿》卷八。

撰者:周必大

史浩再辞免少傅保宁军节度使充醴泉观使
兼侍读加食邑实封批答
(淳熙五年十一月十七日)

省表具之。昔高宗命傅说,首言"予旧学于甘盘",而说亦复于王曰"念终始典于学,监于先王成宪"。君臣之间,相告如此,可谓得要道矣。卿早由经术,从朕储邸;再摅德业,厘我政事。其于甘盘、傅说之任固已兼之。今兹恳辞机务,愿即祠官,是用升亚傅,拥旄节,俾进读祖宗谟训于清闲之燕,始终典学,朕心盖庶几焉。逊章沓来,非所望于旧德。所辞宜不允。

出处:《玉堂类稿》卷九。

撰者:周必大

王淮除枢密使制
（淳熙五年十一月十八日）

　　门下：象著三辰，斗极上通于帝纪；政分二柄，机廷内总于兵权。朕振长策以御邦，综大纲而抚世，永惟军国之任，并系安危之图。兹有良臣，久司右府，既协同于人望，亦灼见于朕心，遂升班联，乃重委寄，涓以吉旦，谂于群伦。具官王淮刚正而守中，高明而持重。质诸天地，言顾行以无惭；发自朝廷，实浮名而有裕。曩践政路，历宣贤劳，调娱万微，绥靖四国。逮进登于宥密，益具馨于忠嘉。尊俎之画，消难于未形；帷幄之言，进规于不逮。事必汝访，谋无予欺，邦其尊荣，民以宁壹。朕稽参古谊，简畀事权。勃辅汉家，实倚本兵之重；蠡谋越国，亦专主外之长。是用诞颁恩书，升正使号。式序尔位，亚端揆以同登；克壮其犹，秉神枢而独制。仍陪户邑，并陟文阶。是由至怀，庶表优礼。於戏！贤人之业可大，副予体貌之崇；天下之务惟几，藉尔精神之运。勉坚壹意，汔底多盘。可特授枢密使、太中大夫，依前东阳郡开国公，加食邑一千户、食实封四百户。主者施行。

出处：《崔舍人玉堂类稿》卷一。又见《宋宰辅编年录》卷一八。
撰者：崔敦诗
考校说明：编年据《宋宰辅编年录》卷一八、《宋史》卷三五《孝宗纪》补。

赵雄除右丞相制
（淳熙五年十一月十八日）

　　门下：朕绍天休运，持国永图，内怀未究之规摹，外愧难成之功业。长抚远驭，将恢不世之基；达识通材，庶获非常之辅。有赫延登之命，无逾历试之贤。具宣乃犹，咸告尔众。具官赵雄器全而用远，实大而声闳。临事善谋，端若元龟之信；当机立发，沛如流水之原。蚤膺深知，即践要路，考其才恢恢而有余地，验其策断断而无空言。灼知俊心，可倚大任，遂付以政，用宏乃庸。周旋三时，醇亮一节，以智略通明赞朕事，以道德宽大广朕心，民言维嘉，国论以壹。朕敷闻古昔，注想英贤。以言痼合，则曷究于深诚；以象营求，则固非于素望。念此选举，疢于凤宵。有能奋庸，协我昌明之会；曾是在位，得兹硕大之臣。是用诞扬恩纶，登授相柄。广宣厥道，俾尽展于良规；无弃尔成，尚汔终于显绩。申加采邑，超进文阶，并出眷怀，是崇体貌。宣兹注意，维以蒙休。於戏！邃古之治益遥，真儒之效

浸寡。维身克正,卿士庶尹无不宜;维心克诚,阴阳四时无不序。勉摅素蕴,永底
丕平。可特授右丞相、正议大夫、依前鲁郡开国公,加食邑一千户,食实封四百
户。主者施行。

出处:《崔舍人玉堂类稿》卷二。又见《宋宰辅编年录》卷一八。
撰者:崔敦诗
考校说明:编年据《宋宰辅编年录》卷一八、《宋史》卷三五《孝宗纪》补。

钱良臣再辞免参知政事批答
(淳熙五年十一月十八日)

省表具之。朕御图滋久,为政益勤。昼当馈以思贤,夜揽衣而揆事。粤若泰
和,在唐虞成周之世;亦惟圣主,得稷契皋陶之臣。肆依任于辰髦,期隮攀于治
古。卿猷为肃给,识虑疏通。凤推文武之才,尝著将明之效。预闻兵本,宣协民
瞻。三杰运筹,既备观于远略;四人昭德,宜擢赞于繁机。延登之指具孚,控免之
章奚再?虽嘉谦牧,难抑诏除。所辞宜不允,仍断来章。

出处:《玉堂类稿》卷九。
撰者:周必大

赵雄特授右丞相赐告口宣
(淳熙五年十一月十八日)

卿禀方大之资,迪忠纯之度,兹登相位,实协民情。宜服恩书,即恢贤业。

出处:《崔舍人玉堂类稿》卷一四。
撰者:崔敦诗
考校说明:编年据《宋宰辅编年录》卷一八、《宋史》卷三五《孝宗纪》补。

王淮特授枢密使赐告口宣
(淳熙五年十一月十八日)

卿受材高明,蹈道中正,久秉司于枢管,兹进陟于使权。宜服明纶,汔终

显绩。

出处:《崔舍人玉堂类稿》卷一四。

撰者:崔敦诗

考校说明:编年据《宋宰辅编年录》卷一八、《宋史》卷三五《孝宗纪》补。

钱良臣再辞免除参知政事口宣
(淳熙五年十一月十八日)

有敕:朕简求俊杰,协赞机衡。胡为逊避之坚,未谅眷怀之厚。已批需牍,亟服涣恩。

出处:《玉堂类稿》卷一二。

撰者:周必大

赵雄上表再辞免右丞相不允批答口宣
(淳熙五年十一月十八日)

朕涣发邦号,延登相臣,台路有晖,舆情胥喜。宜略谦恭之守,即恢宏远之图。

出处:《崔舍人玉堂类稿》卷一四。

撰者:崔敦诗

考校说明:编年据《宋宰辅编年录》卷一八、《宋史》卷三五《孝宗纪》补。

王淮上表再辞免枢密使不允批答口宣
(淳熙五年十一月十八日)

朕考协民言,登庸枢辅,已颁显命,方仔嘉犹。尚陈引避之辞,殊咈倚成之望。

出处:《崔舍人玉堂类稿》卷一四。

撰者:崔敦诗

考校说明:编年据《宋宰辅编年录》卷一八、《宋史》卷三五《孝宗纪》补。

赐太中大夫参知政事赵雄辞免特授右丞相
正议大夫加食邑食实封不允诏
(淳熙五年十一月十八日后)

朕惟自古国家之盛,允有显德,克享天心,则才为时生,乃有硕大光明之辅,左右厥辟,相我受民,爰暨四方,罔不同福。今朕不逮,侧席虚己,庶几得贤。卿正学诚明,英猷开亮,夙怀任重道远之志,兼得应变守文之长,加以远略宏度,复出群物,天所付界,庶其在兹,维朕时宪,用不敢违。今爰立之命,匪卜匪筮,断自朕心,尚恢久大之图,茂对亨嘉之会,劳谦小节,非所望焉。

出处:《崔舍人玉堂类稿》卷七。
撰者:崔敦诗
考校说明:编年据《宋史》卷二一三《宰辅表》补。

赐中大夫知枢密院事王淮辞免除太中大夫
枢密使加食邑食实封不允诏
(淳熙五年十一月十八日后)

朕仰惟祖宗规模宏远,以中台总厘政务,以右府对持兵权,礼遇委寄,靡不悉同。于时元老巨臣,有若王曾、文彦博,犹以前宰,乃居元枢。朕今右武经邦,体天图大,维时宥密,尤待忠贤。卿博大高明,敦实方靖,登践政路,勤劳王家,蹈履诚信,表里不渝,献纳谋犹,本末可纪。今升正使号,柄愈重而位愈崇,勉摅宏图,共济丕业,规规谦避,非朕意焉。

出处:《崔舍人玉堂类稿》卷七。
撰者:崔敦诗
考校说明:编年据《宋史》卷二一三《宰辅表》补。

赐王淮上表再辞免特授枢密使太中大夫
加食邑食实封不允批答
(淳熙五年十一月十八日后)

朕惟帝王之盛,未尝去兵,是以爰自即位,夙夜以思,启处以图,其于三军五兵之事,不敢一日忘也。乃若廊庙辅臣,股肱同体,实赖讲谋究度,以旦夕承翼,济予于丕庸。卿毗佐累年,练达庶事,镇物以重,事上以诚。具鼎才之实,而养以刚中;积坤德之纯,而发以方大。朕所嘉赖,匪卿而谁?专付重权,益懋成绩,万微之会,悉以属卿。宜宏大猷,毋事小节。

出处:《崔舍人玉堂类稿》卷三。

撰者:崔敦诗

考校说明:编年据《宋史》卷二一三《宰辅表》补。

赐赵雄上表再辞免特授右丞相正议大夫
加食邑食实封不允批答
(淳熙五年十一月十八日后)

朕惟宰相之任,厥惟难才,非尽古之道不足以有谋,非达今之宜不足以有立。固尝中夜以兴,当食而叹,思得一世之人杰,足以济时成务者,俾任吾事。天若兴世,国岂无才?卿夙由禁途,自结朕眷,以陈平之智而复重厚可任,以玄龄之谋而能果断必行,朕所注意非一日也。涣号已颁,众言维允,功业之盛,四面以观。区区谦辞,终不得徇。

出处:《崔舍人玉堂类稿》卷三。

撰者:崔敦诗

考校说明:编年据《宋史》卷二一三《宰辅表》补。

置成都路雄边军诏
(淳熙五年十一月十九日)

成都一路十六州,除成都自有飞山军,及威、茂、黎、雅、嘉州、石泉军系沿边去处,兵备不可抽摘外,自余诸州各选兵官前去逐州按试勇壮有武艺人,抽摘团结,共取一千人作二队,如李德裕雄边子弟,以"雄边军"为名。

出处:《中兴两朝圣政》卷五六。又见《宋史全文续资治通鉴》卷二六。

<h2 align="center">置立税场发引处诏</h2>
(淳熙五年十一月二十一日)

敕:税场发引去处如在五里内,许行置立,止令发引,不得就本处收税。

出处:《庆元条法事类》卷三六。

<h2 align="center">新除少傅史浩辞免备礼册命宜允诏</h2>
(淳熙五年十一月二十一日)

洪化二公,位崇礼重。大廷延拜,古有彝章。卿以旧学之良,恳还相印。进班左棘,昭示隆恩。方诏攸司,涓辰作册。遽披封奏,祈寝缛仪。谦德有光,叹嘉无斁。所请宜允。

出处:《玉堂类稿》卷八。
撰者:周必大

<h2 align="center">赵雄再辞免除右丞相口宣</h2>
(淳熙五年十一月二十二日前)

有敕:国莫难于置相,人方庆于得贤。固守一谦,至勤屡逊。其视谆谆之命,亟符赫赫之瞻。

出处:《玉堂类稿》卷一二。
撰者:周必大
考校说明:月、日据同集卷九《赵雄再辞免右丞相正议大夫加食邑实封批答》补。

右丞相赵雄辞免提举国史院国朝会要所恩命不允诏
（淳熙五年十一月二十二日）

本朝以宰相分领三馆,定其位序。今朕扬祖烈类故实而命相臣兼掌斯事,亦是意也。卿学足以经世,文足以华国。自初识擢,固尝秉东观之笔,修四朝之史矣。今以丞相之重,总领大纲,使诸彦有所奉承,二书不至阙轶,是亦儒效之一端也。何以逊为? 所请宜不允。

出处:《玉堂类稿》卷八。

撰者:周必大

赵雄再辞免右丞相正议大夫加食邑实封批答
（淳熙五年十一月二十二日）

省表具之。朕观自古命相之重,莫如《说命》三篇:"若金,用汝作砺。若济,用汝作舟楫。若旱,用汝作霖雨。"犹以为未也,"酒醴,尔惟曲蘖。和羹,尔惟盐梅"。盖无一事不赖乎交修,是以教喻如此其至也。载在典册,朕甚慕之。卿道德觉民,忠诚致主。栋梁之质,可以任重;权衡之信,可以倚平。协赞均枢,累年于此。其议论之闳伟,纪律之设张,皆足以成国势之安,立懦夫之志。有臣如此,宅揆固宜。昔先正保衡,俾后尧舜,规模可考,仁远乎哉? 逊避至三,其止毋再。所辞宜不允,仍断来章。

出处:《玉堂类稿》卷九。

撰者:周必大

王淮再辞免枢密院使大中大夫加食邑实封批答
（淳熙五年十一月二十二日）

省表具之。朕仰观太微,象纬炳著。东垣为上相,西垣为上将,各颛一面,正天之朝事。乃知祖宗以来设东西二府,对司文武之柄,名位同而恩礼均者,岂无所自耶? 卿气裕以刚,虑深而敏。简廉恭敬,备修身之德;忠诚端亮,尽事上之道。遍周政路,累年于兹,其谋猷设施有益于我国家多矣。升正使号,宣符公言。

精神折冲,方仁显绩。逊章数至,非朕所期。所辞宜不允,仍断来章。

出处:《玉堂类稿》卷九。

撰者:周必大

王淮辞免除枢密使口宣
(淳熙五年十一月二十二日)

有敕:卿三逾岁管,四转枢廷。惟恩礼之加隆,表眷知之方厚。亟祗成涣,毋守常谦。

出处:《玉堂类稿》卷一二。

撰者:周必大

令高邮军等支米充赈贷诏
(淳熙五年十一月二十三日)

高邮军、楚州于高邮军桩管米内各支一万石,泰州于本州支一万五千石,通州、楚州并于镇江府赈粜米内各支一万五千石,并充赈贷。

出处:《宋会要辑稿》食货六八之七六。

朝奉大夫参知政事钱良臣辞免监修国史日历恩命不允诏
(淳熙五年十一月二十五日)

起居有注,时政有记,萃于东观加纂修焉,国家之大典也。卿学识高明,文辞赡丽。畴厥望实,服在左右。凡朕出入言动,固已目击耳闻,而政事弛张,人材进退,又皆参豫而奉行之矣。总率诸儒,以事系日,使是非不失其正而可传信于万世,固其职也,又奚逊焉?所辞宜不允。

出处:《玉堂类稿》卷八。

撰者:周必大

考校说明:"二十五日",明抄本、四库本作"二十二日"。

蠲免陷江田地苗税诏
(淳熙五年十一月二十八日)

新涨沙田已起立苗税,其陷江田地苗税自合蠲免。令两浙漕臣行下诸县供具诣实,申尚书省。

出处:《宋会要辑稿》食货七〇之七一。

皇叔祖士歆除节度使制
(淳熙五年十一月三十日前)

门下:朕恢崇王化,裴迪民彝。高庙神灵,仰庆源之有远;周家忠厚,阅宗室之多贤。眷我茂亲,繁时令望,锡是褒典,告于治朝。皇叔祖具官士歆天禀粹资,世凭华问。长富贵之守,泛无流心;服诗书之闻,克有常德。约己自循于防范,会朝不爽于威仪,率其贤犹,昭乃燕誉。朕顾视在列,慨兴自怀。念东平之世家,是存典则;考南阳之帝属,兹见老成。维岁月之深长,曾宠光之未继,是用稽仁祖推恩之诏,酌徽皇考绩之常,断于深衷,涣此茂命。披图按地,肇开旧甸之藩;揆日□坛,显授元戎之节。仍加采邑,并衍真畲。□循成规,□示优礼,以重犬牙之势,以崇麟趾之风。於戏! 保义我家,有衍蕃昌之绪;虔恭尔位,无忘敦叙之盟。尚迪前修,益绥后福。可特授保康军节度使,依前提举佑神观,加食邑五百户,食实封二百户封如故。主者施行。

出处:《崔舍人玉堂类稿》卷一。
撰者:崔敦诗
考校说明:编年据周必大《玉堂类稿》卷八《昭庆军承宣使提举佑神观士歆辞免保康军节度使依前提举佑神观不允诏》补。《宋会要辑稿》帝系二:"乾道五年四月,(赵士歆)转昭庆军承宣使、提举佑神观。是年十一月,授保康军节度使,依前提举佑神观。"此处"是年"非乾道五年,实为淳熙五年。周必大《玉堂类稿》卷八《昭庆军承宣使提举佑神观士歆辞免保康军节度使依前提举佑神观不允诏》题注曰"淳熙五年十一月三十日"。《中兴礼书》卷一六五:"(淳熙)四年正月十六日,大宗正司言:正月二十七日孟春荐享太庙、别庙,行事三献官,本司已差昭庆军承宣使士歆充初献,右内率府副率不黙、不外充亚、终献。"亦是一证。

士歆特授保康军节度使赐告口宣
（淳熙五年十一月三十日前）

卿谦恭饬己,孝友承家,已颁焕号之恩,遂授斋坛之节。宜乎眷意,即服宠章。

出处:《崔舍人玉堂类稿》卷一四。

撰者:崔敦诗

考校说明:编年据周必大《玉堂类稿》卷八《昭庆军承宣使提举佑神观士歆辞免保康军节度使依前提举佑神观不允诏》补。

昭庆军承宣使提举佑神观士歆辞免保康军
节度使依前提举佑神观不允诏
（淳熙五年十一月三十日）

周汉世祚久长,盖得同姓藩维之助。朕用时宪,不专为恩。卿属近行尊,谨饬而信厚,司留务于两使,逮今十年。载畴厥劳,俾领名镇。秉旄授钺,克壮宗盟。亟其钦承,副我亲亲之意。所辞宜不允。

出处:《玉堂类稿》卷八。

撰者:周必大

示谕保康军官吏军民僧道耆寿等敕书
（淳熙五年十一月三十日前后）

天资纯全,地望融显,周旋法度之训,被服德义之经。久于班联,嘉乃端靖,已诞颁于英节,俾遥镇于名藩。谅彼听闻,同于慰喜。

出处:《崔舍人玉堂类稿》卷一六。

撰者:崔敦诗

考校说明:编年据周必大《玉堂类稿》卷八《昭庆军承宣使提举佑神观士歆辞免保康军节度使依前提举佑神观不允诏》补。

赐昭庆军承宣使提举佑神观士歆上表再辞免保康军节度使加食邑食实封不允仍断来章批答
（淳熙五年十一月三十日后）

朕惟亲亲之道，先王所以化天下、厚人伦也。卿裕和肃艾，为时老成，秉德在庭，克自祗畏。比考阀阅，宜秉节旄，遂涓刚辰，已涣邦号。朕于宗族，恩靡不用，至是积勤累善，历十年始进其官，则亦惟旧宪是若，顾于予心尚有慊然，而卿犹欲有辞，可乎？即宜钦承，毋庸重请。

出处：《崔舍人玉堂类稿》卷三。

撰者：崔敦诗

考校说明：编年据周必大《玉堂类稿》卷八《昭庆军承宣使提举佑神观士歆辞免保康军节度使依前提举佑神观不允诏》补。

士歆上表再辞免保康军节度使不允批答口宣
（淳熙五年十一月三十日后）

卿蔚为宗英，休有德问，兹颁英节，具协彝章。宜收谦挹之辞，即服显崇之宠。

出处：《崔舍人玉堂类稿》卷一四。

撰者：崔敦诗

考校说明：编年据周必大《玉堂类稿》卷八《昭庆军承宣使提举佑神观士歆辞免保康军节度使依前提举佑神观不允诏》补。

赐中大夫参知政事钱良臣乞重行黜削谨家居待罪不允诏
（淳熙五年十一月后）

朕秉要法宫，倚成政路，固不以缪误往故，督过大□。卿曩任将明，偶乖察举。非亲非旧，诚亦何心；乍佞乍贤，自当难保。况知人之法，圣人犹重之，卿曷为引咎之深哉！

出处:《崔舍人玉堂类稿》卷八。

撰者:崔敦诗

考校说明:编年据同集前后文时间、钱良臣宦历补,见《宋史》卷二一三《宰辅表》。

新授中大夫参知政事钱良臣辞免同提举敕令所不允诏
(淳熙五年十二月四日)

夏有政典,商制官刑,周命六卿,垂法象魏,因时损益,虽或不同,合于人情,其揆一也。卿博习今古,有猷有为。以助万机,方资硕望,参裁三尺,更藉通儒。往贰相臣,讲明画一。俾予宪度,不愧盛王。兹惟汝谐,毋咈朕命。所辞宜不允。

出处:《玉堂类稿》卷八。

撰者:周必大

右丞相赵雄辞免提举编修玉牒提举敕令所不允诏
(淳熙五年十二月四日)

尧亲九族,盖重本支;汉约三章,务宗简易。成书未备,后世何观?属命朝绅,交修巨典。兹烦相绂,并总宏纲。卿识际天渊,学穷今古。洪钧独运,固已优为;众职咸厘,特其余事。矧从近比,庸示至怀。逊牍虽来,涣恩难格。所辞宜不允。

出处:《玉堂类稿》卷八。

撰者:周必大

周必大除礼部尚书兼翰林学士制
(淳熙五年十二月四日)

敕:朕稽德于《乾》爻,惟亨嘉之会以合礼;求治于《履》象,惟上下之辨以定民。实待人而后行,故设官而是掌。莫重文昌之位,用先清庙之才。翰林学士、中奉大夫、知制诰、兼太子詹事、兼侍读、兼修国史、管城县开国子、食邑五百户、赐紫金鱼袋周必大,识达显微,学穷因造。商瑚夏琏,可方其质之温;虞韺周章,宜比其文之丽。与闻封拜之久,宜居出纳之尊。予欲正国以权衡,则汝承;予欲纳民于防范,则汝助。毋鄙骰蒸以为末,毋轻绵蕞以为迁。秩宗本直清,既已归于姜伯;为命工润色,岂容舍于国侨。可特授依前中奉大夫、试礼部尚书、兼翰林学士、兼太子詹事、兼侍读、兼修国史,封赐如故。

出处:周纶《周益国文忠公年谱》。

撰者:陈骙

赐翰林学士中奉大夫知制诰兼侍读兼太子詹事兼修国史周必大辞免除礼部尚书兼翰林学士不允诏
(淳熙五年十二月四日后)

朕惟五礼管乎群情,八座高于迩列。若乃中朝有大制作而无所折衷,诸儒有异议论而未知适从,维时大宗伯之官,岂同常有司之事! 卿以道德名望之彦,首言语侍从之联,百王宪度,靡不该通,一代典章,俱成诵记,庸副朕选,谁逾汝宜。兹超陟于新班,复仍居于旧直。进趋内禁,敷雷风鼓舞之辞;退践中台,秉夙夜寅清之节。宜祗宠遇,毋执谦怀。

出处:《崔舍人玉堂类稿》卷七。

撰者:崔敦诗

考校说明:编年据周纶《周益国文忠公年谱》补。

禁兴元府大军打请日拜红漆牌子金书圣旨诏
(淳熙五年十二月十一日)

访闻兴元府大军有总领所发到红漆牌子、金书圣旨,每遇打请日分,挂于仓中厅上,监仓先着公裳拜讫,次令统领、将官以下着公裳拜毕,方令军中打请。可札下四川总领所日下禁止。

出处:《宋会要辑稿》刑法二之一二〇。

吏部窠阙遵守见行条法诏
(淳熙五年十二月十五日)

自今吏部窠阙,并令铨曹遵守见行条法,不得以堂除为名。

出处:《宋会要辑稿》职官八之三九。

沿江州军不得透漏钱银茶货等诏
(淳熙五年十二月十八日)

本路帅宪守臣常切觉察,犯人依条断罪追赏。仍约束水寨首领,违者重作施行。

出处:《宋会要辑稿》刑法二之一二〇。

除监司郡守须契勘年甲诏
(淳熙五年十二月十八日)

自今除监司、郡守,并须契勘年甲,年及者与祠禄。

出处:《宋会要辑稿》职官五四之四〇。

金国贺正旦使人赴阙赤岸赐御筵口宣
(暂系于淳熙五年十二月二十一日前)

卿等并将使命,协庆春元,知已届于近郊,方少留于□馆。即颁惠燕,用表眷怀。

出处:《崔舍人玉堂类稿》卷一四。
撰者:崔敦诗
考校说明:编年据同集前后文时间、《宋史》卷三五《孝宗纪》补。

平江府赐御筵口宣
（暂系于淳熙五年十二月二十一日前）

卿等飞华使传,修庆春正,知已届于吴门,宜即颁于燕席。用昭眷遇,式慰勤劳。

出处:《崔舍人玉堂类稿》卷一四。

撰者:崔敦诗

考校说明:编年据同集前后文时间、《宋史》卷三五《孝宗纪》补。

赤岸赐酒果口宣
（暂系于淳熙五年十二月二十一日前）

卿等使传载驰,都门密迩,锡以上尊之美,副之嘉实之多。庸慰勤劳,少资燕适。

出处:《崔舍人玉堂类稿》卷一四。

撰者:崔敦诗

考校说明:编年据同集前后文时间、《宋史》卷三五《孝宗纪》补。

镇江府赐御筵口宣
（暂系于淳熙五年十二月二十一日前）

卿等凤戒使骈,远将庆币,知绝江而既济,因授馆以少留。式厚眷私,就颁燕衎。

出处:《崔舍人玉堂类稿》卷一四。

撰者:崔敦诗

考校说明:编年据同集前后文时间、《宋史》卷三五《孝宗纪》补。

金国贺正旦使人赴阙盱眙军传宣抚问赐御筵口宣
(暂系于淳熙五年十二月二十一日前)

卿等协讲欢盟,远持庆礼,已飞轩而及境,将濡辔以遵涂。式厚抚存,仍颁燕喜。

出处:《崔舍人玉堂类稿》卷一四。

撰者:崔敦诗

考校说明:编年据同集前后文时间、《宋史》卷三五《孝宗纪》补。

镇江府赐银合茶药口宣
(暂系于淳熙五年十二月二十一日前)

卿等远驰使传,近次江城,念跋履之勤劳,宜冲和之辅养。特推嘉锡,用表殊私。

出处:《崔舍人玉堂类稿》卷一四。

撰者:崔敦诗

考校说明:编年据同集前后文时间、《宋史》卷三五《孝宗纪》补。

金国使人到阙玉津园射弓赐射弓酒果口宣
(暂系于淳熙五年十二月二十一日)

卿等使事少间,苑游胥乐,知有循声之艺,谅多中节之仪。式厚宠颁,庶资燕适。

出处:《崔舍人玉堂类稿》卷一四。

撰者:崔敦诗

考校说明:编年据同集前后文时间、《宋史》卷三五《孝宗纪》补。

受纳苗米不得取优润米诏
（淳熙五年十二月二十六日）

诸路州县受纳苗米并和籴米,许令民户自行概,仍不得取优润米。

出处:《宋会要辑稿》食货六八之一二。

十二月二十八日赐生饩口宣
（暂系于淳熙五年十二月二十八日）

卿等并扬使节,已次都邮,念方释于贤劳,宜少安于颐养。特颁礼饩,用表眷怀。

出处:《崔舍人玉堂类稿》卷一四。
撰者:崔敦诗
考校说明:年份据同集前后文时间补。

十二月三十日赐内中酒果口宣
（暂系于淳熙五年十二月三十日）

卿等即于馆寓,及此岁除,爰将眷予之诚,特致芳醇之品。凡兹嘉锡,出自内庭。

出处:《崔舍人玉堂类稿》卷一四。
撰者:崔敦诗
考校说明:年份据同集前后文时间补。

赐敷文阁直学士朝请大夫秦埙辞免改差知泰州不允诏
（暂系于淳熙五年十二月前后）

卿胄由乔木之世家,名在甘泉之法从。起之试郡,庶劳效之有闻;更以治民,初眷怀之无间。谅居官而可纪,当易地以皆然。岂必谦辞,即宜祗服。

出处:《崔舍人玉堂类稿》卷八。

撰者:崔敦诗

考校说明:编年据同集前后文时间补。

赐朝议大夫权尚书兵部侍郎兼详定一司
敕令刘孝韪辞免除兵部侍郎不允诏
（暂系于淳熙五年十二月前后）

朕博延英材,列布禁路。法皆得从,虽均礼遇之隆;久乃为真,兹重近严之选。卿迪忱恂之度,秉端亮之资。文章尔雅,足继古风;议论正平,可询今事。懋乃贤业,登诸贰卿,岁时徊旋,誉望融显。兹有兴于眷意,俾即正于班联。固尝念之,亦已晚矣,宜承休命,毋重谦辞。

出处:《崔舍人玉堂类稿》卷七。

撰者:崔敦诗

考校说明:编年据同集前后文时间、刘孝韪官历补,见《南宋馆阁续录》卷五等。

赐昭化军承宣使提举江州太平兴国宫钱恺
辞免令赴行在奏事不允诏
（暂系于淳熙五年十二月前后）

朕惟太上皇帝轩墀旧臣,朕皆昔闻其人矣。矧惟我大主之胄,元勋之家,于今显荣,在者无几,眷然长怀,得此一老。卿生于华阀,辅以美文,越去阙廷,多历年所,思以自近,知其尚强,已颁召书,方伫风采。《诗》不云乎:"虽无老成人,尚有典刑。"卿其趣装来朝,毋徘徊逊避,以咈朕眷想之意焉。

出处:《崔舍人玉堂类稿》卷七。

撰者:崔敦诗

考校说明:编年据同集前后文时间补。

赐江南东路安抚使陈俊卿银合腊药敕书
(暂系于淳熙五年冬)

留籥地崇,帅藩望重,当严凝之方厉,谅绥抚之多勤。爰有匪颁,庶资冲啬。

出处:《崔舍人玉堂类稿》卷一六。

撰者:崔敦诗

考校说明:编年据同集前后文时间、陈俊卿宦历、文中所述"腊药"补,见《景定建康志》卷一四。

赐福建路安抚使沈夏江南西路安抚使杨倓银合腊药敕书
(淳熙五年冬)

夙秉中枢,荐分外寄,当寒威之增劲,谅藩事之宣劳。宜有恩颁,用资和卫。

出处:《崔舍人玉堂类稿》卷一六。

撰者:崔敦诗

考校说明:编年据沈夏(《宋史》等书作"沈复")宦历、文中所述"腊药"补,见乾隆《福州府志》卷三一。

赐成都潼川府夔州利州路安抚制置使
胡元质银合腊药敕书
(暂系于淳熙五年冬)

岁华向暮,寒气增严,兴言夕琐之臣,专任坤隅之寄。爰推宠锡,用助珍调。

出处:《崔舍人玉堂类稿》卷一六。

撰者:崔敦诗

考校说明:编年据同集前后文时间、胡元质宦历、文中所述"腊药"补,见《宋会要辑稿》食货七〇等。

赐两浙东路安抚使李彦颖银合腊药敕书
（暂系于淳熙五年冬）

望高旧弼,任重名藩,适涉序于隆寒,宜辅和于冲履。爰颁良剂,式表深怀。

出处:《崔舍人玉堂类稿》卷一六。

撰者:崔敦诗

考校说明:编年据同集前后文时间、李彦颖宦历、文中所述"腊药"补,见《嘉泰会稽志》卷二。

赐皇子判明州魏王恺金合腊药敕书
（暂系于淳熙五年冬）

望重亲贤,任隆蕃翰,属风霜之方厉,谅夙夜之多勤。式示恩颁,用绥福履。

出处:《崔舍人玉堂类稿》卷一六。

撰者:崔敦诗

考校说明:编年据同集前后文时间、赵恺宦历及卒年、文中所述"腊药"补,见《宋史》卷三四《孝宗纪》、卷三五《孝宗纪》。

赐侍卫马军行司武康军节度使侍卫马军
都指挥使吴拱御前诸军都统制吴挺等御
前诸军副都统制韩宝等银合腊药敕书
（暂系于淳熙五年冬）

总提戎旅,展罄忠劳,当气序之严凝,宜精神之辅养。爰颁药剂,式表眷怀。

出处:《崔舍人玉堂类稿》卷一六。

撰者:崔敦诗

考校说明:编年据同集前后文时间、吴拱宦历、文中所述"腊药"补,见周必大《玉堂类稿》卷一二《吴拱除侍卫马军都指挥使口宣》。

吴挺除利州西路安抚使兼知兴州口宣
(淳熙五年)

　　有敕:卿载驰十乘,入觐九重。适分置于帅藩,遂就颁于纶命。钦承异宠,往奋显庸。

出处:《玉堂类稿》卷一二。

撰者:周必大

考校说明:吴挺除利州西路安抚使兼知兴州事,《宋史》卷三六六《吴挺传》系于淳熙四年。

孝宗朝卷十八　淳熙六年(1179)

赐接伴使副春幡春胜口宣
(暂系于淳熙六年正月前)

春华潜动,物态交熙,眷言要近之臣,适有驱驰之役。爰推赐式,俾道时休。

出处:《崔舍人玉堂类稿》卷一四。
撰者:崔敦诗
考校说明:编年据同集前后文时间、文中所述史事补。

赐三节人从春幡春胜口宣
(暂系于淳熙六年正月前)

寒气凋谢,春阳发生,旋观物意之淳,深念征涂之勤。并膺颁赉,同洽欢康。

出处:《崔舍人玉堂类稿》卷一四。
撰者:崔敦诗
考校说明:编年据同集前后文时间、文中所述史事补。

赐金国贺正旦使副春幡春胜口宣
(暂系于淳熙六年正月前)

三阳肇始,万宝向荣,眷怀使事之勤,适阅年华之美。并推繁锡,俾对良辰。

出处:《崔舍人玉堂类稿》卷一四。

撰者:崔敦诗

考校说明:编年据同集前后文时间、文中所述史事补。

昭化军承宣使钱恺辞免知閤事干办皇城司不允诏
(暂系于淳熙五年十二月至淳熙六年正月间)

君门九重,尤严于上阁;宫隅七雉,实护于中宸。肆择旧人,兼厘要职。卿明懿之季子,仁皇之外孙。家传忠孝之风,世席高华之宠。谒违班著,久即燕闲。兹趣对于便朝,盖深嘉于宿望。荣颁叠组,日侍垂旒。尚钦眷奖之恩,毋守谦冲之节。所辞宜不允。

出处:《玉堂类稿》卷八。

撰者:周必大

考校说明:编年据同集前后文时间补。

正月一日入贺毕归驿赐酒果口宣
(暂系于淳熙六年正月一日)

卿等将命修欢,造朝成礼,方逖归于宾驿,式兴念于贤劳。兹有分颁,庶资燕喜。

出处:《崔舍人玉堂类稿》卷一四。

撰者:崔敦诗

考校说明:年份据同集前后文时间补。

正月一日入贺毕归驿赐御筵口宣
(暂系于淳熙六年正月一日)

卿等入觐阙廷,归休馆舍,阅威仪之有度,想陟降之良劳。式示眷怀,即颁燕衎。

出处:《崔舍人玉堂类稿》卷一四。

撰者:崔敦诗

考校说明:年份据同集前后文时间补。

赐被褥鈔锣等口宣
(暂系于淳熙六年正月一日前后)

卿等奉将庆礼,协讲欢盟,式图宾馆之安,并致燕居之用。宜承厚锡,咸体隆怀。

出处:《崔舍人玉堂类稿》卷一四。
撰者:崔敦诗
考校说明:编年据同集前后文时间补。

密赐大银器口宣
(暂系于淳熙六年正月一日前后)

卿等协庆春元,肃将聘礼,昭以宠光之厚,锡兹器用之华。是出隆私,即宜钦受。

出处:《崔舍人玉堂类稿》卷一四。
撰者:崔敦诗
考校说明:编年据同集前后文时间补。

正月三日赐内中酒果口宣
(暂系于淳熙六年正月三日)

春华浮动,使事迟留,锡之和旨之醥,侑以芳滋之实。并由内禁,式表殊怀。

出处:《崔舍人玉堂类稿》卷一四。
撰者:崔敦诗
考校说明:年份据同集前后文时间补。

存恤人使往来州军牵驾人夫诏
（淳熙六年正月四日）

逐路转运司措置存恤，令平江府及沿路州军将实死人数于系省官钱内支埋殡钱。

出处：《宋会要辑稿》职官三六之五九。

正月四日玉津园射弓赐射弓御筵口宣
（暂系于淳熙六年正月四日）

春阳融豫，禁苑靖深，方观射艺之长，庸洽宾欢之适。即颁燕设，宜遂款留。

出处：《崔舍人玉堂类稿》卷一四。
撰者：崔敦诗
考校说明：年份据同集前后文时间补。

正月四日玉津园射弓赐射弓弓箭例物口宣
（暂系于淳熙六年正月四日）

卿等联驰使骑，并集禁园，具施命中之奇，式协和容之度。特申颁赍，宜体眷怀。

出处：《崔舍人玉堂类稿》卷一四。
撰者：崔敦诗
考校说明：年份据同集前后文时间补。

正月六日朝辞讫归驿赐酒果口宣
（淳熙六年正月六日）

有敕：卿等春元成礼，谒舍腾装。锡以香醪，贰之嘉实。既示宠绥之意，仍兹宴饮之欢。

出处:《玉堂类稿》卷一三。

撰者:周必大

正月六日朝辞讫归驿赐御筵口宣
(淳熙六年正月六日)

有敕:卿等谒辞春殿,归憩驲亭。庸加贲于宾仪,爰就开于宴席。尚钦慈惠,益洽欢娱。

出处:《玉堂类稿》卷一三。

撰者:周必大

回程赤岸赐御筵口宣
(淳熙六年正月六日后)

有敕:卿等已庆元春,式遄归斾。欲示使华之宠,载伸郊饯之仪。方属余寒,勿辞霑醉。

出处:《玉堂类稿》卷一三。

撰者:周必大

回程镇江府赐御筵口宣
(淳熙六年正月六日后)

有敕:春风应律,扬归斾以载途;北固留宾,秩华筵而示惠。尚钦眷渥,益洽欢娱。

出处:《玉堂类稿》卷一三。

撰者:周必大

降授中大夫新知泉州军州事韩彦
直辞免敷文阁学士不允诏
（淳熙六年正月七日）

　　朕甚重爵赏，不妄予人。有能趋事赴功，则无所吝。故虽疏远之士，尺寸之劳，未尝遗也，而况于侍从之臣？卿夙蕴才猷，所临底绩。永嘉之政，威信并行，海道宿奸，俘获殆尽，为守将者不当如是乎？峻班西清，蔽自朕志。庶几九牧，咸劝有功。成命已敷，岂容逊避？所辞宜不允。

出处:《玉堂类稿》卷八。
撰者:周必大

武臣呈试事诏
（淳熙六年正月九日）

　　近已降指挥，令武臣呈试材武，或三等弓力、事艺，或《七书》义，三色依旧法外，内呈试第二等、第三等弓力人，并令添试断案一场，仍止试一道问目，少立条件，比文臣铨试题一半。

出处:《宋会要辑稿》选举二六之一一。

皇弟璩除少傅加封制
（淳熙六年正月十日）

　　门下:诏爵禄以驭臣，莫重二公之任;友弟兄而为政，盖先九族之亲。乃眷宗英，实联贵介。夙著维城之助，屡更考绩之期。越进新班，式孚众听。少保、静江军节度使、充醴泉观使、恩平郡王、食邑一万一千五百户、食实封四千七百户璩，质全乐易，业懋温纯。谨夙夜之操修，践诗书之猷训。振振其德，关雎之应赖焉;莘莘其光，棠棣之华著矣。一司属籍，十阅岁阴。自改莅于内祠，仍燕居于东粤。朕纂承滋久，雍睦为先。兴言近族之良，每示注怀之厚。式相好矣，岂忘爱处之时;今锡予之，何待来朝之日。是用诞颁典册，益固盘维。棘路增崇，既序升于亚傅;茅封加重，仍并衍于多腴。以图夹辅之勋，以教庶民之悌。於戏! 周尊聃季，由克保于令名;汉重河间,在能几于大雅。尚思前矩,庸对茂恩。可特授少傅,依前静江军节度使,充醴泉观使,恩平郡王,加食邑七百户,食实封三百户。

出处:《玉堂类稿》卷三。

撰者:周必大

赐皇弟璩辞免特授少傅依前静江军节度使
充醴泉观使恩平郡王加食邑食实封不允诏
(淳熙六年正月十一日后)

朕惟亲之欲其贵,爱之欲其富,古之道也。朕承祖宗休烈,托于王公之上,方亲九族以和万邦,惟是昆弟之贤,可勿厚乎? 卿秉心安常,率履端靖,绥乃燕誉,亢吾宗盟。比者考诸阀阅,三孤之位,久而未进,朕用恧焉。趣告大廷,登拜亚傅,庶几致予亲爱之意。即宜祇服,毋事谦陈。

出处:《崔舍人玉堂类稿》卷七。

撰者:崔敦诗

考校说明:编年据《宋会要辑稿》职官一补。

赐皇弟少傅静江军节度使充醴泉观使恩
平郡王璩辞免备礼册命宜允诏
(淳熙六年正月十一日后)

朕优襃亲盟,序进傅位。礼亦异数,顾难废于邦常;民具尔瞻,实有关于事体。载披巽牍,愿辍盛仪。维用勉从,终非朕怿。

出处:《崔舍人玉堂类稿》卷七。

撰者:崔敦诗

考校说明:编年据《宋会要辑稿》职官一补。

示谕宁武军敕书
（淳熙六年正月十三日）

朕以曾觌畚从代邸，久侍汉祠。特升左棘之班，改附西州之节。瞻言乐土，实远行都。闻耆旧之遥临，想旄倪之胥悦。

出处：《玉堂类稿》卷一一。

撰者：周必大

武泰军节度使开府仪同三司充万寿观使曾觌
再辞免少保宁武军节度使加食邑实封批答
（淳熙六年正月十三日）

省表具之。卿秉心有常，事上尽礼。不以势权为乐，而以闲适为安。遐福修龄，天方俾尔；高官厚禄，朕何爱焉？用升亚保之班，仍易名邦之节。已敷中诏，具谂外庭。乃沥控于需章，殊未符于眷意。虽劳谦终吉，有自抑之心；而令出惟行，无可回之理。亟其祗若，勿复重陈。所辞宜不允。

出处：《玉堂类稿》卷九。

撰者：周必大

曾觌辞免除少保口宣
（淳熙六年正月十三日）

有敕：朕念旧兴怀，维新锡命。进孤班之峻秩，易将阃之高牙。已谕至恩，毋烦多避。

出处：《玉堂类稿》卷一二。

撰者：周必大

曾觌再辞免除少保口宣
(淳熙六年正月十三日后)

有敕:秩加三少,荣易十连。虽申优异之恩,不废燕闲之乐。于义为允,固辞谓何?

出处:《玉堂类稿》卷一二。
撰者:周必大
考校说明:月、日据同集前文《曾觌辞免除少保口宣》补。

曾觌再辞免少保宁武军节度使加食邑实封批答
(淳熙六年正月十四日)

省表具之。通籯夏篆,有华孤棘之官;巨节高旌,尤重将坛之寄。孰兼徽数?允属旧人。卿肃艾迪躬,忠勤励志。际飞龙之运,首濡雨露之恩;施行马于门,允蹑云霄之步。庸加显拜,益表至怀。谓亟服于恩纶,乃沴披于逊牍。尚恭三命,毋守一谦。所辞宜不允,仍断来章。

出处:《玉堂类稿》卷九。
撰者:周必大
考校说明:"十四日",原作"十三日",据明抄本、四库本改。

曾觌除少保改镇充醴泉观使加封制
(淳熙六年正月十五日)

门下:八统驭民,敬故在进贤之上;三孤辨等,正仪高特揆之中。眷念旧人,独存耆老。久荣兼于将相,盍序进于班联?揆以刚辰,告于列位。武泰军节度使、开府仪同三司、充万寿观使、信安郡开国公、食邑三千一百户、食实封一千三百户曾觌,性涵温厚,识蕴通明。辞章焜耀于一时,议论驰驱于千载。事予潜邸,凤鸑于勤劳,际我昌期,居多于忠益。处燕闲而自适,履富贵而能谦。岁月屡迁,眷知弥异。朕历览兴王之代,率优附翼之臣。《誓》纪带河,沛邑尽封侯之俊;《诗》歌伐木,周邦多归厚之民。若时飴背之贤,可后龙光之渥?是用升华孤棘,新亚保之威仪；分镇葭萌，换元戎之节制。易使名于真观，衍封食于上畬。衮绣有光，丝纶甚宠。於戏！汉家再造，赏朱佑之旧恩；唐室方兴，叹元超之白首。勉思古谊，益介多祥。可特授少保、宁武军节度使，充醴泉观使，依前信安郡开国公，加食邑七百户，食实封三百户。

出处：《玉堂类稿》卷三。
撰者：周必大

曾觌授少保口宣
（淳熙六年正月十五日）

有敕：卿为时耆俊，荷国宠荣。越升孤保之崇，并易将旄之重。其承纶命，以副朕心。

出处：《玉堂类稿》卷一二。
撰者：周必大
考校说明：月、日据同集卷三《曾觌除少保改镇充醴泉观使加封制》补。

赐武泰军节度使开府仪同三司充万寿观使曾觌辞免除少保宁武军节度使加食邑食实封不允诏
（淳熙六年正月十五日后）

朕奉承太上之慈训，付授大器，于时攀附之臣，名在帝籍，被蒙显荣。今历更岁时，兴念畴昔，顾瞻在廷，无几存者。卿受才清明，秉谊醇壹，皤然耆艾，际此亨嘉，蹈履冲规，向用全福，朕之所优遇。乃兹换节名藩，进位亚保，将使远近闻风，知朕笃于故旧，有加无已，庶几民德归厚，无愧周家之盛，何以辞焉！

出处：《崔舍人玉堂类稿》卷七。
撰者：崔敦诗
考校说明：编年据周必大《玉堂类稿》卷三《曾觌除少保改镇充醴泉观使加封制》补。

赐新授少保宁武军节度使充醴泉观使
曾觌辞免择日备礼册命宜允诏
（淳熙六年正月十五日后）

爵命有册,古也。朕比褒耆旧,优进孤班,固已诏有司序簪绂、陈金石,朕当临轩而赐之。乃兹有陈,愿置勿讲。《易》不云乎:"劳谦君子有终吉。"虽咈予怀,姑成卿美。

出处:《崔舍人玉堂类稿》卷七。

撰者:崔敦诗

考校说明:编年据周必大《玉堂类稿》卷三《曾觌除少保改镇充醴泉观使加封制》补。

归正官添差事诏
（淳熙六年正月十六日）

归正官自今须要亲身到部,有召保官二员,内须要今任满罢日非归正人而同在本州军在内知识官一员。即虽同在一州军,而任诸县官者非。其初离军人,亦于保官二员内召未离军时同营官一员,并后所属结罪委保正身不系承代诈冒。到部,须经长贰亲加引问照验,方得放行添差。

出处:《宋会要辑稿》职官八之四○。

崔敦诗除著作郎告词
（淳熙六年正月二十日）

尔作属西府,精于编摩;摄直北扉,工于润色。亟立要津,众亦为允。然犹储之东观,何哉? 盖夷玉不厌于韫藏,良材益务于培养。矧慈极所授训言,隆兴以来政事,实资闳博,纂成册书。往奋笔焉,岂曰弗称。可。

出处:《崔舍人玉堂类稿》附录。

撰者:陈骙

皇弟璩再辞免少傅加食邑实封不允诏
（淳熙六年正月二十三日）

朕上奉亲欢,以隆孝治;下敦友睦,以壮宗盟。虽觐会之有常,顾豆笾之无远。卿醇和毓性,愿悫裨身。禄富万钟,靡期汰侈;位高九棘,弥戒骄矜。当国家闲暇之时,享祠馆燕安之乐。稽其积阅,宠以殊迁。既昭驭贵之公,亦广因心之爱。廷扬惟允,谦执谓何? 所辞宜不允,不得再有陈请。

出处:《玉堂类稿》卷八。

撰者:周必大

钱良臣奏知湖州长兴县茹骧坐赃事批答
（淳熙六年正月）

览良臣所奏,乃欲以身行法,国有常宪,朕不敢私! 勉从所请,可镌三官。

出处:《文献通考》卷一六七。又见《续宋编年资治通鉴》卷九。

遣使贺生辰国书
（淳熙六年正月）

春华正茂,畅和气于芳辰;诞序载临,对休符于令旦,肃驰使传,备展庆仪。冀万寿之丕延,底群生于交阜。兹为颂咏,岂易敷陈! 今差龙图阁学士、朝散大夫、提举佑神观兼侍讲、清化郡开国侯、食邑一千户、食实封一百户、赐紫金鱼袋钱冲之,潭州观察使、知阁门事、兼客省四方馆事、泰宁县开国伯、食邑七百户刘咨,充贺生辰国信使、副,有少礼物具诸别幅,谨专奉书。不宣。

出处:《玉堂类稿》卷一六。

撰者:周必大

赐四川安抚制置使兼知成都府胡元质
辞免除龙图阁直学士不允诏
（暂系于淳熙六年正月前后）

朕敞华阁之储以奉先训,设清厢之职以待近臣,匪功不除,有昭具在。若乃班高学士,名拟河图,维时殊庸,乃称遴选。卿远器严重,伟才通明,寄予坤隅,亢彼方面,雅俗绥靖,种夷附怀,朕有信赏,凡皆为民也。蜀在万里之远,得贤方伯,威邑惠孚,使朕无西顾之忧,美名峻职,于此何爱！宜承宠命,毋执谦怀。

出处:《崔舍人玉堂类稿》卷七。

撰者:崔敦诗

考校说明:编年据同集前后文时间、《宋会要辑稿》职官六二补。

赐资政殿大学士宣奉大夫提举临安府
洞霄宫梁克家辞免差知福州不允诏
（淳熙六年正月后）

入登中台,出典方面,眷倚俱重,体貌并崇。卿秉心直渊,蹈道中正,曩任宰事,具昭贤犹,承宁四方,端正百度,终始不懈,本末无疵。维闽阜繁,厥土嘉乐。□□□梓,谅素习于民风;问马及牛,固无劳于政术。聊借□望,亦优旧臣,所宜钦承,岂必多逊。

出处:《崔舍人玉堂类稿》卷八。

撰者:崔敦诗

考校说明:编年据《宋宰辅编年录》卷一七补。

盱眙军赐御筵口宣
（暂系于淳熙六年正月后）

卿等并驰使传,已指归涂,念将济于淮流,知少留于宾驿。即颁燕衎,庶尽从容。

出处:《崔舍人玉堂类稿》卷一四。

撰者:崔敦诗

考校说明:编年据同集前后文时间、文中所述史事补。

金国使人回程赐龙茶凤茶并金镀银合口宣
(暂系于淳熙六年正月后)

　　卿等并驰使节,祗及都邮,爰颁贡茗之英,用辅冲襟之适。是为嘉赉,宜体深怀。

出处:《崔舍人玉堂类稿》卷一四。

撰者:崔敦诗

考校说明:编年据同集前后文时间、文中所述史事补。

平江府赐御筵口宣
(暂系于淳熙六年正月后)

　　卿等持礼告成,回辕遄迈,念当经于吴会,俾即启于宾筵。庶洽欢娱,式昭眷遇。

出处:《崔舍人玉堂类稿》卷一四。

撰者:崔敦诗

考校说明:编年据同集前后文时间、文中所述史事补。

赤岸赐酒果口宣
(暂系于淳熙六年正月后)

　　卿等祗协欢盟,言成庆礼,方出留于近馆,将前进于遐涂。宜有分颁,庶资燕喜。

出处:《崔舍人玉堂类稿》卷一四。

撰者:崔敦诗

考校说明:编年据同集前后文时间、文中所述史事补。

四川总领所茶马司岁终开具钱物收支见在申尚书省诏
（淳熙六年二月三日）

自今四川总领所茶马司遇岁终，各将本年经常及桩管钱物收支见在，于次年正月开具作册，缴申尚书省。

出处：《宋会要辑稿》职官四一之五九。

吕祖谦直秘阁制
（淳熙六年二月三日）

敕朝散郎吕某：馆阁之职，文史为先。以尔编类《文海》，用意甚深，探撼精详，有益治道。寓直中秘，酬宠良多。尔当知恩之有自，省行之不诬，用竭报焉，人斯无议。可特授依前朝散郎、直秘阁。

出处：《东莱吕太史年谱》。又见《建炎以来朝野杂记》乙集卷五，《东莱外录》卷一。
撰者：陈骙

前宰执侍从守郡奉祠人听非时言事诏
（淳熙六年二月六日）

前宰执、侍从带观文殿大学士至待制及太中大夫以上守郡、奉祠之人，今后如有己见利便，听非时闻达。即不得辄陈乞恩泽，自述劳绩之类。其责降官不在此限。

出处：《中兴两朝圣政》卷五七。又见《宋史全文续资治通鉴》卷二六。

恩平郡王璩除少傅合得恩数诏
（淳熙六年二月八日）

恩平郡王璩已除少傅，合得新除恩数，并依士辋除少傅已得指挥。其见差官属、干办、府使、并主管、进奉、到转官、酬赏、通理,并依恩平郡王前后已降指挥。

出处:《宋会要辑稿补编》第一一页。

放散诸路起发到海船诏
(淳熙六年二月八日)

诸路起发到海船,并自指挥到日为始放散,可照年例支给犒设。余合行事件,并依前后已得指挥体例。

出处:《宋会要辑稿》食货五〇之二八。

编淳熙条法事类诏
(淳熙六年二月十五日)

敕令所将见行敕令格式申明,体仿吏部《七司条法总类》,随事分门修纂,别为一书。若数事共条,即随门厘入,仍冠以《淳熙条法事类》为名。

出处:《中兴两朝圣政》卷五七。又见《宋会要辑稿》刑法一之五二,《宋史全文续资治通鉴》卷二六。
考校说明:《宋会要辑稿》刑法一系于淳熙六年二月十六日。

人户当纳畸零税绢折价送纳诏
(淳熙六年二月十八日)

州县受纳人户税绢,其不成端匹者,每匹并以一百文足折价,从便独钞送纳,不得过数增收,及妄有骚扰。如有违戾,按劾以闻。

出处:《宋会要辑稿》食货七〇之七二。又见《庆元条法事类》卷四七。
考校说明:《庆元条法事类》卷四七系于淳熙六年三月四日。

禁冒请归正添差诸州事故人料钱诏
(淳熙六年二月二十七日)

归正添差诸州差遣人,其间事故,多有承代冒请。令逐路帅、漕司行下所部州军,自今遇有事故人,日下取索付身、料钱文历,分明批凿讫,给还本家。如无家累,即行拘牧,缴申枢密院。

出处:《宋会要辑稿》兵一六之四。

朝议大夫试尚书吏部兼侍讲兼同修国史兼
权吏部尚书程大昌乞宫观小郡不允诏
(淳熙六年二月三十日)

卿强学力行,遇事不苟。跻登从列,自结眷知。天官剧繁,正倚铨综。遽求外补,殊异所期。朕方汲汲人才,惟恐用之弗尽。既擢用矣,轻听其去可乎?祗率厥常,益摅素蕴。所请宜不允。

出处:《玉堂类稿》卷八。
撰者:周必大

赐福州观察使知閤门事兼客省四方□□兼枢密
都承旨王抃乞除一在外宫观□□不允诏
(暂系于淳熙六年二月前后)

卿临事多通,饬躬能谨,道中枢之密旨,典□□□□仪。勤劳备宜,眷备笃厚,岂兹未老,乃欲言归?□□□怀,宜安尔位。

出处:《崔舍人玉堂类稿》卷八。
撰者:崔敦诗
考校说明:编年据同集前后文时间、王抃宦历补,见《宋会要辑稿》职官五一、《宋史》卷三五《孝宗纪》。"兼客省四方"后所缺二字当为"馆事"。

赐资政殿学士通议大夫知绍兴军府事两浙东路安抚使李彦颖乞除一在外宫观不允诏
（暂系于淳熙六年二月前后）

朕惟为政之道,譬诸农功,致力专则事乃精,用功多则利自见。日者朕考察材能,风厉郡国,专用久任之法。卿亮节冲规,惇德敏行,曩预政论,具闻德言。今会稽之治,上下和乐,就使阅久,犹当勉留。而况惠方洽而中休,政甫成而遽辍,则岂朕之望哉! 所宜少安,毋复重请。

出处:《崔舍人玉堂类稿》卷八。

撰者:崔敦诗

考校说明:编年据同集前后文时间、李彦颖官历补,见《嘉泰会稽志》卷二。

赐贺金国正旦使宇文价副使赵鼎到阙传宣抚问并赐银合茶药口宣
（暂系于淳熙六年二月前后）

卿等往将使命,还及都门,维跋履之良勤,宜眷怀之加厚。特推颁赉,仍致抚存。

出处:《崔舍人玉堂类稿》卷一四。

撰者:崔敦诗

考校说明:编年据同集前后文时间、《宋史》卷三五《孝宗纪》补。

条约民户畸零税绢送纳事诏
（淳熙六年三月四日）

敕:诸路州县除折帛折变外,将上三等户税绢畸零丈尺凑钞催纳本色,其下户不成端匹税绢,每尺并一以一百文足折价,从便独钞送纳,不得过数增收,妄有骚扰。如有违戾去处,监司觉察按劾。

出处:《庆元条法事类》卷四七。

堂除添差宫观岳庙事诏
(淳熙六年三月四日)

自今堂除添差宫观岳庙,未曾用过战功恩例人并使阙差填。帅府节镇不得过三员,其余州军不得过二员,仍不得差过元两任之数。自今降指挥日为始,其已差人候任满日,更不作阙。

出处:《宋会要辑稿》职官五四之四○。

赐正议大夫右丞相赵雄上表再辞免曾经预监修纂隆兴以后日历奏成篇帙特转行一官依例加恩不允批答
(淳熙六年三月十八日后)

朕观西汉故事,凡郡国计书,先上太史公,副上丞相,盖天下之事太史得书之,丞相得行之。卿旧游承明,多所纪述,迨践政路,复专总提。今简编告备而适在相位,以前日见闻之所及,知当时得失之必书。宜思为朕弥缝辅赞,置于无过之地,则予是望。一官之赏,此何辞焉!

出处:《崔舍人玉堂类稿》卷三。
撰者:崔敦诗
考校说明:编年据文中所述史事补,见《宋会要辑稿》职官一八。

赐太中大夫枢密使王淮上表再辞免曾预修纂隆兴以后日历奏成篇帙特转行一官依例加恩不允批答
(淳熙六年三月十八日后)

朕临御四海,阅日弥长,常畏过行,以羞太上皇帝之畀付。今儒馆言系日成书,重循菲凉,将何以传示万世? 卿蚤以秉笔,与游道山,迨兹终编,实在政路,宜有褒赏,用昭勤劳。昔唐太宗尝曰:"朕监前代进善人,远群小,亦欲史氏不能书吾恶也。"今三者之事,方与卿守之,执谦小节,此何望焉!

出处:《崔舍人玉堂类稿》卷三。

撰者：崔敦诗

考校说明：编年据文中所述史事补，见《宋会要辑稿》职官一八。

赐正议大夫右丞相赵雄再上表辞免曾经预监修
纂隆兴以后日历奏成篇帙特转行一官依例加恩
不允仍断来章批答
（淳熙六年三月十八日后）

　　朕惟系日之书，传信万世，永言不逮，赖太上之训，获保丕绪，功烈成就，未有
愿志。今儒馆成书，何可纪述？丞相，朕所倚以经远业、建太平，所宜为朕稽参政
事，祈进治功，庶几大书特书，吾君臣咸有无穷之问。进阶之宠，是有故典，曷为
避之坚乎？览章叹嘉，终不得徇。

出处：《崔舍人玉堂类稿》卷三。

撰者：崔敦诗

考校说明：编年据文中所述史事补，见《宋会要辑稿》职官一八。

赐太中大夫枢密使王淮再上表辞免曾预修纂
隆兴以后日历奏成篇帙特转行一官依例加恩
不允仍断来章批答
（淳熙六年三月十八日后）

　　朕惟祖宗稽古右文，同符三代；今朕重惜名器，一豪不轻。乃兹成书，沛然下
赏，旧劳新绩，纤悉靡遗，所以尊儒术、重国体也。卿蚤以华望，与游英躔，凡今纂
修，咸昔端绪，乃抗章之来上，愿置勿录。虽卿执谦之美，赏国之典，朕敢废乎？
令至亟承，辞多无益。

出处：《崔舍人玉堂类稿》卷四。

撰者：崔敦诗

考校说明：编年据文中所述史事补，见《宋会要辑稿》职官一八。

赐降授朝请大夫参知政事钱良臣上表再辞免修纂隆兴以后日历奏成篇帙特转行两官依例加恩不允仍断来章批答
(淳熙六年三月十八日后)

朕选大雅之彦,萃承明之庭。记事载言,庶有传于悠远;提纲振领,可无赖于裁成。卿经世通儒,爽邦贤辅,比观剡奏,汔就信书。维十六年岁月之长,至一千卷简编之富。史法不隐,方深惕畏之心;帝德罔愆,终藉弥缝之益。宜祗宠命,毋执谦怀。

出处:《崔舍人玉堂类稿》卷三。

撰者:崔敦诗

考校说明:编年据文中所述史事补,见《宋会要辑稿》职官一八。

王淮再上表辞免日历奏成篇秩特转行一官不允仍断来章批答口宣
(淳熙六年三月十八日后)

卿叠上封章,恳辞褒典,已具形于申谕,犹固执于谦怀。命已惟行,谊无可返。

出处:《崔舍人玉堂类稿》卷一四。

撰者:崔敦诗

考校说明:编年据文中所述史事补,见《宋会要辑稿》职官一八。

王淮上表再辞免曾预修纂隆兴以后日历奏成篇秩特转行一官依例加恩恩命不允批答口宣
(淳熙六年三月十八日后)

卿任专宥密,谋馨忠嘉,兹畴翰墨之勋,爰焕丝纶之命。是循彝典,宜略控章。

出处:《崔舍人玉堂类稿》卷一四。

撰者:崔敦诗

考校说明:编年据文中所述史事补,见《宋会要辑稿》职官一八。

赵雄再上表辞免日历奏成篇秩特转行一官
不允仍断来章批答口宣
(淳熙六年三月十八日后)

剡奏上闻,信书告备,事盖干于国典,赏首暨于辅臣。兹协彝章,岂须过逊。

出处:《崔舍人玉堂类稿》卷一四。

撰者:崔敦诗

考校说明:编年据文中所述史事补,见《宋会要辑稿》职官一八。

钱良臣上表再辞免修纂隆兴以后日历奏成篇秩特
转行两官依例加恩恩命不允仍断来章批答口宣
(淳熙六年三月十八日后)

书成三馆,章彻九重,方畴汗简之劳,可后提纲之辅。已颁涣命,难徇谦怀。

出处:《崔舍人玉堂类稿》卷一四。

撰者:崔敦诗

考校说明:编年据文中所述史事补,见《宋会要辑稿》职官一八。

赵雄上表再辞免曾预监修纂隆兴以后日历奏
成篇秩转行一官依例加恩恩命不允批答口宣
(淳熙六年三月十八日后)

朕比蒐儒彦,俾纂信书,深嘉载笔之劳,亟下畴庸之赏。兹维故典,岂必牢辞。

出处:《崔舍人玉堂类稿》卷一四。

撰者：崔敦诗

考校说明：编年据文中所述史事补，见《宋会要辑稿》职官一八。

戒饬诸路转运司手诏
（淳熙六年三月二十四日）

朕躬节俭以先天下，无暴征，无苛取，期我元元跻于富庶之域，郡国之间宜若公私交裕矣。今顾不然，丰年乐岁，中外少事，或未免于匮乏，州迫其县，县迫吾民，其故安在？无乃赋入寡而用度众欤？吏二千石有能不能欤？将轻费妄用莫知撙节欤？朕深居九重，无以遍察，故分道置台，寄耳目于尔漕臣。职当计度，欲其计一道盈虚而经度之也；职在按察，欲其厘正素治，毋使至于病民也。厥或异此，朕何赖焉？且尔不闻《黍苗》之诗乎，"我任我辇，我车我牛。"谓美召伯能成转饷之功也。后世以是名官，宁无意耶？曰"阴雨膏之"，言能养民如膏雨也。其卒章曰"王心则宁"，言家给人足，乃能安王之心也。汝等得不深思古谊，视所部为一家，周知其经费而通融其有无，廉察其能否而裁抑其耗蠹？数者备矣，郡计何患乎不足？郡计足则属邑宽，属邑宽则民力裕，民力裕则吾宵旰之虑释。国有信赏，于汝何吝？若乃有余者取之，不足者听之，逮其乏事，然后从而劾之，斯亦晚矣。是则黜罚之行，奚独郡守而已？诸道转运，其明知朕意。

出处：《玉堂类稿》卷一〇。又见《宋会要辑稿》职官七九之二，《中兴两朝圣政》卷五七，《群书考索》后集卷五三，《宋史全文续资治通鉴》卷二六。

撰者：周必大

大中大夫枢密使王淮辞免曾预修纂隆兴
以后日历奏成转官例恩不允诏
（淳熙六年三月二十七日）

后汉公卿有所撰述，始集公府，乃上兰台。唐制专命大臣纂录时政，季送史馆。盖献替之语，非四近莫得而闻；传信之辞，非史官莫得而预。事大体重，实相关焉。卿向以郑公之学，典领秘书。比事属辞，齐驱班马。迨乎近岁，遍执事枢。日纪见闻，授之东观。今兹勒成大典，固宜甄录旧劳。已诏有司刻增秩之赞，益书社之数，毋烦控免，稽我成命之行。所辞宜不允。

出处:《玉堂类稿》卷八。

撰者:周必大

<h1 style="text-align:center">右丞相赵雄辞免曾监修纂隆兴以后日历
奏成转官例恩不允诏</h1>

（淳熙六年三月二十七日）

　　昔房乔相唐,太宗欲自观史,乔初不可,已而为《今上录》以献。朕谓太宗欲观固失矣,乔不能守其官,亦岂为得哉? 今朕不然。时政付之史笔,故事也;书成不自观焉,故事也;褒赏旧劳自丞相始,亦故事也。况卿早游东观,文规六经。尝总宏纲,勋在太史。叠是二者,而进一官。赏非无功,得岂云幸? 方将涓辰下制告于百辟,以侈真儒之效,丞相安得而逊避哉? 所辞宜不允。

出处:《玉堂类稿》卷八。

撰者:周必大

<h1 style="text-align:center">降除朝请大夫参知政事钱良臣辞免纂修
日历特转行两官例恩不允诏</h1>

（淳熙六年三月二十七日）

　　朕闻汉兴五世,隆在建元。外攘夷狄,内修法度,改正朔,易服色。当是时,乃有司马迁断自太初,著为《今上本纪》,岂非亲见者其事详,传闻者其辞略,以时纂录,固太史氏之职欤? 朕祗承内禅,历年于此。虽宵衣旰食,发政施仁,不敢不勉,顾阕休伟绩,未有以光汗青副墨之传也。今卿以辅弼真才,笔削大手,总率诸彦,奏成巨篇。翰墨策勋,实为之冠。进阶二等,仍衍户封。懋赏维公,孚令惟信。逊章来上,非朕意也。所辞宜不允。

出处:《玉堂类稿》卷八。

撰者:周必大

龙图阁学士中大夫新除致仕林安宅辞免
端明殿学士乞守旧职致仕不允诏
（淳熙六年三月二十八日）

朕于迩臣,恩意厚矣。年至而告老则固留之,留之不可则优之,所以隆体貌、厚风俗也。卿精明敏达,廉洁公勤。一去枢庭,久更岁律。虽登耋艾,体力未衰。纳禄之言,数闻朕听。升华殿幄,归贲乡闾。祇服宠光,毋烦谦避。所辞宜不允。

出处:《玉堂类稿》卷八。

撰者:周必大

抚问贺金国生辰使钱冲之等到阙并赐银合茶药口宣
（暂系于淳熙六年三月前后）

卿等奉书修好,遄命及门,兴怀周道之勤,加致□温之谕。仍将赐式,并示眷诚。

出处:《崔舍人玉堂类稿》卷一四。

撰者:崔敦诗

考校说明:编年据同集前后文时间、《宋史》卷三五《孝宗纪》补。

赐朝议大夫试尚书吏部侍郎兼侍讲□□修国史
兼权吏部尚书程大昌辞免除权吏部尚书不允诏
（淳熙六年三月后）

朝廷从臣,咸由德选;文昌常伯,专用老成。卿学术造乎道原,智识通乎国体。精明□□,□吏奸于冗□;□大之论,发经谊于燕闲。曰□□□,□□□运。□□□誉,宜居八座之联;登冠铨衡,遂□群才之会。已□□命,难徇谦怀。

出处:《崔舍人玉堂类稿》卷八。

撰者:崔敦诗

考校说明:编年据《南宋馆阁续录》卷九补。程大昌正除权吏部尚书,《南宋馆阁

《续录》卷九系于淳熙六年三月,周必大《平园续稿》卷二三《程公大昌神道碑》系于淳熙六年夏。

县尉捕盗不得滥及平民诏
(淳熙六年四月二日)

县尉捕盗赏有滥及平民以求满数者,提刑司严切觉察。如有违戾,重作施行。日后或因词诉考见冤滥,提刑司亦当议罪。

出处:《宋会要辑稿》兵一三之三二。

宰执等不许奏试医人诏
(淳熙六年四月二日)

自今宰执、使相、侍从等,不许奏试医人,其已奏试中人,不得作有官人取诸路转运司文解。

出处:《宋会要辑稿》职官三六之一二四。又见《庆元条法事类》卷四。

朝议大夫新除权吏部尚书兼侍讲兼同修国史程大昌辞免国史日历所经修不经进官特转一官恩命不允诏
(淳熙六年四月三日)

朕出入起居惟恐不钦,发号施令惟恐不臧。史氏所书,庶或无愧。虽然,此特兢兢日行其道耳,岂敢自以为多。若乃岁奉玉卮以介亲寿,业业之孝弥亿万年无有穷已,其于简册,实有光焉。兹朕所以因篇帙之成,推赏而致其善也。《书》不云乎:"一人有庆,兆民赖之。"况卿右学英辞,尝与闻笔削之事。进阶示宠,于理则宜,又何逊焉? 所辞宜不允。

出处:《玉堂类稿》卷八。
撰者:周必大

有事明堂御札
(淳熙六年四月四日)

敕内外文武臣僚等:朕参稽礼文,铺究古制。圆坛八陛,虽茂展于钦柴;明堂九筵,亦间行于嘉享。重循寡德,祗荷慈谋。属兹三岁之期,当举一纯之祀。夜观房宿之象,且阅奉高之图。愧于菲躬,旷是懿典。况今景纬循轨,嘉生遂宜。幽明统和,中外宁谧。宜来亨美之会,庶答神灵之休。是用远稽皇祐之书,近述绍兴之制。因秋成物,聿严天地之禋;遵国彝章,并陟祖宗之配。诞敷大号,明戒先期。朕以今年九月有事于明堂。咨尔攸司,各扬其职,相予祀事,罔或不恭。故兹札示,想宜知悉。

出处:《中兴礼书》卷四四。又见《群书考索》前集卷二八、同书后集卷五三。

明堂大礼御札
(淳熙六年四月四日)

敕内外文武臣寮等:朕参稽礼文,铺究古制。圆坛八陛,虽茂展于钦柴;明堂九筵,亦间行于嘉飨。重循寡德,祗荷慈谋,属兹三岁之期,当举一纯之祀。夜观房宿之象,且阅奉高之图,愧于菲躬,旷是懿典。况今景纬循轨,嘉生遂宜,幽明统和,中外宁谧,宜乘亨美之会,庶答神灵之休,是用远稽皇祐之书,近述绍兴之制。因秋成物,聿严天地之禋;遵国彝章。并陟祖宗之配。诞敷大号,明戒先期。朕以今年九月有事于明堂。咨尔攸司,各扬其职,相予祀事,罔或不恭。故兹札示,想宜知悉。

出处:《崔舍人玉堂类稿》卷一。
撰者:崔敦诗
考校说明:编年据《中兴礼书》卷四四补。

朝奉郎权尚书工部侍郎兼知临安府吴渊辞免工部侍郎不允诏
（淳熙六年四月五日）

　　六卿置贰，班著甚崇；再岁为真，典常具在。若乃才术素高于当世，政声蔼著于行都，何待序迁，当从明陟。卿性资开爽，识虑精深。比擢预于论思，旋兼厘于浩穰。蚝筒弗设，吏自畏其公明；枹鼓稀鸣，民咸安其岂弟。就升惟亚，庸奖厥勤。宜进服于恩章，毋退循于冲节。所辞宜不允。

出处:《玉堂类稿》卷八。

撰者:周必大

赵雄转官加恩制
（淳熙六年四月五日）

　　门下:良史立编年之法，日系月而事明；圣王持历世之权，赏当劳而下劝。眷维元辅，方秉洪钧，迨兹载笔之书，嘉乃提纲之绩，爰推茂典，咸告明廷。具官赵雄敦大而直方，宏深而开亮。守持仁义，会归六籍之醇；奋发文章，度越百家之上。膺受帝赉，延登宰司，迪忠纯之度而镇定四方，辟公正之门而甄序庶位。繄尔熙绩，维予仰成。朕祇荷慈谋，绍膺宝位。志勤道远，念岁月之深长，业巨事丛，赖简编之有纪。尝诏细书之彦，趣闻汗竹之期，曾不淹迟，汔兹告备。藏之金匮，虽天子之不可观；副在京师，将后来之有足证。肆稽故实，并答勤劳。是用涓以刚辰，焕兹显号，进陟文阶之峻，陪敦户食之丰。咸辑荣章，用昭优礼，宣维国体，亦重民瞻。於戏! 君举必书，每深怀于兢畏；衮职有□，尚终藉于弥缝。庶集勋庸，益光方册。可特授正奉大夫、依前右丞相、鲁郡开国公，加食邑一千户、食实封四百户。主者施行。

出处:《崔舍人玉堂类稿》卷一。

撰者:崔敦诗

考校说明:题后原注:"淳熙六年四月五日,系国史日历所修纂到隆兴以后日历,奏成篇秩,转一官。"

王淮转官加恩制
(淳熙六年四月五日)

门下:圣人之道布方册,事乃著于无穷;王者之赏酬勋庸,法宜先于自近。眷言英馆,适告成编。维今辅翼之臣,有昔纂修之绩,逮议劳而锡宠,乃出命以扬廷。具官王淮资正而行恭,量宏而识邃。萃天地之和气,悉集于躬;究古今之道原,遂臻其奥。延登与政,超冠本兵,从容声气而多整暇之规,密勿谋谟而见深长之虑。国所嘉赖,民其具瞻。朕率循彝章,遴选群彦。迭居递宿,俾并聚承明之庭;广记备言,乃汔成传信之典。比观剡奏,已就珍藏,审篇帙之浸繁,抚岁年之逾迈。治弗加进,曾敢怠于图回;史不绝书,将何堪于纪述?岂伊硕辅,可废前劳!是用卜涓刚辰,推畀茂典,既厚加田之富,仍超进秩之崇。萃厥宠荣,光其翰墨,亶维国体,适协予怀。於戏!春秋谨严,既具循于笔削,夙夜宥密,尚深勉于赞襄。克咸厥功,同底于道。可特授通议大夫,依前枢密使、东阳郡开国公,加食邑一千户,食实封四百户。主者施行。

出处:《崔舍人玉堂类稿》卷一。
撰者:崔敦诗
考校说明:题后原注:"同前。"

明堂大礼排办事诏
(淳熙六年四月七日)

今来明堂大礼,其太常寺应合检举排办事务,并依淳熙三年郊祀大礼排办施行。

出处:《中兴礼书》卷七五。

进日历崔敦诗转奉议郎制
(淳熙六年四月八日)

王者世有史官,君举必书,所以谨言行、昭法式也。尔充职兰台,典司著撰,传信万世,实藉三长。汗青告成,宜进官列,更勤继录,以对恩荣。可。

出处:《崔舍人玉堂类稿》附录,佚存丛书本。

撰者:李木

般押诸司改充承勘推司诏
(淳熙六年四月九日)

般押诸司改充承勘推司,并依分踏逐,即不得用职级以下亲戚充。应内贴书三名依旧存留,更不裁减;推司各人月添料钱三贯、米一石。

出处:《宋会要辑稿》职官二四之三四。

捕杀湖南贼徒赏格诏
(淳熙六年四月十三日)

出湖南贼徒陈峒等啸聚作过,累降指挥差发鄂州驻札大军前去会合将兵、弓兵等,措置掩捕。如徒中有欲立功自新出参,及土豪诸色人能捕杀贼首,依下项推恩:如系二人已上立功,即行分赏;每人捕获或杀并贼首一名,特与补进武校尉;二人,补承信郎;三人,补承节郎;四人,补保义郎;五人,补成忠郎,各与添差一次。如捕杀五人已上,取旨优异推恩。

处:《宋会要辑稿》兵一三之三二。

日历成书周必大转中大夫制
(淳熙六年四月十三日)

敕:朕自膺传绪,累年于兹,申命著廷,直书无隐。涉笔兼资于众俊,汗青至溢于千篇。凡与纂修,宜均恩渥。中奉大夫、试礼部尚书、兼翰林学士、兼太子詹事、兼侍读、兼修国史、管城县开国子、食邑五百户、赐紫金鱼袋周必大,学该百氏,才擅三子。顷为中秘之游,实董承明之职。大则策,小则简,迄用有成;藏之山,传之人,可垂不朽。虽已迁于旧次,亦备录于前劳,赏以视功,格当进秩。爰赐赞书之宠,用增从橐之华。可特授中大夫,依前试礼部尚书、兼翰林学士、兼太子詹事、兼侍读、兼修国史,封赐如故。

出处:周纶《周益国文忠公年谱》。

撰者:李木

赐中奉大夫试礼部尚书兼翰林学士兼侍读兼
太子詹事兼修国史周必大辞免□□修纂日历
系在内官转一官不允诏
(淳熙六年四月十三日后)

朕惟日历之设,兹实信书之原。开宝以来,悉归史馆;元丰而后,始属著庭。肆予临御之长,逮此纂修之备,趣条功绪,优答劳庸。卿邦家名儒,台阁旧老。日月献纳,方深赖于谋犹;《春秋》谨严,兹具循于凡例。尚冀交修于不逮,更期垂美于亡穷。赏有故常,谊无过逊。

出处:《崔舍人玉堂类稿》卷八。

撰者:崔敦诗

考校说明:编年据周纶《周益国文忠公年谱》补。

赐皇子魏王恺生日诏
(淳熙六年四月十四日)

席庆仙源,凭晖霄极,适清和之嘉序,正诞育之良辰。爰往赐仪,俾绥寿祉。

出处:《崔舍人玉堂类稿》卷一六。

撰者:崔敦诗

考校说明:编年据同集前后文时间、赵恺生日及卒年补,见周必大《玉堂类稿》卷九《赐皇子雄武保宁军节度使开府仪同三司判宁国府魏王恺生日诏》、《宋史》卷三五《孝宗纪》。

赐郑藻生日诏
(淳熙六年四月十五日)

律旋仲吕,月满良宵。嘉予耆艾之臣,生此清和之候。欲增光于外戚,爰嘉赐于上台。益介寿祺,永绥宠禄。

出处:《玉堂类稿》卷九。

撰者:周必大

考校说明:月、日据同集同卷《赐太尉保信军节度使充万寿观使郑藻生日诏》补。

四川制置司申请威茂州量立省计为钱引事诏
(淳熙六年四月二十一日)

本路转运司照应今年三月十九日已降漕臣手诏,将有余去处通融应副。

出处:《宋会要辑稿》职官四一之五九。

皇太子宫讲礼记终篇推赏官吏诏
(淳熙六年四月二十四日)

皇太子宫讲《礼记》终篇,詹事、庶子、谕德、侍读、侍讲及鲁任讲读官,并承受官、左右春坊、指使、使臣、客司、书表司楷书、直省官、供检奏报、讲堂使臣、书写文字、诸色人、兵级等,各转一官资。

出处:《宋会要辑稿》职官七之四一。

琼州卖盐止依祖额诏
(淳熙六年四月二十五日)

琼州卖盐止依祖额。如漕臣、守臣违戾增加,仰广西帅司按劾以闻。

出处:《宋会要辑稿》食货二八之八。

弓兵保伍获正贼虽有他过不许追治诏
(淳熙六年四月二十七日)

捕盗,如弓兵、保伍果获正贼,虽有他过,若因犯人供通弓兵某人曾夺去钱物若干,保伍某人曾受钱物若干,并不许追治。

出处:《宋会要辑稿》兵一三之三二。

赈粜衢州诏
(淳熙六年四月二十七日)

衢州遭水,米价踊贵,可于义仓米内拨米五千石出粜赈济。

出处:《宋会要辑稿》食货六八之七六。

禁大保长催科诏
(淳熙六年四月二十七日)

自今大保长不许催科,止受凭由给付人户,令依限输纳。如有顽户欠多,即差保正追纳。

出处:《宋会要辑稿》食货六六之二一。

赐承议郎试给事中兼修玉牒官兼侍读王希吕
辞免除兵部尚书兼给事中不允诏
(暂系于淳熙六年四月前后)

六卿各得率属,五材谁能去兵,乃眷中台之臣,尤高武部之长。卿器资浑质,知略通明。学不空言,达一时政事之体;策无遗虑,见万里军戎之情。天生伟才,时对亨会。朕今修明先备,嘉靖中区,超跻严近之联,汔究几深之蕴。兹惟素意,亦协舆言。当体予怀,即共乃位。

出处:《崔舍人玉堂类稿》卷八。
撰者:崔敦诗
考校说明:编年据同集前后文时间、王希吕官历补,见《宋会要辑稿》职官一四。

赐中大夫试礼部尚书兼翰林学士兼太子詹事兼侍读兼修国史周必大乞检会□□除在外宫观差遣不允诏
（淳熙六年五月二日）

　　卿冲规亮节，耸荣中朝；大册高文，追蹑前古。越自去岁，沴祈外祠，所为眷留，亦已备尽。何未淹于时月，又遽上于封章。诏下禁林，群听习闻于温厚；礼行世室，诸儒质正于异同。固尝念之，畴可去此，宜安厥位，毋咈予怀。

出处：《崔舍人玉堂类稿》卷八。
撰者：崔敦诗
考校说明：编年据周纶《周益国文忠公年谱》补。

周必大乞宫观不允诏
（淳熙六年五月二日后）

　　敕某：省所奏札子，乞检会累奏，授一在外宫观差遣事，具悉。朕惟儒术行而天下富，有德进则朝廷尊。卿以渊源之学启迪朕心，黼黻之文光华国典。久服禁严之列，实深注委之怀。何为抗章，累求去位？况才具优兼于数职，春秋尚盛于中年，以疾为辞，诚所未喻。其体至意，勉为朕留。所请宜不允。故兹诏示，想宜知悉。

出处：《文忠集》卷一二四。
撰者：郑丙

马定远造马船诏
（淳熙六年五月七日）

　　侍卫马军都虞候马定远于江西州军出产材植顺流去处，委官造马船一百只，措置女头轮浆，使可拆卸，遇军马行则以济渡，遇战则以迎敌。

出处：《宋会要辑稿》食货五○之二八。

呈试出官诏
(淳熙六年五月七日)

右选呈试,除武学及军班出身曾经打试,及身力战功人,或拣汰年及五十人,并阵亡人亲子孙许与免试外,其他不以名色、出身及何恩例,并须呈试中,方得出官;如经试不中,须文臣年及四十已上,方得参选注。

出处:《宋会要辑稿》选举二六之一一一。

知柳州雷澋乞俟贼平后持服不允诏
(淳熙六年五月十六日)

柳寇平后,欲守令谙知风俗,抚存细民。所请宜不允。

出处:《宋会要辑稿》职官七七之二二。

勿夺乡民开垦闲旷地诏
(淳熙六年五月十八日)

敕:乡民于自己田土接连闲旷碛荧之地,能施上用力,开垦成田园,或未能自陈起立税租,为人陈首,官司止合打量亩步,参照其人契簿内元业等则起立税租,俾之管绍,不应引用盗耕种法夺而予人。

出处:《庆元条法事类》卷一七。

龙图阁学士中大夫林安宅再辞免端明殿学士不允诏
(淳熙六年五月十九日)

引年纳禄,深嘉止足之高;驭贵疏荣,退念枢机之旧。既兼隆于异眷,宜申锡于徽章。卿廉介有常,疏通无滞。虽年龄之浸晚,在体力以犹强。恳辞真馆之游,听遂安车之适。升华秘殿,示宠故乡。其趣拜于恩纶,毋数勤于逊牍。所辞宜不允,不得再有陈请。

出处:《玉堂类稿》卷八。

撰者:周必大

陷伪归朝人请钱米及二十年即行住罢诏
(淳熙六年五月二十日)

元系北界归朝人,不拘年限放行养赡外,有元系本朝陷伪归正人,自养济后已请钱米及二十年者,委知、通询究,若有子孙经营耕种,及已请佃官田非无依倚之家,即行住罢,将实系贫乏之人填阙。

出处:《宋会要辑稿》兵一六之七。

赐三省官斋筵酒果口宣
(暂系于淳熙六年五月二十一日前)

时临诞圣,礼厚肆筵,当暑气之方清,谅欢心之正洽。嘉肴旨酒,并以示慈。

出处:《崔舍人玉堂类稿》卷一三。

撰者:崔敦诗

考校说明:编年据同集前后文时间、文中所述史事补。

枢密院官斋筵酒果口宣
(暂系于淳熙六年五月二十一日前后)

节纪诞弥,诚输欢颂,已肃陈于高会,俾茂对于良辰。驰赐旨芳,款留燕乐。

出处:《崔舍人玉堂类稿》卷一四。

撰者:崔敦诗

考校说明:编年据同集前后文时间、文中所述史事补。

赐殿前司满散天申圣节道场乳香口宣
(暂系于淳熙六年五月二十一日前后)

密护周庐,欣逢诞节,悉率三军之众,虔祈万寿之休。爰锡名香,俾通诚意。

出处:《崔舍人玉堂类稿》卷一三。

撰者:崔敦诗

考校说明:编年据同集前后文时间、文中所述史事补。

枢密院官满散天申圣节道场乳香口宣
(暂系于淳熙六年五月二十一日前后)

卿等任隆宥府,时庆诞辰,能祗率于寀僚,悉虔祈于寿祉。特颁名馥,庶助精诚。

出处:《崔舍人玉堂类稿》卷一四。

撰者:崔敦诗

考校说明:编年据同集前后文时间、文中所述史事补。

赐步军司满散天申圣节道场乳香口宣
(暂系于淳熙六年五月二十一日前后)

卿典司禁旅,际会诞辰,率军士之欢情,祝圣神之寿祉。爰加颁赉,庶助精虔。

出处:《崔舍人玉堂类稿》卷一三。

撰者:崔敦诗

考校说明:编年据同集前后文时间、文中所述史事补。

赐皇太子满散天申圣节道场乳香口宣
（暂系于淳熙六年五月二十一日前后）

位居储极,恩重慈庭,欣临载凤之辰,倍祝无疆之算。爰颁异馥,庶侑精虔。

出处:《崔舍人玉堂类稿》卷一四。

撰者:崔敦诗

考校说明:编年据同集前后文时间、文中所述史事补。

赐马军司满散天申圣节道场乳香口宣
（暂系于淳熙六年五月二十一日前后）

薰琴御令,祥渚标辰,庆符千载之期,欢动三军之众。爰颁宝馥,俾达诚忱。

出处:《崔舍人玉堂类稿》卷一三。

撰者:崔敦诗

考校说明:编年据同集前后文时间、文中所述史事补。

东宫讲礼记彻章周必大转大中大夫制
（淳熙六年五月二十三日）

　　朕妙简宫僚,分讲经术。喜《戴礼》一编之竟,录储闱百执之勤。宜被酞恩,莫先端尹。中大夫、试礼部尚书、兼翰林学士、兼太子詹事、兼侍读、兼修国史、管城县开国子、食邑五百户、赐紫金鱼袋周必大,赋性敦敏,造道深醇。敬以仁义与言,既馨论思之益;事无小大皆统,久兼詹省之官。嘉元良学问之浸成,实总正表仪之素熟。属训解之终帙,因迁陟以畴庸。尔其祗我宠光,率汝僚属,同勉渐摩之力,益思辅导之方。可特授大中大夫,依前试礼部尚书、兼翰林学士、兼太子詹事、兼侍读、兼修国史,封赐如故。

出处:周纶《周益国文忠公年谱》。

撰者:李木

赐中大夫试礼部尚书兼翰林学士兼侍读兼
太子詹事兼修国史周必大辞免皇太子讲礼
记终篇官属特转一官不允诏
（淳熙六年五月二十三日后）

　　朕惟元良根本之重,固尝博求名德之彦,以辅翼于东宫。卿禀资直方,蹈道醇正,朕所简注,俾位端尹。而能敷绎古今,讲道法度,开益德性,日以高明,朕甚嘉之。昔元荣以储君专精博学,谓之国家福祐,今经告汔篇,例进官等,亦惟国体所系,且以朕心之喜,尚□何辞焉!

出处:《崔舍人玉堂类稿》卷九。
撰者:崔敦诗
考校说明:编年据周纶《周益国文忠公年谱》补。

京西归正忠义人耕种事诏
（淳熙六年五月二十四日）

　　京西转运同襄阳府详今来所奏事理,照应淳熙六年五月二十四日已降指挥施行。

出处:《宋会要辑稿》兵一六之七。

籍没陈持家财出卖买田助义役诏
（淳熙六年六月五日）

　　常州近籍没都吏陈持家财尽行出卖,其钱分给沿河三县四十五都保正长买田,添助义役,其田仍以县分均拨。日后拘没到似此田产,及其他诸州县并不许援例。

出处:《宋会要辑稿》食货六六之二一。

赐王淮生日诏
（淳熙六年六月七日）

钟律聚和,星辉孕粹。载纪左弧之旦,允嘉右府之劳。驰赉缛仪,增光彩侍。尚俾寿祺之介,永为家国之荣。

出处:《玉堂类稿》卷九。
撰者:周必大
考校说明:月、日据同集同卷《赐签书枢密院事王淮生日诏》补。

诸路拘没到入官田产且住出卖诏
（淳熙六年六月七日）

诸路拘没到入官田产,令提举常平司且住出卖,候农隙日,委官核实,如见得依法合拘没之数,别无词讼,令官吏给罪保明以闻。

出处:《宋会要辑稿》食货六一之三六。

省罢诸路兵马钤辖诏
（淳熙六年六月八日）

诸路兵马钤辖除训路将兵,逐路各留一员,余并省罢,见任并差下人令终任。内浙东路兵马钤辖特令依旧。

出处:《宋会要辑稿》职官四八之一一八。

令王佐等拣选精兵弹压郴桂二州诏
（淳熙六年六月十一日）

湖南帅臣王佐等拣选精兵一千人,弹压郴、桂二州,内五百人屯驻黄沙寨,二百人屯驻宜章县,三百人屯驻临武县,一年一替。

出处:《宋会要辑稿》兵六之三。

皇太子宫医官转官诏
(淳熙六年六月二十二日)

皇太子宫医官该遇今来《礼记》终篇转官,并特与不隔磨勘。

出处:《宋会要辑稿》职官七之四一。

建康府场务支拨盐付镇江府修整战船诏
(淳熙六年六月二十三日)

建康府场务支拨盐二千袋,付镇江府驻札李思齐修整战船,及造马船三十只,其盐本钱候二年后作二年理还。

出处:《宋会要辑稿》食货五○之二八。

添差参议通判诏
(淳熙六年六月二十三日)

应赴任半年前奏事别与差遣人,知州资序添差参议官,通判以下资序并添差通判。其初授讫朝辞人,亦依逐项资格,与正阙参议、通判差遣。

出处:《宋会要辑稿》职官四七之四○。

赐皇子判明州魏王恺金合夏药敕书
(暂系于淳熙六年夏)

恩隆帝子,任重侯藩,属当炎暑之辰,宜辅冲和之履。特颁良剂,庶表深怀。

出处:《崔舍人玉堂类稿》卷一六。
撰者:崔敦诗
考校说明:编年据同集前后文时间、赵恺宦历及卒年、文中所述"夏药"补,见《宋

《史》卷三四《孝宗纪》、卷三五《孝宗纪》。

赐成都潼川府夔州利州路安抚制置使
胡元质银合夏药敕书
（暂系于淳熙六年夏）

禁路旧臣,坤维重寄,适炎蒸之在序,谅绥抚之多劳。爰致嘉颁,用扶冲履。

出处:《崔舍人玉堂类稿》卷一六。

撰者:崔敦诗

考校说明:编年据同集前后文时间、胡元质官历、文中所述"夏药"补,见《宋会要辑稿》食货七〇等。

赐江东路安抚使陈俊卿银合夏药敕书
（暂系于淳熙六年夏）

钧鼎元臣,藩翰重寄,属炎蒸之在序,谅绥抚之多劳。爰有嘉盼,用扶冲履。

出处:《崔舍人玉堂类稿》卷一六。

撰者:崔敦诗

考校说明:编年据同集前后文时间、陈俊卿官历、文中所述"夏药"补,见《景定建康志》卷一四。

赐侍卫马军行司侍卫马军都虞候马定远御前诸军都
统制吴挺等御前诸军副都统制韩宝等银合夏药敕书
（暂系于淳熙六年夏）

炎籥载临,暑威方炽,爰兴怀于良将,适留戍于要冲。并有分颁,庶资调卫。

出处:《崔舍人玉堂类稿》卷一六。

撰者:崔敦诗

考校说明:编年据同集前后文时间、马定远官历、文中所述"夏药"补,见《宋会要辑稿》食货五〇。

刑部参酌编类断案条法诏
(淳熙六年七月一日)

刑部长贰选择元犯与所断条法相当体例,方许参酌编类。其有轻重未适中者,不许一概修入。

出处:《宋会要辑稿》刑法一之五一。

路分都监等可听关升诏
(淳熙六年七月六日)

路分都监、副都监职任与州都监一同,又在州都监之上,可听关升。其诸路总管、钤辖、州总管、钤辖、提刑、知州军准此。

出处:《宋会要辑稿》职官一○之三五。

赐中奉大夫参知政事钱良臣上表再辞免敕令
所修进一州一路酬赏格法了毕特转一官依例
加恩不允仍断来章批答
(淳熙六年七月六日后)

朕端临万方,分建群吏,劝以庆赏,程其功能。幅员既长,维险夷善恶之各异;官职相序,亦繁简重轻之不同。其于制爵以待庸,当亦随宜而辨等。因循有日,汗漫无文。科条惑于盈几阁之书,奸弊肆于长子孙之吏,尝深浩叹,即令改修。尔有司存,予皆亲览,至纤至悉,维允维平。卿伟业宪邦,宏才济务,达于德意,定此法章。炳若丹青,已无疑于承用;坚如金石,方有赖于持循。兹畀茂恩,固难过逊。

出处:《崔舍人玉堂类稿》卷四。
撰者:崔敦诗
考校说明:编年据文中所述史事补,见《宋会要辑稿》刑法一。

赐正奉大夫右丞相赵雄上表再辞免敕令所修进一

州一路酬赏格法了毕特转一官依例加恩不允批答

(淳熙六年七月六日后)

朕厉精政理,茂讲民宜。分道置州,既外厘于群吏;视功诏赏,乃中秉于至权。曾是攸司,漫无定式,重轻视于成牍,予夺付于私情。比命更修,要归至当,凡具书于甲令,悉旋达于乙观。酌求其平,制定其可,肆兹告备,将以常行。卿酬酢繁机,迎见立解,练达大体,深计远谋,复提宏纲,汔就信典。格令删定,元龄隆至治之风;纪律设张,黄裳赞中兴之业。兹推茂渥,庶答成劳,即宜钦承,岂必多逊。

出处:《崔舍人玉堂类稿》卷四。

撰者:崔敦诗

考校说明:编年据文中所述史事补,见《宋会要辑稿》刑法一。

右丞相赵雄上表再辞免敕令所修进一州

一路酬赏转一官加恩恩命不允批答口宣

(淳熙六年七月六日后)

卿总率众职,辨章万微,兹畴定令之勤,乃下进阶之命。是惟故典,岂必牢辞。

出处:《崔舍人玉堂类稿》卷一三。

撰者:崔敦诗

考校说明:编年据文中所述史事补,见《宋会要辑稿》刑法一。

赵雄特授宣奉大夫依前右丞相鲁郡

开国公加食邑赐告口宣

(淳熙六年七月六日后)

严修赏式,丕劝外邦,时予钧轴之臣,就此简编之绩。兹颁茂典,宜服明恩。

出处:《崔舍人玉堂类稿》卷一三。

撰者:崔敦诗

考校说明:编年据文中所述史事补,见《宋会要辑稿》刑法一。

参知政事钱良臣上表再辞免敕令所修进一州一路酬赏转一官加恩恩命不允批答口宣
(淳熙六年七月六日后)

章程明备,宪令端平,既通变以可行,乃议劳而自近。已颁成命,难徇谦怀。

出处:《崔舍人玉堂类稿》卷一三。

撰者:崔敦诗

考校说明:编年据文中所述史事补,见《宋会要辑稿》刑法一。

赐赵雄生日诏
(淳熙六年七月七日)

秋律肇清,坤维钟秀。是生贤相,来翊昌期。君臣之遇方隆,弧矢之辰载纪。祗膺宠赉,益永寿龄。

出处:《玉堂类稿》卷九。

撰者:周必大

考校说明:月、日据同集同卷《赐赵雄生日诏》补。

禁被差官托故避免申乞改差诏
(淳熙六年七月九日)

应被差等官如敢依前托故避免、申乞改差之人,委台谏密切觉察,具名弹奏取旨。

出处:《宋会要辑稿》礼一四之一一○。

小吏出职等不得陈乞回授官资封赠诏
(淳熙六年七月十一日)

应以小吏出职、杂流补官选人,不得引例取旨陈乞回授官资封赠。

出处:《宋会要辑稿》职官九之一四。

推赏湖南收捕陈峒官兵诏
(淳熙六年七月十二日)

湖南安抚司收捕陈峒等贼徒官兵,冯湛以下十四人各等第转官,出等奇功人转两官资,奇功转一官资,减三年磨勘。军效磨勘,比类折钱,第一等与转一官,第二等支钱三十贯,第三等土军、弓手犒设一次。

出处:《宋会要辑稿》兵一九之二八。

赐中奉大夫权吏部尚书兼侍讲兼同修国史程大昌
辞免进呈会要经修不进特转行一官不允诏
(淳熙六年七月十二日后)

居侍从之事,策翰林之勋,是维至荣,厥有彝则。卿综练政体,明达朝章,尝领群英,与裁大典。兹既观于登进,乃亟下于褒嘉。维韩愈书而屡书,固将垂后;使宣子逊而皆逊,何以劝功! 毋庸多辞,宜即祗服。

出处:《崔舍人玉堂类稿》卷九。
撰者:崔敦诗
考校说明:编年据文中所述史事补,见《宋史》卷三五《孝宗纪》。

赐中大夫参知政事钱良臣辞免秘书省进呈会要了毕礼仪使特转两官依例加恩不允诏

(淳熙六年七月十二日后)

朕惟朝家有大典礼,则必命宰辅为使以领之。乃者三馆以成书来上,朕以为兹皆祖宗制度、邦国轨则,而朕之所率行,畴敢不敬!前诏共政之臣,董总仪典,乃七月甲戌,麾幢在门,簪佩在廷。朕肃然览观,既用嘉叹,又陈文物,振钟鼓,奉而上之慈庭,登而藏之华阁。悉无愆容,讫就成礼者,卿之力也。兹循前宪,优进文阶,而乃陈词恳激,虑于过而弗当。维国有礼,朕敢听乎?即宜钦承,毋重勤请。

出处:《崔舍人玉堂类稿》卷九。

撰者:崔敦诗

考校说明:编年据文中所述史事补,见《宋史》卷三五《孝宗纪》。

赐宣奉大夫右丞相赵雄辞免秘书省进呈会要了毕提举官特转两官依例加恩不允诏

(淳熙六年七月十二日后)

朕惟书契以后,文因浸繁;典谟而来,政乃可考。比观儒馆,亟上奏篇,纪纲制度之毕陈,品式条贯之具备。因科分类,足自补于一家;随事寻源,当可知于百世。卿大猷经国,纯德格天。配古之文,润泽皇业;通今之学,练达朝章。总率隽英,全就简册,宜畀懋赏,遂超崇阶。国虽重于器名,有典可稽则非滥;士虽先于分义,有劳可称则非贪。卿诚无事于礼辞,朕亦何庸于令返。徒极恳至,终难听从。

出处:《崔舍人玉堂类稿》卷九。

撰者:崔敦诗

考校说明:编年据文中所述史事补,见《宋史》卷三五《孝宗纪》。

赐通议大夫枢密使王淮辞免已进会要经修
不经进提举官特转一官不允诏
（淳熙六年七月十二日后）

治莫重于宪章，传当资于简册。魏相辅政，实始汉事之行；张说佐王，乃先唐典之述。卿文华纬国，道德致君，顷登政途，尝领儒省，维时载笔，及是成书，肆畴前劳，乃畀茂赏。仆仆亟拜，曾非叠于近恩；谦谦有终，奚亦勤于来奏。当即祗服，固难例从。

出处：《崔舍人玉堂类稿》卷九。

撰者：崔敦诗

考校说明：编年据文中所述史事补，见《宋史》卷三五《孝宗纪》。

王淮转官告口宣
（淳熙六年七月十二日后）

书成东观，勚策西枢，跻登一秩之崇，褒表三长之善。兹颁宠命，宜体眷怀。

出处：《崔舍人玉堂类稿》卷一四。

撰者：崔敦诗

考校说明：编年据文中所述"书成东观，勚策西枢"补，见《宋史》卷三五《孝宗纪》。

赵雄转官告口宣
（淳熙六年七月十二日后）

信书告备，懋典时行，兹考协于邦常，益尊崇于宰路。宜祗成命，汔究宏图。

出处：《崔舍人玉堂类稿》卷一四。

撰者：崔敦诗

考校说明：编年据文中所述"信书告备……益尊崇于宰路"补，见《宋史》卷三五《孝宗纪》。

正奉大夫右丞相赵雄辞免敕令所修进一州一路酬赏格法了毕特转一官例恩不允诏
（淳熙六年七月十六日）

八柄诏王,宰司之职;三章约法,相国之功。卿名世巨儒,格天良弼。比总提于定令,赖笔削以成书。赏典具昭,吏奸咸革。操以为验,稽以为决。宁复奇它,行此之信。执此之坚,方资端亮。推恩惟允,避宠何谦? 所辞宜不允。

出处:《玉堂类稿》卷八。

撰者:周必大

中奉大夫参知政事钱良臣辞免敕令所转官例恩不允诏
（淳熙六年七月十六日）

福威惟辟,固出一时;轻重眂功,当存三尺。卿爽邦哲辅,博古鸿儒。比贰政机,参裁赏格。制而行之谓之法,既遂宗成;推而行之存乎通,更资恪守。以应无穷之绪,斯为可久之规。迁秩则宜,执谦毋过。所辞宜不允。

出处:《玉堂类稿》卷八。

撰者:周必大

赵雄辞免敕令所进书转官口宣
（淳熙六年七月十六日）

有敕:卿经邦道广,制法才高。兹见览于成书,宜首膺于酰赏。曾是一阶之进,岂劳三命之恭?

出处:《玉堂类稿》卷一二。

撰者:周必大

与中书手札
（淳熙六年七月十七日）

赏功迁职，不以滥予，郑丙言是也。给舍遇书读，宜随事以闻。

出处：《桯史》卷一二。又见《宋史全文续资治通鉴》卷二六，《中兴两朝圣政》卷五七，周必大《平园续稿》卷二五《郑公丙神道碑》。

赐少傅保宁军节度使充醴泉观使兼侍读史浩辞免
已进会要经修不经进提举官特转一官不允诏
（淳熙六年七月十八日后）

朕缅循前圣，优礼旧臣。日者三馆成书，肇自初载，朕开卷览观，而良规善政，大率多卿之讲画，所以沛然下赏，加地进律，岂直故事，固有至怀。卿清明端诚，忠厚亮直，既已委功名而自逸，乃复临宠利而不居。比以相贰大臣，虑于恩光狃至，朕固勉从其请而成□美矣，卿何说而亦辞乎？当体眷私，毋专谦节。

出处：《崔舍人玉堂类稿》卷六。
撰者：崔敦诗
考校说明：编年据文中所述史事补，见《宋会要辑稿》职官一八。

赐少傅保宁军节度使充醴泉观使兼侍读史浩再上
表辞免已进会要提举官特转一官令回授宜允诏
（淳熙六年七月十八日后）

纂事成书，是垂丕则，视劳诏赏，固有旧规。曾褒崇之未加，乃谦畏之靡已。卿纯诚忠国，厚德表民，始回涣号之文，终避毗恩之命。适张良封留之愿，素尚□□；览晏婴辞烽之言，益钦冲节。勉下俞旨，悉收宠章。□朕报功之心，成卿厉俗之美。

出处：《崔舍人玉堂类稿》卷六。
撰者：崔敦诗

考校说明:编年据文中所述史事补,见《宋会要辑稿》职官一八。

赐参知政事钱良臣上表再辞免秘书省进呈会要了毕礼仪使特转两官依例加恩不允仍断来章批答

(淳熙六年七月十八日后)

国家制度,托简册而传;朝廷礼文,随事体而重。乃者三馆之彦,裒次今事,踵续前书,首篇所载,乃皆亲庭光华旷异之礼。朕所以因其来上,铺张物采,焜耀听观,凡以章洪休、侈巨典也。卿才资通明,德器安重,际于亨运,总此盛仪,肆推异恩,已首众隽。而乃执谦陈辞,至于再而未受,则岂知朕意之所在虖?固有彝规,当即祗服。

出处:《崔舍人玉堂类稿》卷四。

撰者:崔敦诗

考校说明:编年据文中所述史事补,见《宋会要辑稿》职官一八。

赐右丞相赵雄上表再辞免秘书省进呈会要了毕提举官特转两官依例加恩不允批答

(淳熙六年七月十八日后)

建邦者必有典,传世者莫如书。三坟远而皇纲莫寻,六官分而王制尽在。乃者功施旧省,篇奏法官,接十世之丰规,聚一朝之丕则。既用览阅,长深叹嘉。卿全才宪邦,宏量镇物。整持法度,大劳载于朝廷;润泽典章,余事形于简册。凡兹明备,咸出裁成,优迁文阶,率用旧制。续太初之后,遂及全书,览正观之元,方思终善。而乃嫌于亟拜,为此牢辞,徒专谦牧之风,殆咈忠规之望。

出处:《崔舍人玉堂类稿》卷四。

撰者:崔敦诗

考校说明:编年据文中所述史事补,见《宋会要辑稿》职官一八。

赐通议大夫枢密使王淮再上表辞免提举
经修会要特转一官不允仍断来章批答
(淳熙六年七月十八日后)

　　历求古先,咸有典则。观旧经于鲁国,仅得习传,问今事于崔琳,徒资诵记。越我熙明之代,见于总会之书,敢言菲躬,遂踵前迹。卿深纯端亮,简重宽明。策盟府之勋,聊先翰墨;定筹帷之画,当究规图。叠闻谦陈,深援近比,固自有说,岂必皆同。引稠叠而辞,既足以昭名器之不私近;量劳勤而受,又足以示朝廷之无废庸。各行其心,俱利于国,宜体眷意,即收逊章。

出处:《崔舍人玉堂类稿》卷四。

撰者:崔敦诗

考校说明:编年据文中所述史事补,见《宋会要辑稿》职官一八。

赐少傅保宁军节度使充醴泉观使兼侍读史浩
上表辞免已进会要经修不经进提举官特转一
官令回授不允批答
(淳熙六年七月十八日后)

　　朕秉执大柄,照临群臣,片善靡遗,寸长不置。而况元老大儒,勋在翰墨,兹而弗录,谓疏远何?卿涉道深纯,函德忠厚,曩在宰路,具宣贤犹。乃者巨典告成,中外同喜,参条功绪,褒及旧劳。朕惟卿言之不释,固已徇谦志而移恩于族亲矣。犹逊不当,毋太过乎?

出处:《崔舍人玉堂类稿》卷四。

撰者:崔敦诗

考校说明:编年据文中所述史事补,见《宋会要辑稿》职官一八。

王淮再上表辞免提举经修会要特转一官恩命
不允断章批答口宣
（淳熙六年七月十八日后）

登进成书，推加茂典，一进阶而示宠，三抗奏以陈辞。成命即行，多言无益。

出处：《崔舍人玉堂类稿》卷一三。

撰者：崔敦诗

考校说明：编年据文中所述史事补，见《宋会要辑稿》职官一八。

钱良臣上表再辞免秘书省进呈会要了毕
礼仪使特转两官加恩恩命不允口宣
（淳熙六年七月十八日后）

汗简告成，涓辰登进，茂对亨嘉之会，毕陈褉盛之容。既藉总提，可无褒赏？

出处：《崔舍人玉堂类稿》卷一三。

撰者：崔敦诗

考校说明：编年据文中所述史事补，见《宋会要辑稿》职官一八。

赵雄上表再辞免秘书省进呈会要了毕提举
官特转两官依例加恩恩命不允批答口宣
（淳熙六年七月十八日后）

卿贤福被民，儒猷经国，兹涣丝纶之宠，庶酬翰墨之功。典实有初，命维无返。

出处：《崔舍人玉堂类稿》卷一三。

撰者：崔敦诗

考校说明：编年据文中所述史事补，见《宋会要辑稿》职官一八。

史浩上表辞免已进会要经修不经进转
官令回授恩命不允批答口宣
（淳熙六年七月十八日后）

书成英馆,赏逮元臣,既从酌损之规,犹守劳谦之美。是为已过,奚复可从!

出处:《崔舍人玉堂类稿》卷一三。

撰者:崔敦诗

考校说明:编年据文中所述史事补,见《宋会要辑稿》职官一八。

正奉大夫右丞相赵雄再辞免敕令所进修一州
一路酬赏格法了毕特转一官例恩批答
（淳熙六年七月十九日）

省表具之。国朝惩重内轻外之弊,凡仕于郡邑者,必眡其阀阅而赏之,所以使人趋事赴功,说以忘劳也。然地有远近,任有剧易,则或轻或重,有时而不同。况岁月既久,典籍间轶,沿革随异,苟不为法以待之,则予夺不公,将如吏何? 此吾屡饬有司刊定章程之本意也。卿以忠精许国,道德致君。粤从相予,百度惟正。复以余力,日与朕都俞一堂之上而成是书。昔人所谓讲若画一者,卿得之矣。今将自僚属至于掌故咸进厥秩,丞相提其要者也,独可已乎? 涣号且颁,固非执谦所能格也。所辞宜不允,仍断来章。

出处:《玉堂类稿》卷九。

撰者:周必大

朝议大夫试兵部侍郎兼详定一司敕令赐紫金鱼袋
刘孝韪辞免敕令所转官恩命不允诏
（淳熙六年七月二十日）

郡国之吏赍代自言于有司者众矣,可以与或抑之,可以无与或得焉。宜为成书,以布大信。卿博通今古,明习宪度。选厕侍从,参预讨论。逮兹奏篇,宠进华秩。理无可避,其敬承之。所辞宜不允。

出处:《玉堂类稿》卷八。

撰者:周必大

赵雄转官加恩制
（淳熙六年七月二十二日）

门下:朕统万宇以建中,摹百王而作则。设官庀事,酌求宪度之宜;涓日奏篇,铺阅章程之备。悉条功绪,优答劳能,爰疏进律之恩,首逮提纲之宰。涣此丕册,告于明廷。具官赵雄才巨而识高,器全而量远。望王商之威重,自见中朝之尊;资玄龄之智谋,乃能大事之断。摅尔贤缊,调予化元,忠勤载于王家,润泽施于方夏。朕并建官师之重,外厘职务之繁。四方是维,既因宜而辨等;三尺安出,亦量事以畴庸。居乐土而犹号要荒,当平世而尚忧边鄙,仍久经于岁月,已浸失于科条。委曲私情,曼延奇请,尝令刊定,讫告裁成。损益毕协其中,重轻各随其当。有劳必赏,士安意于修方;无隙可容,吏沮心于舞法。更存彝典之旧,徐俟它时之行。凡岂予能,良皆汝作。既懋功而自近,盍出号以居先。是用协于至怀,加以显命,峻文阶而进位,拓采户以增畜。益耸群瞻,具昭优礼。於戏! 政无常善,固宜参合于事情;令有必行,时乃纲维于国体。宋璟以守文而隆至治,裴垍以持法而赞中兴,罔俾先民,遂专前美。可特授宣奉大夫,依前右丞相、鲁郡开国公,加食邑一千户,食实封四百户。主者施行。

出处:《崔舍人玉堂类稿》卷一。

撰者:崔敦诗

考校说明:题后原注:"淳熙六年七月二十二日,敕令所修进一州一路□赏格法,转一官。"

辟官系后来一时陈请不许引用诏
（淳熙六年七月二十四日）

敕:应辟官,除元有指挥不拘常制云处外,若系后来一时陈请指挥,不以有无拘碍者,今后并不许引用。

出处:《庆元条法事类》卷一二。

龙图阁直学士中大夫成都潼川府夔州利州路安抚制置使兼知成都府事胡元质乞外宫观不允诏
（淳熙六年七月二十四日）

卿文能绥众，武可威敌。顷被简擢，往临坤维。细大之务毕亲，兵民之政交举。朕所以释然宽西顾之忧者，资卿力也。今上下相安，边鄙不耸，正宜轻裘缓带，乐其成功，奚为上书求代耶？昔韦皋、李德裕镇蜀，咸有嘉绩，虽曰才智绝人，亦惟朝廷久任之效。尚勤宣布，予不汝忘。所请宜不允。

出处：《玉堂类稿》卷八。

撰者：周必大

赐士辂生日诏
（淳熙六年七月）

卿属近行尊，年高德邵。兹纪孟秋之月，是临载育之期。颁饩牵酒醴之丰，侑钟鼓管絃之乐。钦承眷与，益保寿臧。

出处：《玉堂类稿》卷九。

撰者：周必大

考校说明：月份据同集同卷《赐皇叔祖检校少保昭化军节度使开府仪同三司嗣濮王士辂生日诏》补。

赐特进观文殿大学士判建康军府事充江南东路安抚使兼行宫留守陈俊卿乞许以归老乡里不允诏
（暂系于淳熙六年七月前后）

朕惟金陵都会，寄重势严，外制帅权，内司宫钥，维时选任，当属重臣。乃者召卿远藩，命以往镇，处得地所，人皆曰然。卿高明踏中，惇大成裕，譬诸乔岳，镇靖一方，不劳发舒，云气自润。朕眷言兴顾，无复勤忧，武克文驯，繄卿是赖。乃兹祈逸，殊异朕心。卿其虞神省虑，善总大纲，表惊江淮，徒得君重，乡闾之请，所未欲闻。

出处:《崔舍人玉堂类稿》卷六。

撰者:崔敦诗

考校说明:编年据同集前后文时间、陈俊卿官历补,见《晦庵先生朱文公文集》卷九六《陈公行状》、《宋史》卷三五《孝宗纪》。

赐朝奉郎试尚书工部侍郎兼知临安府吴渊
辞免修盖后殿了毕特转一官不允诏
(淳熙六年七月后)

朕躬修俭德,丕变民风。慕三尺之阶,悉存简质;惜十家之产,尽省缮营。维此便朝,循夫彝制,比缘极陋,因俾更修。卿登备禁途,典司天府,所付辄办,靡勤弗宣。兹兴事功,实体朕意,费出余力,役无劳民,聿观厥成,遂取诸壮。爰推加于茂典,庶耸劝于具僚。即宜钦承,岂必多逊。

出处:《崔舍人玉堂类稿》卷九。

撰者:崔敦诗

考校说明:编年据《宋会要辑稿》方域二补。

责罚外路诸州违戾稽迟朝省文书诏
(淳熙六年八月四日)

外路诸州自今违戾稽迟朝省文书,大事令本部将当职官劾奏,小事将人吏行下断遣。

出处:《宋会要辑稿》职官七九之三。

通议大夫枢密院使王淮再辞免进会要经修
不经进提举官特转一官恩命批答
(淳熙六年八月七日)

省表具之。朕日览万机,粤当六闰。维唐、虞稽古,异时存传授之规模;维景、文养民,比岁下宽仁之诏令。新有铭盘之德,戏无剪叶之书。虽广记备言,悉付至公于太史;然大纲小纪,当存要览于攸司。逮阅奏篇,特推信赏。卿学该系表,知觉民先。尝赞贰于政涂,实总提于儒馆。肆班新渥,式奖旧劳。纪建元之修攘,既备昭于前事;行贞观之仁义,方属任于鸿儒。所期臣主之俱荣,何愧阶封之并授? 所辞宜不允。

出处:《玉堂类稿》卷九。

撰者:周必大

王淮再辞免进会要转官口宣
(淳熙六年八月七日)

有敕:政随时举,事以类从。嘉儒林载笔之勤,知枢辅提纲之旧。进阶示宠,承命是宜。

出处:《玉堂类稿》卷一二。

撰者:周必大

赐恩平郡王璩口宣
(淳熙六年八月八日)

有敕:卿侍祠重屋,利涉涛江。喜闻一节之趋,将遂三年之见。迎颁茗剂,助保冲和。

出处:《玉堂类稿》卷一二。

撰者:周必大

考校说明:题后原注:"内侍宋映。"

进会要施师点等转官制
(淳熙六年八月十日)

敕朝散郎、试秘书少监施师点等:朕自膺传绪,常务策励。以时系年,广记已藏于岩密;举纲撮要,类分将备于讨论。尔等学擅该通,才高述作。备竭勤劳之力,共成诠次之功。遂续前编,同标巨典。宜被进官之宠,用旌载笔之良。祗服

455

予恩,益恭汝职。可。

出处:《崔舍人玉堂类稿》附录。
撰者:李木

王淮秘书省进书加恩口宣
(淳熙六年八月十一日)

有敕:书成册府,阶进枢廷。酬典领之旧劳,示弼谐之厚礼。其承纶命,以阐儒猷。

出处:《玉堂类稿》卷一二。
撰者:周必大

赐少保宁武军节度使充醴泉观使曾觌生日诏
(暂系于淳熙六年八月十三日)

月协仲商,天澄西灏,眷我耆明之彦,纪兹诞育之辰。爰将宠颁,俾侑燕喜。

出处:《崔舍人玉堂类稿》卷一六。
撰者:崔敦诗
考校说明:编年据同集前后文时间、曾觌宦历及生日补,见周必大《玉堂类稿》卷三《曾觌除少保改镇充醴泉观使加封制》、卷九《赐开府仪同三司充万寿观使曾觌生日诏》等。

樊仁远罢新任诏
(淳熙六年八月十七日)

浙东提举樊仁远于盗贼将发之际,辄荐雷溍自代,外托逊能,内实避事;又所荐雷溍显属缪举,可罢新任。

出处:《中兴两朝圣政》卷五七。又见《宋史全文续资治通鉴》卷二六。

文武臣遇大礼陈乞荫补事诏
(淳熙六年八月十九日)

敕:今后文武臣遇大礼荫补,许大礼后一年内陈乞,限外更不收使,仍不得将不应奏荐人陈乞破限。

出处:《庆元条法事类》卷一二。

赐皇兄少保岳阳军节度使充万寿观使
永阳郡王居广生日诏
(暂系于淳熙六年八月二十日)

素商应律,灝气澄空,维予宗屏之贤,肇此门弧之旦。爰推赐式,俾介寿祺。

出处:《崔舍人玉堂类稿》卷一六。
撰者:崔敦诗
考校说明:编年据同集前后文时间、赵居广宦历及生日补,见《宋会要辑稿》职官一、周必大《玉堂类稿》卷九《赐皇兄检校少保岳阳军节度使开府仪同三司充万寿观使永阳郡王居广生日诏》。

皇帝进奉太上皇后生辰贺笺四
(淳熙六年八月二十一日)

伏以日夜平分,适中于秋篇;羲娥迭运,同会于寿星。参集休祥,来符诞庆。中贺。恭惟尊号太上皇后殿下德方而静,宝俭与慈。胥宇如姜,赞亶父始谋之际;嗣徽维姒,对文王安乐之时。应地无疆,降年有永。臣钦逢令旦,密侍慈颜。讲宫中之仪,愿敬遵于汉事;膺天下之养,祈永佐于尧仁。

出处:《玉堂类稿》卷一。
撰者:周必大
考校说明:月、日据同集同卷《皇帝进奉太上皇后生辰贺笺一》补。

赐安南国王李龙翰淳熙七年历日敕书
(淳熙六年八月二十五日)

朕钦崇天道,恪授人时。嘉与多方,共兴嗣岁。眷言南服,夙奉中朝。是遵颁朔之文,用懋守藩之绩。祗予德意,厚乃民生。

出处:《玉堂类稿》卷一一。

撰者:周必大

考校说明:"翰",原作"翰",据明抄本及《宋史》卷四八八《交阯传》改。"六年"原作"四年",据清欧阳棨刻本改。

赐皇太子生日诏
(暂系于淳熙六年九月四日)

天祐熙朝,时生元嗣,茂育温文之德,永毗久大之基。式厚赐仪,俾绥寿福。

出处:《崔舍人玉堂类稿》卷一六。

撰者:崔敦诗

考校说明:编年据同集前后文时间、赵惇("皇太子")生日补,见《宋史》卷三六《光宗纪》。

赐少傅保宁军节度使充醴泉观使兼侍读史浩生日诏
(暂系于淳熙六年九月六日)

初潜旧学,当代元臣,适商律之正清,知诞期之载至。爰将颁赉,俾介寿康。

出处:《崔舍人玉堂类稿》卷一六。

撰者:崔敦诗

考校说明:编年据同集前后文时间、史浩宦历及生日补,见《宋史》卷二一三《宰辅表》、《攻媿集》卷九三《纯诚厚德元老之碑》、周必大《玉堂类稿》卷九《赐少保观文殿大学士充醴泉观使侍读永国公史浩生日诏》。

明堂大礼赦文
(淳熙六年九月十二日)

　　门下:朕绍承基绪,获典神天。上循列圣之规,日奉慈皇之训。宵衣旰食,敢暇逸于分阴;菲饮卑宫,期阜蕃于率土。赖隐显之交助,庆家邦之永宁。亲寿弥长,有衍万年之历;民生咸遂,无违九叙之歌。田畴屡丰,边鄙不耸。忧念一纯之报,习占三岁之祥。顾累躬泰畤之禋,独未备总章之飨。维周成宗祀洛中,陟配于文王;维汉武合祠汶上,推严于高帝。皆用亲郊之礼,具殚尊祖之诚。于铄本朝,若稽前代。俶经路寝,有皇祐之彝仪;遍秩群神,有绍兴之近制。不愆于素,可举而行。穆卜季秋之良,肇称新礼之盛。祓珠庭而朝荐,假清庙以祼将。三引先驱,建太常而乘玉辂;群工显相,被衮衣而执镇圭。燎烟升而精意通,和乐奏而灵斿沛。两仪奠位,于以合祛;二后在天,兹焉并侑。环九筵而暇食,薄四海以和来。扁榜大书,前罄严恭之志;祺祥免奏,复虞满假之心。盖饬躬弗惮于予勤,而敛福惟思于民锡。甫竣熙事,爰需湛恩。嘉与多方,共迎景况。可大赦天下。云云。於戏! 天地以好生为德,朕克懋于灵承;祖宗以博爱为仁,朕允怀于时宪。咨亮采惠畴之佐,暨秉文经武之臣,协图康济之功,哀对休嘉之泽。

出处:《玉堂类稿》卷一。又见《中兴礼书》卷八五。
撰者:周必大

明堂大礼朝献景灵宫圣祖天尊大帝册文
(淳熙六年九月十四日)

　　伏以肇启真绪,源深流长。显陈休符,锡祚无极。施及凉昧,纂承丕图。明堂孔阳,将举禋礼。言趋秘宇,祗荐令芳。既开其先,必裕乃后。敢忘励翼,永绍渊宗。尚飨!

出处:《玉堂类稿》卷一六。
撰者:周必大

前一日朝享太庙祖宗帝后册文
（淳熙六年九月十五日）

伏以三岁亲祠，我家盛礼。内循菲德，祗遹彝章。穆卜季秋，肇禋阳馆。先期假庙，备饬斋诚。群工骏奔，以职来助。郁尊灌鬯，乐舞振庭。对越在天，淳熙用介。谨以嘉玉量币、一元大武、柔毛、刚鬣、明粢、芗合、芗萁、嘉疏嘉荐，式陈明荐。尚飨！

出处：《玉堂类稿》卷一六。又见《中兴礼书》卷七七。

撰者：周必大

前一日朝享太庙别庙懿节皇后册文
（淳熙六年九月十五日）

伏以十乱之功，独尊文母。宾空虽久，遗范故存。卜岁习祥，礼行世室。临裸别庙，僾然怀思。笙镛绎纯，笾豆丰洁。歆时孝享，垂佑家邦。

出处：《玉堂类稿》卷一六。又见《中兴礼书》卷七七。

撰者：周必大

明堂祭享昊天上帝册文
（淳熙六年九月十六日）

伏以惟皇无私，临下有赫。亲德飨道，聪明自民。惕惟菲躬，祗荷眷祐。五修郊报，浃宇乂安。载稽旧章，俶讲宗祀。物难仰称，诚或居歉。迄用康年，敢忘寅畏？谨以玉帛牺齐，粢盛庶品，肃展禋祀，式昭诚钦。太祖启运立极英武睿文神德圣功至明大孝皇帝、太宗至仁应道神功圣德文武睿烈大明广孝皇帝配神作主。

出处：《玉堂类稿》卷一六。又见《中兴礼书》卷七七。

撰者：周必大

明堂大礼祭享皇地祇册文
(淳熙六年九月十六日)

博厚载物,静专承天,溥彼群生,裕于大化。钦念菲质,绍承庆基,山川晏宁,稼穑蕃阜。膺受灵顾,不敢怠遑,练吉商辰,修报世室,奠以黄玉,荐以黝牲。承神至尊,精意孚尽,临锡景福,垂休无疆。

出处:《崔舍人玉堂类稿》卷一九。又见《中兴礼书》卷七七。

撰者:崔敦诗

明堂飨太祖皇帝册文
(淳熙六年九月十六日)

五代腥闻,万姓请命。诞降真主,风挥日舒。方忧载宁,彝伦攸序。天德地业,传及菲躬。报本返初,无物可称。宗祀世室,陟配两仪。威神在天,右序罔极。

出处:《中兴礼书》卷七七。又见《崔舍人玉堂类稿》卷一九。

撰者:崔敦诗

明堂飨太宗皇帝册文
(淳熙六年九月十六日)

维圣肇造,维明纂承。广声昭功,混一函夏。施逮寡德,绍膺庆休。时维肃秋,岁物告阜。祇举旷典,大飨合宫。明明祖宗,并侑于坐。来燕来止,绥福万邦。

出处:《中兴礼书》卷七七。又见《崔舍人玉堂类稿》卷一九。

撰者:崔敦诗

淳熙六年明堂赦
(淳熙六年九月十六日)

昨礼部贡院下第进士,应绍兴二十一年以前到省一举,年五十上者,已降指挥,令本贯州县验实,结罪保明,申乞推恩。虑其间有本贯阻隔,致未沾恩。如有似此之人,许依开封府、国子监进士已降指挥,于所在州县召见任承务郎以上二员,结除名罪委保,当职官除罪保明,申礼部验实以闻。

出处:《宋会要辑稿》选举二之二三。

丽正门肆赦阁门官宣答皇太子词
(淳熙六年九月十六日)

躬祠世室,还御端门,沛恩宥于中天,广福祥于下国。

出处:《崔舍人玉堂类稿》卷一五。
撰者:崔敦诗
考校说明:编年据崔敦诗任两制时间、南宋明堂大礼时间补。

紫宸殿受贺阁门官宣答枢密词
(淳熙六年九月十六日)

稽古弥文,观时亨会,咸来四海之助,迄就九筵之仪。实赖交修,敢居能飨。

出处:《崔舍人玉堂类稿》卷一五。
撰者:崔敦诗
考校说明:编年据崔敦诗任两制时间、南宋明堂大礼时间补。

紫宸殿受贺枢密宣答皇太子词
(淳熙六年九月十六日)

祗荷洪休,肃严大报,既告虔于清庙,遂展祀于合宫。四方具来,诸福毕至。

出处:《崔舍人玉堂类稿》卷一五。

撰者:崔敦诗

考校说明:编年据崔敦诗任两制时间、南宋明堂大礼时间补。

明堂大礼毕紫宸殿受贺内侍宣答管军词
(淳熙六年九月十六日)

祗率彝章,肇修嘉飨,资尔中权之彦,馨兹周卫之劳。神心顾怀,福贶昭答。

出处:《崔舍人玉堂类稿》卷一五。

撰者:崔敦诗

考校说明:编年据崔敦诗任两制时间、南宋明堂大礼时间补。

明堂大礼毕皇帝诣德寿宫上寿饮福致贺词
(淳熙六年九月十六日)

皇帝臣眘谨率文武百僚稽首言:飨帝合宫,受天纯嘏。臣与百僚等不胜大庆,谨上千万岁寿。

出处:《玉堂类稿》卷一六。

撰者:周必大

考校说明:月、日据南宋明堂大礼时间补,见《宋史》卷三五《孝宗纪》。

侍中承旨宣答
(淳熙六年九月十六日)

太上皇帝圣旨:得皇帝寿酒,与皇帝并百僚内外同庆。

出处:《玉堂类稿》卷一六。

撰者:周必大

考校说明:月、日据南宋明堂大礼时间补,见《宋史》卷三五《孝宗纪》。

赐安南国王加恩制敕书
（淳熙六年九月十六日后）

朕肃涓凉籥,祇祀合宫,方覃泽于敷天,爰兴怀于远服。参稽庆典,优锡褒章,答尔恭勤,昭于眷礼。宜坚侯度,茂对邦祺。

出处:《崔舍人玉堂类稿》卷一六。
撰者:崔敦诗
考校说明:编年据崔敦诗任两制时间、南宋明堂大礼时间补。

赐曾觌告口宣
（暂系于淳熙六年九月十六日后）

藏事阅筵,布厘庶位,乃眷耆明之彦,宜优庆赍之章。兹锡恩纶,是均馂福。

出处:《崔舍人玉堂类稿》卷一三。
撰者:崔敦诗
考校说明:编年据同集前后文时间补。

明堂大礼礼毕宣劳将士口宣
（淳熙六年九月十六日后）

卿等肃共武服,典护严宸,逮兹祀事之成,多尔戎昭之助。并加眷抚,式慰忠勤。

出处:《崔舍人玉堂类稿》卷一三。
撰者:崔敦诗
考校说明:编年据崔敦诗任两制时间、南宋明堂大礼时间补。

赐郑藻告口宣
(淳熙六年九月十六日后)

事毕崇堂,恩覃列位,兹辑神厘之泽,遂优戚畹之贤。宜服宠荣,益绥寿岂。

出处:《崔舍人玉堂类稿》卷一三。

撰者:崔敦诗

考校说明:编年据崔敦诗任两制时间、南宋明堂大礼时间补。

赐史浩告口宣
(淳熙六年九月十六日后)

宗祀合宫,熙成庆事,兹推颁于惠泽,首商赉于耆臣。宜服□章,益绥寿福。

出处:《崔舍人玉堂类稿》卷一三。

撰者:崔敦诗

考校说明:编年据崔敦诗任两制时间、南宋明堂大礼时间补。

责罚周嗣武等诏
(淳熙六年九月二十二日)

湖广总领刘邦翰、周嗣武、鄂州江陵府驻札郭钧检视参修战船灭裂,内邦翰去官日久,特与放罪,周嗣武展三年磨勘,郭钧特展二年磨勘。

出处:《宋会要辑稿》食货五〇之二八。

中大夫参知政事钱良臣辞免叙复三官
于见今官上转行恩命不允诏
(淳熙六年九月二十四日)

维我仁皇,公于刑赏。于时贰政,曰度曰庠。尝削文阶,伸其自效。务隆体貌,旋俾如初。著之史编,朕用时宪。卿知周物表,学探道原。参预政机,夙夜匪懈。比坐谬举,恳求自惩。眷知日深,固欲甄复。矧遇恩霈,岂拘叙期。襫以终朝,昔成卿志;接于昼日,今著朕心。君臣之间,恩义两得。祗服显命,毋烦逊章。所辞宜不允。

出处:《玉堂类稿》卷八。

撰者:周必大

诸司属官及被差过往之人州县不许迎送诏
(淳熙六年九月二十五日)

诸路州县,应监司使命经从,祗令于门外相见,其诸司属官及应沿檄被差过往之人,并不许迎送。

出处:《宋会要辑稿》职官七九之三。

朝请郎试右谏议大夫谢廓然辞免刑部尚书不允诏
(淳熙六年九月二十六日)

分职文昌,凤高八座;持平宪部,专掌五刑。匪躬哲义之资,孰副选抡之意?卿器闳学博,识远虑周。负疏通应务之才,持慷慨济时之论。扬历具知于民隐,简求自结于郎潜。执法乌台,屡奋鹰鹯之击;通班骑省,每嘉药石之言。欲增重于禁涂,俾进联于端右。祗承定命,毋事劳谦。所辞宜不允。

出处:《玉堂类稿》卷八。

撰者:周必大

福建二广州军卖盐额及价直不得擅有增添诏
(淳熙六年九月二十七日)

福建、二广州军分拨卖盐,自有旧额及立定价直,自今不得擅有增添。如敢违戾,其守臣令监司按劾;若监司违戾,许别司互察以闻。

出处:《宋会要辑稿》食货二八之九。

强盗贷命人远行分配诏
（淳熙六年九月二十七日）

自今大理寺并诸州勘到强盗内有贷命人,并令勘会的实乡贯,远行分配,不得相近。庶使其徒相远,无以启其奸谋,免致生事。

出处:《宋会要辑稿》刑法四之五五。

特进观文殿大学士判建康府军事充江南东路安抚使兼行宫留守陈俊卿再乞致仕不允诏
（淳熙六年九月二十九日）

"鲜我方将",咏于《诗雅》:"若不得谢",著于《礼经》。矧当未至之年,难狥必从之欲。卿弼谐宿望,屏翰重臣。雍容天堑之都,坐严管籥;浃洽灵河之润,远及邦畿。方共理之是图,在告归而何遽? 精神尚壮,盍思楚丘老之成言? 用舍或殊,毋执欧阳修之故事。所辞宜不允,不得再有陈请。

出处:《玉堂类稿》卷八。
撰者:周必大

敷文阁学士大中大夫知泉州韩彦直乞外宫观不允诏
（淳熙六年九月二十九日）

卿才猷敏,政术精明。献纳论思,尝率六官之属;中和宣布,交腾两郡之声。虽白云之望良勤,顾皂盖之临未久。方惩数易,姑复少安。所请宜不允。

出处:《玉堂类稿》卷八。
撰者:周必大

武功郡开国公吴拱加食邑食实封制
(淳熙三年十一月后或淳熙六年九月后)

门下:礼重钦柴,虔致二仪之祀;师屯细柳,尝勤万骑之归。因即拜于将臣,俾坐增于士气。逮均惠术,更锡褒章。具官吴拱天赋忠纯,世传方略。父子功名之美,如武惠之在本朝;弟兄爵位之高,如凉公之唐室。昨趋严召,抵觐行都。圻父亶聪,足慰爪牙之底止;采薇遣戍,未容弭服之定居。惟坛陔陪扈之良劳,惟道路驰驱之靡愁。其于庆赐,必也优隆。锡之金币之多,申以土田之富。於戏! 使者封三箧于府,当郊赉之溥施;元戎启十乘之行,宜神厘之首及。尚勤绥御,庸答宠嘉。可。

出处:傅校本《周益公集逸文》。
撰者:周必大
考校说明:编年据吴拱宦历、周必大任两制时间、南宋郊祀及明堂大礼时间补,见崔敦诗《玉堂类稿》卷五《赐吴拱上表辞免进封武功郡开国公加食邑食实封不允不得再有陈请诏》等。

刘光祖答策论科场取士之道御批
(淳熙六年十月前)

用人之弊,人君乏知人之哲,宰相不能择人。国朝以来,过于忠厚,宰相而误国,大将而败军,未尝诛戮。要在人君必审择相,相必当为官择人,懋赏立乎前,诛戮设乎后,人才不出,吾不信也。

出处:《宋史》卷三九六《史浩传》。
考校说明:编年据《南宋馆阁续录》卷九补。《宋史》卷三九六《史浩传》载"赵雄尝荐刘光祖试馆职,光祖答策,论科场取士之道,进入,上亲批其后"云云。《宋史》卷三九七《刘光祖传》:"召试,守正字。"据《南宋馆阁续录》卷九,刘光祖于淳熙六年十月除正字。

选差使人伴射官诏
（淳熙六年十月三日）

使人到阙,伴射官自今于殿前、马、步三司通轮保明选差。

出处:《宋会要辑稿》职官三二之一四。

二广虚市更相贸易免落地税钱诏
（淳熙六年十月八日）

二广虚市更相贸易,非江浙私置税场之比,可从民便,与免落地税钱。

出处:《宋会要辑稿》食货一八之一〇。

魏王府添差皂院子诏
（淳熙六年十月十日）

皇城司:皇子魏王府可特添差皂院子二人,充借差实占祗应,理年转资等并依在府祗应人前后已得指挥施行。遇阙,指名差填。

出处:《宋会要辑稿》职官三四之三八。

周必大进封开国伯加食邑三百户制
（淳熙六年十月十一日）

敕:朕蒐太室之仪,举明禋之典。将事之夕,尚烟云之蔽亏;降福自天,俄月星而明溰。乃眷侍臣之列,助予毖祀之修。宜均饶惠之施,载锡光华之宠。大中大夫、试礼部尚书、兼翰林学士、兼太子詹事、兼侍读、兼修国史、管城县开国子、食邑五百户周必大,道全德粹,才周气宏。夙夜在公,咸仰仪刑之懿;谋猷告后,备殚启沃之忠。予方翼翼而小心,汝皆济济而敬事。含商吐角以达和豫,炳萧燎肴而升苾芬。神游宴娭,景贶昭答。清明邕矣,庆熙事之备成;福履绥之,岂朕躬之专飨。载稽彝典,并涣恩荣。进阶执圭,申陪食赋。昭事上帝,朕永怀寅畏之诚;精白一心,尔尚馨交修之效。可特授依前大中大夫、试礼部尚书、兼翰林学士、兼太子詹事、兼侍读、兼修国史,进封管城县开国伯,加食邑三百户。

出处:《周益国文忠公年谱》。

撰者:郑丙

皇兄少保岳阳军节度使充万寿观使永阳郡王居广
辞免少傅加食邑实封不允诏
(淳熙六年十月十六日)

于赫仁宗,有嘉元弼。王于列郡,亲则诸兄。当肇讲于宗祈,实参陪于酌献。寻加相绂,用侈神厘。昔常著于简编,今适同于符契。特升孤棘,庸厚亲贤。何必抗章,亟思承命。所辞宜不允。

出处:《玉堂类稿》卷八。

撰者:周必大

少傅昭化军节度使充醴泉观使嗣濮王士辐
辞免少师加食邑实封不允诏
(淳熙六年十月十六日)

朕念昔祖烈,视今宗盟。安懿曾孙,王为最长;五朝近属,王乃独存。在眷礼以当殊,岂他人之敢拟? 是以慈皇庆寿,蹑升亚傅之班;宗祀均厘,特贰维师之秩。兹为异数,安事常谦? 所辞宜不允。

出处:《玉堂类稿》卷八。

撰者:周必大

禁胁持州县诉不干己者诏
(淳熙六年十月十六日)

诸路监司:自今应有胁持州县诉不干己者,籍定申闻台省。候将来再犯,累其罪状,重置典宪。

出处:《宋会要辑稿》刑法三之三五。

皇叔祖士輵明堂转官加恩制
(淳熙六年十月十六日)

门下:朕览简策之传,达神明之德。奉圣以进,《鲁史》先九族之亲;彻豆而归,《周诗》同诸父之乐。比涓商序,初飨合宫,重阴开祼庙之辰,杲日丽登楼之旦。嘉应显答,美祥大来。逮敷祭泽之行,宜厚宗盟之长。具官士輵行恭而志饬,资粹而量闳。乐以诗书,自秀庆灵之胄;守其富贵,不逾法度之闲。夙和顺以积中,迄耄期而称道。朕仰怀英庙,追厚濮园。三灵之休,燕及于苗裔;万代之祀,同符于祖宗。视其象贤,嘉乃耆老。慨岁年之逾迈,阅宠数之未隆。是用因此熙成,优于商赉。琱戈导节,仍开名壤之藩;通帛舒旜,高进亚师之位。陪敦井实,申衍户畬。於戏!东西九筵,既拥纯厘之下;本支百世,遂膺景福之同。尚服殊私,益绥吉履。可特授少师,依前昭化军节度使、充醴泉观使、嗣濮王,加食邑七百户,食实封三百户。令所司择日备礼册命,主者施行。

出处:《崔舍人玉堂类稿》卷一。
撰者:崔敦诗
考校说明:编年据《宋会要辑稿》职官一补。

皇兄居广明堂转官加恩制
(淳熙六年十月十六日)

门下:朕练辰商籥,蠲飨合宫。顺昆仑以登,祗见上帝;蹑泰阶而下,宣延群神。于时大宗小宗,伯父叔父,或奔走恭事,或肃雍侍成,肆裒顺备之休,爰厚神明之胄。具官居广端方而和裕,夷易而醇深。乐善有休,独标玉叶之秀;流光自远,茂迪璇源之长,居无骄溢之心,动有寅恭之度。朕奉承庆绪,监用丕彝。隆形势于本朝。临制夷夏;合亲族于高位,显荣邦家。推原瓜瓞之来,兴念常华之近。是用因兹惠术,厚以恩章。犀甲熊旗,仍领名藩之重;篆车希冕,超登亚傅之崇。并衍爰田,更增真食。於戏!天地并况,岂予凉菲之能;兄弟具来,实尔柔嘉之则。尚膺同福,益固纯犹。可特授少傅,依前岳阳军节度使、充万寿观使、永阳郡王,加食邑七百户,食实封三百户。令所司择日备礼册命,主者施行。

出处:《崔舍人玉堂类稿》卷一。

撰者:崔敦诗

考校说明:编年据《宋会要辑稿》职官一补。

士辋特授少师加食邑赐告口宣
(淳熙六年十月十六日)

朕斋精饬躬,广大建祀,既沛熙成之泽,宜优惇叙之恩。茂锡宠光,益昭眷礼。

出处:《崔舍人玉堂类稿》卷一五。

撰者:崔敦诗

考校说明:编年据《宋会要辑稿》职官一补。

居广特授少傅加食邑赐告口宣
(淳熙六年十月十六日)

朕肇称新礼,宗祀明堂,有衍钦柴之休,无逾常棣之爱。兹颁显命,是出殊私。

出处:《崔舍人玉堂类稿》卷一五。

撰者:崔敦诗

考校说明:编年据《宋会要辑稿》职官一补。

赐少傅昭化军节度使充醴泉观使嗣濮王士辋再上表辞免除少师加食邑食实封不允仍断来章批答
(淳熙六年十月十六日后)

朕稽古弥文,对时亨运。玉帛万国,凤尊布政之堂;箫韶九成,肇享交神之室。既荷天休之应,遂均惠术之行。卿邦家茂支,宗族元老,绍百世濮园之祀,参九霄仙馆之游,因缘庆恩,推畀懋典。锡文武之祚,当厚者明之贤;笃鲁卫之亲,乃先惇睦之道。兹由素定,奚可终辞?

出处:《崔舍人玉堂类稿》卷四。

撰者:崔敦诗

考校说明:编年据《宋会要辑稿》职官一补。

赐少保岳阳军节度使充万寿观使永阳郡王居广
上表再辞免特授少傅加食邑食实封不允批答
(淳熙六年十月十六日后)

　　朕惟厚陵诸王,有若端献,闻望光美,俪昔间平。天锡善祥,十子竞爽,流泽未远,逮其闻孙。秉德在廷,厥犹翼翼,兹朕之所嘉卿。今跂祠路寝,配天敷泽,非优异之恩,亡以示天下隆亲而尚贤也。庚子之命,尚庸辞乎?

出处:《崔舍人玉堂类稿》卷四。

撰者:崔敦诗

考校说明:编年据《宋会要辑稿》职官一补。

赐少傅昭化军节度使充醴泉观使嗣濮王士辐
上表再辞免除少师加食邑食实封不允批答
(淳熙六年十月十六日后)

　　朕惟亲亲人道之要也,今本支蕃衍,未逮全盛之日,顾瞻大廷,见此端艾,黄发在位,维喜康共,思有以大显荣之,固朕之心也。乃者礼成合宫,福禄来下,与我共此,无逾茂亲。且亚师之命,近时宗族之所未有,高秩厚礼,舍王孰宜,而又何辞焉?

出处:《崔舍人玉堂类稿》卷四。

撰者:崔敦诗

考校说明:编年据《宋会要辑稿》职官一补。

赐少保岳阳军节度使充万寿观使永阳郡王居广再上表辞免除少傅加食邑食实封不允仍断来章批答
(淳熙六年十月十六日后)

朕肇称元祀,铺究上容,多士骏奔走以在廷,四方大和会而观礼。维时显相,多宗族之蕃昌;迄此休成,谅神灵之欢喜。既诚陈而享洽,遂惠均而政行。卿和裕凝资,寅恭秉德,被温貌而就位,奠华爵以交神。既右飨之,丕拥繁厘之下;乃商赉尔,超登亚傅之崇。涣号已孚,谦辞犹至,固出眷怀之异,可专挹挽之高!

出处:《崔舍人玉堂类稿》卷四。

撰者:崔敦诗

考校说明:编年据《宋会要辑稿》职官一补。

赐居广批答口宣
(暂系于淳熙六年十月十六日后)

褒崇宗老,敷锡恩章,已具协于公言,奚尚坚于谦守。兹加申谕,宜即祗承。

出处:《崔舍人玉堂类稿》卷一五。

撰者:崔敦诗

考校说明:编年据同集前后文时间、《宋会要辑稿》职官一补。

赐士辐再上表辞免不允仍断来章批答口宣
(暂系于淳熙六年十月十六日后)

敦叙宗盟,优崇族老,爱馂厘而布惠,乃亶号以扬廷。众听已孚,谦辞何益。

出处:《崔舍人玉堂类稿》卷一五。

撰者:崔敦诗

考校说明:编年据同集前后文时间、《宋会要辑稿》职官一补。

赐居广再上表辞免不允仍断来章批答口宣
(暂系于淳熙六年十月十六日后)

席庆皇家,蜚华天路,兹衍博临之况,乃优褒叙之恩。命已维行,理无可避。

出处:《崔舍人玉堂类稿》卷一五。

撰者:崔敦诗

考校说明:编年据同集前后文时间、《宋会要辑稿》职官一补。

士辋上表再辞免除少师恩命不允批答口宣
(淳熙六年十月十六日后)

修祠世室,彻胙堂筵,爰加厚于亲盟,乃优推于邦典。兹惟至意,奚可固辞。

出处:《崔舍人玉堂类稿》卷一五。

撰者:崔敦诗

考校说明:编年据《宋会要辑稿》职官一补。

修立宗室大小使臣添差法诏
(淳熙六年十月十七日)

宗室大小使臣添差,敕令所照应建炎四年申明指挥修立成法。其宫观岳庙,每州毋得过二员。

出处:《宋会要辑稿补编》第一四页。

赴阙镇江府赐茶药口宣
(淳熙六年十月十八日前)

有敕:卿等远将信币,祗会诞期。念涉履之良劳,轸眷存而特厚。驰颁茗剂,庸辅保调。

出处:《玉堂类稿》卷一三。
撰者:周必大

镇江府赐御筵口宣
(淳熙六年十月十八日前)

有敕:祝南山之寿,远骛使軿;经北固之城,宠开燕俎。肆厚睦邻之礼,益增将命之华。

出处:《玉堂类稿》卷一三。
撰者:周必大

平江府赐御筵口宣
(淳熙六年十月十八日前)

有敕:卿等恪修邻好,来庆诞辰。扬舟舾以遄征,即辅藩而少驻。特开华宴,庸示眷怀。

出处:《玉堂类稿》卷一三。
撰者:周必大

赤岸赐御筵口宣
(淳熙六年十月十八日前)

有敕:卿等祇讲邻欢,恪趋辰诞。眷遵涂之甚远,欣弭节之有期。爰即近郊,特开华筵。

出处:《玉堂类稿》卷一三。
撰者:周必大

十月十八日到阙赐内中酒果口宣
(淳熙六年十月十八日)

有敕:卿等远驰使节,肃展寿仪。兹弭节于骈亭,继分珍于禁苑。有加之礼,宜肃其承。

出处:《玉堂类稿》卷一三。

撰者:周必大

十月十九日到阙赐被褥鈔锣口宣
(淳熙六年十月十九日)

有敕:卿等远涉初寒,恪趋载诞。锡以寝茵之具,贰之器用之良。并示眷怀,祗承礼遇。

出处:《玉堂类稿》卷一三。

撰者:周必大

金国贺会庆节使人到阙玉津园射弓赐酒果口宣
(暂系于淳熙六年十月二十一日)

卿等适此暇日,游于芳园,方观审固之能,爰致旨嘉之赐。维兹将意,庶以侑欢。

出处:《崔舍人玉堂类稿》卷一四。

撰者:崔敦诗

考校说明:编年据同集前后文时间、《宋史》卷三五《孝宗纪》补。

抚问金国贺会庆圣节使人赴阙盱眙军赐御筵口宣
(暂系于淳熙六年十月二十二日前)

卿等远持庆礼,祗会诞辰,念甫越于边疆,俾就颁于燕席。式昭眷遇,庸慰勤劳。

出处:《崔舍人玉堂类稿》卷一三。

撰者:崔敦诗

考校说明:编年据同集前后文时间、文中所述史事补。

赤岸赐酒果口宣
(暂系于淳熙六年十月二十二日前)

卿等祇饬使车,远将邦礼,望都门而伊迩,即郊馆以少留。爰致恩颁,庶资燕会。

出处:《崔舍人玉堂类稿》卷一三。

撰者:崔敦诗

考校说明:编年据同集前后文时间、文中所述史事补。

十月二十二日玉津园射弓赐御筵口宣
(暂系于淳熙六年十月二十二日)

卿等射艺绝伦,宾容协度,特启初筵之锡,俾留终日之欢。式示眷私,用优礼遇。

出处:《崔舍人玉堂类稿》卷一四。

撰者:崔敦诗

考校说明:年份据同集前后文时间补。

十月二十二日赐内中酒果口宣
(暂系于淳熙六年十月二十二日)

卿等远持庆问,祇及都邮,锡兹多旨之醪,荐以甘芳之实。并由内府,式表殊恩。

出处:《崔舍人玉堂类稿》卷一四。

撰者:崔敦诗

考校说明:年份据同集前后文时间补。

二十二日上寿毕归驲赐酒果口宣
(淳熙六年十月二十二日)

有敕:诞期甫及,聘使远来。居然有肃之容,厚其无疆之祝。随颁芳旨,少酬恭勤。

出处:《玉堂类稿》卷一三。

撰者:周必大

玉津园射弓赐御筵口宣
(淳熙六年十月二十二日后)

有敕:宾轺远暨,禁籞宏开。观克敬之威仪,知素娴于弧矢。就颁燕劳,昭示宠绥。

出处:《玉堂类稿》卷一三。

撰者:周必大

赐马军司满散会庆圣节道场乳香口宣
(暂系于淳熙六年十月二十二日前后)

□□□□精骑,拱护严宸,逢诞节以输诚,即宝坊而介福。爰颁香炷,庶助斋衷。

出处:《崔舍人玉堂类稿》卷一三。

撰者:崔敦诗

考校说明:编年据同集前后文时间、文中所述史事补。

赐枢密院官满散会庆圣节道场乳香口宣
(暂系于淳熙六年十月二十二日前后)

卿等经武地严,爱君志厚,因祥枢之纪序,即佛宇以输诚。宜锡名芬,俾资善祷。

出处:《崔舍人玉堂类稿》卷一三。
撰者:崔敦诗
考校说明:编年据同集前后文时间、文中所述史事补。

赐三省官满散会庆圣节道场乳香口宣
(暂系于淳熙六年十月二十二日前后)

卿等欣逢诞节,悉率采僚,效嵩岳以输诚,即梵宫而营福。爰颁异馥,庶助精虔。

出处:《崔舍人玉堂类稿》卷一三。
撰者:崔敦诗
考校说明:编年据同集前后文时间、文中所述史事补。

赐殿前司满散会庆圣节道场乳香口宣
(暂系于淳熙六年十月二十二日前后)

卿等宣劳武服,典护岩除,欣逢载诞之辰,虔祝无疆之寿。爰颁异馥,庶达精诚。

出处:《崔舍人玉堂类稿》卷一三。
撰者:崔敦诗
考校说明:编年据同集前后文时间、文中所述史事补。

赐步军司满散会庆圣节道场乳香口宣
(暂系于淳熙六年十月二十二日前后)

卿等总提劲旅,严卫明庭,毕殚爱上之诚,咸祝后天之福。宜推嘉锡,俾侑精虔。

出处:《崔舍人玉堂类稿》卷一三。

撰者:崔敦诗

考校说明:编年据同集前后文时间、文中所述史事补。

赐皇太子满散会庆圣节道场乳香口宣
(暂系于淳熙六年十月二十二日前后)

卿位正储宫,时当诞序,益厚君亲之爱,悉哀仙梵之因。爰锡名香,用孚至意。

出处:《崔舍人玉堂类稿》卷一三。

撰者:崔敦诗

考校说明:编年据同集前后文时间、文中所述史事补。

朝辞讫归驿赐酒果口宣
(暂系于淳熙六年十月二十二日后)

卿等进辞殿陛,归憩宾邮,爰分嘉实之多,仍致上尊之美。并昭恩遇,各体眷怀。

出处:《崔舍人玉堂类稿》卷一四。

撰者:崔敦诗

考校说明:编年据同集前后文时间、文中所述史事补。

朝辞讫归驿赐御筵口宣
（暂系于淳熙六年十月二十二日后）

卿等趋庭告去，俟节少留，当曲尽于从容，俾就陈于宴衍。眷怀兹厚，礼意宜承。

出处：《崔舍人玉堂类稿》卷一四。
撰者：崔敦诗
考校说明：编年据同集前后文时间、文中所述史事补。

回程赤岸赐酒果口宣
（暂系于淳熙六年十月二十二日后）

卿等协讲欢盟，言成庆礼，指归途而将迈，即近馆以少留。颁以甘新，昭予眷遇。

出处：《崔舍人玉堂类稿》卷一四。
撰者：崔敦诗
考校说明：编年据同集前后文时间、文中所述史事补。

朝辞讫归驲赐御筵口宣
（淳熙六年十月二十八日）

有敕：卿等远驰庆币，来会诞期。既成礼以展辞，将复书以戒路。就颁燕劳，昭示眷留。

出处：《玉堂类稿》卷一三。
撰者：周必大

密赐使副大银器口宣
(淳熙六年十月二十八日后)

有敕:卿等祗讲庆仪,备成使事。锡朱提之瑞器,实北道之归装。眷待有加,钦承无斁。

出处:《玉堂类稿》卷一三。
撰者:周必大

回程赐龙凤茶并金镀银合口宣
(淳熙六年十月二十八日后)

有敕:卿等奉觞成礼,旋斾有期。指贡焙以分珍,实宝奁而加锡。推予眷意,宠乃使华。

出处:《玉堂类稿》卷一三。
撰者:周必大

回程赤岸赐御筵口宣
(淳熙六年十月二十八日后)

有敕:卿等肃驾归舻,暂留近岸。欲示勤渠之意,载颁慈惠之恩。方属严凝,勿辞霑醉。

出处:《玉堂类稿》卷一三。
撰者:周必大

回程平江府赐御筵口宣
(淳熙六年十月二十八日后)

有敕:奉觞良月,弥坚两国之欢;旋棹仲冬,少憩三吴之胜。就开华宴,加宠行人。

出处:《玉堂类稿》卷一三。

撰者:周必大

周必大除吏部尚书兼翰林学士承旨制
(淳熙六年十一月二日)

敕:天官综叙群才,翰苑对扬密旨,冠侍臣之首选,极儒生之至荣。非望高于一时,曷身兼于二任?大中大夫、试礼部尚书、兼翰林学士、兼侍读、兼太子詹事、兼修国史、管城县开国伯、食邑八百户周必大,德全至粹,道造大原。早蹑殊科,事朕初载。发言抗论,严、徐皆义理之文;摛藻掞庭,常、杨得制诰之体。总领数职,勤劳百为。劝读延英,直笔东观。春官典礼,履声直上于星辰;东宫为僚,国本自成于羽翼。比恳欵以求佚,为眷怀而少留。宜司文部之崇,仍陟金銮之长。岂惟人才品藻,若水鉴之清明;抑使号令文章,还古风而粹正。往祗茂渥,益励远猷。可特授依前大中大夫、试吏部尚书、兼翰林学士承旨、兼侍读、兼太子詹事、兼修国史,封如故。

出处:《周益国文忠公年谱》。

撰者:郑丙

赐太中大夫试礼部尚书兼翰林学士兼侍读兼太子詹事兼修国史周必大辞免除吏部尚书兼翰林学士承旨不允诏
(淳熙六年十一月二日后)

综铨省之公衡,道内庭之密命。考皇朝熙宁而上,实为台路之官;阅唐室元和以来,专待禁林之老。班高地近,事重职清,曾崇朝而并除,乃旷代而罕见。卿懿文追古,亮节表时,英英人物之宗,宪宪邦家之望,久在近禁,灼知俊心。稔光大之德而尊荣朝廷,藉端醇之度而领袖侍从。优锡显命,复超常伦,当即钦承,毋庸过逊。

出处:《崔舍人玉堂类稿》卷六。

撰者:崔敦诗

考校说明:编年据周纶《周益国文忠公年谱》补。

赐参知政事钱良臣生日诏
(淳熙六年十一月三日)

朕简求邦俊,赞贰国均。眷言六射之初,适在三冬之仲。厚加敉赏,助洽燕私。往膺寿岂之祥,永对明昌之运。

出处:《玉堂类稿》卷九。
撰者:周必大

赐太中大夫新除吏部尚书周必大辞免兼翰林学士承旨不允诏
(淳熙六年十一月三日后)

朕阅唐故事,翰苑置承旨自郑纲始,凡大诰令大废置乃俾专受,不责以翰墨之劳也。本朝以学士久次一人为之,秩高体重,固不常置。卿久在禁林,多历年所,宜峻厥陟,用休其劳。况综秉铨衡,叙进群吏,亦已诏卿免凡撰述,唯特命始预,略如唐制矣。金门玉堂,方倚君重,宜无辞焉。

出处:《崔舍人玉堂类稿》卷六。
撰者:崔敦诗
考校说明:编年据周纶《周益国文忠公年谱》补。

宗室大小使臣添差三等员阙诏
(淳熙六年十一月十二日)

宗室大小使臣添差亲民监当并宫观岳庙,每州共差三员,缘所立员阙数少,可令吏部依今来别立定三等员阙差注施行。第一等,临安府,添差大小使臣亲民各一员,小使臣监当五员,宫观岳庙共十员。帅府八处:绍兴府、建康府、隆兴府、扬州、福州、潭州、江陵府、广州;诸州七县以上六处:婺州、赣州、吉州、建宁府、泉州、鄂州,添差大小使臣亲民各一员,小使臣监当五员,宫观岳庙共八员。第二

485

等,诸州六县以下四十二处:严州、明州、平江府、镇江府、湖州、常州、温州、台州、处州、秀州、衢州、宁国府、徽州、江州、池州、饶州、信州、太平州、袁州、抚州、筠州、通州、蕲州、舒州、真州、黄州、泰州、和州、汀州、南剑州、漳州、常德府、衡州、德安府、道州、复州、永州、郴州、全州、峡州、岳州、房州,添差大小使臣亲民各一员,小使臣监当三员,宫观岳庙共五员。第三等,诸路军监一十四处:江阴军、南康军、广德军、兴国军、南安军、临江军、建昌军、高邮军、无为军、邵武军、兴化军、桂阳军、荆门军、汉阳军,添差大小使臣亲民共一员,大小使臣轮差,小使臣监当二员,宫观岳庙共四员;二广诸州一十九处:韶州、南雄州、英州、连州、封州、肇庆府、德庆府、惠州、潮州、昭州、象州、柳州、浔州、梧州、横州、藤州、郁林州、贵州、贺州,添差大小使臣亲民共一员,大小使臣轮差,小使臣监当一员,宫观岳庙共三员。

出处:《宋会要辑稿补编》第一五页。

赐资政殿学士通议大夫知绍兴军府事充两浙东路安抚使李彦颖乞畀一宫观不允诏
(暂系于淳熙六年十一月前后)

会稽,吾股肱郡也,朕选辅臣临之,亦惟知予德意志虑之深,藉其推行,表倡庶国,进退之际,讵可轻诸?卿秉心安常,蹈道醇直,自释政路,即宣外庸,仁声日闻,政绩时义。兹览需奏,愿辞郡章。朕惟卿精明方昌,才力逾劭,年谷登稔,封圻乐康,奚庸告归,卿可坐镇。

出处:《崔舍人玉堂类稿》卷六。
撰者:崔敦诗
考校说明:编年据同集前后文时间、李彦颖官历补,见《嘉泰会稽志》卷二。

赐中大夫程大昌辞免除敷文阁直学士与郡不允诏
(暂系于淳熙六年十一月前后)

儒职朕所甚重也,至于敞西清之栋宇,聚永祐之文章,通直其间,岂轻畀诸!卿受才隽明,秉谊宏亮,优结朕眷,超登禁涂,综持铨衡,甄叙人品,维日浸久,厥勤茂宣。忽披恳陈,愿即闲逸。朕以其积劳侍从,遽去朝廷,参图宠章,增重郡寄,宝储延阁,于是为宜,而何以辞焉?

出处:《崔舍人玉堂类稿》卷六。

撰者:崔敦诗

考校说明:编年据同集前后文时间、周必大《平园续稿》卷二三《程公大昌神道碑》补。

赐朝请郎降授显谟阁待制知赣州军州事新除在外宫观留正辞免复显谟阁直学士不允诏
(暂系于淳熙六年十一月前后)

朕秉执大柄,照临群臣,谨视过功,明用赏罚。卿受才闿达,迪德醇明。出守辅藩,尝婴文议;起临江国,茂著政声。属力请于燕间,因尽还于光宠。宝储华阁,寓禁直之凝严;闲馆珍台,遂里居之恬养。兹由至意,宁□冲怀。

出处:《崔舍人玉堂类稿》卷六。

撰者:崔敦诗

考校说明:编年据同集前后文时间、留正官历补,见《宋史》卷三九一《留正传》、《舆地纪胜》卷三二。

赐龙图阁直学士中大夫成都潼川府夔利州路安抚制置使兼知成都府事胡元质辞免除敷文阁学士令再任不允诏
(暂系于淳熙六年十一月前后)

朕厉精政理,选建邦侯。井钺参旗,既倚价藩之重;云章奎画,遂超儒职之高。卿文补皇猷,智经王体,畀以蜀镇,出于朕衷。而能宣道威德,教条坚明,询求疾忧,议论恳恻。去国万里,居坤一隅,岂不念于尔劳,顾莫当于予寄。宜服褒进,毋怀滞留,迄图大成,尚有懋赏。

出处:《崔舍人玉堂类稿》卷六。

撰者:崔敦诗

考校说明:编年据同集前后文时间补。

赐朝散郎试尚书工部侍郎兼知临安府吴渊
乞免兼知临安府不允诏
(暂系于淳熙六年十一月前后)

朕惟官宿其业则易成,下习其教则易使。凡今小大之臣,布在外服,非甚不得已,朕不轻易也。而况三辅浩穰,四方瞻望,政成事著,岂庸释乎?卿材资敏明,风力强济,从容禁路,典正行都,兵民具安,细大毕举。而乃厌繁倦剧,愿反印章,则岂朕素所选任之望哉!规模既成,条教自洽,勉汔乃绩,称朕意焉。

出处:《崔舍人玉堂类稿》卷六。

撰者:崔敦诗

考校说明:编年据同集前后文时间、吴渊官历补,见《咸淳临安志》卷四八。

赐端明殿学士朝散大夫赐紫金鱼袋胡铨辞免
召赴行在乞检会前累奏许休致不允诏
(淳熙六年十一月后)

朕观汉李固一日朝会,见侍中并皆年少,无大臣宿儒可备顾问,为之叹异,乃知老成在朝,诚国之福也。况朕今临御久长,耆明凋谢,疏观外服,历数旧臣。忠壮之节,早有以激士风;正大之言,晚有以起朕志。维卿一德,兹世几人?眷焉有怀,召以自近。而乃轻视轩冕,即安丘园,则岂朕之所望哉!年龄虽高,精力尚壮,强为一起,来从吾游。

出处:《崔舍人玉堂类稿》卷六。

撰者:崔敦诗

考校说明:编年据《诚斋集》卷一一八《胡公行状》补。

谕端明殿学士胡铨御札
(暂系于淳熙六年十一月后)

朕惟人臣有奋忠鲠而辞不屈,涉患难而气不衰,岂独国家所当尊礼,祖宗天地亦必相之矣。卿三迁岭海,竟底生还,自初年至于今,清操之职屡领,直谅之节益坚。非祖宗天地之留相以扶持安全,鲜克若是。是故位虽高而无满盈之患,年虽至而有康强之福。士大夫方倚为重,天下方倚为安,朕方倚为用。声名足以寒夷狄之心,德望足以折奸民之变,当时几何人哉！而朕听其纳禄,可乎？固卿轻轩冕求佚丘园,极其爵禄不足以为荣,朕亦岂得自已？又况燕佚金华,弗劳以事,从容金殿,惟适之安,何必退休之为乐哉！卿不为朕留,曷不为太上留？卿不受朕爵,曷不受太上爵？至如人从之请,家人之俸,宫室衣药,已令重与支给,幸卿相体,实所傒望。昨李端至,闻苦足疾,想无大害。勿药,无吝忠告。沉香酒十瓶,龙涎香三十两,盾琴一张,用赐卿,意厚矣。内盾琴一张,乃昔时太上皇自出己意制造,以示不忘武之意。太上皇以赐朕,朕以赐卿,至可领也,切勿表谢,老君臣削去礼文为宜。卿多病,欲就家养。恢复未就,正宜留卿辅朕。俟举兵之日,以安车载卿与朕偕行。昔文王以后车载吕望,卿之忠节,吕望何足论！安车偕行,谁云不可？明日相见,并可面谕。足若未便,不若肩舆一来之为便。匆匆亲札,不多写。右谕端明殿学士胡诠。

出处:同治《庐陵县志》卷四七,同治十二年刻本。

考校说明:编年据胡铨宦历及文中所述"明日相见,并可面谕"补,见《诚斋集》卷一一八《胡公行状》。《全宋文》系于乾道间(第二三五册,第二〇二页),与胡铨宦历不合。

支给告获伪造会子赏钱诏
(淳熙六年十二月十一日)

敕:告获伪造会子赏钱,依指挥于所在有管经总制钱内先次支给。官吏非理阻抑者,许经朝省越诉,取旨责罚。所有告获钱宝将出界外,依格合给赏钱,亦依此一体施行。

出处:《庆元条法事类》卷二九。

诸路州军非泛申发京官等身亡事故事诏
(淳熙六年十二月十一日)

自今诸路州军非泛申发京官、选人、大小使臣身亡事故之类,并以每月所申阙状,实封差人赴长贰厅投下,即付逐选施行。

出处:《宋会要辑稿》职官八之四一。

新授少傅永阳郡王居广辞免令所司择日备礼册命宜允诏
(淳熙六年十二月十一日)

汉制大臣多延拜于廷,晋氏以来亦间行此礼。兹予敷锡祭泽,宠褒近亲。孤棘之班,进居其次。临轩授册,于古有稽。载阅来章,固辞盛典,其从雅志,以著夫谦德之美也。所请宜允。

出处:《玉堂类稿》卷八。
撰者:周必大

新授少师嗣濮王士辏辞免令所司择日备礼册命宜允诏
(淳熙六年十二月十一日)

属者裸将太室,命王分献于别庙。均厘第赏,已陟亚师,乃贡封章,恳辞册拜,将何以称吾优异之恩乎?虽然,年高而礼弥恭,爵隆而志愈下,此《谦》爻所以皆吉也。其诏有司,如王之志,载循冲守,良切叹嘉。所请宜允。

出处:《玉堂类稿》卷八。
撰者:周必大

龚茂良等收籴诏
(淳熙六年十二月十六日)

江西委龚茂良、湖南委司马倬专一措置于丰熟军州收籴,不得骚扰阙误。

出处:《宋会要辑稿》食货四一之七。

差左藏库官须关升亲民资序诏
(淳熙六年十二月十六日)

自今差左藏库监官,如未曾关升亲民资序,不放行。

出处:《宋会要辑稿》食货五一之一一。

三衙主帅趁赴朝参等权乘轿诏
(淳熙六年十二月十七日)

三衙主帅趁赴朝参等,今来雪冻,道路登陟,可权乘轿。

出处:《宋会要辑稿》职官三二之一四。

赈贷和州诏
(淳熙六年十二月二十四日)

和州近缘雨雪,冻馁者多,可于本州桩积米内支借一万石赈贷。

出处:《宋会要辑稿》食货六八之七六。

赤岸赐御筵口宣
(暂系于淳熙六年十二月二十七日前)

将命修欢,联车遵道,方少留于郊馆,当即入于都门。式厚眷怀,就陈燕会。

出处:《崔舍人玉堂类稿》卷一六。
撰者:崔敦诗
考校说明:编年据同集前后文时间,《宋史》卷三五《孝宗纪》补。

回程赐龙凤茶并金镀银合口宣
（暂系于淳熙六年十二月二十七日前）

涓辰遵道,留馆治行,因颁异茗之良,庶备归装之用。是为嘉锡,宜体深怀。

出处:《崔舍人玉堂类稿》卷一六。

撰者:崔敦诗

考校说明:编年据同集前后文时间、《宋史》卷三五《孝宗纪》补。

金国贺正旦使人赴阙镇江府赐茶药口宣
（暂系于淳熙六年十二月二十七日前）

使传飞华,江城经道,兴念川途之勤,即颁茗剂之良。庸表眷私,庶资和啬。

出处:《崔舍人玉堂类稿》卷一六。

撰者:崔敦诗

考校说明:编年据同集前后文时间、《宋史》卷三五《孝宗纪》补。

镇江府赐御筵口宣
（暂系于淳熙六年十二月二十七日前）

扬舲江道,弭节宾邮,良多跋涉之劳,式厚惠慈之礼。聊纾行役,庶表恩私。

出处:《崔舍人玉堂类稿》卷一五。

撰者:崔敦诗

考校说明:编年据同集前后文时间、《宋史》卷三五《孝宗纪》补。

抚问金国贺正旦使人赴阙盱眙军赐御筵口宣
（暂系于淳熙六年十二月二十七日前）

远将邦礼,甫越边疆,谅备罄于勤劳,爰优加于慰抚。仍开惠燕,并示眷怀。

出处:《崔舍人玉堂类稿》卷一五。

撰者:崔敦诗

考校说明:编年据同集前后文时间、《宋史》卷三五《孝宗纪》补。

使人到阙赐被褥钞锣等口宣
(暂系于淳熙六年十二月二十七日)

远持使命,初抵都邮,岂无应用之须,爰有分颁之宠。宜承优赉,式体隆怀。

出处:《崔舍人玉堂类稿》卷一六。

撰者:崔敦诗

考校说明:编年据同集前后文时间、《宋史》卷三五《孝宗纪》补。

临安府并属县百货免收税一年诏
(淳熙六年十二月二十八日)

临安府驻跸之地,理宜优恤。颇闻征税稍重,是致物价未平。可自淳熙七年正月一日为始,府城内外并属县应干百货,并免收税一年。其税额合纳钱,已令内藏库等处对数补还。如官司辄敢违戾收税,许被收税人径赴御史台越诉,许本台具奏取旨施行。仍令尚书省出黄榜降付本府并属县晓谕。

出处:《宋会要辑稿》食货一八之一〇。

赐宰执已下喜雪御筵口宣
(暂系于淳熙六年冬)

时及元冬,雪呈上瑞,已兆有年之庆,尤深同乐之怀。爰即公堂,俾陈高会。

出处:《崔舍人玉堂类稿》卷一四。

撰者:崔敦诗

考校说明:编年据同集前后文时间、文中所述史事补。

诸州总管内留二阙诏
(淳熙六年)

诸州总管内留二阙,差转员恩例人外,余阙更不差人。

出处:《宋会要辑稿》职官四八之一一九。

赐大理卿贾选等奖谕敕书
(暂系于淳熙六年前后)

狱者,人之司命也。朕伤夫教化之尚浅,使吾元元未尽知义,抵冒殊捍,陷于宪网,尝选明察之官,忠信之士,惟良折狱,庶于无刑。汝等习于律章,传以经术,亟问亟蔽,有要有伦。今犴牢之内,乃亡一夫之留,兹非朕心之攸怿虖? 既达听闻,良深叹美。

出处:《崔舍人玉堂类稿》卷一六。
撰者:崔敦诗
考校说明:编年据同集前后文时间、贾选宦历补,见《宋会要辑稿》职官二四等。

孝宗朝卷十九　淳熙七年(1180)

赐陈龟年御札
（淳熙七年前）

陈龟年,名将之子也。

出处:《陈亮集》卷三六《陈春坊墓碑铭》。
考校说明:编年据陈龟年宦历补,见《宋会要辑稿》崇儒一。

玉津园射弓赐御筵口宣
（暂系于淳熙七年正月一日后）

春阳方动,使事少间,适彼禁园,游于射艺。爰启惠慈之宴,庶昭审固之能。

出处:《崔舍人玉堂类稿》卷一六。
撰者:崔敦诗
考校说明:编年据同集前后文时间、文中所述史事补。

金国使副赐春幡胜等口宣
（暂系于淳熙七年正月一日后）

寒回□陆,春入东郊,适尚驻于使旆,俾即颁于时物。宜承嘉锡,茂介繁祺。

出处:《崔舍人玉堂类稿》卷一六。
撰者:崔敦诗

考校说明:编年据同集前后文时间、文中所述史事补。

赐三节人从春幡胜口宣
(暂系于淳熙七年正月一日后)

和风入律,青令乘规,尚勤使事之留,适阅物华之变。并推嘉锡,庸慰远怀。

出处:《崔舍人玉堂类稿》卷一六。

撰者:崔敦诗

考校说明:编年据同集前后文时间、文中所述史事补。

入贺毕归驿赐酒果口宣
(暂系于淳熙七年正月一日后)

进朝宸陛,退息宾邮,第嘉实以分甘,出上尊而致赐。庶资燕喜,用慰勤劳。

出处:《崔舍人玉堂类稿》卷一六。

撰者:崔敦诗

考校说明:编年据同集前后文时间、文中所述史事补。

赐馆伴使副春幡胜等口宣
(暂系于淳熙七年正月一日后)

气旋苍陆,仗转青旗,适更时序之新,重起贤劳之念。爰推宠锡,俾对熙辰。

出处:《崔舍人玉堂类稿》卷一六。

撰者:崔敦诗

考校说明:编年据同集前后文时间、文中所述史事补。

玉津园赐射弓弓箭例物口宣
(暂系于淳熙七年正月一日后)

使华来聘,暇日出游,闻射艺之有仪,知宾欢之正洽。爰加颁赉,庶表眷怀。

出处:《崔舍人玉堂类稿》卷一六。

撰者:崔敦诗

考校说明:编年据同集前后文时间、文中所述史事补。

密赐大银器口宣
(暂系于淳熙七年正月一日后)

使节联华,聘仪成礼,分此中金之器,出于内府之藏。式厚恩颁,庸昭眷遇。

出处:《崔舍人玉堂类稿》卷一六。

撰者:崔敦诗

考校说明:编年据同集前后文时间、文中所述史事补。

朝辞讫归驿赐御筵口宣
(暂系于淳熙七年正月一日后)

已毕邦仪,遂辞宸陛,嘉进趋之有度,念陟降之良劳。爰即都邮,俾陈燕会。

出处:《崔舍人玉堂类稿》卷一六。

撰者:崔敦诗

考校说明:编年据同集前后文时间、文中所述史事补。

入贺毕归驿赐御筵口宣
(暂系于淳熙七年正月一日后)

远将庆礼,同预寿班,既讫事于殿庭,方归休于馆舍。爰开惠燕,庶洽恩私。

出处:《崔舍人玉堂类稿》卷一六。

撰者:崔敦诗

考校说明:编年据同集前后文时间、文中所述史事补。

国信所大小通事等依元符条法差注诏
(淳熙七年正月十日)

国信所大小通事、指使、传语使臣,自今与依《元符详定国信一司条法》,参部止令注授临安府库下并行在合入差遣。愿就同监临安门者听。

出处:《宋会要辑稿》职官三六之五九。

枢密院具到审察武臣知县县令格目事诏
(淳熙七年正月十五日)

吏部先次铨量,如应得今来立定格目,即具申枢密院审察。余依见行格法。

出处:《宋会要辑稿》职官四八之四二。

编类州县祭风伯雨师雷神制度礼仪颁降诏
(淳熙七年正月二十七日)

礼部、太常寺参稽典故,将州县祭风伯、雨师、雷神坛壝器服、制度礼仪类成一书,镂版颁降。

出处:《宋会要辑稿》礼四之一八。

陈居仁疏奏告戒吏胥事御批
(淳熙七年二月前)

行下本路监司,常切觉察。如敢违戾,具申尚书省取旨,重作施行。

出处:《攻媿集》卷八九《陈公行状》。
考校说明:编年据陈居仁宦历补,见《宋会要辑稿》选举二一。

魏王为丁某求贴职批答
（淳熙元年十月至淳熙七年二月间）

朕于吾子无所爱。第爵禄,天下之公器,不可私也。

出处:《齐东野语》卷一。

考校说明:编年据原书前文所述"魏王判明州"补,见《宋史》卷三四《孝宗纪》、卷三五《孝宗纪》。

贡举诏
（淳熙七年二月二日）

盖闻人材众而邦国宁,儒术行而治化美。思皇多士,周并命于六卿;间出异人,汉旁开于数路。洪惟圣代,丕阐文风。既通才硕学之攸兴,乃巨德元勋之相望。逮予菲质,率是彝章。属览有司之陈,当修贡士之制。爰加诏谕,咸俾言扬。献贤能之书,傥精求而上达;陈治安之策,庶延进以周询。岂袭虚文,尚图实用。布告中外,明识朕怀。

出处:《宋会要辑稿》选举一之一八。

赐科举门下诏
（淳熙七年二月二日）

门下:盖闻人材众而邦国宁,儒术行而治化美。思皇多士,周并命于六卿;间出异人,汉旁开于数路。洪惟圣代,丕阐文风。既通才硕学之攸兴,乃巨德元勋之相望。逮予菲质,率是彝章,属览有司之陈,当修贡士之制,爰加诏谕,咸俾言扬。献贤能之书,傥精求而上达;陈治安之策,庶延进以周询。岂袭虚文,尚图实用。布告中外,明识朕怀。

出处:《崔舍人玉堂类稿》卷一。

撰者:崔敦诗

考校说明:编年据《宋会要辑稿》选举一补。

朱俣等放罢诏
(淳熙七年二月七日)

临安府城南厢官朱俣、北厢官刘唐暨并放罢。令临安府将冒役及受财人依条施行,其公吏斟量存留外,余人并腰厢并日下废罢。

出处:《宋会要辑稿》兵三之一○。

田世卿所部五军依三衙江上诸军例置将诏
(淳熙七年二月八日)

兴元府都统制田世卿所部五军,依三衙、江上诸军例,每军差置统制官一员,统领官二员,余照应升差格法指挥。

出处:《宋会要辑稿》职官三二之四六。

赐魏王恺男左千牛卫大将军摅等诏
(淳熙七年二月十日)

咎自菲躬,祸临次嗣。当春秋之方盛,曾寿考之不延。讣问惊闻,衷怀震怛。重轸遗孤之恤,专驰近侍之臣。宽尔摧伤,纾予悼痛。今遣刑部尚书谢廓然致予赙赠银、绢各二千五百匹两。

出处:《宋会要辑稿》礼四三之一八。

从魏王遗表推恩魏王府官吏诸色人从诏
(淳熙七年二月十日)

长史苏谔,司马陈苍舒,记室元伯源、梁汝永,并特与各转一官;本府一行官属、使臣、诸色祗应人、兵级等,各先次特与转一官资,并与存留在府接续祗应,其请给按月接续帮勘支破。理任酬赏,并依见行指挥,候至服阕日,别行取旨。结局日,记室二员仍与升擢见阙差遣,同干办二员与添差厘务路分都监,请给等依正官例。余人愿赴部者,与添差厘务合入差遣一次。诸色人兵等愿养老者,听特与带行旧请在外居止。候归葬日,官属、使臣、诸色人兵等各借请给三月。

出处:《宋会要辑稿》帝系二之二六。

皇子庆王恺辞免进封魏王口宣
(乾道七年二月十一日)

有敕:夙勤子道,久奉王藩。举进律之褒章,资维城之实效。亟宜祇受,勿事固辞。

出处:《玉堂类稿》卷一二。
撰者:周必大

皇太子辞免立储口宣
(乾道七年二月十一日)

有敕:贤德修乎时敏,英姿见乎夙成。乃协龟繇,俾开鹤禁。已诞扬于涣命,毋洊贡于谦词。

出处:《玉堂类稿》卷一二。
撰者:周必大

皇子庆王恺辞免进封魏王口宣
(乾道七年二月十二日)

有敕:宛陵大藩,江左重地。贲加节锡封之宠,为部符分土之光。宜念宗强,毋留朕命。

出处:《玉堂类稿》卷一二。
撰者:周必大

陈乞恩泽起理年限诏
(淳熙七年二月十三日)

敕:应陈乞恩泽,并以实致仕若身亡日起理年限,如元年正月一日起限,即至十年十二月三十日终满十年之类。

出处:《庆元条法事类》卷一二。

吏部四选各刷四川见阙以待注授诏
(淳熙七年二月十四日)

吏部四选,各于岁首刷四川定差二年以下及见阙差遣共一百阙,以待因事到阙之人注授。

出处:《宋会要辑稿》职官八之四一。

令辛弃疾应副邵州永州赈粜米诏
(淳熙七年二月十七日)

湖南安抚辛弃疾于前守臣王佐所献桩积米内支五万石,应副邵州二万石、永州三万石赈粜。

出处:《宋会要辑稿》食货六八之七六。

四川有营田州军知通县令衔内带营田二字诏
(淳熙七年二月二十二日)

四川有营田州军,依江淮例,令知通、县令衔内带"营田"二字。

出处:《宋会要辑稿》食货六三之一五四。

狱讼送部毋得过五百里诏
(淳熙七年二月二十四日)

监司以狱讼送部,内州郡若地里太远,则淹延追扰。自今毋得过五百里,仍严立期限,不得枝蔓勾追。

出处:《宋会要辑稿》职官五之五〇。

保明到任满酬赏不得引例诏
(淳熙七年二月二十五日)

吏、户部行下外路官司,自今保明到任满酬赏,并遵依新降专法供申,不得引例。

出处:《宋会要辑稿》职官一〇之一二。

赐太中大夫充龙图阁待制知隆兴府张子颜
辞免除敷文阁直学士不允诏
(淳熙七年二月二十五日后)

朕惟太上初基,二三雄武之臣,实能比义戮力,再造我区夏。肆朕临御,念之不忘。乃其后人,衔训嗣事,用克有邦翰之绩,彻于予闻,其于褒表,可勿异乎!卿安和有常,通达无滞,宅是绥抚,最于藩宣。朕作兴庶功,吝惜显职,今以禁严儒学之直,重尔方面兵民之观。卿其服兹异恩,讫乃嘉绩,区区逊避,非所望焉。

出处:《崔舍人玉堂类稿》卷九。
撰者:崔敦诗
考校说明:编年据《宋会要辑稿》职官六二补。

武翼郎监潭州南岳庙赵子栋辞免宜州
观察使安定郡王不允诏
（淳熙七年二月三十日）

朕怀艺祖创业之功,考熙宁袭封之制,久虚厥次,今得其人。卿率履有常,宣劳惟旧。既推属籍之近,复眷年龄之尊。峻陟廉车,就开王社。冀趣朝于魏阙,庸增壮于宗盟。避宠之言,非予所望。所辞宜不允。

出处:《玉堂类稿》卷八。

撰者:周必大

赐昭庆军节度使提举隆兴府玉隆万寿宫杨倓
上表再辞免知江陵府不允不得再有陈请诏
（暂系于淳熙七年二月前后）

朕恢宏远图,简畀重镇。武侯承德,咸付兵民之权;牧臣司荆,尤严疆场之守。选诸世彦,经此外庸。卿蚤奋材能,历更任使,方引祠庭之逸,适图邦翰之良。爰刻之符,俾重吾圉。珛戈启道,益光戎乘之行;缓带临边,尚济勋门之美。重披来奏,犹咈深怀。唯谨固足以折遐冲,惟镇静足以绥远俗。方须成效,宜略冲章。

出处:《崔舍人玉堂类稿》卷九。

撰者:崔敦诗

考校说明:编年据同集前后文时间补。

赐昭庆军节度使提举隆兴府玉隆万寿宫杨倓辞免
差知江陵府乞依旧任在外宫观差遣不允诏
（暂系于淳熙七年二月前后）

朕乃眷荆州,邈在远服,控潭衡而蔽襄汉,接云梦而通巴巫。实前代百战之郊,为今日一都之会。卿器怀沉裕,材力刚强,掌民曹调度之繁,闻宥府谋谟之密。未忘前遇,更勉后图。闲馆珍台,宜释里居之养;碧幢茸纛,遂光帅钺之行。

尚即钦承,毋庸逊避。

出处:《崔舍人玉堂类稿》卷九。

撰者:崔敦诗

考校说明:编年据同集前后文时间补。

赐中大夫提举临安府洞霄宫范大成辞免差知明州不允诏
(淳熙七年二月至三月间)

朕选建贤侯,绥靖方夏,间者重镇阙守,必先用旧政之臣,岂非以其陟降左右,知予德意之所在欤！卿清明夷粹之资,综练该通之学,出入中外,勤劳国家。今四明大郡,方失吾贤子之爱,思得慈惠之帅往抚摩之,历选重臣,无越贤望。卿其趣装经阙,受命之藩,若其惠利孚洽,使民有余财,声威靖严,使海无传箭,朕方须尔嘉绩以风动列服。迟徊逊避,非所望焉。

出处:《崔舍人玉堂类稿》卷九。

撰者:崔敦诗

考校说明:编年据周必大《平园续稿》卷二二《范公成大神道碑》、《宝庆四明志》卷一补。

推恩太上皇后侄吴琰等诏
(淳熙七年三月四日)

寿圣齐明广慈太上皇后亲侄、宣义郎、直秘阁吴琰,特添差通判临安府;承事郎、直秘阁吴珽,特添差通判平江府,并厘务;宣义郎吴珹,特除直秘阁,添差通判临安府,不厘务。请给、人从等依正官例,任满更不差人。

出处:《宋会要辑稿》后妃二之一六。

赐新知明州范成大口宣
(淳熙七年三月四日)

有敕:朕缅怀旧德,起表东藩。喜舟御之逴征,即国门而行劳。仍加颁赉,用示眷存。

出处:《玉堂类稿》卷一二。

撰者:周必大

考校说明:题后原注:"内侍李琪。"

监司郡守条具民间利病上闻诏
(淳熙七年三月九日)

监司、郡守条具民间利病悉以上闻,无或有隐。

出处:《宋会要辑稿》职官四五之三二。又见同书仪制六之二九。

举贤良方正能直言极谏诏
(淳熙七年三月十日)

盖闻求贤能,尚忠直,此二帝三王所由昌也。朕承太上慈训,托于王公之上,常惧不逮,亡以绍休圣绪,夙夜兴念,宣招四方之士而官使之。永惟通儒,明于古今王事之体,朕所嘉尚。乃即位以来,诏书三岁一下,而应是选者未能尽当朕意,岂询求之路未广,而考择之法或严耶?将朕诚意未孚,而真贤实能莫为时出也?且望之重则责之宜备,待之异则取之宜精。中外侍臣若部使者、郡守皆国家所赖,以广聪明,美治化,将何以助朕辟四门、来众善哉!其各悉心,搜选俊异,以名来上。名儒茂才有能称吾诏者,当崇显焉。今岁科场,其令尚书、侍郎、两省谏议大夫以上、御史中丞、学士、待制各举贤良方正能直言极谏一人,守臣、监司亦许解送,仍具词业缴进以闻。

出处:《宋会要辑稿》选举一一之三五。又见《中兴两朝圣政》卷五八,《宋史全文续资治通鉴》卷二六。

承直郎以下捕盗改官诏
(淳熙七年三月十八日)

自今承直郎以下捕盗合得转一官,与改次等合入官,每岁以八员为额。若合得减三年磨勘,与循一资,余一年磨勘候改官毕日收使。其乾道赏令内承直郎以下捕盗改官条,令敕令所依此删修。

出处:《宋会要辑稿》兵一三之三三。又见同书职官一〇之一二。
考校说明:《宋会要辑稿》职官一〇系于淳熙七年三月十九日。

朝请郎权尚书礼部侍郎兼侍讲齐庆胄
辞免礼部侍郎不允诏
(淳熙七年三月二十四日)

舜虽三载考绩,三考陟明,然伯夷典礼,后夔典乐,实未尝易。所谓陟者,但进其位序,加其爵服而已。卿以俶姿伟望,通才奥学,为朕简擢,累年于兹。莅台属亚奉,常佐宗伯。凡郊庙之祭祀,礼乐之情文,或纠正其仪,或讨论其事,俾予一代制作,不愧于古。时维汝嘉,真拜贰卿,庸宿其业。服章著定,宠渥俱隆。师言允谐,古谊亦协。无烦多避,往即钦承。所辞宜不允。

出处:《玉堂类稿》卷八。又见《古文渊鉴》卷五七。
撰者:周必大

抚问贺金国正旦使副陈岘等到阙并赐银合茶药口宣
(暂系于淳熙七年三月前后)

联辔出疆,弭旃还阙,载念川涂之勚,式颁茗剂之良。仍谕温言,庶昭至意。

出处:《崔舍人玉堂类稿》卷一六。
撰者:崔敦诗
考校说明:编年据同集前后文时间、《宋史》卷三五《孝宗纪》补。

进呈仁宗皇帝十年玉牒哲宗皇帝一朝玉牒
宣答提举官礼仪使已下词
(淳熙七年四月四日)

书备两朝,事光万世,写之琬炎,焕乎文章。既具阅于奏篇,当永严于尊阁。

出处:《崔舍人玉堂类稿》卷一六。

撰者:崔敦诗

考校说明:编年据《宋史》卷三五《孝宗纪》补。

赐朝散郎试兵部尚书兼给事中兼修玉牒官兼侍讲王希吕辞免玉牒所进书了毕特转行一官不允诏
(淳熙七年四月四日后)

朕明用庆赏,优崇近臣。筑黄金之台,念首延于名德;镂白玉之牒,兹褒叙于成劳。卿邦之硕儒,朝之伟望,学贯群言而讲明政体,文高众作而润色皇猷,摅其长才,就此丕策。今乃过引柄涂之比,祈收恩命之行。九虞朝之官,有拜有逊;一孟轲之馈,或受或辞。岂必皆同,固各有体,宜略谦奏,即承宠章。

出处:《崔舍人玉堂类稿》卷九。

撰者:崔敦诗

考校说明:编年据文中所述史事补,见《宋史》卷三五《孝宗纪》。

赐通奉大夫参知政事钱良臣辞免玉牒所进书了毕礼仪使特转两官依例加恩不允仍断来章批答
(淳熙七年四月四日后)

朕惟国家袭唐宪度,镂玉成书,祖功宗德,交映简册。旧制领于宗寺,典以侍臣,承平日久,庶事大备,越大观间,乃侈盛容物,至置使以领之,所以昭谟烈、重宗庙也。卿负通明之才,居弼谐之任,维正庶事,调娱万微。今大典告成,宝储崇奉,簪缨骈萃,羽卫纷陈,时维令仪,陟降上下,不爽于度,汔溱厥成。《记》曰"礼无不答",不有优赏,曷以旌使范之劳乎?超晋文阶,增加采户,厥有故事,卿无辞焉。

出处:《崔舍人玉堂类稿》卷四。

撰者:崔敦诗

考校说明:编年据文中所述史事补,见《宋史》卷三五《孝宗纪》。

赐宣奉大夫右丞相赵雄再上表辞免玉牒所进书了
毕提举官特转行两官依例加恩不允仍断来章批答
（淳熙七年四月四日后）

朕惟严镂玉之书，集汗青之绩，事大者体必重，功隆者报乃丰。卿黼黻王度之文，渊源圣域之学，阐绎□训，铺张烈光，既成信书，宜锡茂典。而乃剡奏叠□，□诚益明，上归美于菲躬，下委劳于群彦，欲以一谦之节，立于百辟之先。朕惟侯霸善录遗文，魏相好陈故事，皆辅乃辟，克成厥功，并流英声，尚在良史。卿其崇厚道德，广予以庆历之宽仁；招延俊贤，辅予以元祐之正直。明明成德，赫赫当今，是将底于大宁，岂不愈于小谅？ 宜体至意，即收逊章。

出处：《崔舍人玉堂类稿》卷四。

撰者：崔敦诗

考校说明：编年据文中所述史事补，见《宋史》卷三五《孝宗纪》。

赐宣奉大夫右丞相赵雄辞免玉牒所进书了
毕提举官特转两官依例加恩不允批答
（淳熙七年四月四日后）

朕惟祖宗成功盛德，俪美皇王，乃金馈玉版之书，所以勒休垂鸿，未至纯备。比者深诏执事，衰次纂述，传示万世。越四月丙戌，有司以成书来上，文富事核，对越在天，休光美实，照映日月，朕甚嘉之。卿方大之□，浑深之度，秉统万务，仔肩壹心。今宝典告成，恩言□下，而乃陈见悃愊，愿止勿当。且吾于褒赏非过也，丞相顾安取此！ 虽知素谦，得无体朕所以厚前烈、重宗庙耶？ 前日之命，趣当承焉。

出处：《崔舍人玉堂类稿》卷四。

撰者：崔敦诗

考校说明：编年据文中所述史事补，见《宋史》卷三五《孝宗纪》。

赐赵丞相不允批答口宣
(淳熙七年四月四日后)

宝牒告成,皇猷增焕,式厚褒嘉之典,庸旌综理之勤。宜服温言,即承休命。

出处:《崔舍人玉堂类稿》卷一六。

撰者:崔敦诗

考校说明:编年据文中所述史事补,见《宋史》卷三五《孝宗纪》。

赐右丞相赵雄不允仍断来章批答口宣
(淳熙七年四月四日后)

典策告成,臣民均庆,乃眷提纲之绩,可稽诏赏之恩。开谕已明,谦辞毋至。

出处:《崔舍人玉堂类稿》卷一六。

撰者:崔敦诗

考校说明:编年据文中所述史事补,见《宋史》卷三五《孝宗纪》。

赐参知政事钱良臣不允断来章批答口宣
(淳熙七年四月四日后)

书成宝牒,事谨珍藏,兴言使范之劳,加厚褒章之宠。已孚成命,宜止谦辞。

出处:《崔舍人玉堂类稿》卷一六。

撰者:崔敦诗

考校说明:编年据文中所述史事补,见《宋史》卷三五《孝宗纪》。

户部支供钱米赴故魏王府诏
(淳熙七年四月八日)

户部自今年四月为始,每月支供钱一千贯文、白粳米四十石、次色米一百石、赴故皇子魏王府充本府位中并支散等用;候服阕日,别降指挥,诏令省仓每月供纳白粳米四十石、次色米一百石;从吉日,减次色米五十石。

出处:《宋会要辑稿》帝系二之二六。

赐朝散郎试尚书工部侍郎兼知临安军府事充两浙西路安抚使吴渊辞免除权工部尚书不允诏
(淳熙七年四月十二日后)

朕诵复古之诗,思车马器械之备;修厉精之政,期工匠技巧之能。维时禁路之臣,尤重事官之长。卿识虑通达,才猷赡长,辍自计曹,尹兹天府,绩用昭著,勤劳茂宣。念方寄于浩穰,宜有加于眷遇。分职而倡九牧,既优进于巍班;掌土而居四民,尚尽施于宏蕴。已颁成命,奚事谦章。

出处:《崔舍人玉堂类稿》卷九。
撰者:崔敦诗
考校说明:编年据《咸淳临安志》卷四八补。

赐保信军节度使开府仪同三司充万寿观使郑藻生日诏
(暂系于淳熙七年四月十五日)

月旅炎方,庆钟戚畹,爰有纯明之彦,是当诞育之辰。式厚分颁,俾资燕喜。

出处:《崔舍人玉堂类稿》卷一六。
撰者:崔敦诗
考校说明:编年据同集前后文时间、郑藻生日补,见周必大《玉堂类稿》卷九《赐太尉保信军节度使充万寿观使郑藻生日诏》。

赐资政殿大学士宣奉大夫知福建路安抚使梁克家乞除一在外宫观差遣不允诏
(暂系于淳熙七年四月前后)

朕眷怀全闽,邈在南服,厥土嘉乐,维今阜繁。图戎翰之良,将靖彼兵民之众;择转臣之旧,庶知予志虑之明。卿禀资安醇,执谊忠壹,比起家庭之适,俾光帅阃之行,既越岁时,具闻劳效。爱物拳拳之纯意,奉公矗矗之小心。况乃秉执钧衡,固不劳于一镇;顾瞻桑梓,复近在于四封。岂必言归,乃为自逸,尚收冲请,毋咈深怀。

出处:《崔舍人玉堂类稿》卷九。

撰者:崔敦诗

考校说明:编年据同集前后文时间、梁克家官历补,见《宋宰辅编年录》卷一七。

赐贺金国生辰使副傅淇王公弼到阙抚问
并赐银合茶药口宣
(暂系于淳熙七年四月前后)

抗旃修聘,濡辔还朝,良多跋履之勤,重有光华之远。爰推嘉锡,仍致温言。

出处:《崔舍人玉堂类稿》卷一六。

撰者:崔敦诗

考校说明:编年据同集前后文时间、《宋史》卷三五《孝宗纪》补。

赐史浩再具辞免转官回授不允不得更有陈请诏
(淳熙七年五月十一日后)

朕崇向儒风,敷求祖训。五帝之臣莫及,敢自比于高明;百篇之义得闻,正有资于诵读。卿亮直和易,清纯邃深,蚤际初潜,具输忠益。兹陪麟趾之殿,适毕金华之书。缉熙单厥心,虽予不怠;终始典于学,咸乃有劳。已高挹损之风,姑下貤恩之命。尚披冲奏,殊咈深怀,当宜钦承,毋庸重请。

出处:《崔舍人玉堂类稿》卷九。

撰者:崔敦诗

考校说明:编年据《宋会要辑稿》崇儒七补。

赐少傅保宁军节度使充醴泉观使兼侍读卫国公史浩辞免经筵进读三朝宝训终篇转一官可特回授不允诏
（淳熙七年五月十一日后）

朕惟一祖二宗之丕训,布在方册,佑我后人。比者申命儒臣,俾卒绪业,日御便座,不遑康宁,自朝向中,乐以忘倦。于时哲艾,拥经在前,有博见闻,敷绎开道,熙广朕志,进于光明。昔晋文公行赏于国三,曰:道我以仁义,防我以德惠,上赏;辅我以行,又次赏;至于以劳事我,乃受下赏。国人闻之,于是大悦。卿宜受上赏者也,固已徇挹谦之志而移恩于族属矣,若又固辞,得无过乎?

出处:《崔舍人玉堂类稿》卷九。
撰者:崔敦诗
考校说明:编年据《宋会要辑稿》崇儒七补。

诸路州军承受疏驳再勘狱案须依鞫狱条限诏
（淳熙七年五月十四日）

诸路州军将应承受到疏驳再勘狱案,须管遵依鞫狱条限。如承受取会不圆情节,亦不得过会问条限。自今如有违滞去处,仰本路开具当职官吏姓名申尚书省,取旨重作施行,仍令刑寺长贰、诸路提刑、诸州官臣将上件指挥刻版牓,置之厅事,常切遵守。

出处:《宋会要辑稿》职官五之五〇。

赐太中大夫试吏部尚书兼翰林学士承旨兼侍读兼太子詹事兼修国史周必大上表再辞免除参知政事不允仍断来章批答
（淳熙七年五月十七日后）

朝廷延登,常取群望,廊庙重任,宜耸具瞻。杨绾用而宿贵改观,王阳进而善士生喜。朕选建硕辅,翼宣大犹,国皆曰贤,政将焉避?卿初终有守,本末无疵。

以其缜密而栗,可以参訏谟;以其中正而通,可以经丕务。俾释铨管,遂跻柄涂。人之信道,固将有行;国之用儒,时乃维允。猷为兹始,远近所观。方朕衷委重之意深,亦众志望贤之责备。勉摅素缊,汔济熙图,谦逊之章,止毋来上。

出处:《崔舍人玉堂类稿》卷四。

撰者:崔敦诗

考校说明:编年据《宋史》卷二一三《宰辅表》补。

赐朝请郎试刑部尚书谢廓然上表再辞免除端明殿学士签书枢密院事不允仍断来章批答
(淳熙七年五月十七日后)

朕综持大柄,延揽群英,修政于国家间暇之时,基命于夙夜宥密之地。长抚远驭,曷登济于丕图;同寅协恭,乃询求于成彦。得诸民誉,近在禁涂。卿赋有用之才,抱无穷之学。智略辐辏,予知其筹虑必精;识度渊长,予察其规摹必远。乃进右府,庶强本朝。名称位者勿辞,资逢世者难失。当体大有为之志,先求不可胜之图。迄成茂功,终藉长策,区区谦避,所不必闻。

出处:《崔舍人玉堂类稿》卷四。

撰者:崔敦诗

考校说明:编年据《宋史》卷二一三《宰辅表》补。

谢廓然上表再辞免除端明殿学士签书枢密院事不允仍断来章批答口宣
(淳熙七年五月十七日后)

登用宏才,参陪宥府,已亶缙绅之听,方须帷幄之谋。宜止常谦,即承亨遇。

出处:《崔舍人玉堂类稿》卷一六。

撰者:崔敦诗

考校说明:编年据《宋史》卷二一三《宰辅表》补。

周必大上表再辞免除参知政事不允仍断来章批答口宣
（淳熙七年五月十七日后）

朕选求人，望参翊政，几当成命之方行，已金言之维允。亟恢贤业，遂略谦章。

出处：《崔舍人玉堂类稿》卷一六。
撰者：崔敦诗
考校说明：编年据《宋史》卷二一三《宰辅表》补。

禁诸路州郡吏卒辄用白状借请诏
（淳熙七年五月二十日）

自今诸路监司并州郡吏卒除依条差出勘旁借请外，辄用白状借请，并计赃断罪。

出处：《宋会要辑稿》刑法二之一二〇。

赐枢密院官斋筵酒果口宣
（暂系于淳熙七年五月二十一日前后）

赤符开运，华渚标辰，眷言西府之臣，同效南山之祝。爰推嘉锡，往侑华筵。

出处：《崔舍人玉堂类稿》卷一六。
撰者：崔敦诗
考校说明：编年据同集前后文时间、文中所述史事补。

赐枢密院官满散天申圣节道场乳香口宣
（暂系于淳熙七年五月二十一日前后）

位高宥府，时际诞辰，辑仙梵之胜缘，介寿昌之备福。爰颁名馥，俾达丹诚。

出处:《崔舍人玉堂类稿》卷一六。

撰者:崔敦诗

考校说明:编年据同集前后文时间、文中所述史事补。

赐殿前司满散天申圣节道场乳香口宣
(暂系于淳熙七年五月二十一日前后)

职重典兵,诚深爱上,属纪发祥之旦,具修介寿之仪。爰致名香,庶资善祝。

出处:《崔舍人玉堂类稿》卷一六。

撰者:崔敦诗

考校说明:编年据同集前后文时间、文中所述史事补。

赐步军司满散天申圣节道场乳香口宣
(暂系于淳熙七年五月二十一日前后)

总提劲旅,典护严宸,欣逢弥月之期,深祝后天之算。爰颁名馥。庶助精诚。

出处:《崔舍人玉堂类稿》卷一六。

撰者:崔敦诗

考校说明:编年据同集前后文时间、文中所述史事补。

周必大授参知政事告进封荥阳郡侯加食邑四百户制
(淳熙七年五月二十七日)

敕:尚书喉舌之司,命令由之出纳;大臣股肱之任,纪纲赖以维持。宜得时髦,俾参国柄。通议大夫、试吏部尚书、兼翰林学士承旨、兼侍读、兼太子詹事、兼修国史、管城县开国伯、食邑八百户周必大,性端而道直,才周而识宏。文追作者之风,学通时务之要。黄钟谐众律,备涵太极之和;砥柱屹中流,坐阅百川之注。朕自初载,擢于近涂。谋猷悉罄于忠嘉,操履克全于坚正。承明三入,精白一心。黄麻似六经之醇,久掌丝纶之命;天官据群才之会,独专冰鉴之明。经帏日效于论思,宫尹首资于调护。总领众职,勤劳数年。枚数廷臣,无出其右;博稽人望,素已允孚。延登两社之崇,协赞万几之化。尔其开众正之路,通群下之情。调娱尽纳于太和,豫备迄成于整暇。噫! 名盛而人斯责望,益宜砥节以守公;本强则朝有精神,允赖折冲而压难。钦予时训,同底丕平。可特授依前通议大夫、参知政事,进封荥阳郡开国侯,加食邑四百户、食实封一百户。

出处:《周益国文忠公年谱》。

撰者:郑丙

令茶马司收买及格式马诏
(淳熙七年五月二十八日)

黎州蕃部辄敢侵扰省地作过,意欲逼胁边郡,将不及格式马中卖入官。令茶马司下本州,今岁且依淳熙五年二月五日指挥口齿尺寸收买。其近降减作四尺二寸五分以上指挥,俟蕃部畏服,可自淳熙八年分为始。仍更切审度蕃部作过情理轻重,随宜措置施行。

出处:《宋会要辑稿》兵二三之一五。

诸司属官止令置司州军支破当直人诏
(淳熙七年五月二十八日)

自今应诸司属官止令置司州军依格支破当直人,不得下外州取拨及收受钱粮衣赐等入己。如有违戾,令诸司互察,重置典宪。

出处:《宋会要辑稿》刑法二之一二〇。又见《庆元条法事类》卷一一。

崔敦诗进三朝宝训转朝散郎诰
(淳熙七年五月)

朕钦惟艺祖,肇造区夏,太宗真宗,继统扬业。其宏摹远略,载诸简编,以为子孙亿万斯年之训者,殆与典诰相为表里。朕丕承厥绪,历选名儒,进读于退朝之暇,是宪是述,罔敢荒宁。逮兹终篇,可无褒赏? 尔高文绮润,奥学渊淳。进直北门,亲结九重之眷;入陪西学,光膺再命之荣。属恩典之遂行,肆文阶之序进。其祇戒涣,益励忠规。可。

出处:《崔舍人玉堂类稿》附录。

撰者:施师点

赐陈俊卿告口宣
(暂系于淳熙七年六月五日)

褒表民庸,登崇孤位,已布宣于明命,咸允惬于舆情。兹锡恩纶,宜承眷礼。

出处:《崔舍人玉堂类稿》卷一六。

撰者:崔敦诗

考校说明:编年据同集前后文时间、陈俊卿官历补,见《宋史》卷三五《孝宗纪》。

赐特进观文殿大学士判建康军府事充江南东路安抚使兼行宫留守陈俊卿上表再辞免除少保加食邑食实封不允不得再有陈请诏
(淳熙七年六月五日后)

朕观祖宗盛时,亦惟有厖臣哲辅列在方岳,位崇望重,犹古元侯承宁四方,翼卫王室,用能裔夷远邦亦克恭畏,朕甚慕之。卿经邦之才,镇物之度,膺受委寄,保厘别都。民习其化,以安静而平;士服其威,以简严而重。朕所以释然无一面之忧者,以卿在也。出綍大庭,晋位亚保,庶以褒异显绩,风示庶邦之诸侯,乃欲勿承,得乎? 成命维行,多辞无益。

出处:《崔舍人玉堂类稿》卷九。

撰者:崔敦诗

考校说明:编年据《宋史》卷三五《孝宗纪》补。

定天文官员额诏
(淳熙七年六月十日)

太史局天文官四员内差一员充主管翰林天文局官外,自今天文官止以三员为额。

出处:《宋会要辑稿》职官一八之九六。

<h2>监司郡守以公按刺所属官吏诏</h2>
(淳熙七年六月十三日)

监司、郡守:应所属官吏或身有显过而政害于民者,即依公按刺;或才不胜任而民受其弊者,亦详其不能之状,俾依近例改受祠禄,不得务从姑息,致有民讼,方行按刺。若廉察素明而的知其兴讼不当者,则当为白其是否,以明正其妄诉之罪,不得一例文具举觉。

出处:《宋会要辑稿》刑法三之三六。又见《中兴两朝圣政》卷五八,《宋史全文续资治通鉴》卷二六。

<h2>禁监司郡守划刷州县非正额钱物诏</h2>
(淳熙七年六月十六日)

监司、郡守毋得以宽剩为名,划刷州县非正额钱物。其巡历处到任之初,亦不得抑勒州县辄取献纳。如有违戾,在外许监司互相觉察,在内令台谏按劾以闻。

出处:《宋会要辑稿》刑法二之一二〇。又见《庆元条法事类》卷四八。

<h2 align="center">赐侍卫马军行司侍卫马军都虞候马定远御前
诸军都统吴挺郭刚皇甫偁李□□田□卿郭钧
王世雄御前诸军副都统制□宝彭杲李彦孚刘
光祖郭杲银合夏药敕书</h2>
(暂系于淳熙七年夏)

分提军旅,严护封疆,适当炎暑之辰,重起贤劳之念。爰加颁赉,俾厚珍调。

出处:《崔舍人玉堂类稿》卷一六。

撰者:崔敦诗

考校说明:编年据同集前后文时间、马定远宦历、文中所述"夏药"补,见《宋会要辑稿》食货五〇。

赐成都潼川府夔路利州路安抚制置使
胡元质银合夏药敕书
(暂系于淳熙七年夏)

帅阃寄隆,坤维地远,当炎威之方盛,谅王事之良劳。爰有宠颁,俾资珍啬。

出处:《崔舍人玉堂类稿》卷一六。

撰者:崔敦诗

考校说明:编年据同集前后文时间、胡元质宦历、文中所述"夏药"补,见《宋会要辑稿》食货七〇等。

赐江东路安抚使陈俊卿福建路安抚使
梁克家银合夏药敕书
(暂系于淳熙七年夏)

宰路旧臣,价藩雅望,适履炎蒸之序,谅多绥御之勤。爰致宠颁,庶资调卫。

出处:《崔舍人玉堂类稿》卷一六。

撰者:崔敦诗

考校说明:编年据同集前后文时间、陈俊卿及梁克家宦历、文中所述"夏药"补,见《景定建康志》卷一四、乾隆《福州府志》卷三一。

两淮州军合起发纲运银会各半诏
(淳熙七年七月二日)

内藏库:将两淮诸州军合起发本库纲运铜钱并行下,以银、会各半送纳。

出处:《宋会要辑稿》食货五一之六。

赐右丞相赵雄生日诏
(暂系于淳熙七年七月七日)

天祐皇家,时生硕辅,式纪门弧之旦,方隆鼎铉之功。宜厚分颁,俾资燕乐。

出处:《崔舍人玉堂类稿》卷一六。

撰者:崔敦诗

考校说明:编年据同集前后文时间、赵雄官历及生日补,见《宋史》卷二一三《宰辅表》、周必大《玉堂类稿》卷九《赐赵雄生日诏》。

赐通议大夫参知政事周必大辞免同提举敕令所不允诏
(淳熙七年七月十二日后)

朕观国朝循唐旧制,凡删定律令,必以廊庙之臣领之,示不敢轻也。卿以经术润皇猷,以智略断国论,宜以余力,订吾丹书。况今倚任大臣,总正诸夷,宏章巨典,各奏厥成,卿独袖手于其旁,可乎?

出处:《崔舍人玉堂类稿》卷九。

撰者:崔敦诗

考校说明:编年据周纶《周益国文忠公年谱》补。

赐参知政事周必大生日诏
(淳熙七年七月十四日)

金行澄爽,玉管流商,气钟河岳之英,时作邦家之辅。爰推赐式,俾介寿祺。

出处:《崔舍人玉堂类稿》卷一六。

撰者:崔敦诗

考校说明:编年据周纶《周益国文忠公年谱》、周必大《历官表奏》卷四《谢赐生日表》补。

何耕崔敦诗等转官告词
（淳熙七年七月十五日）

敕朝奉大夫、国子司业、兼国史院编修官、兼太子侍讲何耕等：朕惟永平之际，圜桥门以亿万计；正观之盛，辟黉舍千二百区。人文之兴，治道以立。兹用恢宏学校，建置师儒，庶几礼义之行，可致肃雍之化。以尔耕浑然道德，不见圭角；尔敦诗卓尔文辞，富有波澜。秀出班行，表表愈伟；领袖后进，于于而来。其并列于成均，庸丕阐于儒教。化民成俗必由学，式崇贤士之关；惇师考德以为官，益劭范模之美。可。

出处：《崔舍人玉堂类稿》附录。
撰者：郑丙
考校说明：此文原题为《（崔敦诗）除国子司业告》。

百司出职人吏酬赏转官事诏
（淳熙七年七月十八日）

应百司出职人吏收使酬赏及磨勘转官，岁不得过两官。

出处：《宋会要辑稿》职官一〇之三五。

崔敦诗再除崇政殿说书诰
（淳熙七年七月二十三日）

《春秋》，王道之权衡也，朕昕朝之余，详延鸿博，敷绎于前，盖将究其指归，以补治道之未至。与其选者，实难其人。尔才茂而识明，学深而文富。北扉视草，增润于皇猷；东观绅书，追芳于良史。是用陪露门之闲燕，专麟笔之讨论。推褒贬于一字之严，辨得失于《三传》之异，毋嫌谆复，庶广缉熙。繄尔尝为，奚俟多训。可。

出处：《崔舍人玉堂类稿》附录。
撰者：施师点

罢总领所漕司营运诏
（淳熙七年七月二十四日）

两淮、湖广、四川总领所、两浙、四川转运司营运，并日下住罢，即逐司将截日终见管本息钱物实数逐一开具申尚书省。其诸军家累重大官兵合添支钱，已一面别作措置支拨。

出处:《宋会要辑稿》职官四一之六一。又见《中兴两朝圣政》卷五八,《宋史全文续资治通鉴》卷二六。

赐皇叔祖少师昭化军节度使充醴泉观使
嗣濮王士辒生日诏
（淳熙七年七月）

国重亲贤，时尊爵齿，庆旋临于穀旦，喜倍集于宗盟。爰厚分颁，俾绥寿岂。

出处:《崔舍人玉堂类稿》卷一六。
撰者:崔敦诗
考校说明:编年据赵士辒宦历、卒年及生日补,见《宋会要辑稿》职官一、《宋史》卷三五《孝宗纪》、周必大《玉堂类稿》卷九《赐皇叔祖检校少保昭化军节度使开府仪同三司嗣濮王士辒生日诏》。

赐资政殿学士通议大夫知绍兴军府事两浙东路
安抚使李彦颖乞检会累奏差宫观一次不允诏
（淳熙七年八月前）

卿亮直醇明，旧维共政，朕所嘉尚，为时老成。曩辞柄途，遂付阃寄，夙夜匪懈，惠康小民。前闻告归，固尝遣诏谕眷留之意，谓已深识予衷，今何嫌而上章又欲去郡？《诗》不云乎，岂弟君子，民之父母，况卿乐易之政甚宜其民，克成厥终，要以无倦。晦明小疹，随当自康，真祠燕间，奚必屡请。

出处:《崔舍人玉堂类稿》卷六。

撰者:崔敦诗

考校说明:编年据李彦颖官历补,见《嘉泰会稽志》卷二。

吏户刑部郎官免差祠祭诏
(淳熙七年八月二日)

自今吏、户、刑三部郎官免差祠祭。如遇阙官,许于卿监、馆职通差。

出处:《宋会要辑稿》礼一四之一一〇。

临安府游学士人附试诏
(淳熙七年八月八日)

临安府见有远方游学士人,试期在近,归赴举不及,特令就两浙转运司附试一次,别项考校,候见终场人数,取旨量立解额。

出处:《宋会要辑稿》选举一六之二三。

见任宰执台谏子孙等差岳庙诏
(淳熙七年八月十一日)

见任宰执台谏子孙、京官监当资序人,并差岳庙,已注授未赴上者,许父祖陈乞改差。

出处:《宋会要辑稿》职官五四之四〇。

临安府置场低价出粜诏
(淳熙七年八月十三日)

近缘河港浅涩,行在米价稍增,可令司农寺行下诸仓,于朝廷桩管米内共分拨一十万石,专委临安府守臣措置,多差官属分头置场,低价出粜。务要惠细民,不许上户及米铺户计嘱籴买。

出处:《宋会要辑稿》食货六八之七六。

赐少保宁武军节度使充醴泉观使曾觌生日诏
（暂系于淳熙七年八月十三日）

玉管吹商,金行变爽,眷我初潜之旧,纪兹载诞之辰。爰有恩颁,是昭礼遇。

出处:《崔舍人玉堂类稿》卷一六。

撰者:崔敦诗

考校说明:编年据同集前后文时间、曾觌官历及生日补,见周必大《玉堂类稿》卷三《曾觌除少保改镇充醴泉观使加封制》、卷九《赐开府仪同三司充万寿观使曾觌生日诏》等。

放免江西湖北未纳私茶盐酒赏钱诏
（淳熙七年八月十七日）

江西、湖北路之间有旱伤去处,可令户部行下逐路监司,各将所部州县见监追未纳私茶盐酒赏钱,依两浙、江东已得指挥放免施行。

出处:《宋会要辑稿》瑞异二之二五。

旱伤去处客旅兴贩米斛免税诏
（淳熙七年八月十九日）

旱伤去处,如客旅兴贩米斛过税场,即时免税通放,不得妄作杂税及船力胜收钱。

出处:《宋会要辑稿》刑法二之一二〇。

体究命官陈诉元勘冤抑不当事诏
（淳熙七年八月十九日）

命官陈诉元勘冤抑不当,从刑寺申朝廷,送元犯州军,委不干碍官将元勘断罪犯,照应所诉因依追索干证,从实体究不同情节,画一开具,本州次第结罪保明,将元事发及体究取勘证佐始末公案一宗实封申尚书省,候到,委刑寺参照。若实有冤抑,合行改断,即具申省取旨施行。

出处:《宋会要辑稿》职官五之五○。

赐皇兄少傅岳阳军节度使充万寿观使永阳王居广生日诏
(淳熙七年八月二十日)

德凭天绪,望冠宗藩,属当执矩之秋,适纪垂弧之旦,爰推赐式,俾介寿祺。

出处:《崔舍人玉堂类稿》卷一六。
撰者:崔敦诗
考校说明:编年据赵居广官历、卒年及生日补,见《宋会要辑稿》职官一、《宋史》卷三五《孝宗纪》、周必大《玉堂类稿》卷九《赐皇兄检校少保岳阳军节度使开府仪同三司充万寿观使永阳郡王居广生日诏》。

临安府出粜须至申时诏
(淳熙七年八月二十一日)

今岁旱伤,令户部于诸仓拨米十万石,低价令临安府置场一十五处,委官出粜。访闻所委官多至巳时出粜,午时闭场,致所粜不广。令自今须至申时住粜,不得阻节,及不得将糠粃和杂作弊。如违,重置典宪。

出处:《宋会要辑稿》食货六八之七六。

桩管总漕营运本钱诏
(淳熙七年八月)

两浙本钱已拘收外,余各限指挥到日,先将本钱尽数发赴元来去处,依旧窠名桩管。其收到息钱,依已降指挥疾速开具申尚书省。

出处:《宋会要辑稿》职官四一之六一。

赐通奉大夫枢密使王淮辞免枢密使日
参如遇押班亦免宣名不允诏
（淳熙七年八月后）

　　朕酌稽前猷,优礼台路,诚至则文可简,任专则体亦尊。卿高明适中,敦大成裕,练达万事,辑宁四方。昔田单相齐,齐王一日曰,召相单来。左右惊而谏之。今朕端临当宁,延见群臣,而吾元辅乃抗声传名于下,固朕之所未安也。况日御别殿,体殊正衙,赞呼当仪,宜有可略,卿无辞焉。

出处:《崔舍人玉堂类稿》卷九。
撰者:崔敦诗
考校说明:编年据《攻媿集》卷八七《王公行状》补。

太史局等处额内局学生养老事诏
（淳熙七年九月十一日）

　　太史局等处额内局、学生年及七十以上愿养老者,听带本身请给养老。

出处:《宋会要辑稿》职官一八之九六。

江东州军赈粜诏
（淳熙七年九月十三日）

　　今岁江东州军亢旱,令本路提举常平司将所部州军应管常平义仓钱米通融宽数,支拨赈粜。广德军、南康军将去年未起米一万石添助。

出处:《宋会要辑稿》食货六八之七七。

镇江府于桩管米内取拨三万石贴助赈济诏
（淳熙七年九月十三日）

　　镇江府以常平米赈济外,更于桩管米内取拨三万石贴助赈济。

出处:《宋会要辑稿》食货六八之七七。

私铸铜器人并家属押赴铸钱监诏
(淳熙七年九月十四日)

私铸铜器,须并其家属押赴铸钱监,则将来不致逃窜。

出处:《宋会要辑稿》刑法四之五五。

常朝大臣免宣名诏
(淳熙七年九月十四日)

已指挥阁门,令今后垂拱殿常朝,宰臣特免宣名,他朝会则否。除朝贺六参并人使在庭依仪,其余并免宣名。内枢密使日参如遇押班,亦免宣名。朕记得老苏议论,赞仪之臣,呼名如胥吏,非礼貌之意也。

出处:《齐东野语》卷一。又见《中兴两朝圣政》卷五八,《宋史全文续资治通鉴》卷二六。

淮西漕司赈济本州军灾伤诏
(淳熙七年九月十七日)

淮西转运司差官检踏本州军实有旱伤处,依条赈济。

出处:《宋会要辑稿》食货六八之七七。

赈粜饶州诏
(淳熙七年九月二十一日)

饶州旱伤处,令本路提举将常平义仓钱米通融宽数支拨外,其淳熙六年桩留米尽行赈粜。

出处:《宋会要辑稿》食货六八之七七。

赈济临安府严州诏
(淳熙七年九月二十七日)

丰储仓拨米三万石付临安府属县,二万石付严州及诸县赈济。

出处:《宋会要辑稿》食货六八之七七。

赐降授明州观察使张说辞免差提举
临安府洞霄宫任便居住不允诏
(淳熙七年十月前)

朕以大中之道待臣下,虽近不私,虽远不弃,譬之风霜雨露,终归至仁。此者阅诸谪籍,闵然念卿之久闲,出于眷怀,畀以祠禄。卿夙居亲近,具识恩慈,今优游家居,寓间馆珍台之逸,朕之存遇,兹云厚矣。宜祗成命,无咈深怀。

出处:《崔舍人玉堂类稿》卷六。
撰者:崔敦诗
考校说明:编年据张说宦历及卒年补,见《宋史》卷四七〇《张说传》、《宋史全文续资治通鉴》卷二六。

倚阁两浙等旱伤州县见欠官债诏
(淳熙七年十月四日)

两浙、江东西、淮西、湖北路今岁旱伤州县,令逐路帅、漕臣行下所部州县,将人户见欠官债并与倚阁,候丰熟日逐旋送纳。

出处:《宋会要辑稿》食货五八之一四。

倚阁舒蕲黄和州无为军下户畸零欠赋诏
（淳熙七年十月九日）

舒、蕲、黄、和州、无为军各将第四、第五等旱伤民户见欠淳熙四年至六年终畸零税赋并七年未纳畸零夏税，并权倚阁。

出处:《宋会要辑稿》食货五八之一四。

张大经举职与转两官诏
（淳熙七年十月十六日）

监察御史张大经察到诸路刑狱奏报淹延未决者至一百六十余件，当以奏状付可外，令所司勾销，未结绝者催促结绝。大经既能举职，可与转两官。

出处:《宋会要辑稿》职官五五之二五。

盱眙军赐御筵口宣
（暂系于淳熙七年十月二十一日前）

欢盟交聘，□使联华，闻甫越于边疆，谅少休于候馆。亟驰内侍，即启初筵。

出处:《崔舍人玉堂类稿》卷一六。
撰者:崔敦诗
考校说明:编年据同集前后文时间、《宋史》卷三五《孝宗纪》补。

赤岸赐御筵口宣
（暂系于淳熙七年十月二十一日前）

眷言使传，密迩都门，谅多行迈之勤，宜适燕胥之乐。专驰近侍，申谕深怀。

出处:《崔舍人玉堂类稿》卷一六。
撰者:崔敦诗

考校说明：编年据同集前后文时间、《宋史》卷三五《孝宗纪》补。

赤岸赐酒果口宣
（暂系于淳熙七年十月二十一日前）

衔命鼎来，涓辰入见，已次邦郊之近，重怀使传之劳。爰致甘滋，俾留衔乐。

出处：《崔舍人玉堂类稿》卷一六。

撰者：崔敦诗

考校说明：编年据同集前后文时间、《宋史》卷三五《孝宗纪》补。

金国贺会庆节使人赴阙平江府赐御筵口宣
（暂系于淳熙七年十月二十一日前）

祗辑欢盟，肃将庆问，念载驱于周道，知已届于吴门。爰锡华筵，用昭优遇。

出处：《崔舍人玉堂类稿》卷一六。

撰者：崔敦诗

考校说明：编年据同集前后文时间、《宋史》卷三五《孝宗纪》补。

上寿毕归驿赐御筵口宣
（暂系于淳熙七年十月二十二日后）

展庆阙庭，归休馆舍，见修仪之有度，嘉将命之无违。式示惠慈，用昭眷遇。

出处：《崔舍人玉堂类稿》卷一六。

撰者：崔敦诗

考校说明：编年据同集前后文时间、文中所述史事补。

禁巫诏
（淳熙七年十月二十四日）

广东、西路帅司行下所部州军，将给过师巫文帖并传习妖教文书，委官限一月根刷拘收毁林,严行禁止,毋致违犯。

出处:《宋会要辑稿》刑法二之一二〇。

赐参知政事钱良臣生日诏
(暂系于淳熙七年十一月三日)

昴陆司辰,阳正建统,天佑明昌之运,时生开亮之贤。宜有恩颁,俾绥寿祉。

出处:《崔舍人玉堂类稿》卷一六。
撰者:崔敦诗
考校说明:编年据同集前后文时间、钱良臣宦历及生日补,见《宋史》卷二一三《宰辅表》、周必大《玉堂类稿》卷九《赐参知政事钱良臣生日诏》。

倚阁上虞绍兴下户见欠官物诏
(淳熙七年十一月四日)

绍兴府将上虞、余姚二县第四、第五以下人户见欠淳熙七年官物,权与倚阁,候来年丰熟带纳。

出处:《宋会要辑稿》食货五八之一四。

轮差统领官一员防守六合城壁诏
(淳熙七年十一月十六日)

六合防守城壁,差统领官一员。自今每年轮差,遇更替日,照检城壁楼橹等有无损动,交割申本司,备申枢密院。

出处:《宋会要辑稿》兵六之三。

532

奉使入国下节人令三衙轮差诏
（淳熙七年十一月十九日）

自今奉使入国下节人，除亲从并译语、亲事官外，及将不转资八人许使、副差亲随厨子，其余人并令殿前、马、步军司轮差，毋得于诸处抽摘。令各司排定军分，于每一军一将内有职名家口无过犯人充，曾经入国人不得再去。仍于本将内选差正、副将一员部辖，正将充上节，副将充中节。本将人数不足，许于别将内差拨。

出处：《宋会要辑稿》职官三六之六○。

诚谕兴修水利诏
（淳熙七年十二月十一日）

诸路提举常平司常切约束所部县丞，每季检视措置农田，兴修水利，务要广行灌溉田亩。如奉行违戾，仰按劾以闻。

出处：《宋会要辑稿》食货六一之一二六。

赐通奉大夫枢密使王淮辞免进呈四朝正史志了毕经修不经进前权提举官特转行一官不允诏
（淳熙七年十二月十二日后）

朕观大中祥符间，祖宗正史告成，维时宥密元臣曰钦若、曰尧叟，咸缘旧劳，并被优礼。今朕延集儒英，登载前烈，事丛业巨，功著职修。逮于差序劳伐，而知吾枢辅实尝提纲于其间，可无厚乎？卿德器严重，道原纯深，燮和兵戎，持守法度，方将济经纶之业，岂徒矜翰墨之功。行赏酬勋，率用故实，执谦虽至，所不得从。

出处：《崔舍人玉堂类稿》卷九。
撰者：崔敦诗
考校说明：编年据文中所述史事补，见《宋会要辑稿》职官一八。

赐通奉大夫参知政事钱良臣辞免国史院进呈四朝正史志了毕礼仪使特与转两官依例加恩不允诏
(淳熙七年十二月十二日后)

朕观祖宗旧制,信史成书,则提纲宰辅,率属以进而已。近世礼缘时备,事逐情隆,于是威仪文物之繁,视昔加盛。朕率循成则,用不敢违。乃者书成汗简,事集累朝,登进端宸,宝藏延阁。卿董正盛礼,周旋祲容,迄臻于成,宜与其赏,文阶之进,固有故实,尚何辞焉。

出处:《崔舍人玉堂类稿》卷九。
撰者:崔敦诗
考校说明:编年据文中所述史事补,见《宋会要辑稿》职官一八。

赐少傅保宁军节度使充醴泉观使兼侍读卫国公史浩上表再辞免进呈四朝正史志了当依进徽宗实录成书例推恩特依所乞许回授不允不得再有陈请诏
(淳熙七年十二月十二日后)

朕观祖宗信史,咸领台司,然而成书进御,第赏畴庸,肆寻前劳,多处外服。今朕有元臣,锡第辇下,旧所典领,亲见其成,宜褒宠之所当厚也。而卿以虚谦避成功,以恬退厉浮俗,敷叙诚蕴,愿还恩章。朕固已徇卿之志而俾貤于族亲,傥犹固辞,是将废赏。赏,国之典,讵可废乎?

出处:《崔舍人玉堂类稿》卷一〇。
撰者:崔敦诗
考校说明:编年据文中所述史事补,见《宋会要辑稿》职官一八。

赐通议大夫参知政事周必大辞免以四朝
史志成书曾经修特转一官不允诏
（淳熙七年十二月十二日后）

朕缅惟神祖，遹骏先猷，维时史臣，咸极妙选。然方修而曾巩遽释其任，既成而苏颂弗预于恩，乃知名儒宗工，宣劳载笔，任而成兹，亦古昔之所难也。卿高文大册，博识洽闻，追迹二臣，固已有光。向者四入承明，咸典斯事，网罗囊括，用力最多。今释简册、登庙堂，曾不淹□，成书来上，不其荣虖？答翰墨之成劳，侈儒术之亨遇，一阶例进，予犹歉然，逊避之章，所毋庸至。

出处：《崔舍人玉堂类稿》卷一〇。

撰者：崔敦诗

考校说明：编年据文中所述史事补，见《宋会要辑稿》职官一八。

赐德寿宫婉仪张氏三上表辞免进封太上皇帝
淑妃恩命不允不得再有陈请诏
（淳熙七年十二月十三日后）

朕绍履邦图，躬勤子道。备物致养，惟恐于不隆；先意承颜，惟恐于不至。乃闻硕媛，凤著令犹，调滑甘寒燠之宜，伺出入起居之节，安和有度，淑谨无违，协于深怀，锡是优典。修六宫之职，已高妃掖之华；奉万年之觞，当溢亲庭之喜。宜祗宠命，即止谦章。

出处：《崔舍人玉堂类稿》卷九。

撰者：崔敦诗

考校说明：编年据《宋会要辑稿》后妃三补。

赐宣奉大夫右丞相赵雄再具奏札子辞免进呈四朝正
史志了毕特转两官依例加恩不允不得再有陈请诏
（淳熙七年十二月十二日后）

朕惟史书之成一家，事丛则志必备；宰相之总众职，劳大则赏必隆。卿达识长才,宏謩伟略,综练政事,勤劳国家,虽常深笃于眷怀,曾未优加于恩礼。适奏篇之来上,知褒典之当行,爰不淹辰,趣令颁制。即予心之可见,岂卿意之未孚!辞已至三,今为过矣,令无或再,尚可返乎。

出处:《崔舍人玉堂类稿》卷九。

撰者:崔敦诗

考校说明:编年据文中所述史事补,见《宋会要辑稿》职官一八。

赐朝散大夫试吏部尚书兼侍读兼修玉牒官兼修国史王希吕辞免修进四朝正史志了毕经修经进官特转一官更减一年磨勘不允诏
(淳熙七年十二月十二日后)

朕惟文人多,史才少,此古昔之通患也。比以四朝功德,宜有信书,设局有年,告成无日,固尝明发兴念,选三长于侍从之中,果得其人,足办吾事。乃者丞相率属上所著史志,铺观反复,有当朕心。维时载笔之首劳,可无褒乎?卿识略通明,风猷高迈,方听履星辰之上,乃策勋翰墨之间。儒术有光,众听维允,赏称于事,尚何辞焉。

出处:《崔舍人玉堂类稿》卷一○。

撰者:崔敦诗

考校说明:编年据文中所述史事补,见《宋会要辑稿》职官一八。

赐宣奉大夫右丞相赵雄辞免国史院进呈四朝正志史了毕提举官特与转两官依例加恩不允诏
(淳熙七年十二月十二日后)

朕惟五始之法变而迁史行,八书之体拘而《汉志》作,眷皇家之累洽,仰列圣之嗣兴,威灵在天,法度垂世。兹告编摩之备,首旌指授之劳。卿以全才运理事机,以宏度镇宁方夏,摅其余力,就此信书。方颁懋典之常,遽阅需章之上。曩者叠缘褒进,咸徇谦陈。民罔中而尔中,固当惩于过赏;前不受而今受,亦何损于高风。当即祗承,无庸重请。

出处:《崔舍人玉堂类稿》卷九。

撰者:崔敦诗

考校说明:编年据文中所述史事补,见《宋会要辑稿》职官一八。

赐中大夫试尚书兵部侍郎兼同修国史芮辉辞免修进四朝正史志了当经修经进官特转一官更减一年磨勘不允诏
(淳熙七年十二月十二日后)

朕闻自古有史,维才实难。仰四圣之丰规,接五朝之丕迹,率哀儒彦,始就志书。告于神明,遂侈先猷之盛;老于文学,实资近侍之贤。卿笔力畦径,雍容古风,师友渊源,根据经术。阅奏篇之来上,嘉用志之良勤。已锡优章,是循故实,即宜祗服,毋重陈谦。

出处:《崔舍人玉堂类稿》卷一○。

撰者:崔敦诗

考校说明:编年据文中所述史事补,见《宋会要辑稿》职官一八。

赐德寿宫淑妃张氏辞免令所司择日备礼册命宜允诏
(淳熙七年十二月十三日后)

朕惟命册之盛,礼成之,乐歌之,古也。朕崇建天妃,虞侍亲侧,方将备物展仪,显命于朝,今上章固辞,得不成其顺巽之美乎? 虽庸勉从,良为缺然。

出处:《崔舍人玉堂类稿》卷九。

撰者:崔敦诗

考校说明:编年据《宋会要辑稿》后妃三补。

王淮修进四朝史志转官加恩制
(淳熙七年十二月十二日后)

门下:史书万世之准,谨载策所以昭先猷;爵赏一人之权,优儒劳所以敬大典。时维上辅,位冠洪枢,肆畴载笔之勤,遂宣扬廷之号。具官王淮德成而行饬,气粹而才全。中正以通,动不逾于防范;优游而法,徐可考于宫庭。发摅贤犹,秉执几务,识虑周密,谋谟靖深。朕仰惟四圣之隆,昭揭百王之表。接太初之后犹阙,念当谨于纂修;视班固之下何纷,慨莫归于折衷。曩烦硕望,俾领群英,推沿革之大原,综见闻之异论。既淹岁篇,汔就志书。是用褒答前劳,推加懋典。文阶进位,踵旧秩于隋官;公社开疆,肇新封于越壤。宠光滋至,体貌逾崇,岂协彝章,寔由隆遇。於戏!张越专文学之任,辅至治于唐朝;侯霸条法度之宜,赞中兴于汉室。尚殚素蕴,益究宏图。可特授正议大夫,依前枢密使,进封信国公,加食邑一千户,食实封四百户。主者施行。

出处:《崔舍人玉堂类稿》卷一。
撰者:崔敦诗
考校说明:编年据《宋会要辑稿》职官一八、《攻媿集》卷八七《王公行状》补。

赐通奉大夫枢密使王淮上表再辞免四朝正史志了毕经修不经进前权提举官特转行一官不允批答
(淳熙七年十二月十二日后)

朝廷庆赏,必始大臣;宗庙策书,当严正史。卿道跻闳奥,文擅统盟,以其忠纯则执简无愧辞,以其审重则纂事无遗实。向司载笔,具罄贤劳。才学识之长,深见讨论之善;清缉熙之典,遂符祖述之心。叠览谦陈,愿辞褒进,方藉谋谟之益,可忘体貌之崇?纶綍疏颁,姑昭前绩;旂常登纪,尚广后图。勉即钦承,毋庸固请。

出处:《崔舍人玉堂类稿》卷五。
撰者:崔敦诗
考校说明:编年据文中所述史事补,见《宋会要辑稿》职官一八。

赐通议大夫参知政事周必大上表再辞免经修
四朝史志转一官不允仍断来章批答
（淳熙七年十二月十二日后）

朕鉴于往昔,咸重史臣,观厥成功,率惟久任。张华尚夸于再至,蒋乂尝越于十年,当时推荣,后世称□。□懿文华国,雅望表民,自窥典籍之藏,逮听星辰之履。咸专载笔,遂究长才,力倍群英,功先众作。爰优颁于恩典,奚固执于谦规!俾下多兴廉识分之风,虽可嘉于卿志;将国有吝赏废劳之举,亦殊失于予心。当□钦承,毋庸重请。

出处:《崔舍人玉堂类稿》卷五。

撰者:崔敦诗

考校说明:编年据文中所述史事补,见《宋会要辑稿》职官一八。

赐通奉大夫参知政事钱良臣上表再辞免进四朝正
史志礼仪使特转两官依例加恩不允仍断来章批答
（淳熙七年十二月十二日后）

朕绍遵丕绪,阐绎先猷,尝申命于儒臣,俾趣裁于信史。成编来上,盛典时行,端宸庋以铺观,辟宝储而崇奉。簪缨骈萃,羽卫纷陈。无言不酬,既表提纲之绩;有仪可象,遂褒诏礼之劳。卿望重民瞻,谋参天纬,方正身而厉俗,乃引义以辞荣。事固协于典常,体亦优于眷遇。已孚休命,难徇冲怀。

出处:《崔舍人玉堂类稿》卷四。

撰者:崔敦诗

考校说明:编年据文中所述史事补,见《宋会要辑稿》职官一八。

赐宣奉大夫右丞相赵雄上表再辞免进四朝
正史志提举官特转两官依例加恩不允批答
（淳熙七年十二月十二日后）

朕惟天祚昌图,世承明德。例凡严备,已全五圣之书;闻见纷纶,尚阙四朝之记。深诏宰辅,广延儒英,趣裁信编,汔就大典。匪提纲之有道,殆汗简之无期。卿劳大而处以谦,德全而加以畏,恳辞上赏,敷畅忱诚。维国家之德泽素深,维祖宗之规摹可考。垂将来之法,岂专比事而属辞;慰在天之灵,尚勉建功而立业。当收谦节,益迈远犹。

出处:《崔舍人玉堂类稿》卷四。

撰者:崔敦诗

考校说明:编年据文中所述史事补,见《宋会要辑稿》职官一八。

赐王淮告口宣
(暂系于淳熙七年十二月十二日后)

启封全国,进位崇阶,虽优答于勤劳,实显加于体貌。当祗隆遇,即服荣章。

出处:《崔舍人玉堂类稿》卷一五。

撰者:崔敦诗

考校说明:编年据同集前后文时间补。

赵雄辞免转官不允批答口宣
(淳熙七年十二月十二日后)

卿总率诸儒,删裁大典,阅简编之告备,仰谟烈之增光。已锡茂恩,岂容固逊。

出处:《崔舍人玉堂类稿》卷一五。

撰者:崔敦诗

考校说明:编年据文中所述史事补,见《宋会要辑稿》职官一八。

赐王淮再上表辞免转官不允断章批答口宣
(淳熙七年十二月十二日后)

赏典既行,民言维允,方趣颁于明制,奚确避于□□。宜服宠光,尚图报礼。

出处:《崔舍人玉堂类稿》卷一五。

撰者:崔敦诗

考校说明:编年据文中所述史事补,见《宋会要辑稿》职官一八。

<h2 style="text-align:center">枢密使王淮辞免转官不允批答口宣</h2>
(淳熙七年十二月十二日后)

　　史书来上,赏典时行,肆畴论撰之劳,爰厚褒荣之礼。即宜祗服,毋重谦陈。

出处:《崔舍人玉堂类稿》卷一五。

撰者:崔敦诗

考校说明:编年据文中所述史事补,见《宋会要辑稿》职官一八。

<h2 style="text-align:center">钱良臣辞免转官不允断来章批答口宣</h2>
(淳熙七年十二月十二日后)

　　书成良史,礼讲上仪,重嘉使领之劳,爰厚恩荣之典。宜收冲节,即服优章。

出处:《崔舍人玉堂类稿》卷一五。

撰者:崔敦诗

考校说明:编年据文中所述史事补,见《宋会要辑稿》职官一八。

<h2 style="text-align:center">周必大辞免转官不允断章批答口宣</h2>
(淳熙七年十二月十二日后)

　　书成史策,赏逮儒劳,已孚成命之行,尚阅冲章之至。宜祗眷遇,即服恩光。

出处:《崔舍人玉堂类稿》卷一五。

撰者:崔敦诗

考校说明:编年据文中所述史事补,见《宋会要辑稿》职官一八。

差押纲官须遵依条法诏
(淳熙七年十二月十六日)

敕:诸路监司、州军今后差押纲官,须管遵依条法。如所差官不应格,虽官物数足,亦不推赏;若有少欠,仰所属开具元差当职官姓名申朝廷,取旨施行。

出处:《宋会要辑稿》食货四五之一九。

追发狱事诏
(淳熙七年十二月十六日)

自今狱事委送邻郡,或邻郡追逮稽慢不遣,令具申监司,从监司差人追发。若被诉人在禁,而词主再追不出,即将被诉人先次知责。

出处:《宋会要辑稿》刑法三之三六。令;原作

赈粜临安府诏
(淳熙七年十二月十七日)

行在米价稍增,可于诸仓桩管米内共取拨七万石,专委临安府守臣差官置场赈粜。

出处:《宋会要辑稿》食货六八之七八。

添差不厘务官不许支破职田诏
(淳熙七年十二月二十一日)

诸添差不厘务官,依条不许支破职田。虽有指挥许依正官例支破请给之人,只为请给供给,自不合给职田。

出处:《宋会要辑稿》职官五八之三〇。

选差奉使人从军兵诏
（淳熙七年十二月二十四日）

每岁奉使金国上中节内除都辖引接并国信所指使定例外,更留二员,听候御前降下。自今使、副许辟差亲属二人,书状官一员,掌管私觌职员一名,其余人数令吏部于见在部籍定名次经任无过犯大小使臣内差,仍委长贰公共选择貌魁伟、年六十以下、无残疾人充,诸军班换授人免行差拨。在部人不足,申枢密院,令三衙轮差入队准备将、训练官揍数。已曾经入国人,不得再去。差定姓名,申枢密院讫,发赴使、副收管,依旧赴国信所审量。

出处:《宋会要辑稿》职官三六之六○。

四川属官通差京朝官选人诏
（淳熙七年十二月二十五日）

四川属官令吏部通差京朝官选人。内选人须注关升有举主人。

出处:《宋会要辑稿》职官八之四二。

镇江府赐茶药口宣
（暂系于淳熙七年十二月二十六日前）

卿等来会元春,行经近府,颁以灵芽之贵,副之珍剂之良。用慰勤劳,式昭眷遇。

出处:《崔舍人玉堂类稿》卷一五。
撰者:崔敦诗
考校说明:编年据同集前后文时间、《宋史》卷三五《孝宗纪》补。

金国贺正旦使人赴阙镇江府赐御筵口宣
（暂系于淳熙七年十二月二十六日前）

卿等远将庆礼,祗会元正,适取道于江城,聊弭檐于宾馆。专驰近侍,即启华筵。

出处:《崔舍人玉堂类稿》卷一五。

撰者:崔敦诗

考校说明:编年据同集前后文时间、《宋史》卷三五《孝宗纪》补。

赐朝散大夫韩彦古辞免除敷文阁直学士在外宫观不允诏
（暂系于淳熙七年前后）

华阁翚飞,光连天象;宸章鳞次,宝聚先猷。朕今敦劝臣工,审用名器,有诏未爽,无功不除。卿智虑疏通,口资敏给,曩备禁途之列,独专邦用之司。贷移不及于公藏,赡给自周于常度。厥效信矣,于今因之。念尔去朝,遂投闲而置散;顾予待下,记岂过而忘劳。俾从真馆之游,仍寓清厢之直,已孚成命,宜略执章。

出处:《崔舍人玉堂类稿》卷六。

撰者:崔敦诗

考校说明:编年据同集前后文时间、韩彦古宦历补,见《绍定吴郡志》卷一一等。

试刑法者兼试经义诏
（淳熙七年）

自今第一、第二、第三场试断案,每场各三道,第四场试大经义一道,小经义二道,第五场试《刑统律义》。

出处:《文献通考》卷三二。又见《宋史》卷一五七《选举志》,《宋会要辑稿》选举一四。

十二月三十日赐内中酒果口宣
（暂系于淳熙七年十二月三十日）

卿等使华偃息，宾馆从容，适当岁律之除，爰示恩光之异。凡兹多品，出自内庭。

出处：《崔舍人玉堂类稿》卷一五。

撰者：崔敦诗

考校说明：年份据同集前后文时间补。

支钱会措置浙东循环籴米诏
（淳熙七年十二月）

左藏南库支会子二十万贯，浙东路常平义仓钱内支一十万贯，付浙东提举朱熹措置循环籴米，充一路账济。

出处：《宋会要辑稿》食货六八之七七。

孝宗朝卷二十 淳熙八年(1181)

赐金国使副春幡胜等口宣
(暂系于淳熙八年正月一日前)

气转洪钧,祥开苍陆,深念岁华之变,适当使节之留。爰举时仪,俾绥寿福。

出处:《崔舍人玉堂类稿》卷一五。

撰者:崔敦诗

考校说明:编年据同集前后文时间、文中所述史事补。

赐金国三节人从春幡胜口宣
(暂系于淳熙八年正月一日前后)

冬律载更,春华方动,爰均颁于节物,庶昭示于恩光。宜体眷存,各忘劳役。

出处:《崔舍人玉堂类稿》卷一五。

撰者:崔敦诗

考校说明:编年据同集前后文时间、文中所述史事补。

玉津园射弓赐酒果口宣
(暂系于淳熙八年正月一日前后)

卿等使事有间,禁园胥乐,锡以上尊之旨,侑之嘉实之芳。庶洽欢虞,宜承眷遇。

出处:《崔舍人玉堂类稿》卷一五。

撰者:崔敦诗

考校说明:编年据同集前后文时间、文中所述史事补。

赐送伴使副春幡胜等口宣
(暂系于淳熙八年正月一日前后)

三阳布泽,万汇回春,兴言文武之臣,适有驱驰之役。并推赐式,庸示恩怀。

出处:《崔舍人玉堂类稿》卷一五。

撰者:崔敦诗

考校说明:编年据同集前后文时间、文中所述史事补。

回程赐龙凤茶并金镀银合口宣
(暂系于淳熙八年正月一日后)

建溪方贡,内府珍藏,爰嘉使传之华,聊备归装之用。式将眷遇,尚体诚怀。

出处:《崔舍人玉堂类稿》卷一五。

撰者:崔敦诗

考校说明:编年据同集前后文时间、文中所述史事补。

朝辞讫归驿赐御筵口宣
(暂系于淳熙八年正月一日后)

卿等并饬使仪,肃成邦礼,既入辞于殿陛,方出憩于宾邮。就启华筵,式昭厚遇。

出处:《崔舍人玉堂类稿》卷一五。

撰者:崔敦诗

考校说明:编年据同集前后文时间、文中所述史事补。

回程赤岸赐酒果口宣
（暂系于淳熙八年正月一日后）

　　卿等驰轺成礼，濡辔遵途，知渐远于都门，聊少留于郊馆。式加颁赉，用示眷私。

出处:《崔舍人玉堂类稿》卷一五。

撰者:崔敦诗

考校说明:编年据同集前后文时间、文中所述史事补。

回程赤岸赐御筵口宣
（暂系于淳熙八年正月一日后）

　　卿等聘礼有成，使轺云复，方弭装于近馆，爰示惠于初筵。尚体恩私，宜留燕乐。

出处:《崔舍人玉堂类稿》卷一五。

撰者:崔敦诗

考校说明:编年据同集前后文时间、文中所述史事补。

上寿毕归驿赐酒果口宣
（暂系于淳熙八年正月一日后）

　　卿等肃将使命，祗会春朝，既进毕于寿仪，方退休于宾驿。爰推赐品，用表眷怀。

出处:《崔舍人玉堂类稿》卷一五。

撰者:崔敦诗

考校说明:编年据同集前后文时间、文中所述史事补。

盱眙军赐御筵口宣
(暂系于淳熙八年正月一日后)

卿等言旋使传,已届边疆,重怀跋履之劳,爰示惠慈之眷。宜留衎乐,庶遂从容。

出处:《崔舍人玉堂类稿》卷一五。

撰者:崔敦诗

考校说明:编年据同集前后文时间、文中所述史事补。

回程平江府赐御筵口宣
(暂系于淳熙八年正月一日后)

使节言旋,归途尚邈,念当经于近府,俾就启于初筵。式示恩光,宜流燕乐。

出处:《崔舍人玉堂类稿》卷一五。

撰者:崔敦诗

考校说明:编年据同集前后文时间、文中所述史事补。

赈济赈粜浙西州军诏
(淳熙八年正月十六日)

浙西州军去秋旱伤处,五分以上量行赈济,五分以下量行赈粜。

出处:《宋会要辑稿》食货六八之八〇。

禁食菜事魔诏
(淳熙八年正月二十一日)

诸路提刑司严行禁戢。州县巡尉失于觉察,并置典宪。

出处:《宋会要辑稿》刑法二之一二〇。

赈济无为军诏
(淳熙八年正月二十二日)

无为军将桩管米内有陈腐不堪支遣二万二千余石,拨付本军尽行赈给。

出处:《宋会要辑稿》食货六八之八〇。

周必大转通奉大夫制
(淳熙八年正月二十三日)

敕:祖功宗德,昭奕世之规摹;帝典皇坟,新一时之述作。肆览成编之奏,聿严邃阁之储。緊我洪儒,宜旌旧绩。通议大夫、参知政事、同提举详定一司敕令、荥阳郡开国侯、食邑一千二百户、食实封一百户周必大,学根于六艺,文继于两京。以渊乎似道之资,抗卓尔不群之志。遍仪囊从,嘉谋嘉猷之备闻;亟践政涂,立政立事之无阙。克究经纶之蕴,蔚为廊庙之华。朕述神庙之丕彝,迄献陵之盛际。敷求隽乂,袞次章程。仰观俯察之具陈,大纲小纪之咸载,凡诏厥后,毕志于篇。圣继圣明继明,既全灏噩之体;笔则笔削则削,允资润色之工。兹第赏于劳能,顷实多于论辑。庸超命秩,并衍户畬。萃厥宠章,光其汗简。噫!建八书而广十志,有嘉传信之功;熙庶绩而厘百工,尚赖同寅之助。往祗明训,益懋远图。可特授通奉大夫,依前参知政事、同提举详定一司敕令,加食邑五百户,食实封二百户。

出处:周纶《周益国文忠公年谱》。
撰者:木待问

定贡院别试所引试避亲举人分数诏
(淳熙八年正月二十六日)

贡院别试所引试避亲举人分数,依淳熙五年取放施行,零分更取一名。

出处:《宋会要辑稿》选举五之五。

平江府添差归正等官及拣汰使臣等一岁请给诏
（淳熙八年正月二十七日）

平江府自今依淳熙七年则例支给。如有增差到员数，别具申奏。

出处:《宋会要辑稿》兵一六之四。

赐敷文阁直学士太中大夫知隆兴军府事充江南西路安抚使张子颜辞免差知绍兴府不允诏
（淳熙八年正月后）

稽山胜地，凤推禹会之朝；浙水名藩，今列汉都之辅。简求治最，畀付帅权。卿器度端纯，风猷和雅。才能之茂，禀于天资；忠义之传，济厥世美。曩倚蕃宣之重，尤高牧御之良，爰省乃成，宜易之镇。帝城可望，遂宽存魏阙之心；民瘼是除，当有及京师之福。已孚宠命，难徇谦章。

出处:《崔舍人玉堂类稿》卷九。
撰者:崔敦诗
考校说明:编年据《嘉泰会稽志》卷二补。

赐少保观文殿大学士判建康军府事充江南东路安抚使兼行宫留守陈俊卿乞检会累奏许令致仕不允诏
（淳熙八年正月后）

选建辅臣，临抚都会。龙蟠虎踞，念方寄于蕃宣；岳镇渊渟，顾无逾于宿旧。卿纯深安重，简易清明，勤劳载于邦家，文武宪于夷夏。年龄虽艾，风烈方强，宽予顾怀，亢彼方面。典北门之管，尚谁宜之；垂故里之车，奚遽议此。况今田间绥靖，疆场晏清，汔成茂庸，聊借重望。叙陈虽至，所不得从。

出处:《崔舍人玉堂类稿》卷一〇。
撰者:崔敦诗
考校说明:编年据《晦庵先生朱文公文集》卷九六《陈公行状》补。

支义仓米赈济诏
（淳熙八年二月五日）

去岁江浙、湖北、淮西路郡县间有旱伤去处，已令多出桩积等米广行赈粜。今虽闻诸处米价低平，其间鳏寡孤独贫乏不能自存之人无钱收粜，深所矜悯。可令州县镇寨乡村抄籍姓名，将义仓米赈济，务要实惠及民。如州县奉行不虔，仰本路漕臣及提举常平官觉察以闻，重置典宪。

出处:《中兴两朝圣政》卷五九。又见《宋史全文续资治通鉴》卷二七。

诚谕上户存恤地客诏
（淳熙八年二月八日）

江西漕司行下旱伤州县守令，约束上户存恤地客，毋令失所逃移。

出处:《宋会要辑稿》食货六九之六五。

禁广西科亭户食盐诏
（淳熙八年二月十三日）

广西运司将所部产盐去处见科亭户食盐，并日下禁止。

出处:《宋会要辑稿》食货二八之一一。

编录销注命官在任因罪犯放罢取勘之人诏
（淳熙八年二月十四日）

中书门下省刑房置簿，将淳熙三年正月一日以后应命官在任因罪犯放罢取勘之人逐一编录销注。其未结绝名件，以时举催。如有违慢，取旨行罚。

出处:《宋会要辑稿》职官一之六六。

赐保康军节度使提举佑神观士歆辞免
除嗣濮王加食邑食实封不允诏
（淳熙八年二月二十一日后）

朕惟安懿王之功德,积厚流光,当祀百世。比者宗老虚位,恻然有怀,顾瞻近亲,尚见耆硕,率德蹈义,肃恭在廷。是用命以分茅,缵乃旧服,奉其烝尝。今卿陈德弗类,愿畀于宗族之贤。《诗》不云乎,"维其有之,是以似之",尚谁宜焉。

出处:《崔舍人玉堂类稿》卷一〇。

撰者:崔敦诗

考校说明:编年据《宋史》卷三五《孝宗纪》补。

三省置籍举催所下命令诏
（淳熙八年二月二十四日）

自今所下命令,事涉兴利除害而非旬月所能办者,并令三省置籍,以时举催。如有违慢,取旨行责罚。

出处:《宋会要辑稿》职官一之六六。

久任四川监司郡守者更迭与东南差遣诏
（淳熙八年二月二十七日）

久任四川监司、郡守之人,令更迭与东南差遣。其在任未久者,既有任满前来奏事指挥,候到阙,始得别与除授。

出处:《中兴两朝圣政》卷五九。又见《宋史全文续资治通鉴》卷二七,《宋会要辑稿》职官六〇之三六。

赐朝议大夫权尚书吏部侍郎兼太子詹事兼同修国史兼权吏部尚书阎苍舒辞免除吏部侍郎不允诏
（淳熙八年二月后）

朕招延隽能，列布侍从。必使资深而望重，迟以岁时；亦惟功著而职修，正其服位。卿器范凝远，材猷邃明，自擢序于天官，浸发舒于贤业。以平恕振滞淹之患，以清通疏盘错之繁，时闻嘉犹，日稔令问。顾瞻在列，念久著于勤劳；登进为真，实素由于知遇。已孚成命，奚事谦章！

出处：《崔舍人玉堂类稿》卷一〇。
撰者：崔敦诗
考校说明：编年据《南宋馆阁续录》卷九补。

新及第进士授官诏
（淳熙八年三月十二日）

新及第进士第一人萧国樑、第二人赵汝愚并补左宣义郎，第三人赵烨左承事郎，并签书诸州节度判官事；第四人陈孔光、第五人杨甲以下，并左文林郎，两使职官。第二甲，并左从事郎，初等职官。第三甲至第五甲，并左迪功郎，诸州司户、簿、尉；第三甲免试注官。

出处：《宋会要辑稿》选举二之二四。

赐中大夫知明州军州事兼沿海制置使范成大辞免除端明殿学士不允诏
（淳熙八年三月二十一日后）

朕惟崇名显职，皆国家砥砺群下之具也。前者深诏执事，非功不除，守此之令，坚如金石，今吾廊庙大臣之旧，犹必循此而后予者，岂非信乎？卿谟猷川行，智略辐辏，镇服藩翰，辑和军民。具闻忠劳，爰锡褒赏，风示显绩，耸荣列侯。尚思眷怀，益展报效，谦避之过，所不必闻。

出处:《崔舍人玉堂类稿》卷一〇。

撰者:崔敦诗

考校说明:编年据《宝庆四明志》卷一补。《宝庆四明志》卷一:"范成大……(淳熙)八年三月二十一日除端明殿学士、知建康府。"范成大除端明殿学士实在淳熙八年二月,见《宋会要辑稿》职官六二等(《宋会要辑稿》职官六二误作"端明殿大学士")。

赐中大夫知明州军州事兼沿海制置使范成大再辞免除端明殿学士不允不得再有陈请诏
(淳熙八年三月二十一日后)

朕惟赏当功则臣下劝,名称位则国体尊。卿达识通才,清规亮节。贤声显重,凤表朝端;王事勤劳,殆环天下。曩烦旧德,俾殿东藩,仁心日宣,政绩时乂。追前疑之宿遇,答近辅之新庸,集于眷怀,厚此褒宠,所当祗服,岂必谦陈。

出处:《崔舍人玉堂类稿》卷一〇。

撰者:崔敦诗

考校说明:编年据《宝庆四明志》卷一补。

抚问新知建康府范成大到阙并赐银合茶药口宣
(淳熙八年三月二十一日后)

卿庙堂宿望,藩辅殊庸,当趋行阙之朝,遂即留都之镇。专驰近侍,俾谕深怀。

出处:《崔舍人玉堂类稿》卷一五。

撰者:崔敦诗

考校说明:编年据《宝庆四明志》卷一、《平园续稿》卷二二《范公成大神道碑》补。周必大《平园续稿》卷二二《范公成大神道碑》:"(淳熙)七年二月,除端明殿学士。三月改帅江东,兼行宫留守……"此处"七年"当为"八年"之误,见《宝庆四明志》卷一、《景定建康志》卷一四等。

廷试策问
(淳熙八年三月二十三日)

　　盖闻舜受尧禅,七政齐于上,十二州肇于下。唐太宗亲传高祖之业,兵寝刑措,开四夷为郡县,大功盛烈,咸在初载,何其速也。朕以寡昧祇承内禅,宵衣旰食二十年于兹,惧无以扬祖宗之功,副太上之托,思与贤隽讲论治道。子大夫群至在廷,怀才待问,朕甚嘉之,愿闻昌言,以辅不逮。夫民者,邦之本也,朕时使薄敛,冀臻乎富庶。然小遇旱乾,则倾仓廪、发封桩犹或不足,岂承流宣化者失其职欤?抑无常产者多逐末欤?贤者,邦之基也,朕数路取人,宜不胜其用矣。然济济多士犹愧以宁之世,岂作成有未至欤?抑招聘有未备欤?文王卑服,则在位化之,今朕节俭先众,何以俗犹侈靡?宣帝总核,则吏称其职,今朕励精率下,何以俗犹惰偷?小大之臣罔不延见咨询,考察亦云至矣,或曰貌言有时而失,然则知人之法孰要?卿士牧守更出迭入,旋观详试亦云备矣,或曰人才各有所宜,然则器使之道何先?勋十二转,古之赏也。近岁有功者进官加职而已,赋禄所以滋多,任子所以日众。勋品具在,今可复乎?司寇圜土,古之刑也。近世杀越人于货,徒流而已,复出为盗,将何以惩?圜土之制今可议乎?虽然,此特政事耳。天之所辅者德也,所助者顺也;民之所怀者仁也,所助者信也。其修在此,其应在彼,使朕躬行不怠以获乎天人之祐,虞唐功烈庶几乎驯致,亦曷敢以迟速计哉?子大夫其茂明之,朕将亲览。

出处:《政府应制稿》。

撰者:周必大

考校说明:月、日据《宋史全文续资治通鉴》卷二七补。周必大时任参知政事。题后原注:"淳熙八年三月十三日,得旨留身面谕撰进。"

每路州军守臣各留两阙诏
(淳熙八年三月二十八日)

　　帅府并驻大军州军守臣自不合除代外,自今每路各留两阙,候见任人去替半年,方许差人。三省常切遵守。

出处:《宋会要辑稿》职官四七之四二。

减公私房僦诏
（淳熙八年三月）

应临安府及诸路官私房僦,不限贯百,十分减三。

出处:《中兴两朝圣政》卷五九。又见《宋史全文续资治通鉴》卷二七,《续宋编年资治通鉴》卷一〇。

赐资政殿大学士宣奉大夫知福州军州事充福建路安抚使梁克家辞免复观文大学士乞检会前奏除一在外宫观差遣不允诏
（暂系于淳熙八年三月前后）

观文,旧紫宸殿也,冠职其间,尊宠非他学士比。近世专以待前宰之有德善勋劳者,秩高地近,朕不假人。卿道原渊纯,德量邃远,释政而去,予怀不忘。观过知仁,尝坐少损,为国信法,于兹有年。今七闽之政,中和简易,兵民便安,朕得无褒赏以风四方之诸侯乎? 既还宠名,仍俾因任,佥论维允,尚何辞焉!

出处:《崔舍人玉堂类稿》卷一〇。
撰者:崔敦诗
考校说明:编年据同集前后文时间、《宋宰辅编年录》卷一七补。

赐资政殿大学士宣奉大夫知福州充福建路安抚使梁克家再辞免复观文殿学士依旧知福州乞检会前奏除一在外宫观差遣不允不得再有陈请诏
（暂系于淳熙八年三月前后）

朕选建仁贤,惠绥黎庶。教条服习,既不夺其成;绩用著修,亦无轻其赏。卿醇深之度,宏毅之资,均荣柄途,倚重邦翰,维日滋久,厥勤茂宣,推加宠章,褒表治效。叠览囊封之上,确辞恩命之行,叙陈灿然,谦挹过甚。庙堂宿望,实系群观;藩岳重臣,岂容轻易。迟以少日,既其外庸,冲规孔高,所不得徇。

出处:《崔舍人玉堂类稿》卷一〇。

撰者:崔敦诗

考校说明:编年据同集前后文时间,《宋宰辅编年录》卷一七补。

抚问贺金国正旦使副叶宏等到阙并传宣赐银合茶药口宣
(暂系于淳熙八年三月前后)

卿等将聘出疆,振衣还阙,深念驰驱之远,爰加抚劳之温。仍有恩颁,并昭眷遇。

出处:《崔舍人玉堂类稿》卷一五。

撰者:崔敦诗

考校说明:编年据同集前后文时间,《宋史》卷三五《孝宗纪》补。

行在省仓等监门磨勘事诏
(淳熙八年闰三月四日)

自今行在省仓上、中、下界,丰储仓、丰储西仓、草料场监门任满无违阙,各与减二年磨勘。

出处:《宋会要辑稿》食货五三之四。

诸路监司帅臣将所部郡守分三等奏闻诏
(淳熙八年闰三月五日)

诸路监司、帅臣岁终各以所部郡守分三等,治效显著者为臧,贪刻庸缪者为否,无功无过者为平,详加考察,具名来上。内臧、否各著事实。如考察不公,令御史台弹劾。

出处:《中兴两朝圣政》卷五九。又见《宋史全文续资治通鉴》卷二七。

赐进士闻喜宴口宣
（暂系于淳熙八年闰三月十二日后）

传胪殿陛，合射宸庭，既具洽于龙光，宜胥同于燕乐。尚承恩遇，各勉忠图。

出处：《崔舍人玉堂类稿》卷一五。

撰者：崔敦诗

考校说明：编年据同集前后文时间、文中所述史事补，见《宋史》卷三五《孝宗纪》。

改通判关升知州条诏
（淳熙八年闰三月十七日）

敕令所于"通判关升知州"条内，删去注文"堂除宫观听用一任，即不许理当实历"一十五字，却修入"宫观并不理当任数"八字。

出处：《宋会要辑稿》职官五四之五○。又见同书职官一○之三五。

鄂州于近处建仓诏
（淳熙八年闰三月十七日）

鄂州于近处建仓。如遇纲运到岸，即令入仓，不得于诸仓安顿。

出处：《宋会要辑稿》食货六二之六六。

赵介降两官制
（淳熙八年闰三月二十四日）

朕保民如保赤子，惟恐伤之。尔受命典州，宜知德意，乃剥民以资妄用，不黜可乎？降秩两阶，尚为轻典。可。

出处：《西垣类稿》卷一。

撰者：崔敦诗

考校说明:编年据《宋会要辑稿》职官七二补。

禁湖南州郡创行官自贩盐诏
(淳熙八年闰三月二十六日)

安抚司日下禁戢住罢。自今尚敢违戾,即按劾取旨。

出处:《宋会要辑稿》食货二八之一二。

临安府府学学生补试事诏
(淳熙八年闰三月二十七日)

临安府府学学生实补试中在籍之人,从教授保明诣实,委无伪冒,申州勘会给据,比类诸州待补太学生许赴太学补试一次,即不得用府学遗籍等人。

出处:《宋会要辑稿》选举一七之三。

除授曾被弹劾放罢之人条约诏
(淳熙八年闰三月二十八日)

自今应曾被弹劾放罢之人,须是宫观任满,然后取旨除授。

出处:《宋会要辑稿》职官五四之四〇。

武举进士从军人习知军务诏
(淳熙八年四月五日)

武举进士从军人,欲令习知军务,以俟器使。如因职事已见委系利便,许赴主帅陈述。遇有过犯,合加罪责,申枢密院取旨施行。

出处:《宋会要辑稿》选举一八之五。

诊视军民疾疫诏
(淳熙八年四月十一日)

军民多有疾疫,令医官局差医官巡门诊视,用药给散。殿前司十二人,马军司二人,步军司七人,临安府内外诸厢界二十人,各日支食钱。所有药饵,令户部行下利剂局应副。仍各置历抄转医过人数日具以闻。

出处:《宋会要辑稿》食货五八之一四。

强盗贷命人配隶诸路禁军重役诏
(淳熙八年四月十五日)

自今强盗贷命人,并配隶广东摧锋军、福建左翼军、湖北神劲军、湖南、江西、江东安抚司亲兵,成都府飞山军、雄边军,及诸路州郡系将不系将禁军重役,专听部辖人役使,刺字以"某军"或"某州重役"为文,仍随罪犯轻重、酌地里远近分配。内摧锋等诸军军额每五十人,诸州禁军军额每一百人,逐年各与支破诸州牢城长行请给,候及五年无过犯,与免重役。如敢逃走,依军法施行,其本辖人从杖一百科断,更降本职名一等。仍责部辖人每月具存在报所属,备申三省、枢密院。

出处:《宋会要辑稿》刑法四之五五。

临安府作大塚丛葬遗弃骸骨诏
(淳熙八年四月十八日)

临安府于府城四门外相视隙地,作大塚各一所,每处委僧十人、童行三十人,凡遗弃骸骨,不问新旧,并行收拾丛葬。棺检之具并僧行食钱,令本府量行支给。仍出榜禁戢,今后如有发去旧塚之人,依掘塚法科罪。

出处:《宋会要辑稿》食货五八之一四。

赐少傅史浩辞免今来所授官称与先臣师仲适
同乞特许辞避不允诏
（淳熙八年四月至五月间）

二名不偏讳旧矣。国初或大臣莫从所陈,或小臣听遂厥志,系于一时,未有成则。至嘉祐始申明礼律,今令甲所莫著之易也。卿确守谦规,恳还恩典,既穷辞于累牍,复推义于大门,事固甚明,理无可徇。

出处:《崔舍人玉堂类稿》卷一〇。
撰者:崔敦诗
考校说明:编年据《宋会要辑稿》崇儒七、《宋史》卷三五《孝宗纪》补。

赐少傅保宁军节度使充醴泉观使兼侍读卫国公史浩
辞免进读正说终篇特转一官依所乞特回授不允诏
（淳熙八年四月至五月间）

朕登延迩联,讲诵先训,终篇之渥,贲于儒林。卿委□盛权,向用全福,临宠知惧,陈情益高。听弛茂恩,勉用近比。崇儒重道,朕方歉然,胡为谦辞,犹复勤请。巽虽令德,过乃失中,固避之章,宜止勿上。

出处:《崔舍人玉堂类稿》卷一〇。
撰者:崔敦诗
考校说明:编年据《宋会要辑稿》崇儒七、《宋史》卷三五《孝宗纪》补。

赐少傅保宁军节度使充醴泉观使侍读卫国公
史浩辞免经筵进读正说终篇特转一官不允诏
（淳熙八年四月至五月间）

朕厉精政几,崇乡儒术,永惟章圣皇帝之正说,该极治道,辞简意明,爰开金华,趣命进读,庶几是宪是式,对于前光。卿两朝纯儒,一代宿德,皤然耆艾,拥经在前,开道朕心,晓畅厥旨。《诗》云:"无言不酬,无德不报。"今俾朕悉闻先训之美而可无以致其意乎？一阶之进，率用彝章，辞避虽勤，良所难徇。

出处：《崔舍人玉堂类稿》卷一〇。

撰者：崔敦诗

考校说明：编年据《宋会要辑稿》崇儒七、《宋史》卷三五《孝宗纪》补。

赐少傅史浩上表再辞免进读正说终篇转一官
特回授不允不得再有陈请诏
（淳熙八年四月至五月间）

朕惟至治之世，靡不尊德而乐道。元荣稽古而膺赐绶之恩，萧相授经而被封侯之赏，载之史册，未有议其过也。卿诵说先训，熙广朕心，逮于终章，多所宏益。今一官之赏，歉然不居，而俾弛恩于后人，亦已损矣。犹陈谦辞，恳恳不已，是使朕邈无恩礼以致崇重之意，可乎？宜孚至怀，勿复有请。

出处：《崔舍人玉堂类稿》卷一〇。

撰者：崔敦诗

考校说明：编年据《宋会要辑稿》崇儒七、《宋史》卷三五《孝宗纪》补。

罢兴元府金州签厅诏
（淳熙八年五月一日）

罢兴元、金州两处签厅。其总领所签厅职事，依江陵府例、委各州通判兼管。

出处：《宋会要辑稿》职官四一之六〇。

侍从官等举统制统领诏
（淳熙八年五月一日）

侍从官及内外待制、学士以上，各举统制、统领一二人，具名来上。赏罚照应已降指挥。

出处：《宋会要辑稿》职官三二之四六。

劝农桑手诏
(淳熙八年五月三日)

朕身处法宫,心乎衣食之原。乃者得天之时,蚕麦既登,及命近甸取而视之,则或歧秀而穟短,茧成而丝薄,非种植风戾之功有所未至欤?夫《七月》陈王业之诗也,其辞乃专在乎农桑,亦惟人事是训是勉,然后可以收全功。凡尔监司守令,其谨谕朕意,孜孜于劝课,使五亩之宅植之以桑,百亩之田勿夺其时,则吾黎民不饥不寒,而王政成矣。朕将稽奉行之勤怠,诏赏罚焉。

出处:《政府应制稿》。又见《宋会要辑稿》食货六三之二二三。

撰者:周必大

考校说明:题后原注:"任参政被旨撰,淳熙八年。"

赐少傅史浩上表再辞免进读正说终篇特转一官不允批答
(淳熙八年五月四日后)

朕登延宿儒,讲诵先训。金声玉振,实闻道德之原;日就月将,遂毕简编之富。卿器全方重,学贯中庸,道予以正大之言,廓予以宽厚之论。凡广厦细毡之邃,所以指陈;庶咸平、景德之隆,及于身见。逮兹卒业,嘉乃输忠,爰首下于褒康,庸增光于眷遇。遽披奏达,愿返恩荣。虽卿素怀敛分收涯之心,岂朕可废崇儒重道之礼!宜承优典,即略冲章。

出处:《崔舍人玉堂类稿》卷五。

撰者:崔敦诗

考校说明:编年据文中所述史事补,见《宋会要辑稿》崇儒七。

史浩辞免转官不允批答口宣
(暂系于淳熙八年五月四日后)

篇彻经筵,恩施儒彦,方隆耆德之遇,宜厚宠章之加。固出至怀,奚劳重请。

出处:《崔舍人玉堂类稿》卷一五。

撰者:崔敦诗

考校说明:编年据同集前后文时间、文中所述"篇彻经筵,恩施儒彦"补,见《宋会要辑稿》崇儒七。

赐正奉大夫参知政事钱良臣通奉大夫参知政事周必大以积雨未霁乞先次贬秩不允不得再有陈请诏

(淳熙八年五月十三日)

朕惟水旱之来,厥有咎证,其为天人交感之际,则在惧与不惧尔。今农事维时,霖潦不止,夙夜兢惕,未知其由。卿位居政路,职贰国均,相与忧之,庶几济此,乃欲洁身辞宠,可乎?

出处:《崔舍人玉堂类稿》卷一〇。

撰者:崔敦诗

考校说明:编年据周纶《周益国文忠公年谱》补。

赐银青光禄大夫右丞相沂国公赵雄以积雨未霁乞先次贬秩不允不得再有陈请诏

(淳熙八年五月十三日)

朕惟灾异之来,上天所以警戒人主也。霖雨为沴,牟麦告败,浸淫不已,害于农田。卿体朕之心,任朕之责,叠陈封奏,愿致国章,言之克诚,躬乃自厚。《传》不云乎,"应天以实不以文"。今推求阙违,稽按咎证,得无有以戾人和而召天异者?方与卿等思之,曷为引咎之深哉!

出处:《崔舍人玉堂类稿》卷一〇。

撰者:崔敦诗

考校说明:编年据周纶《周益国文忠公年谱》补。

崔敦诗进读正说转朝请郎告词

(淳熙八年五月十三日)

朕永念定陵,贻孙谋于亿世;肆临讲殿,敷正说于诸儒。尔思好深湛,辞尚体要。司成曹序,蔚为隽造之宗;寓直复门,式拟坦明之制。进联侍学,论本□□。兹□绝业之修,宜锡懋官之宠。侈而稽古,昭我右文。可。

出处:《崔舍人玉堂类稿》附录。

撰者:木待问

武举进士出身人差注事诏
(淳熙八年五月十四日)

武举进士出身人,已有淳熙七年三月四日指挥,其淳熙二年、五年武举不愿从军人,并合依乾道八年指挥施行。内已历过差遣人,与依旧差注。

出处:《宋会要辑稿》选举一八之六。

以阴雨决狱诏
(淳熙八年五月十六日)

如大情已正,内斗杀情理轻并杂犯死罪至徒罪以上,并降一等断放;杖罪以下及干系人,并日下释放。其州郡所委官如到,刑狱官司限当日决遣了毕,仍具断放过名件人数闻奏。应申奏案状,督责疾速依条施行。内命官先次召保责出,一面申奏,毋致违戾。

出处:《宋会要辑稿》瑞异三之一三。

强盗贷命人刺字诏
(淳熙八年五月十六日)

自今强盗抵死特贷命之人,并为额上刺"强盗"二字,余字分刺两脸。若额上曾经刺字者,即元系贷命之人,不须更行追会。

出处:《宋会要辑稿》刑法四之五六。

疏决刑狱事诏
(淳熙八年五月十九日)

令诸作并刺配人断遣讫,依条施行。命官除犯入己赃外,并依已降指挥。

出处:《宋会要辑稿》瑞异三之一三。

禁辄作名色差出州县官诏
(淳熙八年五月十九日)

自今州县官到任后,守臣非有的实差使,并不得辄作名色差出。

出处:《宋会要辑稿》职官七九之三。

县狱以常平或义仓支破粮食诏
(淳熙八年五月二十三日)

县狱如州两狱例,以常平或义仓米支破粮食,岁上系囚饥寒瘐死于狱者,为吏殿最。

出处:《宋会要辑稿》刑法六之七〇。

赐少傅史浩再上奏札子乞归田里不允诏
(淳熙八年五月二十七日前)

卿深述遭逢之荣,具陈廉退之谊,章却复上,志执愈坚。方待之隆,何去之果?敬故者固思致其厚,留贤者乃欲咨其谋,郁于深衷,重此大体。当少安于恬养,亦奚累于高风!而况身名俱荣,责望不及,虽在京邑,何殊山林,岂必言归,乃为自适。谆谆之请,宜勿复闻。

出处:《崔舍人玉堂类稿》卷一〇。
撰者:崔敦诗

567

考校说明：编年据同集前后文时间、史浩官历补，见《宋史》卷三五《孝宗纪》。

时亨祖特贷命除名勒停诏
（淳熙八年五月二十七日）

平江府司法时亨祖特贷命，追毁出身以来文字，除名勒停，送筠州编管，仍籍没家财。

出处：《宋会要辑稿》刑法六之三九。

史浩除少师制
（淳熙八年五月二十七日）

门下：出处人臣之大致，世难名节之全；爵齿天下之达，尊国系典刑之重。眷言元老，留处内祠，兹具谂于诚衷，愿即归于田里。用锡尔祉，式遄其行。具官史浩才巨而识明，德全而行备，履常无竞，恂恂忠厚之风；乐善有容，浑浑沉深之度。委释经纶之任，从容间燕之谈，神明未衰于前，赐问相望于道。方深厚遇，遽起冲怀，叩黼座以摅辞，叠囊书而沥请。自陈岁月之迈，必丐山林之安。承昼接之亲，每罄嘉犹而启告；引夜行之戒，乃思高蹈以全荣。念感会之有初，阅老成之无几。朝批章而大息，暮览奏以长思，重违乃情，图畀厥宠。是用涣扬茂命，听便故乡。儦毂趋朝，进亚师之服位；龟蒙奠壤，开广鲁之山川。衍以新番，仍其旧节，维名与器，俾寿而昌。於戏！敷求前闻，优待耆德。皇祐之诏二老，设几以须；熙宁之遇四臣，赉书而访。尚有斯礼，勿遒尔心。可特授少师，依前保宁军节度使，充醴泉观使，任便居住，进封鲁国公，加食邑一千户，食实封四百户。令所司择日备礼册命，主者施行。

出处：《崔舍人玉堂类稿》卷一。又见《宋宰辅编年录》卷一八。
撰者：崔敦诗
考校说明：编年据《宋史》卷三五《孝宗纪》补。

赐少傅史浩再上表辞免除少师不允仍断来章批答
（淳熙八年五月二十七日后）

　　元老大臣,世所视法,进退之际,耸闻四方,其所宠荣,系国大体,高秩厚礼,朕匪敢私。卿昭历世之规,抗绝尘之见,引谊宏远,陈辞恳诚。朕惟尊者老仁也,体旧相礼也,崇高节义也,今制册之下,中外固知朕意之所在矣,可以一谦而废三美乎？宜承茂恩,勿复有辞。

出处:《崔舍人玉堂类稿》卷五。

撰者:崔敦诗

考校说明:编年据《宋史》卷三五《孝宗纪》补。

赐少傅史浩上表再辞免除少师依前□□军
节度使充醴泉观使任便居住进封鲁□公加
食邑食实封不允批答
（淳熙八年五月二十七日后）

　　朕惟明哲君子之攸贵,行藏圣人之所难。寿考康宁,方膺于备福;雍容进退,复保于令名。想闻前风,慨叹希遇。卿诚信孚于天下,勤劳载于朝廷,留连燕间,密勿议论。纵其已耄,犹当赐几杖以从游;宁此未衰,乃遽怀山林而独往。虽温谕之已至,迄冲规之不回。岂无茂恩,用致优礼。崇高节则风俗厚,体耆德则名器尊。奚为固辞,尚复勤请,宜略谦柄,即承宠章。

出处:《崔舍人玉堂类稿》卷五。

撰者:崔敦诗

考校说明:编年据《宋史》卷三五《孝宗纪》补。标题"□□军节度使"所缺二字当为"保宁"(见《攻媿集》卷九三《纯诚厚德元老之碑》),"鲁□公"所缺一字当为"国"。

赐史浩除少师告口宣
(淳熙八年五月二十七日后)

卿历殚诚请,愿即里居,既勉徇于高情,宜优加于茂典。祗承恩命,益介寿祺。

出处:《崔舍人玉堂类稿》卷一五。
撰者:崔敦诗
考校说明:编年据《宋史》卷三五《孝宗纪》补。

史浩断来章批答口宣
(淳熙八年五月二十七日后)

卿潜藩旧德,合路耆臣,既莫遂于眷留,爰有加于恩遇。已孚明命,宜略谦章。

出处:《崔舍人玉堂类稿》卷一五。
撰者:崔敦诗
考校说明:编年据《宋史》卷三五《孝宗纪》补。

史浩辞免特授少师不允批答口宣
(淳熙八年五月二十七日后)

朕优崇元老,宠贲归途,既耸畅于高风,益允符于舆论。尚坚素守,殊咈深怀。

出处:《崔舍人玉堂类稿》卷一五。
撰者:崔敦诗
考校说明:编年据《宋史》卷三五《孝宗纪》补。

赐敷文阁直学士太中大夫知泉州军州事
程大昌乞改畀一在外宫观差遣不允诏
（暂系于淳熙八年五月前后）

闽山袤长，泉为都会，蛮琛夷宝，利输中州。朕选儒学侍臣之镇，所以布宽诏、惠遐俗也。卿浑深之度，简重之资，出临名邦，休有善状。尚体素遇，迄终令庸，引闲告归，毋至重请。

出处：《崔舍人玉堂类稿》卷一〇。

撰者：崔敦诗

考校说明：编年据同集前后文时间、程大昌宦历补，见周必大《平园续稿》卷二三《程公大昌神道碑》。

赐枢密使王淮生日诏
（暂系于淳熙八年六月七日）

序当炎篇，庆集高门，爰加厚于眷怀，俾优推于宠锡。永绥寿祉，茂辑勋庸。

出处：《崔舍人玉堂类稿》卷一六。

撰者：崔敦诗

考校说明：编年据同集前后文时间、王淮宦历及生日补，见《宋史》卷二一三《宰辅表》、周必大《玉堂类稿》卷九《赐签书枢密院事王淮生日诏》。

蠲减绍兴府严州被水中下户夏税诏
（淳熙八年六月九日后）

人户纳今年夏税，内漂坏屋宇第四等以下户并与蠲免，第三等以上户蠲免一半；潦浸屋宇第四等以下户并与倚阁，三等以上户倚阁一半。

出处：《宋会要辑稿》瑞异三之一三。

颁行重修吏部敕令格式事诏
(淳熙八年六月十九日)

《淳熙重修吏部敕令格式》申明既已颁行,其旧条难为杂用。自今如有疑惑,可申尚书省取旨。

出处:《宋会要辑稿》刑法一之五三。

四川制置生日禁馈赠诏
(淳熙八年七月十一日)

四川制置生日庆贺之礼,如有循袭违戾,馈者、受者并置典宪。

出处:《宋会要辑稿》刑法二之一二一。

修举荒政守臣除职转官诏
(淳熙八年七月十七日)

去岁诸路州军有旱伤去处,其监司、守臣修举荒政,民无浮殍,各兴除职转官。

出处:《宋会要辑稿》瑞异二之二五。

诫谕监司郡守预行措置消弭盗贼诏
(淳熙八年七月二十一日)

近太史奏星纬失次,当虞水旱,命关诸路。有连岁饥馑去处,稍失存恤,则愚民无知,未免流为盗贼;其余虽丰熟州县,亦须过为警备。全在帅守、监司预行措置,销患未形,通融有无,撙节支费,绳治贪刻之吏,赈济失业之民。尤不可忽者,如兵将勇怯、巡尉能否,仰随所隶详加考察,常令训齐士伍,整治器械。恩威既著,奸宄自消,能宽顾忧,当议显赏,一或违戾,必罚无赦。指挥到日,令守臣具结罪知禀状,申逐路帅臣、监司类聚,同结罪保明以闻。

出处:《宋会要辑稿》职官七九之四。

令监司守臣依时尽实奏闻雨旸丰歉诏
(淳熙八年七月二十一日)

帅臣、监司以劝农为名,自当朝夕谘访,以待上问。比者数命诸道条具雨旸丰歉之候,乃或泛言某郡某县大略如何,或云见行取会,显属文具。仰自今行下所部,令诸县五日一申州,州十日一申帅臣、监司。才候指挥到日,帅臣、监司即时开具闻奏。其或不尽不实,并当黜罚。

出处:《宋会要辑稿》职官七九之三。又见同书职官四五之三二。
考校说明:《宋会要辑稿》职官四五系于淳熙八年七月二十三日。

赵善俊降直徽猷阁制
(淳熙八年七月后)

朕审重名器,未尝轻假。尔畏妄人之利口,溢荐牍之虚辞,欲以市恩,忍于罔上,任方面者顾如是乎? 降职示惩,尚为宽典,宜思循省,毋重悔尤。可。

出处:《西垣类稿》卷一。
撰者:崔敦诗
考校说明:编年据《宋会要辑稿》职官七二补。

陈乞阵亡恩泽等不许离军拣汰使臣作保诏
(淳熙八年八月一日)

吏部陈乞阵亡恩泽及委保宗室女夫,不许离军拣汰使臣作保。

出处:《宋会要辑稿》职官八之四二。

赈济淮南流民诏
(淳熙八年八月二日)

江东帅、漕司疾速措置施行,于建康府桩管米内支拨二万石付淮南运判赵彦逾,专充赈济流移人支用,务施实惠,勿令失所。

出处:《宋会要辑稿》食货六九之六五。

申严纲解及催纲条法诏
(淳熙八年八月三日)

敕:州县装纲即毕,起发有日,则三申下卸官司,谓之先申纲解。及起发,则关报缘路巡尉批凿行程。奈何弊端百出,至于起发纲解,计会不申,缘路行程,未尝批凿。今后凡所申纲解不依法计,缘路催纲司应批行程而不批,纵容留滞,不即赶发,以致愆期,并不许推赏。其催纲官司与不申纲解去处,亦次第施行。

出处:《宋会要辑稿》食货四五之一九。

赐银青光禄大夫右丞相沂国公赵雄乞许上还丞相印绶畀以外祠不允诏
(淳熙八年八月六日前)

朕闻君举贤而自辅,臣遇主而后伸,用能同心协虑,济于治功,简策所纪,何其盛也!卿受才伟明,植器方重,朕所自擢,人其具瞻。今秉德辅相,三年于兹矣,登进才能,执据法度,庶绩维乂,群言孔嘉。朕方委任不疑,庶几前古君臣之盛,乃欲遽舍而去,何哉?精力方盛,曾无少愆,星文稍违,旋已顺轨,铺援为说,得无过乎?宜安勿言,朕志已定。

出处:《崔舍人玉堂类稿》卷一〇。
撰者:崔敦诗
考校说明:编年据《宋史》卷三五《孝宗纪》补。

赵雄罢右丞相除四川安抚使制
（淳熙八年八月六日）

朕推诚宰路,兴治邦图。专任而倚成功,方赖谋谟之益;劳谦而迪终吉,迄难志愿之违。畴异数以宠行,择巨藩而命镇。涓以毂旦,告于治朝。具官赵雄材巨而识高,气全而量远。光明硕大,皇皇人物之宗;广博靖深,浑浑庙堂之器。登进端揆,敷宣大猷。荐才常采于公言,立政悉循于直道。国论咸穆,舆情具宜。遽览封章,愿辞机务。方仰成之无间,岂引去之当言。细札温词,已示曲留之意;高情亮节,愈坚勇退之心。简于深怀,厚以殊遇。眷惟蜀道,实重益都。综张箕舒翼之营,控历井扪参之势,既资君重,壮方面之金汤;仍使公归,耀故乡之衮绣。更超加于儒职,庸增重于民瞻。茂著忠劳,具昭眷礼。唐姚崇之相,适俱及于三年;周申甫之贤,亦于蕃于四国。尚膺休命,益懋显庸。

出处:《宋宰辅编年录》卷一八。

赐右丞相赵雄辞免特授观文殿大学士四川安抚制置使兼知成都府乞检会除一在外宫观差遣不允诏
（淳熙八年八月六日后）

位台阶而调元化,开幕府而抚成师,俱为委任之隆,岂有眷怀之间? 卿宏材经远,瞻智潜微,历践要涂,旋登上宰,更练万事,勤劳百为,勉循高情,听释重任。爰锡隆名之宠,庶光良翰之行,尚披谦章,愿返涣号。积三年辅相之劳而授职,非无绩之可名;敛四海经纶之业而倔藩,岂有嫌之当避。虽亮冲守,固难曲从。

出处:《崔舍人玉堂类稿》卷一〇。
撰者:崔敦诗
考校说明:编年据《宋史》卷三五《孝宗纪》、卷二一三《宰辅表》补。

赐赵雄告口宣
（淳熙八年八月六日后）

卿屡贡需章,确辞丕务,已勉从于雅志,仍优畀于便藩。宜服茂恩,更昭显绩。

出处:《崔舍人玉堂类稿》卷一五。

撰者:崔敦诗

考校说明:编年据文中所述"卿屡贡需章,确辞丕务,已勉从于雅志,仍优畀于便藩"补,见《宋史》卷三五《孝宗纪》。

命侍从论思献纳诏
(淳熙八年八月八日)

朕谓侍从之臣当以论思献纳为任,今后事有过举,政有阙失,卿等即宜尽忠极言,或求对,或入奏,务在于当理而后已。各思体此,称朕意焉。

出处:《宋会要辑稿》仪制六之二九,《宋史全文续资治通鉴》卷二七。

王淮除右丞相制
(淳熙八年八月九日)

门下:人主论一相,政纲举则庶绩熙;上贤为三公,儒术行则大治起。朕选建哲辅,协图康功,夜梦想以营求,朝询咨而博采。帝赉予弼,凤推咸德之良;民具尔瞻,兹属已然之效。涣此休命,告于明廷。具官王淮谅直而浑深,清明而敦实。以贯通三极之学,发于宏毅之资;以运理万物之才,行以安和之度。更践政路,勤施王家,奋明略以宪邦,抱纯诚而事上。逮冠宥府,益闻嘉猷。辞气从容,幄中之画已定;精神孚达,天下之患自消。泯功用于不言,赞谋谟于独运。朕厉精求治,望古兴怀。皇天付予以生民,念当跻于富厚,太上授予以丕业,思尽复于昇平。抚岁月以浩然,履基图而惕若。畴若予采,遂求其宁。是用酌于师虞,畀以宰柄。崇其体貌,既超汉爵之阶;彻彼山川,仍奠闽邦之壤。因念安危之寄,固难文武之分。俾兼元枢,遂合大政,具昭眷倚,茂辑勋庸。於戏!历考帝王之盛朝,永怀臣主之亨会。譬诸修汉,尔其为羽翼以游;喻彼洪涛,尔其为舟楫以济。缅膺懋典,益究宏图。可特授光禄大夫、右丞相、兼枢密使,进封福国公,食邑一千户,食实封四百户。主者施行。

出处:《崔舍人玉堂类稿》卷一。

撰者:崔敦诗

考校说明:编年据《宋史》卷三五《孝宗纪》、《宋宰辅编年录》卷一八补。

王淮右丞相制
(淳熙八年八月九日)

　　人主论一相,纪纲举则庶绩熙;上贤为三公,儒术行则大治起。朕选建哲辅,协图康功。夜梦想以营求,朝咨诹而博采。帝赉予弼,凤推成德之良;民具尔瞻,兹属已然之效。涣此休命,告于明廷。具官王淮亮直而浑深,清明而笃实。以贯通三极之学,发于弘毅之资;以运理万物之才,行以安和之度。更践政路,勤施王家。奋明略以宪邦,抱纯诚而事上。遝冠宥府,益闻嘉猷。辞气从容,幄中之画已定;精神孚达,天下之患自消。泯功用于不言,赞谋猷于独运。朕励精求治,望古兴怀。皇天付予以生民,念当跻于富厚;太上授予以丕业,思尽复于升平。抚岁月以浩然,履基图而惕若。畴若予采,遹求厥宁。是用酌于师虞,畀以宰柄。崇于体貌,既超汉爵之阶;彻彼山川,仍奠闽邦之壤。因念安危之寄,固难文武之分。俾兼元枢,遂合大政。具昭眷倚,茂辑勋庸。於戏!历考帝王之盛朝,永怀臣主之亨会。譬诸修汉,尔其为羽翼以游;喻彼洪荒,尔其为舟楫以济。尚膺懋典,益究洪图。

出处:《宋宰辅编年录》卷一八。

韦潜心降两资放罢制
(淳熙八年八月九日)

　　周官以潴蓄水,以浍写水,凡蓄水者正以待旱而灌输也。尔昧于适宜,几以召乱,缪戾如此,蒙黜何尤? 可。

出处:《西垣类稿》卷一。

撰者:崔敦诗

考校说明:编年据《宋会要辑稿》瑞异二补。

赐王淮告口宣
（暂系于淳熙八年八月九日）

朕参稽公论,登用真儒,已诞告于廷绅,方耸观于贤业。宜承休命,益迈远犹。

出处:《崔舍人玉堂类稿》卷一五。

撰者:崔敦诗

考校说明:编年据同集前后文时间、王淮宦历补,见《宋史》卷三五《孝宗纪》。

赐王淮辞免提举编修玉牒国史院国朝会
要所敕令所不允诏
（淳熙八年八月九日后）

宰相事无不统,固不以一职名官,至于信书巨典,事大体重,所以昭祖烈垂邦彝者,可轻所畀乎? 卿学贯前闻,识周庶务,方践宰路,尽摅贤犹,总领群司,全就众作,咸所优裕,尚何辞焉!

出处:《崔舍人玉堂类稿》卷一○。

撰者:崔敦诗

考校说明:编年据王淮宦历补,见《宋史》卷三五《孝宗纪》。

赐枢密使王淮辞免特授光禄大夫右丞相兼
枢密使进封福国公加食邑食实封不允诏
（淳熙八年八月九日后）

朕承天宝命,临御四方,惟是一日万几,不能独任,敷求良辅,作为股肱,犹疑须龟,犹正须墨,协志同德,用乂我民。卿涉道深纯,受才宏远,秉谊中正,勤劳王家。忠规密谟,朕所自简,终始表里,一节不渝。兹用告诸在庭,命以作相,庶几旦夕承翼,济于丕平。民言具嘉,朕志素定,而乃循执谦守,逊避弗居。《诗》不云乎,"德輶如毛,民鲜克举之,我仪图之,维仲山甫举之"。卿何辞焉?

出处:《崔舍人玉堂类稿》卷一〇。

撰者:崔敦诗

考校说明:编年据《宋史》卷三五《孝宗纪》补。

王丞相初除封赠三代制

(淳熙八年八月九日后)

曾祖赠太师

朕卜选真贤,登进宰位,乃一德一心,劢相我国家,则亦惟念流泽之由,褒大显荣,上及三世。盖尊尊者□重,善善者庆长,古之道也。具官某体仁蹈义,饬于□躬,锡祚流光,燕及乃后。今予命以维垣一品之秩,□赍于庙,岂惟示吾尊异元臣之心,抑亦彰未庆源深长,流衍未艾,潜德闳耀,发见有时,以劝天下之为善与臣子之显亲,一举而数美备,岂不休哉!可。

曾祖母赠楚国夫人

朕惟国家崇厚士夫,自通籍以上,皆得宠绥其先。其位愈高,其体愈隆,推而上之,至于相臣,遂及三世,而命爵品秩又皆加异,凡以礼之宜与称所当然也。具位某氏柔明端靖,蹈履令规,仁慈惠祥,开相后裔。乃眷元辅,是惟闻孙,今进登厥位而不推锡恩宠以赍于幽扃,何以昭积善之报而慰慕远之心哉!追锡命书,改封全楚,庶其如在,尚克有荣。可。

祖封鲁国公

积厚者光远,施隆者享丰,固有高门而俟轩车,乃若植槐而须衮绣。修德在己,责报彼天,殆厥应之信然,何可必之如此。具官某才周世用,行迪天常。秉节自强,蚤共高于问望;韬光不曜,晚弗见于功名。委祉后昆,调元台路。肆于柄任之始,念尔阴功之由。诏爵追荣,已极上公之贵;按图易壤,更新东鲁之封。尚体密章,永宁泉室。可。

祖母赠鲁国夫人

爵视德以俱崇,礼随情而始称。眷惟元辅,方懋远图。探尊祖之心,既加崇于庙室;推齐体之义,爰并下于恩书。具位某氏秉则淳和,凝资冲静。柔风懿范,既克相于有家;厚德阴功,乃大昌于厥后。属闻孙之登任,知庆泽之由来。位正小君,已疏荣于象服;封开大国,仍易地于龟蒙。尚想营魂,克祗茂典。可。

父封庆国公

臣子之道,忠孝而已。得时行道,既尽忠于国;原始追远,必思逮其亲。朕既历选于众,得天下之贤而命之辅相,又推其欲报之心,不爱高官重爵以崇宠其先,岂非仁之至而义之尽者欤！具官某宅心澹夷,制行中正,蹈履仁义,弗昌于时,卷藏材猷,全畀其子。今吾丞相,佐佑厥辟,勤劳国家,则惟尔义方之教,用能衔训象美,底其忠嘉。肆于柄任之始,命以全国美封告于庙室,岂惟发扬潜德之光,抑亦褒大庆祥之自。没而不朽,尚荣享为。可。

母封吴国太夫人

朕览鲁侯燕喜之章,想其雍雍怡怡,内外和怿,固常三复兴叹,以为人臣之遇,既致位于显崇,复荣亲于孝养,信天下之至乐,无以易也。今吾丞相寅亮元化,辨章万微,退食委蛇,有母而寿,兹非朕心之宠嘉乎?具位某氏生禀柔则,动合令仪。信顺靖恭,称内助之正;慈和严翼,具圣善之资。果见嗣贤。是陟相位,肆稽彝典,爰易名封,且衮绣拜前,簪绂满后,俾夫族党胥庆,知天报之丰,邦国具瞻,幸亲荣之盛,则惟尔训慈之厚,岂不显哉！可。

妻封越国夫人

朕观《召南》之诗,知夫贤人君子身有爵位,上宣劳于王室,下施泽于国人,其所以夙夜匪懈,克底成绩,则亦惟内助之贤乃有济也。今予登用一相,仪刑列辟,肆推伉俪之体,并锡褒崇之章,岂非此虖?具位某氏懿和禀质,温靖成仪,嫔于德人,动以礼法。爰举典章之旧,俾新脂泽之封,尚服宠荣,益绥福履。可。

出处:《西垣类稿》卷一。

撰者:崔敦诗

考校说明:编年据"王丞相"(王淮)官历补,见《宋史》卷三五《孝宗纪》。

赐端明殿学士朝请郎佥书枢密院事谢廓然
辞免除同知枢密院事不允诏
(淳熙八年八月十日后)

万几之繁,关于国体;五兵之本,属在枢廷。比者酌前宪以揆宜,命相臣而领使,继图才杰,俾晋位班。卿德宇靖明,知机融达,自简识擢,具昭忠纯。居言责则抗论以辨正邪,备禁途则输诚而勤献纳。爰置右府,益纾贤犹,坚履尚以不渝,畅精神而自远,兹以序进,协于佥同。方隆有密之基,宜赴亨嘉之会,尚披谦牍,殊咈眷怀。

出处:《崔舍人玉堂类稿》卷一〇。

撰者:崔敦诗

考校说明:编年据《宋史》卷二一三《宰辅表》补。

王蔺特除监察御史诏
(淳熙八年八月十一日)

新权发遣舒州王蔺两经奏对,鲠亮敢言,朕甚嘉之。虽不曾作县,可特除监察御史。

出处:《宋会要辑稿》职官五五之二五。

孔搢降两官制
(淳熙八年八月十六日)

孔子曰,"节用而爱人",未有用节而人不蒙其爱也。尔为圣人后,曾不知此,聊从薄罚,降秩罢州,归思圣言,尚亦知耻。可。

出处:《西垣类稿》卷一。

撰者:崔敦诗

考校说明:编年据《宋会要辑稿》职官七二补。

起发纲运不许先纳宽剩诏
(淳熙八年八月十七日)

诸路转运司行下诸州军,自今起发纲运如未敷内库正额,不许先纳宽剩。

出处:《宋会要辑稿》食货五一之六。

赈济两淮州县诏
(淳熙八年八月十八日)

两淮州县今岁间有不熟处,深虑民间阙食,可令漕臣于逐路桩管米内各取拨二万石,以补救荒。仍多方赈恤,务令安业。

出处:《宋会要辑稿》食货六八之八〇。

诚饬户部诏
(淳熙八年八月二十四日)

户部:自今如有蠲减、倚阁及权住催指挥,稍亏经费,须据实以闻,不得径自差人督催州县,非理苛取。

出处:《宋会要辑稿》食货五六之六一。

王丞相辞免恩命不允批答
(淳熙八年八月后)

朕观于《易》,至《恒》之象,曰"君子以立不易方"。夫《恒》之六爻,惟九二悔亡者,以其能久中也。盖九,阳德;二,臣位。秉坚纯之德,处通显之位,而能久中道,则何有悔哉? 在真宗时,则有若王曾,确守劲节,遍更重任,而至诚无息,故能辅政之久,到今称焉。此殆有得于《恒》九二之义也。卿以谅友端朝之望,隽明康世之才,自代纶言、预机政,以至为相,于兹十载,而事朕盖犹一日。朕方照临百辟,灼见乃心,兹用冠于宰廷,益资远业。而卿乃未即祗命,尚尔控辞。夫逊于稷契皋陶,盖重亮于舜采;然有若散阅宫括,亦均迪于文彝。其懋经纶,勿复有请。

出处:《浮溪集》卷一五。又见《五百家播芳大全文粹》卷五〇。

撰者:汪藻

考校说明:编年据《宋史》卷二一三《宰辅表》补。汪藻任两制时并无王姓丞相,此文作者当非汪藻。《五百家播芳大全文粹》卷五〇亦收此文,未署作者名。"王丞相"当指王淮。

王定国特降一官制
(淳熙八年九月十一日)

天下之士,会于铨曹,里居官历,必有实乃可考也。尔远通户籍,私瞒吏胥,阅实以闻,不可无罚。可。

出处:《西垣类稿》卷二。

撰者:崔敦诗

考校说明:编年据《宋会要辑稿》职官七二补。

廖遂特降一官制
(淳熙八年九月十六日)

搢绅庸行,无越廉隅。审如章闻,尔何甚已,尚缘去斥,宁不究穷! 镌官一阶,当识宽宥。可。

出处:《西垣类稿》卷一。

撰者:崔敦诗

考校说明:编年据《宋会要辑稿》职官七二补。

赐正奉大夫钱良臣辞免除资政殿学士乞奉祠田里不允诏
(淳熙八年九月十七日后)

朕总揽万几,优崇四近,待以诚则固将责其效,念其久则亦思全其归。卿才术疏通,性资和裕,夤结异眷,历登要涂,积其贤劳,授以柄任。爰念庙堂之重,当稽体貌之宜。秘殿隆名,真祠厚禄,既昭予遇,亦徇尔陈。谦避之辞,毋庸重请。

出处:《崔舍人玉堂类稿》卷一〇。
撰者:崔敦诗
考校说明:编年据《宋史》卷二一三《宰辅表》补。

赈济临安府等州军诏
(淳熙八年九月二十四日)

令临安府、宁国府、徽、严、婺州守臣各行下诸县,捋阙食人户多方赈济,不管更有流徙。仍令赵彦逾委所部守令加意存恤,毋致失所。

出处:《宋会要辑稿》食货六八之八一。

推恩潘师尹诏
(淳熙八年九月二十四日)

寿圣齐明广慈太上皇后妹子、武翼大夫、阁门宣赞舍人潘师尹,特添差干办御前忠佐军头引见司,请给、理任、酬赏、人从等与正官同,依吴珪例与厘务。

出处:《宋会要辑稿》后妃二之一六。

崔敦诗除中书舍人告词
(淳熙八年九月二十四日)

朕澄出治之源,公驭臣之柄。遴求端士,置诸禁密之联;比饬温言,责以论思之益。矧参华于内史,必试可于真材。具官崔敦诗,文企前修,器先远识。荐游册府,胸中储未见之书;晋长胶庠,馆下服于勤之业。经幕久嘉于侍学,纶闱独擅于摛词。充尔所长,恢乎余地。载惟西台命令之本,岂徒东里润色之工。一赏或僭,则国维不张;群枉未排,则官邪犹在。能尽言而无隐,斯庶政之惟醇。蔽自予衷,擢居是选。朕于知人则哲,追盛治于有虞;尔其遇事不回,继祖风于佑甫。

出处:《崔舍人玉堂类稿》附录。

撰者:木待问

张子颜降敷文阁直学士提举江州太平兴国宫制
(淳熙八年九月二十六日)

朕厉精政体,勤恤黎元。比闻近辅之邦,适爽顺成之望。亟下命令,悉捐赋输。宣吾德心,属在帅守。具官某蚤登禁近,屡守藩方,念其践历之多,寄以抚绥之任。方矜存流,冗屡颁汉诏之宽;乃督迫催科,靡念越人之瘠。属披台劾,已释郡章,宜降职于清班,俾奉祠于外馆。尚思前失,益勉后图。可。

出处:《西垣类稿》卷一。

撰者:崔敦诗

考校说明:编年据《宋会要辑稿》职官七二补。

岁终抽摘盘量诸仓米斛诏
(淳熙八年九月二十八日)

自今每遇岁终,令户部长贰郎官同司农寺官诣诸仓,将应管经常及桩管米斛抽摘盘量。

出处:《宋会要辑稿》食货五三之四。

施师点除官制
(淳熙八年九月)

朕稽古训以建官,酌公言而立政。禀承出于西省,既克谨于几微之先;审阅付于东台,又相济以可否之论。凤重兹任,宣惟其贤。具官施师点学造深淳,器函夷雅。清规亮节,凛松柏之后凋;厚实美名,显圭璋之特达。自跻荣于禁路,即演润于词垣。高文骞经术之华,宏论达国家之体。既淹岁籥,宜进位班。庶事施置,有未便于民;群才选除,有未孚于众。尔悉予告,予皆尔从。当消患于冥冥,岂矜功于赫赫。勉殚忠荩,茂对亨嘉。可。

出处:《西垣类稿》卷一。此题原缺,据文意拟。
撰者:崔敦诗
考校说明:编年据《宋中兴东宫官寮题名》补。此题原缺,据文意拟。据文中所述"禀承出于西省,既克谨于几微之先;审阅付于东台,又相济以可否之论"及《宋中兴东宫官寮题名》,施师点此次所除之官为给事中。给事中,唐高宗时一度改称"东台舍人",旋复旧称。

王希吕知绍兴府制
(淳熙八年九月)

稽山奥壤,浙水名邦。地接浩繁,夙倚藩维之重;民罹灾害,今勤忧顾之怀。具官王希吕识虑疏通,器资强毅。纯诚天至,独开忠义之图;俊辩风驰,自诣功名之会。浸发舒于素蕴,遂登冠于近联,久历岁阴,益承恩遇。爰念近畿之地,方深艰食之虞。展阁贷捐,悉无遗力;矜存惠养,正在得人。宜深体于焦劳,尚恪勤于绥抚。惟详密可以究民隐,惟宽和可以尽下情。伫辑显庸,即图懋赏。可。

出处:《西垣类稿》卷一。
撰者:崔敦诗
考校说明:编年据《嘉泰会稽志》卷二补。王希吕曾两知绍兴府,据崔敦诗任两制时间可知此为第一次。

郑丙除吏部尚书制
(淳熙八年九月)

天官任重,综会群才;常伯班高,密邻二府。朕深厌容容之弊,乐闻谔谔之风,仪图正臣,领袖法从。具官郑丙志刚而弗惑,学博而有原。正色不回,凛凛端朝之望;至诚无隐,拳拳迩膝之陈。察其特立而独行,常以深嘉而屡叹。眷言铨选,宜属老成。惟亮直必不以法而从人,惟公明必不以权而付吏。扬清激浊,方观纲纪之张;陈善闭邪,更赖谋猷之告。勉坚素守,益劭远猷。可。

出处:《西垣类稿》卷一。

撰者:崔敦诗

考校说明:编年据周必大《平园续稿》卷二五《郑公丙神道碑》补。

<h1 style="text-align:center">木待问除中书舍人制</h1>
（淳熙八年九月）

政令出于中书,训辞行于内史。必识通今事,乃能裁若否之宜;必文追古风,方足擅坦明之制。得于已试,命以为真。具官木待问智识澹长,风规邃远。英声茂实,早骞艺苑之华;安步徐行,遍极儒林之选。曩记言于左陛,旋摄直于西垣,文词鼓天下之心,议论发胸中之蕴。宜从舆望,遂正近联。四禁行书,方重高华之地;五花判事,益观润色之长。可。

出处:《西垣类稿》卷一。

撰者:崔敦诗

考校说明:编年据《宋中兴东宫官寮题名》补。

<h1 style="text-align:center">赐太中大夫守尚书兵部侍郎兼侍讲芮辉
辞免兼侍读不允诏</h1>
（暂系于淳熙八年九月前后）

朕研究治道乐闻嘉猷,尚论古人,思见亮节,若唐陆贽之论谏,所谓恨不同时者。比开经筵,因命进读,岂惟慰忠臣之不遇,抑亦广凉德之未闻。卿儒林胜流,禁路宏望。从容清燕,敷畅前言,兹选甚高,众论维允,谦避之请,所不必闻。

出处:《崔舍人玉堂类稿》卷一〇。

撰者:崔敦诗

考校说明:编年据同集前后文时间、《西垣类稿》卷一《芮辉兼侍读制》补。

皇甫倜降官吉州居住制
(暂系于淳熙八年九月前后)

程尉驭下,必先军簿之明;李牧飨师,亦取市租之富。尔素称勇节,自奋戎行,蚤受简知,荐分委寄。既不能昭明兵律,俾以肃齐;又不能经理军须,底于办给。空阅岁年之久,略无绩效之闻。兹览人言,可逃国典?宜并镌于官秩,仍就谪于方州。法有至公,固不渝于金石;才无终弃,尚可效于桑榆。可。

出处:《西垣类稿》卷一。
撰者:崔敦诗
考校说明:编年据同集前后文时间补。

张显功转防御使制
(暂系于淳熙八年九月前后)

带干将,佩弧矢,入侍出从,密近左右,其为恩渥,不同常伦。于解其职,又增秩以宠之,用故事也。尔恭愻敏给,擢在轩墀,左弭右鞬,周旋惟谨。兹出分于戎务,爰升寄于军防,尚服龙光,益图报效。可。

出处:《西垣类稿》卷一。
撰者:崔敦诗
考校说明:编年据同集前后文时间补。

潘师旦罢阁职转一官制
(暂系于淳熙八年九月前后)

帝宸二阁,职近地亲,肆推懋恩,率用优比。尔久恭乃事,今解厥司,眷言劳勤,宜有褒异。且一官之赏,朕亦甚吝,毋曰持例可得而不思报哉! 可。

出处:《西垣类稿》卷一。
撰者:崔敦诗
考校说明:编年据同集前后文时间补。

张士份降一资制
(暂系于淳熙八年九月前后)

赋有经常,一豪过之,即伤吾民。尔抚字无方,刻剥是务,阅实以闻,聊用薄罚。可。

出处:《西垣类稿》卷一。

撰者:崔敦诗

考校说明:编年据同集前后文时间补。

宇文绍奕叙官制
(暂系于淳熙八年九月前后)

国家黜幽,甄叙有法,未尝以一眚弃材也。尔向坐简劾,既阅岁年,应于常科,还尔旧物,盍思所以报此哉! 可。

出处:《西垣类稿》卷一。

撰者:崔敦诗

考校说明:编年据同集前后文时间补。

儒林郎刘植降一官制
(暂系于淳熙八年九月前后)

国家法令,昭若日星,有官君子,尤当循守。尔乃戾法以徇其私,罚可逃乎? 可。

出处:《西垣类稿》卷一。

撰者:崔敦诗

考校说明:编年据同集前后文时间补。

何杞特降两官制
（暂系于淳熙八年九月前后）

监临亏失,国有彝章,尔掊削纷纭,几以逃责,独不念无辜之民乎?帅臣以闻,不可无罚。可。

出处:《西垣类稿》卷一。
撰者:崔敦诗
考校说明:编年据同集前后文时间补。

韦讯赠节度使制
（暂系于淳熙八年九月前后）

联华四姓,望尤重于亲贤;流宠九原,义当隆于恩礼。莫追遗范,爰锡愍章。具官韦讯德宇靖深,器资温裕。雍容文艺,恂恂乐善之风;蹈履中和,亹亹劳谦之度。还观懿行,盍享遐龄。方从解绂之高,遽叹移舟之远。临朝兴怆,念戚畹之凋零;涣爵疏恩,饬邦彝之优厚。宜畀建旄之宠,俾为告第之光,慰尔杳冥,寄予哀恻。尚祗徽典,永燕幽宫。可。

出处:《西垣类稿》卷一。
撰者:崔敦诗
考校说明:编年据同集前后文时间补。

木待问磨勘转中大夫制
（暂系于淳熙八年九月前后）

联荣两禁,礼优入侍之臣;会课三铨,法著陟明之典。肆条伐绪,爰锡恩书。具官木待问德宇凝深,词华雅健。代言西掖,既全润饰之功;论道东宫,更广见闻之正。宠荣方集,声问寀高。稽周官大计之书,跻汉爵议臣之序。秩登禄富,当思报称之图;言听计从,正赖忠嘉之益。可。

出处:《西垣类稿》卷一。

撰者:崔敦诗

考校说明:编年据同集前后文时间补。

武功大夫谢纯孝降三官放罢制
(暂系于淳熙八年九月前后)

廉耻国之所甚重,贪污法之所不容。尔资禀凡庸,弗绍厥美。护其宿过,置在右班,位序高华,不为不遇。缮治器械,朕所注怀,俾尔典临,略无劳效,而敢黩货冒没,肆其豕心,彻于听闻,何敢佚罚?虽镌累秩,尚屈彝章,宜知宽恩,痛自惩省。可。

出处:《西垣类稿》卷一。

撰者:崔敦诗

考校说明:编年据同集前后文时间补。

内侍寄资武功大夫张安祚寄资武义大夫
谢仔与转归吏部制
(暂系于淳熙八年九月前后)

内侍之官,秩至东班供奉,则有寄资,逮归铨曹,乃畀外任,此旧典也。尔服劳亲近,厉志端勤,既跻宫省之司,宜正武阶之秩。虽循常比,实出殊私。且恭则寡过,密则远嫌,可不勉哉!可。

出处:《西垣类稿》卷一。

撰者:崔敦诗

考校说明:编年据同集前后文时间补。

沈作宾再任评事制
(暂系于淳熙八年九月前后)

廷尉有平,朕所遴择,凡其以称任闻者,不遽易之也。尔厉职有年,议法无枉,爰俾因任,尚究所长。可。

出处:《西垣类稿》卷一。

撰者:崔敦诗

考校说明:编年据同集前后文时间补。

吏部员外郎苏诩升郎中制
(暂系于淳熙八年九月前后)

文昌诸郎,俱世高选,校劳定位,纤悉不差,盖重其任也。尔名臣之后,详练靖嘉,列属三铨,甄序惟允。今推次阀阅,宜在正员之序,不既宠乎? 位班虽升,职任不易,夙夜匪懈,迄究尔庸。可。

出处:《西垣类稿》卷一。

撰者:崔敦诗

考校说明:编年据同集前后文时间补。

江溥除直秘阁制
(暂系于淳熙八年九月前后)

西崑册府,东观道山,凡预选抡,莫非俊乂。至于官称论撰,地重高华,朕今以清名显职,皆为劝功之具,非绩用卓然,协于舆论,不以轻畀也。尔素推才望,尝任台纲,不避当涂,无爽正论,今以使者节持平一道,乃能以其余力审核边防,彻于听闻,良所嘉赏。且身行重湖风波之外,名系蓬莱云气之间,吏民观望,不亦美乎! 宜思忠勤,益务报称。可。

出处:《西垣类稿》卷一。

撰者:崔敦诗

考校说明:编年据同集前后文时间补。

从义郎孙惠义降一官制
(暂系于淳熙八年九月前后)

县令于民最亲,尔居其官,敢肆残酷,不有显罚,曷厉其余! 可。

出处:《西垣类稿》卷一。

撰者:崔敦诗

考校说明:编年据同集前后文时间补。

牟天麟降一官放罢
(暂系于淳熙八年九月前后)

小寇跳梁,一方被害,尔为郡贰,义当首公。避事偷安,兹复何赖?免官降秩,庸戒后来。可。

出处:《西垣类稿》卷一。

撰者:崔敦诗

考校说明:编年据同集前后文时间补。

芮辉兼侍读制
(暂系于淳熙八年九月前后)

朕泛观载籍,夷考名臣,越在李唐,深嘉陆贽。虽忠规挺挺,凛后世之未亡;顾谏疏拳拳,慨当时之不遇。肆畴近列,俾阐遗文,固将广一己之聪明,抑亦发九原之亮直。具官芮辉性资宏毅,德宇渊纯。奥学英词,夙著士林之誉;昌言正论,晚高禁路之声。宜从清燕之游,用究前贤之蕴。摘其精要,为我指陈。金必赖于良工,始得范模之正;方虽传于往古,固多药石之良。可。

出处:《西垣类稿》卷一。

撰者:崔敦诗

考校说明:编年据同集前后文时间补。

李椿落致仕除显谟阁待制知潭州制
(暂系于淳熙八年九月前后)

朕厉精政理,遴选帅藩。念南纪之上游,孰宽予顾;访东山之故老,强为我兴。具官某学造诚明,智周贯变。端纯简重,曾不越于宫庭;清粹澹夷,亦无窥其涯涘。襄缀甘泉之从,历宣外屏之劳。旋据礼以告归,迄挂冠而厉俗。眷言巨镇,凤重长沙。藩翰须贤,方当宁周询之日;丘园亢志,岂长才高卧之时! 宜下垂车,即纡怀绥。仍念分符于远服,更令峻职于西清。惟风俗周知,当有为而人服,惟吏民素习,固不令而化行。尚底政成,更勤献告。可。

出处:《西垣类稿》卷一。

撰者:崔敦诗

考校说明:编年据同集前后文时间、李椿宦历补,见《宋会要辑稿》职官四八。

曾守约降两官放罢制
(暂系于淳熙八年九月前后)

朕甚恶将帅剥下以自丰,尔甫分戎寄,已肆贪心,降秩免官,尚为宽典。可。

出处:《西垣类稿》卷一。

撰者:崔敦诗

考校说明:编年据同集前后文时间补。

秉义郎鲁安时妄陈利害降两官制
(暂系于淳熙八年九月前后)

朕于听言,虽草茅之狂未尝不容也。尔诡辞汗漫,略无端倪,不黜得乎? 可。

出处:《西垣类稿》卷一。

撰者:崔敦诗

考校说明:编年据同集前后文时间补。

韦讯致仕制
(暂系于淳熙八年九月前后)

朕娱侍亲庭,优隆戚畹。望濯龙之车马,稍阔冲规;挂神武之衣冠,忽披忱请。重违雅志,亟下褒书。具官韦讯,制行端良,禀资和裕。高门有奕,靡矜世胄之华;令德无疵,自迪儒风之美。比闻假告,方切眷怀,尚须勿药之期,遽上告归之奏。念其确至,畀以休闲。簪绂趋朝,虽叹仪刑之远;丘樊佚老,终膺福祉之长。可。

出处:《西垣类稿》卷一。

撰者:崔敦诗

考校说明:编年据同集前后文时间补。

赐中大夫同知枢密院事兼权参知政事谢廓然
辞免权监修国史日历不允诏
（淳熙八年九月后）

国家设置文馆,编摩信书,必命大臣领之,凡以事大体重,谨所折衷也。自非兼集众长,配古良史,亦岂轻畀其任乎？卿亮直纯明,该贯通达,登践廊庙,发舒材猷,宜从庶务之间,往订诸儒之论。汔就大典,用传无穷,兹所优为,岂必谦请。

出处:《崔舍人玉堂类稿》卷一〇。

撰者:崔敦诗

考校说明:编年据《南宋馆阁续录》卷七补。

曾差使借宫人升等事诏
（淳熙八年十月十七日）

宣赞舍人以下,内有曾差使事借宫人,可令与簿书官、阁门舍人通轮揖进酒。及两次,与依元降指挥升第二等。

出处:《宋会要辑稿补编》第九一页。

赐被褥钞锣口宣
（暂系于淳熙八年十月二十二日前后）

卿等奉将使信,修讲庆仪,适休跋履之劳,宜便寝兴之用。谅承赐品,当识眷怀。

出处:《崔舍人玉堂类稿》卷一五。

撰者:崔敦诗

考校说明:编年据同集前后文时间、文中所述史事补。

<h1 style="text-align:center">密赐大银器口宣</h1>
(暂系于淳熙八年十月二十二日前后)

　　卿等使范聿修,邦盟胥洽,爰辍中金之器,俾将密贽之诚。实出深怀,固为优遇。

出处:《崔舍人玉堂类稿》卷一五。

撰者:崔敦诗

考校说明:编年据同集前后文时间、文中所述史事补。

<h1 style="text-align:center">玉津园射弓赐弓箭例物口宣</h1>
(暂系于淳熙八年十月二十二日前后)

　　卿等使事有间,射仪克讲,爰厚旄能之宠,仍加适用之良。宜体眷私,尚留款乐。

出处:《崔舍人玉堂类稿》卷一五。

撰者:崔敦诗

考校说明:编年据同集前后文时间、文中所述史事补。

<h1 style="text-align:center">赐步军司满散会庆节道场乳香口宣</h1>
(暂系于淳熙八年十月二十二日前后)

　　卿等职专师旅,义重君亲,适当载夙之辰,共祝无疆之福。特加锡予,用助精虔。

出处:《崔舍人玉堂类稿》卷一五。

撰者:崔敦诗

考校说明:编年据同集前后文时间、文中所述史事补。

赐使副冬至节绢口宣
(暂系于淳熙八年十月二十二日后)

节纪阳正,气回地管,适履风霜之变,谅怀衣褐之求。爰选善缣,俾将至意。

出处:《崔舍人玉堂类稿》卷一五。

撰者:崔敦诗

考校说明:编年据同集前后文时间、文中所述史事补。

金国贺会庆节使人回程盱眙军赐御筵口宣
(暂系于淳熙八年十月二十二日后)

卿等并持使节,胥会诞辰,方回次于边疆,爰即敫于宴席。宜承眷遇,各慰贤劳。

出处:《崔舍人玉堂类稿》卷一五。

撰者:崔敦诗

考校说明:编年据同集前后文时间、文中所述史事补。

赤岸赐御筵口宣
(暂系于淳熙八年十月二十二日后)

卿等并驱周道,甫出修门,念行涉于长途,宜优加于荣遇。即颁宴席,宜体眷怀。

出处:《崔舍人玉堂类稿》卷一五。

撰者:崔敦诗

考校说明:编年据同集前后文时间、文中所述史事补。

平江府赐御筵口宣
（暂系于淳熙八年十月二十二日后）

卿等抗膻成礼，回辔遵涂，念多跋履之勤，宜厚惠慈之宠。专驰近侍，深谕至怀。

出处:《崔舍人玉堂类稿》卷一五。

撰者:崔敦诗

考校说明:编年据同集前后文时间、文中所述史事补。

赤岸赐酒果口宣
（暂系于淳熙八年十月二十二日后）

卿等濡辔登途，弭膻就馆，方少休于徒御，爰并锡于旨芳。庶洽燕私，各忘疲勚。

出处:《崔舍人玉堂类稿》卷一五。

撰者:崔敦诗

考校说明:编年据同集前后文时间、文中所述史事补。

回程赐龙凤茶口宣
（暂系于淳熙八年十月二十二日后）

卿等使事勤劳，归途修远，爰有建溪之品，实推御府之奇。特俾分颁，即宜祇受。

出处:《崔舍人玉堂类稿》卷一五。

撰者:崔敦诗

考校说明:编年据同集前后文时间、文中所述史事补。

朝辞讫归驿赐御筵口宣
（暂系于淳熙八年十月二十二日后）

卿等使事已成,礼仪无爽,既展辞于殿陛,方归憩于都邮。爰厚惠慈,俾同燕乐。

出处:《崔舍人玉堂类稿》卷一五。
撰者:崔敦诗
考校说明:编年据同集前后文时间、文中所述史事补。

朝辞讫归驿赐酒果口宣
（暂系于淳熙八年十月二十二日后）

卿等受书以退,竣事而旋,谅多陟降之劳,爰厚旨嘉之品。宜祗宠锡,各体眷怀。

出处:《崔舍人玉堂类稿》卷一五。
撰者:崔敦诗
考校说明:编年据同集前后文时间、文中所述史事补。

镇江府赐御筵口宣
（暂系于淳熙八年十月二十二日后）

卿等修礼告成,受书遄迈,适弭舻于近府,行整棹于长江。爰锡初筵,是昭优遇。

出处:《崔舍人玉堂类稿》卷一五。
撰者:崔敦诗
考校说明:编年据同集前后文时间、文中所述史事补。

赐三节人从冬至节绢口宣
(暂系于淳熙八年十月二十二日后)

一阳潜复,万汇交通,兴言行役之长,当动岁华之感。特均颁赉,并慰勤劳。

出处:《崔舍人玉堂类稿》卷一五。

撰者:崔敦诗

考校说明:编年据同集前后文时间、文中所述史事补。

孟俊特降一官制
(暂系于淳熙八年十月前后)

东南诸将,碁布旷分,钤制之官,所望忠实。尔纪律素弛,廉级已夷,肆为诡辞,溢见章奏,镌官一秩,可不戒乎? 可。

出处:《西垣类稿》卷二。

撰者:崔敦诗

考校说明:编年据同集前后文时间补。

魏泳降两资放罢制
(暂系于淳熙八年十月前后)

谷粟无征,法也,况当救荒之日乎? 尔背违德意,苛扰商舟,免官黜资,聊示薄责。可。

出处:《西垣类稿》卷二。

撰者:崔敦诗

考校说明:编年据同集前后文时间补。

杨丙降一资放罢制
（暂系于淳熙八年十月前后）

职为司属,奉教令,趋期会,宜也。尔缓不虔,又以计去,宁无责乎？可。

出处:《西垣类稿》卷一。

撰者:崔敦诗

考校说明:编年据同集前后文时间补。

刘尧咨该人使到阙应奉十番特与遥郡上转行一官制
（暂系于淳熙八年十月前后）

朱华上阁,位序高荣,凡列职其间,积其伐绪,皆有以优异之,示厚恩也。尔奋由将阃,进服宸庭,岁时既多,劳绩是著,今俾叠上二秩之赏,升列遥团,不既宠乎？恭以承事,恪以守业,率履不懈,图究尔能。可。

出处:《西垣类稿》卷二。

撰者:崔敦诗

考校说明:编年据同集前后文时间补。

廖蘧降一资制
（淳熙八年十一月十七日）

外台之臣,寄朕耳目,所以取成而制赏罚者也。尔前使遐方,尝上重劾,逮兹覆视,见乃横诬。噫,使予施峻罚于无辜,抑何误耶？降秩一阶,尚为宽典,维明克审,则免后尤。可。

出处:《西垣类稿》卷二。

撰者:崔敦诗

考校说明:编年据《宋会要辑稿》职官七二补。

劝谕江浙民户布种诏
(淳熙八年十一月十八日)

　　江、浙旱伤州县中下等人户田畴虽已耕犁,间阙麦种,虑恐过时。仰监司疾速行下所部州县,多出文榜,劝谕人户趁时布种。如阙种之家,于常平麦内支给。仍具已劝谕多寡以闻。

出处:《宋会要辑稿》食货六三之二二三。

引接仪范人阅习仪范节次诏
(淳熙八年十一月十九日)

　　自来年为始,令六曹将合差奉使金国正旦生辰使、副并馆伴、接送伴下引接仪范人,每曹籍定一十人,于差使、副前两月遇旬休日,分轮一曹所籍人数发赴都亭驿,令国信所掌仪通事使臣指教阅习仪范节次。

出处:《宋会要辑稿》职官三六之六〇。

赵粹中落职制
(淳熙八年十一月十九日)

　　百年去杀,政常出于宽平;三宥致刑,事当先于清审。具官某顷由法从,俾典方州,锐陈邮置之奸,显正市阓之戮,既更累岁,乃露幽冤。五听有孚,何偶乖于克允;一成不变,遂滥及于无辜。莫追祝网之宽,尚想沈泉之痛。究观厥实,骇动予衷,死者不生,惩之奚益! 姑尽镌于乃职,庶具警于攸司。祗服恩容,勉图报效。可。

出处:《西垣类稿》卷二。
撰者:崔敦诗
考校说明:编年据《宋会要辑稿》职官七二补。

王孝通特降一资制
（暂系于淳熙八年十一月前后）

纲运之事,属之搢绅,犹有以侵移闻者,尚谁使乎？黜官一资,聊示薄罚。可。

出处:《西垣类稿》卷二。

撰者:崔敦诗

考校说明:编年据同集前后文时间补。

雷世方降一官制
（暂系于淳熙八年十一月前后）

将帅之道,维公与廉,乃可服众。自昔所记,市租输莫府,赏赐入军中,凡皆一毫不私也,况敢奢侈以自奉乎？尔用公财造私舟,得于风闻,事有实状,镌官一等,聊警乃心,尚知戒哉！可。

出处:《西垣类稿》卷二。

撰者:崔敦诗

考校说明:编年据同集前后文时间补。

张适朱杰各特降两官放罢制
（暂系于淳熙八年十一月前后）

黎民荐饥,荒政毕举,一时乏事之吏,咸用峻典,朕为赤子计者重也。尔等各负旷责,具形劾章,镌秩免官,理不容已。可。

出处:《西垣类稿》卷二。

撰者:崔敦诗

考校说明:编年据同集前后文时间补。

邓从训职事有劳特与遥郡上转行一官制
(暂系于淳熙八年十一月前后)

朕钦修孝养,祗奉慈庭,凡给侍左右,苟有劳能,未尝不优赏而昭劝之也。具官某愿愿饬躬,恭恪承事,既乃岁篇,良协眷怀。宜进序于遥封,用增华于内列。维忠维勤,夙夜不懈,图所以称朕意者,可不勉哉! 可。

出处:《西垣类稿》卷二。
撰者:崔敦诗
考校说明:编年据同集前后文时间补。

诫饬淮浙江东郡县守令修举荒政诏
(淳熙八年十二月一日)

淮、浙、江东郡县间有浡饥去处,屡饬帅守、监司多方赈恤,发廪蠲租,殆无虚月。乃闻官吏奉行之际,不切究心,致流徙尚多。今委秘书省著作郎兼权吏部郎官袁枢、将作监主簿王谦躬亲按视。仍仰帅臣、监司督责守令修举荒政,以待来岁之丰。如或违戾,具名奏劾,并令御史台觉察。

出处:《宋会要辑稿》食货六九之六五。

辛弃疾落职罢新任制
(淳熙八年十二月二日)

淫风殉货,义存商训之明;酷吏知名,事匪汉朝之美。岂意公平之世,乃闻残黩之称。罪既发舒,理难容贷。尔乘时自奋,慕义来归,固尝推以诚心,亦既委之方面。曾微报效,遽暴过愆。肆厥贪求,指公财为囊橐;敢于诛艾,视赤子犹草菅。凭陵上司,缔结同类,愤形中外之士,怨积江湖之民。方广赂遗,庶消讥议。负予及此,为尔怅然。尚念间关向旧之初心,迄用平恕隆宽之中典,悉镌秘职,并解新官。宜讼前非,益图后效。可。

出处:《西垣类稿》卷二。

撰者:崔敦诗

考校说明:编年据《宋会要辑稿》职官七二补。

临安府拣中军兵通融差拨诸铺军巡诏
(淳熙八年十二月三日)

临安府依三衙例,拣中军兵内通融差拨诸铺军巡,一月一替,不妨教阅。

出处:《宋会要辑稿》兵三之一一。

赈济江浙两淮流民诏
(淳熙八年十二月四日)

江浙、两淮帅、漕、提举司各行下所部州县,将流移到人户多方赈济。来春如愿归业耕种,即量支钱米,给据津遣。

出处:《宋会要辑稿》食货六九之六六。

随宜修葺州县学校仓库诏
(淳熙八年十二月五日)

自今州县学校、仓库有大颓弊者,许随宜修葺,不得别假名色以扰民。内则台谏、外则监司各以状闻,重置典宪。

出处:《宋会要辑稿》刑法二之一二一。

免逐路旱伤民户淳熙九年身丁钱物诏
(淳熙八年十二月九日)

逐路旱伤州,浙东绍兴府、婺州、衢州,浙西临安府、严州、湖州长兴、安吉两县、常州、镇江府、江阴军,江东建康府、饶州、徽、信州、南康军、广德军,江西兴国军,湖北江陵府、鄂州、汉阳军、复州、德安府,淮东八州,淮西八州军,淳熙九年分应民户合纳身丁钱物,并特免一年。州县辄敢催取,许人户陈诉。

出处:《宋会要辑稿》食货六六之一五。

姜棫应奉人使到阙及一十番与转一官制
(淳熙八年十二月十五日后)

端宸二阁,右列高选也。尔敏给靖恭,祗事维久,赞道宾客,礼无阙违,命进官秩,尚思报哉。可。

出处:《西垣类稿》卷二。
撰者:崔敦诗
考校说明:编年据同集前后文时间、文中所述史事补,见《宋史》卷三五《孝宗纪》。

魏庭瓒董寿祺应奉金国人使到阙及一十番与转一官制
(淳熙八年十二月十五日后)

周旋轩墀,赞相宾客,其责皆非轻也。尔承事恪勤,诏礼安裕,阅岁既久,积劳当迁,一官之赏,尚承敬哉! 可。

出处:《西垣类稿》卷二。
撰者:崔敦诗
考校说明:编年据同集前后文时间、文中所述史事补,见《宋史》卷三五《孝宗纪》。

刘焞落集英殿修撰制
(淳熙八年十二月二十三日)

朝廷清明,公道昭达,威用峻罚,酌从舆言。尔叨列隽英,素高议论,出于选擢,付以蕃宣。今言者历数过愆,置在穷奇之目,铺观反复,迹状灿然。噫,使朕赏不当功,罚不当罪,皆尔私意变乱所致,可不责耶? 尽镌宠名,少谢众志,祗予宽典,尚省厥尤。可。

出处:《西垣类稿》卷二。
撰者:崔敦诗

考校说明:编年据《宋会要辑稿》职官七二补。

抚问金国贺正旦使人赴阙盱眙军赐御筵口宣
(暂系于淳熙八年十二月二十六日前)

卿等并驰使传,已越封疆,爰敷温厚之辞,仍锡惠慈之燕。宜祗眷意,各释贤劳。

出处:《崔舍人玉堂类稿》卷一五。

撰者:崔敦诗

考校说明:编年据同集前后文时间、《宋史》卷三五《孝宗纪》补。

镇江府赐银合茶药口宣
(暂系于淳熙八年十二月二十六日前)

卿等持礼正朝,经途会府,爰锡灵芽之贵,仍颁上剂之良。用辅至和,庶昭殊遇。

出处:《崔舍人玉堂类稿》卷一五。

撰者:崔敦诗

考校说明:编年据同集前后文时间、《宋史》卷三五《孝宗纪》补。

平江府赐御筵口宣
(暂系于淳熙八年十二月二十六日前)

卿等来庆新正,行经近府,爰念使华之远,重怀征役之长。式厚眷慈,俾纾勤勚。

出处:《崔舍人玉堂类稿》卷一五。

撰者:崔敦诗

考校说明:编年据同集前后文时间、《宋史》卷三五《孝宗纪》补。

镇江府赐御筵口宣
(暂系于淳熙八年十二月二十六日前)

卿等已济江流,稍休宾馆,爰专驰于近侍,俾就启于初筵。庶表眷怀,用纾行役。

出处:《崔舍人玉堂类稿》卷一五。

撰者:崔敦诗

考校说明:编年据同集前后文时间、《宋史》卷三五《孝宗纪》补。

赤岸赐御筵口宣
(暂系于淳熙八年十二月二十六日前)

卿等载驱使传,密近行都,宜少驻于宾邮,俾即颁于燕席。各承眷礼,咸释贤劳。

出处:《崔舍人玉堂类稿》卷一五。

撰者:崔敦诗

考校说明:编年据同集前后文时间、《宋史》卷三五《孝宗纪》补。

赤岸赐酒果口宣
(暂系于淳熙八年十二月二十六日前)

属闻使节,行次郊圻,即候馆以少留,瞻行都而甫迩。宜加恩赉,式表眷怀。

出处:《崔舍人玉堂类稿》卷一五。

撰者:崔敦诗

考校说明:编年据同集前后文时间、《宋史》卷三五《孝宗纪》补。

试刑法者所试内容诏
(淳熙八年)

断案三场,每场止试一道,每道刑名十件,与经义通取,四十分已上为合格,经义定去留,律义定高下。

出处:《文献通考》卷三二。又见《宋史》卷一五七《选举志》,《宋会要辑稿》选举一四。

蠲绍兴府攒宫田园等省额诏
(淳熙八年)

绍兴府攒宫田园、诸寺观、延祥庄并租牛耕牛合蠲和买,并于省额除之;坊场、盐亭户见敷和买物力,及坍江田、放生池合减租税物力,并核实取旨。

出处:《宋史》卷一七五《食货志》。

赐朝请大夫充敷文阁待制萧燧辞免除吏部侍郎不允诏
(淳熙八年冬)

朕遴简隽能,列布侍从,至于去国虽久,眷焉有怀,则亦召而还之,示不轻选也。卿开亮坦夷,表里一致,朕所自擢,置之争臣,操履不渝,弹击无避。越去迩列,久劳外藩。今天官须贤,无易汝允,是用趣对昕殿,即颁除音。岂惟重吾禁严,亦以风示中外,俾知朕意之所乡,尚何辞焉!

出处:《崔舍人玉堂类稿》卷一〇。
撰者:崔敦诗
考校说明:编年据周必大《平园续稿》卷二七《萧正肃公燧神道碑》补。

崔亮捕贼沈师等阵亡特与赠四官制
(暂系于淳熙八年十二月前后)

共武之臣,所资于忠力;死绥之节,当厚于恩章。尔策略敏明,器怀沉锐,久领师干之寄,适承名捕之书。匹马直趋,庶成功于必取;妖弧匿发,偶殒命于不虞。莫归先轸之元,徒负班超之愿,优加恤典,骤越彝章。尚发予怀,慰忠魂于地下;亦令尔士,激义气于行间。可。

出处:《西垣类稿》卷二。
撰者:崔敦诗
考校说明:编年据同集前后文时间补。

赵汝厖回授赠母制
(暂系于淳熙八年十二月前后)

仁治之朝,凡以亲请者,朕未尝不致其厚也。尔子愿弛一秩,追贲九原,则其贤亦可知矣。爰颁明纶,俾遂素志,幽爽未泯,得无慰哉!可。

出处:《西垣类稿》卷二。
撰者:崔敦诗
考校说明:编年据同集前后文时间补。

曾寘降一官制
(暂系于淳熙八年十二月前后)

王畿之内,纤悉必闻,尔为小吏,奉职不谨。阅实有状,聊用薄罚。可。

出处:《西垣类稿》卷二。
撰者:崔敦诗
考校说明:编年据同集前后文时间补。

杨思济特降一官制
（暂系于淳熙八年十二月前后）

小民乘饥，哗聚有诉，镇以安静，徐为辩详，宜也。尔惑乱失措，可不责乎？可。

出处：《西垣类稿》卷二。

撰者：崔敦诗

考校说明：编年据同集前后文时间补。

薛舜臣特降一资制
（暂系于淳熙八年十二月前后）

刑狱朕所甚重，尔为县令，荒怠厥事，乃使狴牢之内，有死于淫酷者。一资之黜，岂足偿冤？当体宽容，尚知愧畏。可。

出处：《西垣类稿》卷二。

撰者：崔敦诗

考校说明：编年据同集前后文时间补。

钱恺赠节度使制
（暂系于淳熙八年十二月前后）

朕敦厚风化，优崇族亲。角东路之巾，甫遂垂车之志；薄西山之景，遽闻易箦之言。具官某风矩详华，才资清迈。访建武功臣之世，盛矣无穷；阅长安戚里之家，岿然独在。尚须耆艾，足寄典刑。骇遗书之上闻，悼故老之凋尽，念此感慨，优其宠荣。绛节先涂，莫致生前之遇；篆章书枢，聊为没后之光。谅尔沉冥，知予伤恻。可。

出处：《西垣类稿》卷二。

撰者：崔敦诗

考校说明：编年据同集前后文时间补。

钱恺守本官致仕制
（暂系于淳熙八年十二月前后）

朕惟行尊贤穆,恩厚昭陵。旧馆凄凉,怅秋华之已远;高闳赫奕,望乔木之犹存。肆乃后人,见兹耆老。□□某赋资淳壹,秉谊直温。习见稔闻,多前人之风度;侃言循行,守君子之宫庭。方图畀于恩章,遽愿还于官政。抱诚既切,抗志莫回。沁水名园,应动襟怀之远;都门祖帐,遂全名节之高。勉服宠光,茂终庆誉。可。

出处:《西垣类稿》卷二。
撰者:崔敦诗
考校说明:编年据同集前后文时间补。

耿秉降一官制
（暂系于淳熙八年十二月前后）

朕忧民之饥,由己饥之,凡捐财发粟,皆以拯民也。尔夙负材称,尤高郡选,适因匮乏,遂有转移,虽心乎奉公,殆与朕本指良异,可无责乎? 尚缘荒政,已著劳庸,薄罚示惩,余毋胥效。可。

出处:《西垣类稿》卷二。
撰者:崔敦诗
考校说明:编年据同集前后时间、耿秉宦历补,见《绍定吴郡志》卷一一。

孝宗朝卷二十一　淳熙九年(1182)

玉津园赐射弓酒果口宣
（暂系于淳熙九年正月一日前后）

　　卿等并驱濡辔,同乐芳园,属施弓矢之能,爰往豆觞之品。宜祗眷遇,庶洽欢虞。

出处:《崔舍人玉堂类稿》卷一五。
撰者:崔敦诗
考校说明:编年据同集前后文时间、文中所述史事补。

玉津园射弓赐例物口宣
（暂系于淳熙九年正月一日前后）

　　使华暇日,禁苑胜游,方观中的之长,宜有旌能之具。特加颁赍,式示宠嘉。

出处:《崔舍人玉堂类稿》卷一五。
撰者:崔敦诗
考校说明:编年据同集前后文时间、文中所述史事补。

玉津园赐御筵口宣
（暂系于淳熙九年正月一日前后）

　　张弓挟矢,既展令仪,鼓瑟吹笙,宜陈高会。庶留燕乐,各遂从容。

出处:《崔舍人玉堂类稿》卷一五。

撰者:崔敦诗

考校说明:编年据同集前后文时间、文中所述史事补。

入贺毕归驿赐御筵口宣
(暂系于淳熙九年正月一日后)

卿等入趋文陛,修庆华正,方归憩于都邮,俾即颁于燕具。庸昭眷遇,式慰勤劳。

出处:《崔舍人玉堂类稿》卷一五。

撰者:崔敦诗

考校说明:编年据同集前后文时间、文中所述史事补。

诸路守臣任满交割事诏
(淳熙九年正月三日)

诸路守臣任满,开具本州实在财赋数目,及有无拖欠诸色请给,并有无少欠人户钱物,不管以在库虚数及不系本州合用之数在内,具公文交割与交代。如正官未到,并以交割以次官,及具一般文状,省部置籍稽考。如有不实,许监司、台谏觉察奏闻。总领及转运司依此施行。

出处:《宋会要辑稿》职官四七之四三。

桂阳县令量讫方许赴上诏
(淳熙九年正月五日)

郴州桂阳县令,本路帅、漕县令量讫,方许赴上。如不堪倚仗,别行奏辟。

出处:《宋会要辑稿》职官四八之四二。

屯驻兵官节制调发诏
（淳熙九年正月五日）

自今屯驻兵官如系横行以上大军统制官，即专听帅臣节制。所至州郡，与守臣同共措置。如系统领官以下、非横行，即依元降指挥，听守臣调发。

出处：《宋会要辑稿》兵六之四。

赈济浙西旱伤州军诏
（淳熙九年正月十一日）

浙西州军去岁旱伤处，可于镇江府见桩管陈次米内支拨二万石，付提举司通融赈济赈粜。

出处：《宋会要辑稿》食货六八之七八。

赈济淮南诏
（淳熙九年正月十一日）

镇江府于见桩管会子内取拨三万贯，付淮南运判赵彦逾贴助赈济。

出处：《宋会要辑稿》食货六八之七八。

盱眙军奏报文字等令进奏院赴通进司投进诏
（淳熙九年正月十二日）

盱眙军自今应有合发奏报文字，并承传旨回奏知禀札子等，并令进奏院赴通进司投进。

出处：《宋会要辑稿》职官二之五一。

江上四川都统进呈军器样制等赴枢密承旨司缴进诏
（淳熙九年正月十二日）

自今江上、四川都统如有合进呈军器样制，及江上都统进奉会庆节马，并盱眙军如遇有发到对境泗州回答本军节仪四物，马军行司进会庆节马、功德香疏，并令发赴枢密承旨司缴进。诸军进呈新年队牌与降下旧队牌，并付枢密承旨司令给付逐路。

出处:《宋会要辑稿》职官六之一八。

诸路户贯人不许赴二广呈试诏
（淳熙九年正月十九日）

二广土著人权令就本路呈试，许定差外，其诸路户贯之人，自来年为始，更不许赴二广呈试。如违，从贡举条制施行。

出处:《宋会要辑稿》选举二六之一三。

令江浙两淮有司措置给借民户稻种诏
（淳熙九年正月十九日）

江、浙、两淮州县去岁旱伤之处，贫民下户并流移归业之人艰得稻种，令逐路转运、提举司多方措置给借，务令及时布种，候丰熟，却行拘还。仍多出文榜晓谕，具已借支数目以闻。

出处:《宋会要辑稿》食货六三之二二三。

赈粜严州诏
（淳熙九年正月二十一日）

严州拨米三万石专充赈粜，可改作赈济，仍更拨米三万石招集流移，作借贷计办种子。

出处:《宋会要辑稿》食货六八之七八。

责配詹保诏
（淳熙九年正月二十四日）

军人詹保特贷命,决脊杖二十,刺面配海外州军牢城收管,永不放还。

出处:《宋会要辑稿》刑法六之三九。

太史局额外祠祭局学生员额诏
（淳熙九年正月二十六日）

太史局额外祠祭局学生以二十人为额。见阙八人,可令本局诸院官生子弟轮用统天历,于今岁春场附试合格人拨填正阙。自后遇阙三人,依此收试。

出处:《宋会要辑稿》职官一八之九六。

张子震补承信郎制
（暂系于淳熙九年正月前后）

内省去职,听奏未仕者二人,非旧制也。用是官尔,宜敬以承。可。

出处:《西垣类稿》卷二。
撰者:崔敦诗
考校说明:编年据同集前后文时间补。

林和林赐各转一官制
（暂系于淳熙九年正月前后）

顽凶轻命,出没溟波,残扰善良,浸以稽捕。尔等履危蹈险,禽获无遗,显伏重刑,海气明静。咸进官秩,尚知报哉。可。

出处:《西垣类稿》卷二。

撰者:崔敦诗

考校说明:编年据同集前后文时间补。

赵伯骕落阶官制
(淳熙九年正月)

右班至正任,恩礼重矣,朕未尝轻以假人也。比承慈训,褒厚宗盟,乃下赞书,用成德美。尔禀资和裕,履行端纯,总近甸之军符,司外台之枲事,久于任使,见乃勤劳。兹用推锡恩章,进于捍防之秩,不既显哉! 服命数之殊常,思宠名之长守。惟谦惟畏,是称所蒙。可。

出处:《西垣类稿》卷二。

撰者:崔敦诗

考校说明:编年据周必大《平园续稿》卷三〇《赵公伯骕神道碑》补。

赵不吹赠左领军卫将军制
(暂系于淳熙九年正月前后)

朕惟祖宗本支,蕃衍百世,间闻沦丧,有足悼伤,不有厚典,何以寄予恤乎? 尔邦族之良,淳和孝友,曷啬其子,乃弗永年! 朕用不释于怀,命以领卫之秩,贲于九原。哀荣有终,恩义俱尽,尚有知者,亦克享哉。可。

出处:《西垣类稿》卷二。

撰者:崔敦诗

考校说明:编年据同集前后文时间补。

赵不譀换率府副率制
(暂系于淳熙九年正月前后)

朕优崇近亲,敦厚美俗,间者下升等之诏,所以壮宗盟而华班序也。尔端纯靖共,蹈履无失,宜易环列,俾参昕朝,尚承敬哉。可。

出处:《西垣类稿》卷二。

撰者:崔敦诗

考校说明:编年据同集前后文时间补。

施师点奉使回程特转一官制
(淳熙九年正月后)

礼乐光华,方被张旜之遣;山川跋履,又观濡辔之旋。具官某德器纯深,才资高迈。驾一乘之传,不惮于行;道二国之言,罔违于礼。肆畴褒典,俾进文阶。维关河感慨之情,暨原隰咨询之实。尚殚猷告,茂对恩光。可。

出处:《西垣类稿》卷二。

撰者:崔敦诗

考校说明:编年据文中所述史事补,见《宋史》卷三五《孝宗纪》。

邹谞副使回程特转一官制
(淳熙九年正月后)

玉帛往来,内外和乐,于时拜五善之诗,奉万里之使,亦人臣之至荣也。尔奋迹巍科,典教右学,才业之茂,有达朕闻。选以辅行,迄于成礼,劳还进秩,尚承敬哉。可。

出处:《西垣类稿》卷二。

撰者:崔敦诗

考校说明:此制当与同集同卷《施师点奉使回程特转一官制》作于同时。

兴元府屯驻军分左右后三军诏
(淳熙九年二月一日)

兴元府屯驻中军见管一万二千一百六十一人,内将三将共管四千三百人排作右军,令右军统兵官前来主管;却将阆州、潼川府、大安军一带屯驻左、右、后三军通管八千六百二十人并作左、后两军,令见在阆州左、后军统兵官主管,各从见今将分去处屯驻,更不移动。

出处:《宋会要辑稿》兵六之四。

注官事诏
(淳熙九年二月五日)

诸注官不厘务非。不注本贯州。因父、祖改用别州户贯者同。应注帅司、监司属官于置司州系于本贯者,皆准此。不系本贯而寄居及三年,或未及三年而有田产物力,虽非居住处,亦不注。宗室同。即本贯开封,惟不注本县。

出处:《宋会要辑稿》职官八之四二。

胡庭直等访问两广盐法利害以闻诏
(淳熙九年二月九日)

两广盐法绍兴间如何施行,每岁收支若干? 后来缘何变法? 收支之数视向来有无增损? 民间便与不便者何事? 今欲民力裕而用度足,可遣浙西安抚司干办公事胡庭直遍诣两路,访问利害,与帅、漕、提举诸司详议,各具本末以闻。

出处:《宋会要辑稿》食货二八之一二。

令郑丙等看详拟定两广盐法诏
(淳熙九年二月九日)

吏部尚书郑丙同给事中施师点、中书舍人宇文价、葛邲、起居郎詹仪之详议,仍令中书门下检正王信、左司郎中陈居仁、右司郎中谢师稷、右司员外郎王公衮看详拟定。

出处:《宋会要辑稿》食货二八之一二。

责罚善绚善绸诏
（淳熙九年二月十一日）

承节郎、主管台州崇道观善绚特除名勒停,令本州差人押送成都府制置司羁管,常切监守,毋令出城。无官宗子善绸特送本位尊长庭训讫,令本州差人押送五百里外州军居住。

出处:《宋会要辑稿补编》第一六页。

赈济复州诏
（淳熙九年二月十三日）

复州将见管湖广总领所籴到桩管米内支拨一千石,补助本州赈济饥民。

出处:《宋会要辑稿》食货六八之七八。

谕步军司救火事诏
（淳熙九年二月二十三日）

步军司:自今有不测遗漏去处,可斟量火势合用人数,一面追唤、续差下救火官兵前去并力救扑。

出处:《宋会要辑稿》瑞异二之三九。

推赏王彦举等诏
（淳熙九年二月二十八日）

掩捕盐贼,许浦水军将官王彦举特减三年磨勘,效用林寿特补进勇副尉,轻重伤人令殿前司等第犒设。

出处:《宋会要辑稿》兵一九之二八。又见《宋会要辑稿补编》第二五三页。

郎官到左藏库看验监交纲运事诏
（淳熙九年三月二日）

左藏库如遇郎官到库看验，监交纲运，将见管秤子籍定姓名，旋行点委秤盘，令监官钤束合干人，毋得乞觅作弊。

出处：《宋会要辑稿》食货五一之一一一。

赈济江陵府信阳军诏
（淳熙九年三月十一日）

德安府于桩管米内借拨三千石付江陵府，二千石付信阳军，并充赈济。

出处：《宋会要辑稿》食货六八之七九。

差奉使金国上节内医官诏
（淳熙九年三月二十日）

以降指挥，奉使金国上节内医官一名，吏部于大小使臣内差拨承代名色。自今令翰林医官局将在局大方脉医官依资定姓名申枢密院，轮差一名随逐前去。

出处：《宋会要辑稿》职官三六之一〇六。

拘收焚毁见卖举人时务策并印板诏
（淳熙九年三月二十一日）

诸路转运司行下所部州军，将见卖举人时务策并印板日下拘收焚毁，令礼部检坐见行条法，申严禁约，延致违戾。

出处：《宋会要辑稿》刑法二之一二一。

忠顺官曹居祐等再任诏
（淳熙九年三月二十六日）

诸州军保明到忠顺官满年曹居祐等一百五十一人,并令再任。自今诸州军缴申到录白文字,札付吏、兵部,日下出给付身。其出给到付身,并赴检详所送纳。

出处:《宋会要辑稿》兵一六之四。

推恩吴珣等诏
（淳熙九年四月二日）

寿圣齐明广慈太上皇后亲侄、修武郎吴珣除阁门宣赞舍人,特添差两浙西路兵马钤辖,临安府驻札;宣教郎吴琯添差两浙路转运司干办公事;秉义郎吴璟特添差京畿第二副将,临安府驻札,并不厘务。请给、人从等,依正官例。

出处:《宋会要辑稿》后妃二之一六。

平盗赏罚诏
（淳熙九年四月四日）

自今盗发所临,其帅守、监司不能先事弹压,仰三省、枢密院具名将上,先议责罚。如平定有劳,却行推赏。

出处:《宋会要辑稿》职官四五之三三。又见同书兵一三之三四。

有事于明堂御札
（淳熙九年四月四日）

敕内外文武臣僚等:朕承燕翼之谋,履重华之运,维上下神祇之事,畴敢不尽其虔?维祖宗功德之传,畴敢不严其报?历稽累圣之制,率用三年之祠。爰自缵承,靡忘顺迪。崇崇泰时,已五举于明禋;穆穆总章,祇一亲于嘉享。今者四鄙宁谧,三辰昭华。朝纲清夷,国势安重。维邦有庆,岂朕实能? 是用顺今之宜,循古之典。宪乾度房星之位,规汶阳玉带之图。被涓崇筵,褎对上帝。陟配二后,腏延群神。上以昭答宏休,默通于精意;下以导迎善应,永迓于康年。明戒先期,宣孚有众。朕以今年九月有事于明堂。咨尔攸司,各扬其职,相予祀事,罔或不恭。故兹札示,想宜知悉。

出处:《中兴礼书》卷四四。

两淮帅臣监司具本路二麦将熟及雨水分数奏闻诏
(淳熙九年四月五日)

令两淮帅臣、监司将本路州军见今二麦将熟及雨水分数,详具以闻。

出处:《宋会要辑稿》食货六三之二二四。

文武臣再任不得讲到罢礼数诏
(淳熙九年四月九日)

自今文武臣再任,不得讲到罢礼数,并不得令府库更新制造应干物色。

出处:《宋会要辑稿》职官七九之四。又见同书刑法二之一二一。

三衙差到军兵探拈地分军巡诏
(淳熙九年四月十三日)

三衙差到军兵同临安府将兵探拈地分军巡,一季一替。

出处:《宋会要辑稿》兵三之一一。

住罢御酒曲料库支卖新煮酒诏
(淳熙九年四月二十四日)

御酒曲料库支卖新煮酒并行住罢,将在栈煮兰液酒二十万瓶付点检赡军酒库所,令本所自今每岁抱纳息钱一十二万贯供纳内藏库,仍自今岁为始。

出处:《宋会要辑稿》食货五二之一。

赐观文殿学士宣奉大夫知福州充福建路安抚使梁克家乞畀以外祠不允诏

（淳熙九年五月前）

朕观祖宗盛时,元臣巨老,列布方岳,于时中外,瞻望尊荣,则亦知国势之崇,用殿我王室,丕载厥庸。卿亮直纯明,裕和敦重,辅朕维旧,道德循循,宣劳外藩,忠壹不懈。今七闽乐土,实惟故乡,条教素孚,绩用深茂,乃欲释任而去,则岂朕之所望哉！德量可以大受,岂有满而惧盈;政化期于远成,宁当久而思退。勉卒乃绩,毋拂予怀。

出处:《崔舍人玉堂类稿》卷一〇。
撰者:崔敦诗
考校说明:编年据崔敦诗任两制时间、梁克家官历补,见《宋会要辑稿》职官五四等。

王珪降一资制

（乾道九年十二月至淳熙元年十二月间
或淳熙五年九月至淳熙九年五月间）

郡狱有冤,至于滥杀,究其蔽断,初不至斯,固有任其咎者矣,尔得无薄罚乎？可。

出处:《西垣类稿》卷二。
撰者:崔敦诗
考校说明:编年据崔敦诗任两制时间补。

杜沂除阁门祗候制
（乾道九年十二月至淳熙元年十二月间
或淳熙五年九月至淳熙九年五月间）

朕惟昭宪皇后之家,浸郁弗昌,明发有怀,为之惕然。尔纯谨和雅,自有前光,宸阁清华,命以庀职,岂不宜哉。可。

出处:《西垣类稿》卷二。

撰者:崔敦诗

考校说明:编年据崔敦诗任两制时间补。

李师信补挈壶正制
（暂系于淳熙九年正月至五月间）

畴人之官,序于爵品,尔服初命,宜谨厥司。可。

出处:《西垣类稿》卷二。

撰者:崔敦诗

考校说明:编年据同集前后文时间、崔敦诗任外制时间补。

郭杲转遥刺制
（暂系于淳熙九年正月至五月间）

刺史,古官也,汉制秩二千石,宣诏牧民,乃古方伯之任。今列于勇爵,号为显崇,虽在遥寄,亦不轻予。尔分提戎戍,安镇边陲,摄领帅藩,积更岁籥,畴其劳效,锡以宠光。卫上尽忠,抚士尽爱。图所报称,可不勉哉！可。

出处:《西垣类稿》卷二。

撰者:崔敦诗

考校说明:编年据同集前后文时间、崔敦诗任外制时间补。

马希古赵友谅各转一官制
(暂系于淳熙九年正月至五月间)

古者医政,视劳制食,所以引人之进于艺也。尔执伎有称,服勤维久,肆稽功绪,俾陟官阶。维谨以恪,尚益勉哉。可。

出处:《西垣类稿》卷二。

撰者:崔敦诗

考校说明:编年据同集前后文时间、崔敦诗任外制时间补。

赵巩施枢各转一资制
(暂系于淳熙九年正月至五月间)

近臣出疆,体优事重,凡其选置,行与居者皆被劳还之赏,不既宠乎? 可。

出处:《西垣类稿》卷二。

撰者:崔敦诗

考校说明:编年据同集前后文时间、崔敦诗任外制时间补。

张瓘降一官放罢制
(暂系于淳熙九年正月至五月间)

畔官离次,国典有常。尔为贰郡,宜知职守,乃翩然自如,肆己之便,尚有法乎? 可。

出处:《西垣类稿》卷二。

撰者:崔敦诗

考校说明:编年据同集前后文时间、崔敦诗任外制时间补。

韩敏中降一官制
（暂系于淳熙九年正月至五月间）

天下财赋,灌输中都。今民曹上稽违之状,罚难但已,绌官示责,尚敬承哉。可。

出处:《西垣类稿》卷二。

撰者:崔敦诗

考校说明:编年据同集前后文时间、崔敦诗任外制时间补。

曾悌降两资制
（暂系于淳熙九年正月至五月间）

县有戎兵,将以警盗,尔为令亡状,漫不知恤,何以责其力乎? 可。

出处:《西垣类稿》卷二。

撰者:崔敦诗

考校说明:编年据同集前后文时间、崔敦诗任外制时间补。

朱熙绩降一资制
（暂系于淳熙九年正月至五月间）

乡郡有饥,义当救恤,乘时邀利,是诚何心! 虽尔不足以责此,违令鼓众,可无罚乎? 可。

出处:《西垣类稿》卷二。

撰者:崔敦诗

考校说明:编年据同集前后文时间、崔敦诗任外制时间补。

张伟降两官制
（暂系于淳熙九年正月至五月间）

一夫肆凶，干犯军律，玩弛不谨，宜有自来。凡预典临，皆被黜罚，尔职虽下，可得免乎？可。

出处：《西垣类稿》卷二。
撰者：崔敦诗
考校说明：编年据同集前后文时间、崔敦诗任外制时间补。

范珣武刘铣陈拱夏之礼各降两官制
（暂系于淳熙九年正月至五月间）

羽林之兵，有干等级，是必纪律素弛，恩威不孚而致此也，岂特逐捕弗谨为罪乎！偏裨而下，降黜以差，尚警其余，善抚吾士。可。

出处：《西垣类稿》卷二。
撰者：崔敦诗
考校说明：编年据同集前后文时间、崔敦诗任外制时间补。

王蔺兼崇政殿说书制
（暂系于淳熙九年正月至五月间）

朕从容清燕，延见儒英，讲道先圣之遗书，诵说前贤之名论，信天下之乐无以加也。自非直谅多闻，古之所谓三益者，尚谁居乎？尔气节高迈，学问渊纯，中立独行，无所回曲，擢在台察，断由朕心。风棱言言，不善知惧。今引以自近列于讲席，岂徒望尔于分章析句之间哉！启告利病，分别正邪，知无不言，是乃报称。可。

出处：《西垣类稿》卷二。
撰者：崔敦诗
考校说明：编年据同集前后文时间、崔敦诗任外制时间补。

张大声孙孜特降一资制
（暂系于淳熙九年正月至五月间）

朕救灾恤患，所赖群力，今使者上不职之吏，宜有薄罚。可。

出处：《西垣类稿》卷二。
撰者：崔敦诗
考校说明：编年据同集前后文时间、崔敦诗任外制时间补。

杨柽李温各转一官制
（暂系于淳熙九年正月至五月间）

祇奉宾客，咸有优恩，所以劝人之谨于事也。尔以积劳，应于迁令，尚敬承哉。可。

出处：《西垣类稿》卷二。
撰者：崔敦诗
考校说明：编年据同集前后文时间、崔敦诗任外制时间补。

礼部给降度牒出卖诏
（淳熙九年五月二日）

礼部给降度牒一千道，就南库出卖，每道五百贯。卖到钱、银、会子，并于本库桩管。

出处：《宋会要辑稿》职官一三之三八。

销弭蝗灾诏
（淳熙九年五月五日）

令诸路转运司、安抚司、提刑司、提举司并江、淮、荆湖制置司、三总领所各行下所部州县，应有蝗蝻生发去处，守令日下发告醮神。仍于在城灵应寺观、神祠精加祈祷,务在速获销弭。城外分差官前去,及令督责州县疾速收捕净尽,不得视为文具。

出处:《宋会要辑稿》职官七八之五八。

诚饬武举从军之人诏
(淳熙九年五月七日)

访闻武举从军之人,往往自高,不亲戎旅。如自今职事勤恪,从主帅具名保奏升差;其或懈惰不虔,亦许按劾以闻,当行黜责。

出处:《宋会要辑稿》选举一八之六。

大臣精择监司郡守手诏
(淳熙九年五月七日)

朕惟监司、郡守,民之休戚系焉,察其人而任之,宰相之职也。苟选授之际,惟计履历之浅深,不问人才之贤否,则政治之阙,孰甚于斯! 今后二三大臣宜体国爱民,精加考择。既按以资格,又考其才行,合是二者,始可进拟。夫然后事得其宜,用无不当。如非其人,将见动违三尺,民受其弊而无所诉。虽日降指挥约束,但为文具,而丛脞于上,何益治道哉! 故《传》曰:“为政在人。”卿等其谨之,毋忽。

出处:《咸淳临安志》卷四。又见《中兴两朝圣政》卷五九,《宋史全文续资治通鉴》卷二七。

劝谕民户趁时广种二麦诏
(淳熙九年五月十一日)

诸路帅、漕、提举常平司疾速行下所部州县多出文榜,劝谕人户趁时广种二麦。如无麦种之家,即将常平麦日下支给。若无见管,以钱折支,毋令种布失时。先具知禀以闻。

出处:《宋会要辑稿》食货六三之二二四。

逐路帅漕司依时将所部州军得雨分数等奏闻诏
(淳熙九年五月十五日)

令江、浙、两淮、福建、湖南北、京西路帅、漕司今后逐年自四月一日为始至九月终每半月,四川、二广帅、漕司每一月,各将所部州军得雨分数及麦禾次第详具以闻。

出处:《宋会要辑稿》食货六三之二二四。

取拨常平钱借两浙下户收买稻种诏
(淳熙九年五月十六日)

近者久雨,恐为低田有伤,贫民无力再种。可令浙东、西两路提举常平官同诸州守臣疾速措置,于常平钱内取拨,借第四、第五等以下人户收买稻种,令接续布种,毋致失所。

出处:《宋会要辑稿》食货五八之一五。

禁追呼御药院工匠于他处官司造作诏
(淳熙九年五月二十五日)

御药院诸工匠系专一应奉乘舆服御等物色,特与依制造御前军器处例,不得追呼于他处官司造作,并诸般科敷行役等。

出处:《宋会要辑稿》职官一九之一五。

詹仪之授起居郎兼太子侍讲告词
(淳熙九年五月后)

敕朝奉大夫、起居舍人、兼太子侍讲詹仪之:周行之士,得循序而升宠矣。至于服在近著,与甘泉从臣联华属车,斯又儒者之至荣也。有被进擢,岂云故常。

632

尔学探本元,行迪醇茂,赞谟枢管,秉笔殿坳,广誉翕闻,简在冲顾。左省虚次,佥曰汝宜。惟一言一动必谨其书,而嘉谋嘉猷入告于后,毋替素守,斯称渥知。可特授依前朝奉大夫、起居郎、兼太子侍讲。

出处:中国嘉德二〇二〇年秋季拍卖会拍品。

考校说明:编年据张祎《南宋詹仪之告身跋》("中国嘉德拍卖"微信公众号,二〇二〇年十一月四日)补。

禁四川州县预借诏
(淳熙九年六月十四日)

四川制置司及转运司严切禁约所部州县,不得预借。尚或违戾,按劾以闻。逐司奉行灭裂,亦坐失觉察之罪。

出处:《宋会要辑稿》食货七〇之七三。

文学铨试出官诏
(淳熙九年六月十八日)

除恩科人外,自今文学铨试中,并许出官。

出处:《宋会要辑稿》选举二六之一三。

给贫乏人户钱津送亡人诏
(淳熙九年六月十八日)

近闻民间贫乏,其死亡人口无力津送,大人每名支五贯、小儿支三贯,令临安府于上供钱内支拨五千贯,分委官属收掌给散。

出处:《宋会要辑稿》食货五八之一五。

禁两浙民户将草荡围裹成田诏
(淳熙九年六月二十二日)

两浙漕司行下所部州县,自今常切禁止官、民户,毋得将草荡围裹成田。如失觉察,其漕臣取旨施行。

出处:《宋会要辑稿》食货六一之一二七。又见《中兴两朝圣政》卷五九,《宋史全文续资治通鉴》卷二七。

倚阁蠲免严州下户赋诏
(淳熙九年六月二十二日)

严州将被水漂坏屋宇第四等以下户夏税并与倚阁,其身丁钱绢更与蠲免。

出处:《宋会要辑稿》食货五八之一五。

令临安府扑灭蝗虫诏
(淳熙九年六月二十二日)

知临安府王佐日下责委州县疾速体访蝗虫飞落去处,并躬亲前诣地头监督、并力打扑,无致伤损禾稼。

出处:《宋会要辑稿》瑞异三之四五。

皇太子读唐鉴终篇推恩诏
(淳熙九年六月二十四日)

皇太子读《唐鉴》终篇,本宫官吏、诸色人各与减二年磨勘。

出处:《宋会要辑稿》职官七之四一。

诸州军守臣认数桩管朝廷米斛诏
（淳熙九年七月九日）

诸路州军应有朝廷米斛,专委守臣认数桩管。如致陈腐及有少欠,并令守臣抱认补填。虽已去官,亦取旨责罚,总司毋得干预。

出处:《宋会要辑稿》食货六二之六六。

臣僚陈乞致仕遗表恩泽时限诏
（淳熙九年七月二十一日）

敕:应臣僚致仕遗表恩泽,如限内经所在州军陈乞之人,川、广除程限二年,余路除程限一年,须管申发到部,限外更不施行。

出处:《庆元条法事类》卷一二。

右选呈试选差监视官诏
（淳熙九年八月四日）

右选呈试打硾弓弩、鉴箭喝法,令殿前司、马、步军司将校等监视依元差拨外,差识字谙晓弓马大小使臣二员充监视打硾弓弩官,及掌俵散弓弩一员充监视鉴箭喝法官。及掌试材武射亲从,枢密院于呈试日临期于三衙将、副内差拨,令吏部、马军司各置帐籍,遏拣到中箭呈过马军主帅,及本部监试官两处当官,各行注籍。

出处:《宋会要辑稿》选举二六之一三。

杨万里等直秘阁告词
（淳熙九年八月五日）

敕朝请郎、直秘阁、新福建路运副陈孺等:朕以闽广之间,盗贼相翔,肆命执拘,以肃奸慝。尔等备御惟谨,节制有方,坐令徒党之禽夷,旋致民萌之安集。式推殊渥,以懋厥功。或升寓直之华,或畀增秩之宠。往祗休命,益既乃心。可依前件。

出处:《诚斋集》卷一三三。又见《宋代蜀文辑存》卷六五。
撰者:宇文价

打扑蝗虫诏
(淳熙九年八月十四日)

蝗发之处,令疾速措置扑除,务要静尽。如将来尚有孳育,其所在守令不以去官,取旨责罚。

出处:《宋会要辑稿》瑞异三之四五。

人户诉讼送别州推治不得过五百里诏
(淳熙九年八月二十六日)

诸路监司自今人户讼诉有合送别州追人索按推治者,止就邻近州军,仍不得过五百里。

出处:《宋会要辑稿》刑法三之三六。

训练路钤诣州军按教不得须索诏
(淳熙九年九月一日)

诸路帅司行下训练路钤,每岁一诣州军按教,分作春秋两番前去,不许趁赴筵会,收受折送,多带人从,过批驿券,差顾夫脚,须索买物并犒设等。仰帅臣、监司常切觉察,如有违戾,按劾以闻。

出处:《宋会要辑稿》职官四八之一一八。又见《庆元条法事类》卷一一。
考校说明:《庆元条法事类》卷一一系于淳熙九年八月八日。

梁克家右丞相制
(淳熙九年九月二日)

朕躬揽皇纲,力恢圣绪。以绳武则远迈艺祖一定之策,以继志则近守慈皇再造之模。天祐生贤,早出扶于熙运;人惟求旧,复登庸于繁机。朝无间言,国有成命。涓辰斯吉,涣号其孚。具官梁克家道公静而邃深,德宽博而闳大。东南盛温厚之气,盖禀其全;英俊陈治平之原,尝居其首。硕望遍仪于华要,瑰才亟赞于机微。逮进秉于化钧,果深裨于治体。百僚是式,方畴董正之功;四国于蕃,荐省阜成之化。外则教条班于侯服,内则福润蒙于帝都。民言维嘉,贤业以大。缅怀故相,参考本朝,在明道则有李迪之重来,在景祐则有王曾之再入。皆褎然之举首,兼籍甚之盛名。衮绣遄归,庙堂增重。是用召自长乐,置于延英。眷精神之益强,肆体貌之加渥。祥应于上象,复正于登三;绩著于前讲,尚存于画一。盛揆天人之意,具咨邦国之谋。式副岩瞻,亟存柄任。俾绩熙于帝载,以对亮于天功。如益稷之同谟,如周召之并相。超文阶之异等,进名壤之新封。载衍多畬,陪疏真采。庶几今日之治,复似仁皇之时。於戏! 不得皋陶为舜之忧,朕既图于旧德;罔俾阿衡专商之美,尔尚迪于前彝。必使万物,皆已得宜,以至四夷,罔不咸赖。庶前功之不替,则广誉之无穷。

出处:《宋宰辅编年录》卷一八。

王淮左丞相制
(淳熙九年九月二日)

朕通广燕谋,绍开骏命。内则振大纲而总核,外则揆长策而经营。天毖我成功,将尽复祖宗之绪;帝赍予良弼,方并持文武之权。畴首赞于庙谟,肆丕扬于廷号。具官王淮扩先觉之蕴,挺大受之姿。约六经而成文才,独高于黼黻;兼三王而施事学,自富于经纶。似不能言,而智足以决天下之疑;如不胜衣,而勇足以任天下之重。凤简登庸之望,荐畴开济之图。时最久于辅庭,功尤多于宥密。逮居百揆,弥燮万机。扬协帝之重华,辑效君之众美。谦恭率下,德乃大而有容;谅直处中,诚则久而无息。除吏靡私于亲故,振民请惠于困穷。问边备则戎夷寝狼子之心,问师律则将帅厉虎臣之气。是用繇右弼而升左辅,益耸于具瞻;颛东府而解西枢,复循于彝典。盖建隆之初造,于庆历之既平,除授具存,规模可考。兹仍分于二柄,肆稽合于两朝。启南国而冠崇阶,疏多畲而衍真赋。以章廉陛九级之远,以显泰符三阶之平。予欲格天和阴阳,以尔为玑衡而齐七政;予欲导民厚风俗,以尔为卜筮而孚四方。予欲董正臣工,尔其总于众职;予欲敉宁方夏,尔其断于大谋。尚光续于前功,庶永垂于令问。

出处:《宋宰辅编年录》卷一八。

救火事诏
(淳熙九年九月十日)

自今遇有城外居民不测遗漏,可就城外近便军寨各认地分差人前去救扑。仍先具地分图本来上。

出处:《宋会要辑稿》瑞异二之三九。

明堂前二日朝献景灵宫圣祖天尊大帝册文
(淳熙九年九月十一日)

灵命有先,开天创物。陟鉴无象,锡佑后人。休德昭明,庆图浚邈。惕惟凉昧,钦对鸿历。凝被潜觊,典礼时举。展容阳馆,前款殊庭。诚敬饬尽,神飨载谧。如或临之,表里承福。

出处:《中兴礼书》卷七七。

明堂前一日朝献景灵宫太庙祖宗帝后册文
(淳熙九年九月十二日)

景命有集,帝基诞载。于皇世德,对扬天人。流耀舄弈,贻覆无穷。祗荷庆灵,海宇熙乂。卜吉秋序,承神大庭。偃怀成烈,前假太宫。肃雍显清,笾豆有践。神保是格,万福如期。

出处:《中兴礼书》卷七七。

明堂前一日朝飨太庙分诣别庙懿节皇后册文
（淳熙九年九月十二日）

追养自本，立爱惟亲。翼翼閟宫，神仪肃上。显德彰孝，敫时绎思。三岁习祥，毖修大报。祗率旧章，奠裸先期。牲玉昭庭，声文洽奏。嘉荐惟旅，灵鉴孔昭。惟亿万年，顾右无斁。

出处：《中兴礼书》卷七七。

明堂飨昊天上帝册文
（淳熙九年九月十三日）

恢恢洪覆，开元阐极。大仪斡运，神化难名。棐诚辅仁，济育万品。夙奉顾諟，嗣守鸿业。虔恭承顺，上下夷怿。物登季秋，礼辑宗祀。黄躬尽志，祈福黎元。皇灵惟监，永锡丕嘏。

出处：《中兴礼书》卷七七。

明堂祭皇地祇册文
（淳熙九年九月十三日）

至哉坤元，奠载阴极。沈潜博厚，广大茂育。伙助成化，配天同功。肇允古初，合飨备典。季旻纪序，三务云毕。讲修熙事，钦荐总章。哀对上祇，有菲惟敬。永言降格，福祉昭绥。

出处：《中兴礼书》卷七七。

明堂飨太祖皇帝册文
（淳熙九年九月十三日）

淳耀维烈，神武应期。创历升图，无思不偪。丰功疐命，燕翼流光。肆及凉寡，绍熙洪庆。庶绩胥乂，四海讫康。商序肃霜，飨承太寝。陟配上帝，祀事孔明。绥子孝孙,永光天保。

出处:《中兴礼书》卷七七。

明堂飨太宗皇帝册文
(淳熙九年九月十三日)

皇运资始,圣作神继。声化溥被,书轸大同。伟烈渊摹,为宋宗轨。猥绍昌绪,祗若大猷。虔巩勤施,方内妥洽。季秋大飨,展采合宫。对越大神,并侑二后。休矣惟德,纷格多祐。

出处:《中兴礼书》卷七七。

明堂赦文
(淳熙九年九月十三日)

门下:朕恭己飨明,厉精图治。接千岁之统,对越天地群灵之休;藉十世之基,率循祖宗太上之烈。永惟在位之久,益念为君之难。九功戒民,冀于禹而无间;六事责己,庶于汤而有光。凤兴夜寐,而兢兢业业于时几;日就月将,而汲汲皇皇于典学。荷幽明之交助,致中外之咸康。举玉卮于未央,庆亲闱一万载之寿;偃键旗于太史,保边障二十年之安。昨虽旱暵之相仍,比亦甘霖之时降。丰穰可拟,捐瘠复苏。盖爱朕乃天心之仁,而祀帝尤图事之大。遵乾德、建炎之制,既五陟于圆丘;考皇祐、绍兴之仪,宜再开于阳馆。矧惟前代,亦著旧章。礼间举于祈宗义咸推于祖侑。若成王有我将之颂,盖配以文王;如武帝得公玉之图,故对惟高帝。爰并稽于茂典,以具阐于弥文。乘秋季之物成,直大火之辰集。相今路寝,如古合宫。肆新作于彤庭,载加清肃;况大书于华,凤致寅恭。乃钦原庙之真游,乃虔太空之明祼。华盖中御,巾车严五辂之陈;元衮前趋,典瑞谨四圭之奉。祥光璨于俎豆,协气流于笙镛。两仪以覆载而合袚,二后以功德而并侑。泰元既增其策,媪神且蕃其厘。禩禩咏将归之灵,勤勤记备成之事。然念怀多福者虽上帝之佑,畏无难者乃圣人之图。方同迓于时和,敢专卿于神贶。肆敷旷泽,遍暨寰区。云云。於戏!天偏覆而无所殊,朕则体好生之意;圣博施而能济众,朕则推宥过之恩。尚赖左右柄臣、大小髦士,文究心于励翼,武竭力于干城,协恢宏远之模,共对隆平之运。

出处:《中兴礼书》卷八五。

赈济昌合普资州诏
(淳熙九年九月十七日)

昌、合、普、资四州旱荒,可于四川总领新桩管钱引内支十万贯随宜给散。令守臣多方措置收籴米麦菽粟之属,二分赈,应副赈粜。

出处:《宋会要辑稿》食货六八之七九。

伯圭除少保应干恩泽诏
(淳熙九年九月十七日)

恭奉太上皇帝圣旨:伯圭可除少保、封荥阳郡王,仍赐玉带。应干恩数请给、人从,于湖州经、总制钱内支破。

出处:《宋会要辑稿补编》第一一页。

周必大封荥阳郡公加食邑四百户制
(淳熙九年九月十九日)

敕:朕由祖宗之旧章,分文武之二柄。虽庙堂无甲兵之问,每思远以忧深;而夙夜惟宥密之基,宜责专而任重。畴咨近弼,晋长洪枢。通奉大夫、参知政事、同提举详定一司敕令、荥阳郡开国侯、食邑一千七百户、食实封三百户周某,学造精微,气全刚大,自登名于贤级,遂接武于清班。问古今则富于崔、高,掌诏诰则求之元、白。极礼乐文章之选,罄论思献纳之忠。独步鑾坡,久陪经幄。言天下事足以任股肱之寄,从吾子游足以成羽翼之功。爰泽师虞,陟参机政。讲求时病,屡试囊中之方;通达事情,不拘纸上之语。载嘉丕绩,无愧昔人。厚重如勃而文有余,明断如瑜而才则过。是用畀以本兵之柄,俾收盖世之勋。肆予之垂拱仰成,赖尔之谋猷入告。噫!制挺挞秦楚,特兵家一胜之常;广厦论唐虞,有庙算万全之策。往祗明训,同底丕平。可特授依前通奉大夫、知枢密院事、进封荥阳郡开国公、食邑四百户、食实封一百户如故。

出处:周必大《文忠集》卷首。

撰者:宇文价

差水军就江阴军置寨屯戍诏
(淳熙九年九月二十日)

殿前司于许浦差将官一员,拨水军三百人,就江阴军控扼去处置寨屯戍,专一巡捕弹压盗贼。

出处:《宋会要辑稿》兵六之四。

赈粜台州诏
(淳熙九年九月二十八日)

台州今岁旱伤,细民阙食,于平江府见管淳熙四年和籴米内借拨二万石,专作赈粜。

出处:《宋会要辑稿》食货六八之七九。

赈济和州诏
(淳熙九年十月二日)

和州旱伤,令无为军于见桩管陈次米内支拨二万石,付本州借贷阙食人户,候来岁得熟,却行拘纳新米桩管。

出处:《宋会要辑稿》食货六八之七九。

富室上户借贷米谷事诏
(淳熙九年十月二日)

诸路帅司、监司、州军遍行晓谕富室上户,因旧年旱伤借贷人户米谷,不得高折价钱,并还学色,仍取利不得过五分。敢有违戾,许欠户经监司、帅守陈诉;或人户抛欠不还,亦许经官理索。

出处:《宋会要辑稿》刑法二之一二一。

拘收事故僧道度牒师号诏
(淳熙九年十月六日)

礼部遍牒诸州军守臣并通签判,各将已拘收事故僧道度牒师号并日下缴申,毋致隐匿。

出处:《宋会要辑稿》职官一三之三八。

赈粜兴国军诏
(淳熙九年十月十九日)

兴国军旱伤差重,已令借拨总领所米五千石,恐未能均济,可更于江州大军仓取拨一万石赈粜。

出处:《宋会要辑稿》食货六八之七九。

周必大加食邑五百户制
(淳熙九年十一月七日)

敕:朕祗率旧章,荐修大禴。合祛天地,备殚寅畏之诚;并侑祖宗,式昭功德之报。克赞巨典,实赖元枢。逮兹践事之初,宜锡均厘之庆。通奉大夫、知枢密院事、荥阳郡开国公、食邑二千一百户、食实封四百户周某,才高识远,德厚器宏,外无浮实之名,内有顾言之行。久参机政,嘉旦夕承弼之勋;晋陟本兵,基夙夜宥密之命。属明禋之载讲,陪使列以先期。六服群辟,咸视于羽仪;千乘万骑,兼资于督护。侍冕旒而展采,践笾豆以荐馨。礼三献而胙醑通,乐六变而风马降。永孚神贶,备著贤劳。肆增衍于井封,仍陪敦于圭食,以昭眷渥,以侈邦彝。噫! 国之大事在祀戎,已显肃雍之助;治之二柄惟文武,更资道德之威。益殚厥心,并受其福。可特授依前通奉大夫、知枢密院事、加食邑五百户、食实封二百户,封如故。

出处:周必大《文忠集》卷首。
撰者:宇文价

通判不得辄行下县诏
(淳熙九年十一月十二日)

敕:今后通判不得以季点为名,辄行下县。或因诸司差出,须管量带人从,严加禁戢,无得夤缘骚扰。仍令监司常切觉察按劾。

出处:《庆元条法事类》卷一一。又见同书卷六。

大奚山民户不得增置大船采捕诏
(淳熙九年十一月二十一日)

广东经略司晓谕大奚山民户,各依元降指挥,只许用八尺面船采捕为生,不得增置大船。仍递相结甲,不得停著他处逃亡人。如有逃亡人,令澳长民户收捉,申解经略司,重与支赏。

出处:《宋会要辑稿》刑法二之一二二。

二广盐复行钞法诏
(淳熙九年十二月三日)

广西转运司自淳熙十年四月一日为始,住罢官般官卖,依旧通行客钞。内广东路每岁以十万箩、广西以八万箩为额,仍依胡庭直所奏,增收漕计钱,存留盐本改指通货钱,并依见行钞法指挥施行,不得仍前科抑。如州县或有违戾去处,令两路帅臣、监司按劾以闻;若帅臣、监司违戾,许诸司互察,官吏重作施行。其合行下未尽事件,令帅臣、监司公共条具闻奏。

出处:《宋会要辑稿》食货二八之一五。
考校说明:月、日据《宋史》卷三四《孝宗纪》补。

住催江浙两淮旱伤州军下户欠赋诏
（淳熙九年十二月四日）

江浙、两淮旱伤州县，将第四、第五等户今年以前应残欠苗税丁钱并特住催，及官私债负理还；其流移人户拖欠官物并与除豁，不得令保正长代纳。如愿归业，即量支钱米津遣，与免将来夏料催科。

出处:《宋会要辑稿》食货五八之一五。

杜文俊展二年磨勘诏
（淳熙九年十二月十三日）

吏部将承节郎杜文俊实历月日内与展二年磨勘。更有似此之人依此。自今大理寺差到推司、法司、胥佐，满三年无格内过犯、通入仕须实及六年，与补守阙进武副尉。

出处:《宋会要辑稿》职官二四之三五。

赈济江州诏
（淳熙九年十二月十五日）

江西转运司斟酌江州旱伤轻重，将许借发准纳和籴桩管米分拨前去，应副赈粜。

出处:《宋会要辑稿》食货六八之八〇。

崔敦诗致仕告词
（淳熙九年十二月十五日）

持橐甘泉，方极清华之选；挂冠神武，忽腾休退之章。曾雅志之莫回，宜赞书之宠锡。具官崔敦诗才猷敏赡，问学渊源。入践班联，早膺识擢。三馆两学，久陪英俊之游；西掖北门，独擅词章之美。有资献纳，遽爽节宣。正当强仕之年，欲致为臣而去。肆稽彝典,宠陟文阶,勉加调摄之功,益介康宁之福。

出处:《崔舍人玉堂类稿》附录。又见《宋代蜀文辑存》卷六五。

撰者:宇文价

推恩吴璇吴璨诏
(淳熙九年十二月十八日)

寿圣齐明广慈太上皇后亲侄、承奉郎、直敷文阁、特添差两浙路转运司主管文字、赐绯鱼袋、不厘务吴璇,候今任满日时,令再任,请给等并依正官例,仍赐紫章服;阁门宣赞舍人吴璨,可特添差权发遣两浙西路马步军副总管、湖州驻札,不厘务,二年满日罢,任满更不差人,请给等并依正官例。

出处:《宋会要辑稿》后妃二之一六。

孝宗朝卷二十二　淳熙十年(1183)

淮西州军将见在米斛以新易陈诏
(淳熙十年正月十一日)

淮西州军将见在米斛以新易陈,认数桩管,非奉指挥,不得擅支。

出处:《宋会要辑稿》食货六二之六六。

两浙等路打扑蝗虫诏
(淳熙十年正月二十二日)

两浙、江东、两淮帅、漕司为将所部州县去年曾有蝗虫飞落地分,并委守臣多给钱米,及选差谙晓民事官措置取掘打扑,务要净尽。如违,按劾以闻。

出处:《宋会要辑稿》瑞异三之四五。

为广南罢官鬻盐诫饬监司守令诏
(淳熙十年正月二十二日)

朕惟国以民为本,故仁之所覆,笃近举远,而无所殊。维时广南在数千里外,疾痛艰于上闻,肆朕悯之尤切。盖盐者,民资以食,向也官利其赢,转而自鬻,久为民疾。朕既遣使询之,得其利害以归,复谋诸在廷,佥言惟允,始为之更令,俾通商贩而杜官鬻,民固以为利矣。然利于民者,官不便焉,何者? 盐之息厚,凡官与吏之所为妄费以济其私者,异时悉出于此,一旦绝之,无所牟取,必胥动以浮言,将毁我裕民之政。且朕知恤民而已,浮言奚恤! 刓置监司、守令,均以为民,朕有美意，弗推而广之，顾挠而坏之，可乎？自今如或有此，达乎朕听，必劾其实而置之法。明以告尔，尚其钦哉。

出处：《宋会要辑稿》食货二八之一七。又见《群书考索》后集卷五七，《宋史》卷一八三《食货志》，雍正《广西通志》卷二七。

英国公听读孟子尚书终篇推赏诏
（淳熙十年正月二十七日）

皇孙英国公听读《孟子》、《尚书》两经终篇，小学教授刘光祖特与转一官；供检、主管书写文字张师贤、蒋巨卿、张克家各减三年磨勘；引接等祗应时椿年、刘子训、蒋暴、于忠辅、傅昌言、医官娄杲，各减二年磨勘；诸色祗应等二十六人，并特支犒赏一次。

出处：《宋会要辑稿》职官七之四二。

修整海船诏
（淳熙十年正月二十八日）

沿海制置司于系省钱拨二万贯修整海船，仍自今须制置司与水军同共任责，稍有损坏，随即修整，毋致积压，重费官钱。

出处：《宋会要辑稿》食货五○之二八。

詹仪之授官告词
（淳熙十年正月至二月间）

敕：卿分六职，政悉统于文昌；吏掌三铨，事尤丛于武选。倪匪老成已试之旧，曷称小宰不次之除。朝散大夫、起居郎、兼太子左谕德、兼权吏部侍右侍郎詹仪之，端亮不回，诚明自得。学以致道，岂徒摘章绘句之为；事不辞难，每有利物爱人之志。久徊翔于外服，深简在于予衷。肆旌持节之劳，亟下予环之宠。记言丹陛，启沃者多嘉谋嘉猷；谕德青宫，辅……

出处:中国嘉德二〇二〇年秋季拍卖会拍品。

考校说明:编年据张祎《南宋詹仪之告身跋》("中国嘉德拍卖"微信公众号,二〇二〇年十一月四日)补。

赈济潼川府路诏
(淳熙十年二月八日)

四川总领所支钱引一万道、米五千石,付潼川运副张竑,专用赈济。

出处:《宋会要辑稿》食货六八之八一。

吏部注授沿边职官等照应格法诏
(淳熙十年二月八日)

自今吏部注授沿边职官、县令、兵官、巡尉并令照应格法,铨量人材。

出处:《宋会要辑稿》职官八之四三。

内外诸军带离军之人听就宫观岳庙诏
(淳熙十年二月二十三日)

自今内外诸军元有例带离军之人,合得陈乞差遣,愿就宫观岳庙者听,仍理当离军添差一任恩例。

出处:《宋会要辑稿》职官五四之四〇。

禁江上州军征盐米税诏
(淳熙十年二月二十八日)

江淮东西、湖南北路帅、漕司各依前后指挥,更切申严行约束。如州军奉行灭裂,许三总领所依所管路分觉察按劾。

出处:《宋会要辑稿》食货一八之一一。

右千牛卫将军不舍特与转右监门卫大将军诏
（淳熙十年二月二十九日）

右千牛卫将军不舍为伯士辐持服，今已服阕，其义可嘉，特与转右监门卫大将军，令赴朝参。

出处：《宋会要辑稿》帝系二之五〇。

贡举诏
（淳熙十年三月一日）

国家侧席俟贤，辟门吁俊。三年大比，仿周制之宾兴；百郡群招，集汉科之茂异。咸副明明之选，用隆济济之风。岁属启于举闱，求弥先于艺宝。俾升名于外府，仍论秀于春官。朕将延对大庭，周询上务。庶博收于翘彦，期协济于功荣。咨尔庶邦，体予至意。

出处：《宋会要辑稿》选举一之一九。

广西有司条具盐法合行未尽事件答诏
（淳熙十年三月五日）

第一项令胡庭直于已科拨贴助摧锋军支遣钱内，每年移运一万三千四百余贯前去静江府，充屯驻官兵按月支遣，毋致阙悮；第二、第三、第四项并令胡庭直同王正己相度经久利便，连衔指定闻奏。

出处：《宋会要辑稿》食货二八之一九。

举贤良方正能直言极谏诏
（淳熙十年三月十日）

朕惟招尊方正贤良文学之士，帅举直言，汉唐之君所以稽参政事，咨访阙遗，达民心而通治道也。洪惟祖宗，率繇斯义。朕祗若前宪，诏书比下，充赋盖阙。

昔汉策晁错、董仲舒,对者以百数;唐举姜公辅等,所取至二十五人。国朝异人辈出,视古为盛。今朕思政求贤,历载弥长,效未云获,其故安在?岂德薄道寡,化不下究,贤人君子,郁于上闻?旰昃销志,思以广宣厥道。宜遵近制,特俾详延,庶收茂才,以鉴不逮,成朕虚己勤求之意焉。今岁科场,其令尚书侍郎、两省、谏议大夫以上、御史中丞、学士、待制各举贤良方正能直言极谏一人,守臣、监司亦许解送,仍具词业缴进以闻。

出处:《宋会要辑稿》选举一一之三六。

<h1 style="text-align:center">违限不投税告赏专一遵守淳熙新法诏</h1>
(淳熙十年三月二十三日)

　　敕令所将乾道七年及淳熙三年所降违限不投税告赏指挥,并与刊除,自今专一遵守淳熙新法。

出处:《宋会要辑稿》刑法一之五三。

<h1 style="text-align:center">宣效与百姓相争令临安府理断诏</h1>
(淳熙十年三月)

　　步军司:宣效与百姓相争,更不送大理寺,令临安府依条理断。

出处:《宋会要辑稿》职官二四之三四。

<h1 style="text-align:center">蠲临安府丁钱诏</h1>
(淳熙十年四月二日)

　　临安府系驻跸之地,本府属县民户身丁钱,可自淳熙十一年为始,更与蠲放三年,仍给降黄榜晓谕。

出处:《中兴两朝圣政》卷六〇。又见《宋史全文续资治通鉴》卷二七。

建康镇江府转般仓各拨隶本府诏
(淳熙十年四月七日)

建康、镇江府转般仓各拨隶本府。所有逐州府大军仓桩管朝廷米,并委守臣同本仓监官认数别敛封锁。其监官考任除所属批书外,亦令于逐州府批书有无少欠,方得离任。

出处:《宋会要辑稿》食货六二之六六。

湖广京西营田诏
(淳熙十年五月十三日)

湖广、京西转运司将都统司具到顷亩,先次行下襄阳、德安府、郢州契勘,如于民田无侵犯,即依逐司条具事理施行。候将来招到佃户人数,并所收课子数目,每岁开具闻奏。

出处:《宋会要辑稿》食货六三之一五四。

推赏姜特立等诏
(淳熙十年五月二十五日)

福州兴化军都巡检使姜特立特转两官,沿海制置使司水军统制林文特与遥郡上转行一官,水军副将董珍等一十一人各转资有差,王彦三百九人各与犒设,内明州水军令本州于上供钱内拨钱四千贯充赏。

出处:《宋会要辑稿》兵一九之二九。

禁大奚山私盐诏
(淳熙十年五月二十九日)

大奚山私盐大盛,令广东帅臣遵依节次已降指挥,常切督责弹压官并澳长等严行禁约,毋得依前停著逃亡等人贩卖私盐。如有违犯,除犯人依条施行外,仰本司将弹压官并澳长船主具申尚书省取旨施行。仍出榜晓谕。

出处:《宋会要辑稿》食货二八之一九。

赈济富阳县及严婺州诏
(淳熙十年六月四日)

临安府富阳县及严、婺州遭水处,可于常平钱米内给借种粮。

出处:《宋会要辑稿》食货六八之八一。

免萧山县新林等乡苗税诏
(淳熙十年六月十二日)

绍兴府萧山县新林等乡被水,冲塞田土三万四千二百八十余亩。合纳苗税除淳熙十年以前免纳外,仍自十一年为始,更免二年。令止。

出处:《宋会要辑稿》食货七〇之七五。

赐建康府驻札御前诸军都统制郭刚诏
(淳熙十年六月十六日)

朕闻屯田内有亡费之利,外有守御之备,赵充国陈便宜十有二事,其说晓然,久欲推而行之,患无其人,阙而不讲。卿宿将虎臣,通于兵事,可以倚仗。其计度闲田与夫人数器用,凡所以施行之策,详悉条具闻奏,副朕意焉。

出处:《宋会要辑稿》食货六三之五三。

禁盗葬强葬诏
(淳熙十年六月二十一日)

敕:今后人户有分祖墓田,内或系祖来众共山地,若众议不许安葬,如敢盗葬,比附从盗葬他人墓田法杖六十,仍令移葬。若强葬,从不应为重杖八十科断,亦合移葬。

出处:《庆元条法事类》卷七七。

严惩赃官诏
(淳熙十年六月二十八日)

朕履四海之籍,托公王之上,深惟民之未赡,恻怛在心,躬节俭之化,薄征赋之科,冀与宇内共臻富庶之域。惟吏或不良,无以宣德明恩。若乃贪饕无厌,与货为市,渔夺百姓,侵牟下民,有一于斯,足秕邦政。天下之大,郡邑之众,假势放利,实繁有徒。若此,朕虽有爱民勤政之诚,焦劳于上,仁恩利泽何由而下究哉!朕嗣服之初,盖尝考法祖宗,严赃吏之禁,其持心不移、覆出为恶者,既已逮治一二,属在位矣。岁月既久,法以挺缓,赃污之吏狃习宽政,日甚岁剧。朕听朝不怡,惟斯民未有愍忘,今纵未能建化致理,厝之至宁,重以贪吏肆为蟊螣,朕甚自愧。夫饰法设刑,至于刻其肌肤,鞭逐而分窜之,所以惩小民之无良;今列官处职,奸法不忌,是与盗无异也。国有宪法,朕不敢废。惟古今用法之弊,率为贵者顺意,好者生情,故晋世刘友伏诛,而山涛等不问。避贵施贱,朕无取焉。今将澄革弊风,闲明邦典,特申播告,期之自新。或罔革心,刑兹无赦,不以秩位之高下,形势之重轻,朕将一施之。咨示中外,朕言维服。可自今后命官犯自盗枉法赃罪抵死者,籍没家财,取旨决配,并依隆兴二年九月已降诏书施行,必无容贷。

出处:《宋会要辑稿》职官七九之四。又见《中兴两朝圣政》卷六〇,《宋史全文续资治通鉴》卷二七。

举廉吏诏
(淳熙十年六月)

监司、帅臣每岁于部内举廉吏一二人,其实迹来上,中书籍记,以备选择。如无,听阙。

出处:《中兴两朝圣政》卷六〇。又见《宋史全文续资治通鉴》卷二七。

知广州巩湘再任诏

（淳熙十年七月三日）

知广州巩湘以任帅阃,备著效劳,可除龙图阁,令再任。

出处:《中兴两朝圣政》卷六〇。

以旱责己诏

（淳熙十年七月十二日）

朕涉道日寡,秉事不明,政化失中,以干阴阳之和。乃季夏涉秋,旱暵为虐,大田失望,民靡错躬。夕惕以思,反己自咎。意者听断弗烛厥理,委任有非其人,狱讼不得其平,赋敛所共者大,阿谀成习,雷同顺指者众,忠说切直之言郁于上闻。致此眚灾,下逮黎庶。侧躬祗畏,忧心惨切,退次贬食,虚己求言,仰答天心,庶迎善气,发朕至诚之虑,匪事虚文之行。可自今月十三日避殿减膳,令侍从、台谏、两省、卿监、郎官、馆职各条具朝政阙失,毋有所隐,朕将亲览,考求其当,以辅政理。咨尔在位,副朕志焉。

出处:《宋会要辑稿》仪制六之一九、三〇。又见《中兴两朝圣政》卷六〇,《中兴馆阁续绿》卷六,《宋史全文续资治通鉴》卷二七。

郎官卿监等陈乞关升事诏

（淳熙十年七月十三日）

曾任知州而为郎官、卿监,曾任卿监、郎官而复出为监司之人陈乞关升者,依两任无人荐举去处条例,特与免用举主,理为资序。

出处:《中兴两朝圣政》卷六〇。又见《宋会要辑稿》职官一〇之三六,《宋史全文续资治通鉴》卷二七。

修立私贩解盐断罪告赏条格诏
（淳熙十年七月十七日）

敕令所专一修立私贩解盐断罪告赏条格。自今与蕃商博易解盐之人，徒二年，二十斤加一等，徒罪皆配邻州，流罪皆配五百里；知情、引领、停藏人与同罪，许人捕；若知情负载，减犯人罪一等，仍依犯人所配地理编管，许人告；透漏官司及巡察人各杖一百；获犯人并知情、引领、停藏人，徒罪赏钱二百贯，流罪三百贯，如获知情负载人减半；其提举官并守令觉察，并取旨重作施行。令户部遍牒沿边州军并提举司常切觉察。

出处：《宋会要辑稿》食货二八之一九。

皇太子宫主管左右春坊依在内差遣关升施行诏
（淳熙十年七月十九日）

皇太子宫主管、左右春坊系是选授，令吏部特依在内差遣关升施行。

出处：《宋会要辑稿》职官七之四一。又见同书职官一〇之三六。

举武臣副使诏
（淳熙十年八月十六日）

侍从、两省，管军、知阁、御带及在内观察使以上，于武官中各举有威仪善应对堪充奉使、接送伴者一名闻奏。其已被差人，不许荐举。

出处：《中兴两朝圣政》卷六〇。又见《宋史全文续资治通鉴》卷二七。

除诸路积欠二税诏
（淳熙十年八月二十四日）

诸路州县人户积欠二税，自淳熙八年终以前特与蠲放，不许别作名色再行催理。自今若遇水旱，须管疾速检放，其合输钱帛物斛，常切照限催纳，不得再有抛欠。如或违戾,户部觉察,具名以闻。

出处:《宋会要辑稿》食货七〇之七四。

除放淳熙八年已前拖欠经总制钱诏
(淳熙十年八月二十八日)

户部将淳熙八年终已前经、总制钱拖欠及未起钱数,并特除放。自特与转一官,湖州袁祖忠特降一官,万俟致中展二年磨勘,秀州通判扈师醇特降一官。

出处:《宋会要辑稿》食货六四之一〇四。

左藏南库拨隶户部诏
(淳熙十年八月二十八日)

左藏南库拨隶户部,其提领所应管事务,限五日结局。

出处:《宋会要辑稿》食货五一之一一。

审验拍试归正冒名承代者令从军诏
(淳熙十年九月十一日)

昨显忠首归正冒名承代名目一百二十余人,已行追官免罪。内有曾经出战堪披带人,可令承旨司审验拍试,许令从军,支破进勇效用钱米。

出处:《宋会要辑稿》兵一六之八。

蠲诸路州军拖欠内藏库钱物诏
(淳熙十年九月二十日)

诸路州军拖欠内藏库诸色窠名钱物,自淳熙九年终以前实欠并特与除放,以后常切催纳。如有违慢,仰本库开具所欠州军当职官吏取旨施行。

出处:《中兴两朝圣政》卷六〇。又见《宋史全文续资治通鉴》卷二七。

利州路严禁解盐诏
（淳熙十年九月二十一日）

利路安抚、提举司各申严行下阶、成、西和、凤州恪意禁止,毋得透漏。如失觉察,守令并取旨重作施行。

出处:《宋会要辑稿》食货二八之一二。又见《中兴两朝圣政》卷六〇,《宋史全文续资治通鉴》卷二七。
考校说明:"二十一日癸未"据《中兴两朝圣政》卷六〇、《宋史全文续资治通鉴》卷二七补。

淮西总领蔡戡条具开耕荒田事答诏
（淳熙十年九月二十三日）

合用耕牛、农具、寨屋、种粮之属,令总领、都统制将淮西运司拨到钱同共计置应副。其部辖将官、使臣、白直人等一年合用,本司官员自支给,以后年分,却于耕田官兵所得分数斟量取拨。余并从之。

出处:《宋会要辑稿》食货六三之五五。

诫皇孙女执妇道诏
（淳熙十年十月三日）

主管魏惠宪王府邓从义可传旨罗忠信并母白氏:令来皇孙女、安康郡主凡百宜执妇道,不可惯纵。所有晨昏安省之礼,候得旨挥方免。若旦、望节序,并从常礼,务成肃雍之德。傥或违此,别有诫训。

出处:《中兴两朝圣政》卷六〇。又见《宋史全文续资治通鉴》卷二七。

辰州合发经总制钱折兑诏
（淳熙十年十月八日）

辰州合发经、总制钱就令本州折兑，充岁计支费。

出处：《宋会要辑稿》食货六四之一〇四。

初到将帅毋轻有改作军器诏
（淳熙十年十月十六日）

自今在外统帅初到，将前政军器对数点检，遇有损坏，即时修补，毋致轻有改作，枉费工料。

出处：《宋会要辑稿》职官三二之四六。

詹仪之胡庭直措置施行广西盐法诏
（淳熙十年十月二十六日）

詹仪之、胡庭直详今来所奏事理，及照应节次已将指挥，同共措置施行，毋致违误。

出处：《宋会要辑稿》食货二八之二二。

文移市肆牌额不得犯庙讳诏
（淳熙十年十一月六日）

州县文移市肆牌额，不得辄犯庙讳，违者依法坐罪。

出处：《宋会要辑稿》刑法二之一二二。

存恤浙东西阙食人户诏
（淳熙十年十一月八日）

浙东、西提举司各行下所部,如有阙食人户,仰依条支给常平、义仓钱米,措置存恤,毋致失所,及有流移。

出处:《宋会要辑稿》食货六九之六六。

教授任满方许赴部改官诏
（淳熙十年十一月十八日）

自今教授依州县官例,任满,方许赴部改官。

出处:《宋会要辑稿》选举一七之三。

降会子收换两淮铜钱诏
（淳熙十年十一月）

两淮各支降会子一十万贯,限两月收换。其换到铜钱,淮东赴镇江,淮西赴建康送纳桩管。

出处:《中兴两朝圣政》卷六〇。

文武臣指射先注武举出身人诏
（淳熙十年十一月）

如文武臣指射,先注武举出身人,从本部长贰铨量讫,申枢密院审察。

出处:《宋会要辑稿》职官四八之四〇。

襄阳府木渠下荒地令检踏拘收诏
（淳熙十年闰十一月十一日）

襄阳府木渠下人户见请佃已施工力开垦到熟田,尽行给付,其有包占数目,仰经官自陈,起纳税役。若未施工力见今抛荒去处,合从官中检踏拘收,以备屯田,开垦耕种。

出处:《宋会要辑稿》食货六三之五五。

刑部在役与投名人吏铨试事诏
（淳熙十年十二月十三日）

刑部在役与投名人吏,每遇铨试,并合附试刑法,合格者,并超一等迁补。仍不得于大理抽差人吏行案,令刑部看详措置以闻。

出处:《宋会要辑稿》职官一五之二六。

赈济建康府诏
（淳熙十年十二月十五日）

建康府于见桩管籴还米内支拨一万九千石,委本路帅、漕、提举司通融应副本州赈济,务要实惠及民。

出处:《宋会要辑稿》食货六八之八二。

太上皇后庆寿赦
（淳熙十年十二月十六日）

朕荷太上之燕谋,承至尊之休德。顺稽帝道,丕迪重华之徽;寅赖母仪,胥洽二《南》之化。惟天纯祐,侈国多祥。皇年方衍于万春,甲历曩登于七秩。奉厄介寿,尝祇阐于闳休;含饴保和,兹继符于昌算。緊我家之累盛,轶联册之前闻。爰举旷文,躬伸庆礼。上南山之祝,永偕慈极之隆;首东秩之辰,肆推凯泽之被。式敦父老之仪,并彰锡类之仁。应升朝官以上祖父母、父母并与加封一次,祖父母年七十以上,及父母未有官封者,特与官封;京官选人并使臣祖父母、父母年七十以上,亦与官封,已有官封者与加封;曾得解进士祖父母、父母年七十以上,并与初品官,妇人与封号,已经官封者,祖父、父与转一官资,祖母、母与冠帔;士庶年九十以上,男子与初品官,妇人与封号。以上并经所属自陈,勘会诣实,保明闻奏。宗子、宗妇、宗女年七十以上,令大宗正司保明闻奏,与转官加封,未有官封者,特与官封。士庶男子、妇人年八十以上,给赐束帛。应人户有祖父母、父母年八十以上,与免户下一名身丁钱物。临安府迎驾起居父老年格合赐封赐外,与倍赐束帛。文武致仕,升朝以上官年七十以上,并与依格支赐羊酒束帛,内曾任太中大夫、观察使以上,仍与倍赐。长吏治礼应给赐物,并令长吏差官实行就赐,不得呼集烦劳,徒为具文。文臣致仕官朝奉大夫以上年七十,与赐紫章服;选人使臣年七十以上愿致仕者,于合致仕官上与转一官;太学、武学内舍、上舍生祖父母、父母年七十以上,外舍生祖父母、父母年八十以上,并与初品官,妇人与封号,已经官封者,祖父、父与转一官资,祖母、母与冠帔,令经所属自陈保明。僧尼、道士、女冠年八十以上,并与紫衣,已紫衣者与师号。应禁军都虞候以上并藩方马、步军都指挥使祖父母、父母年七十已上,并与封叙,已封叙者更与加封。叠庆庭阑,茂对欢嘉之旦;均恩方夏,亶形爱敬之风。咨尔庶邦,体予至意。故兹诏示,想宜知悉。

出处:《中兴礼书》卷一八七。又见《宋会要辑稿》礼六二之八一、职官九之一四,《中兴两朝圣政》卷六〇,《宋史全文续资治通鉴》卷二七。

选差成都府路兵马都监诏
(淳熙十年十二月二十一日)

成都府路兵马都监,仍旧于三都统下兵将官内选择素谙战阵、年尚强壮之人,具职次取旨差官。

出处:《宋会要辑稿》职官四九之八。

赐周必大御笔
（淳熙十年前后）

卿临事明敏而有决，朕每嘉之。

出处：《攻媿集》卷九三《忠文耆德之碑》。又见同书卷九四《周公神道碑》。

孝宗朝卷二十三　淳熙十一年(1184)

禁开白马湖为田诏
（淳熙十一年正月十一日）

浙东提举司将开掘过白马湖为田去处,并置立板榜,每季检举,晓论人户,日后不得再有侵占。仍仰本司常切觉察,毋致违犯。

出处:《宋会要辑稿》食货六一之一二八。又见《中兴两朝圣政》卷六一,《宋史全文续资治通鉴》卷二七。

赈粜襄阳府诏
（淳熙十一年正月二十七日）

令王卿月更于本府见桩管米内借拨五千石,专充赈粜支用。仰将逐项粜到价钱并行桩管,却于秋成籴还。

出处:《宋会要辑稿》食货六八之八三。

存恤江东被水人户诏
（淳熙十一年正月二十八日）

江东提举司行下建康府、太平州、宁国府、池州、饶州、广德军、南康军、建昌县,各多支常平钱米,将被水人户优加存恤,务要实惠及民,毋致失所。仍照应已降指挥劝谕人户,用心补种被水去处田亩。

出处:《宋会要辑稿》食货五八之一六。

开落病故官兵事诏
(淳熙十一年二月二日)

殿前、马、步军司:今后因病身故官兵,具军额、职次、姓名,保明有无家累报所属,即时于大历内开落各粮,随历批勘请给两月,趁次旬宣限支给。

出处:《宋会要辑稿》职官三二之一六。

赈济洵阳上津两县诏
(淳熙十一年二月十四日)

金州洵阳、上津两县阙食民户,令利州路提刑勾跃行下所委官,同金州知、通等措置存恤,务要实惠及民,毋致流移失所。

出处:《宋会要辑稿》食货六八之八三。

封静江府海阳山灵泽庙敕
(淳熙十一年二月十九日)

敕静江府灵川县海阳山灵泽庙神:朕承熙洽之基,作神明之主,潜通吹嘘,靡远勿孚,显锡褒崇,维觊斯答。尔依于正直,听以蠲明,佑我遐氓,降之甘露,岁兹无歉,功孰与偕?其进侯封之华,式增庙食之重。尚歆于渥,永底于休。可特封惠济侯。雍正

出处:雍正《广西通志》卷九八。又见道光《兴安县志》卷六。

付周必大移义胜军事御批
(淳熙十一年四月三日前)

卿谋虑深远,良用嘉赏。

出处:《攻媿集》卷九四《周公神道碑》。又见周必大《奉诏录》卷二《移义胜军御笔回奏》。

金州许客人铺户从便买卖官盐诏
（淳熙十一年四月三日）

新及第进士第一人姚颖补承事郎、签书诸州节度判官事,第二人叶适、第三人李寅仲并文林郎、两使职官,第四人徐元德、第五人姚祖赓并从事郎、初等职官,第六人以下至第四甲并迪功郎、诸州司户簿尉,第五甲守选。

出处:《宋会要辑稿》食货二八之二三。又见《中兴两朝圣政》卷六○,《宋史全文续资治通鉴》卷二七。

兴元府义胜军改隶荆鄂诏
（淳熙十一年四月六日）

兴元府义胜军皆系归正之人,忠勇可用。其马、步军共约五百余家,近于二月一日本将遗火,屋宇被焚,虽别行盖造,终是草创。可令改隶荆、鄂,仰郭杲同牛僎于襄阳府踏逐空闲寨屋,伺候今秋移成。

出处:《宋会要辑稿》兵六之四。

广西奉行见行盐钞条法诏
（淳熙十一年四月十五日）

广西经略詹仪之、运判胡庭直开具到见行盐钞,已为详细,可恪意奉行。

出处:《中兴两朝圣政》卷六○。又见《宋史全文续资治通鉴》卷二七。

张思温降一官诏
（淳熙十一年四月二十三日）

修内司提辖兼临安府两浙转运司承受张思温降一官。今后提辖修内司不得兼承受临安府并运司职事。

出处:《宋会要辑稿》职官三〇之四。

禁约押马纲官兵不得将带解盐私贩诏
(淳熙十一年五月十九日)

殿前、马、步军司及江上诸军及都大提举茶马司约束取押马纲官兵,不得将带解盐私贩。如有违犯,即从条断罪。

出处:《宋会要辑稿》食货二八之二四。

张国珍特转一官诏
(淳熙十一年五月二十二日)

武翼大夫、步军司左军统制张国珍两经差权本司职事,任责非轻,别无旷弛,可特转一官。

出处:《宋会要辑稿》职官三二之一六。

修葺步军司六合县见管寨屋诏
(淳熙十一年五月二十四日)

令淮南转运司如法修葺,付本司交管,均拨见屯官兵居止。日后毋致更有损坏。

出处:《宋会要辑稿》兵六之二六。

新及第进士授官诏
(淳熙十一年五月二十四日)

新及第进士第一人王容补承事郎、签书诸州节度判官事,第二人陈元、第三人王居安并文林郎、两使职官,第四人萧逵、第五人李协并从事郎、初等职官,第六人以下至第四甲并迪功郎、诸州司户簿尉,第五甲守选。

出处:《宋会要辑稿》选举二之二四。

犒四川戍边将士诏
(淳熙十一年五月二十七日)

四川驻札御前诸军将士戍边滋久,常轸朕怀。可令总领所支拨桩管钱引三十万道,特与犒设一次。傅钧、彭杲守边累年,军政修举,内傅钧与升都统制,彭杲可带吉州刺史。

出处:《中兴两朝圣政》卷六一。又见《宋史全文续资治通鉴》卷二七。

赈江东西水灾诏
(淳熙十一年五月二十八日)

令江东提举司行下建康府、太平州、宁国府、池州、饶州、广德军、南康军建昌县,各多支常平钱米,将被水人户优加存恤,务要实惠及民,毋致失所。

出处:《中兴两朝圣政》卷六一。又见《宋史全文续资治通鉴》卷二七。

禁约诸州受纳夏税官吏置场低价收买退绢诏
(淳熙十一年六月一日)

敕:诸州受纳夏税官吏作弊,将堪好绢帛强行打退,却置场用低价收买,下户愈见困穷。官中既已买下退绢,多作畸零折纳高价。如今后置场低价收买退绢,许人户越诉,仍令监司、御史台觉察违戾官吏,一例科罪。

出处:《庆元条法事类》卷四七。

诸军升差宜精加选用诏
（淳熙十一年六月一日）

诸军升差,盖择将之根本,必有智勇劳效,乃能服众。今后宜精加选用,毋得循习苟且。仍令枢密院自准备,将以上至统制官,每全军各为一籍,逐月揭贴进入,朕当间点三两名审观识略事艺,随其能否,议主帅之赏罚。

出处:《宋会要辑稿》兵一九之三〇。又见《中兴两朝圣政》卷六一,《宋史全文续资治通鉴》卷二七。

周必大辞枢密使批答
（淳熙十一年六月三日后）

卿名世瑰才,经邦茂业,践修端直,识诣高闳。越自疑丞,进司机要,夙宵匪懈,中外以宁。国家建右府以总戎,昭命儒臣而崇使领,盖自太平兴国以来,成宪具在,迄于今兹,必以闳才硕学见闻弹洽者任之,岂非兼文武之用、明政事之体乎? 卿博通古今,德茂先觉。发为谋谟,足以断国论;措诸事业,足以恢政经。夙被简知,延登枢近,远猷硕画,宏益居多。乃畴已试之庸,申峻久虚之职。盖将资精神之运,懋动烈之隆。使四夷咸宾,万邦底乂。兹为美报,安事固辞?

出处:《宋宰辅编年录》卷一八。

举贤良方正能直言极谏诏
（淳熙十一年六月五日）

朕绍履尊明,宣招畯茂,思得方闻之益,讲求治理之原,越暨累年,尤廑虚己。虽贤书大比之岁,每务于详延;然制举非常之才,难循于定次。肆敷明旨,申命通臣。盖急闻切直之言,将令受策而察问;宜广选修洁之士,庶几崇化而厉贤。俾悉究于昌辞,曾靡拘于前制。咨时群彦,体我至怀。今后遇有应诏之人,令尚书、侍郎、两省、谏议大夫以上、御史中丞、学士、待制不拘科举年分,各举贤良方正能直言极谏一人,各守臣、监司亦许解送,仍具词业缴进以闻。

出处:《宋会要辑稿》选举一一之三六。

劝谕有田之家优贷佃客诏
(淳熙十一年六月十一日)

浙西、江东路州军被水去处,令两路提举司多方劝谕有田之家将本户佃客优加借贷,候秋成归还。若致欠负,官为理索;或其家无力,并有田阙少谷种,并许于常平钱内支借,以助补种,毋令荒闲田亩。

出处:《宋会要辑稿》食货五八之一六。又见同书瑞异三之一四。

禁趣办赋税追扰人户诏
(淳熙十一年六月十二日)

雨泽稍愆,屡降宽恤指挥。其人户夏税、和买、催纳起纲自有条限、访闻官司趣办追扰,致伤和气。仰监司严行禁止,尚或违戾,御史台觉察弹劾。

出处:《中兴两朝圣政》卷六一。又见《宋史全文续资治通鉴》卷二七。

周必大除枢密使加食邑制
(淳熙十一年六月十二日)

门下:斗极之临四海,中经天纬之熙;神枢之斡万兵,右躏政途之峻。眷我爽邦之哲,率时基命之严。暨阐迪于贤猷,盍登昭于使范。饬宣丕号,告锡治廷。通奉大夫、知枢密院事、荣阳郡开国公、食邑二千六百户、食实封六百户周必大,端亮而粹夷,笃诚而宏裕。问学贯九流之邃,文章返三代之醇。早会休辰,浸敷美业。洪钟发簴,隐然天地之和;华玉昭庭,允矣邦家之宝。雅积经纶之望,进毗密勿之谟。管摄群微,治克先于上策;辑柔四外,势端在于本朝。阅岁方深,运筹滋劲。朕大明陟典,申简茂庸,趣升位次之崇,增畀事权之重。提纲斯在,肃大武于本兵;衍渥维新,极隆名于宥府。移兹多邑,益以真租,载示殊褒,式昭良绩。於戏!德有常而立武,要资政事之修;机不密则害成,当谨谋猷之告。往究规恢之蕴,讫臻励翼之勋。繄若元臣,讵烦深诏!可特授枢密使,依前通奉大夫,加食邑一千户,食实封四百户,封如故。主者施行。

出处:周纶《周益国文忠公年谱》。

撰者:李巘

郭杲将回纳会子充犒军屯田诏

（淳熙十一年六月十九日）

令郭杲将回纳会子二万贯于内支一万四千一百贯付牛僎,贴充犒军,余钱就行桩留,准备屯田支用。

出处:《宋会要辑稿》食货六三之五五。又见《中兴两朝圣政》卷六一。

条约沿江税务诏

（淳熙十一年六月二十一日）

敕:沿江税务每处止留专知、攒司各一名,拦头四名,监官每员破厢军六名,其外不许存留。仍自今后不得差兵职官机察,及检覆为名,留滞舟船。晓谕客旅不得倚恃官员、士人挟带货物,抹过场务,违者,从条断罪,货物没官给赏。知、通钤束税官,客船到岸,即时检视,从省则收纳税钱,不得妄有花喝留滞。

出处:《庆元条法事类》卷三六。

诸路州军籴买桩管逐色稻种诏

（淳熙十一年六月二十二日）

诸路转运司行下所部州军,自今年为始,将逐色稻种并每岁约度措置籴买桩管,准备人户欠阙支借。

出处:《宋会要辑稿》食货六八之八三。又见《庆元条法事类》卷三七。

申严州军守臣交割条法诏
(淳熙十一年六月)

令户部检坐申严,仍仰新到任人限一月内将交割到数目从实具申。如违,许本州部具名奏闻。

出处:《宋会要辑稿》职官四七之四三。

赊买客人茶条制诏
(淳熙十一年七月十一日)

今后应赊买客人茶,其人见有父母兄长,并要同共书押文契,即仰监勒牙保均摊偿还。其余买盐货之人,亦一体施行。

出处:《宋会要辑稿》食货三一之二六。

臣僚奏推排人户事答诏
(淳熙十一年七月十二日)

令诸路监司各约束所部州县,照应见行条法施行,不得因其科扰,引惹词诉。或遇水旱分去处,权推排。

出处:《宋会要辑稿》食货六六之二三。

英国公閤差破人从转官诏
(淳熙十一年七月十九日)

皇孙英国公閤差破亲事官、步军司宣效等,依使臣等例,每及八年与转一资,仍自今降指挥下日为始。

出处:《宋会要辑稿》帝系二之三二。

禁浙西官民户围田诏
（淳熙十一年八月五日）

浙西诸路州府各将管下旧来围田去处明立标记，仍出牓晓谕官、民户，今后不得于标记外再有围裹。如敢违戾，具名申取朝廷指挥，仰漕臣常切觉察。

出处：《宋会要辑稿》食货六一之一二八。又见《中兴两朝圣政》卷六一。

韩璧认数桩管增卖到盐箩正钞钱银诏
（淳熙十一年八月十四日）

韩璧将增卖到盐箩正钞钱银认数桩管，非奉朝廷指挥，不得擅行支使。其未卖淳熙十年分钞引，更切措置给卖。

出处：《宋会要辑稿》食货二八之二四。

赈恤龙泉县被水人户诏
（淳熙十一年八月十六日）

处州龙泉县被水之家，令浙东提举司同守臣各多支常平钱米，优加存恤。

出处：《宋会要辑稿》食货五八之一六。

禁无端追扰富室船户诏
（淳熙十一年九月二十九日）

诸路州军犯盗等人间有意欲报仇，及受吏人教唆，妄将本处富室上户及沿海有船之家以停藏资给之类攀引追逮，州县不审是否，便行捕治；及所在巡尉弓兵、商税场务以搜检铜钱为名，辄将船户舟中所需之具指为军器，欺诈钱物，致使无辜之人枉被追扰。令诸路提刑司及沿海帅臣、制置司各约束所部州县常切禁止。如有违戾，觉察以闻。仍出榜晓谕。

出处:《宋会要辑稿》刑法二之一二二。

出卖成匹绫锦诏
(淳熙十一年十月二日)

提领封桩库所委官司同文思院提辖监官将估到成匹绫锦,拣选堪好可用数目,令寄桩库出卖。其卖到钱,并赴封桩库送纳。

出处:《宋会要辑稿》食货五二之二三。

推赏康宁等诏
(淳熙十一年十月九日)

镇江前军步军第二将正将康宁、马军行司中军副将仇宗约、建康右军副将杨法各特减二年磨勘,支犒设银三十两;镇江左军步军第一将准备将张兴忠、马军正将杜显祖、建康府水军正将李明各犒设银五十两。

出处:《宋会要辑稿》兵一九之三〇。

赐陈后卿诏
(淳熙十一年十月十三日)

卿垂车梓里,谅多燕适,眷言旧弼,渴想良深。诞序将临,耆艾可庆。赐卿金器、香茶,至可领也。式彰异数,往续茂龄;其益保颐,以昌寿祉。故兹亲札,宜体至怀。付陈少傅。

出处:《闽中金石略》卷九。又见《莆阳金石初编》卷上。

右监门率府率不阅转官诏
(淳熙十一年十月十四日)

保康军节度使、开府仪同三司、充醴泉观使、嗣濮王士歆男右监门率府率不阅换授南班已逾三载,依前嗣王士辖姪不舍例,特与转行一官。

出处:《宋会要辑稿》帝系二之五〇。

禁诸路州军抑令增收税租诏
（淳熙十一年十月十五日）

户部遍牒诸路州军,将应管税务合趁课息如实及租额之数,即不得抑令增收。敢有违戾,在内委御史台弹奏,在外委监司觉察按劾,仍许被扰之人越诉。

出处:《宋会要辑稿》食货一八之一三。又见《庆元条法事类》卷三六。

赈济广东诸郡诏
（淳熙十一年十月十六日）

本路漕臣、提举官各将所部内似此郡县乡村措置赈粜,毋致阙食。

出处:《宋会要辑稿》食货六八之八三。

梁师雄特与支赐诏
（淳熙十一年十月二十四日）

兼权马步军司职事梁师雄遇立春日并冬年、寒食节,特与依翟安道权司体例,给赐幡胜签赐;遇合赐花朵,特与依横行例支破。

出处:《宋会要辑稿》礼六二之八一。

令刘颖相视秀州堰闸水利诏
（淳熙十一年十一月三日）

向来赵善悉所修海盐县堰闸,及刘俣修华亭县塘堰,令刘颖亲往相视,目今有无冲决损坏,并本州去年所修水利于今年有无实被灌溉田亩及未尽去处,开具闻奏。

出处:《中兴两朝圣政》卷六一。又见《宋会要辑稿》食货六一之一二八,《宋史全文续资治通鉴》卷二七。

随贺金国正旦将官军兵发遣归司诏
(淳熙十一年十一月十七日)

随贺金国正旦国信所马军行司将官军兵二十七人,并发遣归司,仍不理为差充奉使次数。内将官一名特支犒设钱二十贯,军兵特支犒设钱一十贯,并令户部支给。

出处:《宋会要辑稿》职官三二之一六。

杨万里可吏部员外郎制
(淳熙十一年十一月)

敕朝奉郎、直秘阁、赐绯鱼袋杨万里:朕虚郎选,以待监司、郡守之高第者,又择儒学之士为之望。尔刻意耆古,外和内刚,发为慈祥,动见称述。三易麾节,民甚安之。擢冠星曹,以赞而长。往其谨法守,肃吏奸,用无愧清通之誉。可特授尚书吏部员外郎。

出处:《诚斋集》卷一三三。
撰者:王信
考校说明:编年据清邹树荣《杨文节公年谱》补。

受纳绵毋得过行拣择诏
(淳熙十一年)

受纳绵并依法,夏税重十二两,和买重十一两,毋得过行拣择,如有纰疏糊药合退者,勿用油墨印,违许越诉。

出处:《文献通考》卷五。

孝宗朝卷二十四　淳熙十二年(1185)

扑救秘书省火事诏
（淳熙十二年正月六日）

步军司：自今如有不测遗漏逼近秘书省去处，于比近营寨差救火官兵一百人前去防护，候殿前司官兵到来，却行交替。

出处：《宋会要辑稿》职官一八之四三。

广东水军统领兼巡察海道私盐衔诏
（淳熙十二年正月十二日）

广东水军统领兼以"巡察海道私盐"带衔，每考批书，必会盐司有无透漏、纵容大奚山私贩事节，方与放行。如有捕获私盐数目，却与依格推赏。

出处：《宋会要辑稿》食货二八之二四。

令福建等路赈济民户诏
（淳熙十二年正月二十四日）

检坐已降指挥，札下赵汝愚照会施行。如逐路守令奉行不虔，仰本路安抚、转运、提举司公共觉察，按劾以闻。

出处：《宋会要辑稿》食货六八之八四。

皇太子宫讲周礼终篇推赏官吏诏
(淳熙十二年正月二十九日)

皇太子宫讲《周礼》终篇,依昨讲《春秋》终篇,官属各特转一官资,内碍止法人依条回授,白身人候有名目日特作转官资收使。

出处:《宋会要辑稿》职官七之四一。

崔敦诗赠中大夫制
(淳熙十二年二月十六日)

未老归休,骇予闻听,将终占奏,嗟尔沦亡。眷□□□迩联,颁愍章之殊渥。具官崔敦诗文词藻蔚,问学□澄。蚤陪英隽之游,遍历清华之选。代言西掖,简自朕知,摄直北门,创田卿始。方快云霄之直上,忽惊蒲柳之易衰。缅怀朝夕论思之诚,深悼春秋窀穸之事。用稽令典,峻陟文阶。岂惟荣及于尔终,抑亦赏延于厥后。尚其英爽,服此宠光。可。

出处:《崔舍人玉堂类稿》附录。
撰者:王信

在外驻札御前诸军都副统制与带升朝官诏
(淳熙十二年二月二十三日)

应除授在外驻札御前诸军都统制、副都统制,如阶官未至升朝官者,与带升朝官。

出处:《宋会要辑稿》职官三二之四七。

拣补皇城司守阙入内院子长行诏
(淳熙十二年二月二十六日)

皇城司守阙入内院子见阙长行一百三十五人,令殿前司、步军司可依淳熙四年例,于马军司见管不入队年五十岁以上至六十岁、十将以下至长行取拣一次,内有职名人,比换皇城司职名安排。

出处:《宋会要辑稿》职官三四之三九。

赐张杓奖谕临安府狱空诏
(淳熙十二年二月)

天府之地,民物浩穰,惟时岸狱,剸决尤难。尔为政敏明,事无滞固。奉法雅裕,下所安赖。乃能牢户尽阒,讼系毕蠲。使吾宽大之仁孚于四方,繄有助焉。露章上闻,不忘嘉叹。

出处:《咸淳临安志》卷四○。

皇太子听读周易终篇推赏何澹等诏
(淳熙十二年三月一日)

教授何澹、罗点各特转一官,春坊谯熙载、姜特立各减三年磨勘,供检、主管、书写文字三人并各减三年磨勘,指使二人、书表、客司、袍笏使臣、祗应七人各减二年磨勘;年限不同人依四年法比折;未有名目人,候有名目日收使;诸色祗应人并特支犒设一次。

出处:《宋会要辑稿》职官七之四二。

过淮盗马编管人刺充禁军收管诏
(淳熙十二年三月八日)

应过淮盗马见今编管人,仰各州军差人押赴本路帅司刺充禁军收管。沿淮窃马之人特旨编管诸路州军者,缘事干边界,独无年限移放。

出处:《宋会要辑稿》刑法四之五六。

推赏捕获上虞县劫贼官兵诏
(淳熙十二年三月十六日)

各令所属将实有劳效之人,逐一保奏,不得泛滥。候到,从枢密院参照元案,如无异同,取旨等第推赏。

出处:《宋会要辑稿》兵一三之三四。

禁乞觅欺诈赴枢密院审察兵将官诏
(淳熙十二年三月二十八日)

内外诸军兵将官赴枢密院审察,其官司诸色人往往巧作名色,乞觅欺诈。自今许诸色人指名赴枢密院陈告,将犯人送所属根勘,重作施行。其告人每一名支赏钱三百贯,事理重者,取旨特与转官资。仍出榜晓谕。

出处:《宋会要辑稿》刑法二之一二二。

场务税赏不许累赏诏
(淳熙十二年三月二十九日)

场务税赏今后不许引用《赏令》中"高等外犹有剩数,或已该赏而所剩钱数又及格者听累"之文。

出处:《宋会要辑稿》食货一八之一三。

奖谕林栗进易经传集解诏
(淳熙十二年四月)

敕林栗:省所上表进《周易经传集解》等共三十六册事。道载六经,实为明备;易更三圣,尤号精微。繄训传之滋多,有简编之可考。卿才猷俊茂,器识高宏。斅深造于渊源,务旁周而综汇。昔究麟经之蕴,兹明羲画之传。惟三统本于《春秋》,仍通大衍之用;且九章列于《洪范》,亦参八卦之分。乃能备绎始终,兼该表里。会萃篇图之富,包罗象数之全。给札而诏,尚书已光于侯国;赐玺而勉,太守益重于文儒。爰布温言,以旌笃学。允怀殚洽,良用叹嘉。故兹奖谕,想宜知悉。夏热,卿比好否? 遣书,指不多及。

出处:《经义考》卷二七。

恩平郡王府见差破亲事官推恩事诏
(淳熙十二年五月四日)

恩平郡王府见差破亲事官等,已降指挥,祗应及十年,各转一资。见接续祗应人,每再及十年,可特与转行一资。今后准此。

出处:《宋会要辑稿》帝系二之二七。又见《宋会要辑稿补编》第一六页。

推赏朱胜等诏
(淳熙十二年五月七日)

福建左翼军训练官队将朱胜等一十五人,各特与转补一资,其效用、军兵并令安抚司犒设一次。

出处:《宋会要辑稿》兵一九之三〇。

庄文太子魏惠宪王府官吏等年劳更不推恩诏
(淳熙十二年五月九日)

庄文太子府、魏惠宪王府官吏、诸色人除已转官资外,自今并依乾道三年十二月七日指挥,年劳更不推恩。

出处:《宋会要辑稿》帝系二之二七。

黄州取拨桩管米斛须候指挥诏
(淳熙十二年五月十三日)

黄州日后取拨桩管米斛,须候请降指挥方得支使。其已桌占米权依所乞,候今秋籴还桩管。

出处:《宋会要辑稿》食货六二之六七。

川陕广西漕臣兼带提举纲马驿程公事衔诏
(淳熙十二年五月十五日)

川陕、广西漕臣依元降指挥,兼带"提举纲马驿程公事"系衔,其提点使臣并改作"干办"称呼,如有妄作,令提举官按劾以闻。若州县于纲马驿程却有违戾,许干办官具申逐路提举,依公举劾;如提举官不职,从朝廷取旨施行。

出处:《宋会要辑稿》方域一○之一六。

保伍御盗被伤检坐赏格诏
(淳熙十二年五月十五日)

自今保伍实缘御盗被伤,或一时伤重致损者,令户刑部检坐赏格。如有该载未尽,即仰比拟开具申枢密院。

出处:《宋会要辑稿》兵二之四六。

杨万里授吏部郎中制
(淳熙十二年五月二十三日)

敕朝奉郎、尚书吏部员外郎、赐绯鱼袋杨万里:选部郎自魏晋妙于时选,以诸曹功高者为之。历代因革不同,班品皆崇于他部。本朝之制,正郎之序益高。尔明经达学,论议持正,践扬滋久,誉日转闻。擢冠星曹,精力于职,功论稽状,积阅当选。爰率彝章,用晋厥次,往祗茂渥,益勉尔庸。可特授尚书吏部郎中。

出处:《诚斋集》卷一三三。

撰者:王信

起发福建海船诏
(淳熙十二年五月二十五日)

福建帅司行下本路州军,将籍定三番海舡内将合发番次数目起发一番,差官管押前来平江府许浦水军摆泊,防遇海寇,听本军教阅,限八月一日到岸。其应干合行事件,并依乾道三年七月十九日指挥施行。

出处:《宋会要辑稿》食货五〇之三〇。

魏惠宪王府观察与教授接见礼数诏
(淳熙十二年五月二十五日)

魏惠宪王府观察与教授接见礼数:初接见,观察冠带,教授穿秉,对拜两拜就坐,点茶,讫,上讲。候讲毕,复坐,点汤,揖,退。各年节相见礼数依此。其寻常上讲,只背子相见,并观察就主位,教授分轮入讲堂,卯入午罢。行移文字合用印记,下文思院铸造铜印一面,以"魏惠宪王府小学教授记"一十字为文。讲堂令讲《论语》,读《孟子》。日后如有申请事件,径申尚书省施行。

出处:《宋会要辑稿》帝系二之二七。

两淮不得多收民间课子诏
(淳熙十二年六月一日)

两淮运司各严行约束所部军州,将每年纳民间课子不得多收。如敢违戾,按劾以闻。

出处:《宋会要辑稿》食货六八之一三。

淮东总领所将未起翻引钱尽数起赴封桩库诏
(淳熙十二年六月四日)

淮东总领所将未起翻引钱二十六万八千余贯,尽数起赴封桩库送纳,日后每季依此。仍仰提领封桩库候交收到前项钱,即报行在都茶场,理为合收之数。

出处:《宋会要辑稿》食货三一之二七。

放行子弟所补授名目已经添差任满人诏
(淳熙十二年六月八日)

子弟所补授名目已经添差任满人,令兵部放行,参部,注授合入差遣。

出处:《宋会要辑稿》职官一四之一三。

小使臣呈试出官试验弓马事诏
(淳熙十二年六月十八日)

今后小使臣呈试出官,如遇有拟定差遣合试验弓马人,依旧用春、秋仲月两次引试。

出处:《宋会要辑稿》选举二六之一四。

措置籴米诏
(淳熙十二年七月二日)

赵汝谊于建康府务场见桩管减使关子寰名兑下会子内,先次取拨一十五万贯,委官就采石仓措置依在市时直籴米桩管。

出处:《宋会要辑稿》食货四一之一一一。又见《中兴两朝圣政》卷六二。
考校说明:"淳熙十二年"据《中兴两朝圣政》卷六二补。《宋会要辑稿》食货四一系于淳熙十三年七月二日。

令徽州受纳人户绢帛事诏
(淳熙十二年七月二十四日)

徽州将受纳人户绢帛并依法夏税重十二两,和买重十一两,余照淳熙六年七月二十三日已降指挥施行。

出处:《宋会要辑稿》食货六八之一三。

殿前司收买木植严行抽税诏
(淳熙十二年八月二日)

殿前司收买木植,令严行抽税,以三分为率,与免二分。

出处:《宋会要辑稿》食货一八之一四。

展两淮包占田亩首限诏
(淳熙十二年八月三日)

并自来年为始,更与展限一年。如出限不首,或所首未尽,许诸色人陈告照应节次已降指挥,以见占田给赏,将犯人依条施行,日后更不再展。

出处:《宋会要辑稿》食货六一之三七。

讨论太上皇帝庆寿典礼来上诏
(淳熙十二年八月三日)

太上皇帝圣寿无疆,来岁八十,邦家大庆,载籍未闻。可令有司讨论典礼来上。

出处:《中兴礼书续编》卷一四。

置场招籴诏
(淳熙十二年八月十二日)

封桩库支降会子五十万贯,委浙西提举罗点和籴米二十万石,淮东总领所取拨镇江府见桩管会子二十九万贯,湖广总领所取拨鄂州并大军库见桩管会子共三十万贯,并各就丰熟去处置场。内浙西提举就平江府置场,招籴堪好米斛,仍一面取见实直开具申尚书省,毋令稍有科抑。

出处:《中兴两朝圣政》卷六二。又见《宋史全文续资治通鉴》卷二七。

二广改官举状限九个月到进奏院诏
(淳熙十二年八月十三日)

敕:二广改官举状,限九个月到进奏院,其出限者不在收使。

出处:《庆元条法事类》卷一四。

令户部给舍台谏详议役法御笔
(淳熙十二年八月十五日)

朕惟差役之法,为日盖久,近年以来,又创限田之令,可谓备矣。然州县奉行之不公,豪贵兼并之太甚,隐寄挟户,弊端益滋。一乡之中,上户之著役者无几,贫民下户畏避弃鬻,至不敢蓄顷亩之产,甚亡谓也。宵旰之思,莫若不计官、民户,一例只以等第输差。如此,则不惟贫富均一,且税籍之弊不革而自除,一举两得,何待而不为乎!可令户部、给舍、台谏详议以闻。

出处:《宋会要辑稿》食货六六之二三。又见《中兴两朝圣政》卷六二,《宋史全文续资治通鉴》卷二七,《山堂肆考》卷八七。

韶州摧锋军重役配犯特与刺填义兵一次诏
（淳熙十二年八月二十五日）

特与刺填义兵一次。令诸路军今后照应淳熙八年指挥,不得过数配充本军重役。

出处:《宋会要辑稿》刑法四之五七。

蠲会稽下户借贷官米诏
（淳熙十二年八月二十六日）

浙东提举具到淳熙十年旱伤,绍兴府会稽县下户借贷官米四百三十余石,特蠲放。

出处:《中兴两朝圣政》卷六二。

二广等处副尉下班添差满有残疾人许养老诏
（淳熙十二年八月二十七日）

令二广、荆湖、京西路副尉、下班添差满有残疾之人,愿就本任及附近州军养老者,令逐路帅、漕司审验,申明给帖。

出处:《宋会要辑稿》职官一四之一三。

韶州屯驻摧锋军严禁回易诏
（淳熙十二年八月二十九日）

殿前司行下韶州屯驻摧锋军,严行禁止军中回易,将见科敷钱物日下除放,仍仰广东经略提刑司取见营运科抑名色及除放过钱数开具申枢密院。日后帅臣、监司如失觉察,并行责罚。

出处:《宋会要辑稿》刑法二之一二二。

二广监司守倅等任满推赏事诏
（淳熙十二年九月四日）

二广监司及诸郡守倅、州县镇寨等官到任任满，依旧格推赏。

出处：《宋会要辑稿》职官一〇之一三。

蠲兰溪下户借贷诏
（淳熙十二年九月四日）

婺州兰溪第四、第五等人户淳熙八年内借过常平钱收买稻种，见欠四千九百六十余贯，可并蠲放。

出处：《中兴两朝圣政》卷六二。又见《宋史全文续资治通鉴》卷二七。

赐皇孙平阳郡王府官员诏
（淳熙十二年九月十一日）

皇孙平阳郡王府见差破干办、指使、宅案、书表、客司、楷书、抱笏等，并特与依昨来恩平郡王府书表、客司已得指挥见行帮诸般请给等则例，自到府供职日放行批勘。余依本府已得指挥。

出处：《宋会要辑稿》帝系二之三三。

有司讨论太上皇帝八十寿庆典礼诏
（淳熙十二年九月十一日）

太上皇帝圣寿无疆，来岁八十，邦家大庆，载籍未闻，可令有司论讨典礼来上。

出处：《宋会要辑稿》仪制八之二一。

被差郊祀景灵宫太庙行事等官不得托故避免诏
（淳熙十二年九月二十三日）

应被差郊祀景灵宫、太庙行事等官,如敢仍前托故避免,申乞改差之人,委台谏密切觉察,具名弹奏,取旨施行。

出处:《宋会要辑稿》刑法二之一二二。

差使臣专一机察北神镇私渡诏
（淳熙十二年十月二日）

淮南东路帅、宪司差使臣二员,专一机察楚州北神镇私渡,仍令系衔。如失觉察,仰逐司按治。

出处:《宋会要辑稿》刑法二之一二二。

讨论德寿宫上尊号合行事件诏
（淳熙十二年十月二日）

令礼部太常寺于十二月上旬择日加上尊号册宝。其合行事件,令有司疾速施行。

出处:《中兴礼书续编》卷一五。

恭请加上光尧寿圣宪天体道性仁诚德经
武纬文太上皇帝尊号表
（淳熙十二年十月二日）

皇帝臣眘上表言:臣伏为光尧寿圣宪天体道性仁诚德经武纬文太上皇帝圣体无疆,来岁八十,谨率群臣诣德寿宫恭请加上尊号。伏以睿算增崇,丕御常珍之养;鸿名申勒,祇陈美报之诚。爰协昌期,用输诚恳。臣诚惶诚惧、顿首顿首。臣闻皇建极而敷福,得曰寿曰康之全;天不言而推高,兼为君为父之大。盖德盛必膺于多祉,而号荣允答于洪休。匪假铺张,孰知爱戴? 矧荷燕诒之训,诞承宏远之谟。降嘏产祥,有开于永命;蕚英腾茂,呈阐于令猷。是宜缉众美之列光,登万年之宝奉。伟绩懋昭于扬厉,功成备著于形容。虽荡荡无德而名,固难尽述;然明明不已之间,成庆方增。恭维光尧寿圣宪天体道性仁诚德经武纬文太上皇帝陛下政懋泰和,化恢广运。清心黄屋,密膺积一之传;顺志大庭,默探希夷之蕴。厚泽素沾于动植,茂勋夙拯于黔黎。远至迩安,启圣图而丕冒;规重矩叠,纂帝绪以咸熙。自褰裳高蹈于冲虚,亦镂玉屡伸于徽显。阅时滋久,与日惟新。方昭衍于修龄,益顺迎于纯嘏。礼有东西之就见,闻安尤敬于弥文;星以丙丁而为祥,正岁同惟于元命。兹见邦家之庆,敢敷子臣之至情。谓富有之业,绍复于百王;而易继之统,中兴于奕世。明谟超乎汉帝,乃克系隆;盛烈迈乎唐宗,聿臻至治。哀为丕号,协用金言。高深爱于涓埃,普率实均于呼舞。臣不胜大愿,恭请加上尊号曰"光尧寿圣宪天体道性仁诚德经武纬文绍业兴统明谟盛烈太上皇帝"。伏望特持宏度,俯顺微衷。符天人傜应之休,穆华夏延瞻之幸。稽五三之载籍,信前此之未闻;颂八千之为春,尚百斯而罔极。臣诚惶诚恐、顿首顿首。

出处:《中兴礼书续编》卷一五。

恭请加上寿圣齐明广慈太上皇后尊号笺
(淳熙十二年十月二日)

皇帝臣眘上笺。臣言:伏为光尧寿圣宪天体道性仁诚德经武纬文太上皇帝圣寿无疆,来岁八十,谨率群臣诣德寿宫,恭请加上寿圣齐明广慈太上皇后尊号者。慈宸曼寿,肇登八帙之隆;懿典誉休,弥笃双亲之庆。肃涓嘉旦,祗控忱衷。臣诚惶诚惧、顿首顿首。臣窃以天命开祥,昨兼隆于寿母;皇家集福,功实本于内朝。在鲁邦形昌炽之诗,于唐室著懿芳之册。况乃位极崇高,而乐庭闱之并奉;年起耆艾,而庆典礼之屡行。会兹明昌,亶全善美。匪展推尊之谊,曷昭归报之诚? 恭惟寿圣齐明广慈太上皇后殿下仁合坤元,尊承天极。载持万物,体柔顺以有常;动化群方,宝俭啬而为本。赞清静自然之妙,对铺张莫大之休。繇圣皇初庆于修龄,乃宫壸并敷于显号。越臻悠久,未符光辉。且帝尧荡荡乎无名,既得强名之义;则王母欣然而上寿,可稽同寿之仪。乃率其僚,用摅诚悃。陈太上之立德,既并缉于弥文;当元正之戒期,将更申于善祝。符休遝至,顺嘏鼎来。若时徽册之名,博采容台之诚。参诸文母,克懋齐庄之思;翼彼周王,是彰纯备之德。臣不胜大愿,恭请加上尊号曰"寿圣齐明广慈备德太上皇后"。伏望诞敷惠爱,洞鉴恳诚。八十年贵女之兴,永皇算;三万岁慈母之颂,溥洽民心。谨奉笺陈请以闻。臣诚惶诚惧、顿首顿首。

出处:《中兴礼书续编》卷一五。

上尊号不允诰
(淳熙十二年十月三日)

天人之庥,诞及我家。肆志康宁,获飨天下之尊养;寿祺八帙,衍乎无穷。时惟圣子,式克丕休,并受伊嘏。乃命公卿大夫礼官议臣阐绎今典,辑为显号。涓成历吉,奉册于庭。兹盛德事,何以当之?夫名宾于实,不可以虚受;谦尊而光,无假于增美。使吾膺延长之庆,守冲约之志,诏于四方,不亦善乎?尚体兹怀,始略勤请。

出处:《中兴礼书续编》卷一五。
考校说明:本文是宋高宗以太上皇身份发布的诏令。

再诣德寿宫加上尊号诏
(淳熙十二年十月七日)

今月十二日,率群臣再诣德寿宫拜表笺,恭请光尧寿圣宪天体道性仁诚德经武纬文太上皇帝、寿圣齐明广慈太上皇后加上尊号,其仪范并依礼例行。

出处:《中兴礼书续编》卷一五。

赐建康府驻札御前诸军副都统制阎仲御札
(淳熙十二年十月七日)

朕惟将帅之弊,每在蔽功而忌能,尊己而自用,故下有沉抑之叹,而上无胜算之助。殊不知兼收众善,不揜其劳,使智者献其谋,勇者尽其力,迨夫成效,则皆主帅之功也。昔赵奢解阏与之围,始令军中有谏者死,及许历进北山之策,而奢许诺,卒败秦师。奢为封君,与廉颇同位,果何害焉?卿当以奢为法,毋蹈前弊,用副注委。已尝面谕此意。故兹亲札,宜体至怀。

出处:《景定建康志》卷四。又见《中兴两朝圣政》卷六二,《宋史全文续资治通鉴》卷二七,《续宋编年资治通鉴》卷一〇。

郊祀军兵披带事诏
(淳熙十二年十月八日)

郊祀大礼,捧日队马军并龊巷官兵遇晴,令全装披带,或值雨雪特免。今后准此。

出处:《中兴礼书》卷二〇。

归正人请占官田展免税赋诏
(淳熙十二年十月十一日)

两淮并沿边州军归正人请占官田,昨累降指挥与免差科税赋,今限满,理宜优恤。可自淳熙十三年为始,更与展免三年。

出处:《中兴两朝圣政》卷六二。又见《宋史全文续资治通鉴》卷二七。

推赏张显忠等诏
(淳熙十二年十月十一日)

镇江前军正将张显忠、前军准备将程霆瑞并支犒设银三十两,内霆瑞特转两资;江陵前军统领傅汝楫、游奕军权统领陶贵、后军正将成和并特转一官资,各支盘缠钱五百贯。

出处:《宋会要辑稿》兵一九之三一。

恭请加上光尧寿圣宪天体道性仁诚德经
武纬文太上皇帝尊号第二表
（淳熙十二年十月十二日）

　　皇帝臣眘上表。臣言：近率群臣上表，恭请加上尊号曰"光尧寿圣宪天体道性仁诚德经武纬文绍业兴统明谟圣烈太上皇帝"，伏奉德诰未赐俞允者。道高太极，开万年昌大之期；号发熙辰，衍冠古登闳之典。事光简牍，喜溢缙绅。兹尚闵于俞音，敢荐敷于诚悃。臣诚惶诚惧、顿首顿首。臣窃以汉祖奉上皇之寿，匪亲缵于基图；唐宗膺天帝之名，讵兼隆于祉福？尚垂芳躅，克振显猷。矧叠庆于我家，实远超于前载。为众父父，丕承慈训之光；立德亲亲，款缉皇风之懿。方启期颐之算，交孚闬阓之欢。言万岁者三，胥形于抃跃；不一书而止，盖备于揄扬。顾王业之成，实本于绍开；若祖统之垂，允资于兴起。谟以克明，而达几康之用；烈以盛甚，而恢光大之规。合群议以归尊，靡一辞之淳实。自求伊祜，以莫不增。恭惟光尧寿圣宪天体道性仁诚德经武纬文绍业兴统明谟盛烈太上皇帝陛下妙斡环枢，挥凝泰宇。德大必得位，垂三十六载之鸿谟；道真以治身，推千二百年之昌运。将临献岁，益介纯禧。时甫协于倦勤，尤彰克逊之志；世咸跻于美寿，乃广用敷之恩。永年祈箕翼之祥，大兴勒乾坤之宝。前差穀旦，祗展上仪。非常之庆，不可以允稽；有众之愿，岂劳于固拒？曷尚持于谦德，乃丕降于俞音。甚武而号武王，亶为无愧；有大而见大舜，顾亦何辞！况我休光，夫谁伦拟？恳陈于再，礼在其中。伏望驳赐可之音，孚撰言之策。上以承顺于帝况，下以辉耀于邦荣。能言之类莫加，诚措辞之匪易；立极之大无报，徒企踵之尤勤。谨再表奉陈请以闻。臣诚惶诚惧、顿首顿首，谨言。

　　出处：《中兴礼书续编》卷一五。

恭请加上寿圣齐明广慈太上皇后尊号第二笺
（淳熙十二年十月十二日）

　　皇帝臣眘上笺。臣言：近率群臣上笺，恭请加上尊号曰"寿圣齐明广慈备德太上皇后"，伏奉光尧寿圣宪天体道性仁诚德经武纬文太上皇帝答诰未赐俞允者。钦承皇训，介难老之鸿禧；欢承母仪，举同尊之茂典。运益孚于交泰，志尤秉于执谦。敢修再渎之辞，祗上必从之请。臣诚惶诚惧、顿首顿首。臣闻施莫大之仁者,必膺莫大之报;飨无疆之福者,宜著无疆之休。自天子而有尊,惟圣人而全美。属当今日,实会昌辰。爰钦并著于庭闱,眷佑兼隆于家国。绥眉寿而介繁祉,延长已见于卜年;奋夷景而扬汝辉,焜耀于建号。况在推崇之谊,宜为同绎之辞。缉熙以宣皇风,本慈辰之协赞;齐庄而言备德,宜显册之该存。用彰亿载之荣,允惬群元之望。恭惟寿圣齐明广慈备德太上皇后殿下温恭徽懿,渊静裕柔,善行内修,大涂山而佐禹;积功远被,广部室以兴周。含饴喜见于云孙,炜管尤传于椒壶。兹备承颜之乐、方陈介寿之陈。授长生之书,应西母八十年之会;为祝庆之喜,超泰山万千岁之安。具仪兼采于垂绅,诹日已谐于端策。伏望曲矜丹恳,丕协舆言。父尊母亲,俱茂显扬之义;天高地厚,永依寿载之恩。谨再奉表笺陈请以闻。诚惶诚惧、顿首顿首,谨言。

出处:《中兴礼书续编》卷一五。

吴燠趁时和籴诏
(淳熙十二年十月十四日)

司农少卿吴燠就丰储仓趁时和籴米二十万石,合用本钱,于封桩库先次支降桩管会子四十万贯。

出处:《宋会要辑稿》食货四一之一二。
考校说明:原书此条之前有条目系于淳熙十三年二月六日,此条似亦为淳熙十三年事。据原书前后文,此条实为淳熙十二年事。

归正归朝归明补官人亲子孙应举事诏
(淳熙十二年十月十七日)

归正、归朝、归明补官之人,亲子亲孙愿应举者,委的见随侍在任所别无赴试去处,令召升朝官二员结罪委保,经见任州军陈乞,本州勘验得别无诈冒,取索印纸分明批书事因,从本州知、通结罪保明,送本路转运司,无碍格有官及门客等人混试施行。

出处:《宋会要辑稿》兵一六之五。

强盗贷命再犯人经赦亦理为一犯诏
(淳熙十二年十月二十七日)

敕:强盗六项指挥内贷命再犯之人,虽经赦,亦理为一犯。

出处:《庆元条法事类》卷七三。

令天下道观启建祝寿道场诏
(淳熙十二年十月三十日)

来岁太上皇帝登八十,庆典既行,可令天下寺观自元日为始,启建祝寿道场五日,仍禁屠宰,务要严洁。

出处:《宋会要辑稿》礼五七之七。

有事南郊御札
(淳熙十二年十一月前)

朕纂图丕庆,抚世洪宁。天神地祇,通辑明灵之顾;祖功宗德,嘉承懿铄之垂。维成命之钦,莫重于亲祠;维思文之报,莫崇于陟配。举秩一纯之祀,顺稽三岁之仪。于显合宫,既荐修于大裷;爰熙紫畴,宜载祓于宗祈。矧农扈之浸登,暨边陲之咸肃。庭闱尊奉,并衍于寿祺;民物协和,驯臻于休应。敢忘故事,展精禋。洎成阳复之初,拜况帝临之祭。庶交孚于上下,以申右于家邦。祇戒先期,诞盼明旨。朕以今年十一月二十二日谒款于南郊。咨尔攸司,各扬乃职,相予肆祀,毋或不恭。

出处:《宋会要辑稿》礼二八之三五。

考校说明:编年据《宋史》卷三五《孝宗纪》补。此诏原书诏文前有"十一月二十二日,先是内降御札曰"云云,而此条之前为淳熙三年事,似指淳熙三年之十一月二十二日。然淳熙三年南郊在十一月十二日,不在二十二日,且三年郊祀已有一先期之诏(见同书上文),不应又出一诏。考淳熙年间郊祀止有二次,一次即淳熙三年十一月十二日,另一次为淳熙十二年十一月二十二日,后一次正与此诏所告日期吻合。由此可知此诏乃淳熙十二年郊祀前所降,《宋会要辑稿》于"十一月二十二日"之前脱"十二年"三字。

申严擅入溪洞之禁诏
(淳熙十二年十一月十一日)

令广西帅司纳束逐州遵依见行条法,常切严行禁止。今后如有违戾,仰本司将当职官吏按劾施行。

出处:《宋会要辑稿》刑法二之一二三。

郊祀前二日朝献景灵宫圣祖天尊大帝册文
(淳熙十二年十一月二十日)

伏以天命有宗,统辖万方。璇源发祥,肇自道祖。维祖流庆,焘奕曼羡。施于乃后,实鸿祐休。翼翼菲躬,罔敢暇逸。崇丘类帝,庶几博临。灵斿在宫,先日蕆礼。所臻美貺,介以永年。

出处:《中兴礼书》卷三三。

郊祀前一日朝飨太庙祖宗帝后册文
(淳熙十二年十一月二十一日)

赫赫皇运,诞启我家。奕世缵承,并受伊嘏。仁深泽溥,春熙海涵。荐庆有开,被以懿铄。逮兹凉德,罔敢怠遑。躬蕆郊禋,肃遵升侑。先期协吉,假庙荐诚,聿来顾歆,弥绍景福。

出处:《中兴礼书》卷三三。

郊祀前一日朝飨太庙分诣别庙懿节皇后册文
(淳熙十二年十一月二十一日)

伏以皇家衍庆,诞辅令图。丁辰熙明,祗翼大报。礼先宗祐,有伦有经。裸献肃雍,不秩容典。别庙攸止,孝爱不忘。言观徽音,诒范彤史。孚佑于后,载锡之光。迄被蒙麻。克祀克飨。

出处:《中兴礼书》卷三三。

<h2 style="text-align:center">郊祀飨昊天上帝册文</h2>
(淳熙十二年十一月二十二日)

伏以于皇上天,监观于下,乃眷丕后,惠绥黎元。越兹菲躬,夙夜敬止。家邦咸庆,农啬登丰。爰熙紫坛,祇裖大报。初阳拜况,亲执币珪。祉福函蒙,罔敢专乡。诞维佑右,申锡无疆。

出处:《中兴礼书》卷三三。

<h2 style="text-align:center">郊祀飨皇地祇册文</h2>
(淳熙十二年十一月二十二日)

伏以维地盖厚,仁育群生。乃顺承天,并右有德。丕集洪庆,于家于邦。迄于康年,中外邕穆。神丘昭报,上下合祛。奉盛执牷,奠献蠲洁。明祇来顾,降福孔皆。肆克保之,永承嘉祀。

出处:《中兴礼书》卷三三。

<h2 style="text-align:center">郊祀飨太祖皇帝册文</h2>
(淳熙十二年十一月二十二日)

伏以巍巍令序,我祖肇之。灵德在天,垂裕厥后。肆惟缵绍,惧弗克任。夙夜兢兢,罔敢怠忽。乃受帝祉,庆集我家。爰及丰年,四外宁谧。圜丘郊报,陟配有常。惟亿万年,丕奉光烈。

出处:《中兴礼书》卷三三。

郊祀飨太宗皇帝册文
(淳熙十二年十一月二十二日)

伏以圣绪相传,克创克守。咸有盛德,胥济厥勋。简于帝心,衷对景命。昭哉眷佑,曾孙笃庆。诞修精禋,祗报嘉贶崇丘禴事,升配彼天。奠献孔明,胙飨斯答。既受伊祐,敷于四方。

出处:《中兴礼书》卷三三。

南郊赦文
(淳熙十二年十一月二十二日)

门下:受命而申帝休,丕笃万方永祐;祭郊以定天位,聿崇三岁之仪。粤缵绍于庆图,书功绩于彝典。荷太上圣明之训,懋群元纯辑之仁。夙夜克勤,义问获安荣之侍;神示可得,礼禀缫斋敬之存。谓号慕之诚涤修,故圜丘之祠迭举。两仪并况,非合祛无以昭报本之诚;九庙肇基,非升侑无以表扬功之谊。乃拜泰元之尊于冬日之至,乃推文德之配于夏歌之陈。属雨旸之以时,暨内外之无患。曼寿阐亲闱之庆,淳风陶民域之和。祗集繁禧,益思精飨。始伸朝荐,旋饬裸将。奠邑既竣,钦柴斯设。星陈千仗之卫,岳峙重坛之陜。建玉路之太常,前戒帷宫之止;盛衮龙之法服,中严午陛之升。匏爵三进而诚意通,《云门》六变而休气洽。二后在天而昭假,百神受职而具依。祝厘咸造于明廷,归胙上承于慈闱。翠舆旋跸,阊戟先驱。遍宇县以胪欢,辑家邦而锡羡。载念监观丕显,畴载冈私。神策有增授之祥,既嘉承于景福;祠官无专乡之祷,盍敷锡于黎民!其示隆宽,式均大赉。可大赦天下。於戏!物盛多而能备礼,致禋适会于丰登;祉函蒙而常若期,布泽更恢于旷荡。咨文武忠良之位,偕远近大小之臣。协赞谋谟,交修职业。益怀勉励,永保康平。赦书日行五百里,敢以赦前事言者,以其罪罪之。

出处:《中兴礼书》卷三八。
考校说明:原书系于淳熙十二年九月十三日,据《宋史》卷三五《孝宗纪》、《宋会要辑稿》职官五等改。此赦文内容已删,《宋会要辑稿》载有所删之大部分内容,今录以备考:

命官犯罪,遇恩全原,唯赃罪结案,余限三十日具事因申省。其元勘官司为见已遇赦恩,更不依条限具申,至有经隔累年,名挂罪籍,刑、寺不作结绝,有碍升改注拟之类,仰所属将似此之人须管依条限开具事因,仍令刑、寺常切检举催促,不管违戾。(《宋会要辑稿》职官五)

勘会官员任满批书印纸多有小节不圆,见拟注授升改,并四川、二广升改考第举主定差使阙恩例名次应得格法,缘本路转运司行遣或州军批书不依条式及小节不圆致取会留滞,有碍参选,并许令就行在召本色官二员委保,先次放行,案后取会如有违碍,依条改正。(《宋会要辑稿》职官八)

勘会昨吏部申明指挥,将二广、湖南北、京西路州军见添差听候使唤使臣内曾经从军立功拣汰之人,任满无力前来参部,并许经本任或寄居州军陈乞添差指射五阙,本州保明申部,从上拟差;如同日有在部人指射,先注在部人。其兵部所管副尉、下班祗应即未该载,可令照应吏部已申明指挥陈乞施行。(《宋会要辑稿》职官一四)

应绍兴三十一年以后归正京朝官、大小使臣、选人、文学、校副尉、下班祗应任数已满之人,缘添差不厘务,不许关升,将来有碍荫补。自今可令吏、兵部依官序先次注授正阙差遣,将副以上随才擢用。或愿就宫观岳庙者,特许陈乞一次,内任数未满人,愿依旧添差者听。其诸州军顺官候满七任日,一体施行。(《宋会要辑稿》职官五四)

特奏名文学依法遇赦日年已六十者,许二年内参选注权入官。其年六十三岁以上,如有举主二员,可权差破格岳庙一次。(《宋会要辑稿》职官五四)

四川茶盐酒课折估虚额钱,累降指挥减免,尚虑州县巧作缘故催理,有失宽恤之意。仰制置司、总领所、茶马司常切觉察。如有违戾,按劾以闻。又勘会在法违欠茶盐钱物,止合估欠人并牙保人物产折还,即无监系亲戚填还及妻已改嫁尚行追理之文。昨降指挥,令户部检坐见行条法申严行下。如敢违戾,许人户越诉。勘会官司辄立茶盐钱虚给帖子均科人户,勒令赍钱赴铺缴纳,未尝支给茶盐,显是违法科抑。仰提举司及诸州主管官严行禁戢,仍许人户越诉。勘会州县应捉获私茶,合解所在税务合同场估价召人请买。访闻场务积压年深,以致陈损,不堪食用,多是科抑铺户或令栏头认数出卖,拘收价钱。尚虑追扰监系,可日下尽行除放。(《宋会要辑稿》食货三一)

勘会催科自有省限,州县往往不遵条法,先期预借,重迭催纳,以致多出文引,非理追扰;或勒令保长代纳,于受纳之际,容令合干等人多端阻节作弊,倍加斗面,非理退换,洎至纳足不即给钞。仰监司严加觉察,如有违戾,按劾闻奏,仍许输纳民户赴监司陈诉。(《宋会要辑稿》食货七〇)

　　勘会已降指挥,淮南州军淳熙十二年终合起上供分隶等钱物,并已立定分数展免。可将未纳钱物并与除放,其已纳在官之数,理充将来名下合纳税赋。(《宋会要辑稿》食货七〇)

　　在法,大保长愿兼户长者,轮催纳税租,一岁一替;即因展限而欠数者,后科人催及,辄勾追催税人赴官比磨者,各有条法断罪。访闻诸县纵容案吏、乡司受上户计嘱,抑勒贫乏之家充催税保长,更不照应省限,多出文引偏行点追。到限比磨,每承一引,必巧作名目,乞觅钱物,仍将逃亡倚阁税赋抑令陪备,或至破家失业。仰监司常切觉察,如有违戾去处,按劾以闻,将当职官吏重置典宪,仍许被扰保长越诉。(《宋会要辑稿》食货六六)

　　在法,病人无缌麻以上亲同居者,厢耆报所属,官为医治。访闻比来店舍寺观遇有病患,避免看视闻官,赶逐出外,及道路暴病之人店户不令安泊,风雨暴露,往往致毙。可令州县委官检察,依条医治,仍加存恤,及出榜乡村晓谕。(《宋会要辑稿》刑法二)

　　州县间有将人户计口抑负食盐严限催钱,过于常赋,深山僻远无得免者,稍有违限,便行追断号令。可令提举司觉察禁戢。如有违戾,按劾施行。(《宋会要辑稿》刑法二)

　　官司辄立茶盐铺虚给帖子均科人户,勒令赍钱赴铺缴纳,未尝支给茶盐,显是违法科抑。仰提举司及诸州主管官严行禁戢,仍许人户越诉。(《宋会要辑稿》刑法二)

　　州县酒坊多就人户赊籴米麦,不支价钱,即将酸黄酒抬价折还,或因节朔吉凶修造之类,抑勒酤卖,监系追纳官钱,显属骚扰。可令监司常切觉察,如有违戾去处,按劾以闻,仍许人户越诉。(《宋会要辑稿》刑法二)

　　州县以权势亲戚过往干托,辄于乡村差借人夫,显属违法。仰监司常切觉察,按劾以闻,仍许人户越诉。(《宋会要辑稿》刑法二)

　　人户折帛钱已降指挥,听以钱会中半轮纳。访闻州县间有抑纳银两,重困民力,可令监司觉察按劾。(《宋会要辑稿》刑法二)

　　诸路州县见追积年官赃并捉获私茶盐酒醋匿税商贩违禁之物,及应犯罪合追赃备赏并以官钱代充之人,如委实贫乏,或已不存,无可催理,见行监锢家属并干系人名下均摊备偿,及监司州县一时增立若特立赏钱,或已籍没家财外有追理未足之数无可送纳,或见在配所除克请给,并特与蠲放。仰州县多出文榜晓谕。(《宋会要辑稿》刑法六)

　　应命官本犯系公罪,在任不曾经取勘,及已去官;监司州军不验照去官条法,辄差人追捕拘系,敕到日,并与释放。(《宋会要辑稿》刑法六)

应官员诸色人犯罪,赦后尚合收坐及犹应勒停,僧道还俗之类,如非情理深重,及因事干连、案后收坐公罪笞杖之人,特依今赦放免。(《宋会要辑稿》刑法六)

州县囚粮合以系省米充。访闻诸县不即依时支拨,止取给于吏卒。可令监司常切觉察,毋致违戾。(《宋会要辑稿》刑法六)

绍兴三十一年以后归正京朝官、大小使臣、选人、文学、校副尉、下班祗应任数已满之人,缘添差不厘务,不许关升,将来有碍荫补。自今可令吏、兵部依官序人先次注授正阙差遣,将副以上随才擢用。或愿就宫观岳庙者,特许陈乞一次,内任数未满人愿依旧添差者听。其诸州忠顺官候满七任日,一体施行。(《宋会要辑稿》兵一六)

应进士年五十以上,五举到省,合赴淳熙十一年特奏名殿试人,缘事赴试不及,若将来殿试唱名入第四等以上,合补授文学之人,虽系年六十以上,与理淳熙十一年年甲,用今年赦恩,召保参选,特差岳庙一次。(《宋会要辑稿》选举二)

呈试材武合干军校不得作弊诏
(淳熙十二年十一月二十七日)

今后呈试材武,令吏部、马军司严行约束合干军校等人,须管依法打硾喝放,毋纵仍前作弊。

出处:《宋会要辑稿》选举二六之一四。

代梁丞相作寿圣齐明广慈备德太上皇后册文
(淳熙十二年十二月一日)

维淳熙十二年岁次乙巳十二月一日庚戌朔,皇帝臣谨稽首再拜言曰:臣闻五三六经,若稽天则,敕叙人纪,罔不上昭帝猷,内融母德,与帱载相永,与曦朒相辉。是以《书》首《尧典》,《诗》首《周南》。盖降羲迄黄,肇允而未具;媲武狄叺,若淑而靡隆。君子于是乎谓帝道莫盛于唐尧,母德无加于文母也。然上下千载,相望遥遥,若夫尧父文母,生同昭时,参天两地,寿俪太极,如日斯升,如月斯常,倬乎如今日之于铄者,复哉不可得闻已。德日新,寿日新,则鸿号硕闻又日日新,顾可掣而不熙哉!恭惟光尧寿圣宪天体道性仁诚德经武纬文绍业兴统明谟盛烈太上皇帝陛下,皇建浑沦,再造穹窿,更生肖翘,重辉宗祏,固天纵之圣神武文。睿聪徇齐,又多绩也,厥亦惟我寿圣齐明广慈太上皇后徽懿渊穆,惠和静专,实左之右之,辅之翼之。在河之洲,言采其荇,《关雎》之所以风天下也;庄敬以思,谦恭以卑,《思齐》之所以垂徽音也;为绤之俗,薄浣之服,《葛覃》之所以化妇道也。至于求贤如《卷耳》,逮下如《樛木》,化行如《兔罝》,由身而家,由家而国,由国而天下。母也克仁,繄光尧有不杀之武;母也克俭,繄光尧有日损之道;母也克逊,繄光尧有黄屋非心之圣。惟父惟母,同道一德,惟齐惟钧,光施冲人,恩被函生,格于皇天,自天寿之,有永无艾。臣敢不涓选令日,盼饰上仪,躬率百工,增崇显名,用答扬二亲之光训?盖圣善寿祺,言之不足,我是以有明慈之称;光明宣慈,言之不足,我是以有齐广之称;乃齐乃广,言之不足,我是以有备德之称。且厚以持载,博而能化,德也;贯三为一,袭六为八,备也。众美会焉,万善丛焉,德行纯备,视周之太任无所与逊。臣不胜大愿,谨奉玉册金宝,加上尊号曰"寿圣齐明广慈备德太上皇后"。伏惟殿下同尧之天,合尧之日,对越大养,于万斯年,复无无极,燕翼右序,以笃宋祐,以莁于万嗣。臣诚欢诚抃,稽首再拜。谨言。

出处:《诚斋集》卷九六。

撰者:杨万里

考校说明:杨万里时任太子侍读。"梁丞相"指梁克家。

禁词讼稽违诏
(淳熙十二年十二月七日)

户、刑部刷具人户经台词诉未曾结绝者,开坐名件下元来所属,从条结绝,申部报台。如有稽违及灭裂不报者,具事因申取朝廷指挥施行。

出处:《中兴两朝圣政》卷六二。又见《宋史全文续资治通鉴》卷二七。

免收临安府城外客旅过税五日诏
(淳熙十二年十二月十一日)

雪寒,应临安府城外客旅经过,自今月十二日并免收税五日,毋得邀阻。

出处:《宋会要辑稿》食货一八之一五。

赏罚海丰县官诏
（淳熙十二年十二月二十六日）

守阙进勇副尉、惠州海丰县驻札官陈章赠承节郎,男兴祖特补进武校尉,差充训练官,仍赐钱五百贯;巡检张亨祖、县尉洪铸各降两官资放罢。

出处:《宋会要辑稿》兵一三之三五。

付周必大等问达实契丹事御笔
（淳熙十二年）

达实契丹欲兴兵,不如所传则已,有之则在我岂得漠然? 他日我径举兵则违誓约,若因衅则将何以为辞?

出处:《周文忠公集》附录卷二《周文忠公行状》。又见《攻媿集》卷九四《周公神道碑》。
考校说明:"达实契丹",《攻媿集》卷九四《周公神道碑》作"大石契丹"。

孝宗朝卷二十五 淳熙十三年(1186)

封桩库所支会子付诸军诏
(淳熙十三年正月一日)

　　殿前司马军旧司、步军司官兵、诸班直军兵、皇城司亲从亲事辇官等人,并依则例,令主帅并所隶官司,各日下从实开具所管人同合支钱数,报提领封桩库所。以桩库所(以)桩管会子降付逐处,实时当官支给。其出戍人,依赦文仰主帅将降到则例报所在州军。候到,令知、通同部辖兵将官给散。马军行司主帅开具所管人同合支钱数,报建康府,实时于降去第七界会子内支给。屯驻大军于屯驻州府仰知、通同兵将官据合支钱数,以本处应桩管朝廷会子支给。如不敷,或无桩管会子去处,于上供并诸司不以是何名色窠名内取拨给付。州府军监禁、厢军等准此。

出处:《宋会要辑稿》兵二○之三三。

庆寿赦文
(淳熙十三年正月一日)

　　门下:圣人得宁亲之道,大四表之欢心;君子推锡类之仁,永万年之景命。朕懋遵丕训,诏阐令图。维慈皇德盛于中兴,肆上帝休申于多佑。对昌期之舄奕,登鸿算之延长。且尊归于父者子之诚,若美报其上者下之谊。俶涓嘉旦,祗讲弥文。备物典策之仪,遹敷于光藻;蕃祉老寿之祝,益迓于善祥。载临献岁之元,乃衍修龄之旻。诏警跸于严驾,班会期于显庭。欢腾汉殿之呼,敬协尧封之请。荷神明之右序,获觊施之宣臻。五福之曰寿康,宣骈膺于备顺;亿载之为父母,忻并奉于飨嘉。眷言比屋之民,兴播康衢之颂。逢熙圣运,介美春祺。新日新而又

新,将继扬于懿铄;老若老以及老,宜均赍于群黎。矧振古之难逢,实丕天之大
庆。特超彝制,用锡丰章。可大赦天下。应历事太上皇帝曾任执政、侍从、两省
官、三衙及都统制,可并转一官,内年八十以上人转两官,碍止法人依条回授,仍
令州县长吏致礼存问。太上皇帝龙飞榜登第人,各与转一官资,碍止法人依条回
授。应文武官各加恩者,并与加恩。应文武升朝官、禁军都虞候以上、藩方马步
车都指挥使祖父母、父母已有官封者,与加封;祖父母年七十以上及父母未有官
封者,并与官封。京官、选人、使臣、校尉、医官祖父母、父母年七十已上,特与官
封;已有官封者与加封。得解进士并太学、武学、国子生上舍、内舍祖父母、父母
年七十已上,外舍祖父母、父母年八十以上,并与初品官及封号;已经官封者,祖
父母、父母与转一官资,祖母、母与冠帔。士庶男子年九十以上,特与初品官,妇
人与封号。并经所属自陈。除升朝官至都指挥使外,余照应淳熙十二年十月二
十八日指挥保明闻奏。京官年八十及八十以上,并与转一官资,碍止法人取旨。
应文武官已致仕年七十以上人,并特与转行一官,选人循一资,无资可转人与改
初等京官;年八十人各更与加转一官资。应转太中大夫、观察使以上,特许回授。
应命官新岁年七十当磨勘者,特与放行一资。应文武官校尉、副尉、下班祗应该
遇今赦,各理与当三年磨勘,选人比类施行,碍止法人特许依条回授。应选人使
臣年七十以上愿致仕者,于合致仕官上与转一官,八十以上转两官。应文武致仕
升朝官年七十已上,并与依格支赐羊酒粟帛,其年八十并曾任太中大夫、观察使
以上,仍与倍赐。应见任并致仕升朝官服绿、大夫以上服绯,莅事至今日以前及
二十年、历任无赃滥若私罪徒以上情理稍轻者,并许于所属投状磨勘,改赐章服。
应见任升朝官服绿、大夫服绯,致仕京朝官以上服绿、服绯各及十年,该今赦日年
七十以上,并与改赐章服;内年八十并致仕官大夫以上虽未及十年,亦与改赐。
南班宗室各得与转一官。应宗室文武官及宗妇、宗女已封号、年七十以上,可特
与转官加封,年八十人更加一等官封,碍止法人依条回授。应无官宗室见年七十
以上,可命经所属陈乞,申大宗正司契勘指实,保明以闻,特与补承信即,仍添差
岳庙差遣一次,就寄居州县支破请给,不为理吏部立定员额。应宗女、宗妇年七
十以上未有封号者,特与封号。应行在、绍兴府及两外宗司宗子、宗女、宗妇累降
赦恩自十五岁以上各有添支孤遗钱米,该今赦日年八十人可更特与添支。应在
外州军宗子、宗女、宗妇见年七十人,可与比附行在、绍兴府、两外宗司宗室添支
钱米;其年八十该淳熙二年庆寿赦恩已添支人可更特与添支。令户部检坐则例,
行下所在州军按月帮勘。应命官引年致仕,其间有才识过人而体力精强者,令监
司、郡守于所部搜访,具名以闻,当议量材任用。应临安府迎驾起居父老各合得
封赐外,与倍赐帛。应僧、尼、道士、女冠年八十以上,并与紫衣;已有紫衣者,与

师号。应文武臣宫观岳庙任数已满,依法不应再陈者;该今赦年七十以上,特更许陈乞一次;八十以上,特许两任。应年七十以法不除监司、郡守,如历任曾有治绩而精力尚强之人,令三省取旨。应选人年七十以上依法不应注授,仰长贰铨量,将尚堪厘务人与注残零阙一次;内四川、二广令逐路转运司结罪保明申部,依此施行;愿就岳庙听。於戏! 明尊号而同三皇,弥厚方增之祉;广德教而加百姓,务先博爱之恩。顾迩遐凤被于休风,在耋艾久沾于润泽。会声文之交畅,谅鼓舞之咸和。尚服隆宽,共彰荣治。赦书日行五百里,敢以赦书以前事言者,以其罪罪之。

出处:《中兴礼书续编》卷二二。又见《宋会要辑稿》礼五七之八。

考校说明:此赦文内容《中兴礼书》所载未全,《宋会要辑稿》载有部份其他内容,移录于下:

选人任州县官,在任偶因年老,监司守臣申乞依淳熙八年指挥改差应格岳庙,任满不许再行陈乞之人,如委是年老,不堪任厘务,若该今赦,许经所在州军知通保奏,再差岳庙一次。(《宋会要辑稿》职官五四)

大小使臣年七十以上、体量不堪厘务之人,别无合入窠阙,尚虑失所,并特与差注岳庙一次;八十以上特许两任。(《宋会要辑稿》职官五四)

应曾经十三处立到战功人理宜优异,昨淳熙四年指挥与两任添差不厘务,或岳庙差遣,仍支全分请给;如任数已满,可更与放行一次。(《宋会要辑稿》职官五四)

应诸军拣汰离军大小使臣、校副尉、下班祗应年七十以上,许更添差岳庙一次。

应淳熙十一年特奏名试在第五等,如系国学、临安府进士,特与差岳庙一次,诸州进士与破格岳庙。应淳熙十一年特奏名文学、见年七十已上,依法不应出官,许召保官三员委保正身,于所在州军陈乞保明,申吏部与差岳庙一次。(《宋会要辑稿》职官五四)

归正官添差任数已满人,依郊祀赦文先次注授正阙差遣,将副以上随才擢用,顾就宫观岳庙者,特许陈乞一次。内省待阙之人,若已给到太府寺料历,其本身料钱衣赐依条合行帮支,并宫观岳庙亦有合得请俸,尚虑州军自立员额,不即放行,未称优恤之意。可令所在州军并与按月帮勘,如或拖欠,许经监司陈诉。(《宋会要辑稿》兵一六)

圣寿赐御筵诏
（淳熙十三年正月三日）

恭奉太上皇帝圣旨：今来行庆寿礼毕，所有正月九日赐御筵，于贡院依淳熙二年例免赐。

出处：《中兴礼书续编》卷二一。

周必大南郊恩加食邑制
（淳熙十三年正月十四日）

门下：执嘉牲而见帝，礼莫盛于精禋；奉明德以祈天，任聿崇于显相。朕钦承鸿祐，顺考弥文，藏郊报以备成，沛恩休而溥洽。粤我本兵之寄，膺时进律之襃。焕有宠章，格于公听。通奉大夫、枢密使、荥阳郡开国公、食邑三千六百户、食实封一千户周必大，材宏济物，道重觉民。以真儒无敌之资，运筹乎帷幄；以贤人可大之业，典职乎枢机。风化翼宣而持之以宽洪，智略辐辏而本之于醇正。得守文之体于有要，明防患之端于未形。朝廷赖以尊安，方内闻而悦穆。协气宣臻于穹壤，彝仪秩举于家邦。当一阳肇旅于黄钟，适三岁亲祠于紫畤。明礼备乐，集风马以来歆；授威盛容，焕云龙而在列。使端攸建，祀事惟寅。俨前导以肃雝，迄告成而显罍。宜畴懿绩，用锡庆条。俾衍拓于户租，示亟蒙于祭福。於戏！懋馨香之治，既丕享于神明；严宥密之基，益究勤于夙夜。尚祇美况，共济宏图。可特授依前通奉大夫、枢密使、荥阳郡开国公，加食邑一千户，食实封四百户。主者施行。

出处：《周益国文忠公年谱》。
撰者：李巘

杨万里等除检详告词
（淳熙十三年正月十八日）

敕朝奉大夫、枢密院检详诸房文字陈仲谔等：中台纪纲之所综，宥廷密命之所基，弥纶裨赞，实资司属。汝仲谔粹而审，尔万里鲠而亮，扬觯周行，誉处俱茂，简知既久,宜有递升。或自枢掾而为郡公,或自省郎而为枢掾。其察民纲之得失,稽兵政之治否,则告而长,使庙堂无过举,则为称职。可依前件。

出处:《诚斋集》卷一三三。

撰者:吴燠

大军库见在金银钱会具申尚书省诏
(淳熙十三年正月十九日)

淮东、淮西、湖广总所并江、池州、襄阳、江陵府大军库淳熙十二年终见在金、银、钱、会,并限半月从实开具,申尚书省。

出处:《中兴两朝圣政》卷六三。

平江府海船总辖官等特与犒设一次诏
(淳熙十三年正月二十四日)

平江府顾迳港摆泊当番海船适轻雪寒,可令守臣到岸,依则例将总辖官、船主、梢上招头、矴手等特与犒设一次。据合用钱数,日下于桩管会子内支拨,差官同主兵官给散。

出处:《宋会要辑稿》兵二○之三五。

贡举诏
(淳熙十三年二月四日)

周以三年而考艺,礼重贤能之兴;汉由数路而得人,制严郡国之选。粤我朝之取士,参前代之设科。崇太常讲劝之功,广司马论升之法。网罗该备,秀茂群臻。自朕初元,再涉周星之纪;若时常宪,八登乡老之书。菁菁方喜于人材,济济盖生于王国。属当大比,敢后旁招。饬秋计以偕来,即春官而明试。公卿多文学之士,要皆出于此涂;英俊陈治平之原,将更勤于亲策。勉修素业,期副至怀。

出处:《宋会要辑稿》选举一之一九。

处断缉捕强盗诏
(淳熙十三年二月六日)

敕:强盗六项指挥外,有累行劫至两次以上,虽是为从,亦合依旧法处断,内有情实可悯者,方许奏裁。至于犯在六项之内,如是未获,令提刑审实,督责州郡立赏名捕,期于必得。若有违慢,将当职官按劾施行。

出处:《庆元条法事类》卷七三。

保举归正添差任数已满之人堪从军者诏
(淳熙十三年二月十二日)

归正添差任数已满之人,如有智略沈雄、弓马精熟、堪从军者,在内许侍从、两省、台谏、三衙,在外诸军主帅及监司、郡守,不限人数,各具才能事艺保举闻奏,仍令枢密院置籍。

出处:《宋会要辑稿》兵一六之四。

州军留阙令中书置簿籍定诏
(淳熙十三年二月十三日)

州军留阙,令中书置簿籍定,但自遵守,亦不须行出。

出处:《宋会要辑稿》职官一之六六。

周必大德寿庆典转正议大夫加食邑一千户制
(淳熙十三年二月)

门下:皇天眷命以为君,懋宁亲之要道;圣人大德而得寿,申冠古之鸿名。朕履绪明昌,膺图宏远,肆崇昭于丕册,庸茂衍于多祺。乃眷本兵之贤,有嘉秉笔之懿,哀疏涣渥,敷谂治廷。通奉大夫、枢密使、荥阳郡开国公、食邑四千六百户、食实封一千四百户周必大,明允惠和,端醇简亮。学传道统,孟、荀羽翼于六经;言协忠规,益、稷股肱于庶事。自服赞襄之任,久资康济之才。纾略术于前筹,积功庸于右府。使仪增重,儒效孔昭。大臣之虑四方,洞几微于未兆;司马之掌九法,消奸蠹于无形。和气交孚,缛仪备举。会慈宸之介祉,勒宝牒以扬辉。弥文精琬琰之书,盛事轶篇图之载。庭闱叠庆,自天永锡于万年;帷幄酬勋,与相贵同于一等。方颁旷泽,载饰丰章。以德懋官,升峻班朝之秩;因田制赋,陪荒奠食之封。并示殊荣,式存茂奖。於戏! 养莫大于天下,聿开备顺之符;枢始得其环中,共广爱钦之化。诞惟励翼,服此显褒。可特授正议大夫,依前枢密使、荥阳郡开国公,加食邑一千户,食实封四百户。主者施行。

出处:《周益国文忠公年谱》。

撰者:李巘

三衙射铁垛帘赏诏
(淳熙十三年三月十日)

殿前、马、步军司将来射射铁垛帘人,弓箭手一石二斗力,如射中铁垛帘箭五只,与一石力射中五只赏一同;弩手四石力,如射中铁垛帘箭四只,与三石力射中四只赏一同。

出处:《宋会要辑稿》兵一九之三一。

拘收事故僧道度牒师号诏
(淳熙十三年三月二十三日)

令礼部遍牒诸路州军守臣、签判,遇有事故僧道,度牒、师号并即将尽数拘收,缴申尚书省。专委提刑司觉察。所部州军奉行灭裂,按劾施行。

出处:《宋会要辑稿》职官一三之三八。

太学上舍生刘愚等升甲升名诏
(淳熙十三年三月二十四日)

太学上舍生大职事刘愚等八人两升甲、一升名,黄穟不愿释褐愿趁十四年殿试之人。一升甲、两升名,林弥明一升甲,章斯才等八人、不充职事潘子直并与释褐,赐进士出身,给降敕牒袍笏。内愿赴十四年殿试者听。

出处:《宋会要辑稿》选举二之二四。

勘断翻异之狱诏
(淳熙十三年三月)

翻异之狱已经五推依前翻异者,须管提刑躬亲鞫勘,不得委官代勘;案成,依条差官审录。如依前翻异,即仰本路转运取索前后案款尽情参酌,指定所勘情节是与不是实情,所翻词理系与不系避罪妄行翻异,分明果决指定,不得称为疑虑,具诣实保明闻奏。刑寺据案拟断,申取朝廷指挥断遣施行。

出处:《宋会要辑稿》职官五之四九。

推赏穆永昇诏
(淳熙十三年四月三日)

金州驻札御前诸军前军正将穆永昇特转一资,支犒设银五十两,候统领官有阙申差。

出处:《宋会要辑稿》兵一九之三一。

以庆寿赦推恩武学生诏
(淳熙十三年四月八日)

武学生年七十以上柯箕特与补承信郎;免省上舍生潘子震、周应迪、蔡纮依太学免省上舍生释褐恩例,并特与补承节郎,内愿赴淳熙十四年殿试者听;守年免省上舍生郑觉与径赴淳熙十四年殿试;永免解内舍生陈昌龄等并候将来过省赴殿试唱名日,各与减二年磨勘,内永免外舍生沈仲刚等各与减一年磨勘。

出处:《宋会要辑稿》选举一八之六。

弓箭手弩手中垛帘赏格诏
(淳熙十三年四月八日)

中垛帘弓箭手一石二斗力、十箭,弩手四石力、八箭,依格补两官资外,各特赐钱一百贯;弓箭手一石力、十箭以上,弩手三石力、八箭以上,各特补转两官资。内弓箭手一石二斗力、六箭五箭人依一石力;弩手四石力、四箭人依三石力推赏。余并依格补转。内未填阙并额外效用,并特与依川陕效用十资格法补转一次。其付身令所属日下出给,并所赐钱缴申枢密院,委都承同主帅就教场一并点名给散。

出处:《宋会要辑稿》兵一九之三二。

限田免役条法诏
(淳熙十三年五月七日)

敕:非泛补官及士邑补官人,非曾实供侍从职事,虽寄禄官品秩甚高,不在限田免役之数,其所奏荐子孙同数内自擢科第或显立军功之人,自合依不系非泛补授限田格法免役。

出处:《庆元条法事类》卷四八。

皇太子读陆贽奏议终篇推赏官吏诏
(淳熙十三年五月十四日)

皇太子宫讲《周礼》终篇,依昨讲《春秋》终篇,官属各特转一官资,内碍止法人依条回授,白身人候有名目日特作转官资收使。

出处:《宋会要辑稿》职官七之四一。

特支开赵钱米诏
（淳熙十三年五月十五日）

前添差浙西马步军副总管开赵忠义来归,忧居平江府,可令本府每月特支钱一百贯、米二十石,服阙日止。

出处:《宋会要辑稿》兵一六之四。

韦璞专一主管显仁皇后宅应干事务诏
（淳熙十三年五月二十三日）

显仁皇后宅亲属各已折居,分为五位,所有家庙祭祀及本宅应干事务,向来太上皇帝圣旨令韦訢、韦璞通行主管。今韦訢身故,可令韦璞专一主管,其余不得干预。

出处:《宋会要辑稿》后妃二之二四。

淳熙十三年命贤良方正能直言极谏科考试官诏
（淳熙十三年五月二十五日）

以六月八日引试应贤良方正能直言极谏科庄冶、滕宬,命礼部侍郎兼国子祭酒颜师鲁为制科考试官,祕书监兼国史院编修官兼太子左谕德沈揆、侍御史陈贾并为参详官,司农寺丞陈杞为监门官,太常博士黄黼为封弥官,宗正寺丞宋之瑞为监誊录官,军器监主簿王厚之为对读官。

出处:《宋会要辑稿》选举一一之三八。

杨万里除朝请郎制
（淳熙十三年五月二十六日）

敕朝散郎、枢密院检详诸房文字兼太子侍读、赐绯鱼袋杨万里:朕妙柬耆儒,列之储禁,若经若史,敷绎发挥,必期有补于闻见,固不徒仿古具文而已。唐臣谏篇,兹焉彻卷,畴庸顾可后诸?尔以渊源正大之学,再召为郎,兹列属于枢廷,仍参华于宫寀。凡诵说讲劘之次,皆箴规笃实之言,直谅不阿,忠嘉可尚。一官之赏,未足以酬卿也。惟赞忧诚劲节,论功事情,道本仁义,数十百篇之旨,尔固知之熟矣。兹欲见于举行,尚毋嫌于条奏。可特授朝请郎。

出处:《诚斋集》卷一三三。

撰者:陈居仁

文思院上下界并为一门出入诏
（淳熙十三年七月二日）

文思院上下界并为一门出入,以上界监门充外门监官,下界监门充中门监官。

出处:《宋会要辑稿》职官二九之六。

监司兼权守臣事诏
（淳熙十三年七月九日）

监司去处守臣暂阙,令监司兼权。若监司两员去处,则依官职次序。如遇监司巡历,时暂令本州以次官兼权,毋得辄受知州上下马供给公用之类。

出处:《宋会要辑稿》职官四五之三四。

四川湖广溪洞州军城堡等处承袭差遣事诏
（淳熙十三年七月二十九日）

兵部行下逐路安抚司,取见本路州军治边承袭去处,逐一检照元降指挥及承袭官资并升转次第,委官详加考订,限一季置册缴申枢密院。

出处:《宋会要辑稿》职官一四之一四。

申报修内司工匠人兵等逃亡人数诏
（淳熙十三年闰七月十三日）

修内司工匠人兵、临安府不系拣中禁军,今后遇有逃亡事故,未得收填,月具人数申三省、枢密院。

出处:《宋会要辑稿》职官三〇之五。

支降会子付淮东淮西湖广总领所充和籴桩管米钱诏
（淳熙十三年八月二日）

令提领封桩库所支降会子一十五万六千二百六十九贯付淮东总领所,三十二万六千三百一十二贯付淮西总领所,三十万贯付湖广总领所,并充今年和籴桩管米钱支用。

出处:《宋会要辑稿》食货四一之一四。

湖广总领所籴米诏
（淳熙十三年八月八日）

令湖广总领所照应已降指挥,分拨价钱就江陵府籴米二十万贯,委本府认数桩管。

出处:《宋会要辑稿》食货四一之一四。

别降江西长短引发卖诏
（淳熙十三年八月二十三日）

京西南路提举司见卖浙盐钞引一万袋,依递年例,别给降江西茶长引一十万贯,短引一十万八千四百三十贯,趁时措置发卖。

出处:《宋会要辑稿》食货三一之二八。

奖谕吴挺诏
(淳熙十三年八月二十三日)

阃外制将军,方有成于东乡;舟中皆敌国,应无虑于西河。

出处:《宋会要辑稿》兵一三之三五。

尤袤等分授郎中制
(淳熙十三年八月)

敕中奉大夫、尚书右司郎中尤袤等:中台之属,隋唐有左右司郎官,后因之。右府置检详,自本朝熙宁始,弥纶省闼,举正稽违,盖其职也。事剧地要,选用不轻。尔袤问学该洽,辅之以敏。尔万里操履纯茂,济之以和。尔崇一才术通练,持之以静。兹予分命汝等,往赞吾二三大臣之政。天下之事得习熟于闻见,议论其可否,推而行之,何有不可哉!往懋远业,以俟超擢,可依前件。

出处:《诚斋集》卷一三三。
撰者:王信
考校说明:编年据尤袤宦历补,见《南宋馆阁续录》卷九。

大理寺减吏诏
(淳熙十三年九月四日)

大理寺左断刑减胥佐一人、楷书三人、私名二人,右治狱减贴书一人。

出处:《宋会要辑稿》职官二四之三七。

士岘除使相恩数诏
(淳熙十三年九月二十八日)

士岘已除开府仪同三司,除依格见差抱笏祗应外,其恩数、诸般请给、人从等,并依士歆昨除开府仪同三司前后已得指挥。

出处:《宋会要辑稿补编》第一一页。

推赏王侃等诏
(淳熙十三年九月二十八日)

王侃特转一员,减三年磨勘,候今任满日令再任。刘大明特补进义副尉,陈端与转三资。

出处:《宋会要辑稿》兵一三之三五。

减免漳泉州身丁钱米诏
(淳熙十三年十月七日)

户部将漳、泉州、兴化军减免身丁钱米,照应已支降拨还钱数,各与理豁,仍札下福建路转运司并逐州照会。

出处:《宋会要辑稿》食货六六之一七。

减免殿前司每岁认纳内库坊场钱诏
(淳熙十三年十月八日)

殿前司每岁认纳内库坊场钱,四分为率,推免一分,仍与放一界。日后毋得再有陈乞。

出处:《宋会要辑稿》职官三二之一七。

铨量川广知州军诏
(淳熙十三年十月二十七日)

今后四川、二广知州军见居川、广合阙到半年前奏事人,及系见阙去处,并令诣本路转运司禀事,仰漕臣精加铨量,人材委堪任使、非昏谬老疾之人,结罪保明申尚书省。

出处：《宋会要辑稿》职官四七之四四。

吴璘再任诏
（淳熙十三年十一月六日）

寿圣齐明广慈备德太上皇后亲侄、宣教郎、直秘阁、添差充两浙西路安抚司主管机宜文字、不厘务、赐绯鱼袋吴璘，候任满日，特令再任，仍厘务，请给、人从等并依已降指挥施行。

出处：《宋会要辑稿》后妃二之一八。

王丞相进玉牒加恩制
（淳熙十三年十一月二十一日后）

载籍之传五三，壮太祖、太宗之立极；贤圣之君六七，耀永昭、永厚之诒谋。

出处：《容斋三笔》卷八。又见《洪文敏公集》卷八。
撰者：洪迈
考校说明：编年据《宋史》卷三五《孝宗纪》补。"王丞相"指王淮。

梁克家罢右丞相制
（淳熙十三年十一月二十三日）

具瞻而秉国钧，久赖经邦之辅；移病而归相印，肆宏就第之恩。眷予庙社之英，薪解机衡之重。申盼明命，宣告昕廷。具官梁克家敦厚而直温，忧悔而简亮。褒为举首，贵名早压于绅绥；灼见俊心，瑰望允隆于耆老。自载仪于大柄，益增耀于中台。处躬如权石之平，宰物验蓍龟之决。阴阳燮理，百谷用成；良俊登崇，九功惟叙。览观事业，逾前后之数公；典领策书，究《春秋》之五传。方履浸昌之会，适罹无妄之灾。暂云偃息以在床，未爽进为而抚世。遽陈恳款，规即退藏。留行屡饬于训辞，勇去莫回于雅志。庸稽故实，加贲宗工。即学士之大称，仍文阶之极品。珍台闲馆，独冠皋伊之伦魁；广厦细旃，上论唐虞之盛际。式昭朕意，曲便尔私。於戏！有荣观而燕处，超然既闵劳于官职；俾纯嘏而弗禄，康矣更入告于谋猷。伫闻药喜之亨,尚迪栋隆之吉。

出处:《宋宰辅编年录》卷一八。

梁克家醴泉使兼侍读制
(淳熙十三年十一月二十三日)

珍台闲馆,独冠皋、伊之伦魁;广厦细旃,尚论唐、虞之盛际。

出处:《容斋三笔》卷八。又见《洪文敏公集》卷八。
撰者:洪迈
考校说明:编年据《宋史》卷三五《孝宗纪》补。

答梁克家诏
(淳熙十三年十一月二十三日后)

一言可以兴邦,念为臣之不易;三宿而后出画,勉为王而留行。

出处:《容斋三笔》卷八。又见《洪文敏公集》卷八。
撰者:洪迈
考校说明:编年据《宋史》卷三五《孝宗纪》补。梁克家时以“丞相”除“醴泉使兼侍读”,见《容斋三笔》卷八。

杨万里等除左司郎中制
(淳熙十三年十一月二十五日)

敕朝请郎、守尚书右司郎中、兼太子侍读、兼提领措置拘催钱物所、赐绯鱼袋杨万里等:东西府掾,得日造政事堂,与大臣商略可否,属任顾不重哉! 尔万里问学醇深,优为时用;尔大麟见闻殚洽,不求人知;尔仲艺论议闳通,可济世美。或晋厥序,或需其才。并命同升,师言惟允。往其弥纶检用,叶赞而长,毋负有怀不尽之愧,则官无旷事,而朕为得人,钦哉! 可依前件。

出处:《诚斋集》卷一三三。

撰者：陈居仁

建康府等三处存留总管窠阙诏
（淳熙十三年十二月二日）

建康府、隆兴府、福州三处依旧存留总管窠阙，专差转员后合得恩例人。

出处：《宋会要辑稿》职官四八之一一九。

推勘公事干连人事诏
（淳熙十三年十二月三日）

今后得旨推勘公事内有干连人合先摘断，仰逐旋申取朝廷指挥。

出处：《宋会要辑稿》职官二四之三七。

得伯父或兄弟封赠之家子孙同编户差役诏
（淳熙十三年十二月四日）

敕：今州看详父、祖生前不曾任官，得伯叔或兄弟封赠之家子孙，遵从乾道八年十一月二十六日指挥，同编户差役。其元自任官、后经赠官之家，不用封赠官限田，止以生前曾任官减见存官之半置田。

出处：《庆元条法事类》卷四八。

减省官吏诏
（淳熙十三年十二月九日）

左藏东库减库子二人，兵士二人；西库减库级五人，兵士一人；西上库减兵士三人。

出处：《宋会要辑稿》食货五一之一三。

兵部、库部共减守当官一人，正帖司一人，私名二人；职方、驾部共减守当官一人,私名一人。
出处:《宋会要辑稿》职官一四之一四。

　　刑部并进拟案共减书令史一人,贴司二人,私名一人,主事一人。
出处:《宋会要辑稿》职官一五之二六。

　　御药院减缕金作、头冠作、戎具作各一人,腰带作、小木作各一人。
出处:《宋会要辑稿》职官一九之一五。

　　检详所减主管文字一人,亲事官一人,厨子一人,白直兵士二人,看管兵士二人。
出处:《宋会要辑稿》职官六之一九。

　　户部左、右曹各减守当官一人,贴司一人,私名一人。
出处:《宋会要辑稿》食货五六之六三。

　　祗候库减般担役使兵士三人,防护军兵九人。
出处:《宋会要辑稿》食货五二之三六。

　　中书后省减守当官一人,御厨工匠一人,把门兵士一人,剩员一人,长行一人。门下后省减守当官一人,御厨工匠一人,看管杂役、剩员、长行一人。
出处:《宋会要辑稿》职官一之八三。

　　学士院减守阙驱使官二人,厨子并洒熄打并看管兵士各三人,院子一人。
出处:《宋会要辑稿》职官六之六二。

　　官告院减贴司一人,工匠一人,看管兵士二人。
出处:《宋会要辑稿》职官一一之七四。

　　秘书省吏额内正系名、守关系名各减一人。编修会要存留点检文字一人,书库官二人。自今都孔目官年满日存留一人,从上递趱已存留人一人赴部注授。使臣专知官一人例兼供给文字,且令依旧,候离司日,供检文字更不作阙。诸色人兵厨子减一人,翰林司减一人。潜火殿前司差到一十人内减二人;步军司差到一十七人内减三人,并步军司元擘历九人内减二人;临安府差到将兵二十人内减四人。厢军二十九人内减六人,看阁军员六人内减一人。所减人数且令依旧,候离司、事故,更不作阙,其人兵亦许存留,如事故,更不差人。

出处:《宋会要辑稿》职官一八之四四。

检详所减主管文字一人,亲事官一人,厨子一人,白直兵士二人,看管兵士二人。

出处:《宋会要辑稿》职官六之一九。

令行在殿步司及诸军再支雪寒钱诏
(淳熙十三年十二月二十一日)

积雪沍寒,军人不易。其行在殿步司及诸军可依已支雪寒钱体例,再支一次。令主帅并所隶官司各日下将见管人数从实保明,报提领封桩所,并实时以见钱降付逐处,当官支给。

出处:《宋会要辑稿》兵二〇之三五。

赈济临安府城内外贫乏老疾之人诏
(淳熙十三年十二月二十二日)

右司员外郎京镗同临安府通判应藏密依已降指挥,于封桩库丰储仓支拨钱米,将城内外贫乏老疾之人,措置计口赈济,候韩彦质归府,一就同共给散。

出处:《宋会要辑稿》食货六八之八四。

潘师卨再任诏
(淳熙十三年十二月二十七日)

寿圣齐明广慈备德太上皇后亲妹之子、武节郎、阁门宣赞舍人、添差干办御前忠佐军头引见司潘师卨今任满日,特令再任,请给、人从、酬赏并依前任已降指挥,仍与厘务。

出处:《宋会要辑稿》后妃二之一八。

奖谕临安府狱空诏
（淳熙十三年十二月）

　　四方典政,实繫廷尉之持平;三宅立民,所贵有司之不犯。时尔理曹之审克,致予天圄之空虚。揽需奏之载陈,激深衷而屡叹。俾天下无一人之狱,朕有志于斯时;制士官于百姓之中,汝益单于明听。肆申褒训,用宠乃僚。

出处:《咸淳临安志》卷六。

孝宗朝卷二十六 淳熙十四年(1187)

减国史日历所官吏诏
(淳熙十四年正月三日)

国史日历所吏额,待阙楷书五人内减二人;存留书库官减一人,止存留点检文字一人,书库官二人,通以三人为额,候离司到部罢。

出处:《宋会要辑稿》职官一八之一○二。

贷济金洋及关外四州诏
(淳熙十四年正月二十一日)

访闻金、洋及关外四州缘去秋雨水频并,今岁艰食,可令四川总领所于逐州桩积米内各借一万石共六万石,拨隶利州路提刑兼提举张缜躬亲前去措置贷济。如将来有支使不尽之数,即逐一具奏,却发还总领所,依元窠名桩管。其已用数目,候丰熟日,仰提举司以常平钱籴买补填,务要实惠及民,毋致流徙。

出处:《宋会要辑稿》食货六八之八四。

长宁军淯井盐监放行邻境出卖诏
(淳熙十四年正月二十一日)

长宁军淯井盐监,许通入泸州乐共城、博望寨、梅岭、板桥、政和堡五处地分贩卖。

出处:《宋会要辑稿》食货二八之二六。

曾赴省试人令再赴省试诏
(淳熙十四年正月二十二日)

礼部将乾道八年至淳熙十一年已令赴省试人,并令再赴今来省试一次,其庆典免解候过省,特作升甲收使。

出处:《宋会要辑稿》选举五之九。

俵散汤药诏
(淳熙十四年正月二十七日)

军民多有疾病之人,可令和剂局取拨合用汤药,分下三衙并临安府,各就本处医人巡门俵散。

出处:《宋会要辑稿》食货五八之一七。

吴璇再任诏
(淳熙十四年二月四日)

寿圣齐明广慈备德太上皇后亲侄、承奉郎、直徽猷阁、特添差通判明州吴璇候今任满日,特令再任,仍厘务,请给等并依已降指挥。

出处:《宋会要辑稿》后妃二之一八。

周必大转光禄大夫右丞相加食邑制
(淳熙十四年二月十五日)

门下:分政柄于东西,久重枢廷之任;咨庙谟于左右,并崇宰路之瞻。乃眷鸿儒,实严宥命,越自本兵之长,进登次相之尊。爰告昕朝,式敷坦制。正议大夫、枢密使、荥阳郡开国公、食邑五千六百户、食实封一千八百户周必大,行醇而守正,识茂而虑周。经纶包万变之微,综囊洞群言之奥。修身有道,审观君子之枢机;正色立朝,稔著贤人之德业。运惟筹于密勿,增国体于安强。天下之务惟几,沉究英谋之秘;儒者之效已试,浸更华岁之多。兹畴弼直之良,务简忠劳之最。熙帝之载,礼特厚于奋庸;代天之工,职敢轻于理物! 匪资硕望,孰懋宏猷。仪图尔能,夹辅予治。乾台彪列,象益炳于六符;庙铉燮和,势更隆于九鼎。峻陟文阶之秩,申开采邑之封。稽于金谐,萃此徽渥。於戏! 唐、虞建官之制,莫先百揆之司;周、召作辅之勋,实出群贤之表。予欲上参于盛际,汝其远绍于前修。阴阳调则庶类遂其宜,刑政清则蒸民乐其业。内俾纪纲之大振,外臻疆宇之永宁。咸思翊赞之方,庸体倚毗之意。尚恢绩用,奚俟训辞? 可特授光禄大夫、右丞相,依前荥阳郡开国公,加食邑一千户,食实封四百户。主者施行。

出处:《周益国文忠公年谱》。又见《宋宰辅编年录》卷一八。
撰者:李巘

周必大辞免左丞相批答
(淳熙十四年二月十七日)

省表具之。魁柄之重,畴咨惟难。未得其人,择之贵乎审;已当其选,任之不复疑。卿以大道格君心,以至公宰天下,已试之效,昭然甚明,非常之才,用而未尽。爰升元辅,式究远猷。乃于登庸之初,遽欲引避而去。开谕已至,恳祈尚坚。在朕心则注意方深,在物论则金言惟允。叟斯伯与固可逊,未闻虞舜之必从;虢叔闳夭虽曰贤,视周公而弗及。以是为说,毋乃太谦。亟其祗承,副此隆委。所辞宜不允。

出处:《文忠集》卷一二九。
撰者:倪思
考校说明:编年据周纶《周益国文忠公年谱》补。

周必大辞免兼职不允诏
(淳熙十四年二月二十二日后)

敕某:云云具悉。朕登崇弼臣,总领庶寀。谋谟德业,分畴左右之贤;典策章程,兼揽古今之谊。卿学该伦类,识贯本元。兹奋庸于宰庭,爰帅属于史观。载统皇纲之纂述,仍提邦宪之刊修。职并萃于真儒,望益孚于众俊。自盼有命,实振斯文。观故事而条便宜,更酌方今之要务;先远业而奏宽大,尚恢一定之良规。其略谦辞,以抒贤蕴。所辞宜不允。

出处:《文忠集》卷一二八。

撰者:倪思

婉容张氏进封贵妃制
(淳熙十四年三月二日)

朕董择柔仪,宣明内治。奉慈闱之养,上焉祇事于两宫;佐中壸之徽,下以翼齐于九御。克艰厥选,兹得其人。申制绵以诞扬,亘廷绅而倾听。婉容张氏性资娴肃,矩度渊英。德盛雎鸠,擅彤管三章之美;礼崇褕翟,应良家八月之求。自虞侍于邃清,即浸蒙于腴泽。恩隆而志愈巽,位峻而身益恭。兰行桃姿,茂迪嫔嫱之化;瑶环瑜珥,动循珩佩之和。曡舭不替于忧勤,琴瑟日章于窈窕。靖言懿范,妙简深衷。是用稽参往策之文,登晋列妃之冠。宸班一品,有严玉瑱之华;天极四星,于赫殊躔之贵。昭其命数,匪我私亲。於戏!《鸡鸣》与贤女之思,久赖陈诗之戒;鱼贯利宫人之宠,更图观象之孚。勉辑芳猷,永绥多祐。

出处:《宋会要辑稿》后妃三之一〇。

嵇全特补承信郎诏
(淳熙十四年三月十一日)

归正殿前司前军白身效用嵇全为系远人,从军日久,特补承信郎。

出处:《宋会要辑稿》兵一六之八。

廷试策问
(淳熙十四年三月二十六日)

朕临政愿治有年于兹矣,自强不息,法天之健,久而不已,如日之常,期仰对于慈训,以复我烈祖之德,而志勤道远,未获厥心。是用博延豪英,谂以先务。子大夫贲然来思,必有闳蕴,乐为朕言,肆垂听而问焉。夫移风易俗,本乎选士。汉尚经术,唐重词章,人才虽多,勋业盖寡。今朕躬教立道,训迪多士,伊欲知类通达,化民成俗,协于大学之道,厥路奚繇?家给人足,莫如力田。自齐作内政而兵农分,秦开阡陌而井地废,今淮汉多旷土,江浙多间民,伊欲三时务农,一时讲武,稍复成周之旧,其术安在?六条察州,自古固然。朕下臧否之令至丁宁也,而刺举之章虽交公车,循良之政罕闻郡国,黜幽陟明果可行乎?举尔所知,圣有明训。朕设荐举之制甚周悉也,而岁员溢于铨曹,寒畯沉于选调,以公灭私,得无说乎?何以使吏称其职,毋崇空言?何以使民安其业,毋事末作?何以使刑清而奸改?何以使迩安而远至?其质之古而不悖,酌之今而可行,悉意以陈,朕将亲览。

出处:《政府应制稿》。

撰者:周必大

考校说明:月、日据《诚斋集》卷二二《三月二十六日殿试进士待罪集英殿门》补。周必大时任右丞相。

白身归正及未有正补名目之人陈乞功赏事诏
(淳熙十四年四月二日)

将似此之人,依军功人资格法补授。并将来迁转恩数之类,并与诸军一体施行。

出处:《宋会要辑稿》兵一六之八。

江东年例马料置场籴买诏
(淳熙十四年四月二十七日)

江东转运司将年例马料五万石,委官置场,依市直籴买,不得科敷州县。

出处:《宋会要辑稿》食货四一之一六。

新及第进士授官诏
(淳熙十四年五月九日)

新及第进士第一人詹骙补承事郎、签书诸州节度判官事,第二人罗点、第三人邓驲并文林郎、两使职官,第四人段昌世、第五人李捼并从事郎、初等职官,第六人以下至第四甲并迪功郎、诸州司户簿尉,第五甲守选。

出处:《宋会要辑稿》选举二之二五。

推赏严先等诏
(淳熙十四年五月二十四日)

镇江府驻札御前武锋军统制严先驭军有方,武艺精熟,特转一官,前军统领刘震、右军准备将谓松特支犒设银五十两。

出处:《宋会要辑稿》兵一九之三四。

禁马军行司私借人马舟船诏
(淳熙十四年六月七日)

马军行司今后不得仍前私借人马、舟船,如有违戾,重作施行。

出处:《宋会要辑稿》职官三二之一七。

拘到田产置籍依条估卖诏
(淳熙十四年六月十三日)

诸路提举司将截日以后拘到田产,并置籍,依条估卖,其价钱令本司认数桩收,每季开具申尚书省取旨。

出处:《宋会要辑稿》食货六一之四〇。

付福建帅臣贾选等御札
(淳熙十四年六月十四日)

比日行都愆雨将几月矣,骄阳若此,旱势必广。永念遐远,朕心如焚。今专遣人降香前去,仰本路帅臣可于寺观灵迹去处,诚洁亲往祈求。至于筑坛之法,亦可遵用。仍行下所属州军,务获感应,以宽顾忧。

出处:皇宋中兴两朝圣政》卷六三。又见《宋史全文续资治通鉴》卷二七。

以旱令群臣言时政阙失诏
(淳熙十四年七月七日)

政事不修,旱暵为虐,可令侍从、台谏、两省、卿监、郎官、馆职疏陈阙失,及当今急务,毋有所隐。自来日避殿、减膳、撤乐。

出处:《宋会要辑稿》瑞异二之二五。又见同书仪制六之三〇,《中兴两朝圣政》卷六三,《宋史全文续资治通鉴》卷二七。

监司条上弊害诏
(淳熙十四年七月十日)

夏秋之交,旱暵为虐,深虑州县弊事、民间疾苦雍于上闻,致干和气。可令诸路监司各限半月条具闻奏。

出处:《宋会要辑稿》仪制六之三〇《宋史全文续资治通鉴》卷二七。

诚谕旱伤州县存恤贫民诏
(淳熙十四年七月十六日)

令两浙路帅臣、监司戒约旱伤州县存恤贫民,毋致流徙,因为奸盗。仍措置合行事件开具闻奏。

出处:《宋会要辑稿》瑞异二之二六。

支降江西湖南度牒收籴米斛诏
(淳熙十四年七月二十二日)

江西、湖南州县今岁间有阙雨去处,可各给降度牒三百道付两路提举常平司,随宜措置收籴米斛,每道依例价钱七百贯,听人户以钱银、会子从便请买,毋得稍有科敷。其米并别项桩管,专备赈济赈粜支用。

出处:《宋会要辑稿》食货四一之一七。

赈济赈粜绍兴府诏
(淳熙十四年七月二十五日)

支丰储仓桩管米二万石付浙东提举司,同绍兴府措置于乡村赈济、赈粜。务要周及贫民,毋致失所。

出处:《宋会要辑稿》食货六八之八六。

对易官吏诏
(淳熙十四年七月二十八日)

诸路县分有被旱处,全藉知县奉行赈恤,仰监司、守臣依条审度才力据易,具奏对易,不得遗阙。其庸谬衰病之人,即与祠禄,理作自陈。

出处:《宋会要辑稿》瑞异二之二六。

以旱得雨请御殿批答
(暂系于淳熙十四年七月二十九日后)

念七月之间则旱,咎征已深;虽三日已往为霖,忧端未贳。

出处:《容斋三笔》卷八。又见《洪文敏公集》卷八。
撰者:洪迈
考校说明:编年据文中所述史事补,见《宋史》卷三五《孝宗纪》。

朱熹除提点江西刑狱公事制
(淳熙十四年七月)

敕宣教郎、直徽猷阁、主管南京鸿庆宫朱熹:尔好古道,据正不回,利物爱人,用志弥笃。拥州麾,分使节,先德后刑,民从其化,而救荒之政,所全活者尤众。久从家食,念之不忘。江右持平,往哉惟允。行尔尽心之学,广我好生之仁。可依前官,差提点江南西路刑狱公事。

出处:民国《重修婺源县志》卷六四,民国十四年刻本。又见《道命录》卷六。
撰者:陈居仁

令张澈游九言相视临安府诸县灾伤处诏
(淳熙十四年八月十四日)

临安府诸县今岁间有旱伤乡分,理宜措置。令张澈、游九言前去相视,将合行事件开具申尚书省。

出处:《宋会要辑稿》瑞异二之二六。

夔路沿边差遣依旧格推赏诏
(淳熙十四年八月十七日)

应夔路沿边差遣,今后特依旧格推赏。其到罢人,依十二年九月四日二广已降指挥施行。

出处:《宋会要辑稿》职官一〇之一三。

下四贯例茶小短引付湖北茶盐司发卖诏
(淳熙十四年八月十九日)

行在都茶场纽计四贯例茶小短引一千五百道,下湖北提举茶盐司,令本司将卖到钞拘催赴湖广总领所送纳桩管。

出处:《宋会要辑稿》食货三一之二八。

诚约诸路帅漕司奉行赈济诏
(淳熙十四年八月二十五日)

札下诸路帅、漕司各行下所部州县,专委守令恪意奉行。如敢违戾,觉察按劾。

出处:《宋会要辑稿》食货六八之八八。

减牛羊司吏额诏
(淳熙十四年八月二十七日)

牛羊司减手分一人,节级一人,曹司一人,宰手四人,群头二人,兵士七人。

出处:《宋会要辑稿》职官二一之一四。

禁取索礼上从物诏
(淳熙十四年九月十一日)

敕:诸州总管、路分钤辖等官每任之人,不得需索礼上从物、帘幕、器皿之属。

出处:《庆元条法事类》卷五。

支降取拨会子置场收籴诏
(淳熙十四年九月十二日)

封桩库支降会子五千万贯,委浙西提举罗点和籴米二十万石,淮东总领所取拨镇江府见桩管会子一十九万贯,湖广总领所取拨鄂州并大军库见桩管会子共三十万贯,并各照例选官就丰熟去处置场,内浙西提举平江府置场。招籴堪好米斛,仍一面取见实直开具申尚书省,毋令稍有科抑。

出处:《宋会要辑稿》食货四一之一八。

三衙江上诸军都统制司添差属官更不差人诏
(淳熙十四年九月十五日)

三衙江上诸军都统制司添差属官,并依建康府已得指挥,更不差人,其差下人从省罢法。

出处:《宋会要辑稿》职官三二之一七。

镇江建康府转般仓等见桩管米斛以新易陈诏
(淳熙十四年九月十七日)

令守臣将见桩管米斛逐一契勘元交卸岁月先后,并开具自淳熙十一年至十三年终已对兑过数目分明以闻。仍仰淮东西、湖广总领所今后遇纲到岸,须管拘催赴仓卸纳,依节次指挥以新易陈,不得仍前就般支遣。

出处:《宋会要辑稿》食货六二之六七。

太史局官吏补阙事奏诏
(淳熙十四年九月二十二日)

判太史局并主管官遇阙,并于算造官内升差。灵台郎试补直长,子弟试补额外学生,可自来春铨试为始,三年一次,用《崇天》、《纪元》、《统元历》轮试。其考试官辄徇私曲,或告论鞫勘不实,并依条科罪不荫论。应子弟曾犯刑决刺札者,不许收试。

出处:《宋会要辑稿》职官一八之九七。

诣德寿宫供侍汤药诏
(淳熙十四年十月七日)

今月八日,车驾诣德寿宫供侍汤药,更不还内。

出处:《中兴礼书续编》卷三五。

募草泽治疗太上皇帝诏
(淳熙十四年十月七日)

太上皇帝圣体愆和,服药未效,如草泽有能治疗得获痊安者,白身除节度使,有官人及愿就文资者,并与比附推恩外,更赐钱十万贯、田五百顷。三省可出榜晓谕,径赴德寿宫门外自陈。仍札下入内内侍省差内侍二员,专一收接文字,即时闻奏。

出处:《中兴礼书续编》卷三五。

以太上皇未御常膳权不视朝诏
(淳熙十四年十月七日)

太上皇帝未御常膳,可依唐贞观四年典礼,自来日权不视朝,宰执依时赴内殿奏事。俟太上皇康复依旧。

出处:《中兴礼书续编》卷三五。

太上皇帝服药拟赦书
(淳熙十四年十月七日)

朕仰惟太上皇帝惠心有孚,圣寿无极,比稍违于和豫,今已向于痊安,宜推博爱之仁,诞布如春之泽,庶因祐助,永庆康宁,可大赦天下。赦书到日,罪人除犯劫杀、谋杀、故杀、斗杀并为已杀人者,并十恶、伪造符印、放火及盗官物入己罪至死,官员犯入己赃,将校军人公人犯枉法、监主自盗赃不赦,内枉法自盗罪至死情理轻者奏取指挥,斗杀罪至死情理轻者减一等,刺配千里外牢城,断讫录案闻奏。其余罪无轻重,已发觉未发觉,已结正未结正,咸赦除之。应天下寺观,赦书到之次日,启建祝圣寿道场五日,仍禁屠宰,务要严洁。应五岳四渎、名山大川及祠庙载于祀典者,所在精虔致祷。於戏! 绍业中兴,方享万年之报;因亲大赉,是均四海之欢。咨尔臣民,体予德意。

出处:《政府应制稿》。又见《中兴礼书续编》卷三〇。

撰者:周必大

考校说明:文后原注:"奉御笔批,可并依此施行。"周必大时任右丞相。

差大内行宫宿卫及往来弹压巡检官兵诏
(淳熙十四年十月八日)

大内并行宫宿卫及往来弹压巡检官兵,令皇城司、禁卫所、殿、步司日下差拨,具职位、人数申三省、枢密院。

出处:《中兴礼书续编》卷三五。

遗诏
(淳熙十四年十月八日)

内外文武臣僚:吾以凉薄之质,赖祖宗之灵,宏济艰难,再造区夏。履践大位,岁星三终,倦于忧勤,昭畀嗣圣,优游北宫之内,飨天下之养者二十有六年。春秋几于九龄,康宁备乎五福。从古及今,全者能几? 间以调虞失度,抱疾弗瘳,皇帝屡勤銮舆,躬侍药膳,纯孝之至,上通神明。命乃在天,莫逃定数。迨于兹日,大渐惟几。付托得人,吾复何憾! 太上皇后宜改称皇太后。皇帝成服三日听政,丧纪以日易月;群臣更加开释,勿致摧伤。百官入临,并随地之宜;诸道州府长吏以下三日释服;在京禁音乐百日,在外一月。无禁祠祀、嫁娶。沿边不用举哀。山陵制度,务从俭约。诸不在诰中者,并取皇帝处分。更赖文武臣僚翊扶庶政,益开兴绪,永底丕平。故兹遗诏,想宜知悉。

出处:《中兴礼书续编》卷三五。

考校说明:本文是宋高宗以太上皇身份发布的诏令。

杨万里除秘书少监制
(淳熙十四年十月十一日)

敕朝请郎、守尚书左司郎中、兼太子侍读、赐绯鱼袋杨万里:图书所萃,英俊所躔,号群玉府,为之领袖,必以英儒。尔博古通今,士林翘楚。外官朝迹,俱著劳能;公府枢庭,蔼有问誉。贰于芸省,宣谓殊迁。班峻地严,职闲心佚。对兹新渥,懋尔远图。可特授秘书少监。

出处:《诚斋集》卷一三三。

撰者:陈居仁

上皇太后尊号诏
(淳熙十四年十月十二日)

门下:王者丕扬孝道,稽古圣之格言;尊奉母仪,宪累朝之茂典。盖所以广思齐之化,崇内治之风。眇祇迫于遗谟,俾率循于天下。敢当昧旦,亟正鸿名。寿圣齐明广慈备德太上皇后顺则乾元,章明坤载。佑我昭考,周旋五纪之间;拊予冲人,绍承四海之重。至德光乎妫汭,仁恩播于周京。徽称之崇,慈闱有耀。谨上尊号曰皇太后。合行典礼,令有司检详典故以闻。故兹诏示,想宜知悉。

出处:《中兴礼书续编》卷三五。又见《宋会要辑稿》礼五〇之六。

群臣请还内听政第一表不允批答
(淳熙十四年十月十二日)

省表具之。天倾地折,举率土以同悲;创巨痛深,怆菲躬之何怙。茹苦正沦于骨髓,端忧殆裂于肝肠。夫何百辟之陈,已促万几之御。听于冢宰,初无政事之淹;念昔先人,或可羹墙之见。至于来请,所不忍言。虽众志之重违,在斯心而难徇。所请宜不允。

出处:《中兴礼书续编》卷四〇。

群臣请还内听政第二表不允批答
(淳熙十四年十月十三日)

省表具之。祸变慈宸,哀思尊养。望乘云之驭,方慕于终身;遵易月之文,已违于本志。眇在执丧之始,敢从入趋之常?荐览牍章,趣祈听断。昊天之德欲报,顾岂有穷;法宫之事自亲,抑将何忍。尚承前指,式体予心。所请宜不允。

大行太上皇帝山陵务从俭约诏
(淳熙十四年十月十四日)

大行太上皇帝山陵当遵遗诰,务从俭约。凡修营百费,并从内库支降,如或不足,即以封桩钱物贴支,免侵用经常之费。诸路监司、州、府、军、监等止进慰表,其余礼物并令免进。仍不得以助进奉攒宫为名,有所贡献。

出处:《中兴礼书续编》卷三五。

有司讨论服丧仪制以闻诏
(淳熙十四年十月十四日)

大行太上皇帝奄弃至养,朕当衰绖三年,群臣自遵易月之令。其合行仪制,可令有司讨论以闻。

出处:《中兴礼书续编》卷三九。

群臣请还内听政第三表不允批答
(淳熙十四年十月十四日)

省表具之。家邦大故,哀疚之靡宁,政务繁机,益听修之未暇。比缫群请,叠谕至情。申念棘艰,方深摧割。入居翼室,礼或在于朝端;忧服倚庐,谊敢违于丧次! 况信默不言之始,岂厉精决事之宜,其勉于庶官,讫助成于孝制。所请宜不允。

出处:《中兴礼书续编》卷四〇。

群臣请还内听政第四表不允批答
（淳熙十四年十月十六日）

省表具之。朕以充积咎衅，遭罹闵凶。永惟陟岵之思，可胜居庐之痛！子欲养而亲不在，何以解忧；礼不足而哀有余，固将尽制。而临政之请，拜章屡来。岂有三年之丧，曾无一日之慼？谕意以费，众听其孚。所请宜不允。

出处：《中兴礼书续编》卷四○。

群臣请还内听政第五表允批答
（淳熙十四年十月十八日）

省表具之。朕躬三年之丧，而欲极于孝思；却九重之务，而冀颛于哀奉。屡上还宫之仪，敢闻临政之期。谕答已周，恳祈犹确。慈容如在，忍玉几之暂离；追慕何胜，痛西阶之初殡。特念群心，弥切，国事匪轻。卸遵遗诰之重，仍缓浃辰之久。式咨协辅，姑示权宜。勉循所请。俟过小祥还内，设素幄，辅臣奏事。

出处：《中兴礼书续编》卷四○。

为太上皇行三年丧批答
（淳熙十四年十月二十八日）

览卿等奏，朕以太上皇帝升遐，今方逾月，将来卿等表请易服御殿，情未遑处。朕欲衰绖素幄，俟祔庙毕，然后行祥禫之礼。以日易月，乃近代权制，朕所不忍。卿等可与礼官折衷以闻。

出处：《建炎以来朝野杂记》乙集卷三。

皇太子参决庶务诏
（淳熙十四年十一月二日）

地居子职，所当干蛊以振民；位正储仪，尤藉抚军而监国。礼经具在，史牒可寻。朕祇迪燕诒,敢云暇豫。痛矣非常之变,割于罔极之悲。三年天下之通丧,方谨苴麻之制;百官族人之命戒,勉从素幄之权。谅阴既爽于不言,恭默更妨于思道。皇太子春秋鼎盛,夙夜严祗,久宣北极之辉,蚤辨南阳之牍。远稽贞观,决庶务于承华;近法天禧,见辅臣于资善。庶其习贯,助我财成。皇太子可令参决庶务。其合行事件,令有司检照古今典礼条具以闻。

出处:《宋会要辑稿》礼四九之四九。又见《中兴礼书续编》卷三〇,《宋史》卷三六《光宗纪》。

条约堂除添差诏
(淳熙十四年十一月八日)

宗室岳庙已曾裁减,立为定额。自今堂除添差,须是年高或病患久闲无差遣人方与,不应与者,一面告示。

出处:《宋会要辑稿》职官一之六六。

进纳德寿宫钱诏
(淳熙十四年十一月十四日)

冬至旧例供奉钱四万贯,可日下进纳德寿宫。恭奉皇太后圣旨:昨来有司供纳大行太上皇帝生料并令住供。

出处:《宋会要辑稿》职官二七之五五。

两淮人户包占未耕荒田展限三年自首诏
(淳熙十四年十一月十八日)

两淮人户包占未耕荒田,候岁终,更与展限三年,令申官自首。如限满不首,或所首不尽,诸色人陈告,以限占田给赏,将犯人依条施行,仍令州军多出文榜晓谕。

出处:《宋会要辑稿》食货六一之三八。

供奉德寿宫钱诏
(淳熙十四年十一月十九日)

除依显仁皇后例供奉皇太后外,仍依太上皇后例供奉生辰金银;遇冬年、寒食节例供奉外,更供奉德寿宫钱一万二千贯,充官吏、宿卫、亲从、亲事官、军兵等月给支用。

出处:《宋会要辑稿》职官二七之五五。

收奉介福殿牌等诏
(淳熙十四年十一月二十日)

大行太上皇帝御书"介福殿"牌,及丁亥本命圣像、万寿观本命相属并星官位牌,撒于本殿内收奉,并住香火。

出处:《宋会要辑稿》礼五之二二。

铃束编管犯人诏
(淳熙十四年十一月二十一日)

敕:诸路州军将应编配、监管、牢固、拘管事理重害之人常切铃束,毋令出入走逸,依已降指挥,月具、季具存在申朝廷。如有走逸,将监管兵官取旨责罚。

出处:《庆元条法事类》卷七五。

皇太子参决庶务事诏
(淳熙十四年十一月二十一日)

皇太子可隔日就议事堂参决庶务,兴宰执并公堂系鞋相见议事。如有差擢,在内自寺监丞、在外自守臣以下,悉委皇太子与宰执同议;除授讫以闻。所有守臣除侍从外,余并权免上殿参辞,并于议事堂纳札子,择其可施行者,皇太子同宰执将上取旨。

出处:《中兴礼书续编》卷三〇。

方有开奏无为军屯田事答诏
(淳熙十四年十一月二十三日后)

合用耕兵等,仰马军行司、建康都统司选差,先具年甲以闻。其铁钱七万五千二百贯,令舒、蕲州于见管数内先次支降,仍委方有开专一管干。

出处:《宋会要辑稿》食货六三之五九。

选日开议事堂诏
(淳熙十四年十一月二十九日)

已令修内司将内东门改修充议事堂,于十二月初二日挂牌。可令有司选日开议事堂。

出处:《中兴礼书续编》卷三〇。

供送德寿宫钱诏
(淳熙十四年十二月二十一日)

每遇冬年、寒食节,各供送德寿宫钱一万五千贯,充官吏宿卫亲从、亲事官、军兵等节料使用。

出处:《宋会要辑稿》职官二七之五五。

颜师鲁乞致仕不允诏
(淳熙十四年)

朕惟王者谘谋猷于黄发,求典刑于老成,故引年告休,虽曰常礼,而大夫七十,固有不得谢者。卿纯洁宿儒,心力克壮。方置诸天官之高选,而总常伯贰卿之务。奉公守正,何职不举?上章求归,良所未谕。即安厥位,庸副眷期。

出处:万历《漳州府志》卷一六。

孝宗朝卷二十七　淳熙十五至十六年(1188—1189)

淮东取拨马料赴建康府桩管诏
（淳熙十五年正月九日）

淮东转运司于扬、楚州、高邮军见桩管料内，共取拨马料一十万石发赴建康府就近仓廒桩管，准备淮西总领所以新易陈支用，其船脚縻费照例支降。

出处:《宋会要辑稿》食货四一之一八。

大行太上皇帝未祔庙前禁乐诏
（淳熙十五年正月九日）

昨礼官条具典故，大行太上皇帝未祔庙前，临安府城内外合行禁乐。可令诸路州县准此。

出处:《中兴礼书续编》卷三七。

严惩撰造小报之徒诏
（淳熙十五年正月二十日）

近闻不逞之徒撰造无根之语，名曰小报，转播中外，骇惑听闻。今后除进奏院合行关报已施行事外，如有似此之人，当重决配，其所受小报官吏取旨施行。令临安府常切觉察，御史台弹劾。

出处:《宋会要辑稿》刑法二之一二三。

修造安设大行太上皇帝内椁诏
(淳熙十五年正月二十二日)

皇帝内椁可令有司用沙版随宜修制,候将来掩皇堂,先下椁底板,俟进梓宫于椁底版上定正讫,然后安下椁身,次将天盘曩网于椁上安设。梓宫已有牙脚,止用平底,可就修奉攒宫处制造。

出处:《中兴礼书续编》卷三七。

减左藏封桩库手分军兵诏
(淳熙十五年二月七日)

左藏封桩库减手分一人;巡防军兵,步军司差拨二十人内减四人,临安府差拨五十人内减一十人,枢密院提辖军兵差一十人内减二人,封桩库门步军司所差军兵五人内减一人。

出处:《宋会要辑稿》食货五一之一二。

无为军开耕屯田事诏
(淳熙十五年二月二十三日)

其建康都统司正、副将仰通行部辖,并总辖官兵事务。其马军行司部辖等人,令照应体例开具奏闻。

出处:《宋会要辑稿》食货六三之六○。

高宗谥册文
(淳熙十五年三月九日)

维淳熙十五年岁次戊申三月丁酉朔某日,孝子嗣皇帝臣眘谨再拜稽首言曰:臣闻书契之作,虽始伏羲;百篇之文,实首尧帝。盖其勋足以放上世,其德足以被四表,功成弗处,褰裳去之,荡荡巍巍,与天同大,称谓之际,无得而言。故其生也以尧为名,其没也以尧为号。当世然之,后世传之,亦惟宾其实而已。自时厥后,载祀滋久,光于前闻,独我圣考。恭惟大行太上皇帝有聪明之质而辅之以稽古,有文思之美而将之以允恭,茂实英声,挺出朱邸。靖康之际,裔夷乱华,首提义旅,入卫王室。旋承父兄即真之诏,勉副军民推戴之诚。受命商丘,适符艺祖。侧身修行,拨乱反正。强敌外炽,六师薾之;群盗内讧,四征殄之。遂使宗社再安,华戎一视,此则尧之有成功也。绍兴而后,内治日修。东鞮请贡,却而弗受,北女讲好,为亲许之。祐陵弓剑,归自万里;慈宁驷驭,就养九重。事有至难,以诚而济。然后立九庙以致孝享,躬三推以劝农耕,睦宗族,戢干戈,省刑罚,薄税敛,措斯民于仁寿,致万邦之协和,此则尧之光宅天下也。制作礼乐,开设学校。三岁见帝者十有二,而神示罔不格;大比取士者十有一,而贤隽无或遗。日听治朝,则群公卿士服神明之断;每临讲殿,则老师宿儒骇折衷之言。万几余暇,尤精八法,六经诸子,细书几遍,翰墨有志,该括古今,专门名家,自谓弗及,此又尧之焕乎文章也。临御三纪,未尝倦勤。黄屋非心,力逊于位。别宫燕处,耽玩至道。四受徽号之册,八归大礼之胙。岁时诞节,威仪交举,二十六年殆如一日。臣民有创见之叹,单于有歆羡之辞。汉之栎阳,唐之大安,岁月何浅？制度何陋？盖自尧迄今三千五百有余载,始终一揆,未闻若斯之至者也。夫惟中兴之烈如彼,内禅之盛如此,是宜儒生文士陈篇奏颂,前后以千万计,下至匹夫匹妇,若毫若倪,亦知歌咏盛德于康衢之中。书之史册,垂之亿世,盖有不可胜纪者矣。臣以菲质,凤奉慈训,覆焘以君父之德,付畀以神器之重。方将养志于有截,承颜乎无穷,遽聆殂落之诰,难胜丧考之痛。三年制服,固已恪行;七月告期,敢违旧典？博稽金论,请命郊丘。人谋天同,仰对景烁。谨遣具官臣某奉玉册玉宝,上尊谥曰圣神武文宪孝皇帝,庙号高宗。伏惟新陟之灵,在帝左右。垂顾庙祐,序于祖宗。于万斯年,永祚家国。呜呼哀哉！初欲作尧宗,临时议者谓虏有宗尧,遂谥高宗。上曰:"乃圣乃神,乃武乃文。此四者,《书》专指尧德,今谥曰圣神武文,正与尧同谥,文不必动也。"

出处:《政府应制稿》。又见《中兴礼书续编》卷五一。

撰者:周必大

考校说明:题后原注:"任右相日撰,淳熙十五年。"周必大时任右丞相。

选武臣守凤州诏
（淳熙十五年三月二十五日）

彭杲于统制官精选公虑谙练边防民政之人，具名闻奏。其凤州缓急应援一节，仰照应所奏施行。

出处：《中兴两朝圣政》卷六四。又见《宋史全文续资治通鉴》卷二七。

奖谕吴挺诏
（乾道二年十月至乾道四年六月间或
淳熙十三年四月至淳熙十五年四月间）

阃外制将军，方有成于东乡；舟中皆敌国，应无虑于西河。

出处：《容斋三笔》卷八。又见《洪文敏公集》卷八。
撰者：洪迈
考校说明：编年据洪迈任两制时间补。

姚仲复官制
（乾道二年十月至乾道四年六月间或
淳熙十三年四月至淳熙十五年四月间）

李广数奇，应恨封侯之相；孟明一眚，终酬拜赐之师。

出处：《容斋三笔》卷八。又见《洪文敏公集》卷八。
撰者：洪迈
考校说明：编年据洪迈任两制时间补。《宋会要辑稿》职官七六："（乾道四年）九月十一日，诏故宜州观察使、荆湖北路副都总管姚仲追复保宁军节度使、龙神卫四厢都指挥使。"不知日期是否有误。

萧鹧巴词
（乾道二年十月至乾道四年六月间或
淳熙十三年四月至淳熙十五年四月间）

随会在秦,晋国起六卿之惧;日䃅仕汉,秺侯传七叶之芳。

出处:《容斋三笔》卷八。又见《洪文敏公集》卷八。

撰者:洪迈

考校说明:编年据洪迈任两制时间补。

周仁赠父词
（乾道二年十月至乾道四年六月间或
淳熙十三年四月至淳熙十五年四月间）

有子能贤,高举而集吴地;受予显服,会同而朝汉京。

出处:《容斋三笔》卷八。又见《洪文敏公集》卷八。

撰者:洪迈

考校说明:编年据洪迈任两制时间补。

嗣濮王加恩制
（淳熙十三年四月至淳熙十五年四月间）

天神明而照知四方,既下临于精意;王孙子而本支百世,兹载锡于蕃厘。春秋享祀,独冠周家之宗盟;老成典刑,蔚为刘氏之祭酒。

出处:《容斋三笔》卷八。又见《洪文敏公集》卷八。

撰者:洪迈

考校说明:编年据洪迈任两制时间、"嗣濮王"(赵士歆)官历补,见《宋会要辑稿》帝系二。

宪节皇后改谥册文
(淳熙十五年四月九日)

孝子嗣皇帝臣眘,伏以天地同于生育,而地辟乎下,以承天为顺;日月同于照临,而月生于西,以遡日为明。载稽定位之初,爰及垂象之大。惟后配帝,犹阴俪阳,以类相从,厥则不远。肆谥者行之迹,而名者实之宾。行者乎实者虽一定而莫增,谥存乎名者或因时而有改。此礼经所谓称也,在前代莫不由定。恭惟懿节皇后姜子媲芳,蒋茅袭庆。俭约处己,柔明宅心。风述有齐,夙知祀事之奉;睢歌思媚,方观妇顺之昭。遭世和平,同国福祉。顾思念忧勤之已至,谅消息盈虚之有时。天实为之,事其适迹。属重辉于火德,旋正位于长秋。仪物一新,霜露娄变。何仙逝之寝邈,而驹隙之莫追。虽美号尝行于绍兴,而时祀已祔于别室。是皆权制,未正彝章。比者慈皇上宾,礼官襃议。谓孝为德至,自汉唐盖已相沿;而德乃世修,在典谟唯取其盛。今则即南郊而祗请,绍万世以信传。奕庙载成,清祐斯设。悼今追昔,酌事从宜。兼懿而言,乃不专壹惠之义;取宪而易,抑以示正名之常。式播徽音,益刑内治。谨遣太傅、特进、左丞相、兼提举编修玉牒、监修国史日历、提举敕令所、鲁国公、食邑一万五千户、食实封五千七百户王淮,奉册宝改上尊谥曰宪节皇后。伏愿英灵对越,胖兮来思,神宁而欢心乎,礼行而慈服见,依归有所,保惠无疆。呜呼哀哉!谨言。

出处:《宋会要辑稿》礼四九之五七。
撰者:黄洽
考校说明:黄洽时任知枢密院事。

明堂大礼支费并从省约诏
(淳熙十五年四月十日)

今岁明堂大礼,令有司除事神仪物、诸军赏给依旧制外,其乘舆服御及中外支费并从省约。仍疾速从实条具闻奏,及申尚书省。

出处:《中兴礼书续编》卷五。

有事明堂御札
（淳熙十五年四月十日）

敕内外文武臣僚等：朕荷神天之顾，赖宗祐之灵嗣缵丕图，久底多方之义；亲承元祀，率循三载之常。礼盖重于合祫，谊并崇于陟配。念方在谅阴之疚，惧莫修肆类之恭。祇考前朝，具存明宪。虽当宅恤，无敢废尊。乃缘越绋之文，爰饬燔柴之敬。惟郊丘之夙讲，宜路寝之间祠。位度九筵，务斋精而展事；正成万宝，资备物以将仪。庶伸报本之诚，益茂函生之祉。肆孚大号，用戒先期。朕以今年九月有事于明堂。咨尔攸司，各扬其职，相予祀事，罔或不恭。故兹札示，想宜知悉。

出处：《中兴礼书续编》卷五。又见《宋会要辑稿》礼二四之一〇〇。

皇太后还内事诏
（淳熙十五年四月十一日）

朕祈请皇太后还内者数四，未蒙俞允。今早复伸恳切之请，恭奉皇太后圣旨："先帝享天下之养，复游二十余年，升遐此宫，何忍遽然迁去？今几筵又复奉安于此，傥欲还内，当俟终制。"百官宜敬悉皇太后圣意。

出处：《宋会要辑稿》后妃二之一八。

祔高宗神主于太庙德音
（淳熙十五年四月十五日）

门下：朕躬秉孝钦，夙承贻燕。封玉厄而为皇考寿，奄及考终；秉白云而至帝乡，浸成逾远。德宏莫报，痛甚何言！遵礼经三年之丧，仿古制七月之葬。祖载驰心于陟岵，蕆涂藏事于因山。禹穴高临，怆旧朝于玉帛；鼎湖遐想，欢长闳于衣冠。乃者灵驭安徐，霄晨开霁。既协涓成之卜，讫崇甫竁之封。吉仗还归，备九虞而奉主；新宫登祔，绵百世以为宗。载念神域所居，仙游所届。或道涂之涉历，有征役之烦劳。流泽素深，固获众多之助；输勤已至，可稽宽大之行。肆酌舆情，诞申渥惠。高宗圣神武文宪孝皇帝依典故可降德音。云云。於戏！商武祀高宗之庙,功实茂于复兴;栎阳起太上之陵,恩乃优于特赦。兹对在天之烈,趣施货物之仁。尚体哀诚,具孚德意。主者施行。

出处:《中兴礼书续编》卷七〇。

布素终制指挥改进稿
(淳熙十五年四月二十日)

朕昨降指挥,欲缞绖三年。缘群臣屡请易服御殿,姑以布素视事延和,俟祔庙毕别议。载稽典礼,心实未安。服之终制,乃为近古。宜体至意,勿复有请。

出处:《奉诏录》卷六。又见《中兴两朝圣政》卷六四,《中兴礼书续编》卷四一,《建炎以来朝野杂记》乙集卷三,《宋史全文续资治通鉴》卷二七,《宋史》卷三五《孝宗纪》、卷一二二《礼志》,《南宋书》卷二。
撰者:周必大
考校说明:周必大时任右丞相。

王淮罢左仆射制
(淳熙十五年五月四日)

辅赞而藏诸用,首殚经治之勤;明哲以保其身,特厚殿邦之渥。眷时元老,久正上台。首祈解于机衡,肆优加于体貌。诞申涣号,敷告公朝。具官王淮醇懿粹和,洪深端静。包举众善而得其正,调娱官度而归于中。自持魁柄之崇,深极岩瞻之峻。祇承王命,居启沃以为忠;表倡民区,雅阜成之是务。载念岁事之积,具知夙夜之劳。惟肱股分治于四方,且垣翰间谋于三事。等重轻而注意,参内外以考功。乃择郡符,实连乡社。上丞相之绶,姑狥冲怀;视太守之章,勉绥雅俗。躐殿庐之华贯,侈学士之大名。是为儒者之荣,允答政涂之瘁。於戏!御臣以礼,尚留近地之咨;论相惟难,深惜旧人之去。往钦宠数,益茂显猷。

出处:《宋宰辅编年录》卷一八。

李思孝特转一官诏
（淳熙十五年五月九日）

池州驻札御前诸军副都统制李思孝特转一官,其所造战船,令都统司行下本军常切爱护,毋致损坏。

出处:《宋会要辑稿》食货五〇之三一。

填两广知县阙诏
（淳熙十五年五月二十三日）

贺州富川、昭州立山知县二阙,行破格定差初入官注判州司簿尉人一次;贺州临贺、广州番禺、韶州曲江、广州南海、连州桂阳知县五阙,令本路运司照应格法定差应入县令人一次;英州真阳、钦州灵山、贵州郁林、柳州洛容县令见阙,照已降指挥,下本路破格定差一次。如同日却有本等人愿就,先差本等人。

出处:《宋会要辑稿》职官四八之四二。

犒设无为军屯田耕兵诏
（淳熙十五年七月十四日）

无为军屯田耕兵二千人,开垦之初,适值雨水,可令赵汝谊每人特支犒设钱五贯文;其总辖兵将等,仍与等第增给。并以会子支散,具数申尚书省。

出处:《宋会要辑稿》食货六三之六〇。

大理寺推勘公事干连人摘断申取朝廷指挥诏
（淳熙十五年七月二十三日）

大理寺今后得旨推勘公事,内有干连人合先摘断,仰逐旋申取朝廷指挥。

出处:《宋会要辑稿》职官五之五一。

赈荒奖谕韩彦直诏
(淳熙十五年七月)

京师为众大之地,抚属邑以屡丰,水旱无捐瘠之民,咨守臣而共理。粤维旧岁,值彼亢阳,忱念农田,浸艰粒食。内疌图于赈恤,外申饬于拊循。卿体国爱人,奉公任职,酌轻重之宜而发粟,究始终之惠以及时。迄闻全济之多,搆复阜成之旧。敷陈来上,嘉叹不忘。

出处:《咸淳临安志》卷四〇。

犒赏诸军弓箭手弩手诏
(淳熙十五年八月十三日)

诸军弓箭手八斗力能升一石力、射箭三十只,犒赏钱五贯;九斗力能升一石力,射箭三十只,犒赏钱五贯。弩手两石五斗力能升三石力、射箭三十只,犒赏钱五贯;两石七斗力能升三石力,两石八斗力能升三石一斗力,射箭三十只,各犒赏钱三贯。

出处:《宋会要辑稿》兵一九之三七。

讼事送狱不得轻率诏
(淳熙十五年八月二十六日)

诸路凡有讼事,斟酌大小轻重,于送狱之际,不许轻率。仍令刑狱长贰常切稽考,御史台常切觉察。

出处:《宋会要辑稿》刑法三之三六。

除罗颂知郢州诏
(淳熙十五年八月)

敕:朕初承大统,奉天体元。恒访贤才于下僚,仰答帝心于简在。尔初以任子补恩,注监杭镇,继以才艺改任,奉祀潭祠。廉谨称于镇江、行在,词源著于制司、机宜。检点赡军而有干,通判镇府而有声。兹往郢邦,宜自奋励。慰朕渴想,望尔长驱。可。淳熙十五年八月日。

出处:《澉川足征录·文部》。

朱熹除直宝文阁主管西京嵩山崇福宫诰
(淳熙十五年八月)

朕惟廉节不立,风俗未醇,思得难进易退之士表而用之,庶几旷然变其旧习。尔之学术,远有渊源,其为操行,养之久矣。志在忧时,曾未得一日立于朝。比以部刺史入奏便殿,朕嘉其谠论,留置郎曹,盖将进诸清要之地。遽以疾谂,祈反初服。既勉从于素志,复更请于真祠。夫招麾何意于去来,仕止不形于喜愠,此古之清达之士也。朕察尔诚,用是升职二等,听食优闲之禄。身虽在外,亦有补于风化。

出处:《朱子年谱》卷二。
撰者:郑侨

明堂前二日朝献景灵宫圣祖天尊大帝册文
(淳熙十五年九月六日)

伏以维宋懋德,受命上穹。肇开厥祥,自我道祖。妙御详品,储祉我家。锡羡垂鸿,施及后嗣。揭虔报本,三岁有常。谒献蠲明,肃在原庙。属兹恭默,祗遣荐诚。尚蕲为民,弥辑休祐。
出处《中兴礼书续编》卷八。

明堂前一日朝飨太庙别庙祖宗帝后册文
(淳熙十五年九月七日)

伏以天启我宋,列圣继承。统绪鸿明,诞保黎庶。奕奕清庙,实宏兹休。奉盛齐蠲,则莫敢怠。三岁大报,见帝合宫。先日葳仪,丕荐宗祐。惕焉思道,乃命将诚。允期洪庥,懋衍万禩。

出处:《中兴礼书续编》卷八。

明堂飨昊天上帝册文
(淳熙十五年九月八日)

伏以皇矣上帝,辅德罔私。眷顾家邦,维御统历。肆兹在宥,祗典神天。群元辑宁,举秩大报。乃藏精飨,乃开明堂。奠献必亲,奠礼无缺。齐心拜贶,为民祈禠。监观孔照,永锡保祐。

出处:《中兴礼书续编》卷八。

明堂祭皇地祇册文
(淳熙十五年九月八日)

伏以天地帱载,群物以生。诞作之君,宠绥溥率。坤珍藏秘,迄今有年。表里维宁,熙缉令绪。礼崇昭报,谊重合祛乃即总章,祗举大飨。亲执圭币,无敢废尊。子孙黎民,期保昌泰。

出处:《中兴礼书续编》卷八。

明堂飨太祖皇帝册文
(淳熙十五年九月八日)

伏以我祖造邦,克肖天德。受天眷命,笃庆锡光。爰兹菲躬,系接统绪。丕务纂述,遹申钦崇。三岁精禋,礼莫敢阙。亲祠重屋,报贶祈年。祗循旧章,陟配帝后。尚绥厥德,惠以灵长。

出处:《中兴礼书续编》卷八。

明堂飨太宗皇帝册文
（淳熙十五年九月八日）

伏以宗有盛德，丕绍祖功。申休于天，并受景命。佑启孙子，基图延洪。粤兹缵承，夙夜寅畏。明禋报本，练日齐精。奉币九筵，祗荐孝飨。升侑上帝，率循丕彝。蕲监忱诚，聿怀民福。

出处：《中兴礼书续编》卷八。

明堂大赦
（淳熙十五年九月八日）

门下：朕懋承洪绪，祗保令图。荷临顾于元穹，席燕诒于烈祖。敕天之命，曾罔忽于几微；善日者王，夫岂遑于遐逸。务求端而从事，期遵制以扬功。历祚灵长，神人悦穆。緊二十七日之孚佑，不忘乎心；在五三六经之垂辇，莫重于祭。爰修祕祀，具绎彝章。有天下不足解忧，固思亲之弥切；惟圣人为能飨帝，曷报本之敢稽？属当农扈之丰，久底边垂之靖。群黎绥辑，庶类阜城。繇美贶之宣臻，饬明禋之丕举。凤既登于阳陛，兹宜敞于合宫。乃即季秋，载涓初吉。奉盛以告，要肩忠信之心；越绋而行，盖酌尊卑之义。原庙分咨于谒献，宗祊申命于祼将。率迪弥文，稽循前宪。方齐精于清禁，肆荐事于亲祠。高斿歘御于九筵，陟配通崇于二后。焜燋蒸而上达，华璧玉以前陈。乐舞之和，不废于宴娭；黻冕之美，无亏于孝敬。纷百灵之从坐，峨列辟之骏奔。齐酌咸周，史辞迄备。默而思道，可自乡于蕃厘；敛以锡民，庶克承于溥爱。趣敷大泽，式对阆休。可大赦天下。於戏！荐三牺而礼神祇，已秩熙明之典；为百姓而祈祉福，庸恢赦宥之仁。尚赖秉文之贤，共武之俊。暨中外之庶寀，体宽洪之茂恩。协赞予诚，永跻于治。

出处：《中兴礼书续编》卷七。

试补医官诏
（淳熙十五年九月十日）

比年医官少精方脉，可自来年为始，令内外州县白身医人各召文武臣选人医官一员委保,具状经礼部陈乞,于省试前一年附铨试场,随科目试脉义一场三道,以二通为合格,就本所拆卷,出给公据照会,赴次年省试场,试经义三场共一十二道,将五通为合格,以五人取一名,令礼部给帖补充习医生,候次举再赴省试场,试经义三场共一十二道,以五人取一名,八通补翰林医学,六通补祗候。今后特补,许有司执奏不行,其臣僚已奏试医人,更不收试。仍仰礼部、太常寺更参照太医局试补旧法,条具申尚书省取旨。

出处:《宋会要辑稿》职官三六之一〇六。

周必大进封济国公加食邑制
(淳熙十五年九月二十八日)

门下:明堂布政之宫,饬亲承于神祀;大臣事君以道,咨咸享于天心。眷言显相之贤,属举宗祈之礼。繄首崇于使范,爰踵锡于灵厘。丕号播修,群工典听。光禄大夫、右丞相、荥阳郡开国公、食邑六千六百户、食实封二千二百户周必大,高明而博达,端亮而醇深。以儒者之宗,苞古今而会极;负天下之重,懋夙夜以奋庸。方颙钧轴之司,倸峻阶符之望。朝论金穆,政体日新。繇心德之交孚,措邦家之底义。粤此季秋之飨,冠于列辟之趋。灵琐揭虔,肃分于嘉荐;总期昭报,祗协于精禋。辨章咸秩于弥文,励翼具敷于硕画。肆兹拜况,迄用告成。方歆至治之馨香,宜溥湛恩之汪濊。顾惟宅揆,可后疏荣?稽畴公社之华,进启国封之渥,衍荒圭食,陪实井牏,以鬯大猷,以蕃徽数。於戏!恭默而赉予弼,敢忘尊帝之诚;缉熙而单厥心,庸倚佐王之效。尚钦斯训,益缵乃勋。可特授依前光禄大夫、右丞相,进封济国公,加食邑一千户,食实封四百户。主者施行。

出处:《周益国文忠公年谱》。
撰者:李巘

留正明堂进封制
(淳熙十五年九月后)

具官留正蚤历禁严之地,屡更岳牧之司。实修于己而泯然忘名,仁根所性而动则有勇。入佐钧枢之务,肇新军国之容。康济率自中,具孚人望;谋猷告于内,总合朕心。

出处:《宋宰辅编年录》卷一八。

考校说明:编年据南宋明堂大礼时间补。原书系于淳熙十四年八月留正除参知政事兼同知枢密院事之后。

萧燧明堂进封制
(淳熙十五年九月后)

具官萧燧出藩于外则恫幅无华,入侍于内则温恭有恪。六卿分职,独高禁近之班;四辅惟人,遂正疑丞之位。名实既加于上下,老成亦重于典刑。

出处:《宋宰辅编年录》卷一八。

考校说明:编年据南宋明堂大礼时间补。原书系于淳熙十五年正月萧燧除参知政事之后。

黄洽明堂进封制
(淳熙十五年九月后)

朕若昔大猷,三举宗祈之典;相予肆祀,五分使范之联。具官黄洽器大而声宏,任重而道远。渊乎见叔度之量,忠矣识子文之心。伏青蒲则木正于从绳,抗白简则雪消于见晛。进闻邦政,有温良恭俭之风;默运帷筹,无智名勇功之迹云云。

出处:《宋宰辅编年录》卷一八。

考校说明:编年据南宋明堂大礼时间补。原书系于淳熙十五年正月黄洽除知枢密院事之后。

明堂恩恭人李氏封令人制
(暂系于淳熙十五年九月后)

敕:朕诵二《南》之诗,至于流荇采繁,相与共祭,自天子达,皆内助也,故诗人诵之,仲尼定为篇首,其意深矣。具官某妻具位某氏,以尔夫子,为吾从班,肆予初禋,执事有恪。以朕之获助于长秋,则尔亦可以膺修内职之赏矣。晋封美号,庸示宠光。虽曰旧章,实应经谊。可。

出处:《永乐大典》卷二九七二。
撰者:孙逢吉
考校说明:编年据南宋明堂大礼时间、孙逢吉宦历补,见《攻媿集》卷九六《孙公神道碑》。孙逢吉时任国子博士。据《攻媿集》卷九六《孙公神道碑》,孙逢吉未曾任两制官,存疑待考。

拨兵级修盖皇太后殿诏
(淳熙十五年十月十二日)

修盖皇太后殿阙工役人,其德寿宫先降付步军司雄武兵级二百一十五人,并依旧拨归修内司。

出处:《宋会要辑稿》职官三〇之五。

赈恤湖北被水人户诏
(淳熙十五年十月十五日)

湖北路诸州沿江湖水泛涨,居民田亩多被潲浸,令提举司将被水去处优与赈恤。

出处:《宋会要辑稿》瑞异三之一五。

平阳郡王听读礼记终篇推赏官吏诏
(淳熙十五年十月十五日)

皇孙平阳郡王听读《礼记》终篇,教授莫叔光、邓驲各特转一官,谯熙载、姜特立、蓝师古、谯令雍、张师贤、蒋巨卿、张克家各减三年磨勘,高钧、吴端、冯泾、王良、傅昌祖、董致中、成元显、李松、孙昌祖、高琦、姜文用、孙昌嗣、姚思正、王世昌、周昭各减二年磨勘。年限不同人依四年法比折;未有名目人候有名目日收使;诸色祗应人并特支犒设一次。

出处:《宋会要辑稿》职官七之四三。

置焕章阁诏
(淳熙十五年十一月九日)

朕仰惟高宗皇帝恢广运之德,懋中兴之功。着定群方,鼎新百度。制礼作乐,治具毕张;寝兵措刑,仁风大播。盖自缉熙之学,见乎经纬之文。扩斯道于精微之传,观象妙于尊明之养。凡敷言之是训,暨肆笔之成书。焴有洪辉,卓为丕宪。方加裒辑,将谨宝藏。载稽帝世之隆,无越尧章之焕。因揭名于层宇,仍列职于清厢。庶克奉承,用诒永久。其阁恭以"焕章"为名,置学士、直学士、待制、直阁,式循故实,以待贤才。其俾攸司,具著于令。

出处:《咸淳临安志》卷二。又见《愧郯录》卷一四,《古今事文类聚遗集》卷二。
考校说明:月、日据《宋史》卷三五《孝宗纪》、《愧郯录》卷一四、《古今事文类聚遗集》卷二补。原书系于淳熙十五年十月。

特封关羽壮缪义勇武安英济王诏
(淳熙十五年十一月二十一日)

生立大节,与天地以并传;没为神明,亘古今而不朽。荆门军当阳列神壮缪义勇武安王名著史册,功存生民,一方所依,千载如在,凡有祷于水旱雨旸之际,若或见于焄蒿悽怆之间。英烈岩岩,可畏而仰;庙貌奕奕,虽远益新。爰启王封,仍加美号,岂特显尔威德之盛,亦以慰此邦父老之情。尚祈灵助,服我休显。可特封壮缪义勇武安英济王。

出处:《湖北金石志》卷一二。
考校说明:原文末句后云:"奉敕如右,牒行。淳熙十五年十一月二十一日。"

推赏王俊等诏
(淳熙十五年十二月十四日)

临安府、严州津遣到弓箭手将兵王俊等三人合格,各特补一资,支赏有差;余不合格人,令本处依格施行。

出处：《宋会要辑稿》兵一九之三八。

衢州津遣到弓箭手不合格责降钤辖守臣诏
（淳熙十五年十二月二十三日）

衢州津遣到拣中中军兵弓箭手江贵等一十人，承旨司拍试江贵一名合格，特补一资，余不合格人，令本州依条施行。见任路钤皇甫、贵州钤辖王珂各降两官，守臣袁说友展三年磨勘，前任守臣、福建运判沈作砺降两官，路钤、权发遣江南西路兵马钤辖孟守忠、权发遣常州兵马钤潘俊卿各降一官。

出处：《宋会要辑稿》兵一九之三八。

弓弩手试射犒赏诏
（淳熙十五年十二月二十三日）

诸军弓弩手射远箭，每人箭六只，一百七十步，每只支犒赏钱一贯五百，一百八十步、一百九十步，每只支钱三贯；二百步，每只支钱四贯；内有最远者，优赏；一百七步以下为不合格，每人支钱一贯五百。弩手一百步射钱帘，每人箭六只，一只、二只每只支钱一贯五百，三只、四只每只支钱二贯，五只、六只每只支钱三贯，白脚每人支钱壹贯五百。

出处：《宋会要辑稿》兵一九之三七。
考校说明："一百七步以下"句，"七"字下当脱一"十"字。

留正右丞相制
（淳熙十六年正月八日）

朝廷为正事之本，必崇任于真贤；王者置辅弼之官，实畴咨于同德。朕厉精万务，表治庶工。眷言参预之勤，久积具瞻之望。擢升揆路，懋翼邦图。宠以廷扬，宣兹猷告。具官留正才宏识敏，学邃理明。道君子之常应，百为而有守；任天下之重采，众善以为公。自绾帅权，趣膺召渥。出藩入辅，浸高密勿之联；武纬文经，并建长久之道。内翊庙岩之穆，外绥疆琐之安。成绩居多，褒章可后。是用进从二府，置位中台。若元首之有股肱，共恢于邦体；若巨川之作舟楫，协济于化源。朝论正则廉节具诏，士论孚则劳能并瘁。惟几康而弼直，选抡敢轻；载清静以民宁，规恢益重。尔期予治，予匪尔私。仍稽懿典之常，并陟文阶之峻。荒开采邑，衍实丰租。式备恩徽，聿崇宰柄。於戏！帝赉傅说，以沃商宗之心；天授留侯，其兴汉世之业。惟尽忠足以体眷毗之厚，惟加勉足以究施设之宜。俾予永底于阜康，繄汝与膺于休美。尚祇茂命，弥集显庸。

出处：《宋宰辅编年录》卷一八。

周必大左丞相制
（淳熙十六年正月八日）

帝咨百揆以亮功，盖取众贤之协；王命六官而分职，莫如冢宰之尊。朕稽述洪猷，仪图俊德。眷弼谐于政体，俾登冠于台司。诞布明纶，格于公听。具官周必大道推先觉，行迪大儒。秉直方之气，而济以疏通之才；廓高远之识，而辅以醇正之学。瞭若蓍龟之兆，理灼见于古今；确然金石之姿，节靡渝于夙夜。践更二府，酬酢万几。自进秉于国钧，乃备宣于贤蕴。谋谟乎上，足以康庶事；表厉乎下，足以正群工。阴阳理而物遂其宜，社稷安而国蒙其利。比繇颛任，期以首公。望冞峻于中朝，位宜崇于上相。紫绶金印之宠，即廊肆以不移；黄耳金铉之虚，与秦符而增涣。褒扬斯至，倚属匪轻。政已治则尤务于调娱，势已安则当思于振饬。肆华资之超进，仍名秩之序升。衍拓爰租，申陪真食。并从令典，式备优恩。於戏！仲虺为左相于汤，实懋日新之德；高平观故事于汉，益明时用之宜。化惟久可以有成，志惟坚可以有立。使茂业克安于万世，则令名无愧于前人。勉迪训言，钦承眷意。

出处：《宋宰辅编年录》卷一八。

王蔺参知政事制
（淳熙十六年正月八日）

具官王蔺自居班列，即简朕心。听其议论，见其可以有行；观其风采，知其足以任重。处之朝廷，则贪佞自远；试以方面，则威名益闻。涵养既充，气识深厚。比召前于宣室，遂擢长于春官。朕所眷怀，用之犹为未尽；人之属望，歉然常若有余。不逾阅月之间，俾赞中台之重。朕每忧一日万几之繁，未之攸济；尔当思千载一时之遇,惟既厥心。遹观尔成,同归于治。

出处:《宋宰辅编年录》卷一八。

葛邲同知枢密院事制
(淳熙十六年正月八日)

朕建东西二府,以议大政;□□□两柄,以恢远图。宜得老成之儒,赞吾夙夜之命。爰畴硕望,增重公朝。具官葛邲学洞古今,文参造化。议论通达,究经术渊源之归;资禀粹和,得东南温厚之气。小心一德,事朕历年。遍仪华近之班,备罄论思之益。父祖迭居于法从,时乃世臣;声名充满于朝廷,亶为先觉。擢自秋官之长,进陪斗极之严云云。

出处:《宋宰辅编年录》卷一八。

周必大转特进左丞相进封许国公加食邑制
(淳熙十六年正月八日)

门下:帝咨百揆以亮工,盖取众贤之协;王命六官而分职,莫如冢宰之尊。朕稽述洪猷,仪图俊德。眷弼谐于政路,俾登冠于台司。诞有明缙,格于公听。光禄大夫、右丞相、济国公、食邑七千六百户、食实封二千六百户周必大,道推先觉,行迪大儒。禀直方之气,而济以疏通之才;廓高远之识,而辅以醇正之学。瞭若蓍龟之兆,理灼见于古今;确然金石之姿,节靡渝于夙夜。践更二府,酬酢万几。自进秉于国钧,乃备宣于贤韫。谋谟乎上,足以康庶事;表厉乎下,足以正群工。阴阳理而物遂其宜,社稷安而国蒙其利。比繇颛任,期以首台。望岑峻于中朝,位宜崇于上相。紫绶金印之宠,即廊肆以不移;黄耳玉铉之辉,与秦符而增焕。褒扬斯至,倚属匪轻。政已治则尤务于调娱,势以安则当思于振饬。肆华资之超进,仍名社之序升,衍拓爰租,申陪真食,并从令典,式备优恩。於戏!仲虺为左相于汤,实懋日新之德;高平观故事于汉,益明时用之宜。化惟久可以有成,志惟坚可以有立。使茂业克安于万世,则令名无愧于前人。勉迪训言,钦承眷意。可特授特进、左丞相,进封许国公,加食邑一千户,食实封四百户。主者施行。

出处:《周益国文忠公年谱》。

撰者：李巘

加赠王蔺故父太子太师制
（淳熙十六年正月八日后）

　　敕：朕图惟厥初，莫先孝治。二三执政，爵位既崇，追显其亲，累封叠宠，兹其时矣。太中大夫、参知政事、无为县开国伯、食邑八百户、食实封二百户王蔺，故父任朝奉大夫、赠太子少师之道，学识醇深，气节刚正，儒术饰之吏事，词章继于古人。载驰华使之车，仕非不远；通班文石之陛，志乃竟违。收其蕴蓄之余，贻尔贤哲之嗣。参和公鼎，益大德门。兹正位于宫师，庸增光于祢庙。恩典弥渥，尚其歆承。可特赠太子太师。

出处：《永乐大典》卷九一九。
撰者：郑起潜
考校说明：编年据王蔺宦历补，见《宋史》卷二一三《王蔺传》。郑起潜此时未任两制，此文作者当非郑起潜。

诣慈福宫上皇太后起居表文
（淳熙十六年正月十五日）

　　臣某言：伏以正寿母之仪，久伸尊养；谨宫闱之制，载辟常居。历吉既孚，问安敢后？恭惟皇太后殿下翼兴炎运，体厚坤元。思齐以美大任，备膺徽显；得道而游少广，懋履粹冲。礼容凤盛于东朝，圣算方高于南极。乃敢大安之旧，就经长乐之新。羣建飞跂翼之甫成，冀夕膳晨昏之咸通。自尧门之赞化，一本于慈；协禹范之叙伦，大来厥福。华慈懿铄，揭以鸿名，用永奉于亲颜，益垂休于寰宇。清宁是相，兴止攸宜。臣诚笃爱钦，职修定省。形为孝治，弥增四海之光；嘉与群元，更上万年之策。

出处：《宋会要辑稿》后妃二之一八。

禁戢私铸钱及砂毛钱诏
（淳熙十六年正月十九日）

敕：诸路守臣严切督责巡捕官司，所部私铸及见使砂毛钱，禁戢捶毁。日后尚或违犯，尽法施行。若有故纵，奉行灭裂，因致彰露，其守臣并巡捕官并取旨责罚。仰提刑司常切觉察。

出处：《庆元条法事类》卷二九。

给降江西茶引诏
（淳熙十六年正月二十五日）

江西提举司茶引一十五万四千贯，分上下半年给降外，所有江西安抚司茶长引八万九千九十贯九百文、茶短引七万贯，江州通判厅茶长引二万贯、茶短引四万贯，下交引库印造，一并给降，令趁时给卖。

出处：《宋会要辑稿》食货三一之二九。

令应孟明等相度广南盐法诏
（淳熙十六年正月二十五日）

应孟明、朱晞颜与新除都提举广南盐事王光祖，将盐法日下从长相度。如合复旧，即一面措置经久利便施行，毋致再有科抑之弊。仍权于本路诸州军未起湖广总领所岁计钱内截拨一十五万贯补助今年支用，自后却照淳熙十年以前窠名趁办发纳。

出处：《宋会要辑稿》食货二八之二八。
考校说明：《全宋文》又据雍正《广西通志》卷二七收录《谕孟明等措置广西盐事诏》，文字如下："孟明、朱晞颜与提举广西盐事王光祖从长措置经久利便，毋致再有科抑之弊。"（第二八三册，第七〇页）实乃同一诏。

贡举诏
(淳熙十六年正月二十六日)

国家以科目取士,以三岁宾兴,得人之盛,视古亡愧。朕谨守成法,靡所变更。故于大比之年,首下详延之令,非直应故事、为文具而已。夫奔轶绝尘之才,或窘于声律;穷经嗜古之士,或昧于世务。宜令有司,考核其长。吏二千石以时劝驾,俾预计偕,朕将试之春官,亲策于庭,拔其尤异,麋以好爵。布告天下,使明知之。

出处:《宋会要辑稿》选举一之二〇。

罢修内司等处兼安抚司转运司准备差遣人诏
(淳熙十六年正月二十八日)

自乾道以后创置修内司等处兼安抚司、转运司准备差遣人,元非旧例,可并罢,今后更不差人。

出处:《宋会要辑稿》职官三〇之五。又见同书职官四一之一一四。

周必大辞免兼职不允诏
(淳熙十六年正月二十八日后)

敕某:云云具悉。朕严镂牒以扬烈圣之休,谨汗简以纪当世之实。纂修之职,分命于诸儒;纲领之权,必归于上宰。卿以造微之学,贯道之文,既擢冠于群工,宜并提于二史。益摅贤蕴,增焕皇猷。条祖宗典则之休,进而施于政;举朝廷事为之要,退而笔诸书。岂不休哉,无足辞者。所辞宜不允。

出处:《文忠集》卷一二九。
撰者:倪思
考校说明:编年据周纶《周益国文忠公年谱》补。

765

蔡戡除尚书左司员外郎制
（淳熙十六年二月一日）

朕仰惟高皇厉精庶政三十有六年，无一日息。乃壬午逊位，辛卯犹自除吏，尔其一也。

出处：《宋史全文续资治通鉴》卷二七。

上皇帝皇后尊号诏
（淳熙十六年二月二日）

仰惟君父专意奉亲，决策内禅，天地大恩，无以报称，形容盛德，典礼具存。而圣意谦抑，谕使勿请。虽慈训不敢固违，然臣子归尊，谊岂容已！谨上皇帝尊号曰"至尊寿皇圣帝"，皇后尊号曰"寿成皇后"，择日奉表陈请。

出处：《宋会要辑稿》礼四九之四四。

禅位诏
（淳熙十六年二月二日）

朕以菲质，循尧之道，兢业万几，历岁弥长。荷两仪九庙之德，边鄙不耸，年谷顺成，底于小康。爰自宅忧以来，勉亲听断，不得日奉先帝之几筵，躬行圣母之定省，固已慊然于怀，况乎春秋浸高，思释重负。皇太子某，仁孝聪哲，久司七鬯，军国之务，历试参决，宜付大宝，抚绥万邦。俾予一人获遂事亲之心，永膺天下之养，不其美欤！皇太子可即皇帝位，朕当移御重华宫。故兹诏示，想宜知悉。

出处：《政府应制稿》。又见《建炎以来朝野杂记》乙集卷二，《咸淳临安志》卷二，《宋史全文续资治通鉴》卷二七，《两朝纲目备要》卷一，《宋会要辑稿》礼四九。
撰者：周必大
考校说明：题后原注："淳熙十六年正月二十日拟进。"周必大时任左丞相。

奖谕李歧诏
（孝宗朝）

卿在金州清廉有声,所宜推广,以副朕爱养元元之意。

出处:《宋史列传补遗》卷三二。

韩玉伏阙上书御批
（孝宗朝）

韩玉曾任卿监,理当靖共,乃敢伏阙,妄有陈诉,鼓惑众听,渐不可长,可送潭州居住。

出处:《齐东野语》卷一。

赐佛照禅师御札
（孝宗朝）

禅师所奏菩萨十地,乃是修行渐次,从凡入圣,夫复何疑。方知脚踏实处,十二时中曾无断间;以至圆熟,杂染纯净俱成障碍。任作止灭,脱此禅病,当如禅师之言,挥剑刃,卓起脊梁。发心精进,犹恐退堕。每思到此,兢兢业业,未尝敢忘。今俗人乃有以禅为虚空,以语为戏论,其不知道也如此。兹事至大,岂在笔下可穷也？聊叙所得耳。

出处:《咸淳临安志》卷四二。又见《释氏资鉴》卷一一。

附金诏令

大定二年（1162）

谕完颜思敬诏
（大定二年六月二十七日后）

契丹贼败必走山后，可选新马三千，加刍秣以备追袭。

出处：《金史》卷一三三《移剌窝斡传》。

敦促移剌窝斡投降诏
（大定二年六月后）

自契丹作逆，有为贼诖误者，不问如何从贼，但备复业，与免本罪。如能率众来附，或能杀捕首领而降，或执送贼所扇诱作乱之人，皆与量加官爵。朕念正隆南征，猛安亡者招还被戮，已命其子孙袭其职。尔等勿惩前事，故怀迟疑。贼军今既破散，山后诸处皆命将士遏其逃路，尔等虽欲不降终将安往？若犹疑贰，俱就焚灭，悔无及矣。

出处：《金史》卷一三三《移剌窝斡传》。

亲览上书言事诏
（大定二年八月九日）

百司官吏，凡上书言事或为有司所抑，许进表以闻，朕将亲览，以观人材优劣。

出处：《金史》卷六《世宗纪》。

谕御史台诏
（大定二年八月二十三日）

卿等所劾，惟诸局行移稽缓，及缓于赴局者耳，此细事也。自三公以下，官僚善恶邪正，当审察之。若止理细务而略其大者，将治卿等罪矣。

出处：《金史》卷六《世宗纪》。

仆散忠义奏捷诏
（大定二年八月前后）

平章政事右副元帅忠义使使来奏大捷。或被军俘获，或自能来服，或无所归而投拜，或将全属归附，或分领家族来降，或尝受伪命，及自来曾与官军斗敌，皆释其罪。其散亡人内，除窝斡一身，不以大小官员是何名色，却来归附者，并准释放。有能诛捕窝斡，或于不从招纳亡去人内诛捕以来，及或能率众于掌军官及随处官司投降者，并给官赏。各路抚纳来者，毋得辄加侵损。无资给者，不以是何路分，随有粮处安置，仍官为养济。

出处：《金史》卷一三三《移剌窝斡传》。

嘉奖仆散忠义诏
（大定二年八月前后）

卿材能素著，果能大破贼众，朕甚嘉之。今遣劳卿，如朕亲往。赐卿御衣、及骨睹犀具佩刀、通犀带等。就以俘获，均散军士。

出处：《金史》卷八七《仆散忠义传》。

为移剌窝斡事谕尚书省诏
（大定二年九月前）

凡胁从之家被俘掠遂致离散，宜从改正。将士往往藏匿其人，有司检括分付。

出处：《金史》卷一三三《移剌窝斡传》。

建会宁府太祖皇帝庙诏
（大定二年十二月二十七日）

会宁府国家兴王之地，合建太祖皇帝庙，仰于庆元宫基址上修建正殿九间，候工毕委有司以时荐享。

出处：《大金集礼》卷二〇。

颁新定官制诏
（大定二年十二月）

建官咸则于三代，分职仍总于六卿。宣化迩遐，服采内外。卑高以序，名位有伦。旧或舛差，理宜增损。冗散者并其任，繁剧者益其联。悉命有司，存革从允。

出处：《三朝北盟会编》卷二四五。

杨伯雄等廉问山西路诏
（大定三年二月三日）

太子少詹事杨伯雄等廉问山西路。

出处:《金史》卷六《世宗纪》。

魏子平等分诣诸路劝农及廉问诏
(大定三年三月十一日)

户部侍郎魏子平等九人,分诣诸路猛安谋克,劝农及廉问。

出处:《金史》卷六《世宗纪》。

谕纥石烈志宁诏
(大定三年五月后)

卿虽年少,前征契丹战功居最,今复破大敌,朕甚嘉之。

出处:《金史》卷八七《纥石烈志宁传》。

出猎勿扰民敕
(大定三年八月十九日)

重九出猎,国朝旧俗。今扈从军二千,能无扰民,可严为约束,仍以钱万贯分赐之。

出处:《金史》卷六《世宗纪》。

增上睿宗谥号册文
(大定三年十月一日)

臣闻自昔垂训,后世作范,故父有天下,传之于子,子有天下,尊归于父。是以周武克商,始制追王之典,炎刘兴汉,方崇太上之名,百王相因,事贵稽古。惟我圣考,佐佑祖宗,取乱攻昧,辟土开基,天戈所麾,畏威而効顺,仁泽所被,怀德而归心。邻国兴徯后之谣,箪食致迎师之奉。远迩百姓,宁居安业,避焚溺于水火,足衣食于耕桑,皞皞熙熙,盖数十年于兹矣。臣猥以眇躬,起膺推戴,仰念祖

771

宗之丕绪,俯察黎庶之诚心,君临万方,凛若御朽,敬慎伊始,罔敢迫遑。载惟与天同功,流庆有自,衍宗社无疆之福,发本支百世之祥,实我圣考允文允武,克宽克仁,上合天心,下从民欲,天禄渊源之积,非一日也。爰访迩臣,博采群议,咸谓举此大纲,形容具美,金言既允,祗荐鸿名,显扬之微,心潜天觌,臣不胜大愿。涓择吉日,遣摄太尉特进平章政事兼太子太师定国公臣完颜宗宪奉玉册、玉宝,奉尊谥曰立德显仁启圣广运文武简肃皇帝,庙号睿宗。恭惟谟烈有光,音容如在,俯鉴守成之志,尚贻垂裕之休。典册一新,昭示万世。

出处:《大金集礼》卷四。

<h2 style="text-align:center">禁求仕官入权要之门诏</h2>
(大定三年十一月二十一日)

求仕官辄入权要之门,追一官,仍降除。以请求有所馈献及受之者,具状奏裁。

出处:《金史》卷六《世宗纪》。

大定四年(1164)

<h2 style="text-align:center">赎奴诏</h2>
(大定三年十一月二十三日)

中都、平州及饥荒地并经契丹剽掠,有质卖妻子者,官为收赎。

出处:《金史》卷六《世宗纪》。

<h2 style="text-align:center">造总计录诏</h2>
(大定四年正月)

正隆失德,土木、征伐相继而起,有司出纳动千万计,浩瀚连年,莫会其数。临急空乏,惟有取之于民。自今除每岁收支外,并将见管实在之数开具成册,使朝廷通知有余,不足之数,且以革去吏奸,候储积果多,然后议窠名之重轻,考拨定之数目,宽减州县,优恤疲民。

出处:《大金国志》卷一六。

谕元帅府诏
(大定四年六月二十七日)

所请伐宋军万五千,今以骑三千、步四千赴之。

出处:《金史》卷六《世宗纪》。

均赋役诏
(大定四年)

粤自国初,有司常行大比,于今四十年矣。正隆时,兵役并兴,调发无度,富者今贫不能自存,版籍所无者今为富室而犹幸免。是用遣信臣泰宁军节度使张弘信等十三人,分路通检天下物力而差定之,以革前弊,俾元元无不均之叹,以称朕意。凡规措条理,命尚书省画一以行。

出处:《金史》卷四六《食货志》。

大定五年(1165)

悯士卒死者诏
(大定五年正月后)

灵璧、虹县、宿州兵士死者,朕实闵焉。宜归葬乡里,官为赍送,人赙钱三十贯。

出处:《金史》卷八七《纥石烈志宁传》。

推迟尊号礼册诏
（大定五年三月二十三日）

朕以正隆之失御，获承太祖之贻谋，涉道未弘，临政犹浅，不意群工之归美，遽以鸿名而见加，奏牍屡陈，忠恳难夺。朕虽俞允，颜实忸怩。今已勉受应天兴祚仁德圣孝之号。尚念边鄙甫宁，民居始奠，事无欲速，时贵适宜。盖王者必世而后仁，礼至太平而大备，故须待熙洽之际，乃可尽对扬之休。所有礼册，当俟他年举行。

出处：《大金集礼》卷二。

受尊号答诏
（大定五年三月）

自临御以来，尚多阙政，而群工兆姓，为过情之礼，以徽号见加，章至六上，益拒益坚，毋乃激于忠爱，而志在归美，不能自己软！且以国体之重，有不可阙者耶。载念固执予守，则恐郁舆望，披襟全善，则又难自安。其去至明二字，余用勉从。

出处：《大金集礼》卷二。

寿王京谋反免死安置岚州赐诏
（大定五年四月二十五日）

朕与汝皆太祖之孙。海陵失道，翦灭宗支，朕念兄弟无几，于汝尤为亲爱，汝亦自知之，何为而怀此心。朕念骨肉，不忍尽法。汝若尚不思过，朕虽不加诛，天地岂能容汝也。

出处：《金史》卷七四《完颜京传》。

大定六年(1166)

苏保衡疾间视事诏
(大定六年冬)

卿以忠直擢居执政,齿发未衰,遽以小疾求退。善加摄养,以俟疾间视事。

出处:《金史》卷八九《苏保衡传》。

大定七年(1167)

受尊号大赦制
(大定七年正月二日)

朕以菲德,获承至尊,赖祖宗燕翼之谋,启国家兴复之运,以至边鄙撤警,民人奠居,永思积累于咸平,何敢康宁于夙夜? 鸿名显册,实所未遑,恳请交章,诚难固拒。乃涓穀旦,昭受上仪,既扬对天之休,宜厚锡民之福。可大赦天下,内外大小职官,并与覃恩。

出处:《大金集礼》卷二。

应天兴祚仁德圣孝皇帝册文
(大定七年正月八日)

形而上者谓之道,道之用出于自然。物之祖者本乎天,天之功归于不宰。然而尊居四大,茂育群生,观妙有而曰希夷,拟形容而称穹昊。惟圣运化,体道与天,强为之名,盖功德所立者卓,对扬其美,繄臣庶不谋而同。虽由谦让以未遑,其如乐推而不厌。建久安,成长治,况属今休,腾茂实,蜚英声,滋为壮观,恭惟云云。刚健中正,缉熙光明,惟简在于帝心,实矜从于民欲。显膺推戴,非以力求,大获纂承,其惟自度。修德之符欻见,应诚之瑞毕臻。六气和而五谷登,群生遂而万民殖,斯可谓之应天。自顷祸乱,实开圣明。拯生民于阽危,安基祚于阽杌。宗祐有主,人谋与能。仗大顺而挥天戈,征不庭而定皇国。北陲孽寇,授首于势穷,南服远人,寻盟于事迫。拓统无外,邦迓衡弗迷。大烈耿光,丕灵承于祖考。璇图宝历,永孚休于邦家,斯可谓之兴祚。兼爱无私,博施济众,下恤刑之诏,靡冤不申,定寝兵之功,惟暴是禁。续功臣之世而延其赏,去贪人之类而表其廉,非至仁孰能与于此。为政则如北辰,恭己而正南面,昧爽丕显,辉光日新,宜民宜人,克君克长,终始惟一。兹尚鉴于汤铭,威怀所加,肆昭升于禹迹,非至德孰能与于此。道济天下,识居物先,极深研几,通志成务,斯可谓之圣。宗祊合享,祗事惟寅,陵寝蠲蒸,追怀罔极,嗣有令绪,能昭先功。睦亲族而和万邦,通神明而光四海,斯可谓之孝。未膺显册,终郁舆情,固拒诚难,俞音始下。臣等管窥蠡测,虽莫际于高深,玉振金声,敢奉扬于典礼,臣等不胜大愿。谨奉玉册、玉宝,上尊号曰应天兴祚仁德圣孝皇帝。

出处:《大金集礼》卷二。

册封公主名称敕
(大定七年二月二日)

今后封郡王及宗室女封公主者,只于郡名内封,拣十个好名内用。封县主者,只于县名内封。封大长公主,封长公主,或皇公主,于国字内封,已后不须奏,便依例封。

出处:《大金集礼》卷九。

允恭为皇太子诏
(大定七年五月六日)

朕恭膺景命,汇奉丕图,既承九庙之尊,深惟国本,庶系四海之望,用永皇基,斯古昔之宏规,亦邦家之先务。天与上嗣,庆自中宫,绍中国之建储,稽礼经而立嫡,肆遵彝典,式示寰区。皇子楚王某,资赋聪明,才兼文武,刚健而循礼,端厚而寡言。从师友则进学敏修,道古今则经耳成诵。趋庭非懈,见孝敬于问安,养志无违,表忠勤于视膳。至于疏封大国,益尽小心。操履谦和,姿仪肃谨;盖神明之胄禀异,而天地之祐兹弘。是宜叶继照于明离,观主鬯于沨震,上以纂祖宗创业之绪,下以慰臣民引领之诚。其以某为皇太子。仍令有司,择日备礼册命,主者施行。布告中外,咸使闻知。

出处:《大金集礼》卷八。

谕耨盌温敦兀带诏
(大定七年五月十七日后)

凡在卿上者,行事或不当理,咨禀不从,卿以所见奏闻。下位有可用之才,当推荐之。

出处:《金史》卷八四《耨盌温敦兀带传》。

大定八年(1168)

允恭为太子册文
(大定八年正月十七日)

自昔甫天下之君,必严于宗庙,惟时主宗庙之器,莫重乎元良。朕丕荷燕谋,中兴桓拨,惟休大历,用卜于无疆。永言孝思,敢忘于嗣服。盖传家而虑长世,始自夏商以来,立嫡以正诸侯,有若春秋之训。其承天序,匪出服私。咨尔楚王某,祥发中闱,体钟上嗣。生而岐嶷,学则缉熙,烂然揭前星之明,温其涵少海之润。文武之艺,卓尔良能,仁孝之心,充于固有。职在于问安视膳,未尝不承顺其欢。古制有监国抚军,抑克堪负荷其任,固足以增重邦家之本,允协亿兆之心。涓兹令辰,昭以备物。今册尔为皇太子。於戏!象取明两,位为国储,以恩则父子之伦,以义则君臣之分,义不可或阙,臣于君则必以忠,恩不可少忘,子事父则莫如孝,矧左右前后皆其正。当尊所闻行所知,惟出入起居罔不钦,勿逊于佚淫于乐,用光我祖宗之显德,以对兹典册之闳休。

出处:《大金集礼》卷八。

777

禁杀马诏

（大定八年四月十五日）

马者军旅所用,牛者农耕之资,杀牛有禁,马亦何殊,其令禁之。

出处:《金史》卷六《世宗纪》。

谕张汝霖诏

（大定八年）

卿以待制除郎中,勿以为降。朕以刑部阙汉官,故以授卿。且卿入仕未久,姑试其能耳。如职事修举,当有升擢。尔父太师以户部尚书升诸相位,由崇德大夫躐迁金紫,卿所自见也。当既厥心,无忝乃父。

出处:《金史》卷八三《张汝霖传》。

大定九年(1169)

谕宋使口宣

（大定九年十二月十一日）

卿等远持使节来会岁元,适冒寒威,宜加宴劳。今遣具位璋赐卿等宴,仍差南京留守耶律成押宴,并赐教坊乐。

出处:《北行日录》卷上。

谕宋使口宣

（大定九年十二月二十一日）

来持使节,远冒寒威,宜颁在镐之恩,以示礼宾之意。远涉道途,冲冒霜雪,爰嘉劳勤,宜锡芳甘。

出处:《北行日录》卷上。

赐宋使银合汤药诏
（大定九年十二月二十五日）

敕某卿:会朝岁旦,蒙犯寒威,眷惟将命之恭,有加劳勚;宜锡卫生之物,迎致冲和。今差入内内侍御直郎虞友益,赐卿汤药一银合,往堂祗受。故兹诏谕,想宜知悉。冬寒,卿比平好否? 遣书指不多及。二十五日敕。

出处:《北行日录》卷上。

诫移剌道诏
（大定九年后）

京师士民辐凑,犯法者众,罪状自实,毋为文所持,断之以公可也。朕尝谕执政矣,必不以小苛谴卿,勉副朕意。

出处:《金史》卷九〇《移剌道传》。

大定十年(1170)

谕完颜宗叙诏
（大定十年三月十九日）

卿昨为河南统军时,尝言黄河堤埽利害,甚合朕意。朕每念百姓凡有差调,吏互为奸,若不早计而迫期征敛,则民增十倍之费。然其所征之物,或委积经年,至腐朽不可复用,使吾民数十万之财,皆为弃物,此害非细。卿既参朝政,凡类此者皆当革其弊,择所利而行之。

出处:《金史》卷二七《河渠志》。

答宋孝宗书
（大定十年九月）

和约再成，界山河而如旧，缄音遝至，指巩、雒以为言。援昔时无用之文，渎今日既盟之好。既云废祀，欲伸追远之怀，止可奉迁，即俟刻期之报。至若未归于旅枢，亦当并发于行涂。抑闻附请之词，欲变受书之礼，出于率易，要以必从，于尊卑之分何如？顾信誓之诚安在？事当审处，邦可孚休。

出处：《大金国志》卷一七。又见《宋史全文续资治通鉴》卷二五，《续宋编年资治通鉴》卷九。

考校说明：原书系于大定十年五月，《宋史全文续资治通鉴》卷二五、《续宋编年资治通鉴》卷九系于同年闰五月，据《金史》卷六一《交聘表》改。

大定十一年(1171)

宣谕宋使诏
（大定十一年五月）

向来初讲和日，宋朝来祈请徽宗灵枢，已送还了。今再讲和，宋国自当来祈请钦宗灵枢，父子同葬，以时奉祀。去年使来，却妄请巩雒山陵。上国止许奉迁，并许一就发还钦宗灵枢。上国已令搬取在此，俟来报闻。今因聘使来，辄附书称"久安陵寝，难以辄迁，及靖康灵枢亦难独请"。向来已许迁送，今返辞以为难，于义安在？朕念钦宗尝在宋国作帝，尚尔权葬，深可矜悯。今宋国既不欲请，上国却当就巩雒山陵奉葬。

出处：《大金国志》卷一七。

求直言诏
（大定十一年八月一日）

朕尝谕汝等，国家利便，治体遗阙，皆可直言。外路官民亦尝言事，汝等终无一语。凡政事所行,岂能皆当。自今直言得失,毋有所隐。

出处:《金史》卷六《世宗纪》。

亲祀南郊诏
(大定十一年八月)

国莫大于祀,祀莫大于天,振古所行,旧章咸在。仰惟太祖之基命,诏我本朝之燕谋,奄有万邦,于今五纪。因时制作,虽增饰于国容,推本奉承,犹未遑于郊见。况天休滋至而年谷屡丰,敢不敷绎旷文,明昭大报。取阳升之至日,将亲享于圆坛,嘉与臣工,共图熙事。以今年十一月十七日有事于南郊,咨尔有司,各扬乃职,相予肆祀,罔或不钦。

出处:《金史》卷二八《礼志》。

谕太子允恭诏
(大定十一年十一月八日)

吾儿在储贰之位,朕为汝措天下,当无复有经营之事。汝惟无忘祖宗纯厚之风,以勤修道德为孝,明信赏罚为治而已。昔唐太宗谓其子高宗曰:"吾伐高丽不克终,汝可继之。"如此之事,朕不以遗汝。如辽之海滨王,以国人爱其子,嫉而杀之,此何理也。子为众爱,愈为美事,所为若此,安有不亡。唐太宗有道之君,而谓其子高宗曰:"尔于李勣无恩。今以事出之,我死,宜即授以仆射,彼必致死力矣。"君人者,焉用伪为。受恩于父,安有忘报于子者乎。朕御臣下,惟以诚实耳。

出处:《金史》卷六《世宗纪》。

加上世宗尊号册文
(大定十一年十一月二十二日)

圣人大德,必得其名,天下欢心以奉其上,盖千岁所接之统,是二者相须而成,若稽诗书之格言,具载帝王之能事。巍巍之治,发见于都俞,赫赫之功,形容于雅颂。其有赓歌帝作,对扬王休,匪今则然,其来尚矣。恭惟祥发上帝,统承武元,申命用休,从民所欲。当正隆之失驭,圣绪几危,自华表以飞龙,皇纲载整。方是时也,辽余孽寇,肆逆滔天;江左新君,寒盟争地。爰赫斯怒,以修我戎。俾凶渠授首以势穷,遏裔革心于理曲。盖天之所助者顺,而邦其永孚于休。然后体乾元以长人,法辰极之居所。仁不远异,德惟日新。圣而无所不通,孝则昭哉嗣报。国已铺闳,休扬伟绩,建显号,荐尊名。夫惟充实之有光,未究殊尤之绝迹。若夫兢兢业业,思政之恒;穆穆皇皇,临朝之肃。礼法自国贵始,威仪作民恭先。于其禴祠烝尝,必以齐庄中正,宪唐虞之稽古,监夏殷以从周。大报年丰,肇称郊祀,社稷宗庙,罔不肃祗,群神山川,于兹望秩。馨香荐其明德,礼乐备于太平。惟其学有缉熙,是以法成经纬。至于橐载之内,声教所加,共惟帝臣,莫非王土。南讹朔易,时靡有争;西暨东渐,罔不率俾。亦由有常德以立武事,耀神武以折遐冲,如霆如雷,于疆于理。党项之陪台称乱,诏始问而伏诛;柔然之种落不庭,兵一征而获丑。事无遗策,师不逾时。四海永清,诸福毕至,故臣民咸尚其庆。谓德业有光于前,由是稽首飏言,竭诚归美。神功不宰,盖亦强为之名,圣度能谦,仅得勉俞其请。臣以为懋敬厥德之谓钦,化成天下之谓文,无思不服谓之广,功成止戈谓之武。臣等不胜至愿。谨奉上玉册玉宝,加上尊号曰应天兴祚钦文广武仁德圣孝皇帝。

出处:《大金集礼》卷二。

<h1 style="text-align:center">受尊号制</h1>

（大定十一年十一月二十四日）

朕以祖业惟艰,天下至大,图惟负荷,莫敢荒宁。赖九庙贻谋,三灵协赞,仁征义伐,时靡有争,长治久安,虑无遗策。诸福之物毕至,万邦之年屡丰。迩者干羽敷文,郊宫肆祀,礼乐明备,神祇燕宁,是皆多助之致,然岂独眇躬之能尔。而群工在列,徽号见加,恳请既坚,再辞不获。载念俯从于众欲,亦将上合于天心。肆膺备物之仪,用答乐推之望。今已勉受应天兴祚钦文广武仁德圣孝之号。呜呼!政成则归美,故当通上下之情,有大而能谦,敢自忽盈成之守。布告远近,咸使闻知。

出处:《大金集礼》卷一。

答高丽庄孝王请以弟晧权守军国诏
（大定十一年五月前）

卿袭封二纪,作屏一邦。近者屡愆信使之期,徒有邮书之报,向深忧乎变故,今始阅于封章。称疾疹之淹延,惧保厘之旷阙,述其父命之遗嘱,欲以弟及而相传,付之伊人,摄以国事。卿言虽顺,朕意未孚,续遣使骈,往询厥事。

出处:《高丽史》卷一九。

询问高丽庄孝王诏
（大定十一年七月前）

卿抚有尔邦,践修世美。及当兹岁,附上封章,告厥疾已旷于保厘,谓其子不能于负荷。述前人之遗嘱,让母弟而相传。尚忧未出于诚心,是用往颁于诏问,使骈来复,奏牍宜详。

出处:《高丽史》卷一九。

大定十二年(1172)

允高丽光孝王权守军国诏
（大定十二年二月前）

卿逖居侯土,望重邦人,固常公尔以为心,适会友于之遘疾。累封章而敷奏,述逊让之由来。摄位从宜,投诚有请,意欲承家而保国,义当垂诏以加恩。肆因使价之还,姑用俞音之布,续当遣使册命。

出处:《高丽史》卷一九。

罢赃污之官诏
(大定十二年三月七日)

赃污之官,已被廉问,若仍旧职,必复害民。其遣使诸道,即日罢之。

出处:《金史》卷七《世宗纪》。

高丽光孝王册文
(大定十二年五月前)

崇德象贤,若稽于古,承家开国,以正其功。粤惟表海之旧封,未艾如川之多祚。所从来远,虽子孙勿替其传。惟不于常,有兄弟相及之道,世将于是享德,人亦宜无间言,爰契师虞,往敷天宠。咨尔晧,远大以为任,贤明而自将,地处彼邦之懿亲,才雄尔众之令望。繄乃祖乃父,实维藩维垣,前列用宏,嗣贤不乏。盖根深则枝茂,积厚者流光,余庆曷归,汝躬是任。属友于之疾,其殆不瘳,推公耳之心,自为克让,申以敷奏,达于听闻。是成斯美于大伦,代厥后于先正。今遣使命尔为开府仪同三司、高丽国王,永为藩辅。呜呼!社稷既有所受,德业罔或不勤。律乃邦民,谨尔侯度,祸福惟人所召,切戒于淫佚骄邪。夙夜畏天之威,庶可以安宁长久。罔曰弗克,惟既厥心,往哉惟休,无替朕命。朕位乎天地之中,讬于侯王之上。凡来咨来茹,皆厘尔成,于维藩维垣,固怀以德。卿令图经远,雅望得民。以介弟之懿亲,笃前人之余烈,恭承友让,迓续世封。宜膺蕃锡之恩,永对荣怀之庆。今差某官某等往彼册命。仍赐卿衣带鞍马匹段等物,具如别录,至可领也。九旒冕一顶;九章服一副;玉圭一面;玉册一副;金印一面;驼纽、象辂一;马四匹;别赐衣五对,细衣箸二百匹段;细弓一张;雕翎大箭二十八支;鞍辔二匹;散马七匹。

出处:《高丽史》卷一九。

谕宰臣诏
(大定十二年五月十五日)

朕每次舍,凡秣马之具皆假于民间,多亡失不还其主。此弹压官不职,可择人代之。所过即令询问,但亡失民间什物,并偿其值。

出处:《金史》卷七《世宗纪》。

禁术士占禄诏
(大定十二年十二月后)

德州防御使文、北京曹贵、鄜州李方皆因术士妄谈禄命,陷于大戮。凡术士多务苟得,肆为异说。自今宗室、宗女有属籍者及官职三品者,除占问嫁娶、修造、葬事,不得推算相命,违者徒二年,重者从重。

出处:《金史》卷七四《完颜文传》。

谕纥石烈志宁妻永安县主诏
(大定十二年后)

丞相有大功三,先朝旧臣,惟秦、宋二王功大,余不及也。今养其孽子,当如亲子视之。

出处:《金史》卷九八《纥石烈志宁传》。

大定十三年(1173)

试进士策
(大定十三年)

贤生于世,世资于贤。世未尝不生贤,贤未尝不辅世。盖世非无贤,惟用与否,若伊尹之佐成汤,傅说之辅高宗,吕望之遇文王,皆起耕筑渔钓之间,而其功业卓然,后世不能企及者,盖殷、周之君能用其人,尽其才也。本朝以神武定天下,圣上以文德绥海内,文武并用,言小善而必从,事小便而不弃,盖取人之道尽矣。而尚忧贤能遗于草泽者,今欲尽得天下之贤而用之,又俾贤者各尽其能,以何道而臻此乎。

出处:《金史》卷五一《选举志》。

督农敕
(大定十三年)

每岁遣官劝猛安谋克农事,恐有烦扰。自今止令各管职官劝督,弛慢者举劾以闻。

出处:《金史》卷四七《食货志》。

大定十四年(1174)

问宋就馆迫取国书书
(大定十四年二月九日)

盟书所载,止于帝加皇字,免奉表称臣称名再拜,量减岁币,便用旧仪,亲接国书。兹礼一定,于今十年。今知岁元国信使到彼,不依礼例引见,辄令迫取于馆,侄国礼体当如是耶? 往问其详,宜以诚报。

出处:《金史》卷八九《梁肃传》。

猛安谋克之民不许杀生祈祭诏
(大定十四年三月七日)

猛安谋克之民,今后不许杀生祈祭。若遇节辰及祭天日,许得饮会。自二月一日至八月终,并禁绝饮燕,亦不许赴会他所,恐妨农功。虽闲月亦不许痛饮,犯者抵罪。可遍谕之。

出处:《金史》卷七《世宗纪》。

卫士习女真语诏
（大定十四年三月七日）

应卫士有不闲女直语者,并勒习学,仍自后不得汉语。

出处:《金史》卷七《世宗纪》。

约束建佛寺诏
（大定十四年四月九日）

闻愚民祈福,多建佛寺,虽已条禁,尚多犯者,宜申约束,无令徒费财用。

出处:《金史》卷七《世宗纪》。

答宋请更授书礼书
（大定十四年九月后）

弗循定分之常,复有授书之请。谓承大统,愈见自尊。奈何以若所为,尚求其欲。矧曰已行之礼,靡得而更。

出处:《金史》卷八八《纥石烈良弼传》。

大定十五年(1175)

谕完颜勖英诏
（大定十五年前）

上京王业所起,风俗日趋诡薄,宗室聚居,号为难治。卿元老大臣,众所听服,当正风俗,检制宗室,持以大体。

出处:《金史》卷七二《完颜勖英传》。

长白山神册文
(大定十五年三月)

皇帝若曰:自两仪剖判,山岳神秀,各钟于其分野。国将兴者,天实作之。对越神休,必以祀事。故肇基王迹,有若岐阳。望秩山川,于稽虞典。厥惟长白,载我金德,仰止其高,实惟我旧邦之镇。混同流光,源所从出。秩秩幽幽,有相之道。列圣蕃衍炽昌,迄于太祖,神武征应,无敌于天下,爰作神主。肆予冲人,绍休圣绪,四海之内,名山大川,靡不咸秩。矧王业所因,瞻彼旱麓,可俭其礼。服章爵号,非位于公侯之上,不足以称焉。今遣某官某,持节备物,册命兹山之神为兴国灵应王,仍敕有司,岁时奉祀。於戏! 庙食之享,亘万亿年。维金之祯,与山无极,岂不伟欤!

出处:《金史》卷三五《礼志》。

答高丽光孝王诏
(大定十五年十一月前)

省所上表,告奏事具悉。使价来庭,奏函伸恳,戴赐封之恩造,述有国之由来,谓寇攘卒起于不虞,致职贡少稽于入觐,迄用平定,孚于听闻。载嘉侯度之恭,宜固世封之守。

出处:《高丽史》卷一九。

大定十六年(1176)

设府学养士诏
(大定十六年四月十一日)

京府设学养士,及定宗室、宰相子程试等第。

出处:《金史》卷七《世宗纪》。

诸王小字用女真语诏
（大定十六年十月二十五日）

诸王小字未尝以女直语命之,今皆当更易,卿等择名以上。

出处:《金史》卷七《世宗纪》。

大定十七年(1177)

释无辜被戮家属诏
（大定十七年正月二十一日）

海陵时,大臣无辜被戮家属籍没者,并释为良。辽豫王、宋天水郡王被害子孙,各葬于广宁、河南旧茔。

出处:《金史》卷七《世宗纪》。

赐宋贺生辰使副银合汤药诏
（大定十七年二月二十六日）

敕某卿:远持庆币,来贺诞辰,驰华隰以良劳,次郊亭而伊迩,宜有节宣之馈,以彰眷遇之优。

出处:《北辕录》。

谕宰臣诏
（大定十七年十月十七日）

近观上封章者,殊无大利害。且古之谏者既忠于国,亦以求名,今之谏者为利而已。如户部尚书曹望之、济南尹梁肃皆上书言事,盖觊觎执政耳,其于国政竟何所补。达官如此,况余人乎。昔海陵南伐,太医使祁宰极谏,至戮于市,此本

789

朝以来一人而已。

出处:《金史》卷七《世宗纪》。

<h2 style="text-align:center">许契丹人与女真人杂居诏</h2>
(大定十七年)

大石在夏国西北,昔窝斡为乱,契丹等响应,朕释其罪,俾复旧业,遣使安辑之,反侧之心犹未已。若大石使人间诱,必生边患。道使徙之,俾与女直人杂居,男婚女聘,渐化成俗,长久之策也。

出处:《金史》卷八八《唐括安礼传》。

<h2 style="text-align:center">以移剌子元为西北路招讨都监诏</h2>
(大定十七年)

卿可省谕徙上京、济州契丹人,彼地土肥饶,可以生殖,与女直人相为婚姻,亦汝等久安之计也。卿与奥也同催发徙之。仍遣猛安一员以兵护送而东,所经道路勿令与群牧相近,脱或有变,即便讨灭。俟其过岭,卿即还镇。

出处:《金史》卷八八《唐括安礼传》。

大定十八年(1178)

<h2 style="text-align:center">谕纥石烈良弼诏</h2>
(大定十八年六月前)

卿比以疾在告,朕甚忧之。今闻卿将往西京养疾,彼中风土,非老疾所宜。京师中倦于人事,若就近都佳郡居处,待疾少间,速令朕知之。

出处:《金史》卷八八《纥石烈良弼传》。

皇太子封金源郡王敕
（大定十八年十一月二十三日）

皇太子封金源郡王,长男授特进,封温国公,次男封道国公,女封广平郡主。

出处:《大金集礼》卷九。

大定十九年(1179)

增上孝成皇帝谥号册文
（大定十九年四月十日）

惟年月日,嗣皇帝臣某,仰惟太祖武元皇帝,命于帝廷,神武拔乱,用肇造我区夏。顾命之际,圣子咸在,舍弗以立,举天下大器,授之太宗文烈皇帝。暨天会末命,亦不敢弭忘,曰兹先皇令德,光昭则能贤。乃简畀世嫡神孙,丕承基绪,十有五年。德厚功著,厥初封建齐人大河之南,俾颛绥靖。乃罔念付托,以率割为政,彼民大弗克堪,且勩我戍守,无有宁岁,尚安用而国,肆命度黜。于是西逾熙洮,东极海泗,南则唐邓,咸归我舆图。事不贰适,休烈增光于先朝,兹不曰弘基乎。废宋之余,假息江表,我伐再张,莫不震叠,至吁哀请命,称臣底属,乃班师振旅,柔服以示怀,锡之封册,岁底厥贡,七德具备,兹不曰缵武乎！垂拱仰成于懿亲宗公,穆穆皇皇,尊严若神,庄矣。黜华尚质,玄默不言,如天之行四时,靖矣。若稽古假有庙,尊祖敬宗,寅念祀事,孝矣。绥万邦,屡丰年,惟民其康义,成矣。岂图遭闵,永怀尽伤,以迄于今。惟冲人绳其祖武,蒸蒸业业,思所以骏惠,顾立爱立敬,有尊有先,莫重于宗庙之享。窃惟公则生明,名正则言顺,自非推本武元、文烈以大义至公相传授之意,用铺张扬厉天眷、皇统之阂休伟绩,则何以对越二圣在天之灵,雪神孙无穷之遗憾哉！不胜大愿。谨遣摄太尉臣某,奉册上尊谥曰弘基缵武庄靖孝成皇帝,庙号闵宗。伏惟神灵格思,膺是典册,顿首顿首,谨言。

出处:《大金集礼》卷四。

增上孝成皇帝谥号制
（大定十九年四月）

立爱立敬,必自于家邦,有尊有先,莫严于宗庙。仰惟武元之克让,珍图传授于太宗。迨及文烈之能贤,神器复归于皇统,混一彼四海,惟十有五年。既示德以威怀,乃仰成而垂拱,行不言之教以御下,永惟则之思而奉先。政允若兹,世克用乂。竟晚年无及民之过失,在大臣当戮力以扶持。而海陵王包藏祸心,自行攘取,废黜徽号,辄加恶名。兹遘闵于不虞,实无穷之遗憾。朕丕承圣绪,敢忘推本于祖宗。上念神孙,正可序升为昭穆。迁自别寝,跻于太宫,显谥鸿名。稽礼文而节惠,至公大义,式下士以咸孚。今已奉上尊谥曰弘基缵武庄靖孝成皇帝,庙号闵宗,升祔禘享礼毕。於戏!名言之行,可以兴礼乐,孝弟之至,可以通神明,洪惟兹事之成,实曰无疆之美。咨尔率土,体予至怀。

出处:《大金集礼》卷四。

大定二十年(1180)

括荒田及冒佃敕
（大定二十年五月）

白石门至野狐岭,其间淀泺多为民耕植者,而官民杂畜往来无牧放之所,可差官括元荒地及冒佃之数。

出处:《金史》卷四七《食货志》。

大定二十一年(1181)

优礼宣圣墓诏
（大定二十一年三月）

兖州之曲阜修宣圣墓,赐其家子孙粟帛,仍给守视十人。

出处:《大金国志》卷一八。

谕完颜襄诏
(大定二十一年十一月一日后)

卿在河南经制边事,甚有统纪,及在吏部,至为点检,尤奉公守法,朕甚嘉之。近长宪台,亦以刚直闻,是用委以机政,其益勉之。

出处:《金史》卷九四《完颜襄传》。

大房山神册文
(大定二十一年)

皇帝若曰:古之建邦设都,必有名山大川以为形胜。我国既定鼎于燕,西顾郊圻,巍然大房,秀拔混厚,云雨之所出,万民之所瞻,祖宗陵寝于是焉依。仰惟岳镇古有秩序,皆载祀典,矧兹大房,礼可阙欤?其爵号服章俾列于侯伯之上,庶足以称。今遣某官某,备物册命神为保陵公。申敕有司,岁时奉祀。其封域之内,禁无得樵采弋猎。著为令。

出处:《金史》卷三五《礼志》。

大定二十二年(1182)

恤民诏
(大定二十二年三月)

皇祖有训,非继体敢忘,圣人无心,惟百姓是念。朕丕承洪绪,二纪于兹,祗遹先猷,百为不远。永言治理,务在恤民。万方有罪,罪在朕躬,所以当馈,兴忧夕惕载怀者也。今天下粗安,海内无事,可使人分巡风俗,申达冤枉,孝悌力田,给以优复,鳏寡孤独,时加赈济。其有蠹民害政之事,一切罢行。

出处:《大金国志》卷一八。

大定二十三年(1183)

颁行译经诏
(大定二十三年九月七日)

朕所以令译五经者,正欲女直人知仁义道德所在耳! 命颁行之。

出处:《金史》卷八《世宗纪》。

大定二十四年(1184)

吊慰高丽光孝王诏
(大定二十四年四月前)

君子不夺人之丧,盖将立教,圣人有变古之礼,所以从宜。义或可行,事当无避。晧分茅守北,继世象贤,邈居海邦,恪守侯职。顷以贡章之上,遽罹母氏之忧,朕亦恻然! 卿何堪处。言念大藩之寄,岂宜小节之拘。已敕有司,俾还从政。墨衰破敌,是能达兵革之权,哀慕之心,何必重苴茅之饰。祖宗之业,不可以不念,军民之务,不可以不修,夙夜畏天之威,安宁保国之业。

出处:《高丽史》卷二〇。

赐皇太子允恭敕
(大定二十四年五月)

朕以前月八日到辽阳,此月二日达上京,翌日祀庆元庙,省方观民,古之制也。汝守国任重,夏暑方炽,益当自爱,无贻朕忧。

出处:《金史》卷一九《世纪补·显宗》。

各国勿遣使到上京诏
（大定二十四年十一月九日）

以上京天寒地远,宋正旦、生日,高丽、夏国生日,并不须遣使,令有司报谕。

出处:《金史》卷八《世宗纪》。

大定二十五年(1185)

禁猎诏
（大定二十五年十一月一日）

豺未祭兽,不许采捕。冬月,雪尺以上,不许用网及速撒海,恐尽兽类。

出处:《金史》卷八《世宗纪》。

混同江神册文
（大定二十五年）

　　昔我太祖武元皇帝,受天明命,扫辽季荒莽,成师以出,至于大江,浩浩洪流,不舟而济,虽穆满渡江而鼋梁,光武济河而水冰,自今观之无足言矣。执徐之岁,四月孟夏,朕时迈旧邦,临江永叹,仰艺祖之开基,佳江神之效灵,至止上都,议所以尊崇之典。盖古者五岳视三公,四渎视诸侯,至有唐以来,遂享帝王之尊称,非直后世弥文,而崇德报功理亦有当然者。矧兹江源出于长白,经营帝乡,实相兴运,非锡以上公之号,则无以昭答神休。今遣某官某,持节备物册命神为兴国应圣公。申命有司,岁时奉祀。於戏!严庙貌,正封爵,礼亦至矣。惟神其衍灵长之德,用辅我国家弥亿年,神亦享庙食于无穷,岂不休哉!

出处:《金史》卷三五《礼志》。

大定二十六年(1186)

祭孔用酒脯诏
（大定二十六年二月）

曩者边场多事，南方未宾，致令孔庙颓落，礼典凌迟，女巫杂类，淫进非礼。自今有祭孔庙制，用酒脯而已，犯者以违制论。

出处:《大金国志》卷一八。

蠲免赋税诏
（大定二十六年四月十五日）

今之税，考古行之，但遇灾伤，常加蠲免。

出处:《金史》卷八《世宗纪》。

完颜璟为皇太孙制
（大定二十六年十一月十七日）

朕膺上天之眷命，绍烈祖之宏基，惟怀永图，早定元嗣，上以承休于累祖，下以系望于多方。嗟继体之云亡，赖贻谋之有托，盖天下大器，可不正其本欤！而世嫡皇孙，所谓无以易者，矧其贤德之著，宜贰宸极之尊，肆举彝章，式孚有众。皇孙开府仪同三司、尚书右丞相、原王某，祥开甲观，秀出天支。凤挺温文，日隆孝敬。性资超异，自幼已若于成人。学问敏明，所得必臻于至理。昨进封于王社，俾作牧于神州。政成于旬月之间，美审乎舆人之诵。爰立作相，历试诸难，并彰时序之能，大副师言之锡。顾垂统必资于善继，而奉鬯不可以久虚。是用正名，兹惟合礼。今立某为皇太孙，所有合行典礼，宜令有司，条奏以闻。布告中外，咸使闻知。

出处:《大金集礼》卷八。

大定二十七年（1187）

宗颜璟为皇太孙册文
（大定二十七年二月二十三日后）

维年月日，皇帝若曰：昔我太祖，肇造鸿业，抚有于多方，肆予一人，纂绍丕图，期传于万世。顷预建于元子，用祗率于大猷。而享年不遐，阅日浸远，仰赖上穹之祐，早开甲观之祥。念储副之重，难乎久虚，顾名分之严，宜以时定。载稽故事，备有前闻。谓尊嫡者，议著于汉书。曰立孙者，经明乎周礼。先王彝训，朕何敢废！天下公义，朕何敢违。咨尔皇孙某官某，庆袭灵源，系承正统，英姿秀出，德器夙成。动循谨厚之风，居远华腴之习。诸难历试，众誉翕归。初尹正于京畿，旋登庸于揆路，勤劳庶务，兢畏一心，固足以贰宸极之尊，协重离之吉。式涓穀旦，诞举徽章，粤从朱邸之华，嗣陟青宫之邃。今册命尔为皇太孙。於戏！国本甚大也，居之不可不敬。庙邑至重也，奉之不可不严。笃爱亲之心，在斯须不离乎孝。尽事君之道，唯造次毋忘于忠。尔能章不已之令名，我亦有无疆之善庆，岂不伟欤！其勖之哉，祗若朕命。

出处：《大金集礼》卷八。

蠲免赋税诏
（大定二十七年十一月十七日）

河水泛溢，农夫被灾者，与免差税一年。卫、怀、孟、郑四州塞河劳役，并免今年差税。

出处：《金史》卷八《世宗纪》。

谕宰臣诏
（大定二十七年十二月十七日）

人皆以奉道崇佛设斋读经为福，朕使百姓无冤，天下安乐，不胜于彼乎。尔等居辅相之任,诚能匡益国家,使百姓蒙利,不惟身享其报,亦将施及子孙矣。

出处:《金史》卷八《世宗纪》。

大定二十八年(1188)

复宋孝宗告哀书
(大定二十八年正月二十九日前)

远驰信传,遽及讣音,审色养之永违,谅孝思之罔极。方敦亲好,深用恻伤。尚勉节于哀情,庸善绥于冲履。

出处:周必大《杂著述》卷一〇《思陵录》。

复宋孝宗遣使贺正旦书
(大定二十八年二月十一日前)

文杓叶运,肇开岁律之祥,信使来同,敦讲世和之好。婉书辞而申祝,粲币物以陈义,并戢腆勤,惟深欣怿。

出处:周必大《杂著述》卷一〇《思陵录》。

慰宋孝宗书
(大定二十八年二月二十一日前)

顷达讣音,遽闻大故。念久敦于世好,殊深轸于中怀,载饬信轺,往伸慰问。尚顺礼经之节,用绥孝履之和。

出处:周必大《杂著述》卷一〇《思陵录》。

宿儒充教制
（大定二十八年五月十一日）

诸教授必以宿儒高才者充，给俸与丞、簿等。

出处：《金史》卷八《世宗纪》。

复宋孝宗遣使报谢书
（大定二十八年六月二十六日前）

顷闻凶讣，想极悲伤，驰遣使车往为吊祭，在叔侄情当如是，于国家礼亦宜之。复致函书，备陈谢悃。念方罹于夏暑，冀少节于哀悰，

出处：周必大《杂著述》卷一一《思陵录》。

贺生辰使国书
（大定二十八年十月二十一日前）

寒风初届，律正上冬，良月就盈，祥开诞日，爰遣皇华之使，往敷庆币之仪。尚介寿祺，用坚盟信。

出处：周必大《杂著述》卷一一《思陵录》。

熙宗改葬思陵诏
（大定二十八年十二月十二日）

朕惟熙宗孝成皇帝，以武元嫡孙，受文烈顾命，作其即位，十有五年，偃兵息民，中外乂安，而海陵庶人亮，包藏祸心，觊觎神器，阴煽奸党，遂成篡逆。而又厚加诬诋，降从王封。亮既得志，肆其凶残，不道之极。至于杀母，人怒神怒，自底诛灭。惟皇天眷佑于我家，肆予一人，缵成先绪，暴其罪恶，贬为庶人，仍黜其殡于兆域之外。仰惟熙宗位号宜正，是以间者稽合典礼文，升祔太室，复加美谥，尊而崇之。惟是葬非其所，盖尝慊然。爰命有司，卜地涓日，奉迁梓宫，已于十月初

799

八日备礼葬于思陵,庶几有以慰在天之灵也。布告中外,咸使闻知。故兹诏示,想宜知悉。大定二十八年十二月日下。

出处:周必大《杂著述》卷一一《思陵录》。又见《愧郯录》卷三,《正隆事迹记》。

贺宋孝宗正旦书
(大定二十八年十二月二十七日前)

献岁发春,式属亨嘉之会,顺时讲好,益敦信睦之风。爰遣使车,往敷庆币,方履新阳之序,茂膺多福之宜。

出处:周必大《杂著述》卷一一《思陵录》。

复宋孝宗遣使送遗留书
(大定二十八年四月五日前)

顷达哀讣,谅方切于孝思,继获函书,审夙承于遗命。饬行人而展好,赍信币以将诚。感怆良深,敷宣罔既。

出处:周必大《杂著述》卷一一《思陵录》。

大定二十九年(1189)

谕尚书省敕
(大定二十九年正月后)

吾往判大兴,狱犴添满。推官虽小职,尤难其人,可选文臣公平审慎者充。

出处:《遗山集》卷一七《胡公神道碑》。

附夏诏令

天盛十六年(1164)

使诣金贺万春节附奏
(天盛十六年)

众军破荡之时,幸而免者十无一二,继以冻馁死亡,其存几何?兼夏国与宋兵交,人畜之被俘僇亦多,连岁勤动,士卒暴露,势皆腌削。又坐为宋人牵制,使忠诚之节无繇自达,中外咸知。愿止约理索,听纳臣言,不胜下国之幸。

出处:《金史》卷一三四《西夏传》。

乾祐元年(1170)

既诛任得敬诣金上谢表
(乾祐元年)

得敬初受分土之后,曾遣使赴大朝代求封建,蒙诏书不为俞纳。此朝廷怜爱之恩,夏国不胜感戴。夏国妄烦朝廷,冒求贼臣封建,深亏礼节。今既贼臣诛讫,大朝不用遣使询问。得敬所分之地与大朝熙秦路接境,恐自分地以来别有生事,已根勘禁约,乞朝廷亦行禁约。

出处:《金史》卷一三四《西夏传》。

乾祐七年(1176)

以金却所献百头帐再上表

(乾祐七年)

　　所进帐本非珍异,使人亦已到边。若不蒙包纳,则下国深诚无所展效,四方邻国以为夏国不预大朝眷爱之数,将何所安?

出处:《金史》卷一三四《西夏传》。

篇名索引

卷十三　淳熙元年

1　崔敦诗除崇政殿说书告词

1　诸路刑狱不得诬滥诏

2　赵彦瑞特降两官诏

2　外路诸军下班祗应磨勘改转诏

2　臣僚致仕遗表恩泽承受诏

2　大阅诸军不许设酒诏

3　宗室亲民资序历任稍深应入将副之人升擢诏

3　武学外舍生公试入等升补诏

3　赐敷文阁直学士左中大夫知泉州汪大猷乞归就祠禄不允诏

4　赐武康军承宣使新特改添差江南东路马步军副都总管建康府驻札王琪辞免差知扬州不允诏

4　赐少保武安军节度使四川宣抚使虞允文乞致仕退安田里不允诏

4　赐王抃辞免除观察使恩命不允诏

5　赐沈度辞免除权兵部尚书恩命不允诏

5　责帅臣教阅诏

5　回赐安南国王李天祚进奉大礼纲敕书

6　劝谕士人赴举诏

6　抄估魏寿卿家产诏

6　令江东西等路开具所种二麦诏

6　两浙转运司督责减定造船事诏

7　令贾怀恩往羊家寨点检海湖船诏

7　选用沿淮归正忠义有智勇者诏

7　湖州民户身丁钱绢折纳见钱诏

7　赈济台处州灾民诏

8　州郡诸司不得巧作名目蠹耗财赋诏

8　敕奉议郎吴儆除通判邕州

8　赐郑闻新除四川宣抚使再辞免除资政殿大学士不允不得再有陈请诏

9　左藏南上库外门添置一门分番搜校诏

9　处置捕获到贩卖私盐人诏

9　淮东总领所差置催纲使臣诏

9　请免亲接国书仪报金主书

10　皇城司差拨识字黄院子充修内司使唤诏

10　给降会子收买额外浮盐诏

10　建康场务收趁及额推赏事诏

11　赈粜关外四州诏

11　奖谕临安府狱空诏

11　举贤良方正能直言极谏诏

12　赐皇子魏王生日诏

12　赐郑藻生日诏

12　令桂阳军说谕蛮峒首领择可教子弟听读诏

12　开启天申节道场事诏

13　请免亲接国书仪与金主书

13　周必大除右文殿修撰制

13　赐叶衡上表再辞免除端明殿学士签书枢密院事不允仍断来章批答

14　赐姚宪上表再辞免除参知政事不允仍断来章批答

14　叶衡上表再辞免除端明殿学士签书枢密院事不允仍断来章批答口宣

15　姚宪上表再辞免除参知政事不允仍断来章批答口宣

15　推恩潘师尹诏

15　非僧结集经社及聚众行道条法诏

15　赐钱端礼陈乞奉祠不允诏

16　赐史浩再辞免加食邑食实封不允诏

16　赐中大夫提举江州太平兴国宫林安宅辞免除龙图阁学士不允诏

17　赐武康军承宣使新知扬州王琪辞免差充荆鄂驻札御前诸军统制不允诏

17　魏王府侍从兵级诸色人转资诏

17　谞松年特升差兴元府驻札御前军统领诏

18　赐枢密院官满散天申圣节道场乳香口宣

18　赐皇太子府满散天申圣节道场乳香口宣

18　枢密院官赴斋筵赐酒果口宣

19　赐步军司满散天申圣节道场乳香口宣

19　殿前司差赴御马院祗应使臣令充额外诏

19　路分都监改移驻札诏

19　走失强盗配军断罪诏

20　赐中大夫参知政事姚宪辞免差同详定一司敕令权监修国史不允诏

20　赐吴挺诏

20　升黜军帅诏

21　赐吴挺诏

21　禁已有差遣人干求换易诏

21　诸军功赏转官告命事诏

22　选濮王诸位下不字人比换环卫官趁赴朝参诏

22　已授差遣人朝辞出门条约诏

22　赐宣奉大夫右丞相曾怀乞解罢机政不允诏

23　赐右丞相曾怀再降诏不允不得更有陈请诏

23　免文武臣转官等合纳绫纸钱诏

23　诸路提刑司保奏知通经总制无额钱赏诏

23　曾怀罢右丞相制

24　赐宣奉大夫曾怀辞免除观文殿大学士提举江州太平兴国宫不允诏

24　御前马院支草料价钱诏

25　赐中大夫参知政事姚宪乞就禄祠庭不允诏

25　赐叶衡上表再辞免除参知政事不允仍断来章批答

25　叶衡上表再辞免除参知政事不允仍断来章批答口宣

26　赐朝请郎权吏部尚书兼太子詹事兼侍读李彦颖乞除一在外宫观或待次
　　小郡差遣不允诏

26　赐王友直辞免除奉国军节度使依前殿前副都指挥使加食邑食实封不
　　允诏

27　赐观文殿大学士银青光禄大夫提举临安府洞霄宫陈俊卿辞免以郊祀大
　　礼庆成加食邑食实封不允诏

27　赐吴拱上表辞免进封武功郡开国公加食邑食实封不允不得再有陈请诏

28　赐朝请郎权吏部尚书兼太子詹事兼侍读李彦颖辞免除吏部尚书乞检会
　　前奏除一在外宫观不允诏

28　赐奉国军承宣使士䂊辞免特差知南外宗正事不允诏

28　赐右丞相曾怀生日诏

29　赐主管侍卫马军司公事赵樽银合夏药敕书

29　赐判宁国府皇子魏王恺金合夏药敕书

29　赐御前诸军都统制时俊吴挺王琪郭刚李川皇甫倜郭钧王明御前诸军副都统制鲁安仁翟琼王世雄岳建寿银合夏药敕书

30　赐湖南路安抚使刘珙银合夏药敕书

30　赐浙东安抚使钱端礼银合夏药敕书

30　赐福建路安抚使史浩银合夏药敕书

31　赐湖北安抚使沈夏银合夏药敕书

31　赐四川宣抚使郑闻银合夏药敕书

31　赐王友直上表再辞免除奉国军节度使加食邑食实封不允仍断来章批答

32　王友直上表再辞免除奉国军节度使不允仍断来章批答口宣

32　赐资政殿大学士通议大夫知绍兴军府事钱端礼再辞免除观文殿学士不允不得再有陈请诏

32　赐资政殿大学士通议大夫知绍兴军府事两浙东路安抚使钱端礼辞免除观文殿学士不允诏

33　赐资政殿大学士中大夫郑闻辞免除参知政事赴都堂治事乞除一在外宫观差遣不允诏

33　察郡邑廉吏诏

34　宗室训名事诏

34　曾怀除右丞相制

35　曾怀除右丞相赐告口宣

35　赐曾怀再上表辞免除光禄大夫右丞相加食邑食实封不允不得更有陈请诏

35　杨倓除节度使制

36　杨倓除靖海军节度使赐告口宣

36　赐靖海军官吏军民僧道耆寿等示谕敕书

37　赐徽猷阁学士太中大夫提举佑神观杨倓上表再辞免除靖海军节度使签书枢密院事进封雁门郡开国侯加食邑食实封不允仍断来章批答

37　杨倓上表再辞免除靖海军节度使签书枢密院事不允仍断来章批答口宣

37　罢诸路州县市令司诏

38　决遣罪人诏

38　存抚归正人诏

38 令胡与可巡视沿江被水之家诏

38 赈济沿江被水人户诏

39 祈禳消弭蝗灾诏

39 赐皇叔祖少保昭化军节度使判大宗正事嗣濮王士辂生日诏

39 赐曾怀辞免提举国史院实录院国朝会要所敕令所不允诏

40 赐中奉大夫试尚书吏部侍郎兼详定一司敕令韩彦直辞免户部尚书不允诏

40 张说罢知枢密院事制

41 赐安庆军节度使张说辞免除太尉提举隆兴府玉隆观任便居住加食邑食实封不允诏

41 赐安庆军节度使张说上表再辞免除太尉提举隆兴府玉隆观任便居住加食邑食实封不允诏

41 临安府漏泽园埋瘗遗骸诏

42 广州正犯强盗少壮者配潮韶州摧锋军诏

42 赐皇兄少保岳阳军节度使充万寿观使永阳郡王居广生日诏

42 赐曹勋辞免除开府仪同三司不允诏

43 曹勋除开府制

43 曹勋除开府仪同三司赐告口宣

44 赐曾觌辞免除开府仪同三司依前武泰军节度使提举万寿观进封信安郡开国公加食邑食实封不允诏

44 赐曾觌上表再辞免除开府仪同三司依前武泰军节度使提举万寿观进封信安郡开国公加食邑食实封不允仍断来章批答

44 曾觌上表再辞免除开府仪同三司不允仍断来章批答口宣

45 赐皇太子生日诏

45 行在职事厘务官更选补外诏

45 纲运赏罚诏

46 减放江西湖南秋苗诏

46 归正人不得托故往来边淮诏

46 治苞苴受赂罪诏

47 左藏南上下库各置监门一员诏

47 临安府东青门外驹子院地一半充漏泽园诏

47 金使供张饮食须如法诏

47 赐昭庆军节度使签书枢密院事杨倓生日诏

48　赐侍卫亲军步军都指挥使武昌军承宣使兴州驻札御前诸军都统制吴挺
　　辞免除定江军节度使加食邑食实封不允诏

48　赐敷文阁直学士太中大夫提举江州太平兴国宫汪大猷辞免差知隆兴府
　　不允诏

48　赐朝散郎充敷文阁待制龚茂良辞免除礼部侍郎不允诏

49　抚问新除参知政事郑闻到阙并赐银合茶药口宣

49　严禁卖易恩泽诏

49　决遣罪人诏

50　蠲绍兴府上供米诏

50　四川添置岳庙专差十三处立功之人诏

50　十月二十一日赐内中酒果口宣

50　赤岸赐御筵口宣

51　金国使人赴阙盱眙军赐御筵口宣

51　镇江府赐茶药口宣

52　镇江府赐御筵口宣

52　金国贺会庆节使人到阙赐被褥鈔锣等口宣

52　金国使人到阙玉津园赐御筵口宣

53　抚问皇子魏王恺到阙并赐金合茶药口宣

53　玉津园射弓赐酒果口宣

53　遇冬至节赐使副节绢口宣

53　赐枢密院官满散会庆圣节道场乳香口宣

54　在驿赐牲饩口宣

54　赐步军司满散会庆圣节道场乳香口宣

54　赐殿前司满散会庆圣节道场乳香口宣

55　赐射弓例物口宣

55　玉津园射弓赐弓箭例物口宣

55　金国贺会庆圣节使人到阙回程赐龙凤茶并金镀银合口宣

56　玉津园射弓赐酒果口宣

56　密赐大银器口宣

56　赐皇太子府满散会庆圣节道场乳香口宣

57　赐三节人从冬至节绢口宣

57　玉津园射弓赐例物口宣

57　枢密院官赴贡院斋筵赐酒果口宣

57　赐马军司满散道场乳香口宣

58　赐步军司满散会庆圣节道场乳香口宣

58　赐射弓酒果口宣

58　在驿赐生饩口宣

59　回程镇江府赐御筵口宣

59　镇江府赐御筵口宣

59　金国贺会庆圣节使人回程盱眙军赐御筵口宣

59　朝辞讫归驿赐酒果口宣

60　回程赤岸赐御筵口宣

60　朝辞讫归驿赐酒果口宣

60　上寿毕归驿赐御筵口宣

61　盱眙军赐御筵口宣

61　赤岸赐御筵口宣

61　金国贺会庆圣节使人回程平江府赐御筵口宣

62　朝辞讫归驿赐御筵口宣

62　朝辞讫归驿赐酒果口宣

62　镇江府赐御筵口宣

63　赤岸赐酒果口宣

63　使人到阙十月二十七日赐内中酒果口宣

63　十月二十七日赐内中酒果口宣

63　魏王恺改判明州制

64　赐皇子雄武保康军节度使开府仪同三司判宁国军府事魏王恺辞免除改
　　判明州军州事加食邑食实封不允诏

64　赐皇子魏王恺再辞免除改判明州军州事加食邑食实封不允批答

65　皇太子魏王恺再辞免除改判明州不允批答口宣

65　赐熊飞金荔枝一条诏

65　赐利州观察使知池州张抡辞免召赴行在乞除一在外宫观差遣不允诏

66　抚问奉使金国报聘使副张子颜等到阙并赐银合茶药口宣

66　责罚造历人诏

66　埋瘗归正死亡人诏

66　禁米面柴炭油收纳税钱诏

67　赐朝请郎试尚书礼部侍郎龚茂良辞免除参知政事不允诏

67　赐朝请郎新除参知政事龚茂良辞免差同提举敕令所权监修国史日历所

不允诏

67　职事厘务官去替一年内许除代诏

68　赐光禄大夫右丞相曾怀乞解罢机政不允诏

68　赐光禄大夫右丞相曾怀再乞解罢机政不允诏

68　曾怀复罢右丞相制

69　叶衡右丞相制

69　赐叶衡再上表辞免除通奉大夫右丞相兼枢密使进封东阳郡开国公加食邑食实封不允仍断来章批答

70　赐叶衡上表再辞免除通奉大夫右丞相兼枢密使进封东阳郡开国公加食邑食实封不允批答

70　叶衡上表再辞免除右丞相不允仍断来章批答口宣

71　叶衡上表再辞免除右丞相不允批答口宣

71　赐观文殿学士通议大夫知绍兴军府事钱端礼乞仍旧外祠不允诏

71　赐昭庆军节度使杨倓辞免知荆南府不允不得更有陈请诏

72　大理寺捉事使臣下量留守阙捉事人诏

72　赐朝请郎试吏部尚书兼太子詹事兼侍读李彦颖辞免除端明殿学士金书枢密院事乞检会累奏除一在外差遣不允诏

72　赐李彦颖上表再辞免除端明殿学士签书枢密院事不允仍断来章批答

73　李彦颖上表再辞免除端明殿学士签书枢密院事恩命不允仍断来章批答口宣

73　魏王改镇明州推恩侍从诸色人诏

73　赐胡与可奖谕临安府狱空诏

74　减放盐官县之乡苗租诏

74　赐敷文阁直学士朝议大夫知建康府胡元质辞免召赴行在不允诏

74　濮王下十七位不字比换南班官请给诏

75　赐签书枢密院事李彦颖生日诏

75　前军中军赴内教事诏

75　赤岸赐御筵口宣

76　镇江府赐银合茶药口宣

76　镇江府赐御筵口宣

76　平江府赐御筵口宣

77　金国贺正旦使人赴阙盱眙军传宣抚问并赐御筵口宣

77　赤岸赐酒果口宣

77　叶衡进玉牒转官加恩制
78　叶衡转官加恩赐告口宣
78　江西漕臣置场收籴诏
78　金国贺正旦使人到阙赐被褥鈔锣等口宣
79　十二月三十日赐内中酒果口宣
79　赐朝请郎试中书舍人兼太子詹事兼直学士院兼侍讲王淮辞免除翰林学士不允诏
79　赐承议郎试给事中兼侍讲兼权吏部尚书留正辞免除权礼部尚书不允诏
80　赐四川安抚制置使范成大银合腊药敕书
80　赐福建路安抚使陈俊卿银合腊药敕书
80　赐皇子判明州魏王恺金合腊药敕书
81　赐湖北路安抚使沈夏银合腊药敕书
81　赐主管侍卫马军司赵撙银合腊药敕书
81　赐湖南路安抚使刘珙银合腊药敕书
82　赐御前诸军都统制吴挺时俊王琪郭刚李川郭钧皇甫倜王明御前诸军副都统制鲁安仁王世雄岳建寿翟琼银合腊药敕书
82　赐浙东路安抚使钱端礼银合腊药敕书
82　赐宰执已下喜雪御筵口宣
83　赐宰执已下喜雪御筵口宣
83　赐刘源杨倓诏
83　赐杨倓诏
83　两浙民户所借钱谷候秋成日理还诏
84　赐杨倓等诏
84　赐杨倓诏
84　赐杨倓诏
85　福州观察使王抃父康赠武功大夫成州团练使制

卷十四　淳熙二年

86　赐南平王李天祚淳熙二年历日敕书
86　正月一日入贺毕归驿赐酒果口宣
87　正月一日入贺毕归驿赐御筵口宣
87　王元佐出给理年免解公据诏
87　正月三日赐内中酒果口宣
88　进纳补官请到文解人免解赴省试事诏

88　令守臣修盖屋宇应副添差归正北军居止诏

88　逐路人户已买营田起理二税事诏

88　四川总领所变卖腐烂米斛诏

89　诸路州军管下未卖田产估价出卖诏

89　省试十六人取一名诏

89　汪应辰中奉大夫致仕敕

89　泉州左翼军遇盗贼窃发听帅司节制诏

90　禁将举人程文等过外界贩易诏

90　皇太子宫讲周易终篇推赏有关官吏诏

90　贡举条诏

91　诚约遵守结甲保伍之法诏

91　副都承旨磨勘诏

91　令礼部太常寺讨论太上皇帝圣寿典礼诏

92　令江东淮南漕臣开具管下布种事以闻诏

92　修葺诸军营寨诏

92　刑部大理寺驳勘案状事诏

92　周必大除敷文阁待制侍讲制

93　勘鞫诸州翻异公事诏

93　武举及第人补官诏

94　新及第进士授官诏

94　皮剥所见在钱物数等供报枢密院诏

94　以灾伤诫饬百官御笔

94　特奏名射不合格人出官诏

95　科敷军器物料钱等令逐州省司公库通融支遣诏

95　申严州县迎送条制诏

95　江西湖北茶引以一半作四贯小引印造给降诏

95　潼川府绵州轮差将兵于黎州屯戍诏

96　监司检照州县科罚民户钱物事诏

96　买户绝田人元佃租米并与蠲除诏

96　江州长引改短引诏

96　捕获吉州茶贼赏格诏

97　招抚湖南江西被茶寇人户复业诏

97　武冈军溪峒子弟许入军学听读诏

97　归正忠义人付身冒名人许自陈诏

97　奖谕临安府狱空诏

98　禁擅行拘截诸路坊场僧道免丁钱诏

98　提领左藏南库所拘催诸路窠名钱拨还户部诏

98　皇太子宫官吏转资诏

98　步军司支借乾草本钱特免执奏诏

99　六曹等处人吏不得与诸路作承受诏

99　赈恤淮西被水之家诏

99　诸军财赋专令统领一员提点出纳诏

99　增武举额诏

100　皇城司等处实占亲事官等转资恩赏事诏

100　捕获茶贼赏格诏

100　决狱诏

100　结定保伍置办救火捕盗器仗诏

101　禁约州县辄因公事科罚百姓钱物诏

101　赐叶衡诏

101　赈粜淮南灾民诏

101　扬庐等州府依旧分为七路诏

102　叶衡罢右丞相除知建宁府制

102　通奉大夫叶衡辞免知建宁府乞外宫观不允诏

103　赈济婺州被水民户诏

103　重边郡选辟诏

103　封桩库支降会子事诏

103　诸路常平司预期审度赈济赈粜事闻奏诏

104　周必大除兵部侍郎制

104　皇帝请加上太上皇后尊号第一笺

105　恭请加上光尧寿圣宪天体道太上皇帝尊号表

105　恭请加上寿圣明慈太上皇后尊号笺

106　上尊号不允诰

106　诣德寿宫加上尊号诏

107　周必大兼侍讲制

107　资政殿大学士中大夫沈夏辞免知镇江府乞外宫观不允诏

107　礼部尚书赵雄辞免兼侍读不允诏

108　翰林学士王淮辞免签书枢密院事批答

108　签书枢密事李彦颖再辞免参知政事批答

109　皇帝请加上太上皇帝尊号第二表

109　存恤湖南江西被茶贼害民户诏

110　收捕茶贼伤亡士兵存恤推恩诏

110　浙东提盐司尽数支给合支亭户纳盐本钱诏

110　武功大夫以上功赏转官条约诏

110　收养淮南东路流民弃儿诏

111　恭请加上光尧寿圣宪天体道太上皇帝第二表

111　恭请加上寿圣明慈太上皇后尊号第二笺

112　禁非理阻节贩米往淮东客人诏

112　浙东阙食人支给钱米修筑水利诏

112　签书枢密院事李彦颖辞免参知政事不允诏

113　翰林学士王淮辞免端明殿学士签书枢密院事不允诏

113　王淮辞免除签书枢密院事口宣

113　李彦颖辞免除参知政事口宣

114　上尊号允诰

114　两浙等路诸州守臣起发禁军土兵教阅推赏事诏

114　推赏江东诸州军所差管押禁军土兵赴建康教阅官诏

115　赈粜淮东诏

115　茶寇剿除黜陟官员诏

115　淮东置场收籴诏

116　令潘甸等具析江东淮东兴修水利事以闻诏

116　自淮南将带铁钱过江人断罪诏

116　加上太上皇帝太上皇后尊号诏

117　德寿宫答允诰

117　论南上下库并封桩库置官之弊诏

117　提领左藏封桩库监官别行差人兼权诏

118　加上太上皇帝太上皇后尊号册宝并行庆寿礼事诏

118　赈济建康府灾伤诏

118　赈济台州水灾诏

118　周必大辞免兼太子詹事不允诏

119　权免冬至百官朝贺拜表诏

119　立春诣德寿宫庆寿从驾臣僚等许令簪花诏

119　事干边防军机文字紧切事宜许具奏诏

120　禁止奢侈逾制诏

120　禁乡民岁时赛愿迎神互起杀伤诏

120　加上太上皇帝太上皇后尊号手诏

121　十月十九日到阙赐被褥钞锣口宣

121　十月二十二日上寿毕归驲赐酒果口宣

121　二十二日上寿毕归驲赐御筵口宣

122　二十二日上寿毕归驲赐御筵口宣

122　二十二日上寿毕归驲赐酒果口宣

122　二十二日赐内中酒果口宣

123　赐皇太子口宣

123　赐三省官口宣

123　赐枢密院官口宣

124　赐殿前司口宣

124　赐马军司口宣

124　赐步军司口宣

125　十月二十三日玉津园射弓赐酒果口宣

125　玉津园射弓赐弓箭例物口宣

125　玉津园射弓赐御筵口宣

125　十月二十六日赐生饩口宣

126　责罚解彦祥等诏

126　十月二十七日赐内中酒果口宣

126　密赐使副大银器口宣

127　十月二十八日朝辞讫归驲赐酒果口宣

127　答贺会庆节国书

127　方有开改除淮南西路常平茶盐兼权转运提点刑狱公事诏

127　加上太上尊号礼毕皇帝致贺太上皇帝

128　左丞相承旨宣答

128　皇帝致贺太上皇后

128　内侍承旨宣答

129　左丞相承旨宣答

129　十一月一日回程赤岸赐酒果口宣

129　回程赤岸赐御筵口宣

129　回程赐使副冬至节绢口宣

130　回程赐三节人从冬至节绢口宣

130　回程平江府赐御筵口宣

130　回程镇江府赐御筵口宣

131　回程盱眙军赐御筵口宣

131　收捕茶寇阵亡有家累官兵与批勘请给诏

131　选差黎州守臣诏

131　中大夫参知政事龚茂良辞免修制尊号宝册转两官恩不允诏

132　三省存留火烛去处当宿官更不出局诏

132　参知政事龚茂良再辞免礼仪使转两官宜允诏

132　参知政事李彦颖辞免书撰册文转官不允诏

133　端明殿学士签书枢密院事王淮辞免篆宝转一官不允诏

133　端明殿学士签书枢密院事王淮再辞免篆宝转一官宜允诏

134　参知政事李彦颖再辞免撰册文转一官恩命宜允诏

134　资政殿大学士知建康军府事刘珙辞免起发本府教阅军兵转官许回授不允诏

134　奉国军节度使殿前副都指挥王友直乞外宫观不允诏

135　李彦颖辞免差权提举国史院实录编修国朝会要不允诏

135　龚茂良辞免差权提举编修玉牒不允诏

135　林恕特降两官诏

136　大臣私第接见宾客日限一次诏

136　修盖射殿殿门隔门等毕工推赏官吏诏

136　遣使贺来年正旦国书

137　光尧寿圣宪天体道性仁诚德经武纬文绍业兴统明谟盛烈太上皇帝册文

138　上寿圣太上皇后册文

138　赈济宁国府广德军太平军灾伤民户诏

139　周必大转朝奉大夫制

139　住罢临安府城外江岸之家收掠撞岸钱诏

139　肃朝仪诏

140　赐参知政事李彦颖生日诏

140　上太上皇帝太上皇后尊号册宝推恩制

140 降授朝散大夫权吏部尚书兼详定一司敕令蔡洸辞免经修吏部七司法转官不允诏

141 太上皇帝庆寿赦文

142 皇帝诣德寿宫庆寿致贺词

142 侍中承旨宣答

142 观文殿大学士银青光禄大夫知福州军州事陈俊卿辞免起发禁军土兵转官许回授恩命不允诏

143 安庆军承宣使提举德寿宫张去为辞免该遇德寿宫庆典转三官依条回授恩命不允诏

143 少保岳阳军节度使充万寿观使永阳郡王居广辞免加食邑实封不允诏

143 庆寿赦

144 赴阙盱眙军传宣抚问赐御筵口宣

144 镇江府赐银合茶药口宣

144 镇江府赐御筵口宣

145 平江府赐御筵口宣

145 赤岸赐御筵口宣

145 赤岸赐酒果口宣

146 赐使副春幡胜口宣

146 赐接伴使副春幡胜口宣

146 到阙赐生饩口宣

146 奖谕临安府狱空诏

147 赐四川安抚制置使范成大银合腊药敕书

147 赐前宰相福建路安抚使陈俊卿银合腊药敕书

147 赐皇子判明州魏王恺金合腊药敕书

148 赐前执政江南东路安抚使刘珙银合腊药敕书

148 赐侍卫马军都虞候王明并御前都军都统制吴挺郭刚皇甫倜鲁安仁郭钧李川郭棣御前诸军副都统冯湛韩宝张荣张宣于友明椿银合腊药敕书

148 赐前执政荆湖北路安抚使杨倓银合腊药敕书

149 赐杨倓诏

149 赐杨倓诏

149 魏杞赠鲁国公制

150 尚书省赐宰执以下喜雪御筵口宣

卷十五　淳熙三年

151　岁除赐内中酒果口宣

151　赐三节人从春幡胜口宣

151　正月一日入贺毕归驲赐御筵口宣

152　入贺毕归驿赐酒果口宣

152　正月三日赐内中酒果口宣

152　正月四日玉津园射弓赐弓箭例物口宣

153　玉津园射弓赐御筵口宣

153　玉津园射弓赐酒果口宣

153　郑藻加封制

154　史浩加封制

154　曾觌加封制

155　杨倓加封制

155　吴拱加封制

156　刘懋加封制

156　皇弟居中加封制

157　皇叔祖嗣濮王士辂再辞免少傅批答

157　士辂再辞免少傅口宣

157　赈贷淮东灾民诏

158　新除少师士辂辞免备礼册命宜允诏

158　西北归正归朝人先次放行赈济诏

158　以蝗旱诚谕百官诏

159　答贺正旦国书

159　皇子魏王恺再辞免食邑实封不允诏

159　武康军节度使捧日天武四厢都指挥使提举隆兴府玉隆万寿宫吴拱辞免召赴行在不允诏

160　皇子雄武保宁军节度使开府仪同三司判明州军州事魏王恺辞免加食邑实封不允诏

160　四川不得违法抽差知县县令诏

160　诸路田山权住卖诏

161　赵伯圭除安德军节度使与宫祠任便加封制

161　县令丞簿全阙去处选差无干碍官权摄问因诏

161　赵伯圭除节度使口宣

162　除授四川监司帅守事诏

162　龙图阁学士承议郎提举江州太平兴国宫胡铨辞检举磨勘指挥乞检会
　　　汇奏许休致不允诏

162　赵伯圭再辞免安德军节度使提举隆兴府玉隆万寿宫任便居住加食邑
　　　实封不允诏

163　检察州县不依条限拘缴茶盐引诏

163　诸军升差统制发赴枢密院审察诏

163　韩世忠赐谥忠武制

163　罢官田所诏

164　广西所收官盐息钱拨付逐处分数诏

164　詹仪之开具本州见管钱等以闻诏

164　示谕安德军官吏军民僧道耆寿敕书

165　起复右武大夫高州刺史权知池州许堪特授枢密副都承旨兼知镇江府
　　　节制防江水步军兼都大提举兵船司公事制

165　赐贺金国正旦使副谢廓然等口宣

165　参知政事龚茂良再辞免进太上日历转两官例恩批答

166　管军军官更不带行阁职诏

166　龚茂良再辞免进书转官口宣

166　李彦颖再辞免进书转官口宣

167　命从官议择监司郡守诏

167　封桩库监官等理任请给等事诏

167　周必大封管城县开国男制

168　赐占城嗣国王邹亚娜进奉敕书

168　参知政事李彦颖再辞免进书礼仪使特转两官例恩批答

169　推恩临安府府学合干人诏

169　侍从台谏两省官杂举监司郡守诏

169　禁受纳人户苗米过数诏

169　周必大转朝散大夫制

170　武康军节度使捧日天武四厢都指挥使提举隆兴府玉隆万寿宫吴拱再
　　　辞免右金吾卫上将军批答

170　吴拱再辞免除右金吾卫上将军口宣

170　赐皇子魏王恺生日诏

171　赐使相郑藻生日诏

171　赐谥更不命词诏

171　印造兑换例茶短引事诏

172　赐吴拱口宣

172　令江东淮南漕臣开具管下布种事以闻诏

172　禁采捕虾蟆诏

173　禁左藏库监官监门官与专知官等轮宿诏

173　史浩庆寿加恩口宣

173　郑藻庆寿加恩口宣

174　曾觌庆寿加恩口宣

174　杨倓庆寿加恩口宣

174　吴拱庆寿加恩口宣

175　皇弟居中庆寿加恩口宣

175　刘懋庆寿加恩口宣

175　督责守令检举桩管米斛以新易陈诏

176　端明殿学士朝奉大夫签书枢密院事王淮辞免国史日历所经修不经进特转一官恩命不允诏

176　朝奉郎试礼部尚书赵雄辞免经修日历特转一官不允诏

176　资政殿大学士中大夫知镇江军府事沈夏乞外宫观不允诏

177　敷文阁直学士中奉大夫提举江州太平兴国宫张津辞免知建宁府不允诏

177　昭庆军节度使知荆南军府事充荆湖北路安抚使杨倓乞祠不允诏

178　敷文阁直学士中奉大夫陈弥作辞提举江州太平兴国宫乞致仕不允诏

178　奉议郎试尚书吏部侍郎赵粹中乞郡不允诏

178　安庆军承宣使提举德寿宫张去为辞免转官回授不允诏

179　凡集议当在尚书省御史台诏

179　诸路州军犯罪应配人更不分隶屯驻诸军诏

179　郊祀大礼御札

180　赐签书枢密院事王淮生日诏

180　观文殿大学士银青光禄大夫知福州陈俊卿乞检会前奏除外宫观不允诏

180　开赵庵舍赐名广惠禅院诏

181　禁围筑田亩堙塞水道诏

181　推赏收捕江西茶寇官兵诏

181　赐权四川制置使范成大敕书

181　赐福建路安抚使陈俊卿敕书

182　赐皇子判明州魏王恺金合夏药敕书

182　赐江东路安抚使刘珙敕书

182　赐侍卫马军都虞候王明并御前诸军都统制郭棣郭刚鲁安仁皇甫倜李川郭钧副统制韩宝刘沂明椿于友冯湛张宣敕书

183　赐吴挺敕书

183　赐湖北安抚使杨倓知镇江府沈夏敕书

183　赐贺金国生辰使副张宗元等口宣

184　奖谕刘珙诏

184　中大夫提举江州太平兴国宫姚宪辞免知太平州乞依旧宫观不允诏

184　权留官兵在靖州屯戍弹压猺人诏

185　左藏库收纳诸路州军起发绢事诏

185　推赏摧锋军官兵诏

185　禁买佃江湖草荡围筑田亩诏

185　人户从便赴州县输纳苗米诏

186　罢枢密院额外差置守阙贴房等诏

186　御史台六察官各特转两官诏

186　责罚进士增改父母年甲以冒封爵诏

186　命官冒注授冒转官展年磨勘诏

187　王淮再辞免同知枢密院事批答

187　赵雄再辞免端明殿学士签书枢密院事批答

187　王淮再辞免除同知枢密院事口宣

188　赵雄再辞免除端明殿学士签书枢密院事口宣

188　翟氏立为皇后诏

188　诸路帅臣等造酒不得出卖诏

188　赐开府仪同三司充万寿观使曾觌生日诏

189　立皇后谢氏制

189　临安府修盖垂拱殿应办官吏推恩诏

189　皇帝进奉太上皇后生辰贺笺二

190　赐参知政事龚茂良生日诏

190　令尤袤赈恤台州水灾诏

190　赐少保永阳郡王居广生日诏

191　令礼部太常寺议定郊礼摄事官称诏

191　周必大兼侍读制

191　命平江府给还开赵所创义冢僧庵元费钱物诏

192　随龙延福宫使保信军承宣使提举佑神观李绰辞免落阶官除正任承宣使不允诏

192　殿前司给犒士卒等公使酒用米免税诏

192　通进司承受御封文字令监官重封发敕官亲发诏

193　禁回易官盐诏

193　推赏姚明敖等诏

193　赈济湖北旱伤州军诏

193　外官任宫观以二年为任诏

194　赵伯圭除开府仪同三司加封制

194　令王敦诗李蘩委官点检四川备边桩积粮诏

194　赵伯圭除开府仪同三司口宣

195　赐知建康府江东安抚使刘珙奖谕诏

195　赐安南国王嗣子李龙翰淳熙四年历日敕书

196　赈粜金洋州兴元府诏

196　吕祖谦除秘书省秘书郎兼国史院编修官实录院检讨官制

196　赈济湖北京西灾伤州军诏

197　犯私盐合科徒流人刺填军额诏

197　违限不赴任医官退额诏

197　罢四川诸军同统制同统领诏

197　曾经论列放罢人奉祠事诏

198　知通考内所收经总制无额钱赏经审会方许放行诏

198　遇祈祷皇后阁膳随御膳进素诏

198　应配强盗及情理凶恶之人不得配隶辰州诏

198　监司被受三省六曹委送民讼疾速回报诏

199　吴拱除侍卫马军都指挥使口宣

199　赵伯圭再辞免开府仪同三司充万寿观使进封天水郡开国公加食邑实封不允诏

199　罢入粟补官御笔

200　玉津园射弓赐弓箭例物口宣

200　十月二十三日玉津园射弓赐酒果口宣

200　玉津园射弓赐御筵口宣

200　武康军节度使捧日天府四厢都指挥使右金吾卫上将军吴拱辞免侍卫
　　　马军都指挥使不允诏

201　十月二十八日朝辞讫归驲赐酒果口宣

201　朝辞讫归驲赐御筵口宣

201　回程赐龙凤茶并金镀银合口宣

202　十一月一日回程赤岸赐酒果口宣

202　回程赤岸赐御筵口宣

202　回程赐使副冬至节绢口宣

202　回程赐三节人从冬至节绢口宣

203　回程平江府赐御筵口宣

203　回程镇江府赐御筵口宣

203　回程盱眙军赐御筵口宣

204　郊祀大礼赦文

204　郊祀前二日朝献景灵宫圣祖天尊大帝册文

205　郊祀前一日朝享太庙祖宗帝后册文

205　郊祀祭享昊天上帝册文

205　郊祀祭享皇地祇册文

206　郊祀太祖配享册文

206　郊祀太宗配享册文

206　曾觐郊祀加恩口宣

207　太一宫恭谢烧香诏

207　郊祀大礼毕端诚殿称贺枢密宣答皇太子以下词

207　阁门宣答枢密以下词

208　内侍宣答管军词

208　郊祀大礼毕登门肆赦称贺宣答皇太子以下词

208　选差守臣御笔

209　恭谢礼应奉人合添赐青绿叶草花令逐处自行收买诏

209　医官不得带遥郡诏

209　朝散大夫权吏部尚书韩元吉辞免吏部尚书不允诏

209　遣使贺来年正旦国书

210　奉化郡开国公史浩加食邑食实封制

210　曾觐加封制

211　李显忠加封制

211　皇弟恩平郡王璩加封制

212　皇子魏王恺加封制

212　太史局增置春夏秋冬官大夫五阶诏

212　没官田产已经卖绝者不许翻论诏

213　阇婆国王加封制

213　皇弟天水郡公居中加封制

214　刘懋加封制

214　禁铸造碙石铜器等货卖诏

214　赐李彦颖生日诏

215　两淮总领所改正私历并创置库名诏

215　有司失察私铸铜器坐罪诏

215　中奉大夫蔡洸辞免徽猷阁学士与郡不允诏

215　平江府赐御筵口宣

216　周必大除吏部侍郎制

216　赤岸赐御筵口宣

217　赤岸赐酒果口宣

217　到阙赐被褥辐锣等口宣

217　周必大进封管城县开国子制

218　尚书省赐宰执以下喜雪御筵口宣

218　赐使副春幡胜口宣

218　赐三节人从春幡胜口宣

219　敦武郎以下阁门舍人大礼赏给诏

219　赐皇子判明州魏王恺诏

219　减四川酒课额钱诏

219　赐敷文阁待制四川安抚制置使范成大敕书

220　赐前宰相福建路安抚使陈俊卿敕书

220　赐皇子判明州魏王恺敕书

220　赐前执政知镇江府沈夏敕书

221　付赵粹中御笔

221　赐吴拱敕书

221　赐前执政官知建康府江东安抚使刘珙知荆南府湖北安抚使王炎敕书

222　赐御前诸军都统制吴挺郭刚李川皇甫倜郭棣郭钧鲁安仁御前诸军副

都统韩宝明椿张宣于友王式雄冯湛银合腊药敕书

卷十六　淳熙四年

223　到阙赐生饩口宣

223　岁除赐内中酒果口宣

223　正月一日入贺毕归驲赐御筵口宣

224　入贺毕归驿赐酒果口宣

224　正月三日赐内中酒果口宣

224　玉津园射弓赐御筵口宣

225　玉津园射弓赐酒果口宣

225　龙图阁学士朝散大夫提举江州太平兴国宫胡铨乞致仕不允诏

225　韩彦古奏乞仿唐制税入分为三等御批

226　颁进册事诏

226　四川总领所桩积米常以新易陈诏

226　奖谕临安府狱空诏

226　答贺正旦国书

227　科举诏

227　有司讨论谒太学仪注诏

227　贡举诏

228　令明椿差拨官兵戍靖州沅州诏

228　幸学诏

228　阶成西和凤四州科举事诏

229　禁将私铸砂毛钱混杂行使诏

229　三总领所出纳钱物不得侵借隐占诏

229　令镇江都统司等保明水军能统众人申枢密院诏

229　淳熙四年幸太学推恩诏

230　依条限催理二税诏

230　权借窠阙差注绍兴三十一年以前归正人诏

230　职事官以上各陈弊事诏

231　产盐去处知县兼监主管盐场任满赏罚诏

231　荆鄂驻札御前诸军名称诏

231　左藏南库支会子应副湖广总领所桩积备边诏

231　新复敷文阁直学士中奉大夫胡元质辞免四川安抚制置使兼知成都府
　　　不允诏

232　中奉大夫提举江州太平兴国宫胡元质辞免知荆南及复敷文阁直学士
　　　不允诏

232　观文殿大学士金紫光禄大夫知福州充福建路安抚使陈俊卿乞外宫观
　　　不允诏

232　非本土人贡举事诏

233　责贬张孝宽诏

233　崇信军节度使开府仪同三司提举临安府洞霄宫史浩辞免少保观文殿
　　　大学士充醴泉观使侍讲进封永国公加食邑实封不允诏

233　进呈仁宗皇帝玉牒徽宗皇帝实录今上皇帝玉牒毕宣答提举官以下词

234　通奉大夫参知政事龚茂良辞免进呈玉牒转两官例恩不允诏

234　通议大夫参知政事李彦颖辞免进呈徽宗实录特转两官例恩不允诏

235　举贤良方正诏

235　举贤良方正能直言极谏诏

235　安南国王龙翰袭封制

236　步军司差厢军应副祗候库巡防诏

236　故安南国王李天祚上遗表及遗进方物赐其子龙翰抚谕敕书

237　大中大夫提举临安府洞霄宫王炎再辞免复资政殿大学士不允诏

237　四川诸军升差将佐审察事诏

237　皇子恺除荆南集庆军节度使行江陵尹加封制

238　皇子魏王恺除荆南集庆军节度使行江陵尹口宣

238　皇子魏王恺辞免除荆南集庆军节度使行江陵尹口宣

239　皇子雄武保宁军节度使开府仪同三司判明州军州事兼管内劝农使兼
　　　沿海制置使魏王恺辞免除荆南集庆军节度使行江陵尹加食邑实封不
　　　允诏

239　魏王恺三辞免荆南集庆军节度使行江陵尹加食邑实封批答

240　缴纳度牒师号诏

240　逃绝人户税租不得抑勒保正代输诏

240　赐郑藻生日诏

240　广南重修牢城营诏

241　存恤归正人诏

241　曾经编配吏人及见役吏人不许充官民户干人诏

241　吕祖谦转承议郎仍兼史职制

242　赐李龙翰封安南国王制诰敕书

242　俞澂除大理丞徐存除大理丞王梦若除大理司直制

243　知庐州王希吕除直宝文阁再任制

243　陈杞除军器监主簿制

243　诸州军守倅审察部内归正人诏

244　资政殿大学士太中大夫知建康军府充江南东路安抚使兼行宫留守刘珙辞免观文殿学士不允诏

244　建造光尧太上皇帝御书石经阁诏

244　名淳熙新编特旨断例诏

245　史浩岁赐公使钱诏

245　太史局官序等依医官见行格法诏

245　周必大转朝请大夫制

246　周必大除翰林学士制

246　周必大辞免翰林学士不允诏

247　移置封桩库诏

247　刑部拟定断案诏

247　赐王淮生日诏

247　通奉大夫参知政事龚茂良乞外宫观不允诏

248　通奉大夫龚茂良辞免资政殿大学士知镇江府不允诏

248　通奉大夫龚茂良再辞免资政殿学士知镇江府不允诏

248　宰执朝殿得旨须覆奏乃行诏

249　禁采捕蜂儿诏

249　中大夫新除参知政事王淮辞免权提举国史院编修国朝会要所不允诏

249　刑部将情犯可疑案状检坐在部例册拟断诏

250　六院官不入杂压诏

250　赐赵雄生日诏

250　定两学从祀诏

250　许王守忠再任御批

251　解试省试差试官事诏

251　观文殿大学士金紫光禄大夫陈俊卿辞免特进恩命乞依旧官奉祠不允诏

251　集议事诏

252　决遣指挥事诏

252　捕盗之赏诏

252　职事官未至知州资序人陈乞外路条约诏

252　广南签判知县窠阙事诏

253　赐皇叔祖少傅昭化军节度使判大宗正事嗣濮王士辂生日诏

253　朝议大夫权尚书吏部侍郎兼同修国史兼侍讲兼权工部侍郎李焘辞免礼部侍郎不允诏

253　职事官有阙方除诏

254　诸州教阅禁军诏

254　太史局官服色诏

254　许黄鉴大等附漕司试诏

254　除授太尉恩数诏

255　罢宰执等转官致仕遗表所得选试医人等恩例诏

255　淳熙四年命贤良方正能直言极谏科考试官诏

255　严禁私贩耕牛过界诏

255　赐皇兄少保岳阳军节度使充万寿观使永阳郡王居广生日诏

256　龙图阁学士朝散大夫胡铨辞免提举隆兴府玉隆万寿宫乞休致不允诏

256　太史局正令换官阶诏

256　条约监司巡历事诏

257　禁与蕃商博易解盐诏

257　赐皇太子生日诏

257　太史局学生补局生等事诏

258　赐少保观文殿大学士充醴泉观使侍读永国公史浩生日诏

258　观文殿大学士金紫光禄大夫陈俊卿再辞免特进乞依旧宫观不允诏

258　徽猷阁直学士通奉大夫提举江州太平兴国宫徐哲辞免特转一官致仕不允诏

259　名兴州驻札御前诸军编制诏

259　承代归正人恩数诏

259　赈济襄阳府归正贫民诏

259　令浙东提举司赈恤被水人户诏

260　定江军节度使侍卫亲军步军都指挥使兴州驻札御前诸军都统制吴挺乞宫观不允诏

260　令四川措置官田给付归正忠义人诏

260　皇太子宫差破客司事诏

261　朝请大夫权尚书刑部侍郎兼侍讲兼权给事中程大昌辞免刑部侍郎不

允诏

261　朝议大夫权尚书吏部侍郎司马伋辞免吏部侍郎不允诏

261　阴雨决狱诏

262　审察三衙江上四川诸军统制统领官诏

262　幸滩上抽摘诸军人马按教诏

262　赴阙盱眙军传宣抚问赐御筵口宣

262　赴阙镇江府赐茶药口宣

263　镇江府赐御筵口宣

263　平江府赐御筵口宣

263　赤岸赐酒果口宣

263　赤岸赐御筵口宣

264　十月十九日到阙赐被褥钞锣口宣

264　十月二十二日上寿毕归驲赐酒果口宣

264　十月二十二日上寿毕归驲赐酒果口宣

265　二十二日上寿毕归驲赐御筵口宣

265　二十二日上寿毕归驲赐酒果口宣

265　赐皇太子口宣

266　赐三省官口宣

266　赐枢密院官口宣

266　赐殿前司口宣

267　赐马军司口宣

267　赐步军司口宣

267　十月二十三日玉津园射弓赐酒果口宣

268　玉津园射弓赐弓箭例物口宣

268　玉津园射弓赐御筵口宣

268　十月二十六日赐生饩口宣

268　敷文阁直学士朝请大夫提举隆兴府玉隆万寿宫秦埙辞免知饶州不
　　允诏

269　十月二十七日赐内中酒果口宣

269　密赐使副大银器口宣

269　十月二十八日朝辞讫归驲赐酒果口宣

270　朝辞讫归驲赐御筵口宣

270　回程赐龙凤茶并金镀银合口宣

270 回程赤岸赐御筵口宣

270 答贺会庆节国书

271 将关外积粮不堪支遣者措置变卖诏

271 十一月一日回程赤岸赐酒果口宣

271 回程平江府赐御筵口宣

272 回程镇江府赐御筵口宣

272 回程盱眙军赐御筵口宣

272 敷文阁直学士朝请郎范成大辞免权礼部尚书不允诏

273 省试帘外官回避事诏

273 龙图阁学士中大夫提举江州太平兴国宫林安宅乞休致不允诏

273 端明殿学士朝散郎签书枢密院事赵雄辞免同知枢密院事不允诏

274 荐举升改奏状限半年内到进奏院诏

274 推赏殿前两军步军司三军统制统领官等诏

274 端明殿学士朝散郎签书枢密院事赵雄再辞免同知枢密院事批答

275 赵雄再辞免除同知枢密院事口宣

275 除放淮东应募力田指使借支钱粮诏

275 文武官岁奏举堪任知县县令者诏

275 观文殿学士大中大夫知建康军府事充江南东路安抚使兼行宫留守刘
　　珙乞外宫观不允诏

276 禁江上四川驻札诸军兵官接见宾客诏

276 通议大夫参知政事李彦颖乞罢机政不允诏

276 分差粮料院许过差荐举知县注通判诏

277 李彦颖再乞罢机政不允诏

277 周必大转朝议大夫制

277 遣使贺来年正旦国书

278 改造紫衣师号式样诏

278 中大夫知泉州姚宪辞端明殿学士知江陵府乞在外宫观不允诏

278 禁州县税务于五里外拦截客旅诏

279 中大夫知泉州姚宪辞端明殿学士知江陵府乞在外宫观不允诏

279 犯私盐罪人刺填军额事诏

279 徽猷阁学士中奉大夫知宁国军府事蔡洸乞宫观不允诏

280 沿边帅臣等边机事宜止许实封申枢密院诏

280 赐李彦颖生日诏

280 观文殿学士大中大夫知建康军府事充江南东路安抚使兼行宫留守刘珙乞检会前奏差在外宫观不允诏

281 人使到阙宴殿赐花事诏

281 申严铁钱过江南禁令诏

281 申严铜钱过江北禁令诏

281 置教场教阅归正归朝归明人等诏

282 敷文阁直学士朝请大夫秦埙辞免知舒州不允诏

282 赴阙盱眙军传宣抚问赐御筵口宣

282 镇江府赐银合茶药口宣

283 镇江府赐御筵口宣

283 平江府赐御筵口宣

283 赤岸赐御筵口宣

284 赤岸赐酒果口宣

284 到阙赐被褥钞锣等口宣

284 到阙赐生饩口宣

284 赐荆湖北路安抚使姚宪银合腊药敕书

285 赐皇子判明州魏王恺金合腊药敕书

285 赐江南东路安抚使刘珙银合腊药敕书

285 赐侍卫马军行司武康军节度使侍卫马军都指挥使吴拱御前诸军都统制吴挺郭棣郭刚郭钧皇甫倜李川于友鲁安仁御前诸军副都统制岳建寿李思齐王世雄韩宝银合腊药敕书

286 赐知太平州杨倓福建路安抚使沈夏银合腊药敕书

286 赐成都潼川府夔州利州路安抚制置使胡元质银合腊药敕书

286 赐武经大夫荣州刺史差充池州驻札御前诸军都统制明椿银合夏药敕书

287 赐安南国王李龙翰淳熙五年历日敕书

287 尚书省赐宰执以下喜雪御筵口宣

卷十七　淳熙五年

288 岁除赐内中酒果口宣

288 正月一日入贺毕归驲赐御筵口宣

288 入贺毕归驿赐酒果口宣

289 正月三日赐内中酒果口宣

289 正月四日玉津园射弓赐弓箭例物口宣

289　玉津园射弓赐御筵口宣

290　玉津园射弓赐酒果口宣

290　正月六日朝辞讫归驿赐酒果口宣

290　正月六日朝辞讫归驿赐御筵口宣

290　密赐使副大银器口宣

291　回程赐龙凤茶并金镀银合口宣

291　赐使副春幡胜口宣

291　赐三节人从春幡胜口宣

292　赐接伴使副春幡胜口宣

292　回程赤岸赐御筵口宣

292　回程赤岸赐酒果口宣

292　回程平江府赐御筵口宣

293　回程镇江府赐御筵口宣

293　回程盱眙军赐御筵口宣

293　朝议大夫试尚书吏部侍郎司马伋乞外宫观不允诏

294　姚宪再辞免端明殿学士恩命不允诏

294　拘收诸路州军所管厢禁军在营外之人诏

294　奉国军节度使殿前副都指挥使王友直乞宫观不允诏

294　武泰军节度使开府仪同三司充万寿观使曾觌乞致仕不允诏

295　随事具实状弹劾御史台六察违戾事诏

295　大宗正司宗正寺稽考宗子改名文状诏

295　吕祖谦除著作佐郎兼史职制

296　吏部精加铨量注拟知县县令诏

296　周必大乞郡不允诏

296　武泰军节度使开府仪同三司充万寿观使曾觌再乞致仕不允诏

297　行在务场印造茶引给降诏

297　答贺正旦国书

297　遣使贺生辰国书

298　福建浙东三番海船内起发一番赴平江府明州教阅诏

298　奉国军节度使殿前副都指挥使王友直辞免殿前都指挥使不允诏

298　少保观文殿大学士充醴泉观使侍读永国公史浩乞休不允诏

299　朝散大夫试尚书户部侍郎韩彦古辞免权户部尚书不允诏

299　奉国军节度使殿前副都指挥使王友直再辞免殿前都指挥使批答

300　王友直再辞免殿前都指挥使口宣

300　杜绝贸易解盐诏

300　赐贺金国正旦使副钱良臣等口宣

300　王友直除殿前都指挥使口宣

301　史浩再乞致仕不允诏

301　朝议大夫试吏部尚书韩元吉乞州郡不允诏

301　赐王友直衣带诏

302　钱良臣再辞免端明殿学士签书枢密院事口宣

302　敷文阁直学士中大夫知绍兴军府事充两浙东路安抚使张津乞在外宫
　　　观不允诏

302　诸官司收买木植除免商税诏

302　通议大夫参知政事李彦颖乞罢机政除宫观不允诏

303　通议大夫李彦颖辞免资政殿学士知绍兴府不允诏

303　李彦颖再辞免资政殿学士知绍兴府不允诏

304　史浩除右丞相制

304　史浩再辞免除少傅口宣

305　史浩辞免左右丞相进封魏国公加食邑实封不允诏

305　赐赵雄辞免参知政事不允第二诏

305　减四川折绢钱诏

306　皇兄右监门率府率令术可授通直郎制

306　皇侄孙右监门率府率子倚可换通直郎制

306　明州水军统制下董珌招安到海贼倪德等可补承信郎制

307　忠训郎柴进修盖营寨有劳可秉义郎制

307　振华军都虞候刘俊马军司都虞候小刘安并可秉义郎制

307　归正人归州助教高粲可右迪功郎制

307　忠义军统制官耶律适哩妻弟萧庆元可承信郎制

308　将仕郎戴安国捕获海贼可承信郎制

308　胜捷都虞候周元可秉义郎制

308　左迪功郎赵善登可左从政郎制

309　归正张□特补右承务郎制

309　归正人赵虚己可迪功郎制

309　进勇副尉陈广捕获海贼可承信郎制

310　右迪功郎余颖可右从事郎制

310　右迪功郎汪大定可从事郎制

310　琼州山寨首领黄氏可宜人制

311　阁门宣赞舍人干办皇城司吴瑰施行亲从堆垛子可转右武郎制

311　台州仙居县尉余闳母潘氏饶州浮梁县主簿谢偁母董氏并可特封孺人制

311　和义郡夫人蔡氏可封硕人制

312　缺题外制

312　缺题外制

312　缺题外制

312　缺题外制

313　缺题外制

313　缺题外制

313　缺题外制

314　缺题外制

314　缺题外制

314　静江府等处正奏名特奏名进士升等升名诏

314　绍兴府羡余代民输和买身了之半诏

315　新及第进士授官诏

315　少保右丞相史浩辞免提举编修玉牒提举国史院提举编修国朝会要所提举敕令所恩命不允诏

315　中大夫参知政事范成大辞免权监修国史日历所恩命不允诏

316　中大夫参知政事赵雄辞免同提举敕令所恩命不允诏

316　史浩再辞免提举恩命不允诏

316　置司专一看详天下言利病奏状札子等诏

317　条具收税违法事项诏

318　将条具到收税违法事件晓谕江东等路诏

318　奖谕昭庆军节度使知太平州杨偰诏

318　昭庆军节度使知太平州杨偰乞宫观不允诏

319　赐皇太子口宣

319　赐三省官口宣

319　赐枢密院口宣

320　赐殿前司口宣

320　赐马军司满散口宣

320　赐步军司口宣

321　令揭榜晓谕商旅不得隐欺走失岁课诏

321　特进观文殿大学士提举临安府洞霄宫陈俊卿辞免判隆兴府不允诏

321　奉国军节度使殿前都指挥使王友直乞宫观不允诏

322　决遣罪人诏

322　贡院赐进士闻喜宴口宣

322　王友直再乞检会前奏除宫观不允诏

322　赐太尉威武军节度使提举万寿观李显忠生日诏

323　禁蕃商海船夹带铜钱离岸诏

323　龙图阁学士提举江州太平兴国宫林安宅再乞致仕不允诏

323　赐三省官赴斋筵酒果口宣

324　赐枢密院官赴斋筵酒果口宣

324　赐三省官满散天申圣节道场乳香口宣

324　朝请大夫试尚书刑部侍郎兼侍讲程大昌乞小郡或外宫观不允诏

325　武康军节度使侍卫马军都指挥使吴拱乞外宫观不允诏

325　程大昌辞免吏部侍郎不允诏

325　赐参知政事范成大生日诏

325　赐王淮生日诏

326　中大夫参知政事范成大乞罢机政不允诏

326　定江军节度使侍卫亲军步军都指挥使兴州驻札御前诸军都统制吴挺辞免知兴州乞检会累奏除宫观不允诏

326　守阙进勇副尉减年收使事诏

327　罢创置税场税铺诏

327　禁客人以耕牛战马负茶过北界诏

327　赐吴挺口宣

328　举台官诏

328　朝奉大夫试给事中兼侍讲钱良臣辞免端明殿学士签书枢密院事不允诏

328　中大夫参知政事赵雄辞免权监修国史日历不允诏

329　朝奉大夫试给事中兼侍讲钱良臣再辞免端明殿学士签书枢密院事批答

329　吏部注授知州军人赴都堂审察诏

329　职事官等任满日临时取旨除授诏

330　定江军节度使侍卫亲军步军都指挥使兴州驻札御前诸军都统制吴挺辞免利州西路安抚使兼知兴州不允诏

330　皇子魏王恺除永兴成德军节度使雍州牧口宣

330　朝请大夫试尚书吏部侍郎兼侍讲程大昌辞免兼同修国史不允诏

331　镇江建康府各置转般仓诏

331　皇子恺除永兴成德军节度使雍州牧加封制

332　朝散郎试右谏议大夫萧燧辞免刑部侍郎不允诏

332　随龙泉州防御使添差权发遣两浙西路马步军副总管临安府驻札李厚辞免特转一官再任不允诏

332　观文殿学士大中大夫知建康府充江南东路安抚使兼行宫留守刘珙乞检会前奏除外宫观不允诏

333　皇子魏王恺辞免除永兴成德军节度使雍州牧加食邑实封不允诏

333　皇子魏王恺再辞免永兴成德军节度使雍州牧加食邑实封不允诏

333　皇子魏王恺三辞免永兴成德军节度使雍州牧加食邑实封不允诏

334　奖谕临安府狱空诏

334　刘珙辞免知建康府江东安抚使不允诏

334　赐皇子判明州魏王恺金合夏药救书

335　赐成都潼川府夔州路安抚制置使胡元质银合夏药救书

335　赐知太平州杨倓银合夏药救书

335　赐侍卫马军行司侍卫马军都指挥使吴拱并御前诸军都统制吴挺郭棣郭刚皇甫倜李川田世卿于友御前诸军副都统制韩宝王世雄明椿岳建寿李思齐银合夏药救书

336　皇子魏王恺辞免择日备礼宜允诏

336　龙图阁学士朝散大夫提举隆兴府玉隆万寿宫胡铨辞免端明殿学士依旧宫观乞检会前奏许休致不允诏

336　少保右丞相史浩乞归不允诏

337　昭庆军节度使知大平州军州事杨倓乞外宫观不允诏

337　少保右丞相史浩再乞罢机政不允诏

337　赐赵雄生日诏

338　榷货务都茶场印造茶小引给降湖北给卖诏

338　诸库务官司回报申状诏

338　宁武军承宣使知阁门事兼客省四方馆事张抡乞外宫观不允诏

338　湖北见佃人户开垦荒田祇令输纳旧税诏

339　兴贩耕牛过淮赏罚事诏

339　敕广南西路安抚都监提举钦廉等州都巡检吴儆

339　宣奉大夫提举临安府洞霄宫魏杞辞免复端明殿学士不允诏

340　赐士辋生日诏

340　戒监司令所部不得重价折变两税诏

340　拘收沅州等处屯戍人归军教阅诏

341　奉国军节度使殿前都指挥使王友直乞宫观不允诏

341　特进观文殿大学士新判隆兴军府事兼管内劝农营田使充江南西路安
　　　抚使马步军都总管陈俊卿辞免差知建康府不允诏

341　赐陈俊卿辞免知建康府不允诏

342　秘书省进今上会要十年经修官王淮转官加封制

342　中奉大夫试吏部尚书韩元吉乞郡不允诏

343　赐曾觌生日诏

343　中奉大夫韩元吉辞免除龙图阁学士不允诏

343　宣奉大夫提举临安府洞霄宫魏杞再辞免端明殿学士不允诏

344　推赏文州经战官兵诏

344　敷文阁直学士中大夫陈弥作乞致仕不允诏

344　临安府存留发引不得收税诏

344　武举解试省试依旧额诏

345　赐安南国王李龙翰淳熙六年历日敕书

345　皇帝进奉太上皇后生辰贺笺三

345　昭庆军节度使知太平州军州事杨倓辞免知隆兴府乞检会前奏除外宫
　　　观不允诏

346　出官人铨试呈试添考校场数诏

346　中大夫试刑部尚书张津乞外宫观或近地小郡不允诏

346　昭庆军节度使知太平州军州事杨倓再辞免知隆兴府不允诏

347　敷文阁直学士中大夫陈弥作辞免知泉州不允诏

347　赐皇太子生日诏

347　赐史浩生日诏

348　沿江船户结甲互察诏

348　王虎特补承信郎诏

348　殿前司买到军器等照应免税公据放行诏

348　资政殿大学士中大夫知福州军州事充福建路安抚使沈夏乞外宫观不

允诏

349　王淮加封制

349　赵雄加封制

350　皇子恺加封制

350　皇弟璩加封制

351　史浩加封制

351　郑藻加封制

352　赵伯圭加封制

352　曾觌加封制

353　刘懋加封制

353　成闵加封制

354　吴挺加封制

354　皇叔祖天水郡公士歆加封制

355　授罗颂制司机宜制

355　吕祖谦等转官制

355　李龙翰加封制

356　阇婆国王加封制

356　中大夫新任在外宫观张津辞免敷文阁学士不允诏

357　吕祖谦除著作郎制

357　御药院申乞撰进呈三祖下第六世仙源类谱仁宗皇帝十年玉牒所有合用提举官礼仪使已下宣答词

357　赐中大夫参知政事赵雄辞免玉牒所进书了毕充礼仪使转一官依例加恩不允诏

358　赐少保右丞相史浩再上表辞免玉牒所进书回授转官依例加恩不允仍断来章批答

358　少保右丞相史浩参知政事赵雄辞免幸秘书省推恩特转一官宜允诏

359　少保右丞相史浩辞免玉牒所进书转两官特许回授例恩不允诏

359　中大夫参知政事赵雄再辞免玉牒所进书充礼仪使特转一官例恩不允诏

359　赴阙盱眙军传宣抚问赐御筵口宣

360　赴阙镇江府赐茶药口宣

360　镇江府赐御筵口宣

360　平江府赐御筵口宣

360　赤岸赐酒果口宣

361　赤岸赐御筵口宣

361　周必大转中奉大夫制

361　十月十八日到阙赐内中酒果口宣

362　金国贺会庆圣节使人到阙赐被褥鈔锣等口宣

362　使人到阙在驿赐生饩口宣

362　十月二十二日上寿毕归驲赐酒果口宣

363　二十二日上寿毕归驲赐御筵口宣

363　赐步军司满散会庆圣节道场乳香口宣

363　赐殿前司满散会庆圣节道场乳香口宣

364　玉津园射弓赐御筵口宣

364　赐三省官满散会庆圣节道场乳香口宣

364　赐马军司满散会庆圣节道场乳香口宣

365　赐枢密院满散会庆圣节道场乳香口宣

365　皇太子满散会庆圣节道场乳香口宣

365　回程赐使副冬至节绢口宣

366　赤岸赐御筵口宣

366　赐三节人从冬至节绢口宣

366　玉牒所进三祖下第六世仙源类谱并仁宗十年玉牒提举官少保右丞相
　　　史浩加食封制

367　史浩玉牒所进书加恩口宣

367　二十三日赐内中酒果口宣

367　玉津园射弓赐弓箭例物口宣

368　密赐使副大银器口宣

368　回程赐龙凤茶并金镀银合口宣

368　回程平江府赐御筵口宣

368　回程镇江府赐御筵口宣

369　回程盱眙军赐御筵口宣

369　除豁攒宫等处所管税租诏

369　赐皇太子惇辞免男扩除正任观察使封国公女封郡主不允诏

370　示谕荆南官吏军民僧道耆寿敕书

370　示谕保宁军官吏军民僧道耆寿等敕书

370　赐史浩御笔

370 右丞相史浩上表再辞免玉牒所进书回授转官依例加恩恩命不允仍断来章批答口宣

371 监司守令不得以私意轻意去留县令诏

371 赐翰林学士中奉大夫知制诰兼太子詹事兼侍读兼修国史周必大乞特授一在外宫观不允不得再有陈请诏

371 赐签书枢密院事钱良臣生日诏

372 临安府理断军民相争公事诏

372 少保右丞相史浩再乞解机政不允诏

372 史浩罢相除少傅保宁军节度使充醴泉观使兼侍读加封制

373 赐少保右丞相史浩乞归田庐不允诏

373 殿前马步军司见从军归正归附下班祗应磨勘诏

373 临安府遗火差人救扑诏

374 史浩除少傅口宣

374 赐少保卫国公史浩辞免特授少傅保宁军节度使充醴泉观使兼侍读依前卫国公加食邑食实封乞俾仍旧秩归奉外祠不允诏

375 赐少傅保宁军节度使充醴泉观使兼侍读卫国公史浩辞免弟溥长子弥大女夫李友直夏鼎各与差遣并亲属恩数不允诏

375 赐史浩再上表辞免除少傅保宁军节度使充醴泉观使兼侍读加食邑食实封不允仍断来章批答

375 史浩再上表辞免除少傅恩命不允仍断来章批答口宣

376 端明殿学士朝奉大夫签书枢密院事钱良臣辞免参知政事不允诏

376 史浩再辞免少傅保宁军节度使充醴泉观使兼侍读加食邑食实封批答

377 王淮除枢密使制

377 赵雄除右丞相制

378 钱良臣再辞免参知政事批答

378 赵雄特授右丞相赐告口宣

378 王淮特授枢密使赐告口宣

379 钱良臣再辞免除参知政事口宣

379 赵雄上表再辞免右丞相不允批答口宣

379 王淮上表再辞免枢密使不允批答口宣

380 赐太中大夫参知政事赵雄辞免特授右丞相正议大夫加食邑食实封不允诏

380 赐中大夫知枢密院事王淮辞免除太中大夫枢密使加食邑食实封不

允诏

381 赐王淮上表再辞免特授枢密使太中大夫加食邑食实封不允批答

381 赐赵雄上表再辞免特授右丞相正议大夫加食邑食实封不允批答

381 置成都路雄边军诏

382 置立税场发引处诏

382 新除少傅史浩辞免备礼册命宜允诏

382 赵雄再辞免除右丞相口宣

383 右丞相赵雄辞免提举国史院国朝会要所恩命不允诏

383 赵雄再辞免右丞相正议大夫加食邑实封批答

383 王淮再辞免枢密院使大中大夫加食邑实封批答

384 王淮辞免除枢密使口宣

384 令高邮军等支米充赈贷诏

384 朝奉大夫参知政事钱良臣辞免监修国史日历恩命不允诏

385 蠲免陷江田地苗税诏

385 皇叔祖士歆除节度使制

386 士歆特授保康军节度使赐告口宣

386 昭庆军承宣使提举佑神观士歆辞免保康军节度使依前提举佑神观不允诏

386 示谕保康军官吏军民僧道耆寿等敕书

387 赐昭庆军承宣使提举佑神观士歆上表再辞免保康军节度使加食邑食实封不允仍断来章批答

387 士歆上表再辞免保康军节度使不允批答口宣

387 赐中大夫参知政事钱良臣乞重行黜削谨家居待罪不允诏

388 新授中大夫参知政事钱良臣辞免同提举敕令所不允诏

388 右丞相赵雄辞免提举编修玉牒提举敕令所不允诏

388 周必大除礼部尚书兼翰林学士制

389 赐翰林学士中奉大夫知制诰兼侍读兼太子詹事兼修国史周必大辞免除礼部尚书兼翰林学士不允诏

389 禁兴元府大军打请日拜红漆牌子金书圣旨诏

390 吏部窠阙遵守见行条法诏

390 沿江州军不得透漏钱银茶货等诏

390 除监司郡守须契勘年甲诏

390 金国贺正旦使人赴阙赤岸赐御筵口宣

391　平江府赐御筵口宣

391　赤岸赐酒果口宣

391　镇江府赐御筵口宣

392　金国贺正旦使人赴阙盱眙军传宣抚问赐御筵口宣

392　镇江府赐银合茶药口宣

392　金国使人到阙玉津园射弓赐射弓酒果口宣

393　受纳苗米不得取优润米诏

393　十二月二十八日赐生饩口宣

393　十二月三十日赐内中酒果口宣

393　赐敷文阁直学士朝请大夫秦埙辞免改差知泰州不允诏

394　赐朝议大夫权尚书兵部侍郎兼详定一司敕令刘孝韪辞免除兵部侍郎不允诏

394　赐昭化军承宣使提举江州太平兴国宫钱恺辞免令赴行在奏事不允诏

395　赐江南东路安抚使陈俊卿银合腊药敕书

395　赐福建路安抚使沈夏江南西路安抚使杨倓银合腊药敕书

395　赐成都潼川府夔州利州路安抚制置使胡元质银合腊药敕书

396　赐两浙东路安抚使李彦颖银合腊药敕书

396　赐皇子判明州魏王恺金合腊药敕书

396　赐侍卫马军行司武康军节度使侍卫马军都指挥使吴拱御前诸军都统制吴挺等御前诸军副都统制韩宝等银合腊药敕书

397　吴挺除利州西路安抚使兼知兴州口宣

卷十八　淳熙六年

398　赐接伴使副春幡春胜口宣

398　赐三节人从春幡春胜口宣

398　赐金国贺正旦使副春幡春胜口宣

399　昭化军承宣使钱恺辞免知阁事干办皇城司不允诏

399　正月一日入贺毕归驿赐酒果口宣

399　正月一日入贺毕归驿赐御筵口宣

400　赐被褥钞锣等口宣

400　密赐大银器口宣

400　正月三日赐内中酒果口宣

401　存恤人使往来州军牵驾人夫诏

401　正月四日玉津园射弓赐射弓御筵口宣

401　正月四日玉津园射弓赐射弓弓箭例物口宣

401　正月六日朝辞讫归驿赐酒果口宣

402　正月六日朝辞讫归驿赐御筵口宣

402　回程赤岸赐御筵口宣

402　回程镇江府赐御筵口宣

403　降授中大夫新知泉州军州事韩彦直辞免敷文阁学士不允诏

403　武臣呈试事诏

403　皇弟璩除少傅加封制

404　赐皇弟辞免特授少傅依前静江军节度使充醴泉观使恩平郡王加食
　　　邑食实封不允诏

404　赐皇弟少傅静江军节度使充醴泉观使恩平郡王璩辞免备礼册命宜
　　　允诏

405　示谕宁武军敕书

405　武泰军节度使开府仪同三司充万寿观使曾觌再辞免少保宁武军节度
　　　使加食邑实封批答

405　曾觌辞免除少保口宣

406　曾觌再辞免除少保口宣

406　曾觌再辞免少保宁武军节度使加食邑实封批答

406　曾觌除少保改镇充醴泉观使加封制

407　曾觌授少保口宣

407　赐武泰军节度使开府仪同三司充万寿观使曾觌辞免除少保宁武军节
　　　度使加食邑食实封不允诏

408　赐新授少保宁武军节度使充醴泉观使曾觌辞免择日备礼册命宜允诏

408　归正官添差事诏

408　崔敦诗除著作郎告词

409　皇弟璩再辞免少傅加食邑实封不允诏

409　钱良臣奏知湖州长兴县茹㦮坐赃事批答

409　遣使贺生辰国书

410　赐四川安抚制置使兼知成都府胡元质辞免除龙图阁直学士不允诏

410　赐资政殿大学士宣奉大夫提举临安府洞霄宫梁克家辞免差知福州不
　　　允诏

410　盱眙军赐御筵口宣

411　金国使人回程赐龙茶凤茶并金镀银合口宣

411　平江府赐御筵口宣

411　赤岸赐酒果口宣

412　四川总领所茶马司岁终开具钱物收支见在申尚书省诏

412　吕祖谦直秘阁制

412　前宰执侍从守郡奉祠人听非时言事诏

412　恩平郡王璩除少傅合得恩数诏

413　放散诸路起发到海船诏

413　编淳熙条法事类诏

413　人户当纳畸零税绢折价送纳诏

414　禁冒请归正添差诸州事故人料钱诏

414　朝议大夫试尚书吏部兼侍讲兼同修国史兼权吏部尚书程大昌乞宫观小郡不允诏

414　赐福州观察使知阁门事兼客省四方□□兼枢密都承旨王抃乞除一在外宫观□□不允诏

415　赐资政殿学士通议大夫知绍兴军府事两浙东路安抚使李彦颖乞除一在外宫观不允诏

415　赐贺金国正旦使宇文价副使赵鼐到阙传宣抚问并赐银合茶药口宣

415　条约民户畸零税绢送纳事诏

416　堂除添差宫观岳庙事诏

416　赐正议大夫右丞相赵雄上表再辞免曾经预监修纂隆兴以后日历奏成篇帙特转行一官依例加恩不允批答

416　赐太中大夫枢密使王淮上表再辞免曾预修纂隆兴以后日历奏成篇帙特转行一官依例加恩不允批答

417　赐正议大夫右丞相赵雄再上表辞免曾经预监修纂隆兴以后日历奏成篇帙特转行一官依例加恩不允仍断来章批答

417　赐太中大夫枢密使王淮再上表辞免曾预修纂隆兴以后日历奏成篇帙特转行一官依例加恩不允仍断来章批答

418　赐降授朝请大夫参知政事钱良臣上表再辞免修纂隆兴以后日历奏成篇帙特转行两官依例加恩不允仍断来章批答

418　王淮再上表辞免日历奏成篇秩特转行一官不允仍断来章批答口宣

418　王淮上表再辞免曾预修纂隆兴以后日历奏成篇秩特转行一官依例加恩恩命不允批答口宣

419　赵雄再上表辞免日历奏成篇秩特转行一官不允仍断来章批答口宣

419 钱良臣上表再辞免修纂隆兴以后日历奏成篇秩特转行两官依例加恩
恩命不允仍断来章批答口宣

419 赵雄上表再辞免曾预监修纂隆兴以后日历奏成篇秩转行一官依例加
恩恩命不允批答口宣

420 戒饬诸路转运司手诏

420 大中大夫枢密使王淮辞免曾预修纂隆兴以后日历奏成转官例恩不
允诏

421 右丞相赵雄辞免曾监修纂隆兴以后日历奏成转官例恩不允诏

421 降除朝请大夫参知政事钱良臣辞免纂修日历特转行两官例恩不允诏

422 龙图阁学士中大夫新除致仕林安宅辞免端明殿学士乞守旧职致仕不
允诏

422 抚问贺金国生辰使钱冲之等到阙并赐银合茶药口宣

422 赐朝议大夫试尚书吏部侍郎兼侍讲□□修国史兼权吏部尚书程大昌
辞免除权吏部尚书不允诏

423 县尉捕盗不得滥及平民诏

423 宰执等不许奏试医人诏

423 朝议大夫新除权吏部尚书兼侍讲兼同修国史程大昌辞免国史日历所
经修不经进官特转一官恩命不允诏

424 有事明堂御札

424 明堂大礼御札

425 朝奉郎权尚书工部侍郎兼知临安府吴渊辞免工部侍郎不允诏

425 赵雄转官加恩制

426 王淮转官加恩制

426 明堂大礼排办事诏

426 进日历崔敦诗转奉议郎制

427 般押诸司改充承勘推司诏

427 捕杀湖南贼徒赏格诏

427 日历成书周必大转中大夫制

428 赐中奉大夫试礼部尚书兼翰林学士兼侍读兼太子詹事兼修国史周必
大辞免□□修纂日历系在内官转一官不允诏

428 赐皇子魏王恺生日诏

428 赐郑藻生日诏

429 四川制置司申请威茂州量立省计为钱引事诏

429　皇太子宫讲礼记终篇推赏官吏诏

429　琼州卖盐止依祖额诏

429　弓兵保伍获正贼虽有他过不许追治诏

430　赈粜衢州诏

430　禁大保长催科诏

430　赐承议郎试给事中兼修玉牒官兼侍读王希吕辞免除兵部尚书兼给事中不允诏

431　赐中大夫试礼部尚书兼翰林学士兼太子詹事兼侍读兼修国史周必大乞检会□□除在外宫观差遣不允诏

431　周必大乞宫观不允诏

431　马定远造马船诏

432　呈试出官诏

432　知柳州雷溧乞俟贼平后持服不允诏

432　勿夺乡民开垦闲旷地诏

432　龙图阁学士中大夫林安宅再辞免端明殿学士不允诏

433　陷伪归朝人请钱米及二十年即行住罢诏

433　赐三省官斋筵酒果口宣

433　枢密院官斋筵酒果口宣

434　赐殿前司满散天申圣节道场乳香口宣

434　枢密院官满散天申圣节道场乳香口宣

434　赐步军司满散天申圣节道场乳香口宣

435　赐皇太子满散天申圣节道场乳香口宣

435　赐马军司满散天申圣节道场乳香口宣

435　东宫讲礼记彻章周必大转大中大夫制

436　赐中大夫试礼部尚书兼翰林学士兼侍读兼太子詹事兼修国史周必大辞免皇太子讲礼记终篇官属特转一官不允诏

436　京西归正忠义人耕种事诏

436　籍没陈持家财出卖买田助义役诏

437　赐王淮生日诏

437　诸路拘没到入官田产且住出卖诏

437　省罢诸路兵马钤辖诏

437　令王佐等拣选精兵弹压郴桂二州诏

438　皇太子宫医官转官诏

438　建康府场务支拨盐付镇江府修整战船诏

438　添差参议通判诏

438　赐皇子判明州魏王恺金合夏药救书

439　赐成都潼川府夔州利州路安抚制置使胡元质银合夏药救书

439　赐江东路安抚使陈俊卿银合夏药救书

439　赐侍卫马军行司侍卫马军都虞候马定远御前诸军都统制吴挺等御前诸军副都统制韩宝等银合夏药救书

440　刑部参酌编类断案条法诏

440　路分都监等可听关升诏

440　赐中奉大夫参知政事钱良臣上表再辞免敕令所修进一州一路酬赏格法了毕特转一官依例加恩不允仍断来章批答

441　赐正奉大夫右丞相赵雄上表再辞免敕令所修进一州一路酬赏格法了毕特转一官依例加恩不允批答

441　右丞相赵雄上表再辞免敕令所修进一州一路酬赏转一官加恩恩命不允批答口宣

441　赵雄特授宣奉大夫依前右丞相鲁郡开国公加食邑赐告口宣

442　参知政事钱良臣上表再辞免敕令所修进一州一路酬赏转一官加恩恩命不允批答口宣

442　赐赵雄生日诏

442　禁被差官托故避免申乞改差诏

443　小吏出职等不得陈乞回授官资封赠诏

443　推赏湖南收捕陈峒官兵诏

443　赐中奉大夫权吏部尚书兼侍讲兼同修国史程大昌辞免进呈会要经修不进特转行一官不允诏

444　赐中大夫参知政事钱良臣辞免秘书省进呈会要了毕礼仪使特转两官依例加恩不允诏

444　赐宣奉大夫右丞相赵雄辞免秘书省进呈会要了毕提举官特转两官依例加恩不允诏

445　赐通议大夫枢密使王淮辞免已进会要经修不经进提举官特转一官不允诏

445　王淮转官告口宣

445　赵雄转官告口宣

446　正奉大夫右丞相赵雄辞免敕令所修进一州一路酬赏格法了毕特转一

官例恩不允诏

446　中奉大夫参知政事钱良臣辞免敕令所转官例恩不允诏

446　赵雄辞免敕令所进书转官口宣

447　与中书手札

447　赐少傅保宁军节度使充醴泉观使兼侍读史浩辞免已进会要经修不经进提举官特转一官不允诏

447　赐少傅保宁军节度使充醴泉观使兼侍读史浩再上表辞免已进会要提举官特转一官令回授宜允诏

448　赐参知政事钱良臣上表再辞免秘书省进呈会要了毕礼仪使特转两官依例加恩不允仍断来章批答

448　赐右丞相赵雄上表再辞免秘书省进呈会要了毕提举官特转两官依例加恩不允批答

449　赐通议大夫枢密使王淮再上表辞免提举经修会要特转一官不允仍断来章批答

449　赐少傅保宁军节度使充醴泉观使兼侍读史浩上表辞免已进会要经修不经进提举官特转一官令回授不允批答

450　王淮再上表辞免提举经修会要特转一官恩命不允断章批答口宣

450　钱良臣上表再辞免秘书省进呈会要了毕礼仪使特转两官加恩恩命不允口宣

450　赵雄上表再辞免秘书省进呈会要了毕提举官特转两官依例加恩恩命不允批答口宣

451　史浩上表辞免已进会要经修不经进转官令回授恩命不允批答口宣

451　正奉大夫右丞相赵雄再辞免敕令所进修一州一路酬赏格法了毕特转一官例恩批答

451　朝议大夫试兵部侍郎兼详定一司敕令赐紫金鱼袋刘孝韪辞免敕令所转官恩命不允诏

452　赵雄转官加恩制

452　辟官系后来一时陈请不许引用诏

453　龙图阁直学士中大夫成都潼川府夔州利州路安抚制置使兼知成都府事胡元质乞外宫观不允诏

453　赐士辂生日诏

453　赐特进观文殿大学士判建康军府事充江南东路安抚使兼行宫留守陈俊卿乞许以归老乡里不允诏

454 赐朝奉郎试尚书工部侍郎兼知临安府吴渊辞免修盖后殿了毕特转一官不允诏

454 责罚外路诸州违戾稽迟朝省文书诏

454 通议大夫枢密院使王淮再辞免进会要经修不经进提举官特转一官恩命批答

455 王淮再辞免进会要转官口宣

455 赐恩平郡王璩口宣

455 进会要施师点等转官制

456 王淮秘书省进书加恩口宣

456 赐少保宁武军节度使充醴泉观使曾觌生日诏

456 樊仁远罢新任诏

457 文武臣遇大礼陈乞荫补事诏

457 赐皇兄少保岳阳军节度使充万寿观使永阳郡王居广生日诏

457 皇帝进奉太上皇后生辰贺笺四

458 赐安南国王李龙翰淳熙七年历日敕书

458 赐皇太子生日诏

458 赐少傅保宁军节度使充醴泉观使兼侍读史浩生日诏

459 明堂大礼赦文

459 明堂大礼朝献景灵宫圣祖天尊大帝册文

460 前一日朝享太庙祖宗帝后册文

460 前一日朝享太庙别庙懿节皇后册文

460 明堂祭享昊天上帝册文

461 明堂大礼祭享皇地祇册文

461 明堂祫太祖皇帝册文

461 明堂祫太宗皇帝册文

462 淳熙六年明堂赦

462 丽正门肆赦阁门官宣答皇太子词

462 紫宸殿受贺阁门官宣答枢密词

462 紫宸殿受贺枢密宣答皇太子词

463 明堂大礼毕紫宸殿受贺内侍宣答管军词

463 明堂大礼毕皇帝诣德寿宫上寿饮福致贺词

463 侍中承旨宣答

464 赐安南国王加恩制敕书

464　赐曾觌告口宣

464　明堂大礼礼毕宣劳将士口宣

465　赐郑藻告口宣

465　赐史浩告口宣

465　责罚周嗣武等诏

465　中大夫参知政事钱良臣辞免叙复三官于见今官上转行恩命不允诏

466　诸司属官及被差过往之人州县不许迎送诏

466　朝请郎试右谏议大夫谢廓然辞免刑部尚书不允诏

466　福建二广州军卖盐额及价直不得擅有增添诏

467　强盗贷命人远行分配诏

467　特进观文殿大学士判建康府军事充江南东路安抚使兼行宫留守陈俊卿再乞致仕不允诏

467　敷文阁学士大中大夫知泉州韩彦直乞外宫观不允诏

468　武功郡开国公吴拱加食邑食实封制

468　刘光祖答策论科场取士之道御批

469　选差使人伴射官诏

469　二广虚市更相贸易免落地税钱诏

469　魏王府添差皂院子诏

469　周必大进封开国伯加食邑三百户制

470　皇兄少保岳阳军节度使充万寿观使永阳郡王居广辞免少傅加食邑实封不允诏

470　少傅昭化军节度使充醴泉观使嗣濮王士辂辞免少师加食邑实封不允诏

470　禁胁持州县诉不干己者诏

471　皇叔祖士辂明堂转官加恩制

471　皇兄居广明堂转官加恩制

472　士辂特授少师加食邑赐告口宣

472　居广特授少傅加食邑赐告口宣

472　赐少傅昭化军节度使充醴泉观使嗣濮王士辂再上表辞免除少师加食邑食实封不允仍断来章批答

473　赐少保岳阳军节度使充万寿观使永阳郡王居广上表再辞免特授少傅加食邑食实封不允批答

473　赐少傅昭化军节度使充醴泉观使嗣濮王士辂上表再辞免除少师加食

邑食实封不允批答

474　赐少保岳阳军节度使充万寿观使永阳郡王居广再上表辞免除少傅加
食邑食实封不允仍断来章批答

474　赐居广批答口宣

474　赐士輵再上表辞免不允仍断来章批答口宣

475　赐居广再上表辞免不允仍断来章批答口宣

475　士輵上表再辞免除少师恩命不允批答口宣

475　修立宗室大小使臣添差法诏

475　赴阙镇江府赐茶药口宣

476　镇江府赐御筵口宣

476　平江府赐御筵口宣

476　赤岸赐御筵口宣

477　十月十八日到阙赐内中酒果口宣

477　十月十九日到阙赐被褥钞锣口宣

477　金国贺会庆节使人到阙玉津园射弓赐酒果口宣

477　抚问金国贺会庆圣节使人赴阙盱眙军赐御筵口宣

478　赤岸赐酒果口宣

478　十月二十二日玉津园射弓赐御筵口宣

478　十月二十二日赐内中酒果口宣

479　二十二日上寿毕归驲赐酒果口宣

479　玉津园射弓赐御筵口宣

479　赐马军司满散会庆圣节道场乳香口宣

480　赐枢密院官满散会庆圣节道场乳香口宣

480　赐三省官满散会庆圣节道场乳香口宣

480　赐殿前司满散会庆圣节道场乳香口宣

481　赐步军司满散会庆圣节道场乳香口宣

481　赐皇太子满散会庆圣节道场乳香口宣

481　朝辞讫归驿赐酒果口宣

482　朝辞讫归驿赐御筵口宣

482　回程赤岸赐酒果口宣

482　朝辞讫归驲赐御筵口宣

483　密赐使副大银器口宣

483　回程赐龙凤茶并金镀银合口宣

483　回程赤岸赐御筵口宣

483　回程平江府赐御筵口宣

484　周必大除吏部尚书兼翰林学士承旨制

484　赐太中大夫试礼部尚书兼翰林学士兼侍读兼太子詹事兼修国史周必大辞免除吏部尚书兼翰林学士承旨不允诏

485　赐参知政事钱良臣生日诏

485　赐太中大夫新除吏部尚书周必大辞免兼翰林学士承旨不允诏

485　宗室大小使臣添差三等员阙诏

486　赐资政殿学士通议大夫知绍兴军府事充两浙东路安抚使李彦颖乞畀一宫观不允诏

486　赐中大夫程大昌辞免除敷文阁直学士与郡不允诏

487　赐朝请郎降授显谟阁待制知赣州军州事新除在外宫观留正辞免复显谟阁直学士不允诏

487　赐龙图阁直学士中大夫成都潼川府夔利州路安抚制置使兼知成都府事胡元质辞免除敷文阁学士令再任不允诏

488　赐朝散郎试尚书工部侍郎兼知临安府吴渊乞免兼知临安府不允诏

488　赐端明殿学士朝散大夫赐紫金鱼袋胡铨辞免召赴行在乞检会前累奏许休致不允诏

488　谕端明殿学士胡铨御札

489　支给告获伪造会子赏钱诏

489　诸路州军非泛申发京官等身亡事故事诏

490　新授少傅永阳郡王居广辞免令所司择日备礼册命宜允诏

490　新授少师嗣濮王士辖辞免令所司择日备礼册命宜允诏

490　龚茂良等收籴诏

491　差左藏库官须关升亲民资序诏

491　三衙主帅趁赴朝参等权乘轿诏

491　赈贷和州诏

491　赤岸赐御筵口宣

492　回程赐龙凤茶并金镀银合口宣

492　金国贺正旦使人赴阙镇江府赐茶药口宣

492　镇江府赐御筵口宣

492　抚问金国贺正旦使人赴阙盱眙军赐御筵口宣

493　使人到阙赐被褥钞锣等口宣

493　临安府并属县百货免收税一年诏

493　赐宰执已下喜雪御筵口宣

494　诸州总管内留二阙诏

494　赐大理卿贾选等奖谕敕书

卷十九　淳熙七年

495　赐陈龟年御札

495　玉津园射弓赐御筵口宣

495　金国使副赐春幡胜等口宣

496　赐三节人从春幡胜口宣

496　入贺毕归驿赐酒果口宣

496　赐馆伴使副春幡胜等口宣

496　玉津园赐射弓弓箭例物口宣

497　密赐大银器口宣

497　朝辞讫归驿赐御筵口宣

497　入贺毕归驿赐御筵口宣

498　国信所大小通事等依元符条法差注诏

498　枢密院具到审察武臣知县县令格目事诏

498　编类州县祭风伯雨师雷神制度礼仪颁降诏

498　陈居仁疏奏告戒吏胥事御批

499　魏王为丁某求贴职批答

499　贡举诏

499　赐科举门下诏

500　朱侔等放罢诏

500　田世卿所部五军依三衙江上诸军例置将诏

500　赐魏王恺男左千牛卫大将军摭等诏

500　从魏王遗表推恩魏王府官吏诸色人从诏

501　皇子庆王恺辞免进封魏王口宣

501　皇太子辞免立储口宣

501　皇子庆王恺辞免进封魏王口宣

502　陈乞恩泽起理年限诏

502　吏部四选各刷四川见阙以待注授诏

502　令辛弃疾应副邵州永州赈粜米诏

502　四川有营田州军知通县令衔内带营田二字诏

503 狱讼送部毋得过五百里诏

503 保明到任满酬赏不得引例诏

503 赐太中大夫充龙图阁待制知隆兴府张子颜辞免除敷文阁直学士不
      允诏

504 武翼郎监潭州南岳庙赵子栋辞免宜州观察使安定郡王不允诏

504 赐昭庆军节度使提举隆兴府玉隆万寿宫杨倓上表再辞免知江陵府不
      允不得再有陈请诏

504 赐昭庆军节度使提举隆兴府玉隆万寿宫杨倓辞免差知江陵府乞依旧
      任在外宫观差遣不允诏

505 赐中大夫提举临安府洞霄宫范大成辞免差知明州不允诏

505 推恩太上皇后侄吴琰等诏

505 赐新知明州范成大口宣

506 监司郡守条具民间利病上闻诏

506 举贤良方正能直言极谏诏

506 承直郎以下捕盗改官诏

507 朝请郎权尚书礼部侍郎兼侍讲齐庆胄辞免礼部侍郎不允诏

507 抚问贺金国正旦使副陈岘等到阙并赐银合茶药口宣

507 进呈仁宗皇帝十年玉牒哲宗皇帝一朝玉牒宣答提举官礼仪使已下词

508 赐朝散郎试兵部尚书兼给事中兼修玉牒官兼侍讲王希吕辞免玉牒所
      进书了毕特转行一官不允诏

508 赐通奉大夫参知政事钱良臣辞免玉牒所进书了毕礼仪使特转两官依
      例加恩不允仍断来章批答

509 赐宣奉大夫右丞相赵雄再上表辞免玉牒所进书了毕提举官特转行两
      官依例加恩不允仍断来章批答

509 赐宣奉大夫右丞相赵雄辞免玉牒所进书了毕提举官特转两官依例加
      恩不允批答

510 赐赵丞相不允批答口宣

510 赐右丞相赵雄不允仍断来章批答口宣

510 赐参知政事钱良臣不允断来章批答口宣

510 户部支供钱米赴故魏王府诏

511 赐朝散郎试尚书工部侍郎兼知临安军府事充两浙西路安抚使吴渊辞
      免除权工部尚书不允诏

511 赐保信军节度使开府仪同三司充万寿观使郑藻生日诏

511　赐资政殿大学士宣奉大夫知福建路安抚使梁克家乞除一在外宫观差遣不允诏

512　赐贺金国生辰使副傅淇王公弼到阙抚问并赐银合茶药口宣

512　赐史浩再具辞免转官回授不允不得更有陈请诏

513　赐少傅保宁军节度使充醴泉观使兼侍读卫国公史浩辞免经筵进读三朝宝训终篇转一官可特回授不允诏

513　诸路州军承受疏驳再勘狱案须依鞫狱条限诏

513　赐太中大夫试吏部尚书兼翰林学士承旨兼侍读兼太子詹事兼修国史周必大上表再辞免除参知政事不允仍断来章批答

514　赐朝请郎试刑部尚书谢廓然上表再辞免除端明殿学士签书枢密院事不允仍断来章批答

514　谢廓然上表再辞免除端明殿学士签书枢密院事不允仍断来章批答口宣

515　周必大上表再辞免除参知政事不允仍断来章批答口宣

515　禁诸路州郡吏卒辄用白状借请诏

515　赐枢密院官斋筵酒果口宣

515　赐枢密院官满散天申圣节道场乳香口宣

516　赐殿前司满散天申圣节道场乳香口宣

516　赐步军司满散天申圣节道场乳香口宣

516　周必大授参知政事告进封荥阳郡侯加食邑四百户制

517　令茶马司收买及格式马诏

517　诸司属官止令置司州军支破当直人诏

517　崔敦诗进三朝宝训转朝散郎诰

518　赐陈俊卿告口宣

518　赐特进观文殿大学士判建康军府事充江南东路安抚使兼行宫留守陈俊卿上表再辞免除少保加食邑食实封不允不得再有陈请诏

518　定天文官员额诏

519　监司郡守以公按刺所属官吏诏

519　禁监司郡守划刷州县非正额钱物诏

519　赐侍卫马军行司侍卫马军都虞候马定远御前诸军都统吴挺郭刚皇甫倜李□□田□卿郭钧王世雄御前诸军副都统制□宝彭杲李彦孚刘光祖郭杲银合夏药敕书

520　赐成都潼川府夔路利州路安抚制置使胡元质银合夏药敕书

520　赐江东路安抚使陈俊卿福建路安抚使梁克家银合夏药敕书

520　两淮州军合起发纲运银会各半诏

521　赐右丞相赵雄生日诏

521　赐通议大夫参知政事周必大辞免同提举敕令所不允诏

521　赐参知政事周必大生日诏

522　何耕崔敦诗等转官告词

522　百司出职人吏酬赏转官事诏

522　崔敦诗再除崇政殿说书诰

523　罢总领所漕司营运诏

523　赐皇叔祖少师昭化军节度使充醴泉观使嗣濮王士辇生日诏

523　赐资政殿学士通议大夫知绍兴军府事两浙东路安抚使李彦颖乞检会
　　　累奏差宫观一次不允诏

524　吏户刑部郎官免差祠祭诏

524　临安府游学士人附试诏

524　见任宰执台谏子孙等差岳庙诏

524　临安府置场低价出粜诏

525　赐少保宁武军节度使充醴泉观使曾觌生日诏

525　放免江西湖北未纳私茶盐酒赏钱诏

525　旱伤去处客旅兴贩米斛免税诏

525　体究命官陈诉元勘冤抑不当事诏

526　赐皇兄少傅岳阳军节度使充万寿观使永阳王居广生日诏

526　临安府出粜须至申时诏

526　桩管总漕营运本钱诏

527　赐通奉大夫枢密使王淮辞免枢密使日参如遇押班亦免宣名不允诏

527　太史局等处额内局学生养老事诏

527　江东州军赈粜诏

527　镇江府于桩管米内取拨三万石贴助赈济诏

528　私铸铜器人并家属押赴铸钱监诏

528　常朝大臣免宣名诏

528　淮西漕司赈济本州军灾伤诏

528　赈粜饶州诏

529　赈济临安府严州诏

529　赐降授明州观察使张说辞免差提举临安府洞霄宫任便居住不允诏

529　倚阁两浙等旱伤州县见欠官债诏

530　倚阁舒蕲黄和州无为军下户畸零欠赋诏

530　张大经举职与转两官诏

530　盱眙军赐御筵口宣

530　赤岸赐御筵口宣

531　赤岸赐酒果口宣

531　金国贺会庆节使人赴阙平江府赐御筵口宣

531　上寿毕归驿赐御筵口宣

531　禁巫诏

532　赐参知政事钱良臣生日诏

532　倚阁上虞绍兴下户见欠官物诏

532　轮差统领官一员防守六合城壁诏

533　奉使入国下节人令三衙轮差诏

533　诚谕兴修水利诏

533　赐通奉大夫枢密使王淮辞免进呈四朝正史志了毕经修不经进前权提举官特转行一官不允诏

534　赐通奉大夫参知政事钱良臣辞免国史院进呈四朝正史志了毕礼仪使特与转两官依例加恩不允诏

534　赐少傅保宁军节度使充醴泉观使兼侍读卫国公史浩上表再辞免进呈四朝正史志了当依进徽宗实录成书例推恩特依所乞许回授不允不得再有陈请诏

535　赐通议大夫参知政事周必大辞免以四朝史志成书曾经修特转一官不允诏

535　赐德寿宫婉仪张氏三上表辞免进封太上皇帝淑妃恩命不允不得再有陈请诏

535　赐宣奉大夫右丞相赵雄再具奏札子辞免进呈四朝正史志了毕特转两官依例加恩不允不得再有陈请诏

536　赐朝散大夫试吏部尚书兼侍读兼修玉牒官兼修国史王希吕辞免修进四朝正史志了毕经修经进官特转一官更减一年磨勘不允诏

536　赐宣奉大夫右丞相赵雄辞免国史院进呈四朝正史志了毕提举官特与转两官依例加恩不允诏

537　赐中大夫试尚书兵部侍郎兼同修国史芮辉辞免修进四朝正史志了当经修经进官特转一官更减一年磨勘不允诏

537　赐德寿宫淑妃张氏辞免令所司择日备礼册命宜允诏

538　王淮修进四朝史志转官加恩制

538　赐通奉大夫枢密使王淮上表再辞免四朝正史志了毕经修不经进前权
　　提举官特转行一官不允批答

539　赐通议大夫参知政事周必大上表再辞免经修四朝史志转一官不允仍
　　断来章批答

539　赐通奉大夫参知政事钱良臣上表再辞免进四朝正史志礼仪使特转两
　　官依例加恩不允仍断来章批答

539　赐宣奉大夫右丞相赵雄上表再辞免进四朝正史志提举官特转两官依
　　例加恩不允批答

540　赐王淮告口宣

540　赵雄辞免转官不允批答口宣

540　赐王淮再上表辞免转官不允断章批答口宣

541　枢密使王淮辞免转官不允批答口宣

541　钱良臣辞免转官不允断来章批答口宣

541　周必大辞免转官不允断章批答口宣

542　差押纲官须遵依条法诏

542　追发狱事诏

542　赈粜临安府诏

542　添差不厘务官不许支破职田诏

543　选差奉使人从军兵诏

543　四川属官通差京朝官选人诏

543　镇江府赐茶药口宣

544　金国贺正旦使人赴阙镇江府赐御筵口宣

544　赐朝散大夫韩彦古辞免除敷文阁直学士在外宫观不允诏

544　试刑法者兼试经义诏

545　十二月三十日赐内中酒果口宣

545　支钱会措置浙东循环籴米诏

卷二十　淳熙八年

546　赐金国使副春幡胜等口宣

546　赐金国三节人从春幡胜口宣

546　玉津园射弓赐酒果口宣

547　赐送伴使副春幡胜等口宣

547 回程赐龙凤茶并金镀银合口宣

547 朝辞讫归驿赐御筵口宣

548 回程赤岸赐酒果口宣

548 回程赤岸赐御筵口宣

548 上寿毕归驿赐酒果口宣

549 盱眙军赐御筵口宣

549 回程平江府赐御筵口宣

549 赈济赈粜浙西州军诏

549 禁食菜事魔诏

550 赈济无为军诏

550 周必大转通奉大夫制

550 定贡院别试所引试避亲举人分数诏

551 平江府添差归正等官及拣汰使臣等一岁请给诏

551 赐敷文阁直学士太中大夫知隆兴军府事充江南西路安抚使张子颜辞免差知绍兴府不允诏

551 赐少保观文殿大学士判建康军府事充江南东路安抚使兼行宫留守陈俊卿乞检会累奏许令致仕不允诏

552 支义仓米赈济诏

552 诚谕上户存恤地客诏

552 禁广西科亭户食盐诏

552 编录销注命官在任因罪犯放罢取勘之人诏

553 赐保康军节度使提举佑神观士歆辞免除嗣濮王加食邑食实封不允诏

553 三省置籍举催所下命令诏

553 久任四川监司郡守者更迭与东南差遣诏

554 赐朝议大夫权尚书吏部侍郎兼太子詹事兼同修国史兼权吏部尚书阁苍舒辞免除吏部侍郎不允诏

554 新及第进士授官诏

554 赐中大夫知明州军州事兼沿海制置使范成大辞免除端明殿学士不允诏

555 赐中大夫知明州军州事兼沿海制置使范成大再辞免除端明殿学士不允不得再有陈请诏

555 抚问新知建康府范成大到阙并赐银合茶药口宣

556 廷试策问

556　每路州军守臣各留两阙诏

557　减公私房僦诏

557　赐资政殿大学士宣奉大夫知福州军州事充福建路安抚使梁克家辞免复观文大学士乞检会前奏除一在外宫观差遣不允诏

557　赐资政殿大学士宣奉大夫知福州充福建路安抚使梁克家再辞免复观文殿学士依旧知福州乞检会前奏除一在外宫观差遣不允不得再有陈请诏

558　抚问贺金国正旦使副叶宏等到阙并传宣赐银合茶药口宣

558　行在省仓等监门磨勘事诏

558　诸路监司帅臣将所部郡守分三等奏闻诏

559　赐进士闻喜宴口宣

559　改通判关升知州条诏

559　鄂州于近处建仓诏

559　赵介降两官制

560　禁湖南州郡创行官自贩盐诏

560　临安府府学学生补试事诏

560　除授曾被弹劾放罢之人条约诏

560　武举进士从军人习知军务诏

561　诊视军民疾疫诏

561　强盗贷命人配隶诸路禁军重役诏

561　临安府作大塚丛葬遗弃骸骨诏

562　赐少傅史浩辞免今来所授官称与先臣师仲适同乞特许辞避不允诏

562　赐少傅保宁军节度使充醴泉观使兼侍读卫国公史浩辞免进读正说终篇特转一官依所乞特回授不允诏

562　赐少傅保宁军节度使充醴泉观使侍读卫国公史浩辞免经筵进读正说终篇特转一官不允诏

563　赐少傅史浩上表再辞免进读正说终篇转一官特回授不允不得再有陈请诏

563　罢兴元府金州签厅诏

563　侍从官等举统制统领诏

564　劝农桑手诏

564　赐少傅史浩上表再辞免进读正说终篇特转一官不允批答

564　史浩辞免转官不允批答口宣

565 赐正奉大夫参知政事钱良臣通奉大夫参知政事周必大以积雨未霁乞先次贬秩不允不得再有陈请诏

565 赐银青光禄大夫右丞相沂国公赵雄以积雨未霁乞先次贬秩不允不得再有陈请诏

565 崔敦诗进读正说转朝请郎告词

566 武举进士出身人差注事诏

566 以阴雨决狱诏

566 强盗贷命人刺字诏

567 疏决刑狱事诏

567 禁辄作名色差出州县官诏

567 县狱以常平或义仓支破粮食诏

567 赐少傅史浩再上奏札子乞归田里不允诏

568 时亨祖特贷命除名勒停诏

568 史浩除少师制

569 赐少傅史浩再上表辞免除少师不允仍断来章批答

569 赐少傅史浩上表再辞免除少师依前□□军节度使充醴泉观使任便居住进封鲁□公加食邑食实封不允批答

570 赐史浩除少师告口宣

570 史浩断来章批答口宣

570 史浩辞免特授少师不允批答口宣

571 赐敷文阁直学士太中大夫知泉州军州事程大昌乞改畀一在外宫观差遣不允诏

571 赐枢密使王淮生日诏

571 蠲减绍兴府严州被水中下户夏税诏

572 颁行重修吏部敕令格式事诏

572 四川制置生日禁馈赠诏

572 修举荒政守臣除职转官诏

572 诫谕监司郡守预行措置消弭盗贼诏

573 令监司守臣依时尽实奏闻雨旸丰歉诏

573 赵善俊降直徽猷阁制

573 陈乞阵亡恩泽等不许离军拣汰使臣作保诏

574 赈济淮南流民诏

574 申严纲解及催纲条法诏

574 　赐银青光禄大夫右丞相沂国公赵雄乞许上还丞相印绶畀以外祠不
　　　允诏

575 　赵雄罢右丞相除四川安抚使制

575 　赐右丞相赵雄辞免特授观文殿大学士四川安抚制置使兼知成都府乞
　　　检会除一在外宫观差遣不允诏

575 　赐赵雄告口宣

576 　命侍从论思献纳诏

576 　王淮除右丞相制

577 　王淮右丞相制

577 　韦潜心降两资放罢制

578 　赐王淮告口宣

578 　赐王淮辞免提举编修玉牒国史院国朝会要所敕令所不允诏

578 　赐枢密使王淮辞免特授光禄大夫右丞相兼枢密使进封福国公加食邑
　　　食实封不允诏

579 　王丞相初除封赠三代制

581 　赐端明殿学士朝请郎金书枢密院事谢廓然辞免除同知枢密院事不
　　　允诏

581 　王蔺特除监察御史诏

581 　孔擂降两官制

582 　起发纲运不许先纳宽剩诏

582 　赈济两淮州县诏

582 　诫饬户部诏

582 　王丞相辞免恩命不允批答

583 　王定国特降一官制

583 　廖遂特降一官制

584 　赐正奉大夫钱良臣辞免除资政殿学士乞奉祠田里不允诏

584 　赈济临安府等州军诏

584 　推恩潘师尹诏

584 　崔敦诗除中书舍人告词

585 　张子颜降敷文阁直学士提举江州太平兴国宫制

585 　岁终抽摘盘量诸仓米斛诏

585 　施师点除官制

586 　王希吕知绍兴府制

586　郑丙除吏部尚书制

587　木待问除中书舍人制

587　赐太中大夫守尚书兵部侍郎兼侍讲芮辉辞免兼侍读不允诏

588　皇甫倜降官吉州居住制

588　张显功转防御使制

588　潘师旦罢阁职转一官制

589　张士份降一资制

589　宇文绍奕叙官制

589　儒林郎刘植降一官制

590　何杞特降两官制

590　韦讯赠节度使制

590　木待问磨勘转中大夫制

591　武功大夫谢纯孝降三官放罢制

591　内侍寄资武功大夫张安祚寄资武义大夫谢仔与转归吏部制

591　沈作宾再任评事制

592　吏部员外郎苏诩升郎中制

592　江溥除直秘阁制

592　从义郎孙惠义降一官制

593　牟天麟降一官放罢

593　芮辉兼侍读制

593　李椿落致仕除显谟阁待制知潭州制

594　曾守约降两官放罢制

594　秉义郎鲁安时妄陈利害降两官制

594　韦讯致仕制

595　赐中大夫同知枢密院事兼权参知政事谢廓然辞免权监修国史日历不
　　　允诏

595　曾差使借宫人升等事诏

595　赐被褥鈔锣口宣

596　密赐大银器口宣

596　玉津园射弓赐弓箭例物口宣

596　赐步军司满散会庆节道场乳香口宣

597　赐使副冬至节绢口宣

597　金国贺会庆节使人回程盱眙军赐御筵口宣

597　赤岸赐御筵口宣

598　平江府赐御筵口宣

598　赤岸赐酒果口宣

598　回程赐龙凤茶口宣

599　朝辞讫归驿赐御筵口宣

599　朝辞讫归驿赐酒果口宣

599　镇江府赐御筵口宣

600　赐三节人从冬至节绢口宣

600　孟俊特降一官制

600　魏泳降两资放罢制

601　杨丙降一资放罢制

601　刘尧咨该人使到阙应奉十番特与遥郡上转行一官制

601　廖蘧降一资制

602　劝谕江浙民户布种诏

602　引接仪范人阅习仪范节次诏

602　赵粹中落职制

603　王孝通特降一资制

603　雷世方降一官制

603　张适朱杰各特降两官放罢制

604　邓从训职事有劳特与遥郡上转行一官制

604　诫饬淮浙江东郡县守令修举荒政诏

604　辛弃疾落职罢新任制

605　临安府拣中军兵通融差拨诸铺军巡诏

605　赈济江浙两淮流民诏

605　随宜修葺州县学校仓库诏

605　免逐路旱伤民户身丁钱物诏

606　姜械应奉人使到阙及一十番与转一官制

606　魏庭瓒董寿祺应奉金国人使到阙及一十番与转一官制

606　刘焞落集英殿修撰制

607　抚问金国贺正旦使人赴阙盱眙军赐御筵口宣

607　镇江府赐银合茶药口宣

607　平江府赐御筵口宣

608　镇江府赐御筵口宣

608　赤岸赐御筵口宣

608　赤岸赐酒果口宣

609　试刑法者所试内容诏

609　蠲绍兴府攒宫田园等省额诏

609　赐朝请大夫充敷文阁待制萧燧辞免除吏部侍郎不允诏

610　崔亮捕贼沈师等阵亡特与赠四官制

610　赵汝庬回授赠母制

610　曾寅降一官制

611　杨思济特降一官制

611　薛舜臣特降一资制

611　钱恺赠节度使制

612　钱恺守本官致仕制

612　耿秉降一官制

卷二十一　淳熙九年

613　玉津园赐射弓酒果口宣

613　玉津园射弓赐例物口宣

613　玉津园赐御筵口宣

614　入贺毕归驿赐御筵口宣

614　诸路守臣任满交割事诏

614　桂阳县令量讫方许赴上诏

615　屯驻兵官节制调发诏

615　赈济浙西旱伤州军诏

615　赈济淮南诏

615　盱眙军奏报文字等令进奏院赴通进司投进诏

616　江上四川都统进呈军器样制等赴枢密承旨司缴进诏

616　诸路户贯人不许赴二广呈试诏

616　令江浙两淮有司措置给借民户稻种诏

616　赈粜严州诏

617　责配詹保诏

617　太史局额外祠祭局学生员额诏

617　张子震补承信郎制

617　林和林赐各转一官制

618　赵伯骕落阶官制

618　赵不吹赠左领军卫将军制

618　赵不譿换率府副率制

619　施师点奉使回程特转一官制

619　邹谞副使回程特转一官制

619　兴元府屯驻军分左右后三军诏

620　注官事诏

620　胡庭直等访问两广盐法利害以闻诏

620　令郑丙等看详拟定两广盐法诏

621　责罚善绚善绸诏

621　赈济复州诏

621　谕步军司救火事诏

621　推赏王彦举等诏

622　郎官到左藏库看验监交纲运事诏

622　赈济江陵府信阳军诏

622　差奉使金国上节内医官诏

622　拘收焚毁见卖举人时务策并印板诏

623　忠顺官曹居祐等再任诏

623　推恩吴珣等诏

623　平盗赏罚诏

623　有事于明堂御札

624　两淮帅臣监司具本路二麦将熟及雨水分数奏闻诏

624　文武臣再任不得讲到罢礼数诏

624　三衙差到军兵探拈地分军巡诏

624　住罢御酒曲料库支卖新煮酒诏

625　赐观文殿学士宣奉大夫知福州充福建路安抚使梁克家乞畀以外祠不允诏

625　王珪降一资制

626　杜沂除阁门祗候制

626　李师信补挈壶正制

626　郭杲转遥刺制

627　马希古赵友谅各转一官制

627　赵巩施柕各转一资制

627　张瑾降一官放罢制

628　韩敏中降一官制

628　曾悕降两资制

628　朱熙绩降一资制

629　张伟降两官制

629　范珣武刘铣陈拱夏之礼各降两官制

629　王蔺兼崇政殿说书制

630　张大声孙孜特降一资制

630　杨柽李温各转一官制

630　礼部给降度牒出卖诏

630　销弭蝗灾诏

631　诫饬武举从军之人诏

631　大臣精择监司郡守手诏

631　劝谕民户趁时广种二麦诏

632　逐路帅漕司依时将所部州军得雨分数等奏闻诏

632　取拨常平钱借两浙下户收买稻种诏

632　禁追呼御药院工匠于他处官司造作诏

632　詹仪之授起居郎兼太子侍讲告词

633　禁四川州县预借诏

633　文学铨试出官诏

633　给贫乏人户钱津送亡人诏

634　禁两浙民户将草荡围裹成田诏

634　倚阁蠲免严州下户赋诏

634　令临安府扑灭蝗虫诏

634　皇太子读唐鉴终篇推恩诏

635　诸州军守臣认数桩管朝廷米斛诏

635　臣僚陈乞致仕遗表恩泽时限诏

635　右选呈试选差监视官诏

635　杨万里等直秘阁告词

636　打扑蝗虫诏

636　人户诉讼送别州推治不得过五百里诏

636　训练路钤诣州军按教不得须索诏

637　梁克家右丞相制

637　王淮左丞相制

638 救火事诏

638 明堂前二日朝献景灵宫圣祖天尊大帝册文

638 明堂前一日朝献景灵宫太庙祖宗帝后册文

639 明堂前一日朝飨太庙分诣别庙懿节皇后册文

639 明堂飨昊天上帝册文

639 明堂祭皇地祇册文

639 明堂飨太祖皇帝册文

640 明堂飨太宗皇帝册文

640 明堂赦文

641 赈济昌合普资州诏

641 伯圭除少保应干恩泽诏

641 周必大封荥阳郡公加食邑四百户制

642 差水军就江阴军置寨屯戍诏

642 赈粜台州诏

642 赈济和州诏

642 富室上户借贷米谷事诏

643 拘收事故僧道度牒师号诏

643 赈粜兴国军诏

643 周必大加食邑五百户制

644 通判不得辄行下县诏

644 大奚山民户不得增置大船采捕诏

644 二广盐复行钞法诏

645 住催江浙两淮旱伤州军下户欠赋诏

645 杜文俊展二年磨勘诏

645 赈济江州诏

645 崔敦诗致仕告词

646 推恩吴璇吴璨诏

卷二十二　淳熙十年

647 淮西州军将见在米斛以新易陈诏

647 两浙等路打扑蝗虫诏

647 为广南罢官鬻盐诫饬监司守令诏

648 英国公听读孟子尚书终篇推赏诏

648 修整海船诏

648 詹仪之授官告词

649 赈济潼川府路诏

649 吏部注授沿边职官等照应格法诏

649 内外诸军带离军之人听就宫观岳庙诏

649 禁江上州军征盐米税诏

650 右千牛卫将军不舍特与转右监门卫大将军诏

650 贡举诏

650 广西有司条具盐法合行未尽事件答诏

650 举贤良方正能直言极谏诏

651 违限不投税告赏专一遵守淳熙新法诏

651 宣效与百姓相争令临安府理断诏

651 蠲临安府丁钱诏

652 建康镇江府转般仓各拨隶本府诏

652 湖广京西营田诏

652 推赏姜特立等诏

652 禁大奚山私盐诏

653 赈济富阳县及严婺州诏

653 免萧山县新林等乡苗税诏

653 赐建康府驻札御前诸军都统制郭刚诏

653 禁盗葬强葬诏

654 严惩赃官诏

654 举廉吏诏

655 知广州巩湘再任诏

655 以旱责己诏

655 郎官卿监等陈乞关升事诏

656 修立私贩解盐断罪告赏条格诏

656 皇太子宫主管左右春坊依在内差遣关升施行诏

656 举武臣副使诏

656 除诸路积欠二税诏

657 除放淳熙八年已前拖欠经总制钱诏

657 左藏南库拨隶户部诏

657 审验拍试归正冒名承代者令从军诏

657 蠲诸路州军拖欠内藏库钱物诏

658　利州路严禁解盐诏

658　淮西总领蔡戡条具开耕荒田事答诏

658　诚皇孙女执妇道诏

659　辰州合发经总制钱折兑诏

659　初到将帅毋轻有改作军器诏

659　詹仪之胡庭直措置施行广西盐法诏

659　文移市肆牌额不得犯庙讳诏

660　存恤浙东西阙食人户诏

660　教授任满方许赴部改官诏

660　降会子收换两淮铜钱诏

660　文武臣指射先注武举出身人诏

661　襄阳府木渠下荒地令检踏拘收诏

661　刑部在役与投名人吏铨试事诏

661　赈济建康府诏

661　太上皇后庆寿赦

662　选差成都府路兵马都监诏

663　赐周必大御笔

卷二十三　淳熙十一年

664　禁开白马湖为田诏

664　赈粜襄阳府诏

664　存恤江东被水人户诏

665　开落病故官兵事诏

665　赈济洵阳上津两县诏

665　封静江府海阳山灵泽庙敕

665　付周必大移义胜军事御批

666　金州许客人铺户从便买卖官盐诏

666　兴元府义胜军改隶荆鄂诏

666　广西奉行见行盐钞条法诏

666　张思温降一官诏

667　禁约押马纲官兵不得将带解盐私贩诏

667　张国珍特转一官诏

667　修葺步军司六合县见管寨屋诏

667　新及第进士授官诏

668　犒四川戍边将士诏

668　赈江东西水灾诏

668　禁约诸州受纳夏税官吏置场低价收买退绢诏

669　诸军升差宜精加选用诏

669　周必大辞枢密使批答

669　举贤良方正能直言极谏诏

670　劝谕有田之家优贷佃客诏

670　禁趣办赋税追扰人户诏

670　周必大除枢密使加食邑制

671　郭杲将回纳会子充犒军屯田诏

671　条约沿江税务诏

671　诸路州军籴买桩管逐色稻种诏

672　申严州军守臣交割条法诏

672　赊买客人茶条制诏

672　臣僚奏推排人户事答诏

672　英国公閤差破人从转官诏

673　禁浙西官民户围田诏

673　韩璧认数桩管增卖到盐笋正钞钱银诏

673　赈恤龙泉县被水人户诏

673　禁无端追扰富室船户诏

674　出卖成匹绫锦诏

674　推赏康宁等诏

674　赐陈后卿诏

674　右监门率府率不阅转官诏

675　禁诸路州军抑令增收税租诏

675　赈济广东诸郡诏

675　梁师雄特与支赐诏

675　令刘颖相视秀州堰闸水利诏

676　随贺金国正旦将官军兵发遣归司诏

676　杨万里可吏部员外郎制

676　受纳绵毋得过行拣择诏

卷二十四　淳熙十二年

677　扑救秘书省火事诏

677　广东水军统领兼巡察海道私盐衔诏

677　令福建等路赈济民户诏

678　皇太子宫讲周礼终篇推赏官吏诏

678　崔敦诗赠中大夫制

678　在外驻札御前诸军都副统制与带升朝官诏

678　拣补皇城司守阙入内院子长行诏

679　赐张杓奖谕临安府狱空诏

679　皇太子听读周易终篇推赏何澹等诏

679　过淮盗马编管人刺充禁军收管诏

680　推赏捕获上虞县劫贼官兵诏

680　禁乞觅欺诈赴枢密院审察兵将官诏

680　场务税赏不许累赏诏

680　奖谕林栗进易经传集解诏

681　恩平郡王府见差破亲事官推恩事诏

681　推赏朱胜等诏

681　庄文太子魏惠宪王府官吏等年劳更不推恩诏

682　黄州取拨桩管米斛须候指挥诏

682　川陕广西漕臣兼带提举纲马驿程公事衔诏

682　保伍御盗被伤检坐赏格诏

682　杨万里授吏部郎中制

683　起发福建海船诏

683　魏惠宪王府观察与教授接见礼数诏

683　两淮不得多收民间课子诏

684　淮东总领所将未起翻引钱尽数起赴封桩库诏

684　放行子弟所补授名目已经添差任满人诏

684　小使臣呈试出官试验弓马事诏

684　措置籴米诏

685　令徽州受纳人户绢帛事诏

685　殿前司收买木植严行抽税诏

685　展两淮包占田亩首限诏

685　讨论太上皇帝庆寿典礼来上诏

686　置场招籴诏

686　二广改官举状限九个月到进奏院诏

686　令户部给舍台谏详议役法御笔

687　韶州摧锋军重役配犯特与刺填义兵一次诏

687　蠲会稽下户借贷官米诏

687　二广等处副尉下班添差满有残疾人许养老诏

687　韶州屯驻摧锋军严禁回易诏

688　二广监司守倅等任满推赏事诏

688　蠲兰溪下户借贷诏

688　赐皇孙平阳郡王府官员诏

688　有司讨论太上皇帝八十寿庆典礼诏

689　被差郊祀景灵宫太庙行事等官不得托故避免诏

689　差使臣专一机察北神镇私渡诏

689　讨论德寿宫上尊号合行事件诏

689　恭请加上光尧寿圣宪天体道性仁诚德经武纬文太上皇帝尊号表

690　恭请加上寿圣齐明广慈太上皇后尊号笺

691　上尊号不允诰

691　再诣德寿宫加上尊号诏

691　赐建康府驻札御前诸军副都统制阎仲御札

692　郊祀军兵披带事诏

692　归正人请占官田展免税赋诏

692　推赏张显忠等诏

693　恭请加上光尧寿圣宪天体道性仁诚德经武纬文太上皇帝尊号第二表

693　恭请加上寿圣齐明广慈太上皇后尊号第二笺

694　吴燠趁时和籴诏

694　归正归朝归明补官人亲子孙应举事诏

695　强盗贷命再犯人经赦亦理为一犯诏

695　令天下道观启建祝寿道场诏

695　有事南郊御札

696　申严擅入溪洞之禁诏

696　郊祀前二日朝献景灵宫圣祖天尊大帝册文

696　郊祀前一日朝飨太庙祖宗帝后册文

696　郊祀前一日朝飨太庙分诣别庙懿节皇后册文

697　郊祀飨昊天上帝册文

697　郊祀飨皇地祇册文

697　郊祀飨太祖皇帝册文

698　郊祀飨太宗皇帝册文

698　南郊赦文

701　呈试材武合干军校不得作弊诏

701　代梁丞相作寿圣齐明广慈备德太上皇后册文

702　禁词讼稽违诏

702　免收临安府城外客旅过税五日诏

703　赏罚海丰县官诏

703　付周必大等问达实契丹事御笔

卷二十五　淳熙十三年

704　封桩库所支会子付诸军诏

704　庆寿赦文

707　圣寿赐御筵诏

707　周必大南郊恩加食邑制

707　杨万里等除检详告词

708　大军库见在金银钱会具申尚书省诏

708　平江府海船总辖官等特与犒设一次诏

708　贡举诏

709　处断缉捕强盗诏

709　保举归正添差任数已满之人堪从军者诏

709　州军留阙令中书置簿籍定诏

709　周必大德寿庆典转正议大夫加食邑一千户制

710　三衙射铁垛帘赏诏

710　拘收事故僧道度牒师号诏

710　太学上舍生刘愚等升甲升名诏

711　勘断翻异之狱诏

711　推赏穆永昇诏

711　以庆寿赦推恩武学生诏

712　弓箭手弩手中垛帘赏格诏

712　限田免役条法诏

712　皇太子读陆贽奏议终篇推赏官吏诏

713　特支开赵钱米诏

713　韦璞专一主管显仁皇后宅应干事务诏

713 淳熙十三年命贤良方正能直言极谏科考试官诏

713 杨万里除朝请郎制

714 文思院上下界并为一门出入诏

714 监司兼权守臣事诏

714 四川湖广溪洞州军城堡等处承袭差遣事诏

715 申报修内司工匠人兵等逃亡人数诏

715 支降会子付淮东淮西湖广总领所充和籴桩管米钱诏

715 湖广总领所籴米诏

715 别降江西长短引发卖诏

716 奖谕吴挺诏

716 尤袤等分授郎中制

716 大理寺减吏诏

716 士峣除使相恩数诏

717 推赏王侃等诏

717 减免漳泉州身丁钱米诏

717 减免殿前司每岁认纳内库坊场钱诏

717 铨量川广知州军诏

718 吴璘再任诏

718 王丞相进玉牒加恩制

718 梁克家罢右丞相制

719 梁克家醴泉使兼侍读制

719 答梁克家诏

719 杨万里等除左司郎中制

720 建康府等三处存留总管寨阙诏

720 推勘公事干连人事诏

720 得伯父或兄弟封赠之家子孙同编户差役诏

720 减省官吏诏

722 令行在殿步司及诸军再支雪寒钱诏

722 赈济临安府城内外贫乏老疾之人诏

722 潘师嵒再任诏

723 奖谕临安府狱空诏

卷二十六　淳熙十四年

724 减国史日历所官吏诏

724　贷济金洋及关外四州诏

724　长宁军淯井盐监放行邻境出卖诏

725　曾赴省试人令再赴省试诏

725　俵散汤药诏

725　吴璘再任诏

725　周必大转光禄大夫右丞相加食邑制

726　周必大辞免左丞相批答

726　周必大辞免兼职不允诏

727　婉容张氏进封贵妃制

727　嵇全特补承信郎诏

727　廷试策问

728　白身归正及未有正补名目之人陈乞功赏事诏

728　江东年例马料置场籴买诏

728　新及第进士授官诏

729　推赏严先等诏

729　禁马军行司私借人马舟船诏

729　拘到田产置籍依条估卖诏

729　付福建帅臣贾选等御札

730　以旱令群臣言时政阙失诏

730　监司条上弊害诏

730　诫谕旱伤州县存恤贫民诏

730　支降江西湖南度牒收籴米斛诏

731　赈济赈粜绍兴府诏

731　对易官吏诏

731　以旱得雨请御殿批答

732　朱熹除提点江西刑狱公事制

732　令张澈游九言相视临安府诸县灾伤处诏

732　夔路沿边差遣依旧格推赏诏

732　下四贯例茶小短引付湖北茶盐司发卖诏

733　诫约诸路帅漕司奉行赈济诏

733　减牛羊司吏额诏

733　禁取索礼上从物诏

733　支降取拨会子置场收籴诏

734　三衙江上诸军都统制司添差属官更不差人诏

734　镇江建康府转般仓等见桩管米斛以新易陈诏

734　太史局官吏补阙事奏诏

734　诣德寿宫供侍汤药诏

735　募草泽治疗太上皇帝诏

735　以太上皇未御常膳权不视朝诏

735　太上皇帝服药拟赦书

736　差大内行宫宿卫及往来弹压巡检官兵诏

736　遗诏

736　杨万里除秘书少监制

737　上皇太后尊号诏

737　群臣请还内听政第一表不允批答

737　群臣请还内听政第二表不允批答

738　大行太上皇帝山陵务从俭约诏

738　有司讨论服丧仪制以闻诏

738　群臣请还内听政第三表不允批答

739　群臣请还内听政第四表不允批答

739　群臣请还内听政第五表允批答

739　为太上皇行三年丧批答

739　皇太子参决庶务诏

740　条约堂除添差诏

740　进纳德寿宫钱诏

740　两淮人户包占未耕荒田展限三年自首诏

741　供奉德寿宫钱诏

741　收奉介福殿牌等诏

741　钤束编管犯人诏

741　皇太子参决庶务事诏

742　方有开奏无为军屯田事答诏

742　选日开议事堂诏

742　供送德寿宫钱诏

742　颜师鲁乞致仕不允诏

卷二十七　淳熙十五至十六年

743　淮东取拨马料赴建康府桩管诏

743 　大行太上皇帝未祔庙前禁乐诏

743 　严惩撰造小报之徒诏

744 　修造安设大行太上皇帝内椁诏

744 　减左藏封桩库手分军兵诏

744 　无为军开耕屯田事诏

744 　高宗谥册文

746 　选武臣守凤州诏

746 　奖谕吴挺诏

746 　姚仲复官制

747 　萧鹧巴词

747 　周仁赠父词

747 　嗣濮王加恩制

748 　宪节皇后改谥册文

748 　明堂大礼支费并从省约诏

749 　有事明堂御札

749 　皇太后还内事诏

749 　祔高宗神主于太庙德音

750 　布素终制指挥改进稿

750 　王淮罢左仆射制

751 　李思孝特转一官诏

751 　填两广知县阙诏

751 　犒设无为军屯田耕兵诏

751 　大理寺推勘公事干连人摘断申取朝廷指挥诏

752 　赈荒奖谕韩彦直诏

752 　犒赏诸军弓箭手弩手诏

752 　讼事送狱不得轻率诏

752 　除罗颂知郢州诏

753 　朱熹除直宝文阁主管西京嵩山崇福宫诰

753 　明堂前二日朝献景灵宫圣祖天尊大帝册文

753 　明堂前一日朝飨太庙别庙祖宗帝后册文

754 　明堂飨昊天上帝册文

754 　明堂祭皇地祇册文

754 　明堂飨太祖皇帝册文

755　明堂飨太宗皇帝册文

755　明堂大赦

755　试补医官诏

756　周必大进封济国公加食邑制

756　留正明堂进封制

757　萧燧明堂进封制

757　黄洽明堂进封制

757　明堂恩恭人李氏封令人制

758　拨兵级修盖皇太后殿诏

758　赈恤湖北被水人户诏

758　平阳郡王听读礼记终篇推赏官吏诏

759　置焕章阁诏

759　特封关羽壮缪义勇武安英济王诏

759　推赏王俊等诏

760　衢州津遣到弓箭手不合格责降钤辖守臣诏

760　弓弩手试射犒赏诏

760　留正右丞相制

761　周必大左丞相制

761　王蔺参知政事制

762　葛邲同知枢密院事制

762　周必大转特进左丞相进封许国公加食邑制

763　加赠王蔺故父太子太师制

763　诣慈福宫上皇太后起居表文

764　禁戢私铸钱及砂毛钱诏

764　给降江西茶引诏

764　令应孟明等相度广南盐法诏

765　贡举诏

765　罢修内司等处兼安抚司转运司准备差遣人诏

765　周必大辞免兼职不允诏

766　蔡戡除尚书左司员外郎制

766　上皇帝皇后尊号诏

766　禅位诏

767　奖谕李歧诏

767 韩玉伏阙上书御批

767 赐佛照禅师御札

附金诏令

768 谕完颜思敬诏

768 敦促移剌窝斡投降诏

769 亲览上书言事诏

769 谕御史台诏

769 仆散忠义奏捷诏

769 嘉奖仆散忠义诏

770 为移剌窝斡事谕尚书省诏

770 建会宁府太祖皇帝庙诏

770 颁新定官制诏

770 杨伯雄等廉问山西路诏

771 魏子平等分诣诸路劝农及廉问诏

771 谕纥石烈志宁诏

771 出猎勿扰民敕

771 增上睿宗谥号册文

772 禁求仕官入权要之门诏

772 赎奴诏

772 造总计录诏

773 谕元帅府诏

773 均赋役诏

773 悯士卒死者诏

774 推迟尊号礼册诏

774 受尊号答诏

774 寿王京谋反免死安置岚州赐诏

775 苏保衡疾间视事诏

775 受尊号大赦制

775 应天兴祚仁德圣孝皇帝册文

776 册封公主名称敕

776 允恭为皇太子诏

777 谕耨盌温敦兀带诏

777 允恭为太子册文

778 禁杀马诏

778 谕张汝霖诏

778 谕宋使口宣

778 谕宋使口宣

779 赐宋使银合汤药诏

779 诚移剌道诏

779 谕完颜宗叙诏

780 答宋孝宗书

780 宣谕宋使诏

780 求直言诏

781 亲祀南郊诏

781 谕太子允恭诏

781 加上世宗尊号册文

782 受尊号制

783 答高丽庄孝王请以弟晧权守军国诏

783 询问高丽庄孝王诏

783 允高丽光孝王权守军国诏

784 罢赃污之官诏

784 高丽光孝王册文

784 谕宰臣诏

785 禁术士占禄诏

785 谕纥石烈志宁妻永安县主诏

785 试进士策

786 督农敕

786 问宋就馆迫取国书书

786 猛安谋克之民不许杀生祈祭诏

787 卫士习女真语诏

787 约束建佛寺诏

787 答宋请更授书礼书

787 谕完颜毂英诏

788 长白山神册文

788 答高丽光孝王诏

788 设府学养士诏

789 诸王小字用女真语诏

789 释无辜被戮家属诏

789 赐宋贺生辰使副银合汤药诏

789 谕宰臣诏

790 许契丹人与女真人杂居诏

790 以移刺子元为西北路招讨都监诏

790 谕纥石烈良弼诏

791 皇太子封金源郡王敕

791 增上孝成皇帝谥号册文

792 增上孝成皇帝谥号制

792 括荒田及冒佃敕

792 优礼宣圣墓诏

793 谕完颜襄诏

793 大房山神册文

793 恤民诏

794 颁行译经诏

794 吊慰高丽光孝王诏

794 赐皇太子允恭敕

795 各国勿遣使到上京诏

795 禁猎诏

795 混同江神册文

796 祭孔用酒脯诏

796 蠲免赋税诏

796 完颜璟为皇太孙制

797 宗颜璟为皇太孙册文

797 蠲免赋税诏

797 谕宰臣诏

798 复宋孝宗告哀书

798 复宋孝宗遣使贺正旦书

798 慰宋孝宗书

799 宿儒充教制

799 复宋孝宗遣使报谢书

799 贺生辰使国书

799　熙宗改葬思陵诏

800　贺宋孝宗正旦书

800　复宋孝宗遣使送遗留书

800　谕尚书省敕

附夏诏令

801　使诣金贺万春节附奏

801　既诛任得敬诣金上谢表

802　以金却所献百头帐再上表